140

Zürcher Studien zum Privatrecht

Herausgegeben im Auftrag der Rechtswissenschaftlichen Fakultät der Universität Zürich von H. C. von der Crone, P. Forstmoser, A. Heini, H. Honsell, W. Ott, M. Rehbinder, H. Rey, H. M. Riemer, K. Siehr, R. H. Weber, R. Zäch und D. Zobl

Bruno Beeler

«Bäuerliches Erbrecht»

gemäss dem Bundesgesetz über
das bäuerliche Bodenrecht (BGBB)
vom 4. Oktober 1991

Schulthess Polygraphischer Verlag Zürich

Zürcher Studien zum Privatrecht

Diese Reihe setzt zusammen mit den

Zürcher Studien zum öffentlichen Recht
Zürcher Studien zum Strafrecht
Zürcher Studien zum Verfahrensrecht
Zürcher Studien zur Rechtsgeschichte
Zürcher Studien zur Rechts- und Staatsphilosophie

die Zürcher Beiträge zur Rechtswissenschaft fort.

Abdruck der
der Rechtswissenschaftlichen Fakultät
der Universität Zürich vorgelegten Dissertation

© Schulthess Polygraphischer Verlag AG, Zürich 1998
ISBN 3 7255 3748 8

Meinem Vater

VORWORT UND DANK

Die vorliegende Arbeit entstand in den Jahren 1994-1998. Sie wurde im März 1998 beendet und am 13. Mai 1998 von der Rechtswissenschaftlichen Fakultät der Universität Zürich als Dissertation abgenommen.

Einen herzlichen Dank entbiete ich all jenen, die mir während der ganzen Zeit des Schaffens direkt oder indirekt zur Seite gestanden sind.

Ganz speziell danken möchte ich meinem Doktorvater Prof. Dr. Hans Michael Riemer. Er hat mich mit wertvollen Anregungen und Hinweisen äusserst speditiv unterstützt.

Schwyz, im Juni 1998   Bruno Beeler

INHALTSÜBERSICHT

Literaturverzeichnis	23
Abkürzungsverzeichnis	29

1. KAPITEL: GRUNDLAGEN   33

§ 1 Einleitung	33
§ 2 Geschichtliche Entwicklung des bäuerlichen Erbrechtes	37
§ 3 Zielsetzung des bäuerlichen Erbrechtes gemäss BGBB	48
§ 4 Bestimmung der wesentlichen Begriffe	58
§ 5 Unterschiede zum gewöhnlichen Erbrecht	113

2. KAPITEL: ZUWEISUNG VON LANDWIRTSCHAFTLICHEN GEWERBEN   119

§ 6 Allgemeines	119
§ 7 Objektive Voraussetzungen	124
§ 8 Subjektive Voraussetzungen	151
§ 9 Konkurrenz mehrerer übernahmewilliger Erben	160
§ 10 Aufschub der Zuweisung	177
§ 11 Nutzniessung oder Wohnrecht des überlebenden Ehegatten	191
§ 12 Zuweisung von Betriebsinventar inklusive Vieh	212

§ 13 Zuweisung nichtlandwirtschaftlicher Nebengewerbe 218

§ 14 Teilung des Gewerbes 230

§ 15 Anrechnung an den Erbteil 244

§ 16 Veräusserungssperre während zehn Jahren 262

§ 17 Kaufsrecht der Miterben 281

3. KAPITEL: ZUWEISUNG EINES LANDWIRTSCHAFTLICHEN GRUNDSTÜCKES 317

§ 18 Allgemeines 317

§ 19 Objektive und subjektive Voraussetzungen 322

§ 20 Konkurrenz mehrerer übernahmewilliger Erben 337

§ 21 Anrechnung an den Erbteil 345

4. KAPITEL: GEWINNANSPRUCH DER MITERBEN 361

§ 22 Grundlagen 361

§ 23 Voraussetzungen des Gewinnanspruchs 364

§ 24 Gewinn 377

§ 25 Abzüge 381

§ 26 Fälligkeit des Gewinnanspruches 397

§ 27 Sicherung des Gewinnanspruches 402

§ 28 Aufhebung oder Änderung des Gewinnanspruches 412

5. KAPITEL: KAUFSRECHT VON VERWANDTEN 417

§ 29 Entstehungsgeschichte 417

§ 30 Objektive Voraussetzungen 423

§ 31 Subjektive Voraussetzungen 426

§ 32 Ausschluss des Kaufsrechts 432

§ 33 Konkurrenzverhältnisse 439

§ 34 Aufschub der Kaufsrechtsausübung 444

§ 35 Ausübung des Kaufsrechtes 451

§ 36 Abänderung, Aufhebung und Verzicht 455

§ 37 Nutzniessung oder Wohnrecht des überlebenden Ehegatten 457

§ 38 Umfang des Kaufsrechtes 458

§ 39 Wirkungen der Kaufsrechtsausübung 463

§ 40 Gewinnanspruch der Erben 468

§ 41 Veräusserungsverbot während zehn Jahren 468

§ 42 Rückkaufsrecht der Erben 470

6. KAPITEL: ÜBERGANGSRECHT 475

§ 43 Übergangsbestimmungen des Privatrechts 475

§ 44 Erbteilung 476

Anhang 1: ZGB von 1907 489

Anhang 2: Revision von 1940 493

Anhang 3: Revision von 1951 497

Anhang 4: Revision von 1965 499

Anhang 5: Revision von 1972 501

INHALTSVERZEICHNIS

Literaturverzeichnis	23
Abkürzungsverzeichnis	29

1. KAPITEL: GRUNDLAGEN 33

§ 1 Einleitung	33
I. Abgrenzung	33
II. Zielsetzung	34
III. Arbeitsweise	35
§ 2 Geschichtliche Entwicklung des bäuerlichen Erbrechtes	37
I. Mittelalter bis 19. Jahrhundert	37
II. Kantonale Bestimmungen vor dem ZGB	38
III. ZGB von 1907	39
IV. Revision von 1940	40
V. Revision von 1951	41
VI. Revision von 1965	41
VII. Revision von 1972	43
VIII. Entstehung der erbrechtlichen Bestimmungen des BGBB	44
A. Entstehungsgründe	44
B. Vorentwurf Zimmerli	44
C. Entwurf des Bundesrates	46
D. Parlamentarische Beratungen	47
§ 3 Zielsetzung des bäuerlichen Erbrechtes gemäss BGBB	48
I. Allgemeines	48
II. Formelle Ziele	49
III. Materielle Ziele	50
A. Allgemeines	50
B. Strukturverbesserung	52
C. Begünstigung des Selbstbewirtschafters	54
D. Schutz der Familienbetriebe	54
E. Änderung der materiellen Ziele	55

§ 4 Bestimmung der wesentlichen Begriffe — 58
- I. Allgemeines — 58
- II. Landwirtschaftliches Grundstück — 59
  - A. Allgemeines — 59
  - B. Grundstück — 60
  - C. Landwirtschaftliche Nutzung — 61
  - D. Waldgrundstücke — 64
  - E. Gartenbauliche Nutzung — 65
  - F. Eignung — 66
  - G. Räumliche Abgrenzung — 68
- III. Landwirtschaftliches Gewerbe — 69
  - A. Allgemeines — 69
  - B. Gesamtheit von Grundstücken, Bauten und Anlagen — 70
    1. Landwirtschaftliche Grundstücke, Bauten und Anlagen — 70
    2. Landwirtschaftlicher Betrieb — 71
  - C. Grundlage der landwirtschaftlichen Produktion — 76
  - D. Mindestens halbe Arbeitskraft einer bäuerlichen Familie — 77
    1. Allgemeines — 77
    2. Arbeitskraft einer bäuerlichen Normalfamilie — 78
    3. Objektivierte Bewirtschaftungsweise — 80
    4. Massgebende Arbeiten — 82
  - E. Örtliche Verhältnisse — 83
  - F. Betriebsnotwendige Gebäude — 83
  - G. Für längere Dauer zugepachtete Grundstücke — 86
    1. Allgemeines — 86
    2. Grundstücke oder Grundstücksteile — 87
    3. Minimale Pachtdauer — 87
    4. Bewirtschaftung mit dem Hauptbetrieb — 88
    5. Eigenland des Ansprechers — 89
    6. Wirtschaftliche Einheit — 89
  - H. Abweichende kantonale Regelung — 90
    1. Allgemeines — 90
    2. Landwirtschaftlicher Betrieb — 91
    3. Untere Grenze — 91
    4. Mögliche Unterstellungskriterien — 93
- IV. Betrieb des produzierenden Gartenbaus — 94
  - A. Allgemeines — 94
  - B. Gesamtheit von Grundstücken, Bauten und Anlagen — 94
    1. Gartenbauliche Grundstücke, Bauten und Anlagen — 94

2. Betrieb des produzierenden Gartenbaus	95
C. Grundlage der gartenbaulichen Produktion	95
D. Mindestens halbe Arbeitskraft einer bäuerlichen Familie	95
1. Ausgangslage	95
2. Arbeitskraft einer bäuerlichen Normalfamilie	96
3. Objektivierte Bewirtschaftungsweise	96
4. Massgebende Arbeiten	96
E. Örtliche Verhältnisse	97
F. Betriebsnotwendige Gebäude	97
G. Für längere Dauer zugepachtete Grundstücke	98
1. Allgemeines	98
2. Grundstücke oder Grundstücksteile	98
3. Minimale Pachtdauer	98
4. Bewirtschaftung mit dem Hauptbetrieb	99
5. Eigenland des Ansprechers	99
6. Wirtschaftliche Einheit	99
V. Gartenbau und Landwirtschaft im gleichen Gewerbe	99
VI. Nichtlandwirtschaftliches Nebengewerbe	100
VII. Gemischte Gewerbe	101
VIII. Selbstbewirtschaftung und Eignung	103
A. Allgemeines	103
B. Selbstbewirtschaftung	104
1. Bearbeitung des Bodens	104
2. Persönliche Leitung des Gewerbes	105
C. Wille zur Selbstbewirtschaftung	106
D. Eignung	107
1. Allgemeines	107
2. Berufliche Fähigkeiten	107
3. Persönliche, moralische und physische Fähigkeiten	108
4. Finanzielle Verhältnisse	110
E. Juristische Personen	110
F. Hobbymässige Bewirtschaftung	111

§ 5 Unterschiede zum gewöhnlichen Erbrecht — 113
    I. Allgemeines — 113
    II. Bäuerliches Erbrecht als besonderes Teilungsrecht — 114
    III. Vorrang gegenüber gewöhnlichem Erbrecht — 115
    IV. Privilegierung des selbstbewirtschaftenden Erben — 116
    V. Kaufsrecht von selbstbewirtschaftenden Verwandten — 116
    VI. Zuweisungsanspruch des pflichtteilsgeschützten Erben — 116

2. KAPITEL: ZUWEISUNG VON LANDWIRTSCHAFTLICHEN GEWERBEN — 119

§ 6 Allgemeines — 119
    I. Ausgangslage — 119
    II. Landwirtschaftliche Gewerbe — 120
    III. Betriebe des produzierenden Gartenbaus — 121
    IV. Zuweisung als Vorfrage — 121

§ 7 Objektive Voraussetzungen — 124
    I. Landwirtschaftliches Gewerbe im Nachlass — 124
        A. Landwirtschaftliches Gewerbe im Alleineigentum — 124
        B. Miteigentumsanteil an einem landwirtschaftlichen Gewerbe — 124
        C. Beteiligung an einem Gesamthandsverhältnis — 126
            1. Vererbliche Beteiligung an einem Gesamthandsverhältnis — 126
            2. Liquidation des Gesamthandsverhältnisses — 126
                a) Allgemeines — 126
                b) Liquidationsregeln — 127
                c) Rechtsstellung des ansprechenden Erben — 127
        D. Mehrheitsbeteiligung an einer juristischen Person — 131
        E. Keine Aufhebung der Gewerbequalität — 134
    II. Umfang des Zuweisungsanspruches — 136
        A. Grundsatz — 136
        B. Betrachtungszeitpunkt — 136
        C. Realteilungsmöglichkeiten — 138
            1. Grundsatz — 138
            2. Aufteilung in zwei oder mehrere Gewerbe — 139
            3. Abtrennung von Nebengewerben — 139
            4. Abtrennung des Betriebsinventars — 140

III. Fehlen einer überdurchschnittlich guten Existenz 140
  A. Ausgangslage 140
  B. Eigentum oder wirtschaftliche Verfügungsmacht 141
  C. Begriff der überdurchschnittlich guten Existenz 142
    1. Allgemeines 142
    2. Obere Grenze 143
    3. Untere Grenze 147

§ 8 Subjektive Voraussetzungen **151**
  I. Erbe 151
  II. Selbstbewirtschaftender, geeigneter Erbe 152
    A. Selbstbewirtschafter 152
    B. Eignung 152
    C. Wille zur Selbstbewirtschaftung 152
  III. Pflichtteilsgeschützter Erbe 153
  IV. Umgehung über Art. 473 ZGB 154
  V. Enterbung 156
  VI. Erbverzicht und Erbauskauf 158

§ 9 Konkurrenz mehrerer übernahmewilliger Erben **160**
  I. Allgemeines 160
  II. Gesetzliche Reihenfolge 161
    A. Pflichtteilsgeschützter Erbe mit Selbstbewirtschaftung 161
    B. Erbe mit Selbstbewirtschaftung 162
    C. Pflichtteilsgeschützter Erbe ohne Selbstbewirtschaftung 164
    D. Zuweisung aufgrund der persönlichen Verhältnisse 165
      1. Grosser Unterschied bei der Eignung 166
      2. Sicherung der Nachfolge 166
      3. Enge Verbundenheit zum landwirtschaftlichen Gewerbe 167
      4. Weitere Zuweisungskriterien 167
    E. Konkurrenz mit dem Kaufsrecht von Verwandten 168
    F. Fehlen eines Zuweisungsanspruches 170
  III. Gewillkürte Reihenfolge 170
    A. Pflichtteilsgeschützter, geeigneter Selbstbewirtschafter 170
    B. Geeigneter Selbstbewirtschafter 171
    C. Übrige Erben 172
    D. Mehrere Übernehmer eines Gewerbes 172
    E. Konkurrenz mit dem Kaufsrecht von Verwandten 173
    F. Verletzung der zwingenden gesetzlichen Zuweisungsordnung 174

IV. Konkurrenzverhältnisse bei gemeinschaftlichem Eigentum 175
   A. Mehrere Erben mit Beteiligung 175
   B. Erben mit und ohne Beteiligung 175

§ 10 Aufschub der Zuweisung 177
I. Allgemeines 177
II. Landwirtschaftliches Gewerbe im Nachlass 179
III. Selbstbewirtschaftung 180
IV. Unmündige Nachkommen als Erben 180
   A. Grundsatz 180
   B. Aufschubsdauer 182
   C. Gesetzlicher Erbe erfüllt Zuweisungsvoraussetzungen 184
   D. Entmündigte Nachkommen 185
V. Längerfristige Verpachtung des Gewerbes 185
VI. Weiterbestehen der Erbengemeinschaft 188
VII. Verfahren 189

§ 11 Nutzniessung oder Wohnrecht des überlebenden Ehegatten 191
I. Allgemeines 191
II. Grundsatz 194
III. Ausschlussgründe 195
   A. Allgemeines 195
   B. Objektive Ausschlussgründe 196
   C. Subjektive Ausschlussgründe 198
IV. Nutzniessung 198
   A. Inhalt 198
   B. Nutzungsdienstbarkeit im Sinne von Art. 781 ZGB 199
   C. Umfang 201
V. Wohnrecht 202
   A. Inhalt 202
   B. Umfang 203
VI. Hausrat 204
VII. Anrechnung 204
   A. Ausgangslage 204
   B. Ertragswert 205
   C. Erhöhter Anrechnungswert 206
   D. Landwirtschaftlicher Normalbedarf an Wohnraum 206
   E. Abgeltung 207
VIII. Abänderung oder Ausschluss 208

A. Form	208
B. Abänderung	210
C. Ausschluss	210
D. Tragweite einer Vereinbarung	211

§ 12 Zuweisung von Betriebsinventar inklusive Vieh — 212
- I. Allgemeines — 212
- II. Begriff des Betriebsinventars — 213
- III. Voraussetzungen des Ansprechers — 214
- IV. Verfügungsfreiheit — 215
- V. Modalitäten der Zuweisung — 216

§ 13 Zuweisung nichtlandwirtschaftlicher Nebengewerbe — 218
- I. Allgemeines — 218
- II. Begriff des nichtlandwirtschaftlichen Nebengewerbes — 219
- III. Gemischtes Gewerbe — 221
  - A. Allgemeines — 221
  - B. Überwiegend landwirtschaftlicher Charakter — 222
  - C. Eng verbunden mit dem landwirtschaftlichen Gewerbe — 223
    1. Grundsatz — 223
    2. Räumliche und örtliche Verbundenheit — 225
    3. Sachliche Verbundenheit — 226
- V. Subjektive Voraussetzungen des Ansprechers — 227
- VI. Verfügungsfreiheit — 228
- VII. Modalitäten der Zuweisung — 228

§ 14 Teilung des Gewerbes — 230
- I. Allgemeines — 230
  - A. Entstehungsgeschichte im ZGB — 230
  - B. Vorentwurf Zimmerli — 231
  - C. Entwurf des Bundesrates — 232
  - D. Parlamentsdebatte — 232
- II. Voraussetzungen — 233
  - A. Allgemeines — 233
  - B. Objektive Voraussetzungen — 233
    1. Landwirtschaftliches Gewerbe im Nachlass — 233
    2. Begriff der guten Existenz — 234
       a) Allgemeines — 234
       b) Obere Grenze — 234

c) Untere Grenze	238
3. Gute Existenz als Mindestgrösse	242
4. Bewilligungspflicht	242
C. Subjektive Voraussetzungen	243
1. Allgemeines	243
2. Selbstbewirtschafter	243
3. Eignung	244
4. Wille zur Selbstbewirtschaftung	244

§ 15 Anrechnung an den Erbteil — 244

I. Allgemeines	244
II. Landwirtschaftliches Gewerbe	246
A. Allgemeines	246
B. Selbstbewirtschafter	246
1. Definition des Ertragswertes	246
2. Zuweisung zum Ertragswert	247
3. Erhöhung des Ertragswertes bis zum Verkehrswert	248
a) Allgemeines	248
b) Überschuss von Erbschaftspassiven	249
c) Andere Erhöhungsgründe	250
aa) Ausgangslage	250
bb) Höherer Ankaufswert	251
cc) Erhebliche Investitionen in den letzten zehn Jahren	251
dd) Erhebliche Arbeitsleistungen von Miterben	253
ee) Unterhaltsbedürfnisse des überlebenden Ehegatten	253
ff) Notlage von Miterben	254
d) Ermessenskriterien	254
aa) Allgemeines	254
bb) Vermögensverhältnisse des Übernehmers	254
cc) Güterrechtliche Ansprüche des Ehegatten	255
dd) Investitionsbedürfnisse des Betriebes	255
ee) Ertragskraft des Betriebes	256
ff) Bisherige Leistungen des Übernehmers	256
gg) Finanzielle Situation der Miterben	256
e) Ausmass der Erhöhung	257
4. Ausschluss der Ertragswerterhöhung	258
5. Letztwillige Festlegung der Ertragswerterhöhung	258
6. Zuweisung zum Verkehrswert	259
C. Nichtselbstbewirtschafter	259

III. Betriebsinventar 260
IV. Nichtlandwirtschaftliche Nebengewerbe 261

§ 16 Veräusserungssperre während zehn Jahren **262**
I. Allgemeines 262
II. Erbrechtliche Zuweisung an Selbstbewirtschafter 263
III. Veräusserung 265
IV. Fristenlauf 266
   A. Rechtsnatur der Frist 266
   B. Beginn des Fristenlaufes 267
      1. Grundsatz 267
      2. Erbteilungsvertrag oder Zustimmungserklärung 267
      3. Zuweisung durch richterlichen Entscheid 267
         a) Grundsatz 267
         b) Zuweisungsentscheid im Teilungsurteil 268
         c) Selbständiger Zuweisungsentscheid 268
   C. Ende des Fristenlaufes 269
V. Zustimmung der Miterben 271
   A. Ausgangslage 271
   B. Form 271
   C. Vererblichkeit der Zustimmung 272
   D. Folgen der fehlenden Zustimmung 272
VI. Ausnahmen vom Zustimmungserfordernis 273
   A. Selbstbewirtschaftender Nachkomme 274
   B. Öffentliche Aufgabe oder Zwangsentzug 275
      1. Erfüllung einer öffentlichen Aufgabe 275
      2. Zwangsentzug 278
   C. Behördlich bewilligte Veräusserung 279
VII. Verzicht, Aufhebung und Abänderung 280

§ 17 Kaufsrecht der Miterben **281**
I. Allgemeines 281
II. Voraussetzungen 282
   A. Zuweisung zur Selbstbewirtschaftung 282
   B. Aufgabe der Selbstbewirtschaftung innert zehn Jahren 284
   C. Kaufsrechtsberechtigte 288
      1. Miterben oder Erben der Miterben 288
      2. Selbstbewirtschafter 288
      3. Eignung zur Selbstbewirtschaftung 289

4. Wille zur Selbstbewirtschaftung	289
5. Konkurrenz mehrerer Ansprecher	289
6. Konkurrenz mit dem Kaufsrecht der Verwandten	289
D. Kaufsrechtsbelastete	290
III. Ausschluss des Kaufsrechtes	292
A. Allgemeines	292
B. Übernahme durch selbstbewirtschaftenden Nachkommen	293
C. Übernahme durch Erbeserben	294
D. Öffentliche Aufgabe oder Zwangsentzug	295
1. Erfüllung einer öffentlichen Aufgabe	295
2. Zwangsentzug	297
E. Behördlich bewilligte Veräusserung	298
IV. Aufschub des Kaufsrechtes	299
A. Allgemeines	299
B. Unmündige Nachkommen	300
C. Entmündigte Nachkommen	301
D. Aufschubsdauer	301
V. Umfang des Kaufsrechtes	303
1. Allgemeines	303
2. Vergrösserung des landwirtschaftlichen Gewerbes	304
3. Verkleinerung des landwirtschaftlichen Gewerbes	305
4. Betriebsinventar	305
5. Nichtlandwirtschaftliches Nebengewerbe	306
VI. Ausübung des Kaufsrechtes	307
A. Fristen	307
1. Kaufsrechtsfrist von zehn Jahren	307
2. Relative Ausübungsfrist von drei Monaten	307
3. Absolute Ausübungsfrist von zwei Jahren	308
B. Adressat	308
C. Form	309
D. Inhalt	309
VII. Wirkungen der Kaufsrechtsausübung	310
A. Allgemeines	310
B. Eigentumsübertragung	310
C. Bezahlung des Kaufsrechtspreises	312
1. Ausgangslage	312
2. Anrechnungswert gemäss Erbteilung	313
3. Wertvermehrende Aufwendungen	314
VIII. Ausschluss, Abänderung und Verzicht	315

3. KAPITEL: ZUWEISUNG EINES LANDWIRTSCHAFTLICHEN GRUNDSTÜCKES 317

§ 18 Allgemeines 317
  I. Ausgangslage 317
  II. Entstehungsgeschichte 318
  III. Zuweisung als Vorfrage 319
  IV. Unterschiede zur Zuweisung von Gewerben 321

§ 19 Objektive und subjektive Voraussetzungen 322
  I. Objektive Voraussetzungen 322
    A. Allgemeines 322
    B. Selbständiges landwirtschaftliches Grundstück im Nachlass 323
    C. Verfügbarkeit über ein landwirtschaftliches Gewerbe 324
      1. Massgeblicher Zeitpunkt 324
      2. Eigentümer eines landwirtschaftlichen Gewerbes 325
      3. Wirtschaftliche Verfügbarkeit 325
    D. Fehlen einer überdurchschnittlich guten Existenz 326
    E. Ortsüblicher Bewirtschaftungskreis 327
    F. Umfang des Zuweisungsanspruches 329
      1. Grundsatz 329
      2. Betrachtungszeitpunkt 330
      3. Realteilungsmöglichkeiten 331
        a) Grundsatz 331
        b) Aufteilung in zwei oder mehrere Grundstücke 332
        c) Abtrennung von Grundstücksteilen 332
  II. Subjektive Voraussetzungen 332
    A. Allgemeines 332
    B. Erbe 333
    C. Enterbung 334
    D. Erbverzicht und Erbauskauf 336

§ 20 Konkurrenz mehrerer übernahmewilliger Erben 337
  I. Ausgangslage 337
  II. Gesetzliche Reihenfolge 338
    A. Anspruchsberechtigte, pflichtteilsgeschützte Erben 338
    B. Anspruchsberechtigte, gesetzliche oder eingesetzte Erben 340
    C. Erben ohne Zuweisungsanspruch 342
  III. Gewillkürte Reihenfolge 342

A. Anspruchsberechtigte, pflichtteilsgeschützte Erben 342
B. Anspruchsberechtigte, gesetzliche oder eingesetzte Erben 343
C. Erben ohne gesetzlichen Zuweisungsanspruch 344

§ 21 Anrechnung an den Erbteil 345
  I. Ausgangslage 345
  II. Definition des Ertragswertes 346
  III. Zuweisung zum doppelten Ertragswert 347
  IV. Erhöhung bis zum Verkehrswert 348
    A. Allgemeines 348
    B. Überschuss von Erbschaftspassiven 349
    C. Andere Erhöhungsgründe 350
      1. Ausgangslage 350
      2. Höherer Ankaufswert 351
      3. Erhebliche Investitionen in den letzten zehn Jahren 351
      4. Erhebliche Arbeitsleistungen von Miterben 353
      5. Unterhaltsbedürfnisse des überlebenden Ehegatten 353
      6. Notlage von Miterben 354
    D. Ermessenskriterien 354
      1. Allgemeines 354
      2. Vermögensverhältnisse des Übernehmers 355
      3. Güterrechtliche Ansprüche des Ehegatten 355
      4. Ertragskraft des Grundstückes 355
      5. Bisherige Leistungen des Übernehmers 356
      6. Finanzielle Situation der Miterben 356
      7. Ausmass der Erhöhung 356
    E. Ausschluss der Erhöhung 358
    F. Letztwillige Festlegung des Übernahmepreises 358
  V. Zuweisung zum Verkehrswert 359

4. KAPITEL: GEWINNANSPRUCH DER MITERBEN 361

§ 22 Grundlagen 361
  I. Allgemeines 361
  II. Rechtsnatur des Gewinnanspruches 362
  III. Anwendungsbereich 363

§ 23 Voraussetzungen des Gewinnanspruchs — 364
I. Anrechnungswert unter dem Verkehrswert — 364
II. Veräusserungstatbestände — 365
   A. Allgemeines — 365
   B. Verkauf und wirtschaftlich gleichgestellte Rechtsgeschäfte — 366
   C. Enteignung — 366
   D. Zuweisung zu einer Bauzone — 367
   E. Zweckentfremdung — 368
III. Veräusserung innert 25 Jahren seit Erwerb — 371
   A. Allgemeines — 371
   B. Massgeblicher Erbwerbszeitpunkt — 371
      1. Grundsatz — 371
      2. Erbteilungsvertrag oder Zustimmungserklärung — 371
      3. Zuweisung durch richterlichen Entscheid — 372
         a) Grundsatz — 372
         b) Zuweisungsentscheid im Erbteilungsurteil — 372
         c) Selbständiger Zuweisungsentscheid — 373
   C. Massgeblicher Veräusserungszeitpunkt — 374
      1. Veräusserungsvertrag — 374
      2. Enteignungsverfahren — 375
      3. Einzonungsverfahren — 376
      4. Geschäft oder Handlung der Zweckentfremdung — 376

§ 24 Gewinn — 377
I. Allgemeines — 377
II. Enteignung, Verkauf oder ähnliche Rechtsgeschäfte — 377
III. Zuweisung zu einer Bauzone — 378
IV. Zweckentfremdung — 380

§ 25 Abzüge — 381
I. Allgemeines — 381
II. Wertvermehrende Aufwendungen — 381
III. Abzug zufolge Zeitablauf — 383
   A. Allgemeines — 383
   B. Besitzesdauerabzug — 383
   C. Erhöhter Anrechnungswert — 384
VI. Abzug für Realersatz — 386
   A. Allgemeines — 386
   B. Voraussetzungen — 386

C. Umfang des Abzuges	387
D. Befristung	388
E. Veräusserung des Realersatzes	389
V. Ausbesserungsabzug	390
A. Allgemeines	390
B. Bauten und Anlagen	390
C. Notwendige Ausbesserung	391
D. Zeitliche Limitierung	392
E. Gleiche Erbschaft und Verbleib im Eigentum	393
VI. Ersatz von Bauten und Anlagen	394
A. Allgemeines	394
B. Bauten und Anlagen	394
C. Sicherung der landwirtschaftlichen Nutzung	395
D. Ersatz einer Baute oder Anlage	395
E. Zeitliche Limitierung	396
F. Gleiche Erbschaft und Verbleib im Eigentum	396

§ 26 Fälligkeit des Gewinnanspruches — **397**

I. Allgemeines	397
II. Verkauf oder Enteignung	397
III. Zuweisung zu einer Bauzone	398
A. Allgemeines	398
B. Veräusserung als Bauland	399
C. Nutzung als Bauland	400
D. Landwirtschaftliche Nutzung während 15 Jahren	400
IV. Zweckentfremdung	401

§ 27 Sicherung des Gewinnanspruches — **402**

I. Allgemeines	402
II. Entstehungsgeschichte	403
III. Vorläufige Eintragung einer Grundpfandverschreibung	404
A. Allgemeines	404
B. Berechtigter und Belasteter	405
C. Verfahren	406
D. Pfandgegenstand	406
E. Betrag	406
F. Frist	407
G. Wirkung	408
IV. Definitive Eintragung einer Grundpfandverschreibung	408

A. Allgemeines	408
B. Berechtigte	409
C. Verfahren	409
D. Pfandgegenstand	410
E. Betrag	410
F. Frist	410
G. Wirkung	411
§ 28 Aufhebung oder Änderung des Gewinnanspruches	**412**
I. Ausgangslage	412
II. Formvorschriften	413
III. Aufhebung des Gewinnanspruches	414
IV. Änderung des Gewinnanspruches	414

5. KAPITEL: KAUFSRECHT VON VERWANDTEN 417

§ 29 Entstehungsgeschichte	**417**
I. Allgemeines	417
II. Bundesrätlicher Entwurf: Kaufsrecht der Geschwister	418
III. Erste Beratung im Ständerat: Kaufsrecht der Geschwister	419
IV. Erste Beratung im Nationalrat: Kaufsrecht der Verwandten	420
V. Zweite Beratung im Ständerat: Kaufsrecht der Geschwister	420
VI. Zweite Beratung im Nationalrat: Kaufsrecht der Verwandten	421
VII. Dritte Beratung im Ständerat: Kaufsrecht der Verwandten	422
VIII. Dritte Beratung im Nationalrat: Kaufsrecht der Verwandten	422
§ 30 Objektive Voraussetzungen	**423**
I. Allgemeines	423
II. Kaufsrecht der Geschwister und Geschwisterkinder	424
A. Allgemeines	424
B. Von den Eltern oder aus deren Nachlass	424
C. Noch nicht 25 Jahre im Eigentum des Erblassers	425
§ 31 Subjektive Voraussetzungen	**426**
I. Allgemeines	426
II. Nichterbe	427
A. Nachkomme	427
B. Geschwister oder Geschwisterkind	427

III. Geeigneter Selbstbewirtschafter 428
   A. Selbstbewirtschafter 428
   B. Eignung 428
   C. Wille zur Selbstbewirtschaftung 429
IV. Keine Enterbungsgründe 429
V. Kein Verzicht 430
VI. Fehlen einer überdurchschnittlich guten Existenz 431

§ 32 Ausschluss des Kaufsrechts **432**
I. Allgemeines 432
II. Kaufsrecht im Verhältnis zu erbberechtigten Nachkommen 433
   A. Gesetzliche Erben 433
   B. Gleichberechtigung aller Nachkommen gleicher Stufe 434
   C. Keine gesetzlichen Erben als Selbstbewirtschafter 435
III. Kaufsrecht im Verhältnis zu Erben des elterlichen Stammes 436
   A. Gesetzliche Erben 436
   B. Gleichberechtigung aller Geschwisterkinder 437
   C. Keine gesetzlichen Erben als Selbstbewirtschafter 438
IV. De lege ferenda 438

§ 33 Konkurrenzverhältnisse **439**
I. Allgemeines 439
II. Gesetzliche Reihenfolge 440
   A. Kaufsrechtsberechtigte und Erbberechtigte 440
   B. Kaufsrechtsberechtigte unter sich 440
III. Gewillkürte Reihenfolge 441
   A. Kaufsrechtsberechtigte und Erbberechtigte 441
   B. Kaufsrechtsberechtigte unter sich 443

§ 34 Aufschub der Kaufsrechtsausübung **444**
I. Ausgangslage 444
II. Selbstbewirtschaftung 445
III. Unmündige Nachkommen 445
IV. Entmündigte Nachkommen 446
V. Aufschubdauer 447
VI. Weiterbestehen der Erbengemeinschaft 448
VII. Verfahren 449

§ 35 Ausübung des Kaufsrechtes	451
I. Fristen	451
A. Relative Ausübungsfrist von drei Monaten	451
B. Absolute Ausübungsfrist von zwei Jahren	452
II. Adressat	454
III. Form	454
IV. Inhalt	455
§ 36 Abänderung, Aufhebung und Verzicht	455
I. Allgemeines	455
II. Kaufsrecht als dispositives Recht	456
III. Form	456
§ 37 Nutzniessung oder Wohnrecht des überlebenden Ehegatten	457
§ 38 Umfang des Kaufsrechtes	458
A. Grundsatz	458
B. Betrachtungszeitpunkt	459
C. Realteilungsmöglichkeiten	461
1. Grundsatz	461
2. Aufteilung in zwei oder mehrere Gewerbe	462
3. Abtrennung von Nebengewerben	462
4. Abtrennung des Betriebsinventars	463
§ 39 Wirkungen der Kaufsrechtsausübung	463
I. Grundsatz	463
II. Eigentumsübertragung	464
III. Bezahlung des Kaufsrechtspreises	466
A. Ausgangslage	466
B. Landwirtschaftliches Gewerbe	467
C. Betriebsinventar	467
D. Nichtlandwirtschaftliches Nebengewerbe	468
§ 40 Gewinnanspruch der Erben	468
§ 41 Veräusserungsverbot während zehn Jahren	468
§ 42 Rückkaufsrecht der Erben	470
I. Allgemeines	470

II. Selbstbewirtschaftung als Voraussetzung	471
III. Identische Bestimmungen beim Kaufsrecht der Miterben	471
IV. Abweichungen zum Kaufsrecht der Miterben	472

6. KAPITEL: ÜBERGANGSRECHT 475

§ 43 Übergangsbestimmungen des Privatrechts	475
§ 44 Erbteilung	476
I. Allgemeines	476
II. Grundregel	477
III. Ausnahmen	477
A. Allgemeines	477
B. Teilungsbegehren bis 31.12.1994	478
C. Verfügungen von Todes wegen	480
D. Veräusserungsverbot und Kaufsrecht der Miterben	480
1. Allgemeines	480
2. Veräusserungsverbot	481
3. Kaufsrecht der Miterben	482
E. Kaufsrecht der Verwandten	484
F. Gewinnanspruch	485
1. Allgemeines	485
2. Fälligkeit und Berechnung	486
3. Zuweisung zu einer Bauzone	486
4. Sicherung des Gewinnanspruches	487

Anhang 1: ZGB von 1907   **489**

Anhang 2: Revision von 1940   **493**

Anhang 3: Revision von 1951   **497**

Anhang 4: Revision von 1965   **499**

Anhang 5: Revision von 1972   **501**

Literaturverzeichnis

Die hier aufgeführten Werke werden mit dem Namen des Verfassers und, wo nötig, mit einem zusätzlichen Hinweis nach Note (N), Randnummer (Nr.) oder Seitenzahl zitiert; bei Standardwerken wird zum Teil auf die systematische Einteilung hingewiesen. Zitate aus Zeitschriften werden ohne Titelnachweis, aber stets mit Bandnummer, Erscheinungsjahr und Seitenzahl angegeben.
Weitere Literaturangaben finden sich in den Anmerkungen und in den angegebenen Schriften.

ANNEN OSKAR, Die objektiv und subjektiv beschränkte Teilung der Erbengemeinschaft, Dissertation, Schwyz 1941.
AMBERG HANS PAUL., Die Reform des bäuerlichen Erbrechtes in der Schweiz, Bern 1940.
BANDLI CHRISTOPH, Der „code rural" oder die Neuerungen im bäuerlichen Bodenrecht, in: AJP 3/1992, S. 332 ff.
BANDLI CHRISTOPH, Art. 2-5, Art. 58-60, Art. 64, Art. 65, Art. 86, Art. 88-91 und Art. 95 BGBB, in: Kommentar zum Bundesgesetz über das Bäuerliche Bodenrecht vom 4. Oktober 1991, Brugg 1995.
BECK HANS, Das gesetzliche Gewinnanteilsrecht der Miterben, Dissertation, Zürich 1967.
BICHSEL MARTIN, Das Bundesgesetz über das bäuerliche Bodenrecht - Die Aufgaben des Notars, ZBGR 1993, S. 173 ff.
BLUMER, Staats- und Rechtsgeschichte der schweiz. Demokratie, St. Gallen 1850-1858.
BRUHIN EGON, Der Kindskauf, Dissertation, Zürich 1965.
DECURTINS GION-ANDRI, Die rechtliche Stellung der Behörde im Abstimmungskampf, Freiburg 1992.
DEGIORGI DINO, Verfügungsbeschränkungen im bäuerlichen Bodenrecht, Basel und Frankfurt am Mai 1988.
DESCHENAUX HENRI, Schweizerisches Privatrecht, Band V/3, I, Das Grundbuch, Basel und Frankfurt am Main 1988.
DONZALLAZ YVES, Commentaire de la loi fédérale du 4 octobre 1991 sur le nouveau droit foncier rural, Sion 1993.

EIDGENÖSSISCHES AMT FÜR GRUNDBUCH- UND BODENRECHT, Wegleitung für die Grundbuchämter zum Bundesgesetz über das bäuerliche Bodenrecht und zur Teilrevision des Zivilgesetzbuches und des Obligationenrechts (Immobiliarsachenrecht, Grundstückkauf), Bern 1994.

EIDGENÖSSISCHES JUSTIZ- UND POLIZEIDEPARTEMENT, BUNDESAMT FÜR RAUMPLANUNG, Erläuterungen zum Bundesgesetz über die Raumplanung, Bern 1981.

ESCHER ARNOLD, Zürcher Kommentar, 3. Lieferung, Art. 471-480 ZGB, Dritte Auflage, Zürich 1957.

ESCHER ARNOLD, Zürcher Kommentar, Der Erbgang, Art. 537-640 ZGB, Dritte Auflage, Zürich 1960.

ESCHER ARNOLD, Zürcher Kommentar, Ergänzungslieferung zum landwirtschaftlichen Erbrecht, 3. Auflage, Zürich 1975.

GUGGENHEIM CARL, Das bäuerliche Erbrecht des schweizerischen ZGB, Zürich 1909.

GYGI FRITZ, Verwaltungsrecht, Bern 1986.

HAAB ROBERT / SIMONIUS AUGUST / SCHERRER WERNER / ZOBL DIETER, Zürcher Kommentar, Das Sachenrecht, Das Eigentum, Art. 641-729, Zürich 1977.

HAEFELIN ULRICH / MÜLLER GEORG, Grundriss des allgemeinen Verwaltungsrechts, 2. Auflage, Zürich 1993.

HAUSHEER HEINZ / REUSSER RUTH / GEISER THOMAS, Berner Kommentar, Das Familienrecht, Band II, Bern 1992.

HEGNAUER CYRIL/BREITSCHMID PETER, Grundriss des Eherechts, Bern 1993.

HENNY JEAN-MICHEL, Art. 28-35, Art. 41 und Art. 94 BGBB, in: Kommentar zum Bundesgesetz über das Bäuerliche Bodenrecht vom 4. Oktober 1991, Brugg 1995.

HIGI PETER, Zürcher Kommentar, Die Miete, Teilband V 2b, Zürich 1995.

HOFER EDUARD, Preisvorschriften über das bäuerliche Bodenrecht, in: AJP 9/1993, S. 1070 ff.

HOFER EDUARD, Art. 6-10 und Art. 87 BGBB in: Kommentar zum Bundesgesetz über das Bäuerliche Bodenrecht vom 4. Oktober 1991, Brugg 1995.

HÖHN ERNST, Praktische Methodik der Gesetzesauslegung, Zürich 1993.

HONSELL HEINRICH / VOGT NEDIM PETER / WIEGAND WOLFGANG, Kommentar zum Schweizerischen Privatrecht, Obligationenrecht I, Art. 1-529, zweite, neubearbeitete Auflage, Basel und Frankfurt am Main 1996.

HOTZ HANS RUDOLF, Art. 66 und Art. 77 BGBB, in: Kommentar zum Bundesgesetz über das Bäuerliche Bodenrecht vom 4. Oktober 1991, Brugg 1995.

HOTZ REINHOLD, Bäuerliches Grundeigentum, in: ZSR 1979 II, S. 109 ff.

HOTZ REINHOLD, Das landwirtschaftliche Bodenrecht - ein problembezogener Überblick über die neue Regelung, in: AJP 9/1993, S. 1052 ff.

HOTZ REINHOLD, Neues bäuerliches Bodenrecht - Erwartungen der schweizerischen Landwirtschaft, in: Blätter für Agrarrecht, 1981, Heft 3, S. 65 ff.

HOTZ REINHOLD, Einfluss anstehender Neuerungen des Raumplanungsrechts auf das bäuerliche Bodenrecht, in: Blätter für Agrarrecht, 1996, Heft 1, S. 3 ff.

HOTZ REINHOLD, Ermessens- und Beurteilungsspielraum im BGBB: Möglichkeiten und Grenzen seiner Anwendung, in: Blätter für Agrarrecht, 1997, Heft 2/3, S. 95 ff.

HOTZ REINHOLD, Landwirtschaftliche Vorkaufsrechte, in: Schriftenreihe SAV, Band 12, S. 37 ff.

HOTZ REINHOLD, Art. 1, Art. 42-56, Art. 94 und Art. 96 BGBB, in: Kommentar zum Bundesgesetz über das Bäuerliche Bodenrecht vom 4. Oktober 1991, Brugg 1995.

HUBER EUGEN, System und Geschichte des schweizerischen Privatrechts, 4 Bde., Basel 1888 - 1893.

HUBER EUGEN, Betrachtungen über die Vereinheitlichung des Schweizerischen Erbrechtes, Basel, 1895, S. 35 ff.

HUBER EUGEN, Schweizerisches Zivilgesetzbuch, Erläuterungen zum Vorentwurf des Eidgenössischen Justiz- und Polizeidepartementes, zweite Ausgabe, Erster Band, Bern 1914, S. 348 ff.

HUNZIKER MICHAEL, Das Veräusserungsverbot und das Kaufsrecht der Miterben im bäuerlichen Erbrecht, Zürich 1997.

JOST ARTHUR, Der Erbteilungsprozess im schweizerischen Recht, Bern 1960.

KAUFMANN OTTO KONSTANTIN, Das neue ländliche Bodenrecht in der Schweiz, St. Gallen 1946.

KELLER HANSULRICH, Das Ertragswertprinzip im neuen bäuerlichen Ehegüterrecht, Dissertation, Zürich 1993.

KOHLER URS E., Die Abtretung angefallener Erbanteile, Diessenhofen.

LIVER PETER, Die Revision des bäuerlichen Privatrechtes, in: Blätter für Agrarrecht, 1969, Heft 2, S. 1 ff.

LIVER PETER, Schweizerisches Privatrecht, Band V/1, Das Eigentum, Basel und Stuttgart 1977.

MEIER-HAYOZ ARTHUR, Berner Kommentar, Sachenrecht, Das Eigentum, Das Grundeigentum I, Art. 655-679 ZGB, Bern 1974.

MEIER-HAYOZ ARTHUR, Berner Kommentar, Sachenrecht, Das Eigentum, Das Grundeigentum II, Art. 680-701 ZGB, Bern 1975.

MÜLLER GEORG, Bäuerliche Bodenreformpostulate aus der Sicht der geltenden Bundesverfassung, in: Blätter für Agrarrecht, 1981, Heft 3, S. 81 ff.

MÜLLER MANUEL, Geltungsbereich des BGBB, in Schriftenreihe SAV, Band 12, S. 13 ff.

MÜLLER MANUEL, Das neue bäuerliche Bodenrecht - Öffentliches Recht: Realteilungsverbot, Bewilligungsverfahren, Belastungsgrenze, in: Blätter für Agrarrecht, 1992, Heft 2, S. 81 ff.

MÜLLER MANUEL, Art. 73-79, Art. 81 und Art. 95 BGBB, in: Kommentar zum Bundesgesetz über das Bäuerliche Bodenrecht vom 4. Oktober 1991, Brugg 1995.

NÄF-HOFMANN MARLIES / NÄF-HOFMANN HEINZ, Das neue Ehe- und Erbrecht im Zivilgesetzbuch, Einführung für den Praktiker, 2. Auflage, Zürich 1989.

NEF URS CH., Der Selbstbewirtschafter im Bodenrecht, in: Blätter für Agrarrecht, 1989, Heft 2/3, S. 87 ff.

NEUKOMM WILLY / CZETTLER ANTON, Das bäuerliche Erbrecht des Schweizerischen Zivilgesetzbuches, Brugg 1982.

NEUKOMM WILLY., Das landwirtschaftliche Bodenrecht im Wandel der Zeit, in: Jaggi-Festschrift 1977, S. 60-77.

PFÄFFLI ROLAND, Vom alten zum neuen bäuerlichen Bodenrecht, in: recht 1993, Heft 5, S. 159 ff.

PIOTET DENIS, Le droit transitoire des lois fédérales sur le droit foncier rural sur la révision partielle du code civil et du code des obligations du 4 octobre 1991, in: ZSR 1994, Heft 2, S. 125 ff.

PIOTET PAUL, Schweizerisches Privatrecht, Band IV/1, Erbrecht, Basel und Stuttgart 1978.

PIOTET PAUL, Schweizerisches Privatrecht, Band IV/2, Erbrecht, Basel und Stuttgart 1981.

PIOTET PAUL, Schweizerisches Privatrecht, Band V/1, Sachenrecht, Basel und Stuttgart 1977.

REY HEINZ, Die Grundlagen des Sachenrechts und das Eigentum, Grundriss des schweizerischen Sachenrechts, Band I, Bern, 1991.

REY HEINZ, Die Neuregelung der Vorkaufsrechte in ihren Grundzügen, in: ZSR 1994, Heft 1, S. 39 ff.

RICHLI PAUL, Landwirtschaftliches Gewerbe und Selbstbewirtschaftung - zwei zentrale Begriffe des Bundesgesetzes über das bäuerliche Bodenrecht, in: AJP 9/1993, S. 1063 ff.

SCHÖBI FELIX, Privatrechtliche Beschränkungen im landwirtschaftlichen Bodenrecht, ZBGR 1993, S. 151 ff.

SCHÖBI FELIX, Bäuerliches Bodenrecht, Eine Annäherung in drei Aufsätzen, Bern 1994.

SCHUMACHER RAINER, Das Bauhandwerkerpfandrecht, 2. Auflage, Zürich 1982.

SEEBERGER LIONEL HARALD, Die richterliche Erbteilung, Dissertation, Freiburg 1992.

SPÄTI HANSPETER, Art. 57 BGBB, in: Kommentar zum Bundesgesetz über das Bäuerliche Bodenrecht vom 4. Oktober 1991, Brugg 1995.

STALDER BEAT, Die verfassungs- und verwaltungsrechtliche Behandlung unerwünschter Handänderungen im bäuerlichen Bodenrecht, Bern 1993.

STALDER BEAT, Die öffentlich-rechtlichen Verfügungsbeschränkungen im bäuerlichen Bodenrecht - Grundlagen und Instrumente, in: ZSR 1994, Heft 1, S. 73 ff.

STALDER BEAT, Bewilligungsverfahren sowie Realteilungs- und Zerstückelungsverbot im neuen bäuerlichen Bodenrecht, in: Schriftenreihe SAV, Band 12, S. 61 ff.

STALDER BEAT, Art. 61-64, Art. 67-72, Art. 80, Art. 82-85 und Art. 95 BGBB, in: Kommentar zum Bundesgesetz über das Bäuerliche Bodenrecht vom 4. Oktober 1991, Brugg 1995.

STAUFFER WILHELM / SCHAETZLE THEO / SCHAETZLE MARC, Barwerttafeln, 4. Auflage, Zürich 1989.

STEIGER FRANZ, Zur Frage des Anwendungsbereiches und der Geltungskraft des bäuerlichen Erbrechts sowie der allgemeinen Voraussetzungen der Integralzuweisung eines landwirtschaftlichen Gewerbes, Winterthur 1966.

STEINAUER PAUL-HENRI, Le droit du gain selon le nouveau droit foncier rural, in: ZSR 1994, S. 11 ff.

STUDER BENNO, Die Integralzuweisung landwirtschaftlicher Gewerbe nach der Revision des bäuerlichen Zivilrechtes von 1972, Frick 1979.

STUDER BENNO, Der Kauf landwirtschaftlicher Grundstücke, in: KOLLER ALFRED, Der Grundstückkauf, St. Gallen 1989.

STUDER BENNO, Privatrechtliche Vorschriften über die Veräusserung landwirtschaftlicher Grundstücke und Gewerbe, in: AJP 9/1993, S. 1075 ff.

STUDER BENNO, Erbrecht und Gewinnsanspruch, in: Schriftenreihe SAV, Band 12, Zürich 1994, S. 27 ff.

STUDER BENNO, Art. 11-27, Art. 36-40, Art. 92-93 und Art. 94 BGBB, in: Kommentar zum Bundesgesetz über das Bäuerliche Bodenrecht vom 4. Oktober 1991, Brugg 1995.

STUDER BENNO / EDUARD HOFER, Das landwirtschaftliche Pachtrecht, Brugg 1987.

TUOR PETER, Berner Kommentar, Die Erben, Art. 457-536 ZGB, zweite, revidierte und erweiterte Auflage, Bern 1952.

TOUR PETER/PICENONI VITO, Berner Kommentar, Der Erbgang, Art. 537-640 ZGB, Bern 1966.

TUOR/SCHNYDER/SCHMID, Das Schweizerische Zivilgesetzbuch, 11. Auflage, Zürich 1995.

ZELLER ERNST, Auslegung von Gesetz und Vertrag, Zürich 1989.

ZIMMERLI ULRICH, Das neue bäuerliche Bodenrecht - Die Grundzüge der Gesetzesrevision, in: ZBGR 1993, S. 137 ff.

ZIMMERLI ULRICH, Ueli der Pächter 1994 - oder die Kunst des Gesetzgebers, Bodenrecht und Agrarpolitik miteinander zu versöhnen, in: ZSR 1994, Heft 1, S. 3 ff.

Abkürzungsverzeichnis

a.a.O.	am angeführten Ort
a.M.	anderer Meinung
Abs.	Absatz
AJP	Aktuelle Juristische Praxis
Amtl.Bull.NR/SR	Amtliches Bulletin des Nationalrates/Ständesrates
Art.	Artikel
AS	Amtliche Sammlung des Bundesrechts (ab 1988); Sammlung der eidgenössichen Gesetze (ab 1948); Amtliche Sammlung der Bundesgesetze und Verordnungen (bis 1947)
aZGB	ZGB in einer alten Fassung vor Inkrafttreten des BGBB
BBl	Bundesblatt der Schweizerischen Eidgenossenschaft
Bd.	Band
Berner Kommentar	Kommentar zum Schweizerischen Privatrecht, Verlag Stämpfli & Cie AG, Bern
BG	Bundesgesetz
BGBB	Bundesgesetz über das bäuerliche Bodenrecht vom 4. Oktober 1991 (SR 211.412.11)
BGE	Entscheidungen des Schweizerischen Bundesgerichtes (Amtliche Sammlung)
BlAR	Blätter für Agrarrecht
BV	Bundesverfassung der Schweizerischen Eidgenossenschaft vom 29. Mai 1874 (SR 101)
bzw.	beziehungsweise
ca.	circa
d.h.	das heisst
Diss.	Dissertation
etc.	et cetera
EGG	Bundesgesetz über die Erhaltung des bäuerlichen Grundbesitzes vom 12. Juni 1951 (SR 211.412.11)
EJPD	Eigenössisches Justiz- und Polizeidepartement

ev.	eventuell
FAT	Eidgenössische Forschungsanstalt für Betriebswirtschaft und Landtechnik, Tänikon
f., ff.	nächstfolgende Seite(n)
GBV	Verordnung betreffend das Grundbuch vom 22. Februar 1910 (SR 211.432.1).
g.M.	gleicher Meinung
ha	Hektare
inkl.	inklusive
i.S.v.	im Sinne von
i.V.m.	in Verbindung mit
LEG	Bundesgesetz über die Entschuldung landwirtschaftlicher Heimwesen vom 12. Dezember 1940 (SR 211.412.12)
lit.	litera (Buchstabe)
LN	Landwirtschaftliche Nutzfläche
LPG	Bundesgesetz über die landwirtschaftliche Pacht vom 4. Oktober 1985 (SR 221.213.2)
LwG	Bundesgesetz über die Förderung der Landwirtschaft und die Erhaltung des Bauernstandes vom 3. Oktober 1951 (SR 910.1)
m	Meter
m.E.	meines Erachtens
m^2	Quadratmeter
N.	(Kommentar-, Fuss-, oder Rand-)Note
NR	Nationalrat
Nr.	Nummer
OR	Schweizerisches Obligationenrecht vom 30. März 1911 (SR 220)
Prot.Komm.NR	Protokoll der vorberatenden Kommission des Nationalrates
Prot.Komm.SR	Protokoll der vorberatenden Kommission des Ständerates
recht	(Zeitschrift) recht
RPG	Bundesgesetz über die Raumplanung vom 22. Juni 1979 (SR 700)
Rz	Randziffer
S.	Seite
SAV	Schweizerischer Anwaltsverband

SchKG	BG über Schuldbetreibung und Konkurs vom 11. April 1889 (SR 281.1)
SchlT	Schlusstitel des ZGB
SJZ	Schweizerische Juristenzeitung
sog.	sogenannt
SR	Ständerat
SR	Systematische Sammlung des Bundesrechts
u.a.	unter anderem
USG	BG über den Umweltschutz vom 7. Oktober 1983 (SR 814.01)
u.U.	unter Umständen
VBB	Verordnung über das bäuerliche Bodenrecht vom 4. Oktober 1993 (SR 211.412.110)
VE Zimmerli	Vorentwurf der ausserparlamentarischen Expertenkommission Zimmerli zu einem Bundesgesetz über das bäuerliche Bodenrecht vom Dezember 1985
vgl.	vergleiche
VO	Verordnung
z.B.	zum Beispiel
ZBGR	Schweizerische Zeitschrift für Beurkundungs- und Grundbuchrecht
ZBJV	Zeitschrift des Bernischen Juristenvereins
ZGB	Schweizerisches Zivilgesetzbuch vom 10. Dezember 1907 (SR 210)
Ziff.	Ziffer / Ziffern
ZSR	Zeitschrift für Schweizerisches Recht
Zürcher Kommentar	Kommentar zum Schweizerischen Zivilgesetzbuch, Schulthess Polygraphischer Verlag AG, Zürich

1. KAPITEL: GRUNDLAGEN

§ 1 Einleitung

I. Abgrenzung

Das Bundesgesetz über das bäuerliche Bodenrecht vom 4. Oktober 1991[1] enthält u.a. Bestimmungen über den Erwerb von landwirtschaftlichen Gewerben und Grundstücken[2]. Dabei sind privatrechtliche[3] und öffentlich-rechtliche[4] Beschränkungen des Verkehrs mit landwirtschaftlichen Gewerben und Grundstücken zu beachten. Bei den privatrechtlichen Beschränkungen werden die besonderen Bestimmungen für die Erbteilung[5], die Vorschriften für die Aufhebung von vertraglich begründetem gemeinschaftlichem Eigentum[6] und schliesslich die Regeln betreffend den Veräusserungsverträgen[7] unterschieden.

Die vorliegende Arbeit beschäftigt sich im wesentlichen mit den erbrechtlichen Bestimmungen des BGBB[8]. Vorab werden Zweck[9],

---

[1] BGBB. SR 211.412.11.
[2] Art. 1 Abs. 2 lit. a BGBB.
[3] Art. 11 ff. BGBB.
[4] Art. 58 ff. BGBB.
[5] Art. 11-35 BGBB.
[6] Art. 36-39 BGBB.
[7] Art. 40-57 BGBB.
[8] Art. 11-35 BGBB.

Geltungsbereich[10] und die wichtigsten Grundbegriffe[11] des BGBB geklärt. Die übrigen Vorschriften des BGBB werden nur soweit beleuchtet, als sie einen Einfluss auf die erbrechtlichen Bestimmungen des BGBB haben.

II. Zielsetzung

Vor Inkrafttreten des BGBB waren die Bestimmungen des bäuerlichen Bodenrechtes in vielen Erlassen verstreut[12]. Durch die unterschiedliche Herkunft und das unterschiedliche Alter der einzelnen Vorschriften entstanden abweichende Begriffe und widersprüchliche Ziele. Es fehlte an der gegenseitigen Abstimmung und der Koordination der verschiedenen Rechtsinstitute[13]. Mit der Schaffung eines einzigen Erlasses sollten nun diese Unstimmigkeiten und Unzulänglichkeiten beseitigt werden[14].
Die Vorschriften des BGBB wurden zu einem grossen Teil aus den vorbestandenen Erlassen zusammengesetzt und ergänzt. Damit hat es der Rechtssuchende leichter, die anwendbaren Vorschriften zu finden. Doch durch die vielen Verweisungen, durch die parallele Anwendung von privatrechtlichen und öffentlich-rechtlichen Bestimmungen und schliesslich durch die vielen speziellen Begriffe ist es nach wie vor nicht gerade leicht, sich im bäuerlichen Bodenrecht zurecht zu finden. Mit der vorliegenden Arbeit versuche ich, dem Leser die mit dem BGBB entstandenen erbrechtlichen Vorschriften systematisch aufzuzeigen. Zu Beginn wird mit einem Abriss über die Entstehung und den Werdegang der heutigen Bestimmungen des bäuerlichen Erbrechtes das erforderliche Verständnis

---

[9] Art. 1 BGBB.
[10] Art. 2-5 BGBB.
[11] Art. 6-10 BGBB.
[12] ZGB, OR, LEG, EGG, LwG, LPG.
[13] BBl 1988 III 961 f.
[14] BBl 1988 III 967.

geweckt und der Hintergrund in groben Zügen aufgezeigt. Anschliessend findet eine detaillierte Auseinandersetzung mit den nun seit 1.1.1994[15] gültigen Vorschriften des bäuerlichen Erbrechtes statt.

III. Arbeitsweise

Vorerst werden die erbrechtlichen Vorschriften des BGBB im einzelnen erläutert. Soweit Bestimmungen unklar oder lückenhaft sind und deshalb ausgelegt oder ergänzt werden müssen, wird auf die herkömmlichen Auslegungskriterien[16] und Lückenfüllungsmethoden zurückgegriffen und dem sachlich überzeugendsten Argument der Vorzug gegeben.
Für die teleologische Auslegung bilden die Zielvorgaben des Sechsten Landwirtschaftsberichtes den Ausgangspunkt. Auf dieser Grundlage sind die Gesetzesmaterialien zum BGBB[17] entstanden. Nicht minder wichtig in diesem Zusammenhang sind die Erläuterungen des Bundesrates zur Volksabstimmung vom 27. September 1992, womit einerseits die Bedenken des Referendumskomitees ausgeräumt und andererseits dem Stimmbürger die zentralen Zielsetzungen des BGBB vor Augen geführt werden sollten. Es hat sich nämlich gezeigt, dass die Abstimmungserläuterungen eine wichtige Informationsquelle für den Stimmbürger sind, und zwar direkt durch die Kenntnisnahme ihres Inhalts und indirekt durch die Beeinflussung der Medien, da die Erläuterungen häufig für die Abfassung von Zeitungsartikeln oder zur Moderation von Fernseh- und

---

[15] AS 1993 1442.
[16] Grammatisches, systematisches, teleologisches und historisches Element.
[17] Vorentwurf von 1985, Schlussbericht zum Vorentwurf vom Dezember 1985, Botschaft des Bundesrates vom 19. Oktober 1988 (BBl 1988 III 953 ff.), die Beratungen in den Kommissionen des National- und Ständerates sowie die Beratungen im National- und Ständerat.

Radiosendungen verwendet werden[18]. Schliesslich wurden aber auch die neuesten Rechtsentwicklungen[19] und die geplanten Revisionen[20] berücksichtigt, zumal es falsch wäre, angesichts der bereits geänderten Agrarverfassung[21] bei den ursprünglichen Überlegungen zu verharren. Vielmehr sind die Bestimmungen des BGBB, bei denen Ermessens- und Beurteilungsspielraum vorhanden ist, im Sinne des sich fortbildenden Rechtes[22] auszulegen. Denn nur auf diesem Wege kann ein Beitrag für die angestrebte Rechtseinheit geleistet und das BGBB hinsichtlich der dynamischen Agrarpolitik laufend aktualisiert werden[23].
Für die historische Auslegung werden im wesentlichen die Vorgängerbestimmungen des BGBB sowie die Gesetzesmaterialien herangezogen.

---

[18] DECURTINS GION-ANDRI, Die rechtliche Stellung der Behörde im Abstimmungskampf, Freiburg 1992, S. 167.
[19] In der Volksabstimmung vom 9. Juni 1996 wurde der bisherige Landwirtschaftsartikel der Bundesverfassung (Art. 31bis Abs. 3 lit. b BV) aufgehoben und Art. 31^{octies} BV angenommen (BBl 1996 III 917).
[20] Geplante Revision des RPG (BBl 1996 III 513 ff.) und geplante Revisionen des BGBB und des LPG (BBl 1996 IV 372 ff.).
[21] Art. 31^{octies} BV.
[22] BV, RPG, BGBB, etc.
[23] HOTZ REINHOLD, Ermessens- und Beurteilungsspielraum im BGBB: Möglichkeiten und Grenzen seiner Anwendung, in: Blätter für Agrarrecht, 1997, Heft 2/3, S. 109.

§ 2 Geschichtliche Entwicklung des bäuerlichen Erbrechtes

I. Mittelalter bis 19. Jahrhundert

Die Rechte an Grund und Boden und die persönliche Rechtsstellung des Grundeigentümers bildeten in der mittelalterlichen Rechtsordnung eine untrennbare Einheit. Das Grundeigentum war an die Personen gebunden, denen es dienen sollte[24]. Dabei unterlag der Bauer jener Zeit familienrechtlichen, genossenschaftlichen und feudalrechtlichen Beschränkungen. Der familienrechtliche Aspekt war in allen Gegenden der Schweiz verbreitet und äusserte sich vor allem in umfangreichen Zugs- und Beispruchsrechten, mit denen die Familienangehörigen jede Veräusserung an Aussenstehende verhindern konnten[25]. Die genossenschaftlichen und die feudalrechtlichen Bindungen dagegen nahmen entsprechend der politischen Entwicklung in der Schweiz einen unterschiedlichen Lauf. Allgemein setzte der Entfeudalisierungsprozess im Gebiet der Schweizerischen Eidgenossenschaft früher ein als in den übrigen Staaten Europas. Im Kampf um die persönliche Freiheit gelang es den Eidgenossen der Urschweiz, die Landeshoheiten und die Vogteigewalten sowie letztlich auch die grundherrlichen Rechte schon vor der Reformation abzuschütteln[26]. Im Mittelland waren die Bauern[27] zwar

---

[24] HUBER EUGEN, System und Geschichte des schweizerischen Privatrechts, Basel 1888-1893, IV. Bd., S. 303.

[25] HUBER EUGEN System und Geschichte des schweizerischen Privatrechts, Basel 1988-1893. IV. Bd., S. 721.

[26] BLUMER, Staats- und Rechtsgeschichte der schweiz. Demokratie, St. Gallen, 1850-1858, I, S. 388.

[27] Mit Ausnahme der Pächter.

schon lange vor der Helvetik Volleigentümer[28] ihrer Heimwesen, unterlagen indessen noch den verschiedensten Grundlasten und Vogteisteuern. Im Zuge der Entfeudalisierung erlangte der Bauer schon früh die Möglichkeit der Verpfändung, Veräusserung und Teilung seines Heimwesens. Bereits seit dem 15. Jahrhundert nahmen die Bauern des Mittellandes ohne Einwilligung der Lehensherrn Geld auf. Die ewigen Reallasten wurden als ablösbar erklärt. Diese Entwicklungen hatten zur Folge, dass die schweizerische Landwirtschaft lange vor dem Hochkapitalismus stark überschuldet war.

Die helvetische Verfassung legalisierte den Entfeudalisierungsprozess. Im Laufe des 19. Jahrhunderts fielen die letzten rechtlichen Bindungen des Bodens dahin. Durch die Schaffung kantonaler Zivilgesetzbücher wurden die alten Lokalrechte[29] aufgehoben. Damit verschwanden auch die meisten Veräusserungsbeschränkungen des Grundeigentums. Der landwirtschaftliche Boden wurde zusehens ein Vermögensobjekt, das im Handel und auch im Erbgang wie jede andere Sache bewertet wurde. Der freie Bodenhandel sowie die Parzellierungen im Erbgang führten zur Zerstückelung des bäuerlichen Grundbesitzes und letztlich zur übermässigen Verschuldung des landwirtschaftlichen Bodens.

II. Kantonale Bestimmungen vor dem ZGB

Vor der Einführung des ZGB waren die erbrechtlichen Bestimmungen in der Schweiz entsprechend der Verschiedenheit der wirtschaftlichen Verhältnisse regional sehr verschieden. Seit dem ausgehenden Mittelalter galt in weiten Teilen des Mittellandes und in der Zentralschweiz die geschlossene Vererbung, während in der

---

[28] Das Obereigentum war schon lange vor der Helvetik fast nur noch ein leerer Titel, der sich praktisch nur noch in der Abgabepflicht äusserte.

[29] Dazu gehörten u.a. auch die in den Lokalrechten verankerten besonderen Veräusserungsbeschränkungen, z.B. Zugs-und Vorkaufsrechte der Familienangehörigen.

Westschweiz, der Nordschweiz und in den Alpengebieten die Freiteilung vorherrschte. Die Siedlungsform der Einzelhöfe förderte die geschlossene Vererbung, wogegen die ausgeprägte Dorfsiedelung meist zur Freiteilung führte. In den Alpen war ein Grossteil des Grundbesitzes als Allmeinde ungeteilt geblieben, welche zusammen mit einem straffen Flurzwang für eine einheitliche Bewirtschaftung sorgte. Hier hatte sich die Freiteilung am konsequentesten durchgesetzt. Schliesslich herrschte auch in den Rebgegenden die Freiteilung, weil jeder Erbe sich ein wenn auch noch so kleines Stück vom besten Boden wünschte.

Die kantonalen Gesetzgebungen des 19. Jahrhunderts versuchten den beiden Hauptübeln der Zersplitterung und der Ueberschuldung des bäuerlichen Grundbesitzes Herr zu werden, was ihnen nur beschränkt gelang. Trotzdem lieferten sie gewissermassen die Grundzüge[30] der bundesrechtlichen Bestimmungen im ZGB von 1907, wobei aber eine wesentliche Neuerung in der Form der Integralzuweisung[31] hinzukam.

III. ZGB von 1907

Mit dem ZGB von 1907[32] entstand für das bäuerliche Erbrecht in der Schweiz erstmals eine einheitliche Regelung. Unter den Bestimmungen über die Teilung der Erbschaft wurden in den Art. 616-625[33] des ZGB Grundsätze aufgestellt, nach welchen eine Erbteilung stattzufinden hatte, wenn sich landwirtschaftliche Grundstücke oder landwirtschaftliche Heimwesen in der Erbmasse befanden. Vorerst wurde den Kantonen mit Art. 616 ZGB die Möglichkeit eingeräumt, ein Zerstückelungsverbot einzuführen, wovon ei-

---

[30] So z.B. die Übernahme zu einem billigeren Anrechnungswert; die altgermanische Institution der Gemeinderschaft; Verfügungsfreiheit des Erblassers.
[31] Art. 620 aZGB.
[32] In Kraft seit dem 1. Januar 1912.
[33] Diese Bestimmungen sind im Anhang 1 vollständig aufgeführt.

nige Kantone Gebrauch machten[34]. Die wichtigsten Teilungsvorschriften des ZGB indessen bestanden im Anspruch auf ungeteilte Zuweisung (Art. 620), in der Anrechnung zum Ertragswert (Art. 617) und im Gewinnanteilsrecht (Art. 619).

IV. Revision von 1940

Die erste Revision des bäuerlichen Erbrechtes des ZGB erfolgte mit der Einführung des Entschuldungsgesetzes vom 12. Dezember 1940[35] (LEG). Nachdem sich herausgestellt hatte, dass die Bestimmungen des bäuerlichen Erbrechtes sich insbesondere in den ehemaligen Freiteilungsgebieten (Alpengebiet, vor allem Tessin und Wallis) nur schwer durchzusetzen vermochten, kam die Forderung auf nach klareren und schärferen Formulierungen. In der Folge wurden wohl verschiedene Bestimmungen geändert, bzw. ergänzt, wobei aber von einer Verschärfung der Regelungen keine Rede sein konnte[36]. Auf Begehren der Bergbauernvertreter wurde der Geltungsbereich von Art. 620 ZGB sogar noch eingeschränkt, indem neu für die ungeteilte Zuweisung eine «ausreichende landwirtschaftliche Existenz» verlangt wurde. Dadurch waren Betriebe, die wesentlich auf Zuerwerb angewiesen waren, von der Integralzuweisung ausgenommen. Mit dem neuen Art. 621^{quater} ZGB erhielten die Kantone die Möglichkeit, in Gebirgsgegenden die Teilung ganzer Heimwesen, welche eine ausreichende Existenz boten, zuzulassen, indem einzelne Liegenschaften zum Ertragswert an verschiedene Erben zugewiesen werden konnten. Mit Art. 621bis ZGB konnte die Teilung bei unmündigen Nachkommen aufgeschoben werden und mit Art. 621ter ZGB wurde die Zerlegung in mehrere lebensfähige Betriebe möglich. In Art. 625 ZGB wurde der enge Zusammenhang zwischen landwirtschaftlichem Gewerbe als Hauptbetrieb und ei-

---

[34] HOTZ REINHOD, Bäuerliches Grundeigentum, in: ZSR 1979, S. 181 ff.
[35] SR 211.412.12.; BBl 1936 II 209 ff.; in Kraft von 1. Januar 1947 bis 31. Dezember 1993: vgl. AS 1993 1410, Art. 93 und 96 BGBB.
[36] Diese Bestimmungen sind im Anhang 2 vollständig aufgeführt.

nem anderen Gewerbe als Nebenbetrieb verlangt. Wenn kein Erbe den Anspruch auf ungeteilte Zuweisung erhob oder ein solcher abgewiesen wurde, so konnte jeder Erbe gemäss Art. 625bis ZGB den Verkauf des landwirtschaftlichen Gewerbes als Ganzes verlangen. Schliesslich wurde das Gewinnanteilsrecht des Art. 619 ZGB von ursprünglich 10 Jahren auf 15 Jahre verlängert.

V. Revision von 1951

Anlässlich der Schaffung des Bundesgesetzes über die Erhaltung des bäuerlichen Grundbesitzes vom 12. Juni 1951[37] (EGG) wurde Art. 625bis ZGB in die bis zum 1. Januar 1994 gültige Version[38] bereinigt. Die Zerstückelungsmöglichkeit des Art. 621^{quater} ZGB wurde durch einen neuen Wortlaut ersetzt[39].

VI. Revision von 1965

Bereits Ende der fünfziger Jahre drängte sich eine erneute Revision des bäuerlichen Erbrechtes als Folge der neuen Wirtschafts- und Lebensformen der Nachkriegszeit auf. Die technisch-wissenschaftliche Revolution und der fortschreitende Rationalisierungsprozess machten auch vor der Landwirtschaft nicht halt. Die Liberalisierung des Handels zwang die Landwirte, ihre Produktionsgrundlagen an die veränderten Verhältnisse anzupassen. Hinzu kamen die zunehmende Industrialisierung, der Anstieg der Bodenpreise sowie die fortschreitende Kommerzialisierung des bäuerlichen Bodens.

---

[37] SR 211.412.11; BBl 1948 I 21; in Kraft von 1. Januar 1953 bis 31. Dezember 1993: vgl. AS 1993 1410, Art. 93 und 96 BGBB.
[38] SR 210.
[39] Die beiden Bestimmungen Art. 621^{quater} und Art. 625bis aZGB werden im Anhang 3 aufgeführt.

Schliesslich stellte das EGG aus dem Jahre 1951 offensichtlich eine schlechte gesetzgeberische Leistung dar[40] und vermochte seinem Zweck gemäss Art. 1 nicht zu genügen.[41] Im Jahre 1959 hatte das Schweizerische Bauernsekretariat eine Revision des Bodenrechtes und eine zeitgemässe Abänderung der Bestimmungen des ZGB über das bäuerliche Erbrecht verlangt, worauf es im Jahre 1963 zu einem Vorentwurf kam, der u.a. auch raumplanerische Massnahmen, wie die Ausscheidung einer Landwirtschaftszone, vorsah. Nachdem für die Schaffung einer Zonenordnung Zweifel an einer ausreichenden verfassungsmässigen Grundlage bestanden[42], wurden die raumplanerischen Massnahmen von den Änderungen im bäuerlichen Erbrecht abgetrennt. Mit dem Bundesgesetz vom 19. März 1965[43] wurde sodann einzig das Gewinnanteilsrecht mit Art. 619-619^{sexies} ZGB neu geregelt. Art. 621^{quater} wurde angepasst[44].

---

[40] LIVER PETER, Die Revision des bäuerlichen Privatrechtes, in: Blätter für Agrarrecht, 1969, Heft 2, S. 1 ff.; Jenny F., Das Gesetz über die Erhaltung des bäuerlichen Grundbesitzes, in: SJZ 49 (1953), S. 59.

[41] Art. 1 EGG lautet wie folgt: «Die Vorschriften dieses Gesetzes zielen darauf ab, den bäuerlichen Grundbesitz als Träger eines gesunden und leistungsfähigen Bauernstandes zu schützen, die Bodennutzung zu fördern, die Bindung zwischen Familie und Heimwesen zu festigen und die Schaffung und Erhaltung landwirtschaftlicher Betriebe zu begünstigen».

[42] Rechtsgutachten von Prof. H. Huber vom 21. November 1964: BBl 1970 I 806; die ausreichende verfassungsmässige Grundlage für die Ausscheidung einer Landwirtschaftszone wurde mit Art. 22^{quater} BV im Jahre 1969 geschaffen.

[43] In Kraft seit 1. Juli 1965: AS 1965 445 ff.; die erbrechtlichen Bestimmungen dieses Bundesgesetzes wurden mit der Einführung des BGBB per 1. Januar 1994 aufgehoben.

[44] Die Bestimmungen dieser Revision werden im Anhang 4 vollständig aufgeführt.

VII. Revision von 1972

Die letzte wichtige Revision des bäuerlichen Erbrechtes vor der Einführung des BGBB erfolgte mit dem Bundesgesetz über die Änderungen des bäuerlichen Zivilrechtes vom 6. Oktober 1972[45]. Die ausreichende landwirtschaftliche Existenz bleibt als objektive Voraussetzung für die ungeteilte Zuweisung bestehen, wobei aber mit dem neuen Abs. 2 eine Erleichterung eingeführt wurde, indem nun für die ausreichende landwirtschaftliche Existenz auch Anteile an Liegenschaften und für längere Dauer mitbewirtschaftete Liegenschaften zu berücksichtigen waren. Art. 621 ZGB wurde dahingehend geändert, dass bei der Bestimmung des Übernehmers der Ortsgebrauch keine Rolle mehr spielen durfte und dass die Söhne gegenüber den Töchtern kein Vorrecht mehr hatten. Vielmehr waren nur noch die persönlichen Verhältnisse und dabei insbesondere der Wille und die Eignung zur Selbstbewirtschaftung entscheidend. Mit Art. 621bis ZGB wurde die Testierfreiheit des Erblassers zugunsten des geeigneten Selbstbewirtschafters entscheidend eingeschränkt, nachdem bis zu diesem Zeitpunkt der gesetzliche Zuweisungsanspruch durch eine letztwillige Verfügung entzogen werden konnte[46]. Die umstrittene Bestimmung des Art. 621^{quater} ZGB betreffend der Teilung existenzfähiger Heimwesen wurde aufgehoben, womit zusammen mit der Aufhebung des Ortsgebrauches die rechtliche Einheitlichkeit in der gesamten Schweiz wieder hergestellt war.

---

[45] In Kraft seit 15. Februar 1973: AS 1973 I 94 ff.; die erbrechtlichen Bestimmungen dieses Bundesgesetzes wurden mit der Einführung des BGBB per 1. Januar 1994 aufgehoben. Diese Bestimmungen sind im Anhang 5 vollständig aufgeführt.

[46] BGE 80 II 208 und 90 II 3 ff.

VIII. Entstehung der erbrechtlichen Bestimmungen des BGBB

A. Entstehungsgründe

Die vor der Einführung des BGBB geltenden Vorschriften des bäuerlichen Bodenrechtes (und damit des bäuerlichen Erbrechtes) vermochten in vielfacher Hinsicht den agrarpolitischen Anforderungen nicht mehr zu genügen. Einerseits bestanden durch die unterschiedliche Herkunft und das unterschiedliche Alter der einzelnen Bestimmungen des bäuerlichen Bodenrechtes[47] abweichende Begriffe und widersprüchliche Ziele. Es fehlte an der gegenseitigen Abstimmung und der Koordination der verschiedenen Rechtsinstitute. Andererseits wurde der Selbstbewirtschafter ungenügend gefördert und der Zweckentfremdung des landwirtschaftlichen Bodens durch Zerstückelung konnte nicht ausreichend Einhalt geboten werden. Eine Abstimmung mit dem Raumplanungsgesetz[48] hatte bisher die Praxis vornehmen müssen[49].

B. Vorentwurf Zimmerli

Aufgrund dieser verschiedenen Unzulänglichkeiten des bäuerlichen Bodenrechtes beauftragte das Eidgenössische Justiz- und Polizeidepartement im Jahre 1980 eine ausserparlamentarische Expertenkommission[50] mit der Ausarbeitung eines Entwurfes zu einem neuen bäuerlichen Bodenrecht in einem einzigen Gesetz. Als ausreichende verfassungsmässige Stütze für diese Tätigkeit standen Art. 22ter, Art. 31bis Abs. 3 lit. b[51] und Art. 64 der Bundesverfassung[52]

---

[47] ZGB, OR, LEG, EGG, LwG, LPG.
[48] RPG.
[49] BGE 113 II 136 ff.
[50] Die Leitung dieser Expertenkommission wurde Prof. U. Zimmerli übertragen.
[51] Mit der Volksabstimmung vom 9. Juni 1996 wurde diese Verfassungsgrundlage ersetzt durch Art. 31^{octies} BV: BBl 1996 I 230 und BBl 1996 I 1253.

zur Verfügung. Im Jahre 1985 legte dann diese Expertenkommission einen Vorentwurf zu einem Bundesgesetz über das bäuerliche Bodenrecht vor[53], welcher mit dem Schlussbericht vom Dezember 1985 kommentiert wurde. In formeller Hinsicht sah der Vorentwurf einen Zusammenzug und damit eine Vereinheitlichung der in den verschiedenen Gesetzen verteilten bodenrechtlichen Bestimmungen und Begriffe vor. In materieller Hinsicht war ein weitgehender Schutz landwirtschaftlicher Haupt- und Nebengewerbe unter Ausschluss der Hobby- und Kleinbetriebe beabsichtigt[54], wobei der örtliche Geltungsbereich im Sinne von Art. 16 RPG grundsätzlich auf die Landwirtschaftszone beschränkt wurde[55]. Den Kantonen sollte allerdings die Möglichkeit gegeben werden, für Nebenerwerbsbetriebe den Zuweisungsanspruch auszuschliessen[56]. Für den Fall der Veräusserung eines Gewerbes sollte dem Pächter und den selbstbewirtschaftenden Verwandten ein Vorkaufsrecht eingeräumt werden[57], mit Ausnahme der Veräusserung an ein Kind. Die Bevorzugung des Selbstbewirtschafters im Erbrecht durch den Zuweisungsanspruch zum Ertragswert wurde aus dem geltenden Recht[58] übernommen. Quasi als Ausgleich für die Besserstellung des Selbstbewirtschafters wurde das Gewinnanspruchsrecht des Veräusserers, bzw. der Miterben ausgebaut[59] und ein Klagerecht auf Veräusserung eingeräumt[60], dies für den Fall der Aufgabe der Selbstbewirtschaftung innert 10 Jahren. Eingedenk der Unzulänglichkeiten des Einspruchsverfahrens sah der Vorentwurf ein Bewilligungsverfahren für jene Veräusserungsfälle vor, in welchen land-

---

[52] BV.
[53] Vorentwurf Zimmerli (VE Zimmerli).
[54] Art. 5 VE Zimmerli.
[55] Art. 4,7,19,32 und 51 VE Zimmerli.
[56] Art. 27 VE Zimmerli.
[57] Art. 15 VE Zimmerli.
[58] Art. 620 aZGB.
[59] Das Gewinnanspruchsrecht sollte neu auch dann greifen, wenn innert 25 Jahren ein landwirtschaftliches Grundstück der landwirtschaftlichen Nutzung oder Zweckbestimmung entzogen wird. Vgl. Art. 38 VE Zimmerli.
[60] Art. 64 VE Zimmerli.

wirtschaftliche Gewerbe oder Grundstücke frei, d.h. nicht im Rahmen der Erbteilung und nicht im Rahmen der Ausübung eines Vorkaufsrechtes übereignet werden sollten[61]. Das aufgrund von Art. 616 und Art. 702 ZGB in zwanzig Kantonen realisierte Zerstückelungsverbot sollte nun für landwirtschaftliche Grundstücke vereinheitlicht werden[62]. Aus dem LEG wurde zur Vermeidung der Überschuldung das Institut der Belastungsgrenze übernommen[63].

C. Entwurf des Bundesrates

Der Vorentwurf[64] wurde den Kantonen, Parteien und interessierten Organisationen und Verbänden zur Vernehmlassung unterbreitet, worauf mit den entsprechenden Ergebnissen eine Überprüfung und Überarbeitung des Vorentwurfes stattfand. In der Folge übernahm dann der Bundesrat in seiner Botschaft vom 19. Oktober 1988[65] grundsätzlich das Konzept des Vorentwurfes, wich aber in folgenden Punkten wesentlich davon ab:

- es sollte keinen Zweckartikel geben;
- grundsätzlich sollten nur Haupterwerbsbetriebe geschützt werden und es sollte den Kantonen überlassen werden, ob sie den Geltungsbereich auch auf Nebenerwerbsbetriebe ausdehnen wollen;
- beim Begriff «Selbstbewirtschafter» wollte der Bundesrat auch die Hobby-Landwirte erfasst haben;
- der Bundesrat wollte ein Einspruchsverfahren anstelle des Bewilligungsverfahrens;
- das Selbstbewirtschafterprinzip wurde bei den öffentlichrechtlichen Verfügungsbeschränkungen durchbrochen;

---

[61] Art. 47-55 VE Zimmerli.
[62] Art. 46 VE Zimmerli.
[63] Art. 56 ff. VE Zimmerli.
[64] VE Zimmerli.
[65] BBl 1988 III 953 ff.

- der Bundesrat wünschte eine «liberalere» Umschreibung der unerwünschten Erwerbsgeschäfte und sah keine wirksame Preiskontrolle vor.

D. Parlamentarische Beratungen

Im Zuge der parlamentarischen Beratungen wurde die heute geltende Fassung des BGBB geschaffen. Mit Art. 1 BGBB wurde ein Zweckartikel entsprechend dem Antrag der nationalrätlichen Kommission[66] eingeführt. Als eigentliche Hauptbetriebe wurden jene landwirtschaftlichen Betriebe bundesrechtlich geschützt, welche als Grundlage der landwirtschaftlichen Produktion dienen und mindestens eine halbe Arbeitskraft einer bäuerlichen Familie ausmachen[67], dies, nachdem ein Antrag Zimmerli auf Ausdehnung des Schutzbereiches auch auf die Nebenbetriebe im Ständerat knapp gescheitert war[68]. Allerdings übernahmen die Räte den bundesrätlichen Vorschlag, es den Kantonen zu überlassen, ob auch kleinere landwirtschaftliche Betriebe geschützt werden sollen[69]. Hinsichtlich dem Selbstbewirtschafter sind die Räte dem bundesrätlichen Vorschlag gefolgt[70]. Die Frage, ob bei Handänderungen ausserhalb der Familie ein Einspruchs- oder ein Bewilligungsverfahren einzuführen sei, führte zu grossen Diskussionen. Im Ständerat kam der Rückweisungsantrag Zimmerli auf Einführung eines Bewilligungsverfahrens durch[71], worauf das Bewilligungsverfahren[72] geschaffen wurde. Danach wird die Bewilligung für den Erwerb eines landwirtschaftlichen Gewerbes oder Grundstückes grundsätzlich nur einem Selbstbewirtschafter erteilt, es sei denn, es lägen wichtige

---

[66] Amtl.Bull.NR 1991 S. 97.
[67] Art. 7 BGBB.
[68] Amtl.Bull.SR 1990 S. 223.
[69] Art. 5 lit. a BGBB.
[70] Art. 9 BGBB.
[71] Amtl.Bull.SR 1990 S. 244.
[72] Art. 61 ff. BGBB.

Gründe vor[73]. Schliesslich bereitete die Festlegung des zulässigen Preises einige Schwierigkeiten, worauf man sich nach der Differenzbereinigung auf die nun geltende Fassung einigte[74].

§ 3 Zielsetzung des bäuerlichen Erbrechtes gemäss BGBB

I. Allgemeines

Das BGBB regelt den Rechtsverkehr mit landwirtschaftlichen Grundstücken und Gewerben und gilt demnach als eigentliches Rechtsverkehrsgesetz[75], welches festlegt, wer landwirtschaftlichen Boden erwerben und veräussern kann[76]. Die Bestimmung, welcher Boden landwirtschaftlich genutzt werden soll, und damit der quantitative Schutz des landwirtschaftlichen Bodens, ist dem Raumplanungsrecht[77] zu entnehmen. Das BGBB geht beim örtlichen Geltungsbereich[78] dementsprechend grundsätzlich von der Zonenordnung des RPG aus. Die Erhaltung der Bodenfruchtbarkeit ist primär

---

[73] Art. 64 BGBB.
[74] Art. 66 BGBB.
[75] Art. 1 Abs. 2 BGBB; BBl 1988 III 973; Amtl.Bull.SR 1990 S. 215; Amtl.Bull.NR 1991 S. 95.
[76] Amtl.Bull.SR 1990 S. 213.
[77] BBl 1988 III 973; Amtl.Bull.SR 1990 S. 213; Amtl.Bull.NR 1991 S. 86.
[78] Art. 2 Abs. 1 BGBB.

Aufgabe der Umweltschutzgesetzgebung[79], wobei aber auch im BGBB[80] mit der Zielsetzung, eine auf eine «nachhaltige» Bodenbewirtschaftung ausgerichtete Landwirtschaft zu erhalten, die Forderung nach einem gewissen qualitativen Schutz[81] des Bodens aufgestellt wurde. Das BGBB stützte sich bis zur Verfassungsänderung anlässlich der Volksabstimmung vom 9. Juni 1996[82] auf Art. 22ter, Art. 31bis Abs. 3 lit. b und Art. 64 BV[83]. Seither stellen Art. 22ter, Art. 31^{octies} und Art. 64 BV die Verfassungsgrundlagen dar.

II. Formelle Ziele

Durch die unterschiedliche Herkunft und das unterschiedliche Alter der einzelnen Bestimmungen des bäuerlichen Bodenrechtes[84] bestanden abweichende Begriffe und widersprüchliche Ziele. Es fehlte an der gegenseitigen Abstimmung und der Koordination der verschiedenen Rechtsinstitute. So war der erbrechtliche Zuweisungsanspruch für ein landwirtschaftliches Gewerbe erst gegeben, wenn eine ausreichende landwirtschaftliche Existenz vorhanden war[85], während ein Vorkaufsrecht bereits schon bestand, wenn ein wesentlicher Teil eines landwirtschaftlichen Gewerbes veräussert

---

[79] BBl 1988 III 973; Amtl.Bull.SR 1990 S. 213; STALDER BEAT, Die Verfassungs- und verwaltungsrechtliche Behandlung unerwünschter Handänderungen im bäuerlichen Bodenrecht, S. 40.

[80] Art. 1 Abs. 1 lit. a BGBB.

[81] Mit einer «nachhaltigen Bodenbewirtschaftung» sollte der Raubbau am Boden verhindert und stattdessen eine Bewirtschaftungsart gewählt werden, welche eine langfristige Fruchtbarkeit des Bodens gewährleistet. Prot.Komm.NR, Sitzung vom 2. April 1990, S. 37; Amtl.Bull.SR 1990 S. 216; BBl 1984 III 730; BBl 1992 II 470; STALDER BEAT, Die Verfassungs- und verwaltunsrechtliche Behandlung unerwünschter Handänderungen im bäuerlichen Bodenrecht, S. 40.

[82] BBl 1996 I 230 und BBl 1996 I 1253.

[83] BBl 1988 III 1091.

[84] ZGB, OR, LEG, EGG, LwG, LPG.

[85] Art. 620 aZGB.

wurde[86]. Zudem waren die privatrechtlichen Verfügungsbeschränkungen (Vorkaufsrecht und Erbrecht) nicht auf die öffentlichrechtlichen (Einspruchsverfahren) abgestimmt. Die Kantone waren wohl berechtigt, aber nicht verpflichtet, landwirtschaftliche Gewerbe vor der Teilung zu schützen[87], was bei Nichtausschöpfen dieser Möglichkeit zu einem Widerspruch zu den bundesrechtlichen Vorschriften über die parzellenweise Verpachtung führte[88]. Da alle Vorschriften des bäuerlichen Bodenrechtes älter waren als das Bundesgesetz über die Raumplanung[89], musste die Abstimmung mit dem RPG bisher der Praxis vorbehalten bleiben[90].

Es galt nun, all diese Unstimmigkeiten und Unzulänglichkeiten des bäuerlichen Bodenrechtes und damit auch des bäuerlichen Erbrechtes durch den Erlass eines einzigen Gesetzes auszuräumen.

III. Materielle Ziele

A. Allgemeines

Die eigentlichen materiellen Ziele, welche mit dem bäuerlichen Bodenrecht und damit auch mit dem bäuerlichen Erbrecht verfolgt werden sollen, hat der Bundesrat gestützt auf Art. 31bis Abs. 3 BV bereits im Jahre 1984 im Sechsten Landwirtschaftsbericht wie folgt skizziert[91]:

---

[86] Art. 6 Abs. 1 EGG.
[87] Art. 19 Abs. 1 lit. c EGG.
[88] Art. 30 ff. LPG.
[89] RPG.
[90] BGE 113 II 136 ff.
[91] BBl 1984 III 563.

- Erhaltung und Schaffung leistungsfähiger Betriebe (Güterzusammenlegung, Verhinderung der Parzellierung);
- Verhinderung der Konzentration auf zu grosse Wirtschaftseinheiten (Güteraufkauf);
- Betriebsübernahme zu angemessenen Preisen, somit Verhinderung der Ueberschuldung;
- Sicherung der landwirtschaftlichen Existenz im Rahmen der bäuerlichen Familie, einschliesslich Schutz des Pächters, sowie
- Begünstigung des tüchtigen Selbstbewirtschafters.

An diesen Zielsetzungen hatte sich der Vorentwurf zum Bundesgesetz über das bäuerliche Bodenrecht vom Dezember 1985 zu orientieren[92]. In der Botschaft zum Bundesgesetz über das bäuerliche Bodenrecht (BGBB) vom 19. Oktober 1988[93] sowie in den Beratungen des Parlamentes[94] und schliesslich selbst im Siebten Landwirtschaftsbericht des Bundesrates[95] wurde weiterhin fraglos von denselben Vorgaben ausgegangen[96]. Aus diesen Richtlinien wurden schliesslich in den Erläuterungen des Bundesrates zum Bundesgesetz über das bäuerliche Bodenrecht im Hinblick auf die Volksabstimmung vom 27. September 1992 verschiedene Ziele konkret formuliert. Im wesentlichen hat der Bundesrat in den Erläuterungen dem Stimmbürger die Vorlage mit folgenden materiellen Argumenten angepriesen:

---

[92] Schlussbericht zum Vorentwurf zu einem Bundesgesetz über das bäuerliche Bodenrecht der Expertenkommission für die Revision des bäuerlichen Bodenrechts, S. 4 und 5.

[93] BBl 1988 III 968

[94] Amtl.Bull.NR 1991 S.96; Amtl.Bull.SR 1990 S. 209 und 216.

[95] BBl 1992 II 227 ff.

[96] An diesen Zielvorgaben ändert die Tatsache, dass der Bundesrat in seinem Entwurf (BBl 1988 III 974) von einem Zweckartikel absehen wollte, nichts. Die Minderheit der ständerätlichen Kommission hatte wieder einen Zweckartikel (Art. 1 Abs. 1 lit. a und b BGBB) vorgeschlagen und setzte sich schliesslich in der Abstimmung im Ständerat durch (Amtl.Bull.SR 1990 S. 215 und 216). Im Nationalrat wurde die Version des Ständerates entsprechend dem Vorschlag der nationalrätlichen Kommission um Art. 1 Abs. 1 lit. c BGBB ergänzt (Amtl.Bull.NR 1991 S. 97).

- Spekulation wird erschwert: die Bauern erhalten leichteren Zugang zum Bodeneigentum;
- Selbstbewirtschafter wird begünstigt: wer den Boden selber bewirtschaften will, soll diesen erleichtert erwerben können, und zwar innerhalb der Familie mit einem Preisprivileg (Ertragswert);
- Strukturverbesserung: bestehende Gewerbe sollen vergrössert werden können, da ihre Eigentümer beim Erwerb von zusätzlichem Boden eine Vorrangstellung geniessen;
- Schutz der Familienbetriebe: kleine Familienbetriebe sollen erhalten bleiben;
- Auflösungsmöglichkeit kleiner Betriebe: falls kleine Betriebe kein gutes Auskommen mehr bieten, können sie vom Eigentümer aufgelöst werden, indem diese parzellenweise verpachtet und später stückweise verkauft oder unter den Erben aufgeteilt werden.

Die Zielsetzungen der Strukturverbesserung, der Bewirtschaftung durch den Eigentümer und des Schutzes der Familienbetriebe spielen für das bäuerliche Erbrecht eine zentrale Rolle. Dabei haben die beiden ersteren Ziele im Kollisionsfall vor dem familienpolitischen Anliegen den Vorrang[97].

B. Strukturverbesserung

Mit dem BGBB und damit auch mit den dortigen erbrechtlichen Bestimmungen sollen lebensfähige Betriebe als ganzes erhalten bleiben können. Kleineren Betrieben wird die Möglichkeit eingeräumt, ihre Existenzbasis zu verbessern. Der Schutz, als ganzes erhalten zu bleiben, ist jenen Betrieben vorbehalten, welche mindestens eine halbe Arbeitskraft einer bäuerlichen Familie beanspruchen[98], soweit die Kantone den Schutz nicht weiter ausdehnen[99].

---

[97] BBl 1988 III 971.
[98] Art. 7 BGBB.

Die Erhaltung lebensfähiger Betriebe wird angestrebt mit dem erbrechtlichen Zuweisungsanspruch für landwirtschaftliche Gewerbe[100], mit dem Kaufsrecht von Verwandten für landwirtschaftliche Gewerbe[101], mit dem Zuweisungsanspruch für landwirtschaftliche Gewerbe bei Aufhebung von vertraglich begründetem Gesamt- oder Miteigentum[102], mit dem Vorkaufsrecht der Verwandten für landwirtschaftliche Gewerbe[103], mit dem Vorkaufsrecht des Pächters für landwirtschaftliche Gewerbe[104], mit dem Vorkaufsrecht des Miteigentümers bei der Veräusserung von Miteigentum an einem landwirtschaftlichen Gewerbe[105] sowie mit dem Realteilungsverbot für landwirtschaftliche Gewerbe[106].

Die Vergrösserung von kleinen Betrieben soll vor allem mit dem erbrechtlichen Zuweisungsanspruch für landwirtschaftliche Grundstücke[107], mit dem Zuweisungsanspruch für landwirtschaftliche Grundstücke bei der Aufhebung von vertraglich begründetem Gesamt oder Miteigentum[108], mit dem Vorkaufsrecht der Verwandten für landwirtschaftliche Grundstücke[109], durch das Vorkaufsrecht des Pächters für landwirtschaftliche Grundstücke[110] sowie durch das Vorkaufsrecht des Miteigentümers für landwirtschaftliche Grundstücke[111] erreicht werden, wobei jeweils eine obere Grenze gesetzt wird zwecks Verhinderung einer unerwünschten Konzentration von landwirtschaftlichem Grundbesitz[112].

---

[99] Art. 5 lit. a BGBB.
[100] Art. 11 ff. BGBB.
[101] Art. 25 ff. BGBB.
[102] Art. 36 Abs. 1 BGBB.
[103] Art. 42 Abs. 1 BGBB.
[104] Art. 47 Abs. 1 BGBB.
[105] Art. 49 BGBB.
[106] Art. 58 Abs. 1 BGBB.
[107] Art. 21 BGBB.
[108] Art. 36 Abs. 2 BGBB.
[109] Art. 42 Abs. 2 BGBB.
[110] Art. 47 Abs. 2 BGBB.
[111] Art. 49 Abs. 2 BGBB.
[112] Art. 22, 27 und 50 BGBB.

C. Begünstigung des Selbstbewirtschafters

Im BGBB wird der Selbstbewirtschafter beim Erwerb landwirtschaftlichen Bodens in vielfacher Hinsicht bevorzugt, während all jene, welche landwirtschaftlichen Boden vorwiegend als Kapitalanlage oder zur Spekulation kaufen wollen, praktisch vom Erwerb ausgeschlossen sind, womit der Nachfragedruck vermindert werden soll. Einerseits kann einzig der Selbstbewirtschafter den erbrechtlichen Zuweisungsanspruch[113], das Kaufsrecht der Verwandten[114], den Zuweisungsanspruch bei vertraglich begründetem Gesamt- oder Miteigentum, das Vorkaufsrecht der Verwandten[115] und das Vorkaufsrecht des Pächters[116] sowie das Vorkaufsrecht des Miteigentümers[117] für ein landwirtschaftliches Gewerbe geltend machen. Andererseits kann ein Nichtselbstbewirtschafter kein landwirtschaftliches Grundstück oder Gewerbe erwerben, solange ein Angebot eines Selbstbewirtschafters zu einem nicht übersetzten Preis vorliegt[118], es sei denn, der fragliche Erwerb unterliege gar nicht der Bewilligungspflicht[119] oder ein Ausnahmetatbestand[120] liege vor.

D. Schutz der Familienbetriebe

Soweit die Ziele der Strukturverbesserung und der Begünstigung des Selbstbewirtschafters nicht verhindert werden, ist ein Schutz der Familienbetriebe vorgesehen. Landwirtschaftliche Liegenschaften oder Gewerbe sollen nicht ohne weiteres auf eine andere Familie übergehen, weshalb für die Familienangehörigen eines Ei-

---

[113] Art. 11 BGBB.
[114] Art. 25 BGBB.
[115] Art. 42 BGBB.
[116] Art. 47 BGBB.
[117] Art. 49 BGBB.
[118] Art. 64 Abs. 2 lit. f BGBB.
[119] Art. 62 BGBB.
[120] Art. 64 BGBB.

gentümers von landwirtschaftlichen Liegenschaften die Übernahme dieser Liegenschaften zu erleichterten Bedingungen vorgesehen ist. Dementsprechend sind die erbrechtlichen Zuweisungsansprüche[121], die Verwandtenvorkaufsrechte[122] sowie das Kaufsrecht von Verwandten[123] hinsichtlich dem Erwerb von landwirtschaftlichen Gewerben an die Voraussetzung der Selbstbewirtschaftung und hinsichtlich dem Erwerb von Grundstücken an die Möglichkeit gebunden, die Struktur eines bereits bestehenden Gewerbes zu verbessern. Sind diese Bedingungen erfüllt, so erfährt das Familienmitglied ein Preisprivileg[124]. Die familienpolitische Komponente überwiegt[125] indessen, falls im Rahmen der Erbteilung kein Selbstbewirtschafter die Zuweisung verlangt oder ein Ansprecher ungeeignet ist und falls kein selbstbewirtschaftender, verwandter Nichterbe[126] ein Kaufsrecht geltend macht.

E. Änderung der materiellen Ziele

Die materiellen Ziele des BGBB wurden ausgehend von Art. 31bis Abs. 3 lit. b BV durch den 6. Landwirtschaftsbericht, den Vorentwurf Zimmerli, durch den Entwurf des Bundesrat sowie durch die vorberatenden Kommissionen des National- und Ständerates grundlegend erarbeitet, um schliesslich im Zuge der parlamentarischen Beratungen in Art. 1 Abs. 1 BGBB ausdrücklich fixiert zu werden. Diese Zweckbestimmung bildete zusammen mit den Erläuterungen des Bundesrates für den Souverän die wesentliche Entscheidungsgrundlage für die Volksabstimmung vom 27. September 1992. Allfällige neue, den bisherigen widersprechende oder zusätzliche Zielsetzungen müssten im Rahmen einer Verfassungs- oder Gesetzesänderung eingeführt werden.

---

[121] Art. 11 ff. BGBB.
[122] Art. 42 BGBB.
[123] Art. 25 ff. BGBB.
[124] Art. 17, 21, 27 und 44 BGBB.
[125] Art. 11 Abs. 2 BGBB.
[126] Art. 25 ff. BGBB.

Neuerliche Bestrebungen, die Zielsetzungen der Landwirtschaftspolitik auf Verfassungsstufe auszuweiten[127], scheiterten in einer ersten Runde in der Volksabstimmung vom 12. März 1995, als der Souverän einen neuen Verfassungsartikel[128] abgelehnt[129] hat. Allerdings waren die entsprechenden Ziele der Landwirtschaftspolitik bereits im Jahre 1992 im Siebten Landwirtschaftsbericht des Bundesrates festgeschrieben worden[130] und hätten als solche auch ohne weitere Verfassungsgrundlage wohl weiterbestehen können. Diese Ziele widersprachen denn auch keineswegs der bis zum 9. Juni 1996 geltenden[131] Verfassungsbestimmung. Mit der Volksabstimmung vom 9. Juni 1996 befürworteten die Stimmbürgerinnen und Stimmbürger ein neues Fundament[132] für die Landwirtschaftspolitik. Diese zweite Version der Verfassungsänderung formuliert die Ziele der Landwirtschaftspolitik[133] praktisch gleich wie der Siebte Landwirtschaftsbericht des Bundesrates[134] und kann auch kaum von

---

[127] BBl 1994 III 1798: mit dem Vorschlag der Bundesversammlung sollte neu die sichere Versorgung der Bevölkerung, eine nachhaltige Nutzung der natürlichen Lebensgrundlagen, die Pflege der Naturlandschaft und eine dezentrale Besiedelung des Landes als Aufgaben der Landwirtschaft in der Bundesverfassung verankert werden, wobei auch konkrete Massnahmen festgeschrieben werden sollten (Vorschlag zu Art. 31^{octies} Abs. 2 BV). Der Vorschlag der Bundesversammlung war die Reaktion auf die vom Schweizerischen Bauernverband lancierte Volksinitiative vom 26. Februar 1990 «für eine umweltgerechte und leistungsfähige bäuerliche Landwirtschaft», welche nach Vorliegen des Vorschlages der Bundesversammlung im November 1994 zurückgezogen worden war (BBl 1994 III 1797 und BBl 1994 V 803).

[128] BBl 1994 III 1798: erster Vorschlag zu Art. 31^{octies} BV

[129] BBl 1995 II 1362.

[130] BBl 1992 II 465 und 523: Nahrungsmittelversorgung, Nutzung und Pflege natürlicher Lebensgrundlagen, Landschaftspflege und dezentrale Besiedelung des Landes.

[131] Art. 31bis Abs. 3 lit. b BV.

[132] BBl 1996 I 230: zweiter Vorschlag zu Art. 31^{octies} BV.

[133] Art. 31^{octies} Abs. 1 BV: sichere Versorgung der Bevölkerung; Erhaltung der natürlichen Lebensgrundlagen und Pflege der Kulturlandschaft; dezentrale Besiedelung des Landes.

[134] BBl 1992 II 465 und 523: Nahrungsmittelversorgung, Nutzung und Pflege natürlicher Lebensgrundlagen, Landschaftspflege und dezentrale Besiedelung des Landes.

der ersten und gescheiterten Version[135] der Verfassungsänderung vom 12. März 1995 unterschieden werden. Beim ebenfalls festgeschriebenen Massnahmekatalog[136] indessen sind drei wesentliche Neuerungen[137] zu erkennen. Die Zielsetzungen des BGBB[138] stehen indessen auch mit der neuen Verfassungsbestimmung im Einklang. Die geplante Revision des RPG[139] würde im bäuerlichen Erbrecht durch den Übergang vom Produktionsmodell zum Produktemodell den Begriff der landwirtschaftlichen Nutzung[140] ausweiten. Die geplante Revision des BGBB und des LPG[141] beabsichtigt eine Lockerung der strukturpolitischen Bestimmungen dieser beiden Gesetze. Einerseits soll die Möglichkeit geschaffen werden, landwirtschaftliche Gewerbe, die eine gute landwirtschftliche Existenz bieten, unter bestimmten Voraussetzungen auch parzellenweise zu verpachten[142]. Andererseits sollen zufolge ungünstiger Betriebsstrukturen nicht mehr erhaltenswürdige landwirtschaftliche Gewerbe als Grundstücke betrachtet werden[143]. Beide Änderungen würden zum

---

[135] BBl 1994 III 1798: die sichere Versorgung der Bevölkerung, eine nachhaltige Nutzung der natürlichen Lebensgrundlagen, die Pflege der Naturlandschaft und eine dezentrale Besiedelung des Landes.

[136] Art. 31^{octies} Abs. 3 BV.

[137] Zum einen haben nur noch jene Betriebe, die nachweisen können, dass sie die geforderten ökologischen Leistungen erbringen, Anrecht auf Direktzahlungen in einem Ausmass, das ihnen ein angemessenes Einkommen ermöglicht (Art. 31^{octies} Abs. 3 lit. a BV). Zum anderen sollen naturnahe, umwelt- und tierfreundliche Produktionsformen besonders gefördert werden (Art. 31^{octies} Abs. 3 lit. b BV). Schliesslich muss der Bund zur Verbesserung der Produkteinformation für die Lebensmittel Vorschriften zur Deklaration von Herkunft, Qualität, Produktionsmethode und Verarbeitungsverfahren erlassen (Art. 31^{octies} Abs. 3 lit. c BV)

[138] BBl 1988 III 968.

[139] BBl 1996 III 513 ff.

[140] Art. 6 Abs. 1 BGBB.

[141] BBl 1996 IV 372 ff.

[142] BBl 1996 IV 381 ff. und 386.

[143] BBl 1996 IV 375 f. und 384 f.

vermehrten Verlust der Gewerbequalität bei landwirtschaftlichen Gewerben führen, was erbrechtliche Konsequenzen[144] hat.

§ 4 Bestimmung der wesentlichen Begriffe

I. Allgemeines

Zu Beginn ist es angebracht, die grundlegenden Begriffe des BGBB im einzelnen zu betrachten, bzw. sich über deren Inhalt klar zu werden. Damit können künftige Missverständnisse oder Zweideutigkeiten verhindert werden. Die vorliegend wichtigsten Begriffe sind mit dem BGBB nicht neu entstanden. Sie wurden aus bisherigen bundesrechtlichen Bestimmungen oder aus der Rechtsprechung entnommen und teilweise ergänzt.

---

[144] Zuweisungsanspruch für landwirtschaftliches Gewerbe entfällt. Dafür könnten bei Erfüllung der entsprechenden Voraussetzungen die landwirtschaftlichen Grundstücke zugewiesen werden.

II. Landwirtschaftliches Grundstück

A. Allgemeines

Der Begriff des «landwirtschaftlichen Grundstückes» ist im BGBB von zentraler Bedeutung. Der Gesetzgeber hat diesen Begriff im BGBB aber lediglich grob umrissen. Danach gilt ein Grundstück als «landwirtschaftliches» Grundstück, wenn es für die landwirtschaftliche oder gartenbauliche Nutzung geeignet ist[145]. Zudem sind Anteils- und Nutzungsrechte an Allmenden, Alpen, Wald und Weiden, die sich im Eigentum von Allmendgenossenschaften, Alpgenossenschaften, Waldkorporationen oder ähnlichen Körperschaften befinden, ebenfalls als landwirtschaftliche Grundstücke zu betrachten[146], sofern solche zu einem landwirtschaftlichen Gewerbe gehören oder sofern die Anwendung des BGBB von den Kantonen nicht ausgeschlossen wurde[147].

Aus den parlamentarischen Beratungen kann zum Begriffspaar «landwirtschaftliches Grundstück» nichts entnommen werden. Es wird lediglich auf den Entwurf des Bundesrates hingewiesen[148], weshalb den diesbezüglichen Ausführungen im Entwurf des Bundesrates für die Auslegung entscheidende Bedeutung beizumessen ist. Wichtig sind in diesem Zusammenhang aber auch die Ausführungen des Bundesrates in den Erläuterungen des Bundesrates zur Volksabstimmung vom 27. September 1992.

---

[145] Art. 6 Abs. 1 BGBB.
[146] Art. 6 Abs. 2 BGBB. Diese Bestimmung wurde aus Art. 4 EGG übernommen.
[147] Art. 5 lit. b BGBB.
[148] Amtl.Bull.SR 1990 S. 218 und 223; Amtl.Bull.NR 1991 S. 99 und 108.

B. Grundstück

In der Botschaft des Bundesrates[149] wird für den Begriff «Grundstück» zunächst auf die Bestimmung des Art. 655 ZGB hingewiesen, wonach Liegenschaften, die in das Grundbuch aufgenommenen, selbständigen und dauernden Rechte, die Bergwerke und die Miteigentumsanteile an Grundstücken als Grundstücke zu gelten haben. Diese Grundstücksdefinition kann vorliegend mit Ausnahme der Bergwerke ohne weiteres übernommen werden. Hinzu kommen noch die Anteils- und Nutzungsrechte an Allmenden, Alpen, Wald und Weiden, die im Eigentum von Allmendgenossenschaften, Alpgenossenschaften, Waldkorporationen und ähnlichen Körperschaften stehen, soweit sie nicht als selbständige Rechte im Grundbuch aufgenommen worden sind[150]. Sie gelten a priori als landwirtschaftliche Grundstücke, sofern sie gemäss kantonalem Recht nicht von der Anwendung des BGBB ausgenommen worden sind oder sofern sie zu einem landwirtschaftlichen Gewerbe im Sinne des BGBB gehören[151]. Bei den selbständigen und dauernden, im Grundbuch aufgenommenen Rechten ist vor allem von Anteils- und Nutzungsrechten an Allmenden, Alpen, Wald, Wiesen, Ackerland, Rebland und Weiden, aber auch von Wasserrechten auszugehen. Selbst Baurechte sind denkbar.

Das Grundstück muss allerdings eine Mindestgrösse[152] erreichen, damit es überhaupt von den Bestimmungen des BGBB erfasst werden kann, es sei denn, es gehöre zu einem landwirtschaftlichen Gewerbe im Sinne des BGBB[153].

---

[149] BBl 1988 III 980 und 981.
[150] Art. 6 Abs. 2 BGBB.
[151] Art. 5 lit. b BGBB.
[152] Art. 2 Abs. 3 BGBB: 10 Aren Rebland und 25 Aren anderes Land.
[153] Art. 2 Abs. 3 BGBB.

C. Landwirtschaftliche Nutzung

Die Bestimmung des Begriffes «landwirtschaftlich» gestaltet sich schwierig. Das Gesetz sagt dazu lediglich, dass ein Grundstück als «landwirtschaftlich» gelte, das für die landwirtschaftliche oder gartenbauliche Nutzung geeignet ist[154], wobei diese Formulierung jener des RPG für Landwirtschaftszonen sinngemäss entspricht[155]. Der Bundesrat hat in seiner Botschaft für den Begriff «landwirtschaftlich» ausdrücklich auf die Umschreibung des RPG hingewiesen[156]. Die Anlehnung an das RPG erscheint sinnvoll, da bereits bei der räumlichen Festlegung des Geltungsbereiches des Gesetzes von der Zonenordnung des RPG ausgegangen wird[157].

Die Nutzung eines Grundstückes ist dann als «landwirtschaftlich» im Sinne des BGBB zu bezeichnen, wenn dafür der Boden als erzeugender Produktionsfaktor unentbehrlich ist. Der Bodenertrag wird unmittelbar und unter natürlichen Bedingungen ausgeschöpft, wobei ein Abbau der Bodensubstanz[158] nicht darunter fallen kann. Soweit Bodensubstanz durch die Produktion entzogen wird, muss diese wieder rückführbar sein[159]. Der Boden darf auf alle Fälle nicht nur für Gebäulichkeiten oder Anlagen benötigt werden, weil für solche Zwecke die Bauzonen vorgesehen sind. Sobald landwirtschaftliche Produkte bodenunabhängig erzeugt werden, liegt keine landwirtschaftliche Nutzung des Bodens im Sinne des BGBB vor[160]. Es kommt somit für den Entscheid, ob eine landwirtschaftliche Nutzung vorliegt oder nicht, auf die Art und Weise an, wie ein Pro-

---

[154] Art. 6 Abs. 1 BGBB.
[155] Art. 16 Abs. 1 lit. a RPG.
[156] BBl 1988 III 981.
[157] Art. 2 Abs. 1 BGBB.
[158] Bergbau, Torfabbau, etc.
[159] Düngung, etc.
[160] Schweinemästerei oder Geflügelmästerei unter Zukauf des Futters; Hors-sol-Produktion, etc. A.M. HOFER EDUARD, Kommentar BGBB, N. 32 ff. der Vorbemerkungen zu den Artikeln 6-10 BGBB. Eduard Hofer hält dafür, dass die Produktion mittels Photosynthese das entscheidende Kriterium für die Definition des Begriffes «landwirtschaftlich» sein soll.

dukt erzeugt wird und nicht auf das Produkt selber[161]. In diesem Sinne ist das sogenannte Produktemodell[162] für den privatrechtlichen Anwendungsbereich des BGBB abzulehnen. Denn mit dem BGBB sollte preisgünstiger Boden als wichtigste und unentbehrliche Grundlage der landwirtschaftlichen Nahrungsmittelproduktion dem Bauern zur Verfügung gestellt werden[163]. Damit wurde dem Stimmbürger im Vorfeld der Abstimmung vom 27. September 1992 die Annahme des BGBB ausdrücklich[164] beliebt gemacht. Es gibt keinerlei Grundlage, ja es würde eindeutig dem Willen des Gesetzgebers widersprechen, die bodenunabhängige Produktion[165] von landwirtschaftlichen Erzeugnissen[166] als landwirtschaftliche Nutzung im Sinne des BGBB zu betrachten[167]. Ungeachtet dessen kann eine bodenunabhängige Produktion von landwirtschaftlichen Erzeugnissen ein nichtlandwirtschaftliches Nebengewerbe im Sinne des BGBB darstellen und damit zusammen mit dem bodenabhängigen Anteil ein gemischtes Gewerbe bilden, welches dann insgesamt als landwirtschaftlich zu bezeichnen ist, sofern der landwirtschaftliche Charakter überwiegt[168]. Für Grundstücke oder Grundstücksteile, auf denen ausschliesslich landwirtschaftliche Produkte bodenunabhängig produziert werden und welche nicht zu einem,

---

[161] Erläuterungen zum Bundesgesetz über die Raumplanung des EJPD, 1981, N. 9 zu Art. 16 RPG. BGE 116 Ib 131 ff; 117 Ib 270 ff.; 120 Ib 266 ff.

[162] Unter dieser Betrachtungsweise wird nur das Produkt als Resultat beurteilt und nicht etwa die Art und Weise der Entstehung. BBl 1996 III 514 und 527.

[163] M.E. ist für den privatrechtlichen Anwendungsbereich des BGBB nach wie vor vom Produktionsmodell (und nicht vom Produktemodell) auszugehen. Im Entwurf zur Revision des RPG wird raumplanerisch der Übergang vom Produktionsmodell zum Produktemodell gefordert (BBl 1996 III 514 und 515).

[164] Erläuterungen des Bundesrates zur Volksabstimmung vom 27. September 1992, S. 27.

[165] Der landwirtschaftliche Boden im Sinne des BGBB sollte die unentbehrliche Grundlage für die landwirtschaftliche Produktion darstellen (Erläuterungen des Bundesrates zur Volksabstimmung vom 27. September 1992, S. 27).

[166] Pflanzliche oder tierische Produkte.

[167] A.M. HOFER EDUARD, Kommentar BGBB, N. 41 der Vorbemerkungen zu den Art. 6-10 BGBB; N. 14 zu Art. 6 BGBB.

[168] Art. 7 Abs. 5 BGBB.

überwiegend landwirtschaftlichen Charakter aufweisenden Gewerbe gehören, ist das BGBB nicht anwendbar. Es ist nicht einzusehen, dass fabrikähnlich genutzte Grundstücke oder Grundstücksteile in den privatrechtlichen Schutzbereich des BGBB fallen sollten, es sei denn, es liege ein nichtlandwirtschaftliches Nebengewerbe[169] vor.

Der landwirtschaftlichen Nutzung eines Grundstückes ist m.E. auch eine allfällige Lagerung, Veredelung und Vermarktung der auf diesem Grundstück erzeugten landwirtschaftlichen Produkte zuzurechnen.

Wenn im Zuge der geplanten Revision des Raumplanungsrechtes[170] die bodenunabhängige Produktion von pflanzlichen oder tierischen Produkten als «landwirtschaftlich[171]» im Sinne des RPG betrachtet und damit vom Produktions- zum Produktemodell übergegangen werden sollte, müsste das auch für den privatrechtlichen Anwendungsbereich des BGBB gelten. Eine Abstimmung des BGBB mit dem RPG ist unabdingbar und war von Anfang an gewünscht[172]. Allerdings würde eine derartige Entwicklung dazu führen, dass die Ansprecher von landwirtschaftlichen Gewerben neuerdings auch für den Bereich der bodenunabhängigen Herstellung von pflanzlichen oder tierischen Produkten gegenüber den ausscheidenden Ehegatten, Miterben, Gesellschaftern oder Verwandten preisprivilegiert[173] würden, was eine weitere Schlechterstellung der abzufindenden Ehegatten, Miterben, Gesellschafter oder Verwandten zu

---

[169] Art. 7 Abs. 5 BGBB i.V.m. Art. 15 Abs. 2 BGBB.
[170] BBl 1996 III 513 ff.
[171] Als in der Landwirtschaftszone zonenkonform. BBl 1996 III 532 und 533.
[172] BBl 1988 III 981.
[173] Art. 17 Abs. 1, Art. 27 Abs. 1, Art. 37 Abs. 1 und Art. 44 BGBB. Anstelle der Zuweisung einer bodenunabhängigen Produktionseinheit (Geflügelmast, etc.) zum Verkehrswertes im Sinne eines nichtlandwirtschaftlichen Nebengewerbes (Art. 17 Abs. 2 BGBB i.V.m. Art. 51 Abs. 3 BGBB) zusammen mit dem landwirtschaftlichen Gewerbe könnte nun plötzlich eine Zuweisung zum Ertragswert (Art. 17 Abs. 1 BGBB) gesamthaft (beide Gewerbeteile) geltend gemacht werden, weil mit der Definition «landwirtschaftlich» gemäss dem Produktemodell die bodenunabhängige Produktionseinheit zum eigentlichen Bestandteil des landwirtschaftlichen Gewerbes würde und damit den Charakter des nichtlandwirtschaftlichen Nebengewerbes verlieren würde.

Folge hätte[174]. Die mit der geplanten Revision des RPG[175] verbundene Ausweitung des Begriffes «landwirtschaftlich» bzw. mit dem Definitionswechsel von der «landwirtschaftlichen Nutzung[176]» zur «landwirtschaftlichen Bewirtschaftung[177]» würde somit bei den privatrechtlichen Bestimmungen des BGBB zu einer weiteren preislichen Privilegierung des Selbstbewirtschafters führen[178].

D. Waldgrundstücke

Waldgrundstücke gelten grundsätzlich nicht als landwirtschaftliche Grundstücke, unterstehen aber dem BGBB, sofern sie zu einem landwirtschaftlichen Gewerbe im Sinne des BGBB gehören[179]. Werden sie einem landwirtschaftlichen Gewerbe zugeordnet, so sind sie wie die anderen, dem Gewerbe zugehörigen landwirtschaftlichen Grundstücke zu behandeln. Bei der Feststellung, ob ein landwirtschaftliches Gewerbe vorliegt oder nicht, sind sie dann jedenfalls mitzuberücksichtigen.

---

[174] Die erste Schlechterstellung erfahren die Abzufindenden bereits bei der Zuweisung des landwirtschaftlichen Gewerbes (ohne die bodenunabhängigen Produktionseinheiten) an den Ansprecher zum Ertragswert. Es geht dabei regelmässig nicht nur um die Weitergabe von blossem Boden an einen nachfolgenden Selbstbewirtschafter zum Ertragswert, sondern auch um die Übergabe von oft namhaften Investitionen oder teuer gekauften Liegenschaften oder Gewerben an den Ansprecher zu einem sehr tiefen Preis (Ertragswert), wobei aber der Ertragswert unter gewissen Voraussetzungen erhöht werden kann (Art. 18, Art. 37 Abs. 1 und Art. 52 BGBB).

[175] BBl 1996 III 513 ff.

[176] Art. 16 Abs. 1 lit. a RPG. Das ist die geltende Regelung mit der Grundidee des Produktionsmodells.

[177] Entwurf zu Art. 16 Abs. 1 lit. a und Art. 16a revRPG (BBl 1996 III 552). Das ist die geplante Neuregelung unter Anwendung des Produktemodells.

[178] Der Selbstbewirtschafter würde neu auch die bodenunabhängigen Betriebsteile (mit denen landwirtschaftliche Produkte hergestellt werden) zum Ertragswert erhalten, was bei der Einführung des BGBB nicht gewollt war.

[179] Art. 2 Abs. 2 lit. b BGBB; BBl 1988 III 975.

E. Gartenbauliche Nutzung

Eine «gartenbauliche» Nutzung im Sinne des BGBB liegt dann vor, wenn für die Erzeugung der gartenbaulichen Produkte freier (d.h. unüberbauter) Boden unmittelbar benötigt wird. Der bodenunabhängige Gartenbau mit überwiegend künstlichem Klima unter ständigen und festen Abdeckungen ist damit nicht gemeint[180]. Erfasst werden sollten aber sogenannte Freilandgärtnereien, welche Pflanzen in Treibhäusern oder ähnlichen Anlagen vorziehen und dann ins offene Land versetzen[181]. Soweit Grundstücke einzig dazu dienen, Gebäulichkeiten zur Herstellung von gartenbaulichen Produkten aufzunehmen, sind sie grundsätzlich nicht dem BGBB zu unterstellen, es sei denn, sie gehörten zu einem Gewerbe, welches über andere Grundstücke verfügt, auf denen die in den festen Anlagen vorgezogenen Produkte versetzt und weitergezogen werden. Ungeachtet dessen kann eine bodenunabhängige Produktion von gartenbaulichen Erzeugnissen ein nichtlandwirtschaftliches Nebengewerbe im Sinne des BGBB darstellen und damit zusammen mit dem bodenabhängigen Anteil ein gemischtes Gewerbe bilden, welches dann als gartenbaulich bzw. als landwirtschaftlich zu bezeichnen ist, wenn der landwirtschaftliche (bodenabhängige, gartenbauliche) Charakter überwiegt[182].
Die Hors-sol-Produktion von Pflanzen kann für sich allein keine gartenbauliche Nutzung im Sinne des BGBB darstellen. Solcherlei fabrikähnliche Produktion, bei welcher der Boden nicht mehr und nicht weniger unabdingbar ist, als bei einer Maschinenfabrik, bedarf keinesfalls der Schutzbestimmungen des BGBB[183]. Davon war im Rahmen der Entstehung der entsprechenden Bestimmung auch nie die Rede[184].

---

[180] BGE 116 Ib 131 ff.; 120 Ib 266 ff.
[181] Erläuterungen zum Bundesgesetz über die Raumplanung des EJPD, 1981, N. 10 zu Art. 16 RPG.
[182] Art. 7 Abs. 5 i.V.m. Art. 7 Abs. 2 BGBB.
[183] A.M. HOFER EDUARD, Kommentar BGBB, N. 40 der Vorbemerkungen zu den Art. 6-10.
[184] Vgl. vorne, Ausführungen unter II, C.

Wenn im Zuge der geplanten Revision des Raumplanungsrechtes[185] die bodenunabhängige Produktion von pflanzlichen oder tierischen Produkten als «landwirtschaftlich[186]» im Sinne des RPG betrachtet und damit vom Produktions- zum Produktemodell übergegangen werden sollte, müsste das auch für die Betriebe des produzierenden Gartenbaus gelten[187], womit inskünftig auch die bodenunabhägige Produktion von gartenbaulichen Erzeugnissen als landwirtschaftlich bzw. gartenbaulich im Sinne des BGBB zu betrachten wäre[188].

F. Eignung

Unter dem Kriterium «Eignung» ist über die Lage, die Qualität und Gestalt des Bodens hinsichtlich einer möglichen landwirtschaftlichen oder gartenbaulichen Nutzung zu befinden. Primär ist auf die objektive Eignung des Grundstückes abzustellen. Doch kann eine langjährige tatsächliche Nutzung entweder den landwirtschaftlichen Charakter eines Grundstückes aufheben[189] oder herbeiführen[190]. Die tatsächliche langjährige[191] Nutzung hat vor der objektiven Eignung Vorrang[192], während eine kurzfristige tatsächliche Nutzung nicht zu berücksichtigen ist, da diesfalls ein Eigentümer durch die gewählte Art der Bewirtschaftung einer Liegenschaft den Schutzbereich des BGBB missbräuchlich kurzfristig beeinflussen könnte. Denkbar ist auch die Schaffung einer landwirtschaftlichen Nutzbarkeit, wo vor-

---

[185] BBl 1996 III 513 ff.
[186] Als in der Landwirtschaftszone zonenkonform. BBl 1996 III 532 und 533.
[187] Art. 7 Abs. 2 BGBB.
[188] Vgl. die Ausführungen vorne, C.
[189] Camping, Freizeitpark, Lagerplatz, Abstellplatz für Fahrzeuge oder Boote, etc.
[190] Parkanlage, Campingplatz oder Abstellplatz wird wieder landwirtschaftlich genutzt.
[191] In Anlehnung an Art. 8 BGBB ist m.E. Langjährigkeit einer tatsächlichen Nutzungsart gegeben, wenn sie während mindestens 6 Jahren vor dem Beurteilungszeitpunkt ununterbrochen ausgeübt worden ist.
[192] BBl 1988 III 981.

her keine Nutzung möglich war[193], woraus sich dann eine objektive Eignung ergeben kann.
Grundstücke, welche sich insgesamt nicht für eine landwirtschaftliche Nutzung eignen, stellen keine vom BGBB erfassten Grundstücke dar[194]. Soweit bei Grundstücken nebst einer teilweisen landwirtschaftlichen keine andere Nutzung möglich ist, sollte der Einfachheit halber von landwirtschaftlichen Grundstücken ausgegangen werden, selbst wenn der landwirtschaftlich genutzte Teil klein, bzw. gering ist[195], weil es keinen Sinn macht, einen praktisch wertlosen und nicht nutzbaren Grundstücksteil vom landwirtschaftlich nutzbaren abzutrennen und weil möglicherweise auf dem ganzen Grundstück nur gerade eine absolut minimale landwirtschaftliche Nutzung möglich ist[196]. Wenn ein Grundstück indessen einen landwirtschaftlich nutzbaren und einen anderweitig nutzbaren Teil aufweist, so ist von einer gemischten Nutzung auszugehen[197]. Soweit es sich beim nichtlandwirtschaftlich genutzten Teil des Grundstückes nicht um ein nichtlandwirtschaftliches, vom Betriebsleiter eines landwirtschaftlichen Gewerbes mitbeanspruchtes Nebengewerbe[198] handelt, kann eine Aufteilung in ein landwirtschaftlich und ein nichtlandwirtschaftlich genutztes Grundstück vorgenommen werden[199], sofern eine Abtrennung faktisch möglich und nicht

---

[193] Bodenverbesserungen (Humuszuführung in Steinbrüchen oder Geröllhalden, etc.), etc.

[194] Geröllhalden, Felsen, Sümpfe, Gletscher, Gewässer, etc.

[195] Wiesen und Weiden mit Felsen, Geröllhalden, Sümpfen, etc.

[196] Mit Felsen und Steinen belegtes, nur sehr kargen Pflanzenwuchs aufweisendes Grundstück (Alpweiden).

[197] Art. 2 Abs. 2 lit. d BGBB. Als anderweitige Nutzung eines Grundstücksteiles kommen z.B. in Frage: Wald, Gewässer (Fischweiher, Ausgleichsbecken, Bach, etc.), Freizeitanlagen (Golf, Rutschbahn, Seilbahn, Skilift, etc.), Wohnhäuser, nichtlandwirtschaftliche Gewerbe- und Industriebauten, etc.

[198] Art. 3 Abs. 2 BGBB: Fischzucht, Skilift, Ferienwohnung, bodenunabhängige Geflügelmasthalle, etc.

[199] Art. 60 lit. a BGBB: Abtrennung eines nicht zu einem landwirtschaftlichen Gewerbe gehörenden oder überzähligen Wohnhauses; Abtrennung eines bodenunabhängigen Schweinemaststalles; Abtrennung eines nicht zu einem Gewerbe gehörenden, für das konkrete Grundstück nicht mehr erforderlichen Oekonomiegebäudes, etc.

sinnlos ist[200]. Grundstücke oder Grundstücksteile mit Wohnräumlichkeiten, welche nicht zu einem landwirtschaftlichen Gewerbe gehören oder welche den zulässigen Wohnraumbedarf eines landwirtschaftlichen Gewerbes überschreiten, stellen eine nichtlandwirtschaftliche Nutzung dar.

G. Räumliche Abgrenzung

Schliesslich sei noch darauf hingewiesen, dass ein für die landwirtschaftliche Nutzung geeignetes Grundstück grundsätzlich[201] ausserhalb der Bauzone im Sinne des RPG liegen und für dieses Grundstück die landwirtschaftliche Nutzung zulässig[202] sein muss, damit die Bestimmungen des BGBB überhaupt anwendbar sind[203]. Ein Grundstück, welches wohl landwirtschaftlich genutzt wird, aber in der Bauzone liegt und nicht überbaut ist, unterliegt somit dem BGBB nicht[204].

---

[200] BANDLI CHRISTOPH, Kommentar BGBB, N. 28 zu Art. 2 BGBB.
[201] Art. 2 Abs. 2 lit. a, c und d BGBB stellen Ausnahmen dar.
[202] Die Zuordnung eines Grundstückes zu einer bestimmten Nutzungszone (Landwirtschaftszone, Schutzzone, etc.) spielt insofern eine Rolle, ob und inwieweit dort die landwirtschaftliche Nutzung jeweilen zulässig ist. Sobald die landwirtschaftliche Nutzung nicht mehr zulässig ist, kann es sich auch nicht mehr um ein landwirtschaftliches Grundstück im Sinne des BGBB handeln. BBl 1988 III 975.
[203] Art. 2 Abs. 1 BGBB.
[204] Art. 2 Abs. 2 lit. a BGBB e contrario.

III. Landwirtschaftliches Gewerbe

A. Allgemeines

Als landwirtschaftliches Gewerbe gilt eine Gesamtheit von landwirtschaftlichen Grundstücken, Bauten und Anlagen, die als Grundlage der landwirtschaftlichen Produktion dient und die mindestens die halbe Arbeitskraft einer bäuerlichen Familie beansprucht[205], wobei aber die örtlichen Verhältnisse, der Zustand der betriebsnotwendigen Gebäude sowie für längere Dauer zugepachtete Grundstücke in die Beurteilung einbezogen werden müssen[206]. Allerdings können nur jene Grundstücke berücksichtigt werden, welche dem BGBB unterstellt sind[207].
Diese heute geltende Fassung entspricht der Version, welche die nationalrätliche Kommissionsmehrheit vorgeschlagen hatte[208] und welche gemäss Antrag von NR Wyss William noch in zweifacher Hinsicht modifiziert wurde[209]. Der Ständerat hatte sich ursprünglich[210] für den Entwurf des Bundesrates[211] entschieden, schwenkte dann aber vollständig auf den nationalrätlichen Vorschlag ein[212].

---

[205] Art. 7 Abs. 1 BGBB.
[206] Art. 7 Abs. 4 BGBB.
[207] Art. 2 BGBB i.V.m. Art. 7 Abs. 3 BGBB.
[208] Amtl.Bull.NR 1991 S. 99 und S. 109: Annahme im NR äusserst knapp mit 92:92 und Stichentscheid des Präsidenten zugunsten des Mehrheitsantrages.
[209] Amtl.Bull.NR 1991 S. 99 und S. 109: Für den produzierenden Gartenbau wurde ein separater Absatz geschaffen und der Begriff «Einheit» wurde in den Begriff «Gesamtheit» abgeändert.
[210] Amtl.Bull.SR 1990 S. 218 und 223.
[211] BBl 1988 III 1110, Art. 7.
[212] Amtl.Bull.SR 1991 S. 139 und 143.

B. Gesamtheit von Grundstücken, Bauten und Anlagen

1. Landwirtschaftliche Grundstücke, Bauten und Anlagen

Alle jene Grundstücke[213], welche als landwirtschaftlich im Sinne von Art. 6 BGBB gelten, können Teile eines Gewerbes sein, wobei es beim landwirtschaftlichen Gewerbe keine Mindestgrösse für die einzelnen Grundstücke gibt[214]. Hinzu kommen Waldgrundstücke[215] sowie Grundstücke oder Grundstücksteile mit landwirtschaftlichen Gebäuden oder Anlagen, einschliesslich angemessenem Umschwung, die in einer Bauzone liegen und zum Gewerbe gehören[216]. Ferner werden Grundstücke, die teilweise innerhalb der Bauzone liegen ebenfalls erfasst, sofern sie nicht entsprechend den Nutzungszonen aufgeteilt sind[217]. Schliesslich können zum Gewerbe auch jene Grundstücke mit gemischter Nutzung gehören, die nicht in einen landwirtschaftlichen und einen nichtlandwirtschaftlichen Teil getrennt sind[218].

Ein landwirtschaftliches Gewerbe kann aus einem Grundstück, aber auch aus mehreren oder gar vielen Grundstücken bestehen. Nebst den blossen Grundstücken werden auch jene darauf befindlichen Bauten und Anlagen erfasst, die der landwirtschaftlichen Nutzung dienen. Darunter fallen sicher die dem landwirtschaftlichen Gewerbe dienenden Scheunen, Ställe, Silos, Garagen, Remisen und Wohnräumlichkeiten. Auch der sogenannte Altenteil oder das Stöckli ist einzubeziehen. Weiter können Einfriedungen, Entwässerungs- oder Bewässerungsanlagen, Düngungsanlagen sowie Transport- und Verkehrseinrichtungen (Seilbahnen, Wege, Strassen, Brücken, Stege, etc.) dazugehören.

---

[213] Unter Grundstücken sind auch Anteils- und Nutzungsrechte zu verstehen: BBl 1988 III 981.

[214] Art. 2 Abs. 3 BGBB.

[215] Art. 2 Abs. 2 lit. b BGBB.

[216] Art. 2 Abs. 2 lit. a BGBB.

[217] Art. 2 Abs. 2 lit. c BGBB.

[218] Art. 2 Abs. 2 lit. d BGBB. Eine Aufteilung wäre gemäss Art. 60 lit. a BGBB vorzunehmen.

Sobald Wohnräumlichkeiten vorhanden sind, die entsprechend der Bewirtschaftungsweise und der Grösse des Gewerbes den üblichen Bedarf[219] übersteigen[220], so liegen Bauten, bzw. Grundstücksteile vor, welche als «nichtlandwirtschaftlich» zu behandeln sind. Sofern sie den landwirtschaftlichen Teil des Gewerbes nicht überwiegen[221] und sofern sie nicht bereits mit einem nichtlandwirtschaftlichen Grundstück vom Geltungsbereich des BGBB ausgenommen[222] worden sind, folgen sie im Sinne eines nichtlandwirtschaftlichen Nebengewerbes dem Schicksal des landwirtschaftlichen Gewerbes, sind aber jeweilen zum Verkehrswert anzurechnen[223]. Dasselbe gilt selbstverständlich auch für irgendwelche anderen Bauten sowie für jedwelche Anlagen, welche dem landwirtschaftlichen Gewerbe nicht dienen (z.B. Bootsplätze, Seilbahnstation, Waldhütte, Schiessstand, Flugplatz, Wasserfassungen, etc.).

2. Landwirtschaftlicher Betrieb

Die Gesamtheit von Grundstücken, Bauten und Anlagen muss eine wirtschaftliche Einheit bilden[224]. Es ist somit erforderlich, dass sie von einem betriebseigenen Zentrum[225] aus durch die gleichen Ar-

---

[219] Der übliche und konkret für den landwirtschaftlichen Bereich zulässige bzw. erforderliche Wohnbedarf inkl. dem sog. Altenteil ist der Schätzungsanleitung des landwirtschaftlichen Ertragswertes zu entnehmen (Anleitung für die Schätzung des landwirtschaftlichen Ertragswertes vom 25. Oktober 1995: Anhang I zur Verordnung über das bäuerliche Bodenrecht [VBB] vom 4. Oktober 1993: SR 211.412.110).

[220] Zusätzliche Wohnungen, ein zusätzliches Wohn- oder Ferienhaus, etc.

[221] Art. 7 Abs. 5. BGBB.

[222] Art. 60 lit. a BGBB.

[223] Art. 17 Abs. 2 BGBB. Die Verkehrswertberechnung für diese Wohnräumlichkeiten hat sich an den marktüblichen Mietzinsen zu orientieren

[224] BBl 1988 III 981 und 982.

[225] Dieses Zentrum muss während des ganzen Jahres im Sinne eines Lebenszentrums der bäuerlichen Familie bestehen, wobei auch mehrere oder wechselnde Zentren (Stufenbetriebe) möglich sind. Vgl. auch STALDER BEAT, Die verfassungs- und verwaltungsrechtliche Behandlung unerwünschter Handänderungen im bäuerlichen Bodenrecht, S. 95.

beitskräfte selbständig bewirtschaftet werden kann[226]. Grundsätzlich müssen jene Grundstücke, Bauten und Anlagen vorhanden sein, welche für die objektiv geeignete Nutzung oder die lange Zeit tatsächlich ausgeübte Nutzung der Grundstücke erforderlich sind. In der Regel braucht es nebst den eigentlichen Grundstücken auch Wohnräumlichkeiten und Oekonomiegebäude, welche als Eigentum dem Betrieb angehören. Es sind jedoch auch Verhältnisse möglich, bei denen unüberbaute Grundstücke, mit Gebäuden versehene Grundstücke, aber auch blosse Gebäulichkeiten oder Gebäudeteile zugemietet oder zugepachtet werden und dadurch die Betriebseigenschaft herstellen, sofern die Pacht- oder Mietkosten für den Betrieb tragbar sind. Bei der Miete oder Pacht von blossen Gebäuden oder Gebäudeteilen ist wie bei den zugepachteten Grundstücken zu fordern, dass die Zugehörigkeit auf mindestens sechs Jahre gesichert ist. Darüber hinaus können die betriebsnotwendigen Gebäude auch auf betriebseigenem Boden erstellt oder instandgestellt werden, soweit dies für den Betrieb wirtschaftlich tragbar ist. Was die Grösse der zum Betrieb gehörenden, unüberbauten Grundstücksfläche anbelangt, so ist mindestens eine solche erforderlich, welche zusammen mit den erforderlichen Bauten und Anlagen eine bodenabhängige Produktion von landwirtschaftlichen Erzeugnissen ermöglicht, die mindestens die halbe Arbeitskraft einer bäuerlichen Familie beansprucht[227].

Gemäss dem Vorentwurf Zimmerli, dem bundesrätlichen Entwurf[228] und dem Vorschlag der nationalrätlichen Kommissionsmehrheit[229] war von einer «Einheit», bzw. von einer «wirtschaftlichen Einheit» die Rede, wobei der ortsübliche Bewirtschaftungskreis[230] festlegen sollte, was räumlich noch zu dieser Einheit gehören konnte. Für den

---

[226] BGE 89 II 19. Diese Definition entspricht jener in Art. 2 der Verordnung über landwirtschaftliche Begriffe (SR 910.91).

[227] Vorbehalten bleibt die bodenunabhängige Produktion von landwirtschaftlichen Produkten, falls die geplante Revision des RPG das Produktemodell übernehmen sollte (BBl 1996 III 513 ff.).

[228] BBl 1988 III 1110.

[229] Amtl.Bull.NR 1991 S. 99.

[230] BBl 1988 III 982. Vgl. auch Art. 21 Abs. 1, Art. 36 Abs. 2 lit. b, Art. 42 Abs. 2, Art. 47 Abs. 2 lit. b und Art. 49 Abs. 3 BGBB.

Begriff des «ortsüblichen Bewirtschaftungskreises» wird im Vorentwurf Zimmerli[231] sowie im bundesrätlichen Entwurf[232] auf die entsprechende Bestimmung des landwirtschaftlichen Pachtrechtes[233] verwiesen. Diese räumliche Begrenzung sollte dazu dienen, wirtschaftlich und ökologisch fragwürdige Betriebsstrukturen zu verhindern, wobei allerdings traditionelle Betriebsstrukturen wie Stufenbetriebe nicht in Frage gestellt werden wollten[234]. Gerade in diesem Sinne wurde der Begriff der «Einheit» im Rahmen der nationalrätlichen Beratung durch den Begriff «Gesamtheit» ersetzt[235], weil Stufenbetriebe[236] mit weit auseinanderliegenden Parzellen[237] erhalten bleiben sollten. Wenn nun für das landwirtschaftliche Gewerbe der ortsübliche Bewirtschaftungskreis festgelegt werden soll, um möglicherweise zu weit entfernte Grundstücke als nicht mehr zur Gesamtheit gehörig auszugrenzen, so sind die sogenannten Stufenbetriebe gesondert zu behandeln. Aber auch hier wird eine räumliche Ausgrenzung unumgänglich sein[238].
Im landwirtschaftlichen Pachtrecht wird zwischen «weiter Entfernung» und dem «ortsüblichen Bewirtschaftungsbereich» unter-

---

[231] Vorentwurf Zimmerli, S. 58.
[232] BBl 1988 III 1001.
[233] Art. 33 Abs. 2 LPG.
[234] BBl 1988 III 1001.
[235] Amtl.Bull.NR 1991 S. 99,102 und 109, dies gemäss Antrag von NR Wyss William.
[236] Vor allem im Berggebiet.
[237] Beispielsweise im Herbst und Winter im Talbetrieb, im Vorsommer auf der Maiensäss (Vorsass oder Voralp) und im Sommer auf der Hochalp oder im Herbst, Winter und Vorsommer im Talbetrieb und im Sommer auf der Alp. Es kann somit mehrere Betriebsstandorte geben, wobei je ein Betriebstandort aus einer Parzelle, aber auch aus mehreren oder gar vielen Parzellen bestehen kann.
[238] So wäre beispielsweise ein Einmann-Talbetrieb im Kanton Schwyz verbunden mit einer Alp im Kanton Graubünden ökologisch und wirtschaftlich kaum sinnvoll angesichts der anfallenden Transportkosten und angesichts des Zeitaufwandes, zumal im Talbetrieb im Sommer regelmässig verschiedene Arbeiten (Futterkonservierung, Düngung, etc.) anfallen, welche vom Betriebsleiter zu bewältigen sind.

schieden[239]. Der erste Begriff will offensichtlich eine wirtschaftliche Betrachtung[240] nach sich ziehen, während der zweite das effektive ortsübliche Bewirtschaftungsrayon[241] erfassen will. Der zulässige Bewirtschaftungskreis gemäss BGBB hat sich primär am räumlichen Kriterium der Ortsüblichkeit zu orientieren. Ist nämlich diese klar gegeben, so dürfen wirtschaftliche oder ökologische Überlegungen keine Rolle mehr spielen. Liegt allerdings räumlich ein zweifelhafter Fall vor, so kommen m.E. die wirtschaftlichen und möglicherweise sogar die ökologischen Aspekte zum Zuge. Sind diese zu bejahen, so ist die Erfüllung der räumlichen Voraussetzung anzunehmen, zumal gerade die räumliche Abgrenzung kaum je genau festgelegt werden kann. Der wirtschaftliche Gesichtspunkt sollte m.E. vor dem ökologischen in der Art und Weise den Vorrang haben, dass bei klarer Bejahung des ersteren der ortsübliche Bewirtschaftungskreis als gegeben zu betrachten ist, ohne dass die ökologische Seite noch zu prüfen wäre. Dies deshalb, weil die ökologische Tragbarkeit kaum mit objektiven Kriterien feststellbar sein wird, und weil der ökologische Aspekt durch den klaren Verweis[242] auf den pachtrechtlichen Begriff des ortsüblichen Bewirtschaftungskreises eindeutig der wirtschaftlichen Betrachtungsweise zu weichen hat, da im Pachtrecht[243] der ökologische Gesichtspunkt gar nicht bekannt ist.

Bei der Beurteilung der Wirtschaftlichkeit sind primär die objektiven Bewirtschaftungsmöglichkeiten der zur Diskussion stehenden Parzellen, Bauten und Anlagen gebührend zu berücksichtigen. Die tatsächlich gewählte Bewirtschaftungsart hat vor der objektiven und vermutlich meist ortsüblichen Nutzungsart Vorrang, wenn sie

---

[239] Art. 33 Abs. 2 LPG.

[240] STUDER/HOFER, Das landwirtschaftliche Pachtrecht, Brugg 1987, S. 237: Unter Berücksichtigung der anfallenden Transportkosten wird hier im Futterbau eine Distanz von ca. 3 km und im Ackerbau eine solche von ca. 6 km als wirtschaftlich noch tragbar erachtet.

[241] STUDER/HOFER, a.a.O., S. 237: Ausgangspunkt soll hier das eigene Dorf, eventuell ein Nachbardorf bilden, wobei eine Distanz von 10 km als ausserhalb eines ortsüblichen Bewirtschaftungskreises angesehen wird.

[242] BBl 1988 III 982, 1001.

[243] Art. 33 Abs. 2 LPG.

bereits während langer Zeit[244] ausgeübt wurde. Die wirtschaftlich noch tragbare Distanz eines Grundstückes zum Betriebszentrum[245] ist je nach Bewirtschaftungsart unterschiedlich. Der Ansatz[246], wonach die Transportkosten nicht mehr als 30 % des Ertrages[247] ausmachen sollten und wonach deshalb im Ackerbaugebiet eine Distanz bis ca. 6 km und im Futterbaugebiet eine Distanz bis ca. 3 km noch wirtschaftlich tragbar sein soll, kann wohl nur als genereller Lösungsvorschlag angesehen werden, der jedoch im Einzelfall zu prüfen wäre. Denn die Strukturkosten eines Betriebes sind mitunter sehr unterschiedlich. Zudem könnten brachliegende und anderweitig nicht einsetzbare Arbeits- oder Maschinenkapazitäten vorhanden sein, welche trotz grosser Entfernung einer für den konkreten Betrieb insgesamt wirtschaftlich erscheinenden Nutzung sprechen könnten. Gerade jene Betriebe, bei denen es u.U. darauf ankommt, ob die Erfüllung der Voraussetzung der halben Arbeitskraft einer bäuerlichen Familie mit oder ohne Hinzurechnung eines vom Betriebszentrum weit entfernten Grundstückes gegeben ist oder nicht, könnten aus strukturellen Überlegungen auf ein für sich und generell wirtschaftlich zu weit entferntes Grundstück angewiesen sein, um für die konkreten Verhältnisse noch eine tragbare Wirtschaftlichkeit zu erreichen. Eine Distanz von über 10 km sollte m.E. mit Ausnahme von Stufenbetrieben keinesfalls überschritten werden. Vielmehr sollte mangels Nachweis eines ortsüblichen Bewirtschaftungskreises eine maximal zulässige Distanz von 5 km für den Futterbau und 10 km für den Ackerbau als Richtlinie gelten, wobei die Distanz jeweilen entlang der zu befahrenden Wege zu messen

---

[244] In Anlehnung an Art. 8 BGBB ist m.E. die Ausübung einer Nutzungsart während langer Zeit gegeben, wenn dies während mindestens 6 Jahren vor dem Beurteilungszeitpunkt ununterbrochen der Fall war.

[245] Das Betriebszentrum ist jener Ort, von dem aus der Betriebsleiter die Tätigkeit zur Bewirtschaftung der landwirtschaftlichen Liegenschaften ausübt.

[246] STUDER/HOFER, S. 237.

[247] Ertrag: Produkteerlös abzüglich Direktkosten (Saatgut, Dünger, etc.) abzüglich Handarbeit und Maschinenkosten für die fragliche Liegenschaft.

ist und Höhendifferenzen mit dem Faktor 10 zu multiplizieren sind[248].

C. Grundlage der landwirtschaftlichen Produktion

Die Gesamtheit der landwirtschaftlichen Grundstücke, Bauten und Anlagen hat als Grundlage der landwirtschaftlichen Produktion zu dienen. Es müssen demnach Strukturen vorhanden sein, welche sich zur bodenabhängigen Herstellung von landwirtschaftlichen Produkten eignen. Dabei ist von der objektiv geeigneten Nutzung oder gegebenenfalls von einer lange[249] Zeit tatsächlich ausgeübten Nutzung der Grundstücke auszugehen[250]. Wurde nämlich ein Gewerbe oder ein Teil davon während mindestens sechs Jahren ununterbrochen tatsächlich und erfolgreich anders genutzt als sonst üblich, so ist damit der Tatbeweis erbracht, dass es auch noch eine andere, objektiv geeignete Nutzung gibt. Wenn ein landwirtschaftliches Gewerbe oder ein Teil davon bisher während kurzer oder längerer Zeit nichtlandwirtschaftlich oder überhaupt nicht genutzt worden ist, muss gleichwohl von einer landwirtschaftlichen Nutzbarkeit ausgegangen werden, soweit eine objektive[251] Eignung noch vorhanden ist. Landwirtschaftlich nicht nutzbare Grundstücke oder Grundstücksteile sind für die Beurteilung der Gewerbequalität mit Ausnahme des Waldes nicht hinzuzurechnen, selbst wenn sie möglicherweise das rechtliche Schicksal des Gewerbes teilen[252], da es

---

[248] Eine Höhendifferenz von 100 m ergibt beispielsweise eine anrechenbare Distanz von 1 km. Vgl. Anleitung für die Schätzung des landwirtschaftlichen Ertragswertes vom 25.10.1995, S. 35 (Anhang I zur Verordnung über das bäuerliche Bodenrecht vom 4.10.1993: SR 211.412.110).

[249] In Anlehnung an Art. 8 BGBB ist m.E. Langfristigkeit einer tatsächlichen Nutzungsart gegeben, wenn sie während mindestens 6 Jahren vor dem Beurteilungszeitpunkt ununterbrochen ausgeübt worden ist.

[250] BBl 1988 III 981; a. M.: STALDER BEAT, Die verfassungs- und verwaltungsrechtliche Behandlung unerwünschter Handänderungen im bäuerlichen Bodenrecht, S. 91.

[251] Die Eignung muss rechtlich und tatsächlich gegeben sein.

[252] Art. 7 Abs. 3 BGBB stellt dazu keinen Gegensatz dar. Wohl sind die gesamten gemäss Art. 2 BGBB erfassten Grundstücke zu berücksichtigen. Soweit solche

offensichtlich ist, dass die halbe Arbeitskraft einer bäuerlichen Familie und die Grundlage der landwirtschaftlichen Produktion einzig und allein an den landwirtschaftlich nutzbaren Grundstücken und Grundstücksteilen unter Einschluss des zugehörigen Waldes zu bemessen ist.

D. Mindestens halbe Arbeitskraft einer bäuerlichen Familie

1. Allgemeines

Gemäss bisheriger[253] Regelung war für die Beurteilung, ob ein landwirtschaftliches Gewerbe vorlag, das landwirtschaftliche Einkommen massgebend. Im Vorentwurf Zimmerli[254] war ebenfalls auf das Einkommen abgestellt worden, indem verlangt wurde, dass der Ertrag aus der wirtschaftlichen Einheit namhaft zum Einkommen des Bewirtschafters und seiner Familie beitrage. Im bundesrätlichen Entwurf[255] wurde mehr als das halbe Arbeitspotential einer bäuerlichen Familie und ein Ertrag verlangt, der mehr als die Hälfte des Erwerbseinkommens der bäuerlichen Familie ausmacht. Zudem wurde zwischen Haupterwerbsbetrieb und Nebenerwerbsbetrieb unterschieden. Der Ständerat schloss sich vorerst dem Vorschlag des Bundesrates an[256]. Im Nationalrat schlug die Kommissionsmehrheit als Minimum die halbe Arbeitskraft einer bäuerlichen Familie vor. Die Kommissionsminderheit I verlangte mehr als eine

---

Grundstücke oder Grundstücksteile nichtlandwirtschaftlich genutzt werden, können sie keine Grundlage einer landwirtschaftlichen Produktion darstellen und keinen landwirtschaftlichen Arbeitsaufwand einer bäuerlichen Familie verursachen. A.M: STALDER BEAT, Die verfassungs- und verwaltungsrechtliche Behandlung unerwünschter Handänderungen im bäuerlichen Bodenrecht, S. 93.

[253] Ausreichende landwirtschaftliche Existenz gemäss Art. 620 aZGB und ein ins Gewicht fallender Beitrag zum Einkommen gemäss Art. 6 aEGG (vgl. BGE 97 II 283 mit Hinweisen).
[254] Art. 5 Abs. 1 VE Zimmerli.
[255] Art. 8 des bundesrätlichen Entwurfes: vgl. BBl 1988 III 984 und 1111.
[256] Amtl.Bull.SR 1990 S. 218 und 223.

halbe landwirtschaftliche Arbeitskraft, während die Kommissionsminderheit II einen namhaften Beitrag zum Einkommen der bäuerlichen Familie voraussetzte[257]. Nach längerer Diskussion setzte sich dann der Vorschlag der nationalrätlichen Kommissionsmehrheit gegenüber dem Vorschlag der Minderheit II äusserst knapp durch[258], worauf sich auch der Ständerat dieser Lösung anschloss[259].

2. Arbeitskraft einer bäuerlichen Normalfamilie

Damit wollte der Gesetzgeber offensichtlich grundsätzlich[260] vom Einkommensbezug abrücken, indem er neu einzig den Arbeitsaufwand[261] zum Bemessungskriterium erhob. Dementsprechend muss die Gesamtheit von landwirtschaftlichen Grundstücken, Bauten und Anlagen mindestens die halbe Arbeitskraft einer bäuerlichen Familie beanspruchen. Zur Festlegung der halben Arbeitskraft ist von durchschnittlichen Werten, bzw. von der halben Arbeitskraft einer bäuerlichen Normalfamilie auszugehen. Im Zeitpunkt der parlamentarischen Beratungen[262] lagen offensichtlich Zahlen vor, welche bei einer bäuerlichen Familie[263] pro Jahr auf 420 Arbeitstagen von je 10 Arbeitsstunden basierten, wobei für eine ganze Arbeitskraft, d.h. beispielsweise für den Betriebsleiter allein von 300 Arbeitstagen von je 10 Arbeitsstunden ausgegangen wurde. Die Arbeitskraft einer bäuerlichen Familie wurde somit mit 1.40 Arbeitskräften bewertet. Der Faktor 1.40 wird demzufolge inskünftig auch dann relevant sein, wenn die durchschnittliche Arbeitskraft sich hinsicht-

---

[257] Amtl.Bull.NR 1991 S. 99.

[258] Amtl.Bull.NR 1991 S. 109: Annahme mit 92:92 und Stichentscheid des Präsidenten.

[259] Amtl.Bull.SR 1991 S. 143.

[260] Bei fehlenden oder mangelhaften betriebsnotwendigen Gebäulichkeiten spielt das erzielbare Einkommen weiterhin ein wichtige Rolle, da es ja die wirtschaftliche Tragbarkeit der entsprechenden Aufwendungen zu beurteilen gilt; vgl. Art. 7 Abs. 4 lit. BGBB.

[261] Art. 7 Abs. 1 BGBB.

[262] Amtl.Bull.SR 1990 S. 214, 219, 221,222,223; Amtl.Bull.SR 1991 S. 141,142; Amtl.Bull.NR 1991 S.100 und 106.

[263] Arbeitskraft des Betriebsleiters, der Ehefrau und eventuell von mithelfenden Kindern.

lich der jährlichen Arbeitsstunden verändern sollte, was früher oder später erfolgen wird. Im Zuge der weiteren Mechanisierungen werden nämlich die jährlichen Arbeitszeiten in Angleichung an andere Erwerbszweige auch im landwirtschaftlichen Bereich sinken. Die Anzahl von 4200 Arbeitsstunden, bzw. die Hälfte von 2100 Arbeitsstunden sind keinesfalls als feste und unabänderliche Grösse zu betrachten, nur weil diese Zahl anlässlich der parlamentarischen Diskussion gerade als damaliger statistischer Wert vorlag. Der Gesetzgeber setzte die Limite nicht bei der bestimmten Anzahl von 2100 Arbeitsstunden, sondern bei der halben Arbeitskraft einer bäuerlichen Familie, wobei diese halbe Arbeitskraft der bäuerlichen Familie eine veränderbare Grösse ist und entsprechend der laufend statistisch erfassten durchschnittlichen Arbeitszeiten in der Landwirtschaft inskünftig anzupassen ist. So wurde bereits im Arbeitsvoranschlag 1991 der Forschungsanstalt Tänikon[264], im Wirzkalender 1994[265], im Wirzkalender 1995[266], im Wirzkalender 1996[267], im Wirzkalender 1997[268] sowie im Wirzkalender 1998[269] von lediglich 2700 Arbeitsstunden pro Jahr und Arbeitskraft, bzw. von 300 Arbeitstagen von je 9 Stunden ausgegangen. Hochgerechnet auf die Arbeitskraft einer bäuerlichen Familie[270] macht dies eine Gesamtsumme von 3780 Arbeitsstunden aus, weshalb die Limite der halben Arbeitskraft einer bäuerlichen Familie neuerdings bei 1890 Arbeitsstunden zu setzen und je nach künftiger Entwicklung wieder anzupassen ist.

---

[264] FAT, Eidg. Forschungsanstalt für Betriebswirtschaft und Landtechnik, 8356 Tänikon, Arbeitsvoranschlag, 2. Auflage 1991, Kapitel 12, S. 2.

[265] Landwirtschaftliches Handbuch zum Wirz-Kalender, 1994, Verlag Wirz, Aarau, S. 243.

[266] Landwirtschaftliches Handbuch zum Wirz-Kalender, 1995, Verlag Wirz, Aarau, S. 250.

[267] Landwirtschaftliches Handbuch zum Wirz-Kalender, 1996, Verlag Wirz, Aarau, S. 285.

[268] Landwirtschaftliches Handbuch zum Wirz-Kalender, 1997, Verlag Wirz, Aarau, S. 258.

[269] Landwirtschaftliches Handbuch zum Wirz-Kalender, 1998, Verlag Wirz, Aarau, S. 274.

[270] 2700 Arbeitsstunden mal 1.40 Arbeitskräfte.

3. Objektivierte Bewirtschaftungsweise

Was die Festlegung des Arbeitsaufwandes bei einem konkreten Betrieb anbelangt, so ist m.E. von der ortsüblichen Bewirtschaftung[271] auszugehen, es sei denn, der betreffende Betrieb werde entgegen der Ortsüblichkeit seit mindestens sechs Jahren anderweitig[272] bewirtschaftet und verfüge[273] über die dazu erforderlichen Grundlagen[274]. Diesfalls muss indessen vom Ansprecher glaubhaft gemacht werden, dass er diese ortsunübliche Bewirtschaftungsweise fortführen kann und will. Damit hätte m.E. der Ansprecher den Tatbeweis erbracht, dass es neben der sonst ortsüblichen Nutzung nun auch noch eine andere objektive Nutzung gibt. Die Bewirtschaftungsart muss aber selbstverständlich rechtlich zulässig[275] sein.

Steht einmal die rechtlich relevante Bewirtschaftungsart des fraglichen Betriebes fest, so ist der jährliche Arbeitsaufwand aufgrund von durchschnittlichen[276], statistisch ermittelten und regelmässig angepassten Richtzahlen[277] zu errechnen, wobei bei diesen Richtzahlen die Lage des Betriebes, die Bodenbeschaffenheit, die tatsächliche und rechtlich zulässige[278] Einrichtung der Bauten und Anlagen, der Mechanisierungsgrad sowie die rechtlich relevante Bewirtschaftungsart des Betriebes zu berücksichtigen sind. Dabei ist aber auch zu überprüfen, ob die bäuerliche Normalfamilie im-

---

[271] Darunter fallen der Tierbesatz, die Fruchtfolge, etc.

[272] Spezialkulturen, Ökologische Tierhaltung, Direktvermarktung, etc.

[273] Die Verfügungsmöglichkeit kann auch vertraglich sichergestellt sein, wobei aber eine Mindestvertragsdauer von sechs Jahren zu fordern ist: z.B. Verträge über Betriebszweiggemeinschaften, Abnahmeverträge, etc.

[274] Rechte, Bauten, Anlagen, Maschinen, etc.

[275] Gewässerschutzvorschriften, Rebbaukataster, etc. sind zu berücksichtigen.

[276] Es war offensichtlich die Meinung des Gesetzgebers, dass hinsichtlich Arbeitsaufwand von durchschnittlichen Verhältnissen auszugehen ist: Amtl.Bull.NR 1991 S. 103, Amtl.Bull.SR 1991 S. 140. Eine andere Lösung wäre alles andere als sinnvoll, weil sonst allerhand Manipulationen durch den bisherigen Betriebsleiter möglich wären.

[277] Solche Richtzahlen liefert der blaue Katalog «Arbeitsvoranschlag» der Forschungsanstalt Tänikon oder der Wirz-Kalender sowie das Memento Agricole.

[278] Die Tierschutzvorschriften und Hygienevorschriften sind zu beachten.

stande ist, die errechneten Arbeitsstunden selber zu verrichten oder ob in Zeiten von Arbeitsspitzen betriebsfremde Arbeitskräfte beigezogen werden müssen. Ist Letzteres tatsächlich der Fall, so sind die durch betriebsfremde Arbeitskräfte zu verrichtenden Arbeitsstunden in Abzug zu bringen. Die von einem Betriebsleiter geltend gemachten Arbeitsstunden sind unbeachtlich, soweit für die konkreten Verhältnisse durchschnittliche, statistisch ermittelte Richtzahlen vorhanden sind. Liegen keine solchen Richtzahlen vor, so sind die vom Betriebsleiter geltend gemachten Arbeitsstunden nach möglichst objektiven[279] Massstäben zu überprüfen.

Errichtung, Ausbau oder Umbau von betriebsnotwendigen Gebäulichkeiten oder Anlagen sowie die Anschaffung moderner Maschinen und Geräte können indessen den konkreten Arbeitsaufwand bedeutend verkleinern. Der Eigentümer und sogar der Pächter eines Betriebes, bei welchem es zweifelhaft ist, ob er die Arbeitskraft einer halben bäuerlichen Familie beansprucht, hat es in der Hand, mittels Modernisierung von Bauten, Anlagen oder Maschinen die Gewerbequalität kurz vor der zu erwartenden Beurteilung zu beseitigen, weil damit der Arbeitsaufwand möglicherweise wesentlich verringert werden kann. Die Rückführung eines höheren Ausbaustandardes in einen tieferen, bzw. die Verringerung des Mechanisierungsgrades kurz vor dem Beurteilungszeitpunkt ohne wichtigen Grund sollte m.E. unbeachtlich bleiben, weil dies zu einer offensichtlichen Umgehung des Zieles zur Schaffung leistungsfähiger Familienbetriebe führen würde. Auf der anderen Seite wäre es m.E. verfehlt, bei einem ortsüblich tiefen Mechanisierungsstandard in der Beurteilung von einem höheren auszugehen, weil der Ansprecher ohne Investitionen tatsächlich auch den grösseren Arbeitsaufwand hat. Der Ansprecher wäre u.U. sogar gezwungen, die Liegenschaften als landwirtschaftliche Grundstücke zum doppelten Ertragswert und damit teurer zu übernehmen, wozu dann auch noch der Investitionsbedarf zum Erreichen der bereits angenommenen, höheren Mechanisierungsstufe käme. Zudem ist es gerade bei kleinen Betrieben, welche die halbe Arbeitskraft einer bäuerlichen Fa-

---

[279] Vergleiche zu anderen Berufsbranchen; Berücksichtigung von vergleichbaren Betrieben, etc.

milie knapp überschreiten, fraglich, ob die Investition für die möglicherweise ortsüblich höhere Mechanisierungsstufe ökonomisch oder ökologisch überhaupt sinnvoll ist.
Zur Beurteilung des im konkreten Betrieb erforderlichen Arbeitsaufwandes ist wie im bisherigen Recht für die Beurteilung der ausreichenden Existenz[280] jeweilen ein Experte beizuziehen.

4. Massgebende Arbeiten

Für die Beurteilung, ob die halbe Arbeitskraft einer bäuerlichen Familie im Betrieb erforderlich ist, sind nur jene Arbeiten aufzurechnen, welche mit der Bearbeitung der landwirtschaftlich genutzten sowie rechtlich und tatsächlich landwirtschaftlich nutzbaren Grundstücke und Grundstücksteile unter Einschluss des betriebszugehörigen Waldes mitzusammenhängen. Dabei fallen primär sämtliche Arbeiten auf dem unüberbauten Boden in Betracht, die der Gewinnung von pflanzlichen und tierischen Produkten dienen. Aber auch Tätigkeiten in und an Gebäuden und Anlagen, welche der Bearbeitung, Verarbeitung und Vermarktung von im eigenen Betrieb produzierten pflanzlichen und tierischen Stoffen dienen, sind einzubeziehen. Die Verarbeitung oder Bearbeitung von zugekauften pflanzlichen und tierischen Stoffen ist nur in geringem Ausmass[281] zu berücksichtigen. Nichtlandwirtschaftliche[282] Nebengewerbe sind auf jeden Fall nicht einzubeziehen.

---

[280] Art. 620 aZGB.

[281] Bei der Viehzucht, Milchwirtschaft oder Viehmast ist die Verfütterung von zugekauften Getreideprodukten (Kartoffeln, Futtermais, Gerste, Hafer, etc.) nur im Sinne einer üblichen Ergänzung zuzulassen und regelmässiger Zukauf von Heu oder Silage ist nicht zu tolerieren: jene Arbeitsaufwendungen, welche aus dem unbeachtlichen Zukauf resultieren, dürfen nicht angerechnet werden und stellen nichts anderes als ein nichtlandwirtschaftliches Nebengewerbe dar. Der Landwirt, der durch Zukauf von pflanzlichen und tierischen Produkten z.B. 10 GVE anstelle von nur 5 GVE halten kann, soll nämlich nicht durch diesen Zukauf ein landwirtschaftliches Gewerbe herbeiführen können. Vorbehalten bleibt der Einbezug des Arbeitsaufwandes für die bodenunabhängige Produktion, falls mit der geplanten Revision des RPG das Produktemodell eingeführt werden sollte (BBl 1996 III 513 ff).

[282] Als «nichtlandwirtschaftlich» im Sinne des BGBB gilt auch die bodenunabhängige Produktion von pflanzlichen und tierischen Stoffen. Vorbehalten

E. Örtliche Verhältnisse

Für die Beurteilung des landwirtschaftlichen Gewerbes sind die jeweils konkreten örtlichen Verhältnisse[283] zu berücksichtigen. Einerseits sollten besondere Betriebsformen wie Stufenbetriebe erhalten bleiben können. Andererseits ist für «normale» Betriebe ein ortsüblicher Bewirtschaftungskreis festzulegen. Hierzu kann auf die ausführlichen Überlegungen zu lit. B verwiesen werden, da dort die örtlichen Verhältnisse im Zusammenhang mit der wirtschaftlichen Einheit des Gewerbes bereits entscheidend zu berücksichtigen waren.

F. Betriebsnotwendige Gebäude

Ein landwirtschaftliches Gewerbe kann auch vorliegen, wenn betriebsnotwendige Gebäude fehlen oder wenn bestehende umgebaut, instandgestellt oder erneuert werden müssen. Die entsprechenden Aufwendungen müssen allerdings für den konkreten Betrieb finanziell tragbar sein[284]. Damit soll gewährleistet werden, dass eine Gesamtheit von landwirtschaftlichen Grundstücken auch dann ein landwirtschaftliches Gewerbe darstellen kann, wenn betriebsnotwendige Wohn- oder Oekonomiegebäude vorübergehend[285] fehlen, was der bisherigen Praxis[286] entspricht. Mit dieser Bestimmung soll aber nicht nur der Wiederaufbau, die Instandstellung oder die Erneuerung möglich sein. Vielmehr ist neuerdings auch ein Umbau oder gar ein Neubau von Gebäulichkeiten und damit die Bildung eines neuen[287] Gewerbes zulässig, sofern dies für den Betrieb finanziell tragbar wird. Die Abklärung der finanziellen Tragbarkeit

---

bleibt die Betrachtung der bodenunabhängigen Produktion als landwirtschaftlich, falls mit der geplanten Revision des RPG das Produktemodell eingeführt werden sollte (BBl 1996 III 513 ff).

[283] Art. 7 Abs. 4 lit. a BGBB; BBl 1988 III 983.
[284] Art. 7 Abs. 4 lit. b BGBB.
[285] Beispielsweise Zerstörung durch einen Brand; vgl. BBl 1988 III 983.
[286] NEUKOMM/CZETTLER, S. 53 ff.; BGE 104 II 255 ff.
[287] BBl 1988 III 984.

ist aber nur dann gefragt, wenn die bereits bestehenden Gebäulichkeiten für das Bewirtschaftungskonzept des Ansprechers nicht ausreichen oder wenn gar keine solchen vorhanden sind und wenn ohne die Investition kein landwirtschaftliches Gewerbe vorhanden wäre.

Die wirtschaftliche Tragbarkeit der Investitionen an Gebäuden soll einzig von der Ertragskraft des konkreten Betriebes und nicht vom Betriebsleiter abhängen. Es soll damit verhindert werden, dass landwirtschaftsfremde[288] Gelder in einen landwirtschaftlichen Betrieb fliessen, aus welchem diese Mittel weder verzinst noch amortisiert werden könnten.

Für die Beurteilung der wirtschaftlichen Tragbarkeit ist m.E. der Einfachheit halber vom Ertragswert[289] des angesprochenen Gewerbes auszugehen, wobei die Investition für die fragliche Gebäulichkeit in der Ertragswertrechnung bereits enthalten sein muss. Die konkrete Tragbarkeit der Investition ist m.E. noch gegeben, wenn der Übernahmepreis des Gewerbes zuzüglich der erforderlichen Investition zur Bereitstellung von betriebsnotwendigen und betriebstauglichen Gebäuden den doppelten Ertragswert[290] des Gewerbes nicht überschreitet[291]. Dazu hat der Ansprecher ein konkretes Projekt für die Investition mitsamt detaillierter Kostenberechnung sowie einen realisierbaren Finanzierungsplan vorzulegen. Soweit die Belastungsgrenze von 135 % des Ertragswertes[292] überschritten wird, ist eine Finanzierung mittels Investitionskrediten und/oder

---

[288] Gelder aus Erbschaft oder anderweitigem, nichtlandwirtschaftlichem Erwerb des Betriebsleiters oder seiner Ehefrau, etc.;. Amtl.Bull.SR 1990, S. 223, Votum Schoch.

[289] Art. 10 BGBB.

[290] Bei diesem Ertragswert ist die Investition bereits einzurechnen.

[291] Bei der Zuweisung von landwirtschaftlichen Grundstücken (Art. 21 BGBB) wurde der doppelte Ertragswert für den Selbstbewirtschafter als noch verkraftbar betrachtet (Prot.Komm.SR, Sitzung vom 8. Januar 1990, S. 35). Die Investition für betriebsnotwendige Gebäude hat m.E. eine ähnliche Funktion wie der Zukauf eines landwirtschaftlichen Grundstückes. Deshalb ist auch bei der Investition für betriebsnotwendige Gebäude der doppelte Ertragswert als obere Grenze hinsichtlich der Tragbarkeit im Sinne von Art. 7 Abs. 4 lit. b BGBB anzusetzen.

[292] Art. 73 Abs. 1 BGBB.

mit Eigenkapital des Ansprechers auszuweisen. Die Limite des doppelten Ertragswertes stellt eine Grösse dar, welche es einem durchschnittlich tüchtigen Betriebsleiter ermöglichen sollte, im Laufe seiner Bewirtschaftungszeit die Verschuldung mindestens bis zur Belastungsgrenze zu verkleinern, zumal die Banken in der Regel keine Amortisation der Kredite unter die gesetzlich zulässige Belastungsgrenze verlangen. Einem Ansprecher für ein landwirtschaftliches Gewerbe ist wie jedem anderen Unternehmer der Privatwirtschaft zuzumuten, einen gewissen Eigenkapitalanteil für den Erwerb des Gewerbes einzubringen. Im übrigen ist auch bei der erbrechtlichen[293] Zuweisung sowie bei der Zuweisung im Rahmen eines Vorkaufsrechtes[294] oder eines Kaufsrechtes[295] bei der Übernahme eines Gewerbes ein Preis zu bezahlen, der entsprechend den konkreten Verhältnissen weit über den Ertragswert bis hin zum Verkehrswert gehen kann.

Nebst der einfach feststellbaren Beurteilung nach dem doppelten Ertragswert sollte es indessen einem Ansprecher unbenommen sein, unter Vorlage eines Betriebsergebnisses[296] über mindestens sechs vergangene Jahre zu belegen, dass er mit dem Ertrag aus den fraglichen Liegenschaften eine höhere Verschuldung als den doppelten Ertragswert tragen, bzw. verzinsen und amortisieren kann. Dabei müssten indessen die Produktionsverhältnisse nachweisbar für eine absehbare Zeit von mindestens weiteren sechs Jahren vergleichbar[297] bleiben. Auch diesfalls ist vom Ansprecher selbstverständlich eine detaillierte Kostenberechnung sowie ein realisierbarer Finanzierungsplan vorzulegen.

Wenn zwar auf den Liegenschaften des Stammbetriebes betriebsnotwendige Gebäude fehlen oder wenn sie mangelhaft sind, wenn solche aber wohl auf dem Eigenland des Ansprechers oder auf

---

[293] Art. 18 BGBB.

[294] Art. 52 BGBB.

[295] Art. 27 i.V.m. Art. 52 BGBB.

[296] Das Betriebsergebnis ist mittels korrekt erstellter Buchhaltung zu ermitteln, was allerdings einen bereits vorbestandenen Betrieb voraussetzt.

[297] Vergleichbare Familienverhältnisse (Mithilfe Ehefrau); weiterlaufende Verträge (Düngerabnahmeverträge, Betriebszweiggemeinschaftsvertrag, Abnahmeverträge für bestimmte Produkte, etc.); vergleichbare Ausbildung; etc.

langjährig zugepachteten Liegenschaften hinreichend intakt vorhanden sind, dann gibt es betreffend den Gebäulichkeiten des Betriebes keine Nachholbedürfnisse, da ja das Eigenland oder das Zupachtland als betriebszugehörig zu betrachten ist.

G. Für längere Dauer zugepachtete Grundstücke

1. Allgemeines

Für die Bestimmung, bzw. Abgrenzung des landwirtschaftlichen Gewerbes sind nebst den im Eigentum des Betriebsleiters befindlichen Grundstücken jene zuzurechnen, die auf Dauer zugepachtet sind[298]. Im VE Zimmerli sowie im Entwurf des Bundesrates[299] war vorgesehen, dass zugepachtete Grundstücke für die Beurteilung des landwirtschaftlichen Gewerbes entgegen dem bisherigen Recht[300] nicht mehr einbezogen werden sollten. Aber bereits der Vorschlag der ständerätlichen Kommission[301] wollte die für längere Dauer zugepachteten Grundstücke bei der Beurteilung des landwirtschaftlichen Gewerbes mitberücksichtigt haben, was der Ständerat ohne weitere Diskussion übernahm[302]. Die Kommission des Nationalrates[303] schlug entsprechend dem ständerätlichen Vorschlag ebenfalls die Mitberücksichtigung von langjährigen Pachtverhältnissen vor, was der Nationalrat[304] auch ohne grössere Debatte guthiess.

---

[298] Art. 7 Abs. 4 lit. c BGBB; vgl. Amtl.Bull.NR 1991 S. 106, Votum Nussbaumer.
[299] BBl 1988 III 982.
[300] Art. 620 Abs. 2 aZGB; BGE 112 II 211 mit vielen Hinweisen.
[301] Amtl.Bull.SR 1990 S. 218.
[302] Amtl.Bull.SR 1990 S. 223.
[303] Amtl.Bull.NR 1991 S. 99.
[304] Amtl.Bull.NR 1991 S. 106, Votum Nussbaumer; S. 107, Votum Koller; S. 109; S. 860, Votum Bundi.

2. Grundstücke oder Grundstücksteile

Gegenstand einer landwirtschaftlichen Pacht können nebst den eigentlichen landwirtschaftlichen Grundstücken auch blosse Grundstücksteile sein[305]. M.E. sind deshalb auch zugepachtete Grundstücksteile grundsätzlich zu berücksichtigen, soweit die übrigen Voraussetzungen der Hinzurechnung gegeben sind, da es pachtrechtlich keinen Unterschied gibt zwischen ganzen Pachtgrundstücken und zwischen zugepachteten Grundstücksteilen. Im Sinne von zugepachteten Grundstücken ist mit zugepachteten selbständigen und dauernden Rechten[306] zu verfahren. Schliesslich sind ebenfalls andere dinglich[307] oder obligatorisch[308] eingeräumte Rechte zu berücksichtigen.

3. Minimale Pachtdauer

Betreffend der minimal verlangten Pachtdauer sollte m.E. die minimale Pachtdauer für Liegenschaften[309] von sechs Jahren gefordert werden, da eine kürzere Pachtdauer für eine Liegenschaft nur in jenen Ausnahmefällen[310] möglich ist, bei welchen eine gemeinsame Bewirtschaftung mit dem Hauptbetrieb nur kurzfristig und eben gerade nicht langfristig vorgesehen ist. Mit diesem Ansatz wäre auch der Anschluss an die Vorschrift[311] über die parzellenweise Verpachtung eines Gewerbes gewährleistet, sodass Liegenschaften, welche ehemals zu einem landwirtschaftlichen Gewerbe gehört hatten und seit mindestens sechs Jahren zu einem anderen Gewerbe zugepachtet waren, zusammen mit dem Gewerbe des Zupächters und nicht mehr mit dem ursprünglichen Gewerbe zu beurteilen sind. Diese Minimaldauer muss dabei im Zeitpunkt der Anspre-

---

[305] STUDER/HOFER, S. 20.
[306] Anteils- und Nutzungsrechte an Allmenden, Alpen, Wald und Weiden im Sinne von Art. 6 Abs. 2 BGBB; Baurechte, etc.
[307] Wasserrecht, Wegrecht, etc.
[308] Mietvertrag über eine Wohnung, Jaucheabnahmevertrag, etc.
[309] Art. 7 Abs. 1 LPG.
[310] Art. 7 Abs. 3 LPG.
[311] Art. 8 BGBB.

chung[312] des Gewerbes gegeben sein. Zudem muss Gewähr bestehen, dass dieses Zupachtland weiterhin[313], d.h. mindestens eine weitere ordentliche Pachtdauer von sechs Jahren dem Gewerbe erhalten bleibt, sonst verlöre diese Bestimmung jeglichen Sinn.

4. Bewirtschaftung mit dem Hauptbetrieb

Im übrigen kann m.E. die bisherige Rechtsprechung[314] zu Art. 620 Abs. 2 aZGB herangezogen werden, wonach zugepachtete Liegenschaften des Ansprechers bei der Beurteilung des landwirtschaftlichen Gewerbes zu berücksichtigen sind, sofern solche Liegenschaften während längerer Dauer, d.h. vorliegend während mindestens sechs Jahren zusammen mit dem Gewerbe bewirtschaftet worden sind. Es darf dabei m.E. aber keine Rolle spielen, wer Bewirtschafter des Gewerbes und der zugepachteten Liegenschaften während der gemeinsamen Bewirtschaftung war oder ob die Zupacht erst nach dem Tode des bisherigen Hauptbetriebseigentümers hinzukam. Entscheidend muss vielmehr sein, dass der Hauptbetrieb mit der Zupacht zusammen vom gleichen Betriebsleiter bewirtschaftet wurde, dass die gemeinsame Bewirtschaftung im massgeblichen Zeitpunkt des Ansprechens[315] mindestens sechs Jahre gedauert hat und dass die Zupacht mindestens weitere sechs Jahre mit dem Hauptbetrieb zusammen mit dem Ansprecher als Betriebsleiter bestehen kann. Damit ist dem wohl wichtigsten Anliegen des BGBB, nämlich der Strukturverbesserung genüge getan.

---

[312] Der Zeitpunkt der Ansprechung ist m.E. gesetzt, wenn der erste Ansprecher mündlich oder schriftlich geltend macht, das Gewerbe übernehmen zu wollen.
[313] Amtl.Bull.NR 1991 S. 106, Votum Nussbaumer.
[314] BGE 112 II 212 und 213.
[315] Ansprecher können z.B. Erben (Art. 11 BGBB), Verwandte mit Kaufsrecht (Art. 25 BGBB), vertraglich begründete Miteigentümer oder Gesamteigentümer (Art. 36 BGBB) oder vorkaufsberechtigte Verwandte (Art. 42 BGBB oder Pächter (Art. 47 BGBB) sein.

89

5. Eigenland des Ansprechers

Mit der bisherigen Praxis[316] ist auch während längerer Dauer mitbewirtschaftetes Eigenland eines Ansprechers analog einem Pachtverhältnis bei der Beurteilung des Gewerbes zu berücksichtigen, weil nicht einzusehen ist, dass ein Bewerber bei einer Zupacht auf eine Hinzurechnung zählen darf, was beim rechtlich viel sichereren Eigentum nicht der Fall sein sollte. Da die massgebliche Bestimmung[317] im Parlament praktisch nicht zur Diskussion stand, kann dort nichts über die Auslegung herangezogen werden. Allerdings kann dem Entwurf des Bundesrates[318], welcher der ständerätlichen Kommission als Diskussionsgrundlage diente, entnommen werden, dass die bisherige Praxis betreffend der mitbewirtschafteten Grundstücke nicht übernommen werden sollte. Aber gerade entgegen diesem Vorschlag wollte die ständerätliche Kommission für längere Dauer zugepachtete Grundstücke mitberücksichtigt haben. Da die bisherige Praxis das Eigenland eines Ansprechers einbezog und da keinerlei Äusserung in den Kommissionen der Räte oder im Parlament ausdrücklich auf die Nichtberücksichtigung des Eigenlandes schliessen lässt, ist von einer echten Gesetzeslücke auszugehen. Diese ist im Hinblick auf die wesentlichen Ziele des BGBB dahingehend zu füllen, dass Eigenland eines Ansprechers analog den für längere Dauer zugepachteten Grundstücken zu behandeln ist. Es ist nämlich davon auszugehen, dass das Eigenland ohne Zweifel ausdrücklich oder implizit vom Parlament einbezogen worden wäre, wenn dieser Gesichtspunkt zur Diskussion gestanden wäre. Es würde nämlich wenig Sinn machen, langjährig zugepachtete Grundstücke mitzuberücksichtigen, langjährig mitbewirtschaftetes Eigenland dagegen ausser acht zu lassen.

6. Wirtschaftliche Einheit

Selbstverständlich hat die Pachtliegenschaft oder die Pachtliegenschaften mit dem Gewerbe zusammen eine wirtschaftliche Einheit

---

[316] BGE 112 II 212 mit vielen Hinweisen.
[317] Art. 7 Abs. 4 lit. c BGBB.
[318] BBl 1988 III 982.

zu bilden, d.h. sie muss im ortsüblichen Bewirtschaftungskreis liegen, um überhaupt berücksichtigt zu werden. Zudem ist bei der Hinzurechnung von mitbewirtschafteten Liegenschaften zu fordern, dass der eigentliche Hauptbetrieb ohne die Zupachten oder das Eigenland des Ansprechers für sich allein eine wirtschaftliche Einheit bildet, welche selber bereits über die erforderlichen, oder zumindest über den Grossteil[319] der erforderlichen Bauten und Anlagen zur Bewirtschaftung verfügt. Denn es darf m.E. nicht soweit kommen, dass an sich blosse landwirtschaftliche Grundstücke ohne nennenswerte Bauten und Anlagen zu landwirtschaftlichen Gewerben werden, nur weil eine oder mehrere Zupachtliegenschaften, welche für sich alleine bereits oder beinahe ein landwirtschaftliches Gewerbe darstellen, bei der Beurteilung mitzuberücksichtigen sind.

H. Abweichende kantonale Regelung

1. Allgemeines

Die Kantone können landwirtschaftliche Betriebe, welche die Voraussetzungen von Art. 7 BGBB nicht erfüllen, den Bestimmungen über die landwirtschaftlichen Gewerbe unterstellen[320]. Die Kantone sind demnach befugt, geringere Anforderungen an ein landwirtschaftliches Gewerbe zu stellen, wobei allerdings ein landwirtschaftlicher Betrieb vorhanden sein muss. Höhere Anforderungen zu stellen, wäre m.E. nicht zulässig, da im Zug der Diskussion um Art. 5 lit. a BGBB stets von einer möglichen Ausdehnung auf kleinere Betriebe die Rede war[321].

---

[319] Es sollte m.E. möglich sein, dass ein Stall oder ein Wohnhaus vom zugepachteten Land oder vom Eigenland die wirtschaftliche Einheit des Hauptbetriebes ergänzt, bzw. vervollständigt; vgl. BGE 104 II 255 ff.
[320] Art. 5 lit. a BGBB.
[321] Amtl.Bull.NR 1991 S. 103, 104, 105 und 107; Amtl.Bull.SR 1991, S. 143.

2. Landwirtschaftlicher Betrieb

Der Begriff des Betriebes ist bundesrechtlich vorgegeben und hat sich dementsprechend an den diesbezüglichen Voraussetzungen beim bundesrechtlichen Gewerbebegriff[322] zu orientieren. Es muss sich dabei um eine Gesamtheit von Grundstücken, Bauten und Anlagen handeln, welche von einem betriebseigenen Zentrum aus durch die gleichen Arbeitskräfte selbständig bewirtschaftet werden können[323]. Dabei müssen m.E. sämtliche Betriebsteile wie beim bundesrechtlichen Gewerbe im ortsüblichen Bewirtschaftungskreis liegen, welcher seinerseits je nach den konkreten kantonalen Strukturen[324] sehr unterschiedlich sein kann. Was die Bauten und Anlagen anbelangt, so sind wie beim bundesrechtlichen Gewerbe grundsätzlich jene zu fordern, welche für die objektiv geeignete Nutzung oder die lange Zeit tatsächlich ausgeübte Nutzung erforderlich sind. Fehlen solche, so ist zu prüfen, ob deren Erstellung, Instandstellung oder Ersetzung für den konkreten Betrieb tragbar sind. Ist dies nicht der Fall, so liegt gar kein Betrieb im Sinne von Art. 5 lit. a BGBB vor, welcher in den Genuss einer kantonalen Unterstellungsvorschrift für ein landwirtschaftliches Gewerbe gelangen könnte. Vielmehr wäre diesfalls von blossen landwirtschaftlichen Grundstücken auszugehen.

3. Untere Grenze

Mit dem Gesetzgebungsspielraum des Art. 5 lit. a BGBB sollten die Kantone die Möglichkeit erhalten, entsprechend ihrer konkreten Agrarstruktur geringere Anforderungen an die Grösse, bzw. an das erforderliche Arbeitspotential eines landwirtschaftlichen Betriebes zu stellen, als dies gemäss Art. 7 BGBB notwendig ist. Dies, nachdem hinsichtlich der geringeren Anforderungen an das für das Gewerbe erforderliche Arbeitspotential im Parlament immer wieder

---

[322] Art. 7 BGBB; vgl. STALDER BEAT, Die verfassungs- und verwaltungsrechtliche Behandlung unerwünschter Handänderungen im bäuerlichen Bodenrecht, S. 103.
[323] BGE 89 II 19. Diese Definition entspricht jener in Art. 2 der Vorordnung über landwirtschaftliche Begriffe (SR 910.91).
[324] Stufenbetriebe, etc.

auf die kantonale Kompetenz zur Anpassung nach unten hingewiesen wurde[325]. Dabei dürfen allerdings eigentliche Freizeit- und Hobbybetriebe auch kantonalrechtlich nicht geschützt werden, zumal solche einerseits gemäss dem bundesrätlichen Entwurf[326] und andererseits auch gemäss der parlamentarischen Debatte[327] klar und deutlich den Schutz des landwirtschaftlichen Gewerbes nicht erfahren sollten. Dies würde auch der strukturpolitischen Zielsetzung des BGBB widersprechen[328]. Nun kann aber möglicherweise der gleiche Betrieb das eine Mal als Hobby- oder Freizeitbetrieb und das andere Mal als eigentlicher Zuerwerbsbetrieb geführt werden, was wesentlich von den Bewirtschaftungsmotiven des Betriebsleiters abhängen kann. Soweit auf einem Betrieb kein oder kein nennenswerter Ertrag erzielt wird, ist grundsätzlich ein Hobby- oder Freizeitbetrieb zu vermuten[329]. Ein Betrieb, welcher praktisch über keinen landwirtschaftlich bebaubaren Boden, sondern nur gerade über die Gebäulichkeiten eines landwirtschaftlichen Betriebes verfügt, dürfte nicht als landwirtschaftliches Gewerbe eingestuft werden, da er aufgrund der ausschliesslich bodenunabhängigen Produktion als nichtlandwirtschaftlicher Betrieb zu gelten hätte[330].

Eine kantonale Bestimmung über die Unterstellung unter die Vorschriften des landwirtschaftlichen Gewerbes müsste demnach gewährleisten, dass eigentliche Hobby- und Freizeitbetriebe sowie blosse landwirtschaftliche Grundstücke oder gar nichtlandwirt-

---

[325] Amtl.Bull.NR 1991 S. 99, 100, 103, 104, 105, 107, 108; Amtl.Bull.SR 1991 S. 142, 143.

[326] BBl 1988 III 968.

[327] Amtl.Bull.NR 1991 S. 101, 103, 198.

[328] BBl 1988 III 968; vgl. STALDER BEAT, Die verfassungs- und verwaltungsrechtliche Behandlung unerwünschter Handänderungen im bäuerlichen Bodenrecht, S. 104.

[329] Diese Vermutung könnte möglicherweise umgestossen werden, wenn ein Zuerwerbswille glaubhaft gemacht wird und wenn die Ursachen des fehlenden Ertrages (falsche Kalkulation, momentan schlechte Ertragslage der gewählten Bewirtschaftungsart, unglückliche Witterungsverhältnisse, Pech mit den Tieren, etc.) nachvollziehbar sind.

[330] Vorbehalten bleibt die Betrachtung der bodenunabhängigen Produktion als landwirtschaftliche Produktion, falls mit der geplanten Revision des RPG das Produktemodell eingeführt werden sollte (BBl 1996 III 513 ff).

schaftliche Grundstücke im Sinne von Art. 6 BGBB nicht erfasst werden können.

4. Mögliche Unterstellungskriterien

Die Kantone sind in der Wahl der Unterstellungskriterien grundsätzlich frei und können m.E. weitere oder andere Voraussetzungen verlangen, soweit dadurch der bundesrechtliche Begriff des Gewerbes gemäss Art. 7 BGBB nicht angetastet wird.
Eine einfache Unterstellungsart wäre die Herabsetzung des Arbeitspotentials der bäuerlichen Familie. Praktikabel wäre auch das Festlegen einer unteren Limite für die Betriebsfläche, welche sinnvollerweise nach der entsprechenden Bewirtschaftungszone abzustufen wäre. Bei der Flächenfestlegung ist allerdings darauf zu achten, dass die halbe Arbeitskraft einer bäuerlichen Familie gemäss Art. 7 BGBB nicht überschritten[331] wird. Die Forderung nach einem bestimmten Einkommen ist m.E. wohl zulässig, würde aber inskünftig in der Praxis wohl gewisse Schwierigkeiten bereiten, weil das Einkommen grundsätzlich[332] als Abgrenzungskriterium nicht mehr gefragt ist. Zudem dürfte eine kantonale Einkommenslimite die bundesrechtliche Limite[333] der halben Arbeitskraft einer bäuerlichen Familie nicht tangieren.

---

[331] Die Festlegung einer Minimalfläche von z.B. 6 ha Land könnte im konkreten Fall dazu führen, dass damit gemäss kantonalem Recht ein Betrieb von 5 ha Land kein Gewerbe mehr darstellen würde, während dieser Betrieb möglicherweise eine halbe Arbeitskraft einer bäuerlichen Familie überschreiten und damit die bundesrechtliche Gewerbedefinition erfüllen würde.
[332] Eine Ausnahme stellt Art. 7 Abs. 4 lit. b BGBB dar.
[333] Art. 7 Abs. 1 BGBB: die halbe Arbeitskraft einer bäuerlichen Familie.

IV. *Betrieb des produzierenden Gartenbaus*

A. Allgemeines

Betriebe des produzierenden Gartenbaus gelten ebenfalls als landwirtschaftliche Gewerbe, sofern eine Gesamtheit von gartenbaulichen Grundstücken, Bauten und Anlagen vorhanden ist, welche als Grundlage der gartenbaulichen Produktion dient und mindestens die halbe Arbeitskraft einer bäuerlichen Familie beansprucht[334]. Dabei müssen aber die örtlichen Verhältnisse, der Zustand der betriebsnotwendigen Gebäude sowie für längere Dauer zugepachtete Grundstücke in die Beurteilung einbezogen werden[335]. Allerdings können nur jene Grundstücke berücksichtigt werden, welche dem BGBB unterstellt sind[336].

B. Gesamtheit von Grundstücken, Bauten und Anlagen

1. Gartenbauliche Grundstücke, Bauten und Anlagen

Alle jene Grundstücke[337], welche als gartenbaulich im Sinne von Art. 6 BGBB gelten, können Teil eines Gewerbes darstellen, wobei es beim gartenbaulichen Betrieb keine Mindestgrösse für die einzelnen Grundstücke gibt[338]. Hinzu kommen auch Waldgrundstücke[339] sowie Grundstücke oder Grundstücksteile mit gartenbaulichen Gebäuden oder Anlagen, einschliesslich angemessenem Um-

---

[334] Art. 7 Abs. 2 BGBB.
[335] Art. 7 Abs. 4 BGBB.
[336] Art. 2 BGBB i.V.m. Art. 7 Abs. 3 BGBB.
[337] Unter Grundstücken sind auch Anteils- und Nutzungsrechte zu verstehen: BBl 1988 III 981.
[338] Art. 2 Abs. 3 BGBB.
[339] Art. 2 Abs. 2 lit. b BGBB.

schwung, die in einer Bauzone liegen und zum Betrieb gehören[340]. Ferner werden Grundstücke, die teilweise innerhalb der Bauzone liegen, ebenfalls erfasst, sofern sie nicht entsprechend den Nutzungszonen aufgeteilt sind[341]. Schliesslich können zum Betrieb auch jene Grundstücke mit gemischter Nutzung gehören, die nicht in einen gartenbaulichen und einen nichtgartenbaulichen Teil getrennt sind[342]. Im übrigen sei dazu auf die obigen Ausführungen unter III, B, 1 verwiesen, welche analog anzuwenden sind.

2. Betrieb des produzierenden Gartenbaus

Dazu sei auf die obigen Ausführungen unter III, B, 2 verwiesen, welche analog anzuwenden sind.

C. Grundlage der gartenbaulichen Produktion

Die Gesamtheit der gartenbaulichen Grundstücke, Bauten und Anlagen hat als Grundlage der gartenbaulichen Produktion zu dienen. Es müssen demnach Strukturen vorhanden sein, welche sich zur bodenabhängigen Herstellung von pflanzlichen Produkten eignen. Im übrigen sei dazu auf die obigen Ausführungen unter III, C verwiesen, welche analog anzuwenden sind.

D. Mindestens halbe Arbeitskraft einer bäuerlichen Familie

1. Ausgangslage

Wie bei landwirtschaftlichen Betrieben wird für die Gewerbequalität ein Arbeitsaufwand von mindestens einer halben Arbeitskraft einer bäuerlichen Familie verlangt.

---

[340] Art. 2 Abs. 2 lit. a BGBB.
[341] Art. 2 Abs. 2 lit. c BGBB.
[342] Art. 2 Abs. 2 lit. d BGBB. Eine Aufteilung wäre gemäss Art. 60 lit. a BGBB vorzunehmen.

2. Arbeitskraft einer bäuerlichen Normalfamilie

Die Gesamtheit von gartenbaulichen Grundstücken, Bauten und Anlagen muss mindestens die halbe Arbeitskraft einer bäuerlichen Familie beanspruchen. Im übrigen sei auf die obigen Ausführungen unter III, D, 2 verwiesen.

3. Objektivierte Bewirtschaftungsweise

Was die Festlegung des Arbeitsaufwandes bei einem konkreten Betrieb anbelangt, so ist m.E. von der ortsüblichen Bewirtschaftung auszugehen, es sei denn, der betreffende Betrieb werde entgegen der Ortsüblichkeit seit mindestens sechs Jahren anderweitig[343] bewirtschaftet und verfüge[344] über die dazu erforderlichen Grundlagen[345]. Im übrigen sei auf die obigen Ausführungen unter III, D, 3 verwiesen, welche analog anzuwenden sind.

4. Massgebende Arbeiten

Für die Beurteilung, ob die halbe Arbeitskraft einer bäuerlichen Familie im Betrieb erforderlich ist, sind nur jene Arbeiten aufzurechnen, welche mit der Bearbeitung der gartenbaulich genutzten sowie rechtlich und tatsächlich gartenbaulich nutzbaren Grundstücke und Grundstücksteile unter Einschluss des betriebszugehörigen Waldes zusammenhängen. Dabei fallen primär sämtliche Arbeiten auf dem unüberbauten Boden in Betracht, die der Gewinnung von pflanzlichen Produkten dienen. Aber auch Tätigkeiten in und an Gebäuden und Anlagen, welche der Bearbeitung, Verarbeitung und Vermarktung von im eigenen Betrieb produzierten pflanzlichen Stoffen dienen, sind einzubeziehen. Die Verarbeitung, Bearbeitung und Vermarktung von zugekauften Stoffen ist nur in geringem

---

[343] Spezialkulturen, etc.
[344] Die Verfügungsmöglichkeit kann auch vertraglich sichergestellt sein, wobei aber eine Mindestvertragsdauer von sechs Jahren zu fordern ist: z.B. Verträge über Betriebszweiggemeinschaften, Abnahmeverträge, etc.
[345] Rechte, Bauten, Anlagen, Maschinen, etc.

Ausmass zu berücksichtigen. Nichtgartenbauliche[346] Nebengewerbe sind auf jeden Fall nicht einzubeziehen.

E. Örtliche Verhältnisse

Für die Beurteilung des gartenbaulichen Betriebes sind die jeweils konkreten örtlichen Verhältnisse[347] zu berücksichtigen. Einerseits sollten besondere Betriebsformen erhalten bleiben können. Andererseits ist für «normale» Betriebe ein ortsüblicher Bewirtschaftungskreis festzulegen. Hierzu kann auf die ausführlichen Überlegungen zu lit. B verwiesen werden, da dort die örtlichen Verhältnisse im Zusammenhang mit der wirtschaftlichen Einheit des Betriebes bereits entscheidend zu berücksichtigen waren.

F. Betriebsnotwendige Gebäude

Ein Betrieb des produzierenden Gartenbaus kann auch ein landwirtschaftliches Gewerbe darstellen, wenn betriebsnotwendige Gebäude fehlen oder wenn bestehende umgebaut, instandgestellt oder erneuert werden müssen. Die entsprechenden Aufwendungen müssen allerdings für den konkreten Betrieb finanziell tragbar sein[348]. Damit soll gewährleistet werden, dass eine Gesamtheit von gartenbaulichen Grundstücken auch dann ein landwirtschaftliches Gewerbe darstellen kann, wenn die betriebsnotwendigen Wohn- oder Oekonomiegebäude vorübergehend[349] fehlen, was der bisherigen

---

[346] Als «nichtgartenbaulich» im Sinne des BGBB gilt auch die bodenunabhängige Produktion von pflanzlichen Stoffen. Solche Produktionsanlagen sind nicht auf Kulturland angewiesen und sind als Fabrikationsbetriebe zu behandeln. Erläuterungen zum Bundesgesetz über die Raumplanung des EJPD, 1981, N. 22 und 23 zu Art. 16 RPG. Vorbehalten bleibt die Betrachtung der bodenunabhängigen Produktion als landwirtschaftliche Produktion, falls mit der geplanten Revision des RPG das Produktemodell eingeführt werden sollte (BBl 1996 III 513 ff).

[347] Art. 7 Abs. 4 lit. a BGBB; BBl 1988 III 983.

[348] Art. 7 Abs. 4 lit. b BGBB.

[349] Zerstörung durch einen Brand; vgl. BBl 1988 III 983.

Praxis[350] bei landwirtschaftlichen Betrieben entspricht. Mit dieser Bestimmung soll aber nicht nur der Wiederaufbau, die Instandstellung oder die Erneuerung möglich sein. Vielmehr ist auch ein Umbau oder gar ein Neubau von Gebäulichkeiten und damit die Bildung eines neuen[351] Gewerbes zulässig, sofern dies für den Betrieb finanziell tragbar wird. Die Abklärung der finanziellen Tragbarkeit ist aber nur dann gefragt, wenn die bereits bestehenden Gebäulichkeiten für das Bewirtschaftungskonzept des Ansprechers nicht ausreichen oder wenn gar keine solchen vorhanden sind und wenn ohne die Investition die Gewerbequalität nicht vorhanden wäre. Im übrigen sei auf die obigen Ausführungen unter III, F verwiesen, welche analog anzuwenden sind.

G. Für längere Dauer zugepachtete Grundstücke

1. Allgemeines

Für die Bestimmung, bzw. Abgrenzung des gartenbaulichen Betriebes sind nebst den im Eigentum des Betriebsleiters befindlichen Grundstücken jene zuzurechnen, die auf Dauer zugepachtet sind[352].

2. Grundstücke oder Grundstücksteile

Dazu sei auf die obigen Ausführungen unter III, G, 2 verwiesen, welche analog anzuwenden sind.

3. Minimale Pachtdauer

Dazu sei auf die obigen Ausführungen unter III, G, 3 verwiesen, welche analog anzuwenden sind.

---

[350] NEUKOMM/CZETTLER, S. 53 ff.; BGE 104 II 255 ff.
[351] BBl 1988 III 984.
[352] Art. 7 Abs. 4 lit. c BGBB; vgl. Amtl.Bull.NR 1991 S. 106, Votum Nussbaumer.

4. Bewirtschaftung mit dem Hauptbetrieb

Dazu sei auf die obigen Ausführungen unter III, G, 4 verwiesen, welche analog anzuwenden sind.

5. Eigenland des Ansprechers

Dazu sei auf die obigen Ausführungen unter III, G, 5 verwiesen, welche analog anzuwenden sind.

6. Wirtschaftliche Einheit

Dazu sei auf die obigen Ausführungen unter III, G, 6 verwiesen, welche analog anzuwenden sind.

V. Gartenbau und Landwirtschaft im gleichen Gewerbe

Nebst den landwirtschaftlichen Gewerben, welche ihre Grundstücke, Bauten und Anlagen gänzlich entweder landwirtschaftlich oder gartenbaulich nutzen, sind auch Gewerbe denkbar, welche beide Produktionszweige kombinieren, wobei es gleichgültig ist, welcher Teil überwiegt. Sobald die allgemeinen Voraussetzungen eines Gewerbes (Gesamtheit von Grundstücken, Bauten und Anlagen als Grundlage der landwirtschaftlichen und gartenbaulichen Produktion, selbständiger Betrieb mit Betriebszentrum, mindestens halbe Arbeitskraft einer bäuerlichen Familie) erfüllt sind, ist von einem landwirtschaftlichen Gewerbe auszugehen. Beide Produktionszweige sind bei der Beurteilung der Gewerbequalität voll zu berücksichtigen.

VI. Nichtlandwirtschaftliches Nebengewerbe

Sobald innerhalb eines landwirtschaftlichen Gewerbes mit Grundstücken, Bauten oder Anlagen des Gewerbes oder Teilen davon irgendein Ertrag erwirtschaftet wird, welcher nicht mit der Bearbeitung, Lagerung, Verarbeitung oder Vermarktung[353] von im Betrieb bodenabhängig produzierten pflanzlichen oder tierischen Erzeugnissen zusammenhängt, liegt ein nichtlandwirtschaftliches Nebengewerbe im Sinne des BGBB vor[354]. Bereits die bodenunabhängige Produktion, Lagerung, Verarbeitung oder Vermarktung von tierischen[355] und pflanzlichen[356] Erzeugnissen stellt ein solches Nebengewerbe dar[357]. Es sind aber auch Nebengewerbe vorstellbar, welche mit der Produktion, Lagerung, Verarbeitung oder Vermarktung von pflanzlichen und tierischen Erzeugnissen nur indirekt[358] oder gar nichts[359] zu tun haben[360].

---

[353] Gemeint ist der blosse Verkauf. Sobald weitere Leistungen (z.B. Gastwirtschaft) damit verbunden sind, ist von einer nichtlandwirtschaftlichen Tätigkeit auszugehen.

[354] Vgl. Ausführgen vorne unter II,C.

[355] Geflügelmast; Schweinemast; Eierproduktion unter Zukauf des Futters; Aufstockung der bodenabhängigen Rindviehhaltung unter Zukauf des Futters, welches den üblichen Ergänzungsbedarf übersteigt; Schlachten von betriebsfremden Tieren, Buttergewinnung und Käsen betriebsfremder Milch, etc.; Verkauf betriebsfremder Produkte (Eier, Fleisch, Käse, Milch, etc.); Viehhandel; etc. Vorbehalten bleibt die Betrachtung der bodenunabhängigen Produktion als landwirtschaftliche Produktion, falls mit der geplanten Revision des RPG das Produktemodell eingeführt werden sollte (BBl 1996 III 513 ff).

[356] Hors-sol-Produktion von Pflanzen, Treibhauspflanzen ohne Versetzen ins offene Land, etc.; Verarbeitung von betriebsfremden Trauben, Trocknen und Lagern von betriebsfremdem Tabak oder Gewürzen, Verkauf betriebsfremder Produkte (Gemüse, Getreide, etc.) etc.

[357] In raumplanerischer Hinsicht lässt das Bundesgericht die bodenunabhängige Produktion von landwirtschaftlichen Produkten im Sinne einer «inneren Aufstockung» als «betriebswirtschaftlich standortgebunden» zu (BGE 117 Ib 270 ff.; 379 ff.; 502 ff.; 118 Ib 17 ff.).

[358] Sägerei, Fischzucht, Restaurant, Reitstall, etc.

[359] Transportunternehmen, mechanische Werkstätte, Bootsvermietung, Vermietung von Wohnraum, Passagierseilbahn, Skilift, Camping, etc.

Falls es innerhalb eines landwirtschaftlichen Gewerbes Grundstükke, Bauten oder Anlagen oder Teile davon gibt, welche für den Betrieb überhaupt nicht nutzbar[361] sind, so liegt kein nichtlandwirtschaftliches Nebengewerbe vor, sondern blosse nichtlandwirschaftliche Grundstücke oder Grundstücksteile, die u.U. vom lanwirtschaftlichen Gewerbe abtrennbar sind.

Wie im bisherigem[362] Recht unterliegen solche Nebengewerbe dem bäuerlichen Erbrecht, falls sie mit einem landwirtschaftlichen Gewerbe eng verbunden sind[363]. Dabei darf aber der nichtlandwirtschaftliche Anteil den landwirtschaftlichen nicht überwiegen[364].

VII. Gemischte Gewerbe

Wenn die Voraussetzungen für ein landwirtschaftliches Gewerbe erfüllt sind und wenn darüber hinaus mit diesem Gewerbe noch ein nichtlandwirtschaftliches Nebengewerbe verbunden ist, so liegt ein gemischtes Gewerbe im Sinne des BGBB vor. Diese Regelung lehnt sich an Art. 10 und 21 aEGG an[365]. Falls der landwirtschaftliche Teil den nichtlandwirtschaftlichen Teil überwiegt und falls beide Teile eng miteinander verbunden sind, so gilt das ganze als

---

[360] Solche Nebengewerbe sind gemäss geltender Regelung raumplanerisch in der Landwirtschaftszone nicht bewilligungsfähig und kommen deshalb nur in Frage, soweit sie bereits vorbestanden haben und nicht widerrechtlich erstellt worden sind. Diesbezüglich wäre in engen Grenzen eine Lockerung für Nebengewerbe im Sinne von «inneren Aufstockungen» auch für irgendwelche gewerbliche Tätigkeiten zur Erhaltung von kleinen Landwirtschaftsbetrieben angezeigt, bis die geplante Revision des RPG (BBl 1996 III 513 ff.) in Kraft tritt oder anstelle einer solchen Revision.

[361] Felsen, Geröllhalden, Gewässer, Autobahntrasse, Eisenbahntrasse, fremdbetriebener Skilift, etc.

[362] Art. 625 aZGB.

[363] Art. 15 Abs. 2 und Art. 3 Abs. 2 BGBB. BBl 1988 III 984.

[364] Art. 7 Abs. 5 BGBB; BBl 1988 III 984 und 995.

[365] BBl 1988 III 984.

landwirtschaftliches Gewerbe[366]. Für die Beurteilung des Überwiegens ist wie bei der Beurteilung des landwirtschaftlichen Gewerbes auf Arbeitsaufwand abzustellen[367]. Falls dieser für den landwirtschaftlichen Teil grösser ist als für den nichtlandwirtschaftlichen, ist von einem Überwiegen des landwirtschaftlichen Charakters auszugehen. Dies auch dann, wenn aus dem nichtlandwirtschaftlichen Teil mehr Einkommen fliessen sollte als aus dem landwirtschaftlichen. Wenn der nichtlandwirtschaftliche Teil überwiegt, darf insgesamt nicht von einem landwirtschaftlichen Gewerbe im Sinne eines gemischten Gewerbes ausgegangen werden. Vielmehr liegen blosse landwirtschaftliche Liegenschaften, Bauten und Anlagen vor, es sei denn, diese würden für sich allein bereits die Voraussetzungen eines landwirtschaftlichen Gewerbes erfüllen. Dann lägen allerdings Strukturen vor, welche eine Teilung des landwirtschaftlichen Gewerbes vom anderen Gewerbe ermöglichen würden. Eine ungeteilte Zuweisung im Rahmen der Erbteilung[368] oder im Rahmen eines Vorkaufsrechtes[369] käme für den nichtlandwirtschaftlichen Teil allerdings nicht in Frage.

Im Zuge einer Erbteilung ist bei einem gemischten Gewerbe der landwirtschaftliche Teil grundsätzlich[370] zum Ertragswert und das Nebengewerbe zum Verkehrswert anzurechnen[371].

---

[366] Art. 7 Abs. 5 BGBB i.V.m. Art. 15 Abs. 2 BGBB.

[367] STALDER BEAT, Die verfassungs- und verwaltungsrechtliche Behandlung unerwünschter Handänderungen im bäuerlichen Bodenrecht, S. 100.

[368] Art. 15 Abs. 2 BGBB.

[369] Art. 51 Abs. 2 BGBB.

[370] Vorbehalten bleibt die Erhöhung bis zum Verkehrswert (Art. 18 BGBB).

[371] Art. 17 BGBB.

VIII. Selbstbewirtschaftung und Eignung

A. Allgemeines

Das ganze BGBB basiert auf dem Selbstbewirtschafterprinzip[372]. Der Eigentumserwerb landwirtschaftlichen Bodens soll vor allem dem Selbstbewirtschafter vorbehalten bleiben. Die gewählte Definition des Selbstbewirtschafters[373] entspricht im wesentlichen der bisherigen Praxis zum bäuerlichen Erbrecht[374]. Auch beim Kriterium der Eignung[375] wurde die bisherige Praxis des Bundesgerichtes aufgenommen[376]. Die Begriffsumschreibung stimmt mit dem Vorschlag des Bundesrates in seiner Botschaft inhaltlich überein[377]. Danach gilt als Selbstbewirtschafter, wer den landwirtschaftlichen Boden selber bearbeitet und das landwirtschaftliche Gewerbe persönlich leitet[378]. Zur Selbstbewirtschaftung geeignet ist, wer die Fähigkeiten besitzt, die nach landesüblicher Vorstellung notwendig sind, um den landwirtschaftlichen Boden selber zu bearbeiten und ein landwirtschaftliches Gewerbe persönlich zu leiten[379]. Die Begriffe «Eignung» und «Selbstbewirtschaftung» sind eng miteinander verbunden[380] und werden meistens auch zusammen erwähnt[381].

---

[372] Amtl.Bull.NR 1991 S. 110, Votum Vollmer, S. 111, Votum Nussbaumer und Koller.
[373] Art. 10 Abs. 1 BGBB.
[374] BBl 1988 III 987; BGE 94 II 258 ff., 107 II 30 ff.
[375] Art. 10 Abs. 2 BGBB.
[376] BBl 1988 III 988; BGE 110 II 488 ff.
[377] BBl 1988 III 987, 988 und 1111.
[378] Art. 9 Abs. 1 BGBB.
[379] Art. 9 Abs. 2 BGBB.
[380] BBl 1988 III 987.
[381] Art. 9 BGBB; Art. 11 Abs. 1 BGBB; Art. 19 Abs. 2 BGBB; Art. 23 Abs. 2 lit. a BGBB; Art. 24 Abs. 1 BGBB; Art. 24 Abs. 4 lit. a und b BGBB; Art. 25 Abs. 1 BGBB; Art. 26 Abs. 1 lit. a und b BGBB; Art. 42 Abs. 1 BGBB; Art.

B. Selbstbewirtschaftung

1. Bearbeitung des Bodens

Der Selbstbewirtschafter im Sinne des BGBB hat den Boden selber zu bearbeiten[382]. Allein die Übernahme des wirtschaftlichen Risikos genügt nach dem klaren Willen des Gesetzgebers nicht[383], ist aber dennoch eine unabdingbare Voraussetzung der Selbstbewirtschaftung. Der Ansprecher hat den Boden im wesentlichen Umfang selber zu bearbeiten[384]. Dieses Erfordernis ist im konkreten Fall zu prüfen. Immerhin kann gesagt werden, dass auf dem jeweiligen Betrieb das Arbeitspotential einer landwirtschaftlichen Arbeitskraft während zwei Dritteln des Jahres zu genügen hat, da in der parlamentarischen Debatte davon ausgegangen wurde, dass ein eidgenössischer Parlamentarier selbst angesichts seiner Absenz vom heimatlichen Betrieb von jährlich ca. 100 Tagen die Voraussetzung erfüllt, den Boden selber zu bearbeiten[385]. Bei einem grossen Betrieb mit viel Arbeitsbedarf kann somit ein eigener Arbeitseinsatz von zwei Dritteln einer landwirtschaftlichen Arbeitskraft verlangt werden, sofern der Ansprecher während seiner effektiven Präsenz auf dem Betrieb voll beschäftigt ist. Bei einem kleinen Betrieb oder bei blossen Grundstücken sinkt der forderbare eigene Arbeitsaufwand entsprechend der verrichtbaren Arbeit während der effektiven Präsenz von zwei Dritteln des Jahres. M.E. kann somit ohne weiteres generell gefordert werden, dass ein Ansprecher mindestens während zwei Dritteln des Jahres sein Arbeitspotential der landwirtschaftlichen Tätigkeit widmet, soweit dann auf dem eigenen Betrieb oder auf den eigenen Grundstücken überhaupt entsprechende Arbeit vorhanden ist. Die daraus resultierenden Arbeitskraftstunden des Ansprechers können je nach Umfang und Bear-

---

47 Abs. 1 lit. a BGBB; Art. 49 Abs. 1 Ziffer 1 BGBB; Art. 54 Abs. 2 lit. a BGBB; Art. 55 Abs. 2 BGBB; Art. 55 Abs. 5 lit. a und b BGBB; etc.
[382] Art. 9 Abs. 1 BGBB.
[383] Amtl.Bull.NR 1991, S. 110 und 111: Antrag Gross wurde abgelehnt.
[384] BBl 1988 III 987; Amtl.Bull.NR 1991, S. 111; BGE 115 II 181.
[385] Amtl.Bull.NR 1991, S. 110, Votum Stucky, und S. 111, Votum Luder.

beitungsart des landwirtschaftlichen Bodens sehr unterschiedlich sein. Es kann somit eintreten, dass der Ansprecher letztlich nicht einmal eine halbe landwirtschaftliche Arbeitskraft in seinen Betrieb einbringen kann, weil er während den Arbeitsspitzen[386] oder Teilen davon einer zeitlich fixierten Nebenbeschäftigung[387] nachzugehen hat und weil während der möglichen Präsenzzeit von zwei Dritteln auf dem heimatlichen Betrieb seine Arbeitskraft nicht oder teilweise nicht ausgelastet ist. Auch ein solcher Ansprecher hätte aber trotzdem als Selbstbewirtschafter zu gelten.

2. Persönliche Leitung des Gewerbes

Der Ansprecher eines landwirtschaftlichen Gewerbes hat dieses persönlich zu leiten[388]. Er hat mit anderen Worten sämtliche wichtigen Entscheide, die es im Zusammenhang mit der Führung eines solchen Gewerbes gibt, selber zu treffen. Dazu gehören selbstverständlich alle Entscheide über die Bewirtschaftungsart und über grössere Investitionen, wobei diese Anforderungen je nach Betriebsgrösse und Ausgestaltung des Betriebes sehr unterschiedlich ausfallen können. Je kleiner ein Betrieb, desto detaillierter hat sich der Ansprecher um die anfallenden Entscheidungen zu kümmern. Zur Leitungsfunktion des Ansprechers gehört auch das Auftreten nach aussen mitsamt der Handlungsvollmacht[389] für den Betrieb.

---

[386] Heuernte, Traubenernte, etc.

[387] Eidgenössische Parlamentarier in den Parlamentssessionen: die zeitliche Absenz vom eigenen Betrieb muss wie bei einem eidgenössischen Parlamentarier erforderlich und nicht verschiebbar sein. Andernfalls ist eine Verlegung auf die Zeiten der Arbeitsspitze zu verlangen.

[388] Art. 9 Abs. 1 BGBB. Bei blossen Grundstücken wird keine persönliche Leitung verlangt. STALDER BEAT, Die verfassungs- und verwaltungsrechtliche Behandlung unerwünschter Handänderungen im bäuerlichen Bodenrecht, S. 141.

[389] Insbesondere bei juristischen Personen muss die Zeichnungsbefugnis gegeben sein.

C. Wille zur Selbstbewirtschaftung

Nebst den anderen Kriterien der Selbstbewirtschaftung wird wie im bisherigen Recht[390] auch der klar erkennbare Wille zur Selbstbewirtschaftung verlangt[391]. Denn ohne diesen Willen wird die Abklärung der übrigen Gesichtspunkte der Selbstbewirtschaftung zum vornherein obsolet. Die besten beruflichen, persönlichen und geistigen Fähigkeiten eines Ansprechers nützen nämlich nichts, wenn kein Wille zur Selbstbewirtschaftung erkennbar ist. Gerade der Umstand, dass das Prinzip der Selbstbewirtschaftung eines der Grundfesten[392] des BGBB darstellt, macht es unumgänglich, auch den Willen zur Selbstbewirtschaftung einlässlich zu prüfen. Es ist somit abzuklären, ob seitens des Ansprechers die Selbstbewirtschaftung ernstlich gewollt und praktisch möglich ist[393]. Aus allen Umständen muss sich eindeutig und glaubwürdig ergeben, dass der Ansprecher die Grundstücke oder das Gewerbe langfristig zu bewirtschaften gewillt ist. Massgebend für diese Beurteilung können z.B. sein: bereits getroffene Abklärungen hinsichtlich Finanzierung und Bewirtschaftung; ein realistisches Bewirtschaftungskonzept; Einkommensvergleich vorher - nachher; Erklärungen des Ansprechers Dritten gegenüber, welche den Willen bekunden oder nicht; Vorkehrungen aller Art, welche Rückschlüsse zulassen; etc.[394]. Je weniger Veränderungen, Einschränkungen und Investitionen ein Ansprecher durch die Selbstbewirtschaftung in Kauf nehmen muss und je weniger er von einem Ertrag der Bewirtschaftung abhängig ist, desto eingehender wird die Prüfung des Willens ausfallen müssen, weil in diesen Fällen eine zunehmende Gefahr des vorgeschobenen Willens, bzw. eines nicht allzugrossen Durchhaltewillens be-

---

[390] STUDER BENNO, Integralzuweisung, S. 206 und 207; BGE 94 II 258; STALDER BEAT, Die verfassungs- und verwaltungsrechtliche Behandlung unerwünschter Handänderungen im bäuerlichen Bodenrecht, S. 143.
[391] Art. 11 Abs. 1 BGBB; Art. 19 Abs. 2 BGBB; Art. 23 Abs. 2 lit. a BGBB; etc.
[392] Amtl.Bull.NR 1991 S. 110, Votum Vollmer, S. 111, Votum Nussbaumer und Koller.
[393] BGE 94 II 258.
[394] STUDER BENNO, Integralzuweisung, S. 206 und 207.

steht, was bereits nach kurzer Zeit zur Aufgabe der Selbstbewirtschaftung führen könnte.

D. Eignung

1. Allgemeines

Für die Selbstbewirtschaftung geeignet ist, wer die Fähigkeiten besitzt, die nach landesüblicher Vorstellung notwendig sind, um den landwirtschaftlichen Boden selber zu bearbeiten und ein landwirtschaftliches Gewerbe persönlich zu leiten[395]. Ein Durchschnittsmass an beruflichen, persönlichen, moralischen und physischen Fähigkeiten genügt, wobei nicht auf ortsübliche sondern auf die landesüblichen Vorstellungen abzustellen ist[396].

2. Berufliche Fähigkeiten

Hinsichtlich der Bewirtschaftung von landwirtschaftlichen Gewerben ist grundsätzlich die Absolvierung einer landwirtschaftlichen Schule zu verlangen[397]. Allerdings kann eine möglicherweise ungenügende oder fehlende Ausbildung eines Ansprechers durch eine entsprechende Ausbildung eines Familiengenossen[398] oder durch eine vertraglich verpflichtete Drittperson[399] kompensiert[400] werden, wobei diesfalls allerdings die Mitarbeit im Betrieb auf lange Zeit[401] feststehen muss. Kenntnisse aus anderweitiger Berufsbildung[402]

---

[395] Art. 9 Abs. 2 BGBB.
[396] BBl 1988 III 988; BGE 110 II 490.
[397] BBl 1988 III 988.
[398] Ehegatte, Geschwister, Kind, Elternteil, etc.
[399] Angestellter, Gesellschafter, etc.
[400] RICHLI PAUL, in: AJP 9/93, S. 1068.
[401] Es ist eine Zeitspanne von mindestens zehn Jahren zu verlangen. Nach Ablauf dieser Zeit dürfte der Übernehmer sich die nötigen Kenntnisse selber angeeignet haben.
[402] Buchhaltungskenntnisse aus anderen Berufsausbildungen; Kenntnisse eines Landschaftsgärtners oder eines Forstwarts, etc.

sind selbstverständlich auch zu beachten. Die Anforderungen an die beruflichen Fähigkeiten haben sich aber auf jeden Fall am konkreten Betrieb oder an den angesprochenen Liegenschaften zu orientieren. Bei Spezialbetrieben sind auch entsprechende Spezialkenntnisse notwendig und eine landwirtschaftliche Grundausbildung, bzw. landwirtschaftliche Grundkenntnisse dürften kaum mehr ausreichen[403]. Je kleiner der Betrieb oder die Liegenschaft und je einfacher die Bewirtschaftungsart, desto weniger Kenntnisse sind zu verlangen. Insbesondere bei hobbymässiger Bewirtschaftung von Liegenschaften bedarf es keiner vollständigen landwirtschaftlichen Ausbildung[404]. In solchen Fällen müssten wohl gewisse Kenntnisse aus der Praxis ausreichen. Selbst bei grösseren Gewerben wäre einem Ansprecher die erforderlichen beruflichen Fähigkeiten zuzugestehen, wenn dieser ohne landwirtschaftliche Schule den betreffenden Betrieb oder einen ähnlichen Betrieb bereits über geraume Zeit erfolgreich geführt hat. Diesfalls hätte er nämlich die erforderlichen Fähigkeiten aus der Praxis selber erarbeitet. Es wäre stossend, wenn ein Nachkomme eines Veräusserers oder Erblassers das Erfordernis der Eignung zufolge fehlender landwirtschaftlicher Schule nicht erfüllen könnte, wiewohl er den gleichen Betrieb oder einen ähnlichen während längerer Zeit erfolgreich geführt hat. Die erforderlichen Fähigkeiten können nämlich u.U. auch ohne eine landwirtschaftliche Schule erworben werden, wobei dies angesichts der immer schneller werdenden Entwicklung in der Landwirtschaft und angesichts der Gesetzesflut zusehends schwieriger werden dürfte.

3. Persönliche, moralische und physische Fähigkeiten

Der Ansprecher muss körperlich und geistig in der Lage sein, den minimalen Arbeitsanteil auf den Grundstücken oder im Gewerbe zu verrichten und das Gewerbe persönlich zu leiten. Die Voraussetzungen an die körperliche und geistige Verfassung sowie an das Alter haben sich an den konkreten Verhältnissen zu orientieren. Je geringer der Arbeitsaufwand und je leichter die Leitung eines Ge-

---

[403] STUDER BENNO, Integralzuweisung, S. 227-230.
[404] RICHLI PAUL, in: AJP 9/93, S. 1068.

werbes zu bewerkstelligen ist, desto geringere Anforderungen sind an den körperlichen und geistigen Zustand und an das Alter zu stellen. Bei schwierigen finanziellen Voraussetzungen sind hohe Anforderungen an die notwendigen geistigen Fähigkeiten zu stellen. In Verhältnissen, welche schwere körperliche Arbeit erfordern, sind die Anforderungen an die physischen Fähigkeiten entsprechend hoch anzusetzen. Es ist davon auszugehen, dass der Ansprecher die Liegenschaften oder das Gewerbe während mindestens 25 Jahren selber bearbeiten und persönlich leiten kann. Das übliche Pensionsalter[405] dürfte wohl als Ansatz, keinesfalls aber als generelle Limite angesehen werden. So sollte auch ein 45 Jahre alter Ansprecher möglicherweise über die geistigen und körperlichen Voraussetzungen verfügen können, um voraussichtlich bis ins Alter von 70 Jahren die nötige Arbeit zu verrichten und die Leitung des Gewerbes vorzunehmen. Sind beim Bewerber Alter und die körperlichen Fähigkeiten eher fraglich, kann er aber die langjährige Unterstützung eines jüngeren Familienmitgliedes oder anderweitig verpflichteten Mitarbeiters vorweisen, welche sein eigenes Manko zu beheben vermag, so ist die Eignung zu bejahen[406]. Es ist nämlich nicht einzusehen, dass mangelnde berufliche Fähigkeiten durch Familienmitglieder oder andere Personen kompensiert werden können, während dies bei den körperlichen Verfassung nicht der Fall sein soll.

Der Ansprecher sollte schliesslich über durchschnittliche moralische und charakterliche Eigenschaften zur Bearbeitung des Bodens und zur Leitung des Betriebes verfügen, welche eine ordnungsgemässe Bewirtschaftung ermöglichen sollen[407]. So wäre bei ausgesprochener Neigung zu Unfleiss, Trunksucht oder verschwenderischer Lebensweise sowie bei gravierenden moralischen Schwächen die Eignung nicht gegeben[408]. War der Ansprecher straffällig, so ist zu prüfen, ob die entsprechenden Delikte mit den zur Selbstbewirt-

---

[405] Z.Z. 65 Jahre bei den Männern und 64 Jahre bei den Frauen.
[406] BGE 111 II 326 ff.
[407] NEUKOMM/CZETTLER, S. 80-83.
[408] BGE 77 II 226.

schaftung notwendigen moralischen und charakterlichen Voraussetzungen in Einklang gebracht werden können oder nicht[409].

4. Finanzielle Verhältnisse

Die wirtschaftliche Situation des Ansprechers und des Betriebes kann hinsichtlich der Eignung einen grossen Stellenwert einnehmen. Je schwieriger nämlich die konkreten finanziellen Verhältnisse sind, desto höhere Anforderungen sind an die beruflichen Fähigkeiten, an die geistige Beweglichkeit und möglicherweise auch an die physische und psychische Verfassung des Ansprechers zu stellen[410]. Zudem sind je nach der vom Ansprecher geltend gemachten Bewirtschaftungsart mehr oder weniger grosse Eigenmittel notwendig, ohne die der Betrieb gar nicht geführt oder aufrechterhalten werden könnte. Fehlen solche notwendigen Eigenmittel, welche eine tragbare Betriebsführung ermöglichen, so gebricht es an der Eignung des Ansprechers für diesen konkreten Betrieb[411].

E. Juristische Personen

Der Gesetzgeber wollte offensichtlich die Selbstbewirtschaftung nicht nur den natürlichen[412] Personen vorbehalten. Auch juristi-

---

[409] NEUKOMM/CZETTLER, S. 83. STEIGER FRANZ, S. 143.
[410] STUDER BENNO, Integralzuweisung, S. 226. NEUKOMM/CZETTLER, S. 83; BGE 83 II 118.
[411] BGE 110 II 493.
[412] Mehrere natürliche Personen können sogenannte «Rechtsgemeinschaften» bilden, welche keine eigene Rechtspersönlichkeit entfalten. Darunter fallen die einfache Gesellschaft, die Kollektivgesellschaft und die Kommanditgesellschaft (Art. 530 ff. OR). Dieses Rechtsgemeinschaften können zufolge fehlender Rechtspersönlichkeit weder Rechte erwerben noch Pflichten eingehen können. Es sind immer die einzelnen Mitglieder dieser Rechtsgemeinschaften, welche stets zusammen aufzutreten haben. Eigentum können solche Rechtsgemeinschaften nur im Rahmen von Gesamteigentum oder Miteigentum erwerben. Solche Rechtsgemeinschaften können wie natürliche Personen als Selbstbewirtschafter in Frage kommen, sofern jedes Mitglied einer solchen Rechtsgemeinschaft die gesetzlichen Voraussetzungen für die Selbstbewirtschaftung erfüllt (BGE 115 II 185 E.2b; STALDER BEAT, Die verfassungs- und

sche[413] Personen sollen als Selbstbewirtschafter gelten können, sofern die Mitglieder die entsprechenden Kriterien der Selbstbewirtschaftung erfüllen[414]. Damit kommen allerdings nur jene Formen von juristischen Personen in Frage, bei denen die Beteiligten auf den landwirtschaftlichen Liegenschaften oder auf dem landwirtschaftlichen Gewerbe tätig sind. Somit ist es öffentlich-rechtlichen Körperschaften wie Gemeinden grundsätzlich versagt, landwirtschaftliche Liegenschaften und Gewerbe zu erwerben, weil sie nie Selbstbewirtschafter sein können[415], es sei denn, sie könnten einen Ausnahmetatbestand[416] anrufen. Selbst Allmendgenossenschaften oder Alpgenossenschaften können die geforderten Kriterien der Selbstbewirtschaftung wohl in den allermeisten Fällen nicht erfüllen. Das Bundesericht hat sich allerdings zu dieser Frage bereits geäussert und dem Erwerb eines landwirtschaftlichen Grundstückes durch eine Korporation mit der Begründung zugestimmt, dass das erworbene Land letztlich Selbstbewirtschaftern zur Verfügung gestellt werde, was nicht im Gegensatz zur agrarpolitische Zielsetzung des BGBB stehe[417].

F. Hobbymässige Bewirtschaftung

Die Selbstbewirtschaftung zielt grundsätzlich nicht auf eine Erwerbstätigkeit, geschweige denn auf eine Haupterwerbstätigkeit hin. Selbst eine hobbymässige Bewirtschaftung von landwirt-

---

verwaltungsrechtliche Behandlung unerwünschter Handänderungen im bäuerlichen Bodenrecht, S. 142).
[413] Art. 4 Abs. 2 BGBB. Gemeint sind offensichtlich die juristischen Personen des Privatrechts, an denen eine Beteiligung möglich ist (Aktiengesellschaft, Kommanditaktiengesellschaft, GmbH, Genossenschaft, Verein).
[414] Amtl.Bull.NR 1991, S. 111, Votum Nussbaumer; Art. 4 Abs. 2 BGBB; BBl 1988 III 979; STALDER BEAT, Die verfassungs- und verwaltungsrechtliche Behandlung unerwünschter Handänderungen im bäuerlichen Bodenrecht, S. 142.
[415] Amtl.Bull.NR 1991, S. 867, Votum Reichling; RICHLI PAUL, in: AJP 9/93 S. 1068; STALDER BEAT, Die verfassungs- und verwaltungsrechtliche Behandlung unerwünschter Handänderungen im bäuerlichen Bodenrecht, S. 142.
[416] Art. 64 und 65 BGBB.
[417] BGE 122 III 291.

schaftlichem Boden ist zulässig, zumal gerade ertragsarme landwirtschaftliche Grundstücke oft nur von Freizeitlandwirten bewirtschaftet werden und weil das Bodenrecht im Hinblick auf das Verständnis für landwirtschaftliche Anliegen nicht in jeder Hinsicht zum Standesrecht für Landwirte werden soll[418]. Allerdings ist die hobbymässige Bewirtschaftung praktisch nur für landwirtschaftliche Grundstücke und nicht für Gewerbe zulässig. Einerseits wollte der Gesetzgeber für landwirtschaftliche Gewerbe eine solche Bewirtschaftungsart nicht einführen[419]. Andererseits wird es praktisch unmöglich sein, ein landwirtschaftliches Gewerbe im Sinne des BGBB als reine Freizeitbeschäftigung im Sinne einer Selbstbewirtschaftung (selber bearbeiten und persönlich führen) zu betreiben. Denn der vom Selbstbewirtschafter erwartete eigene Arbeitseinsatz für das Gewerbe wird ohne Zweifel über eine reine Freizeitbeschäftigung hinausgehen, dies vermutlich selbst dann, wenn die Kantone das bundesrechtlich geforderte Arbeitspotential der halben Arbeitskraft einer bäuerlichen Familie herabsetzen sollten.

Was die Eignung bei Hobby-Landwirten anbelangt, so wird hier regelmässig keine vollständige landwirtschaftliche Berufsbildung gefordert werden können, da je nach Grösse und Bewirtschaftungsart des Bodens bereits bescheidene landwirtschaftliche Kenntnisse durchaus ausreichen können[420].

In der bisherigen Praxis kam es betreffend der erforderlichen Voraussetzungen der Selbstbewirtschaftung für den Erwerb von landwirtschaftlichen Grundstücken zu Meinungsverschiedenheiten[421]. Einzelne Kantone gingen beim Erwerb von landwirtschaftlichen Grundstücken davon aus, dass die erforderliche Selbstbewirtschaftung erst dann vorliege, wenn der Erwerber bereits ein landwirtschaftliches Gewerbe leite, was den Erwerb von landwirtschaftlichen Grundstücken durch Hobbylandwirte verunmöglicht hat. Andere Kantone waren der wohl richtigen Auffassung, dass der Er-

---

[418] BBl 1988 III 987.
[419] Amtl.Bull.NR 1991, S. 101, Votum Vollmer. STALDER BEAT, Die verfassungs- und verwaltungsrechtliche Behandlung unerwünschter Handänderungen im bäuerlichen Bodenrecht, S. 143.
[420] RICHLI PAUL, AJP 9/93, S. 1068.
[421] BBl 1996 IV 376.

werber einzig darlegen müsse, dass er eine entsprechende landwirtschaftliche Tätigkeit schon ausgeübt oder sich zumindest darauf vorbereitet habe[422]. Zur Verwirklichung einer einheitlichen Rechtsanwendung hat der Bundesrat eine entsprechende Gesetzesänderung vorgeschlagen, welche klarstellen soll, dass nur bei landwirtschaftlichen Gewerben die persönliche Leitung verlangt werden kann[423]. Daraus erhellt, dass die hobbymässige Bewirtschaftung von landwirtschaftlichen Grundstücken zulässig sein muss, dies selbst vor oder ohne Realisierung der geplanten Revision des BGBB.

§ 5 Unterschiede zum gewöhnlichen Erbrecht

I. Allgemeines

Im Vergleich zu den übrigen Sachen nimmt der Boden eine Sonderstellung ein, weil er erstens unvermehrbar ist und zweitens die Grundlage für die Lebensmittelversorgung, für den Lebensraum von Mensch und Tier sowie für den Erholungsraum des Menschen darstellt[424]. Aufgrund dieses speziellen Status war der Boden mit der zunehmenden Besiedlung mit wechselnder Intensität der Spekulation, der Zersplitterung und schliesslich der Überschuldung ausgesetzt. Diesen drei Hauptübeln versuchten die Rechtsordnungen schon seit langem mit besonderen Vorschriften Herr zu

---

[422] BBl 1996 IV 376.
[423] Art. 9 Abs. 1 BGBB. BBl 1996 IV 377 und 384.
[424] DEGIORGI DINO, S. 211, mit Hinweisen.

werden[425], wobei es seit der Einführung der Zonenordnungen[426] hauptsächlich[427] nur noch um den Schutz des landwirtschaftlichen Bodens geht. Mit den Zielsetzungen des BGBB[428] werden diese drei Anliegen abgedeckt[429]. Dabei spielen die erbrechtlichen Vorschriften[430] eine wesentliche Rolle, zumal ein Grossteil der landwirtschaftlichen Handänderungen im Rahmen von Kindskäufen[431] und im Rahmen von Erbteilungen stattfinden[432].

II. Bäuerliches Erbrecht als besonderes Teilungsrecht

Für die Sache «Boden» drängt sich gemäss der obigen[433] Ausführungen gegenüber den anderen Gütern der Sachenrechtsordnung eine abweichende Regelung auf. Dabei wird in erster Linie auf das Rechtsobjekt Boden abgestellt. Vom Rechtssubjekt wird nicht die

---

[425] Vgl. vorne, § 2.

[426] Art. 22^quater BV und RPG.

[427] Ausnahmsweise wurden auch kurzfristige bodenrechtliche Massnahmen für nichtlandwirtschaftlichen Boden zwecks Verhinderung der Spekulation und zur Verhinderung von Ueberschuldung getroffen: Bundesbeschluss über eine Sperrfrist für die Veräusserung nichtlandwirtschaftlicher Grundstücke und die Veröffentlichung von Eigentumsübertragungen von Grundstücken vom 6. Oktober 1989 (BBl 1989 III 169; AS 1992 643,645); Bundesbeschluss über eine Pfandbelastungsgrenze für nichtlandwirtschaftliche Grundstücke vom 6. Oktober 1989 (BBl 1989 III 169; AS 1992 646).

[428] Vgl. vorne, § 3.

[429] BBl 1988 III 968, 970 und 972.

[430] Art. 11-35 BGBB.

[431] Mit dem Kindskauf wird unter Anwendung der erbrechtlichen Vorschriften (Ertragswert, etc.) die Erbteilung bei Lebzeiten des Erblassers vorweggenommen. Gründe für einen Kindskauf können u.a. die rechtzeitige Generationenfolge (Alter oder Gebrechlichkeit des bisherigen Betriebsleiters) oder anstehende Investitionen sein.

[432] BBl 1988 III 1099.

[433] Vgl. § 2 und § 3.

Zugehörigkeit zu einem bestimmten Stand[434] verlangt. Vielmehr sind neben der Erbenqualität bestimmte Eigenschaften[435] gefordert, die grundsätzlich jede Person erfüllen kann. Sobald diese Voraussetzungen erfüllt sind, können die erbrechtlichen Bestimmungen des BGBB als Sonderrecht bei den Teilungsvorschriften zur Anwendung gelangen.

III. Vorrang gegenüber gewöhnlichem Erbrecht

Mit der Schaffung des BGBB wurde die Anwendung des gewöhnlichen Erbrechtes gemäss ZGB ausgeschlossen, wo das BGBB eine abweichende Lösung enthält[436]. Sobald sich in einer Erbmasse landwirtschaftliche Grundstücke oder Gewerbe bzw. Miteigentums- oder Gesamthandsbeteiligungen an landwirtschaftlichen Gewerben befinden, sind u.a. auch[437] die erbrechtlichen Vorschriften des BGBB anzuwenden, sobald Zuweisungsansprüche geltend gemacht werden. Andernfalls kommen die gewöhnlichen[438] Regeln über die Teilung der Erbschaft zum Tragen.

---

[434] Die Beanspruchung von landwirtschaftlichem Boden hängt nicht von der Zugehörigkeit zum «Bauernstand» ab.

[435] Selbstbewirtschaftung im Sinne von Art. 9 BGBB (eigene Bearbeitung des Bodens, persönliche Leitung des Gewerbes, Eignung, Selbstbewirtschaftungswille) oder pflichtteilsgeschützer Erbe im Sinne von Art. 11 Abs. 2 BGBB.

[436] Art. 619 ZGB; Art. 92 BGBB.

[437] Die übrigen Bestimmungen des BGBB sind ohnehin anwendbar, da diese für alle landwirtschaftlichen Handänderung Geltung haben.

[438] Art. 607 ff. ZGB; vgl. BBl 1988 III 991.

IV. Privilegierung des selbstbewirtschaftenden Erben

Der Hauptunterschied der erbrechtlichen Teilungsvorschriften des BGBB[439] zu jenen des ZGB[440] liegt in der Privilegierung des selbstbewirtschaftenden Erben. Dieser kann unter bestimmten Voraussetzungen Liegenschaften zum doppelten Ertragswert[441] und ein Gewerbe zum Ertragswert[442] ansprechen.

V. Kaufsrecht von selbstbewirtschaftenden Verwandten

Der nichterbberechtigte Nachkomme eines Erblassers sowie jedes Geschwister und Geschwisterkind des Erblassers kann unter gewissen Voraussetzungen[443] mittels Kaufsrecht ein in der Erbschaft befindliches landwirtschaftliches Gewerbe zum Ertragswert ansprechen.

VI. Zuweisungsanspruch des pflichtteilsgeschützten Erben

Sofern kein selbstbewirtschaftender Erbe ein Zuweisungsrecht geltend macht oder mit einem solchen Anspruch abgewiesen wird[444] und sofern kein selbstbewirtschaftender Verwandter ein Kaufsrecht für sich beansprucht oder mit einem solchen Anspruch abgewiesen

---

[439] Art. 11-35 BGBB.
[440] Art. 607 ff. ZGB.
[441] Art. 21 BGBB.
[442] Art. 11 und 17 BGBB.
[443] Art. 25 ff. BGBB.
[444] Art. 11 Abs. 2 BGBB.

wird[445], kann jeder pflichtteilsgeschützte Erbe die Zuweisung eines landwirtschaftlichen Gewerbes verlangen[446].

---

[445] Art. 25 und 26 BGBB; BBl 1988 III 990.
[446] Art. 11 Abs. 2 BGBB.

2. KAPITEL: ZUWEISUNG VON LANDWIRTSCHAFTLICHEN GEWERBEN

§ 6 Allgemeines

I. Ausgangslage

Befindet sich in der Erbschaft ein landwirtschaftliches Gewerbe, so kann jeder Erbe[447] verlangen, dass ihm dieses in der Erbteilung zugewiesen wird, wenn er es selber bewirtschaften will und dafür als geeignet erscheint[448]. Verlangt kein Erbe die Zuweisung zur Selbstbewirtschaftung oder erscheint derjenige, der die Zuweisung verlangt, als ungeeignet, so kann jeder pflichtteilsgeschützte Erbe die Zuweisung verlangen[449]. Der Zuweisungsanspruch besteht auch an einer Mehrheitsbeteiligung einer juristischen Person, deren Aktiven zur Hauptsache aus einem landwirtschaftlichen Gewerbe bestehen[450]. Bei all diesen Zuweisungsvorschriften handelt es sich um gesetzliche Teilungsvorschriften[451]. Ob ein landwirtschaftliches

---

[447] Unter Erbe ist sowohl der gesetzliche als auch der eingesetzte Erbe zu verstehen: BBl 1988 III 990.
[448] Art. 11 Abs. 1 BGBB.
[449] Art. 11 Abs. 2 BGBB.
[450] Art. 4 Abs. 2 BGBB; vgl. BBl 1988 III 990.
[451] Unter dem alten Recht (Art. 620 ff. aZGB) waren diese gesetzlichen Teilungsvorschriften auch systematisch unter den Teilungsvorschriften des ZGB (Art. 607 ff.) eingereiht. Mit der Schaffung des BGBB wurden die Teilungsvor-

Gewerbe oder eine Selbstbewirtschaftung vorliegt, ist nach den Allgemeinen Bestimmungen des BGBB[452] zu beurteilen. Falls keine Zuweisungsansprüche geltend gemacht werden oder wenn sich solche als unbegründet erweisen, so sind die gewöhnlichen Regeln[453] über die Erbteilung anzuwenden[454].
Die Zuweisung eines in der Erbschaft befindlichen Miteigentumsanteils oder einer in der Erbschaft befindlichen Beteiligung an einem Gesamthandsverhältnis kann jeder Erbe verlangen, falls dort ein landwirtschaftliches Gewerbe vorhanden ist und falls er die übrigen Voraussetzungen für die Zuweisung eines landwirtschaftlichen Gewerbes erfüllt[455]. Wenn es in der Erbschaft eine Beteiligung an einem Gesamthandsverhältnis gibt, und wenn dieses durch den Tod eines Gesamthänders aufgelöst wird, so kann jeder Erbe unter den Voraussetzungen, unter denen er die Zuweisung des Gewerbes geltend machen könnte, verlangen, dass er an der Stelle des Verstorbenen an der Liquidation des Gesamthandsverhältnisses mitwirken kann[456].
Die Aufteilung eines Gewerbes unter die Erben ist nur in den Grenzen des öffentlichen Rechts[457] zulässig.

II. Landwirtschaftliche Gewerbe

Ein landwirtschaftliches Gewerbe Sinne von Art. 7 Abs. 1 BGBB oder im Sinne von Art. 5 lit. a BGBB stellt ein landwirtschaftliches Gewerbe im engeren Sinne dar. Dieses war der Ausgangspunkt für

---

   schriften aus dem ZGB entfernt. Trotzdem stellen sie nach wie vor gesetzliche Teilungsvorschriften dar.
[452] Art. 1-10 BGBB.
[453] Art. 607 ff. ZGB.
[454] BBl 1988 III 991.
[455] Art. 13 und 14 Abs. 1 BGBB.
[456] Art. 14 Abs. 2 BGBB.
[457] Art. 58 und 59 BGBB: Realteilungs- und Zerstückelungsverbot; Ausnahmen gemäss Art. 60 BGBB; vgl. BBl 1988 III 991.

die Schaffung des BGBB und wird ohne Zweifel in der Grosszahl aller Fälle Gegenstand der Auseinandersetzung darstellen.

III. Betriebe des produzierenden Gartenbaus

Die Betriebe des produzierenden Gartenbaus gelten ebenfalls als landwirtschaftliche Gewerbe, sofern die gesetzlichen Voraussetzungen dafür erfüllt sind[458]. Der Begriff des landwirtschaftlichen Gewerbes im weiteren Sinne umfasst auch diese Gewerbebetriebe. Alle nachfolgenden Ausführungen für die landwirtschaftlichen Gewerbe haben analog auch für die Betriebe des produzierenden Gartenbaus zu gelten

IV. Zuweisung als Vorfrage

Die Zuweisung eines landwirtschaftlichen Gewerbes nach den Bestimmungen des BGBB kann im Rahmen einer Erbteilung geltend gemacht werden, bei welcher der gesamte Nachlass unter Einschluss des landwirtschaftlichen Gewerbes einvernehmlich oder vom Richter geteilt wird. Bei einer solchen Erbteilung wird nebst der Zuweisung des landwirtschaftlichen Gewerbes u.a. die Übernahme der Erbschaftspassiven sowie die Abfindung der Miterben geregelt[459]. Die Beurteilung des Zuweisungsbegehrens ist hier als Vorfrage abzuhandeln, die vor der eigentlichen Teilung entschieden werden muss.

---

[458] Art. 7 Abs. 2 BGBB; vgl. vorne § 4, IV.
[459] Bei der Erbteilung durch den Richter kann der Ansprecher des landwirtschaftlichen Gewerbes nebst der Erbteilung gleichzeitig die Zuweisung des landwirtschaftlichen Gewerbes zu Eigentum verlangen. Falls ein anderes Mitglied die Erbteilungsklage erhebt, kann der Ansprecher einen selbständigen Antrag auf Zuweisung des landwirtschaftlichen Gewerbes zu Eigentum stellen.

Der Anspruch auf Zuweisung eines landwirtschaftlichen Gewerbes nach den Vorschriften des BGBB kann aber wie im bisherigen Recht[460] in einem separaten Zuweisungsverfahren im Sinne eines Vorverfahrens geklärt werden. Dabei hat der Richter den geltend gemachten Zuweisungsanspruch und den Übernahmepreis für das landwirtschaftliche Gewerbe festzulegen. Das Zuweisungsverfahren[461] ist in diesem Zusammenhang als ein blosses Vorverfahren der Erbteilung zu betrachten. Der entsprechende Zuweisungsentscheid als Leistungsurteil begründet gegenüber den Beklagten des Urteils die Verpflichtung zur Eigentumsübertragung an den oder die erfolgreichen Kläger, aber noch keinen unmittelbaren Rechtstitel auf Einräumung des Eigentums am landwirtschaftlichen Gewerbe[462]. Für den Grundbucheintrag bedarf es noch eines rechtskräftigen Teilungsurteils, einer schriftlichen Zustimmungserklärung sämtlicher Miterben[463] oder eines entsprechenden schriftlichen Teilungsvertrages[464]. Allerdings kann der Zuweisungsentscheid je nach der konkreten Formulierung das Eigentum an den landwirtschaftlichen Liegenschaften im Sinne eines Gestaltungsurteils direkt dem Berechtigten zusprechen. Diesfalls müsste der Grundbuchverwalter in Vollziehung des Gestaltungsurteils[465] den Grund-

---

[460] ESCHER ARNOLD, Zürcher Kommentar, N. 2 zu Art. 620 aZGB. TOUR PETER / PICENONI VITO, Berner Kommentar, N. 1a zu Art. 620 aZGB. STEIGER FRANZ, S. 158.

[461] Ohne gleichzeitig beantragte Erbteilung.

[462] Es liegt kein Urteil im Sinne von Art. 656 Abs. 2 ZGB vor, falls es sich beim Zuweisungsentscheid um ein Leistungsurteil und nicht ein Gestaltungsurteil auf unmittelbare Einräumung des Eigentums handelt, welches für den unmittelbaren Eigentumserwerb gemäss Art. 656 Abs. 2 ZGB notwendig wäre (HAAB ROBERT / SIMONIUS AUGUST / SCHERRER WERNER / ZOBL Dieter, Zürcher Kommentar, N. 66 zu Art. 656 ZGB; ESCHER ARNOLD, Zürcher Kommentar, N. 2 zu Art. 620 aZGB; MEIER-HAYOZ ARTHUR, Berner Kommentar, N. 99 zu Art. 656 ZGB; TOUR PETER / PICENONI VITO, Berner Kommentar, N. 1a zu Art. 620 aZGB; STEIGER FRANZ, S. 158).

[463] Art. 18 Abs. 1 lit. b GBV.

[464] ESCHER ARNOLD, Zürcher Kommentar, N. 2 zu Art. 620 aZGB. TOUR PETER / PICENONI VITO, Berner Kommentar, N. 1a zu Art. 620 aZGB. STEIGER FRANZ, S. 158.

[465] Art. 656 Abs. 2 ZGB.

bucheintrag auf Verlangen des Berechtigten vornehmen[466] und den im Zuweisungsentscheid festgelegten Gegenwert für die Erbengemeinschaft behändigen[467].

Das landwirtschaftliche Gewerbe sollte wenn immer möglich nicht losgelöst vom übrigen Nachlass geteilt werden, weil das zwangsläufig zu zwei partiellen Erbteilungen führen würde[468]. Bei einem solchen zweistufigen Vorgehen ist mit Schwierigkeiten zu rechnen[469], weshalb gemäss der generellen Regel objektiv-partielle Erbteilungen nicht zulässig sind, es sei denn, es geschehe im Einvernehmen aller Erben[470].

---

[466] Art. 665 Abs. 2 ZGB.
[467] Allfällige Hypothekarschulden müssten vom festgelegten Gegenwert abgezogen werden.
[468] Als Ausnahme ist die vorgängige Teilung des übrigen Nachlasses (alles ausser dem landwirtschaftlichen Gewerbe) oder eines Teiles des übrigen Nachlasses auch durch den Richter zuzulassen, wenn es dafür einen hinreichenden Grund gibt. Ein solcher Grund könnte etwa vorliegen, wenn der übrige Nachlassanteil im Vergleich zum landwirtschaftlichen Gewerbe gross ist und wenn der zu erwartende Aufschub lange andauert.
[469] Schwierigkeiten mit der Losbildung; (Teil-)Rückzahlung des anlässlich der ersten Teilung erhaltenen Erbanteils nicht mehr möglich, weil das Geld bereits verbraucht worden ist; etc.
[470] Art. 604 Abs. 1 ZGB. TUOR PETER / PICENONI VITO, Berner Kommentar, N. 4d zu Art. 604 ZGB. ESCHER ARNOLD, Zürcher Kommentar, N. 5e zu Art. 604 ZGB.

§ 7 Objektive Voraussetzungen

I. Landwirtschaftliches Gewerbe im Nachlass

A. Landwirtschaftliches Gewerbe im Alleineigentum

Falls der Erblasser Alleineigentum an einem landwirtschaftlichen Gewerbe hatte und falls dieses in seinen Nachlass gelangt, kann im Rahmen der Erbteilung die Zuweisung dieses Gewerbes an einen einzigen Erben in Frage kommen. Dabei muss es sich selbstverständlich um ein landwirtschaftliches Gewerbe im Sinne von Art. 7 BGBB handeln[471] oder gegebenenfalls um ein solches im Sinne von Art. 5 lit. a BGBB. Darüber hinaus müssen die übrigen objektiven Voraussetzungen sowie die subjektiven Voraussetzungen für die Zuweisung vorliegen.

B. Miteigentumsanteil an einem landwirtschaftlichen Gewerbe

Befindet sich in der Erbschaft ein Miteigentumsanteil an einem landwirtschaftlichen Gewerbe, so kann jeder Erbe unter den Voraussetzungen, unter denen er die Zuweisung des Gewerbes verlangen könnte, die Zuweisung des Miteigentumsanteils daran beanspruchen[472]. Damit ist sichergestellt, dass ein selbstbewirtschaftender und geeigneter Erbe als Miteigentümer eines landwirtschaftli-

---

[471] Vgl. vorne § 4, III.
[472] Art. 13 BGBB.

chen Gewerbes dieses ungeteilt zugewiesen erhalten kann, falls das Miteigentum aufgelöst werden sollte[473].
Der Zuweisungsanspruch hängt nicht von der Grösse des Miteigentumsanteils ab, da jeder Miteigentümer zum Gebrauch und zur Nutzung der Sache berechtigt ist, soweit dies mit den Rechten der anderen Miteigentümer verträglich ist[474]. Es spielt auch keine Rolle, ob der Erblasser oder ein anderer Miteigentümer das Gewerbe bisher teilweise oder gänzlich bewirtschaftet hat[475]. Falls eine Einigung des übernehmenden Erben mit den übrigen Miteigentümern über die Bewirtschaftung des landwirtschaftlichen Gewerbes nicht möglich ist, kann der Erbe jederzeit die Auflösung des Miteigentums nach den Regeln des BGBB verlangen[476] und so möglicherweise zum Alleineigentum über das landwirtschaftliche Gewerbe gelangen[477].
Die Bestimmung über das Miteigentum wurde vor allem geschaffen, um etwelchen Umgehungen des bäuerlichen Erbrechtes zuvorzukommen[478].
Für das Miteigentumsverhältnis im Zusammenhang mit landwirtschaftlichen Gewerben gelten grundsätzlich die allgemeinen Regeln des Miteigentums[479], wobei allerdings für die Auflösung des Miteigentums die besonderen Bestimmungen des BGBB[480] anzuwenden sind. Miteigentum an landwirtschaftlichen Gewerben kann einerseits durch Vertrag oder aber durch Gesetz[481] begründet werden.

---

[473] Art. 36 Abs. 1 BGBB.
[474] Art. 648 Abs. 1 ZGB. BBl 1988 III 994.
[475] BBl 1988 III 994.
[476] Art. 650 und 654a ZGB i.V.m. Art. 36 ff. BGBB; BBl 1988 III 994.
[477] Art. 36 ff. BGBB.
[478] BBl 1988 III 994; vgl. BGE 104 II 255 ff.
[479] Art. 646 ff. ZGB.
[480] Art. 654a ZGB i.V.m. Art. 36 ff. BGBB; vgl. BBl 1988 III 994.
[481] Z.B. Art. 200 Abs. 2 ZGB; Art. 248 Abs. 2 ZGB.

C. Beteiligung an einem Gesamthandsverhältnis

1. Vererbliche Beteiligung an einem Gesamthandsverhältnis

Befindet sich in der Erbschaft eine vererbliche Beteiligung an einem Gesamthandsverhältnis, in dem sich ein landwirtschaftliches Gewerbe befindet, so kann jeder Erbe unter den Voraussetzungen, unter denen er die Zuweisung des Gewerbes geltend machen könnte, verlangen, dass er an der Stelle des Verstorbenen Gesamthänder wird[482]. Gemeint ist hier der Fall, in dem die Gesamthänder die Vererblichkeit der Beteiligung des Gesamthandsverhältnisses vereinbart haben[483]. Die Rechtslage ist die gleiche wie beim Miteigentum[484].

2. Liquidation des Gesamthandsverhältnisses

a) Allgemeines

Wird ein Gesamthandsverhältnis durch den Tod eines Gesamthänders oder aus anderen Gründen aufgelöst und befindet sich in der Erbschaft eine Beteiligung an diesem Gesamthandsverhältnis, so kann jeder Erbe unter den Voraussetzungen, unter denen er die Zuweisung eines landwirtschaftlichen Gewerbes geltend machen könnte, verlangen, dass er an Stelle des Verstorbenen an der Liquidation des Gesamthandsverhältnisses mitwirkt[485]. Vererblich sind hier nur die einzelnen Vermögenswerte an landwirtschaftlichen Gewerben, welche dem Erblasser im Rahmen der Liquidation des Gesamthandsverhältnisses zustehen, was sich aus den entsprechenden vertraglichen oder gesetzlichen[486] Bestimmungen ergibt[487]. Ge-

---

[482] Art. 14 Abs. 1 BGBB.
[483] BBl 1988 III 994; vgl. Art. 545 Abs. 1 Ziffer 2 OR.
[484] BBl 1988 III 994.
[485] Art. 14 Abs. 2 BGBB.
[486] Art. 36 ff. BGBB, güterrechtliche Teilungsvorschriften bei der Gütergemeinschaft (Art. 241 ff. ZGB), etc.
[487] BBl 1988 III 995.

samthandsverhältnisse entstehen aufgrund des Gesetzes[488] oder durch Vertrag[489].

b) Liquidationsregeln

Bei der Auflösung des Gesamthandsverhältnisses[490] zufolge Tod eines Gesamthänders ist beim Vorliegen eines landwirtschaftlichen Gewerbes zuerst hinsichtlich dieses Gewerbes nach den Regeln des BGBB[491] vorzugehen, wobei allerdings gemäss eindeutiger gesetzlicher Vorschrift bei der Auflösung der Gütergemeinschaft Einschränkungen[492] zu machen sind. Sobald die Bestimmungen des BGBB betreffend des landwirtschaftlichen Gewerbes eingehalten sind, kommen die übrigen gesetzlichen oder vertraglichen Vorschriften des betreffenden Gesamthandsverhältnisses zur Anwendung[493].

c) Rechtsstellung des ansprechenden Erben

Der ansprechende Erbe hat hinsichtlich der Beteiligung am Gesamthandsverhältnis einen gesetzlichen Abtretungsanspruch[494], der allerdings auf das landwirtschaftliche Gewerbe beschränkt[495] ist.

---

[488] Durch jeden Todesfall entsteht kraft gesetzlicher Bestimmung eine Erbengemeinschaft, sofern mehrere Erben vorhanden sind (Art. 602 ff. ZGB).

[489] Gütergemeinschaft (Art. 221 ff. ZGB), Gemeinderschaft (Art. 336 ff. ZGB), Einfache Gesellschaft (Art. 530 ff. OR), Kollektivgesellschaft (Art. 552 ff. OR) und Kommanditgesellschaft (Art. 594 ff. OR).

[490] In den meisten Fällen wohl eine Erbengemeinschaft.

[491] Art. 650 und 654a ZGB i.V.m. Art. 36 ff. BGBB; BBl 1988 III 1017.

[492] Vgl. Art. 36 Abs. 3 BGBB: bei Gütergemeinschaft kann der überlebende Ehegatte, falls die Gütergemeinschaft durch den Tod eines Ehegatten aufgelöst wird, verlangen, dass ihm das landwirtschaftliche Gewerbe auf Anrechnung überlassen wird, wenn es unter dem ordentlichen Güterstand der Errungenschaftsbeteiligung sein Eigentum wäre (Art. 243 ZGB).

[493] Art. 211 ff. ZGB, Art. 336 ff. ZGB, Art. 602 ff. ZGB, Art. 530 ff. OR, Art. 552 ff. OR, Art. 594 ff. OR.

[494] Art. 14 Abs. 2 BGBB.

[495] Für die Liquidation der übrigen Beteiligung am Gesamthandsverhältnis, die auch zum Nachlass gehört, werden alle Erben gemäss dem allgemeinen Erbrecht (Art. 607 ff. ZBG) einbezogen. Das landwirtschaftliche Gewerbe kann

Der Erbe erhält seinen Anspruch aus dem Nachlass entweder einvernehmlich durch Vertrag[496] oder gegebenenfalls durch richterlichen Zuspruch[497]. Der ansprechende Erbe muss seine Berechtigung gegenüber den Mitbeteiligten des zu liquidierenden Gesamthandsverhältnisses kraft eigenen Rechts geltend machen können. Eine Stellvertretung oder ein ähnliches Rechtsverhältnis ist nicht zulässig, weil für eine Zuweisung des landwirtschaftlichen Gewerbes die persönlichen Voraussetzungen und Verhältnisse eines konkreten Ansprechers[498] geprüft werden müssen, was nicht möglich ist, wenn der Ansprecher als Stellvertreter oder Bevollmächtigter einer Erbengemeinschaft auftreten würde[499]. Im Rahmen der Liquidation[500]

---

u.U. nur einen kleinen Teil des Nachlasses ausmachen. Es ist nicht einzusehen, weshalb der Ansprecher (auf das landwirtschaftliche Gewerbe) bei der Teilung des übrigen Nachlasses allein mitwirken sollte. In diesem Bereich sind alle Miterben gleichberechtigt.

[496] Mit schriftlicher Vereinbarung kann sich der Ansprecher von den Miterben die Beteiligung am Gesamthandsverhältnis abtreten lassen (Art. 635 ZGB), wobei die Vereinbarung auch über den Gegenstand des landwirtschaftlichen Gewerbes hinausgehen kann.

[497] Falls die Miterben den Anspruch eines Erben auf die Teilnahme an der Liquidation betreffend dem landwirtschaftlichen Gewerbe ablehnen, kann die Abtretung richterlich erzwungen werden. Der Ansprecher kann direkt die Zuweisung des landwirtschaftlichen Gewerbes aus dem Gesamthandsverhältnis verlangen (Teilliquidation) und seinen Teilnahmeanspruch im Zuweisungsverfahren geltend machen. Es kann durchaus vorkommen, dass mehrere Ansprecher aus verschiedenen Generationen und verschiedenen Erbengemeinschaften ein Gewerbe für sich beanspruchen, sodass es zu eigentlichen Ausscheidungen unter mehreren Ansprechern kommen kann: vgl. STUDER BENNO, Kommentar zum Bundesgesetz über das Bäuerliche Bodenrecht vom 4. Oktober 1991, Brugg 1995, N. 14 ff. zu Art. 14 BGBB.

[498] Bearbeitung des Bodens, persönliche Leitung des Gewerbes, Eignung (berufliche Fähigkeiten, persönliche, moralische und physische Fähigkeiten, finanzielle Verhältnisse), Wille zur Selbstbewirtschaftung, etc.

[499] A.M. STUDER BENNO, Kommentar zum Bundesgesetz über das Bäuerliche Bodenrecht vom 4. Oktober 1991, Brugg 1995, N. 8 ff. zu Art. 14 BGBB. Die von Benno Studer über die Stellvertretung vorgeschlagene Lösung bedingt, dass die Erbteilung der (Unter-) Erbengemeinschaft nicht vor der Liquidation der (Ober-) Erbengemeinschaft oder eines anderen Gesamthandsverhältnisses stattfinden kann, weil ja der Ansprecher als Stellvertreter einer noch bestehenden (Unter-) Erbengemeinschaft aufzutreten hätte. Genausogut kann dem

muss der berechtigte Ansprecher definitiv aus eigenem Recht handeln können, soweit es um das landwirtschaftliche Gewerbe geht. Die erworbene Beteiligung[501] am Gesamthandsverhältnis ist ihm in der Erbteilung anzurechnen, was eine Bewertung dieser Beteiligung voraussetzt, falls die Erbteilung vor der Liquidation des Gesamthandsverhältnisses stattfindet. Eine solche Bewertung hat es in sich, dass der Ansprecher letztlich ein besseres[502] oder schlechteres[503] Resultat erzielt, als in der bereits vorgenommenen Erbteilung durch eine Schätzung ermittelt wurde.
Sollte mit der Erbteilung bis zum Vorliegen des Ergebnisses[504] der Liquidation des Gesamthandsverhältnisses zugewartet werden, wäre dem Ansprecher der im Rahmen der Liquidation effektiv realisierte Wert anzurechnen. Falls die Erbteilung vor der Liquidation des Gesamthandsverhältnisses[505] durchgeführt[506] wird, muss dem

---

Ansprecher wie bei der unbeschränkten Zuweisung des landwirtschaftlichen Gewerbes die fragliche Beteiligung zugesprochen und mit der Erbteilung der (Unter-) Erbengemeinschaft zugewartet werden. Sobald das Ergebnis der Liquidation des Gesamthandsverhältnisses vorliegt, kann die Erbteilung stattfinden, wobei dem Ansprecher die bereits erhaltene Beteiligung zum effektiv realisierten Wert anzurechnen wäre.

500 In den wohl meisten Fällen wiederum eine Erbteilung.

501 Die gemäss Gesetz (Art. 14 Abs. 2 BGBB) vorgesehene Beteiligung beschränkt sich immer nur auf das landwirtschaftliche Gewerbe. Denkbar sind aber auch Verhältnisse, bei denen der Ansprecher im Einvernehmen mit den Miterben die ganze Beteiligung (welche über das landwirtschaftliche Gewerbe hinausgeht) abgetreten erhält.

502 Wertanteil liegt höher: z.B. Anrechnungswert des Gewerbes liegt höher als erwartet; es findet keine Zuweisung, sondern eine Liquidation = Veräusserung zum Verkehrswert an Dritte statt, weil die persönlichen Voraussetzungen des Ansprechers für eine Zuweisung nicht ausreichen; etc.

503 Wertanteil liegt tiefer: z.B. das Gewerbe wurde zu hoch eingeschätzt, etc.

504 Entweder Zuweisung zum Anrechnungswert an den Ansprecher oder Zuweisung des entsprechenden Liquidationswertes im Falle der Abweisung des Zuweisungsanspruches (anderer Ansprecher geht vor oder Veräusserung an einen Dritten).

505 In der Regel wohl auch eine Erbengemeinschaft.

506 Die vorherige Erbteilung ist nach Möglichkeit zu verhindern, da sich leicht eine massive Abweichung vom geschätzten Wert und somit ein stossendes Resultat ergeben könnte. Sobald ein einziges Mitglied der Erbengemeinschaft

Ansprecher die freiwillig oder richterlich zugestandene Beteiligung[507] am Gesamthandsverhältnis zu einem geschätzten Wert angerechnet werden. Wenn sich in der Folge bei der Liquidation des Gesamthandsverhältnisses Abweichungen[508] vom geschätzten Wert ergeben, sind solche sowohl vom Ansprecher als auch von den bereits abgefundenen Miterben zu akzeptieren, soweit das landwirtschaftliche Gewerbe dem Ansprecher tatsächlich auch übertragen wird. Sollte indessen das landwirtschaftliche Gewerbe einem anderen Gesamthänder[509] oder gar an einen Dritten[510] ausserhalb des Gesamthandsverhältnisses übertragen werden, so wäre darin eine Veräusserung im Sinne von Art. 28 BGBB zu sehen[511], weshalb im Falle eines besseren Ergebnisses die Miterben den entsprechenden Gewinnanteil verlangen könnten. Dabei könnte der abgewiesene Ansprecher m.E. keinen Besitzesdauerabzug[512] für sich beanspruchen, weil das landwirtschaftliche Gewerbe nie in seinem Alleineigentum stand und weil er letztlich keine Aufwendungen[513] und kein Risiko[514] für das Gewerbe zu tragen hatte[515].

---

seinen gesamten Erbteil verlangt, müssen alle Aktiven unter Einschluss der Beteiligung am Gesamthandsverhältnis einbezogen werden. Denn eine objektiv partielle Erbteilung ist nicht möglich (vgl. ESCHER ARNOLD, Zürcher Kommentar, N. 5e zu Art. 604 ZGB; TUOR PETER/PICENONI VITO, Berner Kommentar, N. 4d zu Art. 604 ZGB; a.M. JOST ARTHUR, S. 125 ff.).

[507] Die Beteiligung betrifft grundsätzlich nur das landwirtschaftliche Gewerbe. Eine weitergehende Beteiligung kann aber vereinbart werden.

[508] Ein ähnliches Risiko besteht bei der Zuteilung von zu bewertenden Beteiligungen an Aktiengesellschaften oder auch bei normalen Liegenschaften.

[509] Besser berechtigter Selbstbewirtschafter oder pflichtteilsgeschützter Nichtselbstbewirtschafter.

[510] Kaufsrechtsberechtigter, Vorkaufsrechtsberechtigter, etc.

[511] Dem Ansprecher wurde die Beteiligung am Gesamthandsverhältnis zwecks persönlichem Erwerb des landwirtschaftlichen Gewerbes abgetreten. Da der Ansprecher das Gewerbe nicht erhält, wird er seiner vermeintlichen Anspruchsberechtigung endgültig enträussert. In diesem Sinne liegt eine Veräusserung vor. Art. 28 ff. BGBB ist zumindest analog anzuwenden.

[512] Art. 31 Abs. 4 BGBB. Auch der erhöhte Anrechnungswert gemäss Art. 31 Abs. 5 BGBB ist nicht gerechtfertigt.

[513] Soweit irgendwelche Aufwendungen für das landwirtschaftliche Gewerbe nötig waren, wurden diese bereits im Rahmen der Zuweisung des Liquidationsanteils bzw. bei der Festsetzung des Anrechnungswertes berücksichtigt.

D. Mehrheitsbeteiligung an einer juristischen Person

Die Bestimmungen über die landwirtschaftlichen Gewerbe gelten auch für eine Mehrheitsbeteiligung an einer juristischen Person[516]. Befindet sich somit in einer Erbschaft eine vererbliche[517] Mehrheitsbeteiligung[518] an einer juristischen Person[519], deren Aktiven zur Hauptsache aus einem landwirtschaftlichen Gewerbe bestehen, so kann jeder Erbe unter den Voraussetzungen, unter denen er die Zuweisung des Gewerbes geltend machen könnte, die Zuweisung der Mehrheitsbeteiligung verlangen[520]. Der Zuweisungsanspruch

---

[514] Z.B. Inflationsrisiko, etc.

[515] A.M. STUDER BENNO, Kommentar zum Bundesgesetz über das Bäuerliche Bodenrecht vom 4. Oktober 1991, Brugg 1995, N. 10 zu Art. 14 BGBB.

[516] Art. 4 Abs. 2 BGBB.

[517] Anteilsrechte oder Nutzungsrechte an Allmenden, Alpen, Weiden, etc. (Art. 6 Abs. 2 BGBB), welche sich im Eigentum von Allmendgenossenschaften, Alpgenossenschaften, Waldkorporationen oder ähnlichen Körperschaften befinden, sind meist nicht selber (d.h. nicht über eine natürliche Person) vererblich, sondern oft mit einem Grundstück oder einem Gewerbe verbunden und teilen dessen rechtliches Schicksal. Sie werden somit mit dem entsprechenden Grundstück oder Gewerbe übertragen.
Es gibt aber auch Fälle, in denen solche Körperschaften (z.B. Oberallmeind-Korporation Schwyz) gewissen Geschlechtern (Trägern eines bestimmten Nachnamens) bestimmte Rechte (Vorzugspreis für Holzkauf oder Kauf von Bauland, Vorrang bei Verpachtung von Alpen, etc.) einräumen, und zwar unabhängig von irgendwelchem Grundeigentum. Voraussetzung für die Rechtseinräumung ist meistens nur das Führen eines bestimmen Nachnamens zufolge Abstammung. Diesbezüglich besteht ein noch nicht gelöster Konflikt mit Art. 4 BV, weil weibliche Nachkommen gemäss bisheriger und geltender Regelung des ZGB wohl über die Abstammung, nicht aber über den geforderten Nachnamen verfügen.

[518] Mehrheit bedeutet mehr als 50 %. BBl 1988 III 979.

[519] Gemeint sind hier die juristischen Personen des Privatrechts, an denen eine Beteiligung möglich ist (Aktiengesellschaft, Kommanditaktiengesellschaft, GmbH, Genossenschaft und Verein). An juristischen Personen des öffentlichen Rechts können Beteiligungen regelmässig nicht vererbt werden. Zudem dürfte es schwierig sein, eine entsprechende Mehrheitsbeteiligung zu erlangen.

[520] Art. 4 Abs. 2 BGBB. BBl 1988 III 979. Mit der Forderung nach dem Hauptaktivum als einem landwirtschaftlichen Gewerbe und der Mehrheitsbeteili-

betrifft in diesem Fall nicht die Sache[521] selber, sondern die Mehrheitsbeteiligung[522] an der juristischen Person. Dabei kommen praktisch nur juristische Personen des Privatrechts[523] in Frage, weil es bei juristischen Personen des öffentlichen Rechts kaum vorkommen kann, dass eine Mehrheitsbeteiligung davon in den Nachlass einer Privatperson fällt. Die einfache Gesellschaft, die Kollektivgesellschaft und die Kommanditgesellschaft entfalten keine eigene Rechtspersönlichkeit. Ihr Eigentum befindet sich im Gesamt- oder Miteigentum der beteiligten Gesellschafter[524]. Die Behandlung solcher Beteiligungen am gemeinschaftlichen Eigentum im Rahmen der Erbteilung bei Vorhandensein eines landwirtschaftlichen Gewerbes richtet sich nach den Ausführungen unter I, B und C.

Die Aktiven der juristischen Person müssen zur Hauptsache aus dem landwirtschaftlichen Gewerbe[525] bestehen, weshalb der Wert des landwirtschaftlichen Gewerbes über 50 % des Wertes der juristischen Person auszumachen hat[526]. Mit der Mehrheitsbeteiligung

---

gung fallen die Allmendgenossenschaften, Alpgenossenschaften, Waldkorporationen und ähnlichen Körperschaften, welche ihren Mitgliedern, Genossenschaftern oder Anteilsberechtigten Anteils- und Nutzungsrechte einräumen, wohl in den allermeisten Fällen ausser Betracht.

[521] Grundstücke, Bauten und Anlagen, Rechte, etc.

[522] Bei der Aktiengesellschaft das entsprechende «Aktienpaket».

[523] Verein (Art. 60 ff. ZGB), Aktiengesellschaft (Art. 620 ff. OR), Kommanditaktiengesellschaft (Art. 764 ff. OR), Gesellschaft mit beschränkter Haftung (Art. 772 ff. OR), Genossenschaft (Art. 828 ff. OR).

[524] BANDLI CHRISTOPH, Kommentar zum Bundesgesetz über das Bäuerliche Bodenrecht vom 4. Oktober 1991, Brugg 1995, N. 4 zu Art. 4 BGBB.

[525] Landwirtschaftliches Gewerbe im Sinne von Art. 7 oder 5 lit. a BGBB; vgl. vorne § 4; Grundstücke, Bauten, Betriebsinventar, etc.; vgl. BBl 1988 III 979.

[526] Das landwirtschaftliche Gewerbe (Land, Gebäude, Betriebsinventar, etc.) sollte m.E. mit einem Aktivenanteil von 51 % die Voraussetzung der Hauptsache der Aktiven erfüllen. Wird hier nämlich ein zu hoher Anteil an den Aktiven verlangt, so wäre es leicht, die gesetzliche Zuweisungsordnung mit der Einrichtung einer juristischen Person zu umgehen, indem neben dem landwirtschaftlichen Gewerbe noch andere Aktiven in die juristische Person eingebracht werden. Wenn der Erblasser ohne die Einrichtung einer juristischen Person ein landwirtschaftliches Gewerbe hinterlässt, so kann dieses ohne weiteres zur Zuweisung angesprochen werden, selbst wenn es im Vergleich zum Gesamtnachlass nur einen sehr geringen Anteil ausmacht. Je höher somit

ist sowohl von der Mehrheit der Kapitalbeteiligung als auch von der Mehrheit der Mitbestimmungsrechte auszugehen[527], welche sich im Nachlass befinden müssen. Diese Bestimmung wurde im Hinblick auf mögliche Umgehungsgeschäfte[528] mit Familienaktiengesellschaften erlassen und wurde insbesondere vom Schweizerischen Bauernverband gefordert[529].

---

der vom landwirtschaftlichen Gewerbe verlangte Aktivenanteil ausfällt, desto grösser ist die Gefahr einer Umgehung der normalen Zuweisungsordnung.

[527] BBl 1988 III 979. Die vom Gesetzgeber verlangte Mehrheitsbeteiligung an einer juristischen Person (Art. 4 Abs. 2 BGBB) wird dem Gedanken der Umgehungsverhinderung nicht gerecht, weil mit der Konstruktion einer solchen Einrichtung leicht erreicht werden kann, dass eine Beteiligung von weniger als 50 % in den Nachlass eines Erblassers fällt, womit gemäss Art. 4 Abs. 2 BGBB kein landwirtschaftliches Gewerbe vorliegt und deshalb die erbrechtlichen Vorschriften des BGBB nicht zur Anwendung gelangen. Hat beispielsweise ein Erblasser ein landwirtschaftliches Gewerbe zu Lebzeiten (als die Kinder zufolge ihres geringen Alters noch kein Vorkaufsrecht geltend machen konnten) in eine Aktiengesellschaft überführt, an der er seinen Ehegatten mit 49 % und seinen Knecht mit 2 % beteiligt hat, so fällt mit dem übrigen Anteil von 49 % gemäss Art. 4 Abs. 2 BGBB keine für einen Zuweisungsanspruch ausreichende Beteiligung in den Nachlass, weshalb der herangewachsene und zur Selbstbewirtschaftung geeignete Nachkomme des Erblassers über keinen Anspruch verfügt, sich den Anteil des Erblassers von 49 % zuweisen zu lassen. Hätte der Erblasser hingegen mit dem Knecht und seiner Ehefrau ein Miteigentums- oder ein Gesamthandsverhältnis (Art. 13 oder 14 BGBB) begründet, so könnte der pflichtteilsgeschützte Nachkomme des Erblassers die in den Nachlass fallende Beteiligung ansprechen. Die verlangte Mehrheitsbeteiligung führt somit zur Umgehungsmöglichkeit, welche ja gerade verhindert werden wollte (Prot.Komm.StR, Sitzung vom 14. März 1989, S. 24; Sitzung vom 15. April 1989, S. 30). Zur Lösung dieses Problems sind deshalb für das Erfordernis der Mehrheitsbeteiligung allfällige bereits im Eigentum von Erben befindliche Anteile miteinzurechnen. Sofern es also Erben gibt, die bereits vor der Erbteilung Anteile an der juristischen Person besitzen, sind diese Anteile für die Beurteilung der Mehrwertsbeteiligung zu berücksichtigen.

[528] Prot.Komm.SR, Sitzung vom 14. März 1989, S. 24, Votum 89, Sitzung vom 15. April 1989, Votum 98.

[529] BBl 1988 III 979.

E. Keine Aufhebung der Gewerbequalität

Die Zuweisungsmöglichkeit eines landwirtschaftlichen Gewerbes[530] entfällt, falls dieses die Gewerbequalität zufolge langjähriger, rechtmässiger, ganz oder weitgehend parzellenweiser Verpachtung verloren hat[531]. Allerdings darf bekanntlich kein Gewerbe, welches unter Einrechnung eines allfälligen nichtlandwirtschaftlichen Nebengewerbes[532] einer Familie eine gute landwirtschaftliche Existenz bietet[533], ganz oder weitgehend parzellenweise verpachtet werden, es sei denn, dies geschehe aus persönlichen Gründen oder dies habe nur vorübergehenden Charakter[534]. Soweit also ein landwirtschaftliches Gewerbe mitsamt einem allfälligen nichtlandwirtschaftlichen Nebengewerbe eine gute landwirtschaftliche Existenz darstellt, kann die Gewerbequalität zufolge parzellenweiser Verpachtung gar nicht verloren gehen. Jene Gewerbe allerdings, welche keine gute landwirtschaftliche Existenz darstellen und welche langjährig rechtmässig parzellenweise verpachtet worden sind, können nicht mehr als Gewerbe, sondern nur noch in den Bestandteilen, nämlich als landwirtschaftliche Grundstücke[535] angesprochen werden, wenn im Zeitpunkt des Ansprechens noch immer die parzellenweise Verpachtung gegeben ist. Es darf dabei keine Rolle spielen, ob der Erblasser oder allenfalls die Erbengemeinschaft eine parzellenweise Verpachtung vorgenommen hat. Sobald das während langjähriger Dauer parzellenweise rechtmässig verpachtete Gewerbe wieder als ganzes bewirtschaftet[536] wird, ist die Gewerbequalität sofort wiederhergestellt.

---

[530] Sei es zu Alleineigentum, in Miteigentum oder in einer Beteiligung an einem Gesamthandsverhältnis.
[531] Art. 4 Abs. 3 i.V.m. Art. 8 BGBB; Art. 30 und 31 LPG.
[532] Art. 31 Abs. 3 LPG; STUDER/HOFER, S. 223-225.
[533] STUDER/HOFER, S. 199-216.
[534] Art. 8 BGBB und Art. 31 Abs. 2 lit. e und f LPG; STUDER/HOFER, S. 220-223.
[535] Falls die Voraussetzungen des Ansprechens für landwirtschaftliche Grundstücke gegeben sind.
[536] Es spielt dabei keine Rolle, von wem das Gewerbe wieder als ganzes bewirtschaftet wird (Alleineigentümer, Gesamteigentümer, Pächter).

Falls von einem Gewerbe im Sinne von Art. 7 BGBB während langer Zeit rechtmässig ein Landanteil bis zu einem Drittel verpachtet worden ist, so kann noch keine weitgehende parzellenweise Verpachtung im Sinne von Art. 8 BGBB vorliegen, wenn bei den übriggebliebenen zwei Dritteln zumindest noch die erforderlichen Oekonomiegebäude zur Aufrechterhaltung des landwirtschaftlichen Betriebes verblieben sind, und diese als Einheit bewirtschaftet werden. Es sollte m.E. zulässig sein, ein Gewerbe, welches die Gewerbequalität gemäss Art. 7 BGBB erfüllt, langjährig und rechtmässig bis zu einem Drittel parzellenweise zu verpachten, die betriebszugehörigen Wohnräume ganz oder teilweise betriebsfremd zu nutzen[537], während die übrigen beiden Drittel Landanteil mitsamt den notwendigen Oekonomiegebäuden als wirtschaftlich eigenständige Einheit zu bewirtschaften sind, sei dies durch einen Eigentümer oder durch einen Pächter, ohne dass dadurch die Gewerbequalität gemäss Art. 8 BGBB verloren geht. Denn durch die Nutzungsabtrennung eines Landdrittels und eventuell von Wohnräumen vom Betrieb ist m.E. noch keine weitgehende parzellenweise Verpachtung gegeben, zumal ja mehr als die Hälfte des Gewerbes mitsamt den erforderlichen Oekonomiegebäuden noch als selbständige wirtschaftliche Einheit bestehen bleibt. Wird indessen die wirtschaftliche Eigenständigkeit eines Betriebes dadurch aufgehoben, dass der ganze Betrieb oder ein grosser Teil davon mit einem anderen Betrieb als Zupacht verschmolzen wird, so ist ebenfalls von einer parzellenweisen Verpachtung auszugehen, es sei denn, der fragliche Betrieb werde Betriebszentrum und der bisherige Betrieb des Zupächters verliere seine Eigenständigkeit. Im letzteren Falle ist von einer Pacht des gesamten Gewerbes und nicht von einer Parzellenpacht auszugehen[538].

Eine geplante Revision des BGBB und des LPG[539] beabsichtigt die Lockerung der strukturpolitischen Bestimmungen dieser beiden Gesetze. Einerseits soll die Möglichkeit geschaffen werden, landwirtschaftliche Gewerbe, die eine gute landwirtschftliche Existenz bie-

---

[537] Vermietung oder Eigennutzung.
[538] Vgl. STUDER/HOFER, S. 191.
[539] BBl 1996 IV 372 ff.

ten, unter bestimmten Voraussetzungen auch parzellenweise zu verpachten[540]. Andererseits sollen zufolge ungünstiger Betriebsstrukturen nicht mehr erhaltenswürdige landwirtschaftliche Gewerbe als Grundstücke betrachtet werden[541], und zwar unabhängig von einer Verpachtung[542]. Beide Änderungen würden zum vermehrten Verlust der Gewerbequalität bei vormals landwirtschaftlichen Gewerben führen.

II. Umfang des Zuweisungsanspruches

A. Grundsatz

Gegenstand des Zuweisungsanspruches ist das gesamte landwirtschaftliche Gewerbe[543] im Sinne von Art. 7 BGBB oder im Sinne von Art. 5 lit. a BGBB. Dazu gehören auch allfällige nichtlandwirtschaftliche Nebengewerbe[544] und das Betriebsinventar[545].

B. Betrachtungszeitpunkt

Der massgebliche Moment für die Betrachtung des Gewerbeumfanges ist der Moment der Zusprechung[546] des geltend gemachten An-

---

[540] BBl 1996 IV 381 ff. und 386.
[541] BBl 1996 IV 375 f. und 384 f.
[542] BBl 1996 IV 384: Art. 8 lit. b des Entwurfes.
[543] Vgl. Ausführungen unter § 4, III, VI, VII.
[544] Art. 7 Abs. 5 und Art. 15 Abs. 2 BGBB.
[545] Art. 15 Abs. 1 BGBB.
[546] Einvernehmlich durch vertragliche Zusprechung oder gerichtlich mittels Gerichtsurteil.

spruches[547]. Ab dem Todeszeitpunkt des Erblassers kann sich das Gewerbe umfangmässig wesentlich ausgeweitet[548], vermindert[549], verschlechtert[550] oder aber erst gebildet[551] haben. Auch können Gewerbe oder Teile davon ersetzt oder erneuert worden sein[552]. Ein Gewerbe unterliegt selbst dann dem Zuweisungsanspruch, wenn es nie dem Erblasser gehört hat, sondern erst nach dessen Tod durch Surrogation in den Nachlass gelangt ist[553]. Bei Verschlechterungen eines Gewerbes, die wiederherstellbar[554] sind und von Dritten[555] entschädigt werden, ist für die Bewertung auf den Vorzustand[556] abzustellen, und die Entschädigungen sind dem Ansprecher als Entgelt für die Wiederherstellung zuzuweisen[557]. Wenn eine

---

[547] Zwischen dem Moment der Eröffnung des Erbganges und einer Erbteilung bzw. der Zusprechung eines Zuweisungsanspruches kann viel Zeit verstreichen und die tatsächlichen Verhältnisse des Gewerbes können sich markant verändert haben.

[548] Erwerb von Liegenschaften, Neubau von Gebäuden, Investitionen in bestehende Gebäude, Erwerb von vertraglichen oder dinglichen Rechten, etc.

[549] Veräusserung von Liegenschaften oder Liegenschaftsteilen, von Gebäuden und Gebäudeteilen oder von vertraglichen oder dinglichen Rechten, etc.

[550] Schäden durch Naturkatastrophen (Wasser, Sturm, Hagel, Geröll, Schnee, etc.); öffentlich-rechtliche oder privatrechtliche Beschränkungen (Strassen, Quellfassungen, etc.), etc.

[551] Falls aus Nachlassmitteln Grundstücke, Gebäude, dingliche Rechte, etc. erworben werden und dadurch erst ein Gewerbe entsteht: dieses neu geschaffene Gewerbe unterliegt dem erbrechtlichen Zuweisungsanspruch, weil es aus Nachlassmitteln entstanden ist und weil alle Erben dem Erwerb zustimmen mussten. Die Bildung eines Gewerbes ist durch Aufstockung bereits bestehender landwirtschaftlicher Grundstücke und/oder Gebäude oder aber durch den Erwerb eines gesamten Gewerbes möglich.

[552] Vgl. BGE 116 II 261 ff.

[553] BGE 116 II 265 f.

[554] Vernichtung von Gebäuden oder Wald durch Brand, Sturm oder Lawinen, Abrutschen von Liegenschaftsteilen zufolge Überschwemmung, Vernichtung von Pflanzungen durch Hagel, etc.

[555] Versicherungen, Haftpflichtige, öffentliche Hand, Sammlungen, etc.

[556] Vor der Verschlechterung. Dies betrifft nur den verschlechterten Teil. Für die übrigen Teile ist nach wie vor der Zeitpunkt der Zusprechung massgebend.

[557] Vgl. BGE 82 II 4 ff.

solche[558] Verschlechterung vor dem Ableben des Erblassers eingetreten ist, muss bei der Bewertung ebenfalls vom Vorzustand[559] ausgegangen werden und dem Ansprecher ist die Entschädigung[560] zuzusprechen, es sei denn, der Erblasser habe ausdrücklich auf die Wiederherstellung der Verschlechterung verzichtet[561]. Verminderungen und nicht wiederherstellbare sowie wiederherstellbare, aber nicht von Dritten entschädigte Verschlechterungen reduzieren den Umfang des Zuweisungsanspruches definitiv. Aus der Grösse, Art, Beschaffenheit oder Lage des "Restgewerbes" ergibt sich dann, ob dieses noch die minimalen Kriterien für die Zuweisung erfüllt[562].

C. Realteilungsmöglichkeiten

1. Grundsatz

Die Aufteilung eines landwirtschaftlichen Gewerbes unter den Erben, bzw. die Abtrennung eines Teiles[563] davon ist im Rahmen des Realteilungsverbotes[564], nur beschränkt möglich[565], selbst wenn die Erben sich darüber einig wären. Im übrigen sind sämtliche Ansprüche von Miterben an Gewerbebestandteilen[566] ausgeschlossen.

---

[558] Von Dritten entschädigte Verschlechterung.

[559] Nur des verschlechterten Teiles; die übrigen Teile sind im Zeitpunkt der Zusprechung zu beurteilen bzw. zu bewerten.

[560] Soweit noch vorhanden.

[561] Diesfalls hat der Erblasser lediglich das «verschlechterte» Gewerbe hinterlassen und die Verschlechterung nicht wieder instandstellen wollen.

[562] Vgl. Art. 7 Abs. 4 BGBB; vgl. vorne § 4, III, E,F,G.

[563] Die Einräumung von beschränkt dinglichen Rechten (Baurecht, langjährige Nutzniessung, etc.) ist je nach den Umständen als Abtrennung eines Gewerbe- oder Grundstückteiles zu betrachten, da sonst auf diesem Weg das Realteilungsverbot leicht umgangen werden könnte.

[564] Art. 58 Abs. 1 BGBB.

[565] BBl 1988 III 991; Art. 15 und Art. 16 sowie Art. 60 lit. b BGBB.

[566] Gemeint sind nach wie vor Bestandteile eines Gewerbes im Sinne von Art. 7 BGBB. Grundstücke oder Grundstücksteile (vgl. Art. 2 Abs. lit. a und c BGBB), welche in einer Bauzone liegen und mit den übrigen Gewerbebe-

Schliesslich sollte auch im Rahmen der Erbteilung der gewünschten Strukturverbesserung nicht zuwider gehandelt werden[567]. Die Abtrennung von Gewerbebestandteilen ist ohne Zustimmung des Gewerbeansprechers selbst dann nicht möglich, wenn dies öffentlichrechtlich zulässig wäre[568]. Als Abweichung vom Grundsatz des Realteilungsverbotes ist die Einräumung einer Wohngelegenheit für den überlebenden Ehegatten zu betrachten[569].

2. Aufteilung in zwei oder mehrere Gewerbe

Falls das landwirtschaftliche Gewerbe nach Umfang und Beschaffenheit in zwei oder mehrere Gewerbe aufteilbar ist, dass je einer bäuerlichen Familie eine gute Existenz geboten wird, so ist eine Aufteilung möglich[570].

3. Abtrennung von Nebengewerben

Der Zuweisungsanspruch umfasst grundsätzlich das gesamte landwirtschaftliche Gewerbe im Sinne von Art. 7 BGBB, worin gegebenenfalls auch nichtlandwirtschaftliche Nebengewerbe eingeschlossen sind[571]. Solche Nebengewerbe können vom landwirt-

---

standteilen zusammen bewirtschaftet worden sind, aber nicht zum Gewerbe im Sinne von Art. 2 Abs. 2 lit. a oder c BGBB gehören, stellen keine Gewerbebestandteile dar und können von den anderen Erben ohne weiteres angesprochen werden, bzw. abgetrennt werden (vgl. Art. 60 lit. a BGBB).

[567] Art. 1 Abs. 1 lit. a BGBB; BBl 1988 III 968.

[568] Art. 60 lit. b BGBB i.V.m. Art. 16 BGBB; BBl 1988 III 991. Öffentlichrechtlich wäre es zulässig, Gewerbebestandteile abzutrennen, wenn das Gewerbe nach der Abtrennung einer bäuerlichen Familie noch eine gute landwirtschaftliche Existenz bietet.

[569] Art. 11 Abs. 3 BGBB; BBl 1988 III 991.

[570] Art. 16 und Art. 60 lit. b BGBB. Wann eine «gute landwirtschaftliche Existenz» vorliegt und unter welchen weiteren Voraussetzungen eine Aufteilung möglich ist, wird hinten unter § 14 umschrieben.

[571] Art. 7 Abs. 5 und Art. 15 Abs. 2 BGBB; vgl. vorne § 4, VI und VII. Die Voraussetzungen für die Zuweisung eines nichtlandwirtschaftlichen Nebengewerbes werden hinten in § 13 umschrieben. Falls das nichtlandwirtschaftliche Nebengewerbe arbeitsmässig das landwirtschaftliche Gewerbe überwiegt, so gibt es keinen Anspruch auf ungeteilte Zuweisung beider Gewerbeteile. Solche

schaftlichen Gewerbe abgetrennt werden, sofern der Ansprecher des Gewerbes die Zuteilung des Nebengewerbes nicht verlangt[572] und sofern eine Abtrennung räumlich und öffentlich-rechtlich überhaupt möglich ist[573]. Diesfalls unterliegen solche Nebengewerbe den allgemeinen Teilungsregeln[574].

4. Abtrennung des Betriebsinventars

Mit der Zuweisung des landwirtschaftlichen Gewerbes kann auch die Zuweisung des Betriebsinventars verlangt werden[575]. Allerdings kann der Ansprecher auch darauf verzichten. Diesfalls darf das Betriebsinventar ohne weiteres vom Gewerbe abgetrennt und gemäss den allgemeinen erbrechtlichen Regeln[576] geteilt werden.

III. Fehlen einer überdurchschnittlich guten Existenz

A. Ausgangslage

Der Anspruch auf Zuweisung eines landwirtschaftlichen Gewerbes steht dem Erben nicht zu, wenn er bereits Eigentümer eines landwirtschaftlichen Gewerbes ist, das einer bäuerlichen Familie eine überdurchschnittlich gute Existenz bietet, oder wenn er wirtschaft-

---

nichtlandwirtschaftlichen Gewerbeteile gelten nicht als landwirtschaftliche Nebengewerbe im Sinne von Art. 7 BGBB. Vgl. vorne § 4, VII.

[572] Art. 15 Abs. 2 BGBB.
[573] Mit der geplanten Revision des RPG ist raumplanerisch ein Realteilungsverbot vorgesehen, falls ein solches Nebengewerbe aufgrund von Art. 24 RPG bewilligt und im Grundbuch entsprechend angemerkt worden ist (BBl 1996 III 553).
[574] Art. 607 ff. ZGB.
[575] Art. 15 Abs. 1 BGBB. Zu welchen Bedingungen die Zuweisung möglich ist, wird hinten in § 12 umschrieben.
[576] Art. 607 ff. ZGB.

lich über ein solches Gewerbe verfügt[577]. Im Entwurf des Bundesrates[578] war als obere Grenze eine «gute Existenz» vorgesehen, worauf der Ständerat auf Antrag der vorberatenden Kommission auch[579] bei den Gewerben die obere Grenze bei der «überdurchschnittlich guten Existenz» ansetzte[580]. Der Nationalrat folgte dann entsprechend dem Vorschlag der Kommissionsminderheit dem ständerätlichen Beschluss[581].

B. Eigentum oder wirtschaftliche Verfügungsmacht

Das bereits vorhandene Gewerbe muss sich entweder im Eigentum des Ansprechers oder aber in seiner wirtschaftlichen Verfügungsmöglichkeit befinden. Dabei ist gleichgültig, ob der Ansprecher dieses bisher selber ganz oder teilweise bewirtschaftet hat. Es spielt auch keine Rolle, ob er das Gewerbe inskünftig selber bewirtschaften wird oder nicht. Allerdings kann die vorherige Tätigkeit des Ansprechers entscheidend sein für das zu erfüllende Kriterium der Selbstbewirtschaftung[582]. Es muss nämlich für eine Zuweisung Gewähr bestehen, dass der Ansprecher sich als Selbstbewirtschafter[583] im Sinne des BGBB betätigen wird. Ist die künftige Selbstbewirtschaftung glaubhaft dargetan, und ist der vorhandene Betrieb nicht zu gross, so ist mit der Zuweisung dem Ziel der Strukturverbesserung Nachachtung verschafft, da ein vorbestandener, nicht allzu grosser Landwirtschaftsbetrieb vergrössert werden konnte.

---

[577] Art. 22 BGBB.
[578] BBl 1988 III 1002 und 1114.
[579] Bei den Grundstücken wurde bereits im Entwurf des Bundesrates als obere Grenze die «überdurchschnittlich gute Existenz» gefordert (BBl 1988 III 1002 und 1115).
[580] Amtl.Bull.SR 1990 S. 227 und 228.
[581] Amtl.Bull.NR 1991 S. 118-120.
[582] Den Boden selber bearbeiten, das Gewerbe persönlich leiten, Eignung, Wille zur Selbstbewirtschaftung.
[583] Gemeint ist die Selbstbewirtschaftung des zuzuweisenden Gewerbes.

Die wirtschaftliche Verfügungsmöglichkeit über ein Gewerbe kann sich aus einer Mehrheitsbeteiligung an einer juristischen Person ergeben, deren Hauptaktivum ein landwirtschaftliches Gewerbe darstellt[584]. Auch aufgrund einer besonderen güterrechtlichen Regelung[585] kann die wirtschaftliche Verfügungsmöglichkeit eines Ehegatten über ein Gewerbe vorliegen, selbst wenn der andere Ehegatte als Eigentümer des Gewerbes im Grundbuch eingetragen ist. Nicht als wirtschaftliche Verfügungsmöglichkeit ist die Pacht eines landwirtschaftlichen Gewerbes zu verstehen[586].

C. Begriff der überdurchschnittlich guten Existenz

1. Allgemeines

Der Begriff der «überdurchschnittlich guten Existenz» stammt aus dem Pachtrecht[587] und wurde im bundesrätlichen Entwurf[588], aber auch anlässlich der parlamentarischen Diskussion[589] offensichtlich als solcher auch ins BGBB übernommen. Eine überdurchschnittlich gute Existenz stellt jedes Gewerbe dar, welches zweieinhalb bis drei Arbeitskräften ein mindestens paritätisches Einkommen bietet[590]. Damit kommt es nicht, wie bei der Umschreibung des Gewerbebegriffes, auf einen bestimmten Arbeitsaufwand an. Vielmehr wird ein ansehnliches Einkommen in einem landwirtschaftlichen Betrieb als Limite vorausgesetzt. Beim zu beurteilenden landwirtschaftlichen Gewerbe ist ein nichtlandwirtschaftliches Ne-

---

[584] Art. 4 Abs. 2 BGBB; BBl 1988 III 1001.
[585] Gütergemeinschaft gemäss Art. 221 ff. ZGB.
[586] BBl 1988 III 1001.
[587] Art. 33 Abs. 1 LPG; BBl 1982 I 288; BBl 1988 III 1003; vgl. STUDER/HOFER, S. 231 ff.
[588] BBl 1988 III 1003.
[589] Amtl.Bull.NR 1991 S. 119, Votum Nussbaumer.
[590] Amtl.Bull.NR 1991 S. 119; BBl 1988 III 1003; BBl 1982 I 288; vgl. STUDER/HOFER, S. 232.

bengewerbe[591] miteinzubeziehen, da dieses ja ebenfalls zum Gewerbe gehört. Pachtland ist im ortsüblichen Ausmass zu berücksichtigen. Grössere Zupachten sind zuzulassen, falls sie durch langjährige[592] Pachtverträge gesichert sind, weil damit auf längere Zeit zusätzliches Einkommen erzielt werden kann.

2. Obere Grenze

Für die überdurchschnittlich gute Existenz wird einhellig davon ausgegangen, dass sie sicher gegeben ist, wenn ein Gewerbe zweieinhalb bis drei Arbeitskräften ein mindestens paritätisches Einkommen bietet[593]. In diesem Sinne liegt eine obere Grenze vor. Für Betriebe in ungünstigen bzw. erschwerten Verhältnissen soll die Limite für die überdurchschnittlich gute Existenz aber wesentlich tiefer liegen[594].

Der Paritätslohn setzt sich zusammen aus dem Grund-Lohnanspruch zuzüglich einem Betriebsleiterzuschlag von 2 % des Rohertrages[595].

Als Grund-Lohnanspruch wird der Lohnanspruch einer bäuerlichen Familie betrachtet, welcher auf der Grundlage der durchschnittlichen Verdienste von Arbeitnehmerinnen und Arbeitnehmern in Gemeinden von weniger als 10'000 Einwohnern errechnet wird, wobei die besonderen Verhältnisse in der Landwirtschaft[596] berück-

---

[591] Art. 7 Abs. 5 und Art. 15 Abs. 2 BGBB; Art. 31 Abs. 3 LPG; STUDER/HOFER, S. 232 und 233.

[592] Minimal 10 Jahre.

[593] Amtl.Bull.NR 1991 S. 119; BBl 1988 III 1003; BBl 1982 I 288; vgl. STUDER/HOFER, S. 232.

[594] BBl 1988 III 1003; Amtl.Bull.NR 1991 S. 118 und 119, Votum Ulrich und Votum Nussbaumer; STUDER/HOFER, S. 233. Dazu wird eine untere Limite festgelegt.

[595] Art. 47 und Art. 49b der Allgemeinen Landwirtschafts-Verordnung (SR 916.01); Richtlinien des Eidg. Volkswirtschaftsdepartementes für die Ermittlung und Beurteilung der bäuerlichen Einkommenslage, Punkt 22; FAT, Hauptbericht 1993, S. 26 und 27; FAT, Hauptbericht 1994, S. 33 und 34; STUDER/HOFER, S. 235.

[596] Arbeitszeit, Arbeitsgestaltung, Ferien, soziale Sicherung, Selbstversorgung, Wohnung, Steuern, etc.

sichtigt werden[597]. Der Grund-Lohnanspruch[598] wird jährlich vom Bundesamt für Landwirtschaft festgelegt und kann dem jährlichen Hauptbericht der FAT entnommen werden, was auch für den massgeblichen Rohertrag gilt[599].
Beim Rohertrag ist von den Durchschnittswerten der vergleichbaren[600] Betriebe der letzten Buchhaltungsauswertung der FAT[601] auszugehen. Mit diesen Grundlagen lässt sich das paritätische Einkommen einer bäuerlichen Arbeitskraft pro Normalarbeitstag errechnen[602]. Für eine Arbeitskraft ist derzeit noch von 300 Norma-

---

[597] Art. 47 der Allgemeinen Landwirtschafts-Verordnung (SR 916.01).

[598] Berechnet pro Arbeitstag.

[599] Es ist immer vom letzten erhältlichen Hauptbericht der FAT auszugehen. Für 1993 (erschienen im März 1995) ist der Grund-Lohnanspruch auf S. 26 und der durchschnittliche Rohertrag je ha im Anhang (S. 107 ff) und in den Tabellen 2D, 3D und 5D jeweilen unter Nr. 29 zu entnehmen. Für 1994 (erschienen im März 1996) ist der Grund-Lohnanspruch auf S. 33 und der durchschnittliche Rohertrag je ha im Anhang (S. 97 ff) und in den Tabellen 2D, 3D und 5D jeweilen unter Nr. 29 zu entnehmen. Beim Rohertrag ist der Durchschnittswert der vergleichbaren Betriebe zu betrachten, weil die Einkommenslimite ohne Zweifel standardisiert werden soll.

[600] Gleiche Zone (Talzone, Berggebiet, Jurabetriebe), gleiche Grössenordnung (bis 10 ha; 10-20 ha; 20-50 ha) und gleiche Produktionsart (Ackerbau, Rindviehhaltung, Ackerbau und Rindviehhaltung kombiniert, Milchproduktion, Aufzucht, Milchproduktion und Aufzucht kombiniert, Veredelungsbetriebe, Sonderkulturbetriebe).

[601] FAT, Hauptbericht, Anhang, Tabellen 2D, 3D und 5D, jeweilen Nr. 29.

[602] Als Rechenbeispiel diene der Durchschnitt aller Talbetriebe im Jahre 1994: durchschnittliche landwirtschaftliche Nutzfläche von 19.06 ha (FAT, Hauptbericht 1994, Anhang, Tabelle 1A, Nr. 9); durchschnittlicher Rohertrag von Fr. 12'320.--/ha (FAT, Hauptbericht 1994, Anhang, Tabelle 1D, Nr. 29), durchschnittlich 412 Familiennormalarbeitstage pro Jahr (FAT, Hauptbericht 1994, Anhang, Tabelle 1A, Nr. 24); Grund-Lohnanspruch von Fr. 210.50 pro Normalarbeitstag (FAT, Hauptbericht 1994, S. 33). Die 2 % des Rohertrages pro Normalarbeitstag werden errechnet wie folgt: ({[Fr. 12'320.-- x 19.06] : 100} x 2) : 412 = Fr. 11.39. Somit beträgt der Paritätslohn im Jahre 1994 im Durchschnitt aller Talbetriebe Fr. 212.89 pro Arbeitstag und Arbeitskraft.

larbeitstagen auszugehen[603]. Daraus ergibt sich das paritätische Jahreseinkommen einer Arbeitskraft[604].

Diese Summe ist für die entscheidende Limite zu verzweieinhalbfachen, worauf dann der Betrag vorliegt, welcher zweieinhalb Arbeitskräften mindestens ein paritätisches Einkommen gewähren würde.

Beim zu beurteilenden Betrieb ist nun vom effektiven landwirtschaftlichen Einkommen[605] auszugehen, wobei die letzten drei Buchhaltungsjahre zu betrachten und bei den Maschinen- und Zugkraftskosten[606], bei den Landgutskosten[607] sowie bei den Schuldzinsen[608] die effektiven Beträge durch die Durchschnittsbeträge[609] der entsprechenden Buchhaltungsperiode der vergleichbaren[610] Betriebe zu ersetzen sind. Von diesen teilweise standardisierten Jahresergebnissen ist das arithmetische Mittel zu ziehen. Jetzt liegt aber erst das landwirtschaftliche Einkommen inklusive dem Zinsanspruch für das investierte Eigenkapital vor.

---

[603] FAT, Arbeitsvoranschlag, 2. Auflage 1991, Kapitel 12, S. 2; Hauptbericht 1993, S. 56; Landwirtschaftliches Handbuch zum Wirz-Kalender, 1997, Verlag Wirz, Aarau, S. 258.

[604] Gemäss dem obigen Rechenbeispiel ergibt sich pro Arbeitskraft und Jahr ein paritätisches Einkommen von Fr. 63'867.-- (Fr. 212.89 x 300).

[605] Inklusive Einkommen von nichtlandwirtschaftlichen Nebengewerben; exklusive übriges Nebeneinkommen (Renten, Arbeitslohn, Sozialzulagen, etc.).

[606] Treib- und Schmierstoffe, Elektrische Energie, Motorfahrzeuggebühren, Zukauf und Ersatz Kleingeräte, Reparaturen, Abschreibungen, Leistungen durch Dritte, Autokostenanteil; FAT, Hauptbericht, Anhang, Tabellen 2C, 3C und 5C, jeweilen Nr. 17.

[607] Landgutskosten ohne Zinsen: Reparatur an festen Einrichtungen und Gebäuden, Unterhalt an Wegen und Meliorationen, Abschreibungen Pflanzen, Abschreibungen an festen Einrichtungen und Gebäuden, Abschreibungen an Meliorationen, Gebäudeversicherungen; FAT, Hauptbericht, Anhang, Tabellen 2C, 3C und 5C, jeweilen Nr. 31.

[608] FAT, Hauptbericht, Anhang, Tabellen 2C, 3C und 5C, jeweilen Nr. 40.

[609] Fr./ha.

[610] Gleiche Zone (Talzone, Berggebiet, Jurabetriebe), gleiche Grössenordnung (bis 10 ha; 10-20 ha; 20-50 ha) und gleiche Produktionsart (Ackerbau, Rindviehhaltung, Ackerbau und Rindviehhaltung kombiniert, Milchproduktion, Aufzucht, Milchproduktion und Aufzucht kombiniert, Veredelungsbetriebe, Sonderkulturbetriebe).

Bei der Errechnung des landwirtschaftlichen Arbeitsverdienstes[611] ist für das investierte Eigenkapital[612] ein angemessener Zins[613] anzurechnen und vom landwirtschaftlichen Einkommen abzuziehen. Nun liegt das massgebliche Einkommen des betreffenden landwirtschaftlichen Betriebes vor.
Sollte dieses Einkommen die Limite des zweieinhalbfachen paritätischen Einkommens erreichen, so wäre eine überdurchschnittlich gute landwirtschaftliche Existenz ausgewiesen. Allerdings ist bei der Einkommensrechnung von der ortsüblichen Bewirtschaftung[614] auszugehen, es sei denn, der betreffende Betrieb werde entgegen der Ortsüblichkeit seit mindestens sechs Jahren ortsunüblich[615] bewirtschaftet und der Betrieb verfüge[616] auch über die dazu erforderlichen Grundlagen[617]. Damit wäre m.E. bewiesen, dass es neben der sonst ortsüblichen Nutzung eine andere objektive Nutzung gibt, die zu beachten ist. Diese andere Bewirtschaftungsart müsste aber selbstverständlich rechtlich zulässig[618] sein.
Falls die vom Bewirtschafter gewählte Art der Bewirtschaftung nicht ortsüblich ist und diese zudem den obigen Objektivierungsvoraussetzungen[619] nicht entspricht, oder wenn bei einem ortsüblich bewirtschafteten Betrieb keine oder ungenügende Buchhaltungsda-

---

[611] Der Arbeitsverdienst und nicht das landwirtschaftliche Einkommen muss für die Vergleichsrechnung massgebend sein, weil das landwirtschaftliche Einkommen je nach Eigenkapitalanteil sehr unterschiedlich ausfallen kann.

[612] Sämtliche Investitionen mitsamt einem allfälligen nichtlandwirtschaftlichen Nebengewerbe sind zu berücksichtigen.

[613] Für 1994 wurde der angemessene Zins von der Koordinationskonferenz für die Zentrale Auswertung von Buchhaltungsdaten auf 5.6 % festgesetzt (FAT, Hauptbericht, 1994, S. 33). Für die Bemessung des Zinses ist immer von den Zinsfestsetzungen der drei massgeblichen Buchhaltungsjahre auszugehen und das arithmetische Mittel zu errechnen.

[614] Darunter fallen der Tierbesatz, die Fruchtfolge, etc.

[615] Spezialkulturen, Ökologische Tierhaltung, Direktvermarktung, etc.

[616] Die Verfügungsmöglichkeit kann auch vertraglich sichergestellt sein, wobei aber eine Mindestvertragsdauer von sechs Jahren zu fordern ist: z.B. Verträge über Betriebszweiggemeinschaften, Abnahmeverträge, etc.

[617] Rechte, Bauten, Anlagen, Maschinen, etc.

[618] Gewässerschutzvorschriften, Rebbaukataster, etc. sind zu berücksichtigen.

[619] Bewirtschaftung seit mindestens 6 Jahren, entsprechende Einrichtungen, etc.

ten vorliegen, so wären die Durchschnittswerte der vergleichbaren[620] Betriebe der letzten drei Buchhaltungsperioden für das landwirtschaftliche Einkommen[621] als massgeblich heranzuziehen und mit der geforderten Einkommenslimite[622] zu vergleichen.

3. Untere Grenze

Für Betriebe in ungünstigen bzw. erschwerten Verhältnissen kann die Limite für die überdurchschnittlich gute Existenz wesentlich tiefer als die obere Grenze liegen[623]. Diese sogenannt «untere Grenze» liegt beim Verbrauch einer bäuerlichen Familie[624], die bezüglich der Grösse zweieinhalb bis drei Arbeitskräften entspricht[625]. Darüber hinaus wird Einkommen gefordert, das die für die Fortentwicklung des Betriebes notwendigen Ersparnisse ermöglicht. Schliesslich ist selbstverständlich, dass auch die erforderlichen Amortisationen geleistet werden müssen.

Die durchschnittliche Bauernfamilie bestand in den Jahren 1993 und 1994 aus 3.4 Verbrauchereinheiten[626], welche die Arbeit von

---

[620] Gleiche Zone (Talzone, Berggebiet, Jurabetriebe), gleiche Grössenordnung (bis 10 ha; 10-20 ha; 20-50 ha) und gleiche Produktionsart (Ackerbau, Rindviehhaltung, Ackerbau und Rindviehhaltung kombiniert, Milchproduktion, Aufzucht, Milchproduktion und Aufzucht kombiniert, Veredelungsbetriebe, Sonderkulturbetriebe).

[621] FAT, Hauptbericht, Anhang, Tabellen 2D, 3D und 5D, jeweilen Nr. 42.

[622] Zweieinhalbfacher paritätischer Lohn.

[623] BBl 1988 III 1003; Amtl.Bull.NR 1991 S. 118 und 119, Votum Ulrich und Votum Nussbaumer; STUDER/HOFER, S. 233.

[624] Es ist von einer durchschnittlichen Familiengrösse für alle Betriebe (Talgebiet und Bergebiet zusammen) auszugehen.

[625] BBl 1988 III 1003; STUDER/HOFER, S. 233.

[626] FAT, Hauptbericht, 1993 und 1994, Anhang, Tabelle 1A Nr. 29. Obwohl im Berggebiet im Durchschnitt 3.5 Verbrauchereinheiten ermittelt wurden, ist vom gesamten Durchschnitt (Tal- und Berggebiet) auszugehen, da ja gerade im Berggebiet nicht noch höhere Anforderungen zu stellen sind, zumal gerade die ungünstigen Produktionsverhältnisse privilegiert werden sollten (Amtl.Bull.NR 1991 S. 119, Votum Nussbaumer). Der jährliche Verbraucherdurchschnittswert der Familien aller Betriebe ist heranzuziehen, der in den Jahren 1993 und 1994 je 3.4 Verbrauchereinheiten (VbE) ausmacht.

1.4 Normalarbeitskräften verrichtet haben[627]. Bei zweieinhalb Arbeitskräften macht dies 6 Verbrauchereinheiten aus[628]. Für die massgebliche Einkommenslimite ist nun 6 mal der Durchschnittswert einer Verbrauchereinheit aus vergleichbaren[629] Verhältnissen zu rechnen[630]. Hinzu sind noch die durchschnittlichen Ersparnisse[631] der vergleichbaren Betriebe zu addieren.
Beim zu betrachtenden Betrieb ist nun vom effektiven landwirtschaftliche Gesamteinkommen[632] auszugehen, wozu die letzten drei Buchhaltungsjahre zu betrachten und bei den Maschinen- und Zugkraftskosten[633], bei den Landgutskosten[634] sowie bei den Schuldzin-

---

[627] Eine Normalarbeitskraft leistet 300 Arbeitstage. Bei 420 Arbeitstagen kommen 1.4 Arbeitskräfte zustande: vgl. vorne, § 4, III,D,2; FAT, Hauptbericht 1993, S. 55 und 56, Tabelle 10.

[628] Die 5 Verbrauchereinheiten gemäss Botschaft des Bundesrates (BBl 1988 III 1003) und gemäss STUDER/HOFER (S. 233 und 135) entsprechen nicht mehr dem aktuellen Stand. Da die Arbeitskraft einer bäuerlichen Familie im Parlament mit 1.4 Arbeitskräften definiert worden ist (Amtl.Bull.SR 1990 S. 214, 219, 221,222,223; Amtl.Bull.SR 1991 S. 141,142; Amtl.Bull.NR 1991 S.100 und 106) und da sich die Verbrauchereinheiten der bäuerlichen Familie mit der Zeit verändern, ist auf den jeweils neuesten Wert der Verbrauchereinheit abzustellen und mit 1.4 Arbeitskräften hochzurechnen. Die 1.4 Arbeitskräfte pro bäuerliche Familie könnten sich mit der Zeit ebenfalls verändern.

[629] Gleiche Zone (Talzone, Berggebiet, Jurabetriebe), gleiche Grössenordnung (bis 10 ha; 10-20 ha; 20-50 ha) und gleiche Produktionsart (Ackerbau, Rindviehhaltung, Ackerbau und Rindviehhaltung kombiniert, Milchproduktion, Aufzucht, Milchproduktion und Aufzucht kombiniert, Veredelungsbetriebe, Sonderkulturbetriebe).

[630] FAT, Hauptbericht, Anhang, Tabellen 2A,3A und 5A, jeweilen Nr. 29 (durchschnittliche Anzahl Verbrauchereinheiten pro Familie) und 2D,3D und 5D, jeweilen Nr. 45 (Verbrauch der ganzen Familie); der Verbrauch der Familie ist durch die entsprechende Anzahl Verbrauchereinheiten zu teilen, woraus sich dann der Verbrauch pro Verbrauchereinheit ergibt.

[631] FAT, Hauptbericht, Anhang, Tabellen 2D,3D und 5D, jeweilen Nr. 47.

[632] Das gesamte Nebeneinkommen ist einzurechnen: Amtl.Bull.NR 1991 S. 119, Votum Nussbaumer.

[633] Treib- und Schmierstoffe, Elektrische Energie, Motorfahrzeuggebühren, Zukauf und Ersatz Kleingeräte, Reparaturen, Abschreibungen, Leistungen durch Dritte, Autokostenanteil; FAT, Hauptbericht, Anhang, Tabellen 2C,3C und 5C, jeweilen Nr. 17.

sen[635] die effektiven Beträge durch die Durchschnittsbeträge[636] der entsprechenden Buchhaltungsperiode der vergleichbaren[637] Betriebe zu ersetzen sind. Von diesen teilweise standardisierten drei Jahresergebnissen ist das arithmetische Mittel zu ziehen.
Damit liegt aber erst das landwirtschaftliche Gesamteinkommen inklusive dem Zinsanspruch für das investierte Eigenkapital vor. Für die Errechnung des relevanten Einkommens[638] ist für das investierte Eigenkapital[639] ein angemessener Zins[640] anzurechnen und vom landwirtschaftlichen Gesamteinkommen abzuziehen. Nun ist das massgebliche Einkommen des betreffenden landwirtschaftlichen Betriebes errechnet. Sollte dieses die Limite der 6 Verbrauchereinheiten zuzüglich der durchschnittlichen Ersparnisse erreichen, so wäre eine überdurchschnittlich gute landwirtschaftliche Existenz ausgewiesen.

---

[634] Landgutskosten ohne Zinsen: Reparatur an festen Einrichtungen und Gebäuden, Unterhalt an Wegen und Meliorationen, Abschreibungen Pflanzen, Abschreibungen an festen Einrichtungen und Gebäuden, Abschreibungen an Meliorationen, Gebäudeversicherungen; FAT, Hauptbericht, Anhang, Tabellen 2C, 3C und 5C, jeweilen Nr. 31.

[635] FAT, Hauptbericht, Anhang, Tabellen 2C, 3C und 5C, jeweilen Nr. 40.

[636] Fr./ha.

[637] Gleiche Zone (Talzone, Berggebiet, Jurabetriebe), gleiche Grössenordnung (bis 10 ha; 10-20 ha; 20-50 ha) und gleiche Produktionsart (Ackerbau, Rindviehhaltung, Ackerbau und Rindviehhaltung kombiniert, Milchproduktion, Aufzucht, Milchproduktion und Aufzucht kombiniert, Veredelungsbetriebe, Sonderkulturbetriebe).

[638] Das landwirtschaftliche Gesamteinkommen abzüglich des Zinsanspruches muss für die Vergleichsrechnung massgebend sein, weil das landwirtschaftliche Gesamteinkommen je nach Eigenkapitalanteil sehr unterschiedlich ausfallen kann.

[639] Sämtliche Investitionen mitsamt einem allfälligen nichtlandwirtschaftlichen Nebengewerbe sind zu berücksichtigen.

[640] Für 1994 wurde der angemessene Zins von der Koordinationskonferenz für die Zentrale Auswertung von Buchhaltungsdaten auf 5.6 % festgesetzt (FAT, Hauptbericht, 1994, S. 33). Für die Bemessung des Zinses ist immer von den Zinsfestsetzungen der drei massgeblichen Buchhaltungsjahre auszugehen und das arithmetische Mittel zu errechnen.

Allerdings ist auch hier von der ortsüblichen Bewirtschaftung[641] auszugehen, es sei denn, der betreffende Betrieb werde entgegen der Ortsüblichkeit seit mindestens sechs Jahren erfolgreich und ortsunüblich[642] bewirtschaftet und der Betrieb verfüge[643] auch über die dazu erforderlichen Grundlagen[644]. Damit wäre m.E. bewiesen dass es neben der sonst ortsüblichen Nutzung noch eine andere objektive Nutzung gibt, die zu beachten ist. Diese andere Bewirtschaftungsart müsste aber selbstverständlich rechtlich zulässig[645] sein.
Falls die vom Bewirtschafter gewählte Art der Bewirtschaftung nicht ortsüblich ist und diese zudem den obigen Objektivierungsvoraussetzungen nicht entspricht, oder wenn bei einem ortsüblich bewirtschafteten Betrieb keine oder ungenügende Buchhaltungsdaten vorliegen, so wären die Durchschnittswerte der vergleichbaren[646] Betriebe der letzten drei Buchhaltungsperioden für das landwirtschaftliche Gesamteinkommen[647] als massgeblich heranzuziehen und mit der geforderten Einkommenslimite[648] zu vergleichen.

---

[641] Darunter fallen der Tierbesatz, die Fruchtfolge, etc.
[642] Spezialkulturen, Ökologische Tierhaltung, Direktvermarktung, etc.
[643] Die Verfügungsmöglichkeit kann auch vertraglich sichergestellt sein, wobei aber eine Mindestvertragsdauer von sechs Jahren zu fordern ist: z.B. Verträge über Betriebszweiggemeinschaften, Abnahmeverträge, etc.
[644] Rechte, Bauten, Anlagen, Maschinen, etc.
[645] Gewässerschutzvorschriften, Rebbaukataster, etc. sind zu berücksichtigen.
[646] Gleiche Zone (Talzone, Berggebiet, Jurabetriebe), gleiche Grössenordnung (bis 10 ha; 10-20 ha; 20-50 ha) und gleiche Produktionsart (Ackerbau, Rindviehhaltung, Ackerbau und Rindviehhaltung kombiniert, Milchproduktion, Aufzucht, Milchproduktion und Aufzucht kombiniert, Veredelungsbetriebe, Sonderkulturbetriebe).
[647] FAT, Hauptbericht, Anhang, Tabellen 2D, 3D und 5D, jeweilen Nr. 44.
[648] 6 mal der durchschnittlich und massgebliche Verbrauch zuzüglich durchschnittliche Ersparnisse.

§ 8 Subjektive Voraussetzungen

I. Erbe

Der Zuweisungsanspruch steht sowohl dem gesetzlichen als auch dem eingesetzten Erben kraft gesetzlicher Bestimmung zu[649]. Darüber hinaus muss auch ein Vermächtnisnehmer zufolge letztwilliger Verfügung des Erblassers über einen gewillkürten Zuweisungsanspruch verfügen und diesen im Rahmen der Erbteilung geltend machen können. Eine solche Möglichkeit muss sich selbst angesichts der beschränkten Verfügungsmöglichkeit des Erblassers[650] ergeben. Der ansprechende Erbe oder Vermächtnisnehmer muss aber das Gewerbe selber bewirtschaften wollen und dafür auch geeignet sein[651].

---

[649] Art. 11 Abs. 1 BGBB; BBl 1988 III 990.

[650] Art. 19 BGBB. Es muss dem Erblasser unbenommen bleiben, ein landwirtschaftliches Gewerbe einem Vermächtnisnehmer (z.B. einem Nachbarssohn) letztwillig zu «vermachen». Dies umso mehr, als es zwischen einem Vermächtnis und einer entsprechenden Erbeinsetzung möglicherweise quantitativ keinerlei Unterschied gibt. Zudem sollte es nicht an der nicht immer klaren Formulierung einer letztwilligen Verfügung liegen müssen, ob ein Bedachter nun als Vermächtnisnehmer das Gewerbe nicht ansprechen kann, während dies beim eingesetzten Erben der Fall wäre (vgl. Art. 483 Abs. 2 ZGB; TUOR PETER, Berner Kommentar, N. 5-8 zu Art. 483 ZGB; PIOTET PAUL, Schweizerisches Privatrecht, Band IV/1, Erbrecht S. 92; ESCHER ARNOLD, Zürcher Kommentar, N. 4 zu Art. 483 ZGB). Allerdings bleibt die allenfalls bessere Berechtigung eines pflichtteilsgeschützten Erben (Art. 19 BGBB) oder eines kaufrechtsberechtigten Verwandten (Art. 25 ff. BGBB) vorbehalten.

[651] Art. 11 Abs. 1 BGBB.

II. Selbstbewirtschaftender, geeigneter Erbe

A. Selbstbewirtschafter

Der Ansprecher muss grundsätzlich[652] Selbstbewirtschafter[653] sein. Dazu wird verlangt, dass er den Boden selber bearbeitet und das landwirtschaftliche Gewerbe persönlich leitet[654]. Im einzelnen dazu vorne unter § 4, VIII, B.

B. Eignung

Der Ansprecher muss für die Selbstbewirtschaftung als geeignet erscheinen[655]. Dazu wird verlangt, dass er die nach landesüblicher Vorstellung notwendigen Fähigkeiten besitzt, um den landwirtschaftlichen Boden selber zu bearbeiten und ein landwirtschaftliches Gewerbe persönlich zu leiten[656]. Im einzelnen dazu vorne unter § 4, VIII, D.

C. Wille zur Selbstbewirtschaftung

Der Ansprecher muss das Gewerbe selber bewirtschaften wollen[657]. Er hat im Rahmen der Erbteilung seinen Willen zur Selbstbewirtschaftung darzutun. Im einzelnen dazu vorne unter § 4, VIII, C.

---

[652] Wer nicht Selbstbewirtschafter ist, kann sich gegenüber einem Selbstbewirtschafter gleicher Stufe nicht durchsetzen und könnte keinerlei Preisprivileg geltend machen. Wer nicht Selbstbewirtschafter ist, hat nur unter den Voraussetzungen von Art. 11 Abs. 2 BGBB einen Zuweisungsanspruch.
[653] Art. 11 Abs. 1 BGBB.
[654] Art. 9 Abs. 1 BGBB.
[655] Art. 11 Abs. 1 BGBB.
[656] Art. 9 Abs. 2 BGBB.
[657] Art. 11 Abs. 1 BGBB.

III. Pflichtteilsgeschützter Erbe

Macht kein Erbe[658] oder kein Vermächtnisnehmer[659] erfolgreich die Zuweisung eines landwirtschaftlichen Gewerbes zur Selbstbewirtschaftung geltend, so kann jeder pflichtteilsgeschützte Erbe die Zuweisung verlangen[660]. Dieser Zuweisungsanspruch ist eindeutig nicht aus strukturpolitischen, sondern aus familienpolitischen Überlegungen eingeführt worden[661]. Damit soll ermöglicht werden, dass ein nichtselbstbewirtschaftendes Kind eines Erblassers ein landwirtschaftliches Gewerbe übernehmen und in der Familie erhalten kann, um es später möglicherweise einem selbstbewirtschaftenden Nachkommen zu übergeben. Dieser Zuweisungsanspruch muss allerdings dem gesetzlichen Kaufsrecht von Verwandten weichen[662], weil hier ein verwandter Selbstbewirtschafter vorhanden ist. Familienpolitik wird also nur soweit zugelassen, als kein naher Verwandter das Gewerbe zur Selbstbewirtschaftung anspricht.
Sofern kein selbstbewirtschaftender Erbe und kein kaufsrechtsberechtigter, selbstbewirtschaftender Verwandter die Zuweisung verlangt, muss der pflichtteilsgeschützte Erbe keinerlei weitere Voraussetzungen für eine Zuweisung erfüllen. Das Vorkaufsrecht des Pächters[663] und das Vorkaufsrecht von Miteigentümern[664] könnte nicht greifen, weil die Zuweisung an einen pflichtteilsgeschützten Erben keinen Vorkaufsfall darstellt[665]. Dem pflichtteilsgeschützten

---

[658] Gesetzlicher oder eingesetzter Erbe.
[659] Es ist nicht einzusehen, dass ein Vermächtnisnehmer, der nach einer letztwilligen Verfügung des Erblassers das Gewerbe übernehmen soll, nicht das gleiche Recht haben soll wie ein vom Erblasser letztwillig eingesetzter Erbe (vgl. obige Ausführungen, Ziffer I.).
[660] Art. 11 Abs. 2 BGBB.
[661] BBl 1988 III 990.
[662] Art. 25 ff. BGBB; BBl 1988 III 990.
[663] Art. 47 und 48 BGBB.
[664] Art. 49 BGBB.
[665] Art. 216c Abs. 2 OR.

Erben steht allerdings keinerlei Preisprivileg zu[666]. Er hat grundsätzlich[667] den Verkehrswert für das landwirtschaftliche Gewerbe zu bezahlen und muss diese Limite gegen seinen Willen in keinem Fall überschreiten, wobei ein solcher Verkehrswert m.E. die öffentlich-rechtlich bestimmte Preislimite[668] nicht übersteigen darf.

IV. Umgehung über Art. 473 ZGB

Der Ehegatte des Erblassers ist ein pflichtteilsgeschützter Erbe[669], der aber seine Erbenqualität hinsichtlich des landwirtschaftlichen Gewerbes verlieren könnte, wenn der Erblasser ihm mit einer Verfügung von Todes wegen die Nutzniessung am ganzen Nachlass oder zumindest am landwirtschaftlichen Gewerbe zuwenden würde[670]. Dies hätte für den Ehegatten zur Folge, dass er das landwirt-

---

[666] Art. 17 BGBB. Das Preisprivileg gemäss Art. 19 Abs. 2 des bundesrätlichen Entwurfes wurde abgelehnt: vgl. BBl. 1988 III 997 und 1113; Amtl.Bull.SR 1990 S. 225; Amtl.Bull.NR 1991 S. 112-115.

[667] Im Rahmen einer Vereinbarung kann jeder Preis bezahlt werden. Selbst die öffentlich-rechtliche Preislimite (Art. 66 BGBB) spielt im Einigungsfall keine Rolle, weil die Zuweisung im Rahmen einer Erbteilung keiner Bewilligung bedarf (Art. 62 lit. a BGBB).

[668] Art. 63 lit. b i.V.m. Art. 66 BGBB. Die Preislimite gemäss Art. 66 BGBB sollte entsprechend dem Willen des Gesetzgebers den Verkehrswert maximal um 5 % übersteigen dürfen. Es kann nun aber ab der Einführung des BGBB noch eine gewisse Zeit gehen, bis sich der Preis gemäss Art. 66 BGBB dem effektiven Verkehrswert auf 5 % angenähert hat. Denn die für Art. 66 BGBB notwendigen Vergleichspreise (was im landwirtschaftlichen Gründstückverkehr bezahlt wird) müssen zuerst noch statistisch erfasst werden.

[669] Art. 462 ZGB i.V.m. Art. 471 Ziffer 3 ZGB.

[670] Art. 473 Abs. 2 ZGB. Die Nutzniessung wird übereinstimmend als Vermächtnis und nicht als Erbanteil betrachtet (vgl. ESCHER ARNOLD, Zürcher Kommentar, N. 4-8 zu Art. 473 ZGB; TOUR PETER, Berner Kommentar, N. 13 ff. zu Art. 473 ZGB). Es handelt sich dabei nicht um ein Vermächtnis im Sinne des oben in Art. 11 Abs. 1 BGBB erwähnten, welches wie als Erbanteil zu betrachten ist, weil vom Erblasser wie ein Erbanteil gemeint (vgl. § 8, I.). Denn mit der Nutzniessung gemäss Art. 473 ZGB wollte der Erblasser be-

schaftliche Gewerbe mangels Erbenqualität[671] im Sinne der ungeteilten Zuweisung zu Eigentum[672] nicht ansprechen könnte und dass hingegen ein anderer, pflichtteilsgeschützter, selbstbewirtschaftender und geeigneter Erbe für das Gewerbe konkurrenzlos oder zumindest nicht in Konkurrenz mit dem überlebenden Ehegatten die ungeteilte Zuweisung des Gewerbe verlangen könnte. Diesen Nachteil kann der überlebende Ehegatte ausschalten, indem er das Nutzniessungsvermächtnis ausschlägt[673] und auf seinem Erbteil, bzw. auf seinem Zuweisungsanspruch beharrt. Auf der anderen Seite darf ein solches Nutzniessungsvermächtnis nicht dazu führen, dass ein pflichtteilsgeschützter, selbstbewirtschaftender und geeigneter Erbe faktisch um seinen Zuweisungsanspruch kommt, weil die Nutzniessung des überlebenden Ehegatten am ganzen landwirtschaftlichen Gewerbe die Bewirtschaftung durch diesen Erben verhindert[674]. Vorbehalten bleibt jedoch in jedem Fall die Möglichkeit, dem überlebenden Ehegatten die Nutzniessung an einer Wohnung

---

wusst das Eigentum des landwirtschaftlichen Gewerbes nicht dem überlebenden Ehegatten zukommen lassen, während der Erblasser das Heimwesen einem «Vermächtnisnehmer» möglicherweise zu Eigentum überlassen will, wie er dies bei einem eingesetzten Erben tun möchte.

[671] Die Erbenqualität kann dem überlebenden Ehegatten jedoch erhalten werden, indem ihm neben der Nutzniessung der Pflichtteile (oder mehr) noch der verfügbare Teil (oder weniger) zu Eigentum überlassen wird (vgl. ESCHER ARNOLD, Zürcher Kommentar, N. 13-16 zu Art. 473 ZGB; TUOR PETER, Berner Kommentar, N. 27 zu Art. 473 ZGB; BGE 45 II 383; BGE 51 II 56; BGE 59 II 130). Dabei gehen die Meinungen betreffend der Grösse der verfügbaren Quote allerdings auseinander (vgl. TOUR/SCHNYDER/SCHMID, 11. Auflage, S. 467 f. mit Hinweisen). Sobald der überlebende Ehegatte mit der Zuweisung eines Anteils zu Eigentum Erbe bleibt, kann er die ungeteilte Zuweisung zu Eigentum verlangen, wenn er die übrigen Voraussetzungen erfüllt.

[672] Im Sinne von Art. 11 Abs. 1 BGBB.

[673] Art. 577 ZGB. Der überlebende Ehegatte kann die Nutzniessung im Sinne von Art. 473 ZGB wie jedes andere Vermächtnis ausschlagen und anstelle dessen seinen Pflichtteil verlangen (BGE 70 II 142; TOUR PETER, Berner Kommentar, N. 14 zu Art. 473 ZGB).

[674] Die Verfügungsfreiheit des Erblassers gegenüber dem überlebenden Ehegatten ist eingeschränkt (vgl. Art. 19 Abs. 2 BGBB; Art. 621bis Abs. 1 aZGB; BGE 108 II 177 ff.; ESCHER ARNOLD, Zürcher Kommentar, Ergänzungslieferung zum landwirtschaftlichen Erbrecht, N. 1-3 zu Art. 621bis aZGB).

oder ein Wohnrecht einzuräumen, falls es die Umstände zulassen[675]. Falls kein geeigneter selbstbewirtschaftender und pflichtteilsgeschützter Erbe vorhanden ist, soll es dem Erblasser unbenommen sein, das landwirtschaftliche Gewerbe dem überlebenden Ehegatten zur Nutzniessung zu überlassen. Denn der überlebende Ehegatte ist ein pflichtteilsgeschützter Erbe und hätte als Erbe sogar ein Zuweisungsrecht[676], falls keine Zuweisungsansprüche von selbstbewirtschaftenden und geeigneten Erben geltend gemacht werden.

V. Enterbung

Wenn in einem Nachlass gegenüber einem möglichen Ansprecher Enterbung geltend gemacht wird, kann die Zuweisung bereits an der subjektiven Voraussetzung der Erbeneigenschaft scheitern[677]. Falls gegenüber dem fraglichen Erben ein Enterbungsgrund vorliegt und falls der Erblasser entsprechend in einer Verfügung von Todes wegen letztwillig verfügt hat[678], kommt dieser Erbe für die Zuweisung eines landwirtschaftlichen Gewerbes im Rahmen des Erbrechtes nicht in Frage[679], selbst wenn er die übrigen Voraussetzungen erfüllen würde. Denn ohne Erbanteil bzw. ohne Erbberechtigung gibt es auch keinen Zuweisungsanspruch aus Erbrecht.

Der Erblasser kann demnach gegenüber dem enterbten Erben wieder frei verfügen[680], wie wenn es den Erben gar nicht geben würde[681], falls dieser Erbe keine pflichtteilsgeschützten Nachkom-

---

[675] Art. 11 Abs. 3 BGBB; BBl 1988 III 1000.

[676] Allenfalls in Konkurrenz mit anderen pflichtteilsgeschützten Erben, die das Gewerbe nicht selber bewirtschaften wollen oder können.

[677] Art. 19 Abs. 3 BGBB i.V.m. Art. 477 ff. ZGB. BBl 1988 III 1000. Diese Regelung wurde aus dem bisherigen Recht übernommen (Art. 621bis Abs. 2 aZGB).

[678] Art. 477 ZGB.

[679] Art. 478 ZGB.

[680] BBl 1988 III 1000.

[681] Art. 478 Abs. 1 ZGB.

men hat. Denn solche Nachkommen eines enterbten Erben erhalten anstelle ihres noch lebenden Vorfahren zumindest den erbrechtlichen Pflichtteil[682]. Die Nachkommen eines Enterbten, die selber nicht enterbt worden sind, könnten somit im Nachlass betreffend einem landwirtschaftlichen Gewerbe grundsätzlich[683] die Zuweisung verlangen, gleichgültig, ob sie auf den Pflichtteil gesetzt sind oder nicht[684].

Wenn kein anderer geeigneter und selbstbewirtschaftender Erbe vorhanden ist, kann der Erblasser einen beliebigen geeigneten Selbstbewirtschafter als Erben einsetzen. Auf der anderen Seite hat der Enterbte die Möglichkeit, die Enterbung anzufechten und zugleich die Zuweisung des Gewerbes zu verlangen[685]. Da bei der Beurteilung, ob wirklich ein Enterbungsgrund vorliegt oder nicht, dem Richter ein grosser Ermessensspielraum[686] offenliegt, ist bei Ablehnung eines geltend gemachten Enterbungsgrundes der Wille des Erblassers[687] zumindest in jenen Fällen zu berücksichtigen, in denen es bei der Auswahl von mehreren Bewerbern für die Zuweisung

---

[682] Art. 478 Abs. 3 ZGB. Die pflichtteilsgeschützten Nachkommen des Enterbten treten grundsätzlich (wenn sie nicht selber auch einen Enterbungstatbestand erfüllen und nicht auch enterbt worden sind) als Erben an dessen Stelle und erhalten den vollen Erbanteil des Enterbten, oder, falls der Erblasser über den entsprechenden Erbanteil anderweitig verfügt hat, zumindest den Pflichtteil. Vgl. TUOR PETER, Berner Kommentar, N. 6 ff. zu Art. 478 ZGB; ESCHER ARNOLD, Zürcher Kommentar, N. 4 ff. zu Art. 478 ZGB.

[683] Selbstverständlich müssten sie auch die übrigen Voraussetzungen erfüllen.

[684] Wenn der Enterbende über den Erbteil des Enterbten anderweitig letztwillig verfügt hat, können die Nachkommen des Enterbten nur noch den Pflichtteil (¾) geltend machen (Art. 478 Abs. 3 ZGB).

[685] Art. 479 ZGB; ESCHER ARNOLD, Zürcher Kommentar, Ergänzungslieferung zum landwirtschaftlichen Erbrecht, N. 4 zu Art. 621bis aZGB.

[686] Art. 477 ZGB; TUOR PETER, Berner Kommentar, N. 12. zu Art. 477 ZGB; ESCHER ARNOLD, Zürcher Kommentar, N. 5 zu Art. 477 ZGB.

[687] Der Wille, dass der (zu Unrecht) Enterbte das landwirtschaftliche Gewerbe nicht zugewiesen erhalten solle.

eines landwirtschaftlichen Gewerbes nur noch auf die persönlichen Verhältnisse[688] ankommt.

Mit der ausdrücklich erwähnten[689] Enterbung gleichzusetzen ist die Erbunwürdigkeit[690].

VI. Erbverzicht und Erbauskauf

Ein möglicher Ansprecher für die Zuweisung eines landwirtschaftlichen Gewerbes kann mit dem Erblasser zu Lebzeiten einen Erbverzicht vereinbaren[691]. Der Zuweisungsanspruch für den verzichtenden Erben entfällt, wenn er auf seinen ganzen Erbteil[692] oder ausdrücklich auf den möglichen Zuweisungsanspruch[693] verzichtet hat. Ist der Verzicht nur ein quotenmässiger, so kann der Erbe das Gewerbe trotzdem ansprechen, wenn er die übrigen Zuweisungs-

---

[688] Art. 20 Abs. 2 BGBB. Die offenkundige Ablehnung des betreffenden Ansprechers durch den Erblasser ist bei der Abwägung der persönlichen Verhältnisse entsprechend zu gewichten.

[689] Art. 19 Abs. 3 BGBB.

[690] Art. 540 ff. ZGB; ESCHER ARNOLD, Zürcher Kommentar, Ergänzungslieferung zum landwirtschaftlichen Erbrecht, N. 5 zu Art. 621bis aZGB; STUDER BENNO, Die Integralzuweisung landwirtschaftlicher Gewerbe nach der Revision des bäuerlichen Zivilrechtes von 1972, S. 69; STUDER BENNO, Kommentar zum Bundesgesetz über das Bäuerliche Bodenrecht vom 4. Oktober 1991, N. 19 zu Art. 19 BGBB.

[691] Art. 19 Abs. 3 BGBB i.V.m. Art. 495 ZGB. BBl 1988 III 1000. Diese Regelung wurde ebenfalls aus dem bisherigen Recht übernommen (Art. 621bis Abs. 2 aZGB).

[692] Art. 495 Abs. 2 ZGB. Der Erbe fällt bei der Erbteilung ausser Betracht und ist deshalb keine Erbe mehr im Sinne von Art. 11 BGBB. ESCHER ARNOLD, Zürcher Kommentar, Ergänzungslieferung zum landwirtschaftlichen Erbrecht, N. 5 zu Art. 621bis aZGB.

[693] Durch den ausdrücklichen Verzicht, die Zuweisung geltend zu machen, verbleibt der Verzichtende nach wie vor Erbe und verfügt im übrigen über sämtliche Rechte und Pflichten eines Erben. Vgl. TUOR PETER, Berner Kommentar, N. 8 zu Art. 495 ZGB.

voraussetzungen erfüllt und zudem bereit ist, die Miterben auch angesichts seiner nunmehr geringeren Erbbeteiligung abzufinden[694]. Der Erbverzicht wirkt auch gegenüber den Nachkommen des Verzichtenden, es sei denn, im Verzichtsvertrag wäre etwas anderes vereinbart worden[695].
Mit dem Begriff «Erbverzicht» ist das unentgeltliche Versprechen eines Erbberechtigten gemeint, seinen Erbanteil nicht zu verlangen. Sobald für diesen «Verzicht» eine Gegenleistung erfolgt, ist von «Erbauskauf» zu sprechen[696].
Für den Erbverzichtsvertrag und für den Erbauskaufvertrag bedarf es der Form des Erbvertrages[697], da es sich im ersten Falle um ein Rechtsgeschäft von Todes wegen und im zweiten Falle um eine Verfügung von Todes wegen handelt[698].

---

[694] ESCHER ARNOLD, Zürcher Kommentar, Ergänzungslieferung zum landwirtschaftlichen Erbrecht, N. 5 zu Art. 621bis aZGB.
[695] Art. 495 Abs. 3 ZGB.
[696] Art. 495 Abs. 1 ZGB; TUOR PETER, Berner Kommentar, N. 10 zu Art. 495 ZGB; ESCHER ARNOLD, Zürcher Kommentar, N. 10 ff. zu Art. 495 ZGB.
[697] Art. 512 ZGB i.V.m. Art. 499 ff. ZGB.
[698] TUOR PETER, Berner Kommentar, N. 3 zu Art. 495 ZGB.

§ 9 Konkurrenz mehrerer übernahmewilliger Erben

I. Allgemeines

Im Rahmen einer Erbteilung kann es eintreten, dass mehr als ein Erbe die Zuweisung eines landwirtschaftlichen Gewerbes verlangt und dass auch mehr als einer dieser Ansprecher die objektiven und subjektiven Voraussetzungen für eine Zuweisung erfüllt. Zur Regelung solcher Konkurrenzfälle bedarf es entsprechender Vorschriften, welche die Anspruchsreihenfolge und damit den letztlich Anspruchsberechtigten bestimmen. Solche Vorschriften sind einerseits dem Gesetz[699] zu entnehmen. Andererseits kann auch der Erblasser in einem allerdings sehr beschränkten Umfang[700] den Übernehmer eines landwirtschaftlichen Gewerbes bestimmen.

---

[699] Art. 11, 19 und 20 BGBB.
[700] Art. 19 BGBB.

II. Gesetzliche Reihenfolge

A. Pflichtteilsgeschützter Erbe mit Selbstbewirtschaftung

Gemäss dem ausdrücklichen und klaren Willen des Gesetzgebers[701] hat ein pflichtteilsgeschützter, geeigneter[702] und selbstbewirtschaftender[703] Erbe bei der Zuweisung eines landwirtschaftlichen Gewerbes Vorrang gegenüber allen anderen Erben. Wenn ein solcher Erbe vorhanden ist, der das landwirtschaftliche Gewerbe auch übernehmen will, fallen alle anderen Erben für die Zuweisung ausser Betracht. Als pflichtteilsgeschützte Erben kommen die Nachkommen, der Ehegatte sowie die Eltern des Erblassers in Betracht[704]. Soweit es mehr als einen solchen Erben gibt, der die subjektiven und objektiven Voraussetzungen für die Übernahme eines landwirtschaftlichen Gewerbes erfüllt[705], kann der Erblasser den Übernehmer bestimmen[706]. Wenn keine entsprechende letztwillige Verfügung des Erblassers oder kein entsprechender Erbvertrag vorliegt, ist der Übernehmer aufgrund der persönlichen Verhältnisse zu bestimmen[707].

---

[701] Art. 20 Abs. 1 und Art. 19 Abs. 2 BGBB. Amtl.Bull.SR 1990 S. 226, Votum Schoch.

[702] Zur Eignung siehe vorne, § 4, VIII, D.

[703] Zur Selbstbewirtschaftung siehe vorne, § 4, VIII.

[704] Art. 471 ZGB.

[705] Jeder Erbe kann die objektiven Voraussetzungen sowie die subjektiven Voraussetzungen der anderen Erben und auch des vom Erblasser bestimmten Erben bestreiten. Denn das Erfüllen der objektiven und subjektiven Voraussetzungen ist für den Zuweisungsanspruch auf jeden Fall erforderlich.

[706] Art. 19 Abs. 1 BGBB.

[707] Art. 20 Abs. 2 BGBB.

B. Erbe mit Selbstbewirtschaftung

Nach den pflichtteilsgeschützten Erben kommen die nichtpflichtteilsgeschützten gesetzlichen Erben und die eingesetzten[708] Erben als Übernehmer des landwirtschaftlichen Gewerbes in Frage, sofern sie zur Übernahme des Gewerbes geeignet[709] sind und dieses auch selber bewirtschaften[710] wollen[711]. Dabei stehen die nichtpflichtteilsgeschützten Erben auf der gleichen Stufe wie die eingesetzten Erben. Im Entwurf des Bundesrates war noch eine Zurücksetzung der eingesetzten Erben gegenüber den gesetzlichen Erben vorgesehen[712]. Auch die ständerätliche Kommission wollte offenbar die eingesetzten Erben gegenüber den nichtpflichtteilsgeschützten, gesetzlichen Erben benachteiligen[713]. Daraufhin hat SR Hänsenberger mit einem der heute geltenden Fassung[714] entsprechenden Antrag den Ständerat davon überzeugt, dass die eingesetzten Erben nicht von Gesetzes wegen hinter die nichtpflichtteilsgeschützten gesetzlichen Erben gestellt werden sollten[715], dem auch der Nationalrat ohne weitere Diskussion zugestimmt hat[716]

Als gesetzliche[717] Erben kommen die noch nicht vorverstorbenen Angehörigen des elterlichen[718] Stammes (u.a. Geschwister, Nichten,

---

[708] Als eingesetzter Erbe ist m.E. auch ein Vermächtnisnehmer zu betrachten, dem der Erblasser das landwirtschaftliche Gewerbe als Vermächtnis zuerkannt hat, ohne sich bewusst zu sein, dass dies formaljuristisch eigentlich nur durch Erbeinsetzung möglich wäre (vgl. Ausführungen vorne, § 8, I).

[709] Zur Eignung siehe vorne, § 4, VIII, D.

[710] Zur Selbstbewirtschaftung siehe vorne, § 4, VIII.

[711] Art. 11 Abs. 1 und 2 BGBB i.V.m. Art. 19 und 20 BGBB.

[712] BBl 1988 III 992 und 1112.

[713] Amtl.Bull.SR 1990, S. 226 und 227.

[714] Art. 20 Abs. 1 BGBB.

[715] Amtl.Bull.SR 1990, S. 226 und 227.

[716] Amtl.Bull.NR 1991 S. 115.

[717] Nicht pflichtteilsgeschützte Erben.

[718] Art. 458 ZGB. Die Eltern des Erblassers sind pflichtteilsgeschützte Erben (Art. 471 Ziffer 2 ZGB) und damit in dieser Kategorie nicht mehr zu betrachten.

163

Neffen des Erblassers) oder grosselterlichen[719] Stammes (u.a. Grosseltern, Onkel, Tanten, Vetter, Basen des Erblassers) in Frage, sofern der Erblasser keine Nachkommen hinterlassen hat. Sind Nachkommen vorhanden, so gibt es keine anderen gesetzlichen Erben[720], selbst wenn diese Nachkommen entweder ein landwirtschaftliches Gewerbe gar nicht übernehmen wollen oder die Zuweisungsvoraussetzungen nicht erfüllen. Allerdings könnte das Kaufsrecht der Verwandten in Frage kommen[721].
Als eingesetzter Erbe[722] kommt grundsätzlich jede natürliche oder juristische[723] Person in Frage, wobei ein solcher Erbe möglicherweise gegenüber dem Kaufsrecht der Verwandten konkurrieren muss[724].
Soweit es mehr als einen gesetzlichen oder eingesetzten Erben gibt, der die subjektiven und objektiven Voraussetzungen für die Übernahme eines landwirtschaftlichen Gewerbes erfüllt[725], kann der Erblasser den Übernehmer bestimmen[726]. Wenn keine entsprechen-

---

[719] Art. 459 ZGB.

[720] Art. 458 Abs. 1 ZGB.

[721] Art. 25 ff. BGBB.

[722] Als eingesetzter Erbe ist m.E. auch ein Vermächtnisnehmer zu betrachten, dem der Erblasser das landwirtschaftliche Gewerbe als Vermächtnis zuerkannt hat, ohne sich bewusst zu sein, dass dies formaljuristisch eigentlich nur durch Erbeinsetzung möglich wäre (vgl. Ausführungen vorne, § 8, I).

[723] Hier dürfte es beim Erfordernis der Selbstbewirtschaftung Schwierigkeiten geben, zumal alle an der juristischen Person Beteiligten diese Voraussetzung erfüllen müssen. Falls indessen keine Anspruchskonkurrenten vorhanden sind, welche erfolgreich die Selbstbewirtschaftung oder zumindest den Anspruch aus Pflichtteilsschutz (Art. 11 Abs. 2 BGBB) geltend machen, so kann ungeachtet der Selbstbewirtschaftung jede juristische Person (des Privatrechts oder des öffentlichen Rechts) als eingesetzter Erbe oder Vermächtnisnehmer ein landwirtschaftliches Gewerbe ansprechen, allerdings ohne Preisprivileg (Art. 17 BGBB).

[724] Art. 26 BGBB.

[725] Jeder Erbe kann die objektiven Voraussetzungen sowie die subjektiven Voraussetzungen der anderen (konkurrierenden) Erben und auch des vom Erblasser bestimmten Erben bestreiten. Denn das Erfüllen der objektiven und subjektiven Voraussetzungen ist für den Zuweisungsanspruch auf jeden Fall erforderlich.

[726] Art. 19 Abs. 1 BGBB.

de letztwillige Verfügung des Erblassers oder kein entsprechender Erbvertrag vorliegt, ist der Übernehmer aufgrund der persönlichen Verhältnisse zu bestimmen[727].

C. Pflichtteilsgeschützter Erbe ohne Selbstbewirtschaftung

Verlangt kein Erbe[728] die Zuweisung eines landwirtschaftlichen Gewerbes zur Selbstbewirtschaftung oder erscheint derjenige, der die Zuweisung verlangt, als ungeeignet, so kann jeder pflichtteilsgeschützte Erbe die Zuweisung verlangen[729]. Dieser Anspruch wurde aus familienpolitischen Überlegungen eingeführt. Damit soll erreicht werden können, dass nichtselbstbewirtschaftende Nachkommen, Ehegatten sowie die Eltern des Erblassers ein landwirtschaftliches Gewerbe in der Familie erhalten und später möglicherweise einem selbstbewirtschaftenden Erben übergeben können[730]. Dieser Zuweisungsanspruch entfällt, sofern selbstbewirtschaftende Verwandte die Voraussetzungen für das Kaufrecht[731] erfüllen und dieses auch geltend machen[732].

Der pflichtteilsgeschützte, nichtselbstbewirtschaftende Erbe kann auch bei einer im Nachlass befindlichen Beteiligung an einem gemeinschaftlichen[733] Eigentum die Zuweisung verlangen.

Soweit es mehr als einen pflichtteilsgeschützten, nichtselbstbewirtschaftenden Erben gibt, der die übrigen[734] Voraussetzungen für die

---

[727] Art. 20 Abs. 2 BGBB.
[728] Gemeint sind alle Arten von Erben: pflichtteilsgeschützte, gesetzliche und eingesetzte Erben.
[729] Art. 11 Abs. 2 BGBB. Hier besteht allerdings kein Preisprivileg (Art. 17 BGBB) und es ist der Verkehrswert anzurechnen.
[730] BBl 1988 III 990.
[731] Art. 25 ff.
[732] BBl 1988 III 990.
[733] Damit ist sowohl Miteigentum als auch Gesamteigentum gemeint.
[734] Fehlen einer überdurchschnittlich guten Existenz (Art. 22 BGBB), keine Enterbung, keine Erbunwürdigkeit, kein Erbverzicht und kein Erbauskauf.

Übernahme eines landwirtschaftlichen Gewerbes erfüllt[735], kann der Erblasser den Übernehmer bestimmen[736]. Wenn keine entsprechende letztwillige Verfügung des Erblassers oder kein entsprechender Erbvertrag vorliegt, ist der Übernehmer aufgrund der persönlichen Verhältnisse zu bestimmen[737].

D. Zuweisung aufgrund der persönlichen Verhältnisse

Falls es mehr als einen Bewerber für die Zuweisung eines landwirtschaftlichen Gewerbes gibt, der die subjektiven und objektiven Voraussetzungen erfüllt[738] und falls sich nicht bereits der Vorrang eines einzelnen aufgrund der Stufenfolge gemäss obiger lit. A, B und C ergibt, so ist in Ermangelung einer Zuweisungsvorschrift des Erblassers[739] auf die persönlichen Verhältnisse der Erben abzustellen[740].
Der Begriff der «persönlichen Verhältnisse» bedarf der Konkretisierung durch den Richter unter Würdigung der gesamten Umstände[741]. Dabei ist auf die bisherige Rechtsprechung[742] abzustellen. Als

---

[735] Jeder Erbe kann die objektiven Voraussetzungen sowie die subjektiven Voraussetzungen der anderen (konkurrierenden) Erben und auch des vom Erblasser bestimmten Erben bestreiten. Denn das Erfüllen der objektiven und subjektiven Voraussetzungen ist für den Zuweisungsanspruch auf jeden Fall erforderlich.

[736] Art. 19 Abs. 1 BGBB.

[737] Art. 20 Abs. 2 BGBB.

[738] Beim Zuweisungsanspruch gemäss Art. 11 Abs. 2 BGBB entfallen bei den subjektiven Voraussetzungen die Selbstbewirtschaftung und die Eignung des Ansprechers (Art. 11 Abs. 1 BGBB).

[739] Letztwillige Verfügung oder Erbvertrag. BBl 1988 III 992.

[740] Art. 20 Abs. 2 BGBB.

[741] Art. 4 ZGB. BBl 1988 III 992.

[742] Art. 621 Abs. 1 aZGB. BBl 1988 III 992. NEUKOMM/SZETTLER, S. 118 ff; DONZALLAZ YVES, N. 241 zu Art. 20 BGBB. BGE 111 II 326 ff., 110 II 329 ff., 107 II 30 ff., 84 II 74 ff., 79 II 270 ff., 77 II 295 f., 75 II 196 ff., etc.

generelle[743] Richtlinie sollte m.E. folgende Reihenfolge der massgeblichen Zuweisungskriterien beachtet werden:

1. Grosser Unterschied bei der Eignung

Zuerst ist zu prüfen, ob unter den verschiedenen Bewerbern hinsichtlich der Eignung grosse Unterschiede bestehen. Ist nämlich einer der Bewerber mit Abstand am besten geeignet, so ist diesem der Vorrang vor den anderen zu geben[744]. Diese zweite[745] Betrachtung der Eignung ist gerechtfertigt, weil für die erste[746] Betrachtung bereits ein Durchschnittsmass an beruflichen, persönlichen, moralischen und physischen Fähigkeiten ausreichen soll[747] und deshalb die Limite nicht allzu hoch gesetzt worden ist. Auch bei der zweiten Betrachtung der Eignung sind die Fähigkeiten eines allfälligen Mitbewirtschafters zu berücksichtigen[748].
Mit der Prüfung allfälliger markanter Eignungsunterschiede und der Bevorzugung des klar besten Bewerbers werden die fähigsten Selbstbewirtschafter gefördert, welcher der Bauernstand in der heute wirtschaftlich zusehens schwieriger werdenden Zeit unbedingt bedarf. Das Kriterium der bedeutend besseren Eignung kann selbstverständlich beim Entscheid unter nicht selbstbewirtschaftenden Bewerbern nicht angewendet werden[749].

2. Sicherung der Nachfolge

Sind die in Frage stehenden Bewerber betreffend der Eignung ungefähr[750] gleich zu bewerten, so ist schwergewichtig der Nachfolge-

---

[743] In Ausnahmefällen sind auch hier Abweichungen denkbar.
[744] TUOR/PICENONI, Berner Kommentar, N. 22a zu Art. 620 aZGB.
[745] Anlässlich der ersten Betrachtung der Eignung wird abgeklärt, welche Bewerber die gesetzlich geforderten minimalen Voraussetzungen für eine Zuweisung überhaupt erfüllen. Vgl. vorne, § 4, VIII.
[746] Vgl. vorne, § 4, VIII.
[747] BBl 1988 III 988. BGE 110 II 490.
[748] Elternteil, Geschwister, Ehegatte, andere nichtverwandte Person. BBl 1988 III 988. Vgl. vorne, § 4, VIII, D, 2.
[749] Art. 11 Abs. 2 BGBB. Vgl. oben, lit. C.
[750] Keine markanten Unterschiede.

167

regelung bei sämtlichen Bewerbern Beachtung zu schenken. Da die Familienbetriebe als Grundlage eines gesunden Bauernstandes dienen sollen und weil die Stellung des Selbstbewirtschafters gestärkt werden soll[751], muss die Weiterführung des landwirtschaftlichen Gewerbes innerhalb der Familie beim Entscheid über die Zuweisung des Gewerbes unter mehreren Bewerbern eine zentrale Rolle spielen[752]. Deshalb ist demjenigen Bewerber, aus dessen Familie die Weiterführung des Gewerbes durch einen Selbstbewirtschafter am wahrscheinlichsten erscheint, der Vorzug zu geben.

3. Enge Verbundenheit zum landwirtschaftlichen Gewerbe

Falls bei den in Frage stehenden Bewerbern die Eignung ungefähr gleich zu werten ist und falls auch bei der Nachfolgeregelung keine gravierenden Unterschiede bestehen, sollte m.E. vor allem auf die enge Verbundenheit mit dem landwirtschaftlichen Gewerbe abgestellt werden[753]. Wer sich in der Vergangenheit um das landwirtschaftliche Gewerbe bemüht hat, soll den Vorrang haben, weil damit in der Regel eine intakte Beziehung zum Erblasser verbunden war und weil damit der Tatbeweis des Bewirtschaftungswillens und eventuell auch der Eignung erbracht worden ist.

4. Weitere Zuweisungskriterien

Soweit sich aufgrund der obigen Kriterien noch kein Vorrang eines einzelnen Bewerbers ergibt, sind die konkreten Umstände angemessen zu würdigen. Gestützt darauf hat der Richter[754] die Zuweisung festzulegen. Dabei sind die von der bisherigen Rechtssprechung er-

---

[751] Art. 1 Abs. 1 BGBB.
[752] BGE 107 II 30 ff. BBl 1988 III 992. STUDER BENNO, Kommentar zum Bundesgesetz über das Bäuerliche Bodenrecht vom 4. Oktober 1991, N. 6 zu Art. 20 BGBB.
[753] BGE 110 II 329 ff. BBl 1988 III 992.
[754] Sofern es zur gerichtlichen Beurteilung kommen muss.

arbeiteten Gesichtspunkte[755] zu berücksichtigen, aber keinesfalls als abschliessend zu betrachten.

E. Konkurrenz mit dem Kaufsrecht von Verwandten

Die Nachkommen[756] sowie die Geschwister und Geschwisterkinder des Erblassers, welche nicht gleichzeitig Erben sind, verfügen über ein Kaufsrecht am landwirtschaftlichen Gewerbe[757], sofern sie geeignete Selbstbewirtschafter sind[758].
Solche kaufsrechtsberechtigten Verwandten haben gegenüber einem nicht selbstbewirtschaftenden, pflichtteilsgeschützten Erben[759] ohne weiteres Vorrang[760], weil damit erreicht werden kann, dass ein Selbstbewirtschafter aus dem Familienkreis das Gewerbe übernehmen kann.
Gegenüber gesetzlichen, selbstbewirtschaftenden Erben soll das Kaufsrecht gemäss dem Willen des Gesetzgebers indessen grundsätzlich[761] weichen[762].
Der eingesetzte, selbstbwirtschaftende Erbe muss aber auf jeden Fall mit den Kaufsrechtsberechtigten konkurrieren und sich dementsprechend der Beurteilung aufgrund der persönlichen Verhält-

---

[755] NEUKOMM/SZETTLER, S. 118 ff; DONZALLAZ YVES, N. 241 zu Art. 20 BGBB. BGE 111 II 326 ff., 110 II 329 ff., 107 II 30 ff., 84 II 74 ff., 79 II 270 ff., 77 II 295 f., 75 II 196 ff., etc.

[756] Enkel und Urenkel, deren Vorfahren noch leben.

[757] Als Voraussetzung für das Kaufsrecht der Geschwister und Geschwisterkinder muss das landwirtschaftliche Gewerbe ganz oder zum grössten Teil von den Eltern des Erblassers oder aus deren Nachlass erworben worden sein (Art. 27 Abs. 1 i.V.m. Art. 42 Abs. 1 Ziffer 2 BGBB).

[758] Art. 25 Abs. 1 BGBB.

[759] Art. 11 Abs. 2 BGBB.

[760] BBl 1988 III 1006.

[761] Eine Ausnahme gilt für nichterbberechtigte Nachkommen, sofern es erbberechtigte Nachkommen im gleichen Verwandtschaftsgrad gibt. Auch Geschwisterkinder, die nicht erbberechtigt sind, sollen das Kaufsrecht ausüben können, wenn es andere Geschwisterkinder gibt, die erbberechtigt sind (Amtl.Bull.NR 1991 S. 862 und 863; Amtl.Bull.SR 1991, S. 725 und 726).

[762] Art. 26 Abs. 1 lit. a BGBB. BBl 1988 III 1006.

nisse unterziehen[763]. Das gleiche gilt ausnahmsweise[764] für die gesetzlichen[765], selbstbewirtschaftenden Erben, wenn es gleichzeitig erbberechtigte Nachkommen und nicht erbberechtigte Nachkommen des gleichen Verwandtschaftsgrades[766] gibt oder wenn sich erbberechtigte Geschwisterkinder und nicht erbberechtigte Geschwisterkinder gegenüberstehen. Denn gemäss dem klaren Willen des Gesetzgebers soll der Vorteil des erbrechtlichen Zuweisungsanspruches eines Nachkommen oder Geschwisterkindes durch das zufällige Vorversterben eines Nachkommen oder eines Geschwisters durch die Kaufsberechtigung eines nichterbberechtigten Nachkommen oder eines nichterbberechtigten Geschwisterkindes ausgeglichen werden[767].

Soweit es unter den eingesetzten oder gesetzlichen Erben oder den kaufsrechtsberechtigten Bewerbern mehr als einen geeigneten Selbstbewirtschafter gibt, der die übrigen[768] Voraussetzungen für die Übernahme eines landwirtschaftlichen Gewerbes erfüllt[769], kann

---

[763] Art. 26 Abs. 2 BGBB.

[764] Entgegen dem Gesetzeswortlaut von Art. 26 Abs. 1 lit. a BGBB.

[765] Eventuell sogar pflichtteilsgeschützte Erben: erbberechtigte Enkel und der überlebende Ehegatte.

[766] Enkel, Urenkel, etc.

[767] Im Verlauf der parlamentarischen Debatte um das Kaufsrecht von Verwandten wurde das Kaufsrecht der Geschwister gemäss dem bundesrätlichen Entwurf (BBl 1988 III 1005, 1006 und 1116) auf die Geschwisterkinder und die nichterbberechtigten Nachkommen (Enkel, Urenkel) ausgeweitet und zudem wurde klargestellt, dass die erbberechtigten Nachkommen und die erbberechtigten Geschwisterkinder jeweils nicht erbberechtigten Nachkommen und nicht erbberechtigten Geschwisterkindern mit der Einräumung des Kaufsrechtes gleichzustellen sind, wenn es um die Zuweisung eines landwirtschaftlichen Gewerbes geht (Amtl.Bull.NR 1991 S. 862 und 863; Amtl.Bull.SR 1991, S. 725 und 726). Für diese Spezialfälle kann Art. 26 Abs. 1 lit. a BGBB keine Geltung entfalten. Es handelt sich offensichtlich um ein gesetzgeberisches Versehen.

[768] Fehlen einer überdurchschnittlich guten Existenz (Art. 22 BGBB), keine Enterbung, keine Erbunwürdigkeit, kein Erbverzicht und kein Erbauskauf.

[769] Jeder Erbe kann die objektiven Voraussetzungen sowie die subjektiven Voraussetzungen der anderen (konkurrierenden) Erben und auch des vom Erblasser bestimmten Erben bestreiten. Denn das Erfüllen der objektiven und sub-

der Erblasser den Übernehmer verbindlich bestimmen[770]. Wenn keine entsprechende letztwillige Verfügung des Erblassers oder kein entsprechender Erbvertrag vorliegt, ist der Übernehmer aufgrund der persönlichen Verhältnisse zu bestimmen[771]. Im weiteren zum Kaufsrecht hinten, 5. Kapitel.

F. Fehlen eines Zuweisungsanspruches

Falls kein Zuweisungsanspruch geltend gemacht wird oder falls ein solcher als unbegründet abgewiesen wird, so sind die gewöhnlichen Regeln über die Teilung der Erbschaft anzuwenden[772]. Dabei kommt eine Aufteilung des landwirtschaftlichen Gewerbes nur in den engen Grenzen des öffentlichen Rechts in Frage[773].

III. Gewillkürte Reihenfolge

A. Pflichtteilsgeschützter, geeigneter Selbstbewirtschafter

Einem pflichtteilsgeschützten Erben, der das landwirtschaftliche Gewerbe selber bewirtschaften will und dafür als geeignet erscheint, kann der Erblasser den Zuweisungsanspruch nicht entziehen[774]. Dieses Recht schliesst auch die Einräumung einer Nutzniessung für den nichtselbstbewirtschaftenden überlebenden Ehegatten

---

jektiven Voraussetzungen ist für den Zuweisungsanspruch auf jeden Fall erforderlich.

[770] Art. 19 Abs. 1 BGBB. Art. 27 Abs. 1 i.V.m. Art. 46 Abs. 1 BGBB.
[771] Art. 20 Abs. 2 BGBB. Vgl. die Ausführungen oben unter lit. D.
[772] Art. 607 ff. ZGB. BBl 1988 III 991.
[773] Art. Art. 60 BGBB. BBl 1988 III 991.
[774] Art. 19 Abs. 2 und Art. 20 Abs. 1 BGBB.

aus[775]. Vorbehalten bleibt die Möglichkeit, dem überlebenden Ehegatten die Nutzniessung oder das Wohnrecht an einer Wohnung einzuräumen[776].
Sind mehrere solcher Erben vorhanden, so kann der Erblasser den Übernehmer mit letztwilliger Verfügung oder mit Erbvertrag bestimmen[777]. Eine Realteilung des landwirtschaftlichen Gewerbes kann der Erblasser nur insoweit anordnen, als dafür eine Bewilligung erhältlich ist[778].

B. Geeigneter Selbstbewirtschafter

Falls keine pflichtteilsgeschützten Erben vorhanden sind, die das Gewerbe selber bewirtschaften wollen und dafür geeignet sind, stehen alle gesetzlichen und eingesetzten Erben auf gleicher Stufe, sofern sie die übrigen subjektiven und objektiven Voraussetzungen[779] erfüllen. Der Erblasser kann unter all diesen Bewerbern den Übernehmer mit letztwilliger Verfügung oder mit Erbvertrag bestimmen[780]. Eine Zuweisung an einen nichtselbstbewirtschaftenden gesetzlichen oder eingesetzten Erben oder gar an einen Vermächtnisnehmer wäre nicht zulässig, weil damit das Selbstbewirtschafterprinzip[781] verletzt würde und weil das Bestimmungsrecht des Erblassers nur gegenüber jenen Erben gilt, welche die Voraussetzungen[782] für die Zuweisung eines landwirtschaftlichen Gewerbes erfüllen[783]. Eine Realteilung des landwirtschaftlichen Ge-

---

[775] Art. 473 ZGB. BBl 1988 III 1000. Vgl. vorne § 8, IV.
[776] Art. 11 Abs. 3 BGBB.
[777] Art. 19 Abs. 1 BGBB.
[778] Art. 60 BGBB. BBl 1988 III 1000.
[779] Siehe vorne, § 7 und § 8.
[780] Art. 19 Abs. 1 BGBB.
[781] Art. 1 Abs. 1 lit. b BGBB.
[782] Objektive und subjektive Voraussetzungen und somit auch die beabsichtigte Selbstbewirtschaftung und die Eignung.
[783] Art. 19 Abs. 1 BGBB.

werbes kann der Erblasser nur insoweit anordnen, als dafür eine Bewilligung erhältlich ist[784].

C. Übrige Erben

Sofern es keine Erben gibt, die das landwirtschaftliche Gewerbe selber bewirtschaften wollen und dafür geeignet sind oder wenn kein Erbe die Zuweisung zur Selbstbewirtschaftung verlangt, kann der Erblasser über die Zuweisung des landwirtschaftlichen Gewerbes frei verfügen[785]. Er kann es einem der gesetzlichen Erben, einem eingesetzten Erben oder aber einem Vermächtnisnehmer zukommen lassen. Diesfalls haben die pflichtteilsgeschützten Erben zumindest Anrecht auf ihren Pflichtteil.

D. Mehrere Übernehmer eines Gewerbes

Der Erblasser kann wohl mehreren Erben ein Gewerbe mit Verfügung von Todes wegen zukommen lassen. Allerdings braucht sich ein an dieser Zuweisungsordnung beteiligter Erbe nicht daran zu halten. Er kann sich auf die gesetzliche Reihenfolge berufen. Sofern ihn die gesetzliche Reihenfolge gegenüber dem oder den Miterben privilegiert, kann er die ungeteilte Zuweisung verlangen und durchsetzen. Falls er mit dem oder den Miterben auf der gleichen Stufe der Zuweisungsberechtigung steht, muss die Zuweisung aufgrund der persönlichen Verhältnisse erfolgen. Es wäre einem Erben nicht zuzumuten, gegen seinen Willen mit anderen Erben eine Gewerbe übernehmen zu müssen[786], zumal es diesfalls bei der regel-

---

[784] Art. 60 BGBB. BBl 1988 III 1000.

[785] Auch der pflichtteilsgeschützte, nichtselbstbewirtschaftende Erbe (Art. 11 Abs. 2 BGBB) hat keinen Zuweisungsanspruch, wenn der Erblasser anderweitig letztwillig disponiert hat (letztwillige Verfügung oder Erbvertrag).

[786] A.M. STUDER BENNO, Kommentar zum Bundesgesetz über das Bäuerliche Bodenrecht vom 4. Oktober 1991, Brugg 1995, N. 5 zu Art. 19 BGBB. Der Hinweis auf die Auflösungsmöglichkeit von gemeinschaftlichem Eigentum (Art. 36-39 BGBB) geht fehl, weil von einem Miterben nicht ernsthaft verlangt werden kann, gegen seinen Willen ein landwirtschaftliches Gewerbe mit ei-

mässig notwendigen engen Zusammenarbeit zum vornherein grosse Schwierigkeiten geben dürfte.
Auf freiwilliger Basis kann indessen eine an mehr als einen Übernehmer letztwillig verfügte Zuweisung ohne weiteres umgesetzt werden. Wurde eine solche Zuweisung bereits zu Lebzeiten des Erblassers erbvertraglich festgelegt, so müssen die Beteiligten auch nach dem Tod des Erblassers wohl daran gebunden bleiben.

E. Konkurrenz mit dem Kaufsrecht von Verwandten

Sofern es keine Erben gibt, die das landwirtschaftliche Gewerbe selber bewirtschaften wollen und dafür geeignet sind oder verlangt kein Erbe die Zuweisung zur Selbstbewirtschaftung, so haben die zur Selbstbewirtschaftung geeigneten Kaufsrechtsberechtigten Vorrang, auch wenn der Erblasser über die Zuweisung des landwirtschaftlichen Gewerbes an einen Nichtselbstbewirtschafter verfügt hat[787].
Der vom Erblasser als Übernehmer bezeichnete gesetzliche[788] Erbe oder der vom Erblasser eingesetzte Erbe oder schliesslich der vom Erblasser bestimmte Vermächtnisnehmer hat, sofern er jeweils geeigneter Selbstbewirtschafter ist, vor allfälligen Kaufsrechtsberechtigten Vorrang, weil nicht einzusehen ist, dass ein Erblasser seinen Willen[789] nicht durchzusetzen vermag, während er beim leb-

---

nem oder mehreren Miterben zu übernehmen, mit dem Hinweis, dieses gemeinschaftliche Eigentum ja anschliessend auflösen zu können. Denn dort wären bei der Auflösung wiederum die persönlichen Verhältnisse zu berücksichtigen (Art. 38 BGBB). Zudem wäre die Auseinandersetzung nicht beseitigt, sondern nur auf eine andere Ebene verschoben. Ein solches Ergebnis ist abzulehnen.

[787] Art. 26 Abs. 1 lit. a und Abs. 2 BGBB e contrario. Der Vorrang gegenüber einer erbrechtlichen Zuweisung soll ja gerade möglich sein, wenn es keine gesetzlichen oder eingesetzten Erben oder keinen Vermächtnisnehmer gibt, die das landwirtschaftliche Gewerbe selber bewirtschaften wollen und dafür geeignet sind.

[788] Pflichtteilsgeschützter oder nichtpflichtteilsgeschützter gesetzlicher Erbe.

[789] Durch letztwillige Verfügung oder Erbvertrag festgelegt.

zeitigen Verkauf den Vorkaufsberechtigten bestimmen könnte[790]. Sobald der Erblasser im Rahmen seiner Verfügungsmöglichkeiten einen Übernehmer bestimmt hat, der zur Selbstbewirtschaftung geeignet ist, muss jedes Kaufsrecht von Verwandten entfallen.

F. Verletzung der zwingenden gesetzlichen Zuweisungsordnung

Falls der Erblasser eine zwingende gesetzliche Zuweisungsordnung[791] verletzt hat, wird dadurch die entsprechende letztwillige Verfügung oder der Erbvertrag nicht nichtig, sondern bloss anfechtbar[792]. Ein daraus benachteiligter Erbe oder Vermächtnisnehmer muss innert Jahresfrist[793] bei blosser Verletzung der Zuweisungsordnung die Ungültigkeitsklage[794] und bei gleichzeitiger Missachtung des Pflichtteils auch die Herabsetzungsklage[795] gegen diese letztwillige Verfügung oder gegen den Erbvertrag anstrengen, ansonsten diese unzulässige Disposition des Erblassers trotzdem gültig wird[796].

---

[790] Art. 46 Abs. 1 BGBB und Art. 27 Abs. 1 BGBB.

[791] Art. 19 BGBB.

[792] ESCHER ARNOLD, Zürcher Kommentar, Ergänzungslieferung zum landwirtschaftlichen Erbrecht, N. 9 zu Art. 621bis aZGB NEUKOMM/SZETTLER, S. 234 f.; PIOTET PAUL, Schweizerisches Privatrecht, Band IV/2, Erbrecht, S. 1025 ff. STUDER BENNO, Die Integralzuweisung landwirtschaftlicher Gewerbe nach der Revision des bäuerlichen Zivilrechtes von 1972, S. 74 ff.

[793] Art. 521 ZGB und Art. 533 ZGB.

[794] Art. 519 Abs. 1 Ziffer 3 ZGB. ESCHER ARNOLD, Zürcher Kommentar, Ergänzungslieferung zum landwirtschaftlichen Erbrecht, N. 9 zu Art. 621bis aZGB NEUKOMM/SZETTLER, S. 234 f.; PIOTET PAUL, Schweizerisches Privatrecht, Band IV/2, Erbrecht, S. 1025 ff. STUDER BENNO, Die Integralzuweisung landwirtschaftlicher Gewerbe nach der Revision des bäuerlichen Zivilrechtes von 1972, S. 74 ff.

[795] Art. 522 ZGB. NEUKOMM/SZETTLER, S. 234 f. STUDER BENNO, Die Integralzuweisung landwirtschaftlicher Gewerbe nach der Revision des bäuerlichen Zivilrechtes von 1972, S. 74 ff.

[796] TUOR PETER, Berner Kommentar, N. 13 zu Art. 521 ZGB. ESCHER ARNOLD, Zürcher Kommentar, Ergänzungslieferung zum landwirtschaftlichen Erbrecht, N. 9 zu Art. 621bis aZGB.

175

Selbstverständlich können die Erben unter sich eine Zuweisungsordnung vereinbaren, die weder den gesetzlichen Vorschriften noch dem Willen des Erblassers entspricht, soweit dies öffentlich-rechtlich zulässig ist[797].

IV. Konkurrenzverhältnisse bei gemeinschaftlichem Eigentum

A. Mehrere Erben mit Beteiligung

Falls alle ansprechenden Erben bereits am gemeinschaftlichen[798] Eigentum beteiligt sind, ist auf die allgemeinen Konkurrenzregeln abzustellen[799], weil der Umstand der bereits vorliegenden Beteiligung bei allen Ansprechern die gleichen Vor- oder Nachteile bei der Zuweisung einbringen, soweit die Beteiligungen gleich gross sind. Unterschiedlich grosse Beteiligungen können m.E. bei der Berücksichtigung der persönlichen Verhältnisse erst dann einen Einfluss auf die Zuweisungsregeln haben, wenn die anderen allgemeinen Konkurrenzregeln kein eindeutiges Resultat vermitteln. Die Grösse der Beteiligung ist demnach erst im Rahmen der Würdigung der persönlichen Verhältnisse zu beachten. Dies deshalb, weil der Zuweisungsanspruch nach dem Willen des Gesetzgebers grundsätzlich nicht von der Grösse einer Beteiligung abhängen soll[800].

B. Erben mit und ohne Beteiligung

Falls ein ansprechender Erbe in Konkurrenz mit einem ebenfalls ansprechenden Erben ist, der zugleich noch am gemeinschaft-

---

[797] Art. 58 ff. BGBB.
[798] Damit ist sowohl Miteigentum als auch Gesamteigentum gemeint.
[799] Vgl. vorne, § 9, I, II und III.
[800] BBl 1988 III 994.

lichen[801] Eigentum beteiligt ist, so sind wiederum die allgemeinen Konkurrenzregeln (vgl. § 9, I, II und III) anzuwenden. Die bereits vorhandene Beteiligung des einen Erben hat m.E. im Rahmen der Prüfung der persönlichen Verhältnisse erst dann einen Einfluss auf die Zuweisungsregeln, wenn die anderen[802] allgemeinen Konkurrenzregeln kein eindeutiges Resultat vermitteln. Die Grösse der Beteiligung ist demnach erst im Rahmen der Würdigung der persönlichen Verhältnisse zu beachten. Dies deshalb, weil der Zuweisungsanspruch nach dem Willen des Gesetzgebers grundsätzlich nicht von der Grösse einer Beteiligung[803] und damit m.E. auch nicht von einer bereits vorbestandenen Beteiligung am gemeinschaftlichen Eigentum abhängen oder beeinflusst werden soll[804].

Erst wenn mehrere etwa gleich geeignete Selbstbewirtschafter zur Auswahl stehen, soll die vorbestandene Beteiligung des einen Ansprechers bei der Betrachtung der persönlichen Verhältnisse einen Einfluss haben, weil damit die Eigentumsverhältnisse einfacher werden und der Forderung der Strukturverbesserung schneller Nachachtung verschafft wird. Allerdings soll eine markant bessere Eignung, eine praktisch sichergestellte Nachfolgeregelung oder bedeutend grössere Verbundenheit mit dem Gewerbe der vorbestandenen Beteiligung vorgehen[805]. Denn einerseits sollen die besten Selbstbewirtschafter den Boden zu günstigen Bedingungen erhalten und andererseits ist auf die Nachfolgeregelung innerhalb der Familie sowie auf die Verbundenheit mit dem Gewerbe Wert zu legen.

Die geringere Beteiligung wird dadurch gemildert, dass auch das übrige gemeinschaftliche Eigentum früher oder später von der gleichen Person beansprucht werden kann[806].

---

[801] Damit ist sowohl Miteigentum als auch Gesamteigentum gemeint.

[802] Alle Konkurrenzregeln mitsamt der Berücksichtigung der persönlichen Verhältnisse, wobei die vorbestandene Beteiligung als Gesichtspunkt der persönlichen Verhältnisse erst anschliessend gewichtet werden soll.

[803] BBl 1988 III 994.

[804] A.M. STUDER BENNO, Kommentar zum Bundesgesetz über das Bäuerliche Bodenrecht vom 4. Oktober 1991, Brugg 1995, N. 14 zu Art. 13 BGBB.

[805] Vgl. vorne, II,D.

[806] Art. 650 und 654a ZGB i.V.m. Art. 36 ff. BGBB.

§ 10 Aufschub der Zuweisung

I. Allgemeines

Falls unmündige Nachkommen erbberechtigt sind oder falls ein landwirtschaftliches Gewerbe auf längere Zeit verpachtet ist, kann die Zuweisung des im Nachlass befindlichen landwirtschaftlichen Gewerbes und damit regelmässig auch die Erbteilung aufgeschoben werden[807]. Diese Aufschubsbestimmungen[808] stellen Sondervorschriften dar[809], welche sich grundsätzlich nur auf das landwirtschaftliche Gewerbe beschränken, in den wohl meisten Fällen aber den Teilungsaufschub für den ganzen Nachlass bewirken werden[810]. Das landwirtschaftliche Gewerbe sollte wenn immer möglich nicht losgelöst vom übrigen Nachlass geteilt werden, weil dies zwangsläufig zu zwei partiellen Erbteilungen führen würde[811]. Bei einem solchen zweistufigen Vorgehen ist mit Schwierigkeiten zu

---

[807] Art. 12 BGBB.

[808] Inskünftig wird der Begriff „Aufschub" und nicht der Begriff „Aufschiebung" gemäss Ingress zu Art. 12 BGBB verwendet, weil letzterer trotz inhaltlich gleicher Bedeutung aus sprachlichen Gründen zu vermeiden ist.

[809] Art. 604 Abs. 2 ZGB stellt die allgemeine Regel für einen möglichen Aufschub der Erbteilung dar.

[810] TUOR PETER / PICENONI VITO, Berner Kommentar, N. 8 zu Art. 621bis aZGB. Die Überschrift zu Art. 12 BGBB lautet wohl auf «Aufschiebung der Erbteilung». Aus dem Wortlaut des Art. 12 BGBB ergibt sich aber, dass die Aufschubsbestimmungen grundsätzlich nur das landwirtschaftliche Gewerbe betreffen sollen.

[811] Als Ausnahme ist die vorgängige Teilung des übrigen Nachlasses (alles ausser dem landwirtschaftlichen Gewerbe) oder eines Teiles des übrigen Nachlasses auch durch den Richter zuzulassen, wenn es dafür einen hinreichenden Grund gibt. Ein solcher Grund könnte etwa vorliegen, wenn der übrige Nachlassanteil im Vergleich zum landwirtschaftlichen Gewerbe gross ist und wenn der zu erwartende Aufschub lange andauert.

rechnen[812], weshalb gemäss der generellen Regel objektiv-partielle Erbteilungen nicht zulässig sind, es sei denn, es geschehe im Einvernehmen aller Erben[813].
Durch den vorgesehenen Zuweisungsaufschub für ein landwirtschaftliches Gewerbe kann es somit zu einem Erbteilungsaufschub für den ganzen Nachlass oder aber nur für einen Teil[814] kommen. Für den nicht dem Aufschub unterliegenden Nachlassanteil gelten die normalen Teilungsvorschriften[815]. Diesbezüglich kann einvernehmlich oder richterlich[816] geteilt werden. Je grösser dieser Nachlassanteil ist und je länger ein Zuweisungsaufschub für ein landwirtschaftliches Gewerbe dauert, desto eher dürfte die Teilung des restlichen Nachlasses im Sinne einer partiellen Erbteilung angebracht sein.
Während die Bestimmungen über den Teilungsaufschub bei unmündigen Nachkommen[817] im Parlament diskussionslos angenommen wurden[818], wollte der Nationalrat den Teilungsaufschub bei längerfristiger Verpachtung eines landwirtschaftlichen Gewerbes[819] nicht akzeptieren[820], stimmte dann aber nach dem Festhalten des Ständerates[821] ebenfalls zu[822].

---

[812] Schwierigkeiten mit der Losbildung; (Teil-)Rückzahlung des anlässlich der ersten Teilung erhaltenen Erbanteils nicht mehr möglich, weil das Geld bereits verbraucht worden ist; etc.
[813] Art. 604 Abs. 1 ZGB. TUOR PETER / PICENONI VITO, Berner Kommentar, N. 4d zu Art. 604 ZGB. ESCHER ARNOLD, Zürcher Kommentar, N. 5e zu Art. 604 ZGB.
[814] Im Umfang des landwirtschaftlichen Gewerbes.
[815] Art. 607 ff. ZGB.
[816] Falls dafür ein hinreichender Grund besteht. Für eine einvernehmliche partielle Erbteilung braucht es keinen besonderen Grund, die Vereinbarung aller Erben genügt.
[817] Art. 12 Abs. 1 und 2 BGBB.
[818] Amtl.Bull.SR 1990 S. 225. Amtl.Bull.NR 1991 S. 112.
[819] Art. 12 Abs. 3 BGBB.
[820] Amtl.Bull.NR 1991 S. 112.
[821] Amtl.Bull.SR 1991 S. 144.
[822] Amtl.Bull.NR 1991 S. 861.

II. Landwirtschaftliches Gewerbe im Nachlass

Für einen möglichen Zuweisungsaufschub muss sich ein landwirtschaftliches Gewerbe im Sinne des BGBB[823] im Nachlass befinden. Dieses Erfordernis ist ohne Zweifel auch erfüllt, falls sich eine Beteiligung an Miteigentum[824], eine solche an Gesamteigentum[825] oder eine Mehrheitsbeteiligung an einer juristischen Person[826] im Nachlass befindet.

Für landwirtschaftliche Grundstücke gibt es die Möglichkeit eines Zuweisungsaufschubes bereits gemäss Gesetzeswortlaut nicht. Denn bei allen Aufschubsbestimmungen[827] ist nur immer vom Gewerbe die Rede und bei den Zuweisungsvorschriften für landwirtschaftliche Grundstücke ist ein Aufschub der Zuweisung nicht vorgesehen[828]. Zudem wäre ein unmündiger Nachkomme kaum in der Lage, bereits Eigentümer eines landwirtschaftlichen Gewerbes zu sein oder wirtschaftlich über ein solches zu verfügen[829]. Schliesslich war der Teilungsaufschub auch gemäss bisherigem Recht nur bei landwirtschaftlichen Gewerben möglich[830].

---

[823] Art. 7 und Art. 5 lit. a BGBB. Vgl. vorne, § 4, III.
[824] Art. 13 BGBB.
[825] Art. 14 BGBB.
[826] Art. 4 Abs. 2 BGBB.
[827] Art. 12 Abs. 1-3 BGBB.
[828] Art. 21 BGBB.
[829] Art. 21 Abs. 1 BGBB.
[830] Art. 621ter BGBB. ESCHER ARNOLD, Zürcher Kommentar, N. 2 zu Art. 621bis aZGB. TUOR PETER / PICENONI VITO, Berner Kommentar, N. 2 zu Art. 621bis aZGB.

III. Selbstbewirtschaftung

Als weitere Voraussetzung für einen Teilungsaufschub wird gemäss Gesetzeswortlaut[831] vorausgesetzt, dass die Eignung zur Selbstbewirtschaftung[832] und der entsprechende Wille nicht zum vornherein ausgeschlossen werden können[833]. Für den Fall einer möglichen Zuweisung an einen Nichtselbstbewirtschafter[834] kann es deshalb keinen Teilungsaufschub geben[835].

IV. Unmündige Nachkommen als Erben

A. Grundsatz

Hinterlässt der Erblasser als Erben unmündige Nachkommen, so müssen die Erben die Erbengemeinschaft[836] weiterbestehen lassen,

---

[831] Art. 12 Abs. 1-3 BGBB.

[832] Art. 9 BGBB. Vgl. vorne § 4, VIII.

[833] Sowohl beim Aufschub bei unmündigen Nachkommen wie auch beim Aufschub zufolge langfristiger Verpachtung des landwirtschaftlichen Gewerbes muss die Eignung zur Selbstbewirtschaftung und der entsprechende Wille nicht bereits im Zeitpunkt des Aufschubsbeginnes vorliegen, denn es reicht, wenn diese Voraussetzungen im (späteren) Beurteilungszeitpunkt gegeben sind. Wenn aber die künftige Selbstbewirtschaftung zum vornherein ausgeschlossen werden kann (Invalidität; bereits vorhandene überdurchschnittliche Existenz gemäss Art. 22 BGBB, etc.), bedarf es auch keines Aufschubs.

[834] Art. 11 Abs. 2 BGBB. Der Zuweisungsaufschub ist nur für Fälle vorgesehen, in denen eine Selbstbewirtschaftung in Frage kommen kann.

[835] STUDER BENNO, Kommentar zum Bundesgesetz über das Bäuerliche Bodenrecht vom 4. Oktober 1991, Brugg 1995, N. 8 zu Art. 12 BGBB.

[836] Zumindest im Ausmass des landwirtschaftlichen Gewerbes. Der übrige Nachlass kann geteilt werden, wenn es die Umstände erlauben oder wenn die Erben sich darüber einig sind.

bis entschieden werden kann, ob ein Nachkomme das landwirtschaftliche Gewerbe zur Selbstbewirtschaftung übernimmt[837]. Diese Bestimmung lehnt sich an bereits vorbestandenes Recht[838] an, wobei mit der neuen Regelung nun eine verbindliche[839] Vorschrift geschaffen wurde.
Sobald ein Erblasser als Erben unmündige Nachkommen[840] hinterlässt, muss die Erbengemeinschaft betreffend dem landwirtschaftlichen Gewerbe grundsätzlich[841] weiterbestehen bleiben, bis ein Entscheid über die Zuweisung an einen dieser erbberechtigten Nachkommen möglich ist. Solche Erben müssen den Todeszeitpunkt des Erblassers[842] bereits in erbfähigem Zustand erlebt haben[843] oder zumindest gezeugt sein und anschliessend noch lebend geboren werden[844]. Alle unmündigen Nachkommen des Erblassers, welche diese Voraussetzungen nicht erfüllen, können einen Aufschub der Zuweisung nicht erzwingen.
Der Entscheid über die Zuweisung des landwirtschaftlichen Gewerbes an einen der im Zeitpunkt des Erbganges unmündigen und erbberechtigten Nachkommen ist nicht erst dann möglich, wenn der

---

[837] Art. 12 Abs. 1 BGBB.

[838] Art. 621ter aZGB.

[839] Mit dem Begriff «müssen» wird die Rechtsfolge ohne Einschränkung klar festgelegt. Im bisherigen Recht bestand wohl ein gewisses richterliches Ermessen durch den Begriff «sollen». ESCHER ARNOLD, Zürcher Kommentar, N. 5 zu Art. 621bis aZGB. TUOR PETER / PICENONI VITO, Berner Kommentar, N. 5 zu Art. 621bis aZGB.

[840] Dabei kommen Kinder, Enkel und Urenkel (Ururenkel, etc.) in Frage. ESCHER ARNOLD, Zürcher Kommentar, N. 3 zu Art. 621bis aZGB. TUOR PETER / PICENONI VITO, Berner Kommentar, N. 3 zu Art. 621bis aZGB.

[841] Unter Vorbehalt von Art. 12 Abs. 2 BGBB.

[842] Der Erbgang wird durch den Tod des Erblassers eröffnet (Art. 537 ZGB). TOUR PETER, Berner Kommentar, N. 34 zu der Vorbemerkungen zum dreizehnten Titel.

[843] Art. 542 ZGB.

[844] Art. 544 ZGB. Somit kann ein erbfähiger Nachkomme, auf den dann in der Folge mit der Zuweisung gewartet werden muss, erst nach dem Tod des Erblassers geboren werden.

letzte dieser Nachkommen mündig geworden ist[845]. Denn auch ein noch unmündiger Erbe kann unter Umständen[846] mit Unterstützung und Zustimmung des gesetzlichen Vertreters oder der Vormundschaftsbehörde[847] den Zuweisungsanspruch geltend machen oder darauf verzichten[848].

B. Aufschubsdauer

Der Zuweisungsaufschub für das landwirtschaftliche Gewerbe kann nur solange dauern, bis entschieden werden kann, ob einer dieser Nachkommen das landwirtschaftliche Gewerbe zur Selbstbewirtschaftung übernimmt[849]. Für den Zeitpunkt der Beurteilung muss je nach den Umständen die Mündigkeit der in Frage kommenden Erben nicht immer abgewartet werden. Denn die Eignung zur Selbstbewirtschaftung und der entsprechende Wille kann möglicherweise bereits vor der Mündigkeit eines Erben abgeklärt werden[850]. In diesem Sinne ist es denkbar, dass einem 16 Jahre alten Nachkommen ein landwirtschaftliches Gewerbe zugewiesen wird[851]. Es ist auch möglich, dass unmündige Nachkommen aufgrund der persönlichen Voraussetzungen[852] für eine Zuweisung neben anderen Ansprechern

---

[845] Dabei kann es nur um jene erbberechtigten unmündigen Nachkommen gehen, die im Todeszeitpunkt des Erblassers (im Zeitpunkt des Erbganges) bereits erbberechtigt waren.

[846] Sobald die entscheidenden persönlichen Voraussetzungen abschätzbar sind. Siehe unten, lit. B.

[847] Falls die Interessen des gesetzlichen Vertreters jenen des Unmündigen widersprechen, muss die Vormundschaftsbehörde dem Unmündigen einen Beistand ernennen (Art. 392 Ziffer 2 ZGB). Je nach den konkreten Verhältnissen ist auch eine weitergehende vormundschaftliche Betreuung notwendig.

[848] BBl 1988 III 993.

[849] Art. 12 Abs. 1 BGBB.

[850] BGE 71 II 24, 84 II 81. ESCHER ARNOLD, Zürcher Kommentar, N. 4 zu Art. 621bis aZGB. TUOR PETER / PICENONI VITO, Berner Kommentar, N. 4 zu Art. 621bis aZGB. NEUKOMM/SZETTLER, S. 82. STEIGER FRANZ, S. 137 ff.

[851] BGE 71 II 24.

[852] Körperliche Eigenschaften, geistige Verfassung, Fähigkeiten und Neigungen, Bildungsgang, etc.

zum vornherein ausscheiden. Da die Beurteilung der Zuteilungskriterien vor Mündigkeit[853] weitgehend auf Prognosen beruhen werden, ist in diesen Fällen bei den persönlichen Voraussetzungen vom gewöhnlichen Lauf der Dinge und von der allgemeinen Lebenserfahrung auszugehen[854]. Selbstverständlich bedürfen minderjährige Nachkommen für ein Zuweisungsbegehren oder für einen Verzicht der Unterstützung und Zustimmung des gesetzlichen Vertreters oder der Vormundschaftsbehörde[855].
Es ist auch möglich, dass vor Ablauf der Aufschubsdauer einer der erbberechtigten Nachkommen verstirbt und seinerseits erbberechtigte und unmündige Nachkommen hinterlässt. Diesfalls wäre innerhalb dieser neuen Erbengemeinschaft die entsprechende Zeit abzuwarten, bis entschieden werden kann, welcher Nachkomme die Beteiligung an der oberen Erbengemeinschaft und damit die Zuweisung des landwirtschaftlichen Gewerbes geltend machen kann[856]. Allerdings dürften in solchen Fällen regelmässig bereits gesetzliche Erben die Zuweisungsvoraussetzungen erfüllen, weshalb nicht mehr weiter zugewartet werden müsste[857].

---

[853] Nachdem die Mündigkeit auf 18 Jahre hinunter gesetzt worden ist, kann es sich auch nach Erreichen der Mündigkeit als notwendig erweisen, von gewissen Prognosen auszugehen. Denn selbst ein 18 Jahre alter Ansprecher kann sich betreffend den persönlicher Eigenschaften rasch in verschiedene Richtungen entwickeln. Das Erreichen des Mündigkeitsalters bietet somit keine ausreichende Gewähr, dass bei einem Ansprecher konstante und damit verlässliche persönliche Verhältnisse vorliegen.

[854] STEIGER FRANZ, S. 137.

[855] BBl 1988 III 993. Art. 392 Ziffer 2 ZGB.

[856] Art. 14 BGBB.

[857] Art. 12 Abs. 2 BGBB. Vgl. unten, lit. C. Falls im Zeitpunkt des Versterbens eines Mitgliedes der oberen Erbengemeinschaft kein gesetzlicher Erbe die Zuweisungsvoraussetzungen erfüllt oder keiner die Zuweisung geltend macht, ist es ohne weiteres zumutbar, die Aufschubsdauer zufolge minderjähriger Nachkommen der unteren Erbengemeinschaft abzuwarten.

C. Gesetzlicher Erbe erfüllt Zuweisungsvoraussetzungen

Erfüllt im Zeitpunkt des Erbgangs ein gesetzlicher Erbe die Voraussetzungen zur Selbstbewirtschaftung, so ist das Gewerbe ihm zuzuweisen[858]. Diese Bestimmung wurde vor allem für den überlebenden Ehegatten geschaffen, damit er ein landwirtschaftliches Gewerbe innert nützlicher Frist zur Selbstbewirtschaftung ansprechen kann[859], während das unter dem alten Recht[860] gerade nicht gewollt war, weil befürchtet wurde, dass der überlebende Ehegatte das Gewerbe in eine neue Ehe einbringen könnte und die Kinder aus erster Ehe in der Folge das Nachsehen hätten[861].

Sobald ein gesetzlicher Erbe im Zeitpunkt des Erbgangs[862] die Zuweisungsvoraussetzungen erfüllt und auch die Zuweisung verlangt, darf es keinen Aufschub der Zuweisung geben, selbst wenn noch erbberechtigte unmündige Nachkommen vorhanden sind. Obwohl dieser Fall in erster Linie auf den überlebenden Ehegatten zugeschnitten ist[863], kommen auch bereits mündige Söhne oder Töchter neben noch unmündigen Söhnen oder Töchtern oder neben unmündigen Enkelinnen und Enkeln in Frage. Falls die Voraussetzungen der Selbstbewirtschaftung durch einen gesetzlichen Erben für eine Zuweisung erst nach dem Todeszeitpunkt des Erblassers gegeben sind, muss mit der Zuweisung abgewartet werden, bis auch beim jüngsten möglichen Ansprecher entschieden werden kann, ob er das landwirtschaftliche Gewerbe zur Selbstbewirtschaftung übernehmen wird oder nicht[864].

---

[858] Art. 12 Abs. 2 BGBB.

[859] BBl 1988 III 993.

[860] Art. 621ter aZGB.

[861] ESCHER ARNOLD, Zürcher Kommentar, N. 1 zu Art. 621bis aZGB. TUOR PETER / PICENONI VITO, Berner Kommentar, N. 1 zu Art. 621bis aZGB.

[862] Der Erbgang wird durch den Tod des Erblassers eröffnet (Art. 537 ZGB). Der massgebliche Zeitpunkt kann deshalb nur der Todeszeitpunkt des Erblassers sein. STUDER BENNO, Kommentar zum Bundesgesetz über das Bäuerliche Bodenrecht vom 4. Oktober 1991, Brugg 1995, N. 9 zu Art. 12 BGBB.

[863] BBl 1988 III 993.

[864] BBl 1988 III 993. Gemäss ausdrücklichem Willen des Gesetzgebers muss mit dem Zuweisungsentscheid zugewartet werden, bis auch beim letzten der un-

D. Entmündigte Nachkommen

Entmündigten Nachkommen sollte grundsätzlich wie unmündigen Nachkommen die Aufschubsmöglichkeit analog eingeräumt werden. Allerdings sind mit Ausnahme der Entmündigung zufolge Verbüssen einer Freiheitsstrafe[865] kaum Fälle denkbar, in denen die Zuweisung eines landwirtschaftlichen Gewerbes an einen Entmündigten zur Selbstbewirtschaftung in Frage kommen kann, weil ja gerade die Gründe der Entmündigung[866] regelmässig der Eignung zur Selbstbewirtschaftung widersprechen[867].

V. *Längerfristige Verpachtung des Gewerbes*

Ist das landwirtschaftliche Gewerbe auf längere[868] Zeit verpachtet und will es ein Erbe[869] zur Selbstbewirtschaftung übernehmen, so kann er verlangen, dass der Entscheid über die Zuweisung bis spätestens ein Jahr[870] vor Ablauf des Pachtvertrages[871] aufgeschoben

---

mündigen (erbberechtigten) Nachkommen entschieden werden kann, ob ihm das landwirtschaftliche Gewerbe zuzuweisen ist oder nicht.

865 Art. 371 ZGB. Auch bei diesem Entmündigungsgrund wird es wesentlich vom in Frage stehenden Delikt abhängen, ob der Ansprecher überhaupt als geeigneter Selbstbewirtschafter in Frage kommen kann (NEUKOMM/SZETTLER, S. 83; STEIGER FRANZ, S. 143).

866 Art. 369, 370 und 372 ZGB.

867 NEUKOMM/SZETTLER, S. 83. STEIGER FRANZ, S. 143.

868 Damit dürften Pachtdauern von über 3 Jahren gemeint sein. Vorher macht ein Aufschub wenig Sinn, weil ein Zuweisungsverfahren erfahrungsgemäss längere Zeit in Anspruch nimmt.

869 Hier kommt jeder Erbe und somit auch der eingesetzte Erbe und der Vermächtnisnehmer, dem das Gewerbe als Vermächtnis vom Erblasser zuerkannt worden ist, in Frage. Vgl. § 8, I.

870 BBl 1988 III 993. Diese Jahresfrist entspricht der ordentlichen gesetzlichen Kündigungsdauer (Art. 16 Abs. 2 LPG).

871 Bei landwirtschaftlichen Gewerben beträgt die Mindestdauer bei erstmaliger Verpachtung 9 Jahre und die Fortsetzungsdauer 6 Jahre (Art. 7 und 8 LPG).

wird[872]. Der verlangte Zuweisungsaufschub kann selbstverständlich auch kürzer sein und die Zuweisung darf vor der gesetzlichen Jahresfrist anbegehrt werden. Es ist sogar ratsam, im Streitfall die Zuweisung längere Zeit vor dieser Jahresfrist zu verlangen, da ein Zuweisungsverfahren erfahrungsgemäss geraume Zeit in Anspruch nehmen dürfte. Der Ansprecher kann dem Pächter erst dann kündigen, wenn er Eigentümer des Gewerbes geworden ist[873]. Vorher ist er auf die Mitwirkung der übrigen Erben angewiesen oder er muss über eine Erbenvertretung[874] die rechtzeitige Kündigung des Pachtvertrages anstreben[875].

Mit der Aufschubsbestimmung bei der längerfristigen Verpachtung des landwirtschaftlichen Gewerbes wollte der Gesetzgeber dem Selbstbewirtschafter die Übernahme des Gewerbes erleichtern[876]. Damit sollte auch jenem Ansprecher die Zuweisung zur Selbstbewirtschaftung ermöglicht werden, für welchen dies ohne Aufschub bzw. ohne Zeitgewinn nicht erreichbar gewesen wäre.

Mit dem Zuweisungsaufschub kann ein potentieller Ansprecher bis ein Jahr vor Ablauf der Pachtdauer seine Eignung zur Selbstbewirt-

---

Einvernehmlich kann aber sowohl die erstmalige Mindestpachtdauer sowie die Fortsetzungsdauer für längere Zeit vereinbart worden sein (STUDER/HOFER, S. 80 und 89). Denkbar ist auch eine gegenüber der gesetzlichen Mindestdauer verkürzte Pacht, welche aber der behördlichen Bewilligung bedarf (Art. 7 Abs. 2 und 3 LPG; Art. 8 Abs. 2 und 3 LPG).

[872] Art. 12 Abs. 3 BGBB.
[873] Art. 15 Abs. 2 LPG.
[874] Art. 602 Abs. 3 ZGB.
[875] Dabei wäre zu argumentieren, dass die Erbengemeinschaft durch das Weiterlaufen des Pachtvertrages (um weitere 6 Jahre) schadenersatzpflichtig würde, wenn der Übernehmer in der Folge im Sinne von Art. 15 Abs. 2 LPG vorzeitig kündigen muss (Art. 15 Abs. 4 LPG, STUDER/HOFER, S. 113; 118 ff.). Einem solchen Schadenersatzrisiko der Erbengemeinschaft müsste ein Erbenvertreter wohl Rechnung tragen, da er die Interessen der Erbengemeinschaft zu wahren hat (TUOR PETER / PICENONI VITO, Berner Kommentar, N. 54 zu Art. 602 ZGB). Dem Erbenvertreter wäre bei dessen Ernennung von der Einsetzungsbehörde eine entsprechende Weisung (Kündigung Pachtvertrag, ev. kurze Fortsetzungsdauer mit behördlicher Ausnahmebewilligung) zu erteilen, was der Ansprecher bei der Gesuchstellung entsprechend vorzutragen hätte (TUOR PETER / PICENONI VITO, Berner Kommentar, N. 56 und 59 zu Art. 602 ZGB).
[876] Amtl.Bull.SR 1990 S. 144.

schaftung durch entsprechende Massnahmen[877] noch herbeiführen. Falls mehrere Ansprecher vorhanden sind, könnte aber auch jener, dessen Chancen für die Zuweisung schlechter einzustufen sind, mit dem Aufschub wertvolle Zeit gewinnen, um inzwischen seine eigenen Zuweisungschancen[878] zu verbessern. Zudem könnte durch den Zeitablauf eine Verschlechterung der Zuweisungschancen eines Mitbewerbers[879] eintreten. Auf der anderen Seite ist auch die Konstellation denkbar, in der ein Ansprecher durch das weitere Zuwarten seine Zuweisungschancen vermindert, weshalb er diesfalls das Aufschubsrecht wohl besser nicht ausüben wird[880].
Falls mit der Zuweisung des landwirtschaftlichen Gewerbes nicht bis zum Ablauf des Pachtvertrages zugewartet wird, so kann derjenige, der das landwirtschaftliche Gewerbe zur Selbstbewirtschaftung zugesprochen erhalten hat, das Pachtverhältnis ausserordentlicherweise mit einer Jahresfrist auflösen und anstelle des Pächters die Selbstbewirtschaftung übernehmen[881]. Dem Pächter kann indessen je nach den Umständen ein Erstreckungsrecht von maximal zwei Jahren gewährt werden[882]. Zudem hat der Pächter Anspruch auf Schadenersatz bei vorzeitiger Auflösung des Pachtvertrages[883].

---

[877] Ausbildung, Bildung von Ersparnissen, Gesundung von Krankheiten oder von Unfallfolgen, etc.

[878] Zusätzliche Ausbildung; Heirat einer fachkundigen Person; Bildung zusätzlicher Ersparnisse; etc.

[879] Der Mitbewerber ist wesentlich älter und nahe dem Pensionsalter, etc.

[880] Der Ansprecher ist bereits schon alt und dem Pensionsalter bedrohlich nahe; der Ansprecher ist gesundheitlich angeschlagen und muss damit rechnen dass seine Gesundheit sich noch verschlechtert; kaufsrechtsberechtigte Konkurrenten könnten die Zuweisungschancen zwischenzeitlich erlangen oder bedrohlich verbessern; etc.

[881] Art. 15 Abs. 1 und 2 LPG. STUDER/HOFER, S. 113.

[882] Art. 15 Abs. 3 LPG. STUDER/HOFER, S. 115 ff.

[883] Art. 15 Abs. 4 LPG. Entschädigungspflichtig ist dabei die Erbengemeinschaft, welche den vom Erblasser übernommenen Pachtvertrag nicht eingehalten hat (STUDER/HOFER, S. 113, 118 ff.).

VI. Weiterbestehen der Erbengemeinschaft

Falls die Voraussetzungen für einen Zuweisungsaufschub erfüllt sind, bleibt die Erbengemeinschaft zumindest im Ausmass des landwirtschaftlichen Gewerbes[884] als fortgesetzte Erbengemeinschaft bestehen[885]. Diese Erbengemeinschaft hat durch das Zusammenwirken aller Erben[886] den weiterbestehenden Nachlass zu verwalten. Im Falle der Uneinigkeit kann ein Erbenvertreter[887] eingesetzt werden.
Beim Zuweisungsaufschub infolge Unmündigkeit von erbberechtigten Nachkommen wird möglicherweise die zwischenzeitliche Verpachtung des landwirtschaftlichen Gewerbes eine wichtige Rolle spielen. Es ist darauf zu achten, dass die Pachtdauer[888] so festgelegt wird, dass die Pacht in jenem Zeitpunkt ausläuft, in dem über die Zuweisung bei den Nachkommen entschieden werden kann[889]. Die fortgesetzte Erbengemeinschaft betreffend dem landwirtschaftlichen Gewerbe findet ihr Ende mit der Zuweisung an einen Erben oder mit der Übertragung des landwirtschaftlichen Ge-

---

[884] Falls kein Erbe die Erbteilung des übrigen Nachlasses verlangt oder falls es für eine partielle Teilung (des übrigen Nachlasses) keinen hinreichenden Grund gibt (Art. 604 Abs. 1 ZGB e contrario), entsteht betreffend dem ganzen Nachlass eine fortgesetzte Erbengemeinschaft. TUOR PETER / PICENONI VITO, Berner Kommentar, N. 8 zu Art. 621bis aZGB.

[885] Im Sinne von Art. 604 Abs. 2 ZGB. ESCHER ARNOLD, Zürcher Kommentar, N. 7 zu Art. 621bis aZGB.

[886] Möglicherweise unter Mitwirkung der Vormundschaftsbehörde (Beistand, etc.) für die unmündigen Erben.

[887] Art. 602 Abs. 3 ZGB.

[888] Es kann dabei auch eine kürzere als die gesetzlich vorgesehene Pachtdauer unter Einholung einer Ausnahmebewilligung (Art. 7 Abs. 2 und 3 lit. b LPG; Art. 8 Abs. 2 und 3 LPG) vereinbart werden.

[889] Der Entscheidungszeitpunkt ist nicht identisch mit dem Zeitpunkt, in welchem eine mögliche Zuweisungsklage eingereicht wird. Erfahrungsgemäss muss ein Zuweisungsverfahren geraume Zeit vor dem Zeitpunkt eingeleitet werden, in dem der Richter über die Zuweisung entscheidet bzw. entscheiden kann.

werbes an einen Dritten[890] und der jeweils damit verbundenen partiellen Erbteilung, was zur gleichzeitigen Abfindung der Miterben führt[891]. Falls bei Vorliegen des Zuweisungsentscheides noch der gesamte Nachlass vorhanden ist, muss dieser unter Einbezug des Zuweisungsentscheides geteilt werden, sei es einvernehmlich oder durch den Richter[892].

VII. Verfahren

Für den Zuweisungsaufschub bei unmündigen erbberechtigten Nachkommen besteht eine gesetzliche Verpflichtung[893]. Im gerichtlichen Zuweisungsverfahren hat deshalb der Richter bei unmündigen und erbberechtigten Nachkommen von Amtes wegen zu prüfen, ob die Zuweisung aufgeschoben werden muss[894] oder ob die Zuweisungsvoraussetzungen trotzdem gegeben sind[895]. Das Geltendmachen des Ausnahmetatbestandes gemäss Art. 12 Abs. 2 BGBB obliegt demjenigen gesetzlichen Erben, welcher dieses Recht für sich beansprucht. Für die unmündigen Nachkommen hat im Zuweisungsverfahren der Inhaber der elterlichen Gewalt oder

---

[890] Falls der Zuweisungsanspruch der Erben abgewiesen wird und das landwirtschaftliche Gewerbe an einen beliebigen Selbstbewirtschafter (Nichterbe) oder an einen kaufsrechtsberechtigen Verwandten oder gar an einen Nichtselbstbewirtschafter (Art. 64 lit. f BGBB) übertragen wird.

[891] Die Abfindungsansprüche der Miterben sind u.a. auch von den auf dem Gewerbe lastenden Schulden abhängig.

[892] Es kommt auf das jeweilige Rechtsbegehren an. Falls nur die Zuweisung verlangt worden ist, wird der Richter vorerst nur über diese bestimmen. Die Teilung muss dann auf der Grundlage des Zuweisungsentscheides entweder einvernehmlich oder dann über den Richter vorgenommen werden.

[893] Art. 12 Abs. 1 BGBB.

[894] Das ist dann der Fall, wenn noch nicht bei allen unmündigen erbberechtigten Nachkommen die Eignung und der Wille zur Selbstbewirtschaftung ausreichend abgeklärt werden kann.

[895] Die noch unmündigen Erben können betreffend der Eignung und dem Willen zur Selbstbewirtschaftung bereits beurteilt werden.

bei der wohl oft vorhandenen Interessenkollision[896] stets die Vormundschaftsbehörde[897] aktiv zu werden. Bei einvernehmlichen[898] Zuweisungen dürfte die Mitwirkung der Vormundschaftsbehörde noch viel eher angezeigt sein, weil hier der gesetzlich vorgesehene Zuweisungsaufschub[899] gänzlich ausser acht gelassen und damit die Interessen der Unmündigen gravierend verletzt werden könnten.
Wird beim Richter ein Zuweisungsbegehren gestellt und liegen die Voraussetzungen für einen Zuweisungsaufschub vor, so hat der Richter das Zuweisungsverfahren im Fall von unmündigen erbberechtigten Nachkommen von Amtes wegen[900] zu sistieren[901] und mit dem Entscheid zuzuwarten, bis die Zuweisungsfrage geklärt werden kann. Auf eine verfrühte Klage bei langjähriger Verpachtung des Gewerbes müsste eine nicht einlässliche Klageantwort mit einem Aufschubs- bzw. Sistierungsbegehren zugelassen werden.
Die Aufschubsmöglichkeit bei längerer Verpachtung eines landwirtschaftlichen Gewerbes hat jeder potentiell zuweisungsberechtigte Erbe selber im gerichtlichen Zuweisungsprozess geltend zu

---

[896] Einerseits könnte der überlebende Ehegatte als Inhaber der elterlichen Gewalt selber das Gewerbe ansprechen. Andererseits könnten Inhaber der elterlichen Gewalt die Interessen von verschiedenen unmündigen Nachkommen wahrnehmen müssen.

[897] In der Regel dürfte eine fallbezogene Beistandschaft (Art. 392 Ziffer 2 ZGB) ausreichen.

[898] Erbteilungsvertrag.

[899] Art. 12 Abs. 1 BGBB.

[900] Aufgrund einer Erbenbescheinigung kann mit Leichtigkeit festgestellt werden, ob unmündige erbberechtigte Nachkommen vorhanden sind. Sind solche vorhanden, so ist mit Hilfe des gesetzlichen Vertreters und allenfalls mit Hilfe der Vormundschaftsbehörde von Amtes wegen abzuklären, ob die Voraussetzungen für einen Zuweisungsaufschub vorhanden sind.

[901] Es wäre nicht sachgerecht, die zu früh eingereichte Klage abzuweisen, weil es sehr schwierig sein dürfte, den Zeitpunkt abzuschätzen, an dem die Zuweisungsklage nicht mehr von einem möglichen Zuweisungsaufschub aufgehalten werden kann. Es wäre auch unsinnig eine abgewiesene Klage später noch einmal zuzulassen.

machen oder einem Erbteilungsvertrag[902] dementsprechend die Zustimmung zu verweigern. Wird der Zuweisungsaufschub von einem Ansprecher vor dem Richter geltend gemacht und sind die entsprechenden Voraussetzungen[903] gegeben, so muss das von einem anderen Bewerber angestrengte Zuweisungsverfahren bis zum verlangten Aufschubszeitpunkt, aber längstens bis ein Jahr vor Ablauf des Pachtvertrages sistiert[904] werden. Auf eine solch verfrühte Klage müsste eine nicht einlässliche Klageantwort mit einem Aufschubs- bzw. Sistierungsbegehren zugelassen werden.

§ 11 Nutzniessung oder Wohnrecht des überlebenden Ehegatten

I. Allgemeines

Bis zum Jahr 1988 hatte der überlebende Ehegatte im Rahmen der güterrechtlichen Auseinandersetzung oder im Rahmen der Erbtei-

---

[902] Wenn ein Erbberechtigter durch einen Zuweisungsaufschub seine persönlichen Voraussetzungen verbessern könnte, und wenn der Erbteilungsvertrag seinen Interessen nicht ausreichend Rechnung trägt.
[903] Verpachtung auf längere Zeit (d.h. über 3 Jahre) sowie Wille zur Selbstbewirtschaftung.
[904] Es macht auch hier keinen Sinn, die zu früh eingereichte Klage abzuweisen, weil es sehr schwierig sein dürfte, den Zeitpunkt abzuschätzen, an dem die Zuweisungsklage nicht mehr von einem möglichen Zuweisungsaufschub aufgehalten werden kann. Es wäre auch unsinnig eine abgewiesene Klage später noch einmal zuzulassen. Zudem würde eine solche Abweisung stets vom Aufschubsantrag eines Konkurrenten abhängen.

lung keinerlei gesetzlichen Anspruch auf Zuweisung einer Wohngelegenheit zu Eigentum, im Wohnrecht oder in Nutzniessung. Dieses Manko wurde deshalb oft durch einen Ehe- und Erbvertrag oder durch ein Testament behoben[905]. Mit der Schaffung des Bundesgesetzes vom 5. Oktober 1984 über die Änderung des ZGB[906] wurde diese Lücke durch eine güterrechtliche[907] und eine erbrechtliche[908] Bestimmung geschlossen. Somit kann seit 1.1.1988 der überlebende Ehegatte im Rahmen der güterrechtlichen oder erbrechtlichen Auseinandersetzung sich unter Anrechnung eine Wohngelegenheit zuweisen lassen, allerdings unter dem Vorbehalt, dass Räumlichkeiten, in denen der Erblasser einen Beruf oder ein Gewerbe betrieben hatte und die ein Nachkomme zur Weiterführung benötigt, dem Nachkommen nicht entzogen werden dürfen[909]. Bei diesen allgemeinen[910] Vorschriften wurde indessen ein ausdrücklicher Vorbehalt für das bäuerliche Erbrecht angebracht[911]. Vom 1. Januar 1988 bis zum 31. Dezember 1993 konnte sich der überlebende Ehegatte in der Erbteilung bei landwirtschaftlichen Gewerben immerhin auf diese allgemeinen Vorschriften berufen[912], musste sich aber die Besonderheiten des bäuerlichen Erbrechts vorhalten lassen[913]. Mit

---

[905] HAUSHEER HEINZ / REUSSER RUTH / GEISER THOMAS, Berner Kommentar, N. 3 zu Art. 219 ZGB. Auch im bäuerlichen Erbrecht (Art. 619 ff. aZGB) konnte sich der überlebende Ehegatte von Gesetzes wegen keine Wohngelegenheit zuweisen lassen.

[906] AS 1986 I 122: Wirkungen der Ehe im allgemeinen, Ehegüterrecht und Erbrecht. In Kraft getreten am 1.1.1988.

[907] Art. 219 und Art. 244 ZGB.

[908] Art. 612a ZGB.

[909] Art. 219 Abs. 4 und Art. 612a Abs. 3 ZGB.

[910] Grundsätzlich für alle güterrechtlichen und erbrechtlichen Verhältnisse.

[911] Art. 219 Abs. 4 und Art. 612a Abs. 3 BGBB.

[912] Art. 219 Abs. 4 und Art. 612a Abs. 3 ZGB. HAUSHEER HEINZ / REUSSER RUTH / GEISER THOMAS, Berner Kommentar, N. 110 zu Art. 219 ZGB.

[913] Anstelle der Nachkommen gemäss Art. 219 Abs. 4 und 612a Abs. 4 ZGB war bereits vor dem Inkrafttreten des BGBB auf den übernehmenden «Erben» (auch eingesetzter Erbe, Eltern, Geschwistern, etc.) Rücksicht zu nehmen (HAUSHEER HEINZ / REUSSER RUTH / GEISER THOMAS, Berner Kommentar, N. 113 und 116 zu Art. 219 ZGB). Der überlebende Ehegatte konnte nicht unbedingt die bisherige Wohngelegenheit zugewiesen verlangen, sondern musste

dem Inkraftsetzen des BGBB[914] mussten die allgemeinen Bestimmungen grundsätzlich[915] ungeachtet des konkreten Güterstandes der lex specialis weichen[916].

Die Abtrennung von Bestandteilen[917] eines landwirtschaftlichen Gewerbes ist im Rahmen des Realteilungsverbotes[918], nur beschränkt möglich[919], selbst wenn die Erben sich darüber einig wären. Im übrigen sind sämtliche Ansprüche von Miterben an Gewerbebestandteilen[920] ausgeschlossen. Dieser Grundsatz ergibt sich aus

---

sich auch mit einer anderen Wohngelegenheit (Stöckli) begnügen (HAUSHEER HEINZ / REUSSER RUTH / GEISER THOMAS, Berner Kommentar, N. 113 und 116 zu Art. 219 ZGB). Damit war der Unterschied zu Art. 11 Abs. 3 BGBB nur noch gering und zeigte sich noch in der theoretischen Möglichkeit der Zuweisung einer Wohngelegenheit zu Eigentum (was nach Art. 11 Abs. 3 BGBB nicht mehr möglich ist; HAUSHEER HEINZ / REUSSER RUTH / GEISER THOMAS, Berner Kommentar, N. 114 zu Art. 219 ZGB) und in der Abänderbarkeit oder im Ausschluss dieses Zuweisungsanspruches (vgl. unten, VIII).

[914] In Kraft seit 1.1.1994. AS 1993 S. 1442.

[915] Falls kein Erbe die Zuweisung des landwirtschaftlichen Gewerbes verlangt oder falls ein solches Begehren abgewiesen wird, gelten wieder die allgemeinen Regeln (Art. 219 Abs. 1-3 und Art. 612a 1 und 2 ZGB). In jedem Fall gelten die allgemeinen Regeln für den Hausrat. HAUSHEER HEINZ / REUSSER RUTH / GEISER THOMAS, Berner Kommentar, N. 117 zu Art. 219 ZGB.

[916] Art. 11 Abs. 3 BGBB. Diese Bestimmung beschlägt sowohl den erbrechtlichen Anspruch des überlebenden Ehegatten auf Einräumung einer Wohngelegenheit wie auch dessen entsprechende güterrechtlichen Ansprüche (im Sinne einer lex specialis), was sich aus dem Vorbehalt gemäss Art. 219 Abs. 4 ZGB und gemäss Art. 612a Abs. 3 ZGB ergibt (HAUSHEER HEINZ / REUSSER RUTH / GEISER THOMAS, Berner Kommentar, N. 117 zu Art. 219 ZGB).

[917] Die Einräumung von beschränkt dinglichen Rechten (Baurecht, langjährige Nutzniessung, etc.) ist je nach den Umständen als Abtrennung eines Gewerbe- oder Grundstückteiles zu betrachten, da sonst auf diesem Weg das Realteilungsverbot leicht umgangen werden könnte.

[918] Art. 58 Abs. 1 BGBB.

[919] BBl 1988 III 991; Art. 15 und Art. 16 sowie Art. 60 lit. b BGBB.

[920] Gemeint sind nach wie vor Bestandteile eines Gewerbes im Sinne von Art. 7 BGBB. Grundstücke oder Grundstücksteile (vgl. Art. 2 Abs. lit. a und c BGBB), welche in einer Bauzone liegen und mit den übrigen Gewerbebestandteilen zusammen bewirtschaftet worden sind, aber nicht zum Gewerbe im Sinne von Art. 2 Abs. 2 lit. a oder c BGBB gehören, stellen keine Gewerbebe-

der angestrebten Strukturverbesserung[921], wobei die Einräumung einer Wohngelegenheit für den überlebenden Ehegatten eine gesetzlich vorgesehene Ausnahme darstellt[922].

II. Grundsatz

Wird ein landwirtschaftliches Gewerbe einer anderen Person als dem überlebenden Ehegatten zugewiesen, so kann dieser verlangen, dass ihm auf Anrechnung an seine Ansprüche die Nutzniessung an einer Wohnung oder ein Wohnrecht eingeräumt wird, wenn es die Umstände zulassen[923]. Mit dieser Bestimmung soll erreicht werden, dass der überlebende Ehegatte nicht unbedingt in der bisherigen Wohnung, wohl aber zumindest am bisherigen Ort weiter wohnen kann, falls nicht objektive Gründe wie die räumlichen Verhältnisse oder subjektive Gesichtspunkte wie die Beziehung des Übernehmers zum überlebenden Ehegatten dagegen sprechen[924].
Einvernehmlich kann der überlebende Ehegatte mit den übrigen Erben und insbesondere mit dem Übernehmer die Einräumung einer Wohngelegenheit frei vereinbaren. Selbst die Abtrennung von Wohneigentum ist dabei denkbar, soweit dies nicht durch das Realteilungsverbot eingeschränkt wird[925]. Wenn die einvernehmliche Regelung des Wohnbedarfs des überlebenden Ehegatten nicht möglich ist, kann der Ehegatte eine solche verlangen. Es ist ihm freigestellt, ob er sich eine Wohngelegenheit einräumen lassen will oder nicht. Allerdings wird er in den meisten Fällen darauf angewiesen sein, weil er ausserhalb des Gewerbes kaum zu einer solch

---

standteile dar und können von den anderen Erben ohne weiteres angesprochen werden, bzw. abgetrennt werden (vgl. Art. 60 lit. a BGBB).
[921] Art. 1 Abs. 1 lit. a BGBB; BBl 1988 III 968.
[922] Art. 11 Abs. 3 BGBB; BBl 1988 III 991.
[923] Art. 11 Abs. 3 BGBB.
[924] BBl 1988 III 991.
[925] Art. 58 Abs. 1 BGBB i.V.m. Art. 60 lit. a und b BGBB.

günstigen[926] Wohngelegenheit kommen wird und da seine Ansprüche aus Güterrecht und Erbrecht zufolge des Ertragswertprinzips regelmässig nicht allzu hoch sein dürften.

Der überlebende Ehegatte kann grundsätzlich zwischen einem Wohnrecht und einem Nutzniessungsrecht auswählen. Allerdings wird diese Wahlmöglichkeit durch die konkreten räumlichen Verhältnisse begrenzt. Zudem ist ein Nutzniessungsrecht grundsätzlich höher zu bewerten als ein räumlich identisches Wohnrecht und deshalb auch mit einer grösseren Summe abzugelten, weil bei der Nutzniessung im Gegensatz zum Wohnrecht die Ausübung auf einen Dritten übertragen werden kann[927].

III. Ausschlussgründe

A. Allgemeines

Sowohl die Nutzniessung wie auch das Wohnrecht sind dem überlebenden Ehegatten nur dann einzuräumen, wenn es die Umstände zulassen[928]. Objektive wie auch subjektive Gründe können dagegen sprechen[929]. Vor einem allfälligen Ausschluss ist zu prüfen, ob die allenfalls vorliegenden Probleme nicht mit entsprechenden Einschränkungen[930] oder Verpflichtungen ausgeräumt werden können.

---

[926] Vgl. unten, VII.
[927] Art. 758 Abs. 1 ZGB.
[928] Art. 11 Abs. 3 BGBB.
[929] BBl 1988 III 991.
[930] Räumliche Beschränkung, zeitliche Beschränkung, etc.

B. Objektive Ausschlussgründe

In objektiver Hinsicht können die beschränkten Wohnräumlichkeiten dazu führen, dass dem überlebenden Ehegatten innerhalb des landwirtschaftlichen Gewerbes keine Wohngelegenheit eingeräumt werden kann. Dies muss dann der Fall sein, wenn es einen Wohnteil mit nur einer Wohnung oder ein Wohnhaus mit nur einer Wohnung gibt, welche nicht genügend abtrennbaren Wohnraum aufweist. Dem Betriebsinhaber ist es in den wohl meisten Fällen nicht zuzumuten, auf seine Kosten neuen Wohnraum für den überlebenden Ehegatten zu schaffen[931]. Sofern mit verhältnismässigen Investitionen zumutbare[932] räumliche Verhältnisse sowohl für den Betriebsleiter mit seiner Familie[933] als auch für den überlebenden Ehegatten[934] geschaffen werden können, sind solche Vorkehren zu treffen, wobei die dazu notwendigen Investitionen grundsätzlich vom überlebenden Ehegatten in der Weise zu tragen sind, dass er dem Übernehmer einen Anrechnungswert vergütet, in dem die Investitionen enthalten sind[935]. Vertraglich ist auch eine Lösung im

---

[931] STUDER BENNO, Kommentar BGBB, N. 36 zu Art. 11 BGBB.

[932] Die Zumutbarkeit der räumlichen Verhältnisse im konkreten Fall hängt von verschiedenen Faktoren ab (Ortsüblichkeit, bisherige Wohnregelung, Einvernehmen zwischen überlebendem Ehegatten und Übernehme bzw. Betriebsleiterfamilie, etc.) und ist letztlich vom Richter fallweise zu beurteilen.

[933] Bereits bestehende Familiengrösse und beabsichtigter Familienzuwachs sind zu berücksichtigen.

[934] Dem überlebenden Ehegatten sind wohl in der Regel mindestens zwei von den übrigen Wohnräumen abtrennbare Zimmer mit separater Kochgelegenheit zuzubilligen. Falls der überlebende Ehegatte noch unmündige Kinder hat, sind diese beim Wohnbedarf miteinzubeziehen. Allerdings können sich der Übernehmer und der überlebende Ehegatte im Einvernehmen auf die Mitbenützung von Wohnräumen einigen (Wohnrecht).

[935] Dabei sind für die zu überlassenden Räumlichkeiten oder für den Grund und Boden der Ertragswert und für die zu leistenden Investitionen die effektiven Kosten als Anrechnungswert dem überlebenden Ehegatten zu berechnen. Er kann ja selber entscheiden, wie hoch die Investition und damit der gesamte Anrechnungswert sein soll. Bei kurzer Lebensdauer des überlebenden Ehegatten wird der Übernehmer des Gewerbes durch die neuwertige Investition möglicherweise eine ansehnliche «Bereicherung» erfahren. Das gleiche ist aber auch dann der Fall, wenn die bereits vorhandene und eingeräumte

Sinne eines Mieterbaues[936] möglich, mit welcher der Übernehmer nach dem Ableben des überlebenden Ehegatten den Restwert der Investition den Erben[937] zu vergüten hat[938]. Mit beiden Lösungen kann erreicht werden, dass der Übernehmer im Zeitpunkt der Gewerbeübernahme nicht noch zusätzlich finanziell belastet wird und dass dennoch zumutbare Wohnverhältnisse sowohl für den Betriebsleiter wie auch für den überlebenden Ehegatten geschaffen werden können.

Wenn räumlich immer möglich wird der Übernehmer bei bescheidenen[939] Wohnverhältnissen geneigt sein, für den überlebenden Ehegatten Wohnraum auszuscheiden, um mit dem entsprechenden Anrechnungswert das übernommene Gewerbe zu einem Teil abgelten zu können. Bei verkehrstechnisch guter Lage der Wohnräumlichkeiten und bei gutem Ausbaustandard indessen könnte der Übernehmer möglicherweise bestrebt sein, mittels subjektivem Ausschlussgrund dem überlebenden Ehegatten den günstig[940] zu überlassenden Wohnraum zu entziehen, um dann den Wohnraum an Dritte zu Marktpreisen zu vermieten.

Wohnmöglichkeit vom überlebenden Ehegatten zum Ertragswert voll abgegolten, aber zufolge kurzer Lebensdauer nicht lange benützt wird.

[936] Das Eigentum der Investition geht auf den Eigentümer der Liegenschaft, also auf den Übernehmer über, während der überlebende Ehegatte die Investition bezahlt und dafür über einen vertraglichen Entschädigungsanspruch im Sinne von Art. 260a OR verfügt.

[937] Meistens wird der Übernehmer auch zu diesen Erben gehören.

[938] Die Höhe der Vergütung kann frei vereinbart werden. In der Regel rechtfertigt sich die Abgeltung zum dannzumaligen Verkehrswert der Investition, weil der Betriebsleiter eine Investition erhalten hat, welche er übernehmen kann und welche er ansonsten zum Erstellungswert (wohl höher als Verkehrswert) berappen müsste. Falls der Betriebsleiter diese frei gewordenen Wohnräume nicht selber (Bedarf der Familie) oder durch Dritte (vermieten) benützen kann, wäre der dannzumalige Anrechnungswert der Investition angemessen bis maximal auf den Ertragswert zu reduzieren. Andernfalls könnte nämlich der Übernehmer in finanzielle Not geraten, falls die Investition in die neu geschaffenen oder erneuerten Wohnräumlichkeiten erheblich war und falls der überlebende Ehegatte nur kurz darin gelebt hat.

[939] Kein moderner Ausbaustandard, eher abgelegen, etc.

[940] Ertragswert, vgl. unten, VII.

C. Subjektive Ausschlussgründe

In subjektiver Hinsicht könnte vor allem die möglicherweise schlechte persönliche Beziehung des Übernehmers oder dessen Familienmitglieder[941] zum überlebenden Ehegatten gegen die Einräumung einer Wohngelegenheit sprechen[942]. Hat sich der überlebende Ehegatte jahrelang gegen die Zuweisung an den Übernehmer gewehrt, so ist grundsätzlich ein Zusammenwohnen zu vermeiden[943]. Allerdings spielt auch hier die räumliche Nähe eines möglichen Zusammenwohnens eine wesentliche Rolle. Je mehr der Altenteil[944] und damit mögliche Reibungsflächen räumlich getrennt werden können, desto eher wird ein Zusammenleben innerhalb dem landwirtschaftlichen Gewerbe zumutbar sein.

IV. Nutzniessung

A. Inhalt

Die Nutzniessung vermittelt das Recht auf Besitz, Gebrauch und Nutzung eines Grundstückes oder Grundstückteiles, wobei bestimmte Nutzungsarten ausgeschlossen werden können[945]. Die Nutzniessung im technischen Sinne[946] ist nur an ganzen Grundstücken oder zumindest an abtrennbaren Stockwerkeigentümereinheiten möglich[947]. Soweit also Grundstücke, Häuser oder als Stockwerkei-

---

[941] Der Ehegatte oder die Kinder des Übernehmers oder der Übernehmerin könnten beispielsweise mit dem überlebenden Ehegatten arg zerstritten sein.
[942] BBl 1988 III 991.
[943] STUDER BENNO, Kommentar BGBB, N. 36 zu Art. 11 BGBB
[944] Wohngelegenheit für den überlebenden Ehegatten, auch «Stöckli» genannt.
[945] Art. 745 Abs. 2 ZGB. BGE 116 II 282 E. 3a.
[946] Art. 745 ff. ZGB.
[947] BGE 116 II 281; ZBJV 128 (1992) 118.

gentümereinheiten aufteilbare Anteile von Gebäuden im landwirtschaftlichen Gewerbe vorhanden sind, kann die eigentliche Nutzniessung[948] für den überlebenden Ehegatten eingeräumt werden. Zu beachten sind dabei die detaillierten gesetzlichen Regelungen[949], wobei die Bestimmungen über die Lastentragung aber immerhin dispositiver Natur sind[950]. Die Lasten[951] der Nutzniessung können somit frei vereinbart werden. Es ist auch ratsam, sämtliche Lasten einer Nutzniessung klar zu regeln, weil andernfalls die gesetzliche Lastentragung zum Tragen kommt und der Nutzniesser regelmässig von solchen Aufwendungen überrascht würde, weil er nicht damit gerechnet hat.

B. Nutzungsdienstbarkeit im Sinne von Art. 781 ZGB

Wo bei einem landwirtschaftlichen Gewerbe die klare Abtrennbarkeit von Grundstücken oder Grundstücksteilen nicht möglich sein wird, ist ein Nutzungsrecht an Wohnräumlichkeiten im Sinne einer irregulären Personaldienstbarkeit[952] einzuräumen, wenn es möglich sein soll, die Ausübung an Dritte zu übertragen. Auch hier sind die Lasten des Nutzungsrechtes wie bei der gesetzlichen Nutzniessung vertraglich zu regeln, weil ohne ausdrückliche Regelung die Lastentragung nach den konkreten Interessen verteilt werden müsste[953]. Zudem ist die Ausübung durch Dritte ausdrücklich vorzusehen.

Allerdings sind bei der Einräumung einer Nutzungsdienstbarkeit im Sinne von Art. 781 ZGB gewisse inhaltliche Schranken zu be-

---

[948] Art. 745 ff. ZGB.
[949] Art. 745 ff. ZGB.
[950] BGE 116 II 284. HAUSHEER HEINZ / REUSSER RUTH / GEISER THOMAS, Berner Kommentar, N. 51 zu Art. 219 ZGB.
[951] Art. 764 ff.
[952] Im Sinne von Art. 781 ZGB. BGE 116 II 281 ff.
[953] Art. 781 Abs. 3 ZGB i.V.m. Art. 741 ZGB. BGE 116 II 290 f. Die Lastenverteilung müsste wohl analog dem gesetzlichen Nutzniessungsrecht (Art. 764 ff. ZGB) ausfallen.

achten[954]. So wäre es nicht möglich, eine solche Dienstbarkeit derart auszugestalten, dass der Eigentümer sein Recht in zeitlicher und sachlicher Hinsicht überhaupt aufgibt. Im Ergebnis darf es nämlich nicht auf die Übertragung des Eigentums hinauslaufen und das Eigentum entleeren[955]. Auch darf nicht Gegenstand einer solchen irregulären Dienstbarkeit werden, was der Gesetzgeber bei den bestimmten Dienstbarkeiten ausgeschlossen hat, weil er darin eine übermässige Beschränkung des Eigentums sah[956].
Der in Art. 11 Abs. 3 BGBB verwendete Begriff der Nutzniessung ist, wie das Korrelat im ZGB[957], im untechnischen Sinne zu verstehen und die obgenannte Nutzungsdienstbarkeit im Sinne von Art. 781 ZGB ist im Begriff der Nutzniessung gemäss Art. 11 Abs. 3 BGBB einzuschliessen, was sich aus dem Sinn und Zweck dieser Bestimmung ohne weiteres ergibt. Es ist nämlich nicht einzusehen, dass mittels der gesetzlichen Nutzniessung die Nutzung an einem Grundstück, an einem Haus oder an einer Stockwerkeigentümereinheit möglich sein soll, während eine geringere Nutzungsdienstbarkeit an einer Wohnung oder an einem Anteil davon nicht möglich sein sollte[958]. Dementsprechend kann der überlebende Ehegatte je nach den konkreten Verhältnissen eine gesetzliche Nutzniessung oder eine Nutzungsdienstbarkeit im Sinne von Art. 781 ZGB beanspruchen.

---

[954] BGE 116 II 290, 113 II 149, 103 II 181.

[955] BGE 116 III 291 mit Hinweisen.

[956] Es wäre beispielsweise nicht zulässig, als Dienstbarkeit im Sinne von Art. 781 ZGB ein zeitlich unbefristetes und übertragbares Nutzungsrecht an bestimmten Räumen eines Hauses zu begründen, weil damit die Bestimmung umgangen würde, dass ein Wohnrecht unübertragbar und befristet ist (BGE 113 II 148 f.).

[957] Art. 219, 244 und 612a ZGB. (HAUSHEER HEINZ / REUSSER RUTH / GEISER THOMAS, Berner Kommentar, N. 52 zu Art. 219 ZGB).

[958] HAUSHEER HEINZ / REUSSER RUTH / GEISER THOMAS, Berner Kommentar, N. 52 zu Art. 219 ZGB.

C. Umfang

Der Umfang einer Nutzniessung oder eines entsprechenden Nutzungsrechtes im Sinne von Art. 781 ZGB bemisst sich einerseits an den Bedürfnissen des überlebenden Ehegatten[959] und andererseits an den räumlichen Möglichkeiten des Übernehmers. Im Gegensatz zum Wohnrecht ist die Ausübung des Nutzniessungsrechtes oder Nutzungsrechtes übertragbar[960], weshalb es dem überlebenden Ehegatten erlaubt sein muss, die Ausübung des Nutzniessungsrechtes Dritten zu überlassen[961].
Die Einräumung einer Wohngelegenheit innerhalb des landwirtschaftlichen Gewerbes sollte wohl dazu dienen, dem überlebenden Ehegatten ein Verbleiben auf dem Hof zu ermöglichen[962]. Hinzu kommt allerdings, dass der überlebende Ehegatte auf diese Weise zu einer günstigen Wohngelegenheit kommt, was umso berechtigter erscheint, als er dem Übernehmer das landwirtschaftliche Gewerbe ebenfalls zu einem tiefen Preis überlassen muss[963]. Ausserhalb des landwirtschaftlichen Gewerbes hat der überlebende Ehegatte seine Wohngelegenheit zum vollen Marktwert abzugelten[964]. Es wäre somit keineswegs sachgerecht, den Wegfall des Nutniessungsgrundes und damit die Ablösung der Nutzniessung[965] in der Nutzungsübertragung an einen Dritten[966] sehen zu wollen, weil es durchaus be-

---

[959] Falls noch unmündige Kinder vorhanden sind, müssen auch diese nach Möglichkeit bei der Bemessung der Wohnräume berücksichtigt werden. Ebenso ist der bisherige Lebensstandard des überlebenden Ehegatten einzubeziehen (STUDER Benno, Kommentar BGBB, N. 39 zu Art. 11 BGBB).

[960] Art. 758 Abs. 1 ZGB. BGE 116 II 289 mit Hinweisen. Das Nutzniessungsrecht als solches ist indessen weder abtretbar noch vererblich (HAUSHEER HEINZ / REUSSER RUTH / GEISER THOMAS, Berner Kommentar, N. 48 zu Art. 219 ZGB).

[961] Mit einem entsprechenden Mietvertrag, etc.

[962] BBl 1988 III 991.

[963] Art. 17 und 18 BGBB; Ertragswert oder erhöhter Ertragswert.

[964] Als Mieter einer Wohnung müsste der überlebende Ehegatte den marktüblichen Mietzins und als Käufer von Wohneigentum den marktüblichen Kaufpreis bezahlen.

[965] Art. 748 Abs. 3 ZGB.

[966] Vermietung, etc.

rechtigte Gründe[967] für eine solche Nutzungsübertragung geben kann[968]. Zudem ist nicht einzusehen, weshalb überhaupt ein Nutzniessungsrecht an Wohnräumlichkeiten überhaupt eingeräumt werden sollte, wenn mit einer Ausübungsübertragung an Dritte die Ablösung bzw. Aufhebung dieses Rechtes verbunden sein sollte. Denn mit dem Einräumen eines solchen Rechtes wollte im Gegensatz zum Wohnrecht ja gerade die Ausübung übertragbar sein.

V. Wohnrecht

A. Inhalt

Das Wohnrecht besteht in der Befugnis, in einem Gebäude oder in einem Teil eines solchen Wohnung zu nehmen[969]. Wo eine Mitbenützung von Räumlichkeiten zwischen dem Wohnrechtsberechtigten und dem Eigentümer entstehen soll, wird regelmässig eine künftige Drittnutzung unzumutbar sein. Für solche Fälle kommt praktisch nur ein Wohnrecht in Frage, mit dem eine Drittnutzung praktisch ausgeschlossen werden kann[970]. Der Inhaber des Wohnrechts ist von Gesetzes wegen bei den ausschliesslich benützten Räumlichkeiten für den gewöhnlichen Unterhalt verantwortlich[971], während bei mitbenutzten Räumlichkeiten die gesamten Lasten vom Eigentümer zu tragen sind[972]. Beim Begriff des «gewöhnlichen Unterhaltes» ist wohl von der Unterhaltsverpflichtung eines Mie-

---

[967] Zerstrittenheit mit dem Betriebsleiter, Betagtheit des überlebenden Ehegatten, etc.
[968] A.M. STUDER BENNO, Kommentar BGBB, N. 42 zu Art. 11 BGBB
[969] Art. 776 Abs. 1 ZGB.
[970] Selbstverständlich kann eine Drittnutzung im Einvernehmen ausgeübt werden.
[971] Art. 778 Abs. 1 ZGB.
[972] Art. 778 Abs. 2 ZGB.

ters gemäss Ortsgebrauch auszugehen[973]. Allerdings ist es der Klarheit halber vorteilhaft, auch beim Wohnrecht genau zu bestimmen, welche Lasten der Wohnrechtsberechtigte zu tragen hat. Mit der Einräumung eines «unentgeltlichen» Wohnrechtes ist der Inhaber des Wohnrechts auf jeden Fall noch nicht vom gewöhnlichen Unterhalt befreit[974].

B. Umfang

Bei einem landwirtschftlichen Gewerbe bemisst sich der Umfang eines Wohnrechtes einerseits an den Bedürfnissen des überlebenden Ehegatten[975] und andererseits an den räumlichen Möglichkeiten des Übernehmers. Im Gegensatz zum gesetzlichen Nutzniessungsrecht oder Nutzungsrecht im Sinne von Art. 781 ZGB ist die Ausübung des Rechtes nicht übertragbar[976], weshalb es dem überlebenden Ehegatten nicht erlaubt ist, die Ausübung des Wohnrechtes Dritten zu überlassen[977]. Diese Möglichkeit kann vom Eigentümer eines landwirtschaftlichen Gewerbes dem Wohnrechtsberechtigten nur mit obligatorischer Wirkung eingeräumt werden, weshalb eine entsprechende Vereinbarung einem späteren Erwerber des Gewerbes nicht entgegengehalten werden kann, wenn er diese zusätzliche Pflicht nicht übernommen hat[978]. Der Wohnrechtsberechtigte darf

---

[973] Art. 259 OR. PIOTET PAUL, Schweizerisches Privatrecht, Band V/1, S. 619. HIGI PETER, Zürcher Kommentar, Die Miete, Teilband V 2b, N. 13 ff. zu Art. 259 OR.

[974] BGE 115 II 344. Soll der Inhaber eines Wohnrecht auch vom gewöhnlichen Unterhalt befreit werden, so müsste die Einräumungsbestimmung eine Formulierung wie «ohne Lasten» oder «lastenfrei» enthalten.

[975] Falls noch unmündige Kinder vorhanden sind, müssen auch diese nach Möglichkeit bei der Bemessung der Wohnräume berücksichtigt werden. Ebenso ist der bisherige Lebensstandard des überlebenden Ehegatten einzubeziehen (STUDER BENNO, Kommentar BGBB, N. 39 zu Art. 11 BGBB).

[976] Art. 776 Abs. 2 ZGB und Art. 777 Abs. 1 und 2 ZGB. BGE 116 II 289 mit Hinweisen. Das Wohnrecht als solches ist weder abtretbar noch vererblich (Art. 776 Abs. 2 ZGB).

[977] Mit einem entsprechenden Mietvertrag, etc.

[978] BGE 116 II 289 mit Hinweisen.

seine Familienangehörigen und Hausgenossen zu sich in die Wohnung aufnehmen, sofern das Recht nicht ausdrücklich auf seine Person beschränkt ist[979].

VI. Hausrat

Wie im bisherigen Recht[980] besteht für die Zuweisung des Hausrates[981] im bäuerlichen Erbrecht keine besondere Vorschrift[982]. Es ist von der allgemeinen Regel auszugehen, wonach der überlebende Ehegatte im Rahmen der güterrechtlichen und der erbrechtlichen Auseinandersetzung die Zuteilung des Hausrates zu Eigentum verlangen kann[983]. Allerdings besteht diese Möglichkeit wie bei der Wohngelegenheit erst seit 1988[984].

VII. Anrechnung

A. Ausgangslage

Die Einräumung einer Wohngelegenheit an den überlebenden Ehegatten hat nur auf Anrechnung an seine Ansprüche zu erfolgen[985].

---

[979] Art. 777 Abs. 2 ZGB.
[980] TUOR PETER / PICENONI VITO, Berner Kommentar, N. 26 zu Art. 620 aZGB.
[981] Zu Begriff des Hausrates: HAUSHEER HEINZ / REUSSER RUTH / GEISER THOMAS, Berner Kommentar, N. 79 ff. zu Art. 219 ZGB.
[982] HAUSHEER HEINZ / REUSSER RUTH / GEISER THOMAS, Berner Kommentar, N. 111 zu Art. 219 ZGB.
[983] Art. 219 Abs. 2 ZGB, 244 Abs. 1 ZGB und Art. 612a Abs. 1 ZGB.
[984] Vgl. vorne, I.
[985] Art. 11 Abs. 3 BGBB.

Der überlebende Ehegatte muss demnach zumindest über erbrechtliche Ansprüche gegenüber dem Nachlass verfügen[986]. Allerdings werden in den meisten Fällen auch güterrechtliche Ansprüche abzugelten sein[987]. Der Anrechnungswert der Wohngelegenheit ist vom Anrechnungswert des Übernehmers für das landwirtschaftliche Gewerbe abhängig zu machen, welcher je nach den Umständen vom Ertragswert bis zum Verkehrswert schwanken kann[988]. Der Ertragswert der Wohngelegenheit bemisst sich nach dem Mietwert gemäss dem Punktiersystem der Schätzungsanleitung für den Ertragswert[989] und der entsprechenden Kapitalisierung dieses Mietwertes[990]. Für den Verkehrswert ist der auf dem Wohnungsmarkt effektiv erzielbare Mietzins zu kapitalisieren[991].

B. Ertragswert

Konnte der Übernehmer das landwirtschaftlichen Gewerbes mitsamt der Wohngelegenheit des überlebenden Ehegatten zum land-

---

[986] Falls es keinen Nettonachlass gibt und falls der überlebende Ehegatte auch keine güterrechtlichen Ansprüche geltend machen kann, gibt es keine Anrechnung und somit auch keine Einräumung einer Wohngelegenheit (Wohnrecht, Nutzniessung oder Nutzungsrecht gemäss Art. 781 ZGB). Solche Fälle dürfte es nur dann geben, wenn eine angemessene Erhöhung des Anrechnungswertes über den Ertragswert hinaus nicht mehr möglich ist, weil der Überschuss an Erbschaftspassiven bereits den Verkehrswert des Gewerbes erreicht hat (Art. 18 Abs. 1 BGBB). Soweit der Verkehrswert noch nicht erreicht ist, kann zwecks Deckung der güterrechtlichen Ansprüche oder zur Schaffung von erbrechtlichen oder güterrechtlichen Ansprüchen der Anrechnungswert nach den Umständen angemessen erhöht werden (Art. 213 ZGB und Art. 18 BGBB).

[987] Art. 219 und Art. 244 ZGB.

[988] Art. 213 ZGB und Art. 18 BGBB.

[989] Anleitung für die Schätzung des landwirtschaftlichen Ertragswertes vom 25. Oktober 1995, S. 39 ff.: Anhang I zur Verordnung über das bäuerliche Bodenrecht (VBB) vom 4. Oktober 1993 (SR 211.412.110).

[990] STAUFFER/SCHAETZLE, Barwerttafeln, Beispiel 50 auf S. 178 (Wohnrecht) und Beispiel 52 auf S. 181 (Nutzniessung).

[991] Anleitung für die Schätzung des landwirtschaftlichen Ertragswertes vom 25. Oktober 1995, S. 39 ff. STAUFFER/SCHAETZLE, Barwerttafeln, Beispiel 50 auf S. 178 (Wohnrecht) und Beispiel 52 auf S. 181 (Nutzniessung).

wirtschaftlichen Ertragswert erwerben, so ist bei der Anrechnung der Wohngelegenheit ebenfalls vom landwirtschaftlichen Ertragswert auszugehen, weil der überlebende Ehegatte im Rahmen der güterrechtlichen[992] und erbrechtlichen[993] Auseinandersetzung ebenfalls nur für diesen Wert abgegolten worden ist[994].

C. Erhöhter Anrechnungswert

Allerdings kann der Anrechnungswert für den Übernehmer je nach den Umständen bis zum Verkehrswert erhöht werden oder im vornherein zum Verkehrswert erfolgen[995]. In diesen Fällen ist auch der Anrechnungswert für die Wohngelegenheit des überlebenden Ehegatten verhältnismässig über dem landwirtschaftlichen Ertragswert anzusetzen, weil des dem Übernehmer nicht zugemutet werden kann, das landwirtschaftliche Gewerbe[996] zu einem Anrechnungswert über dem Ertragswert zu erwerben und als Abgeltung für die Wohngelegenheit des überlebenden Ehegatten indessen nur gerade den Ertragswert zu erhalten.

D. Landwirtschaftlicher Normalbedarf an Wohnraum

Der zulässige Wohnbedarf eines landwirtschaftlichen Gewerbes und damit auch die Anzahl der Wohnräume, welche vom Betriebs-

---

[992] Art. 212 Abs. 1 ZGB.
[993] Art. 17 Abs. 1 BGBB.
[994] STUDER Benno, Kommentar BGBB, N. 43 zu Art. 11 BGBB. HAUSHEER HEINZ / REUSSER RUTH / GEISER THOMAS, Berner Kommentar, N. 62 zu Art. 219 ZGB.
[995] Art. 213 ZGB. Art. 18 BGBB. Im Falle von Art. 11 Abs. 2 BGBB ist grundsätzlich der Verkehrswert massgebend. Einvernehmlich kann im Rahmen der Erbteilung sowohl für das Gewerbe wie auch für die Wohngelegenheit des überlebenden Ehegatten jeder beliebige Übernahmepreis festgelegt werden, da diesbezüglich keine Bewilligung notwendig ist (Art. 62 lit. a BGBB).
[996] Und dabei eingeschlossen auch die Wohngelegenheit des überlebenden Ehegatten.

leiter grundsätzlich[997] zum landwirtschaftlichen Ertragswert angesprochen werden können, ist verbindlich in der Schätzungsanleitung für den Ertragswert[998] nach dem Arbeitsbedarf des landwirtschaftlichen Betriebes festgelegt[999]. Damit kann es bei kleineren und wenig arbeitsintensiven Gewerben dazu führen, dass mit der Betriebsleiterwohnung der zulässige Normalbedarf an Wohnraum ganz oder beinahe gedeckt sein kann und dass bereits die Wohngelegenheit für den überlebenden Ehegatten dem Übernehmer ganz oder teilweise zum Verkehrswert[1000] aufgerechnet wird. In diesen Fällen ist jener Anteil der Wohngelegenheit, welchen sich der Übernehmer zum Verkehrswert aus dem Nachlass anrechnen lassen musste, diesem auch dementsprechend hoch abzugelten.

E. Abgeltung

Falls die güterrechtlichen und erbrechtlichen Ansprüche des überlebenden Ehegatten trotz einer angemessenen Erhöhung des Anrechnungswertes für die Abgeltung der beanspruchten Wohngelegenheit nicht ausreichen[1001], kann der überlebende Ehegatte die ungedeckte Abgeltung aus anderen Mitteln aufbringen oder eine Abzahlung unter Sicherstellung des Kapitalbetrages anbieten. Dem

---

[997] Vorbehältlich einer Erhöhung gemäss Art. 18 BGBB.

[998] Anleitung für die Schätzung des landwirtschaftlichen Ertragswertes vom 25. Oktober 1995, S. 39 ff.: Anhang I zur Verordnung über das bäuerliche Bodenrecht (VBB) vom 4. Oktober 1993 (SR 211.412.110). Für den produzierenden Gartenbau gibt es die Anleitung für die Schätzung des Ertragswertes der Betriebe des produzierenden Gartenbaus vom 25. Oktober 1995: Anhang II zur Verordnung über das bäuerliche Bodenrecht (VBB) vom 4. Oktober 1993 (SR 211.412.110).

[999] Das ist der sog. «landwirtschaftliche Normalbedarf» an Wohnraum. Einvernehmlich können selbstverständlich andere Grössen festgelegt werden.

[1000] Kapitalisierung des auf dem Wohnungsmarkt erzielbaren Mietzinses: vgl. Anleitung für die Schätzung des landwirtschaftlichen Ertragswertes vom 25. Oktober 1995, S. 39 und 47 (Anhang I zur Verordnung über das bäuerliche Bodenrecht (VBB) vom 4. Oktober 1993; SR 211.412.110).

[1001] Als erste Massnahme wäre die Wohngelegenheit räumlich nach Möglichkeit zu reduzieren.

Übernehmer wäre wohl nicht zuzumuten, dem überlebenden Ehegatten innerhalb des landwirtschaftlichen Gewerbes eine Wohngelegenheit zu überlassen, wenn dieser den nicht abgegoltenen Anteil nicht zumindest sicherstellt und ratenweise zur Tilgung offeriert[1002].

VIII. Abänderung oder Ausschluss

A. Form

Der gesetzliche Anspruch auf Zuweisung einer Wohngelegenheit gemäss BGBB kann durch einen öffentlich beurkundeten Vertrag geändert oder ausgeschlossen werden[1003]. Eine einseitige Abänderung oder ein einseitiger Entzug durch den Erblasser ist nicht möglich[1004]. In der Botschaft des Bundesrates war für die Abänderung oder den Ausschluss noch die Form des Ehe- und Erbvertrages gefordert worden[1005]. Der Ständerat vereinfachte diese Formvorschrift

---

[1002] Selbstverständlich kann im Einvernehmen eine andere Regelung getroffen werden.

[1003] Art. 11 Abs. 3 letzter Satz BGBB. Diese Bestimmung beschlägt sowohl den erbrechtlichen Anspruch des überlebenden Ehegatten auf Einräumung einer Wohngelegenheit wie auch dessen entsprechende güterrechtlichen Ansprüche (im Sinne einer lex specialis), was sich aus dem Vorbehalt gemäss Art. 219 Abs. 4 ZGB und gemäss Art. 612a Abs. 3 ZGB ergibt (HAUSHEER HEINZ / REUSSER RUTH / GEISER THOMAS, Berner Kommentar, N. 117 zu Art. 219 ZGB). Gemäss allgemeinem Güterrecht (Art. 219 und 244 ZGB) ist eine Abänderung der gesetzlichen Möglichkeiten für eine Wohngelegenheit nur mittels Ehevertrag möglich, womit auch dort die Form des öffentlich beurkundeten Vertrages verlangt wird (Art. 184 ZGB).

[1004] BBl 1988 III 992. Im Gegensatz dazu ist die allgemeine erbrechtliche Vorschrift von Art. 612a ZGB dispositiver Natur und kann einseitig vom Erblasser abgeändert oder aufgehoben werden (BGE 119 II 323; Praxis 83 Nr. 115; HAUSHEER HEINZ / REUSSER RUTH / GEISER THOMAS, Berner Kommentar, N. 16 zu Art. 219 ZGB).

[1005] BBl 1988 III 991 und 1112.

und verlangte für den entsprechenden Vertrag zwischen den Ehegatten nur noch die «öffentliche Beurkundung», weil die Formulierung offenbar zu wenig klar war und weil nicht zwei Verträge[1006] nötig sein sollten[1007]. Allein die Form der öffentlichen Beurkundung und damit der Abschluss eines blossen Ehevertrages sollte genügen[1008]. Der Nationalrat hat die Formänderung des Ständerates ohne Diskussion übernommen[1009]. Beim Vertrag betreffend Abänderung oder Ausschluss des Wohnanspruches handelt es sich stets um eine Verfügung von Todes wegen[1010], meistens aber auch um eine güterrechtliche Vereinbarung[1011]. Allerdings soll gemäss klarer Absicht des Gesetzgebers allein die Form der öffentlichen Beurkundung sowohl für den güterrechtlichen wie auch den erbrechtlichen Anspruchsbereich des überlebenden Ehegatten gelten. Somit genügt die ehevertragliche Form, welche die Kantone festzulegen haben[1012]. Im Hinblick auf die Entstehungsgeschichte[1013] sollte aber auch die Form des Erbvertrages zugelassen werden.

[1006] Ehe- und Erbvertrag.
[1007] Amtl.Bull.SR 1990 S. 224.
[1008] Amtl.Bull.SR 1990 S. 224, Votum Koller.
[1009] Amtl.Bull.NR 1991 S. 112.
[1010] Wenn der überlebende Ehegatte über Ansprüche gemäss Art. 11 Abs. 3 BGBB verfügt, so sind sie mit Sicherheit erbrechtlicher Natur, denn der überlebende Ehegatte ist auf jeden Fall erbrechtlich am Eigengut des Erblassers beteiligt. Falls kein Eigengut, stattdessen aber Errungenschaft (Errungenschaftsbeteiligung: Art. 215 ZGB) oder Gesamtgut (Gütergemein-schaft: Art. 241 ZGB) vorhanden ist, partizipiert der überlebende Ehegatte daran als Erbe. Falls weder erbrechtliche noch güterrechtliche Ansprüche des überlebenden Ehegatten vorhanden sind (Ueberschuldung des Gewerbes), so besteht auch kein Anspruch auf Zuweisung einer Wohngelegenheit.
[1011] Falls weder Errungenschaft (Errungenschaftsbeteiligung: Art. 215 ZGB) noch Gesamtgut (Gütergemeinschaft: Art. 241 ZGB) vorhanden ist, gibt es im Rahmen des Güterrechts nichts zu vereinbaren.
[1012] Art. 184 ZGB und Art. 55 SchlT ZGB.
[1013] Es sollte nur ein Vertrag notwendig sein.

B. Abänderung

Unter Einhaltung der geforderten Form kann der Anspruch auf Einräumung einer Wohngelegenheit vertraglich beliebig[1014] abgeändert werden. Dabei reicht es aus, wenn zwischen dem Erblasser und dem überlebenden Ehegatten ein entsprechender Vertrag abgeschlossen worden ist. Allerdings können durch solche Regelungen die objektiven oder subjektiven Ausschlussgründe[1015] nicht aufgehoben werden, es sei denn, dass der Übernehmer des landwirtschaftlichen Gewerbes bei einem solchen Vertrag ebenfalls als Vertragspartei zugestimmt hat. Falls der Anrechnungswert einer Wohngelegenheit ohne Zustimmung des Übernehmers vertraglich tiefer festgelegt wird, als er nach den obigen Ausführungen veranschlagt werden müsste, so kann sich der Übernehmer als Erbe über die Ausgleichung oder Herabsetzung[1016] dagegen zur Wehr setzen. Falls der Anrechnungswert einer Wohngelegenheit ohne die Zustimmung der Miterben vertraglich höher festgelegt wird, als er nach den obigen Ausführungen veranschlagt werden müsste, so können sich die Miterben über die Ausgleichung oder Herabsetzung[1017] dagegen zur Wehr setzen.

C. Ausschluss

Der Ausschluss von einer Wohngelegenheit stellt den Extremfall einer Abänderung dar. Der überlebende Ehegatte muss sich nur dann einen Ausschluss vorhalten lassen, wenn er Vertragspartner einer entsprechenden Vereinbarung war. In einem solchen Fall wird

---

[1014] Die Festlegung des räumlichen Umfanges, der Dauer, des Übernahmepreises, Beschränkung auf Wohnrecht, etc. kann frei vereinbart werden. HAUSHEER HEINZ / REUSSER RUTH / GEISER THOMAS, Berner Kommentar, N. 75 zu Art. 219 ZGB.

[1015] Vgl. oben, III.

[1016] Falls der vorverstorbene Ehegatte den überlebenden Ehegatten begünstigen wollte und gar der Pflichtteil des Übernehmers verletzt ist.

[1017] Falls der vorverstorbene Ehegatte den Übernehmer begünstigen wollte und gar der Pflichtteil von pflichtteilsgeschützten Erben verletzt ist.

er sich wohl anderweitig für seine künftige Wohnsituation abgesichert haben.

D. Tragweite einer Vereinbarung

Eine Vereinbarung betreffend Abänderung oder Ausschluss[1018] unter Beteiligung des überlebenden Ehegatten muss sowohl für dessen güterrechtlichen[1019] wie auch für dessen erbrechtlichen[1020] Anspruch auf Einräumung einer Wohngelegenheit gelten, es sei denn, es wäre ausdrücklich etwas anderes vereinbart worden. Denn erstens ist für eine Vereinbarung in beiden Fällen die gleiche Form vorgesehen[1021] und zweitens stellt Art. 11 Abs. 3 BGBB eine lex specialis sowohl zum allgemeinen güterrechtlichen[1022] als auch allgemeinen erbrechtlichen[1023] Anspruch auf Einräumung einer Wohngelegenheit dar[1024]. Zudem wird es meistens keinen Sinn machen, nur güterrechtlich oder nur erbrechtlich etwas zu vereinbaren, um dann unter Anrufung des anderen Anspruches die getroffene Vereinbarung indirekt wieder umzustossen bzw. zu umgehen[1025].

[1018] Des Anspruches auf Einräumung einer Wohngelegenheit für den überlebenden Ehegatten.
[1019] Art. 219 Abs. 4 ZGB i.V.m. Art. 11 Abs. 3 BGBB.
[1020] Art. 612a Abs. 3 ZGB i.V.m. Art. 11 Abs. 3 BGBB.
[1021] Art. 11 Abs. 3 BGBB und Art. 184 ZGB.
[1022] Art. 219 und 244 ZGB.
[1023] Art. 612a ZGB.
[1024] BBl 1988 III 991 und 992. HAUSHEER HEINZ / REUSSER RUTH / GEISER THOMAS, Berner Kommentar, N. 117 zu Art. 219 ZGB.
[1025] A.M. HAUSHEER HEINZ / REUSSER RUTH / GEISER THOMAS, Berner Kommentar, N. 20 zu Art. 219 ZGB.

§ 12 Zuweisung von Betriebsinventar inklusive Vieh

I. Allgemeines

Der Erbe, der die Zuweisung des landwirtschaftlichen Gewerbes zur Selbstbewirtschaftung geltend macht, kann zudem verlangen, dass ihm das Betriebsinventar[1026] zugewiesen wird[1027]. Bereits unter dem bisherigen Recht konnte der Übernehmer eines landwirtschaftlichen Gewerbes die Zuweisung der dem Betriebe dienenden Gerätschaften, Vorräte und Viehbestände zu ihrem Nutzwerte beanspruchen[1028]. Inhaltlich gibt es keinerlei Unterschied zwischen der alten[1029] und der neuen[1030] Bestimmung[1031]. Die Grundidee hinter dieser Zuweisungsmöglichkeit liegt darin, dass Viehbestand, Gerätschaften und Vorräte mit dem konkreten landwirtschaftlichen Gewerbe wirtschaftlich derart eng verknüpft sind, dass eine Trennung vom Gewerbe eine wesentliche Entwertung und somit eine wirtschaftliche Schwächung des Übernehmers zur Folge haben könnte[1032]. Auch für das Ehegüterrecht ist die Zuweisung des Be-

---

[1026] Vieh, Gerätschaften, Maschinen, Vorräte, etc.
[1027] Art. 15 Abs. 1 BGBB.
[1028] BBl 1988 III 995. Art. 620bis aZGB.
[1029] Art. 620bis aZGB.
[1030] Art. 15 Abs. 1 BGBB.
[1031] STUDER BENNO, Kommentar BGBB, N. 1 zu Art. 15 BGBB
[1032] ESCHER ARNOLD, Zürcher Kommentar, N. 53 zu Art. 620 aZGB. NEUKOMM / CZETTLER, S. 123.

triebsinventars zum Nutzwert zuzulassen[1033], weil dort der privilegierte Kreis der Berechtigten kleiner ist als im Erbrecht[1034] und der ausscheidenden Person regelmässig entsprechend nahe gestanden hat. Zudem wird die Differenz zwischen dem Nutzwert und dem Verkehrswert oft nicht gravierend sein. Schliesslich würde eine unterschiedliche Bewertung des Betriebsinventars in der güterrechtlichen und erbrechtlichen Auseinandersetzung zu noch grösserer Unübersichtlichkeit führen.

II. Begriff des Betriebsinventars

Das Betriebsinventar setzt sich aus den dem Betrieb dienenden Gegenständen[1035] und dem auf dem Betrieb befindlichen Vieh zusammen[1036]. Nicht in Frage kommen können somit Inventarstücke, welche nicht oder nicht mehr der normalen Bewirtschaftung des landwirtschaftlichen Gewerbes dienen[1037]. Für den Verkauf bestimmte Erzeugnisse sowie der Hausrat gehört auf jeden Fall nicht dazu[1038].

[1033] Art. 212 Abs. 3 ZGB. HAUSHEER HEINZ / REUSSER RUTH / GEISER THOMAS, Berner Kommentar, N. 35 und 47 zu Art. 212 und 213 ZGB. A.M. KELLER HANSULRICH, S. 5.

[1034] Gemäss Art. 212 ZGB kommen nur der Ehegatte als Eigentümer, der überlebende Ehegatte und die Nachkommen in Frage, während gemäss Art. 15 BGBB jeder Erbe, also auch nichtverwandte (eingesetzte) Erben und verwandte Nichtnachkommen (Geschwister, Eltern, etc.) bei Selbstbewirtschaftung die Zuweisung zum Nutzwert verlangen kann. HAUSHEER HEINZ / REUSSER RUTH / GEISER THOMAS, Berner Kommentar, N. 33 zu Art. 212 und 213 ZGB. KELLER HANSULRICH, S. 4.

[1035] Geräte, Maschinen, Apparate, Vorräte, etc.

[1036] Art. 15 Abs. 1 BGBB.

[1037] Antiquarische Inventarstücke (Pferdeschlitten, Kutschen, alte und nicht mehr gebräuchliche Handgeräte, etc.) dienen nicht mehr einer normalen Bewirtschaftung (STUDER BENNO, Kommentar BGBB, N. 2 zu Art. 15 BGBB).

[1038] TUOR PETER / PICENONI VITO, Berner Kommentar, N. 26 zu Art. 620 aZGB. ESCHER ARNOLD, Zürcher Kommentar, N. 53 zu Art. 620 aZGB. NEUKOMM / CZETTLER, S. 123.

III. Voraussetzungen des Ansprechers

Einerseits hat nur der Erbe, der die Zuweisung des landwirtschaftlichen Gewerbes zur Selbstbewirtschaftung geltend macht, einen Anspruch auf die Zuweisung des Betriebsinventars[1039]. Andererseits kann der Übernehmer darauf verzichten. Diesfalls besteht die Möglichkeit, das Betriebsinventar ohne weiteres vom Gewerbe abzutrennen und zu liquidieren. Der Übernehmer kann dagegen nicht nur einen Teil des Inventars für sich beanspruchen. Entweder er nimmt alles oder nichts[1040]. Wenn das zu übernehmende Betriebsinventar für das konkrete Gewerbe zu umfangreich ist, oder wenn der Übernehmer bereits selber teilweise über Inventar verfügt, so ist dennoch zu verlangen, dass er entweder das ganze Inventar oder gar nichts davon übernimmt. Zum einen können damit die Diskussionen über die Abtrennung und die Verwertung der überflüssigen Inventarstücke vermieden werden. Zum andern dürfte der Übernehmer die überflüssigen Inventarstücke ohne weiteres zum Nutzwert veräussern können und dadurch finanziell nicht belastet werden. Es gibt somit keinen Grund, von dieser Regel abzuweichen[1041]. Schliesslich ist gemäss ausdrücklicher Gesetzesvorschrift die Zuweisung von landwirtschaftlichem Betriebsinventar nur bei einem landwirtschaftlichen Gewerbe möglich[1042]. Falls die Gewerbequalität nicht erreicht wird, entfällt sofort auch der Anspruch auf Zuweisung irgendwelchen Betriebsinventars.

[1039] Art. 15 Abs. 1 BGBB. BBl 1988 III 995. Der Nichtselbstbewirtschafter gemäss Art. 11 Abs. 2 BGBB oder ein eingesetzter nichtselbstbewirtschaftender Erbe kann die Zuweisung des Betriebsinventars nicht verlangen. Ein selbstbewirtschaftender Vermächtnisnehmer ist kein Erbe und kann deshalb die Zuweisung des Betriebsinventars nicht verlangen. Allerdings sollte stets von einem eingesetzten Erben ausgegangen werden, wenn der Erblasser nicht ausdrücklich ein Vermächtnis aussprechen wollte.

[1040] ESCHER ARNOLD, Zürcher Kommentar, N. 54 zu Art. 620 aZGB. NEUKOMM / CZETTLER, S. 124.

[1041] A.M. NEUKOMM / CZETTLER, S. 124.

[1042] Art. 15 Abs. 1 BGBB. STUDER BENNO, Kommentar BGBB, N. 6 zu Art. 15 BGBB.

IV. Verfügungsfreiheit

Beim Zuweisungsanspruch für das Betriebsinventar handelt es sich um dispositives Recht[1043]. Dem Erblasser soll es unbenommen bleiben, über das Betriebsinventar anderweitig zu verfügen. Er kann die ganze oder teilweise Veräusserung an Dritte oder die ganze oder teilweise Zuweisung an einen anderen Erben bestimmen. Auch kann der Übernahmepreis für das Betriebsinventar anders[1044] festgelegt werden. Das ergibt sich einerseits aus dem Umstand, dass der Erblasser zu Lebzeiten das Betriebsinventar oder Teile davon ohne jegliches Vorkaufsrecht[1045] frei veräussern kann. Andererseits kann er bei lebzeitiger Veräusserung eines landwirtschaftlichen Gewerbes oder Grundstückes das Betriebsinventar ohne weiteres vom Vorkaufsrecht ausnehmen[1046]. Es wäre somit unsinnig, betreffend dem Betriebsinventar die Möglichkeit einer letztwilligen Verfügung des Erblassers zufolge zwingender Anwendung der Zuweisungsvorschrift[1047] zu verneinen, währenddem er lebzeitig ohne Einschränkung darüber verfügen kann[1048].

[1043] STUDER BENNO, Kommentar BGBB, N. 9 zu Art. 15 BGBB.

[1044] Höher oder tiefer als der gesetzlich vorgesehene Nutzwert gemäss Art. 17 Abs. 2 BGBB.

[1045] Art. 51 Abs. 1 BGBB gilt nur für den Fall, dass das landwirtschaftliche Betriebsinventar zusammen mit einem landwirtschaftlichen Gewerbe oder Grundstück verkauft hat.

[1046] Art. 51 Abs. 1 BGBB. BBl 1988 III 1029.

[1047] Art. 15 Abs. 1 BGBB.

[1048] Im Gegensatz dazu kann der Erblasser über landwirtschaftliche Gewerbe und Grundstücke auch lebzeitig zufolge der Verkaufsrechte (insbesondere das Verwandtenvorkaufsrecht gemäss Art. 42 BGBB) nicht frei verfügen.

V. Modalitäten der Zuweisung

Das Betriebsinventar kann selbstverständlich nur soweit zugewiesen werden, als es im Zeitpunkt der Zuweisung noch vorhanden ist. Falls Inventarstücke zu Lebzeiten des Erblassers mit dessen Willen veräussert worden sind, so fällt der Erlös, soweit er noch vorhanden ist, in den Nachlass. Falls nach dem Tod des Erblassers Inventarstücke mit dem Einverständnis des Ansprechers veräussert worden sind, so muss der Erlös ebenfalls in den Nachlass fallen. Wurde indessen Betriebsinventar ohne Zustimmung des Erblassers und ohne Zustimmung des Ansprechers veräussert, so ist der Erlös dem Übernehmer zuzusprechen, währenddessen ihm der entsprechende Nutzwert[1049] der veräusserten Inventarstücke anzurechnen ist[1050]. Denn der Nutzwert dürfte regelmässig tiefer liegen als der erzielte Erlös.

Bei einem Aufschub der Zuweisung und bei einer damit verbundenen Verpachtung des Gewerbes sind jene Inventarstücke, welche nicht ohne weiteren Aufwand oder nicht ohne grössere Entwertung aufbewahrt werden können, zu verkaufen und dem Ansprecher ist der Erlös zuzuweisen, währenddem er sich mit den übrigen Erben im Rahmen des Nutzwertes auseinanderzusetzen hat[1051]. Denn durch eine mögliche Aufschiebung der Zuweisung des landwirtschaftlichen Gewerbes soll der Übernehmer hinsichtlich dem Betriebsinventar nicht schlechter gestellt werden, als wenn er das Gewerbe sofort antreten könnte. Andernfalls könnten nämlich Miter-

---

[1049] Im Maximum der Wert des Erlöses, falls der Erlös den geschätzten Nutzwert nicht erreicht haben sollte.

[1050] Das gleiche muss beim Untergang von Inventarstücken gelten, wenn ein entsprechender Ausgleich von einer Sachversicherung geleistet wird. Dabei ist die erzielte Versicherungssumme dem Übernehmer zuzusprechen (gehört nicht in den Nachlass) und der Nutzwert ist dem Übernehmer anzurechnen, sofern er tiefer liegt als die Versicherungssumme.

[1051] Auch hier ist der erzielte Erlös als Maximalwert zu nehmen, falls der geschätzte Nutzwert höher ausfallen sollte.

ben versucht sein, aus finanziellen Überlegungen[1052] oder aus Schädigungsabsicht durch eine Aufschiebung der Zuweisung eine Veräusserung des Betriebsinventars oder grossen Teilen davon zu erreichen. Falls die Zuweisung des Gewerbes aufgeschoben wird und falls zwischenzeitlich Inventarstücke ersetzt oder erneuert wurden, sind auch diese zum zuweisungsberechtigten Betriebsinventar zu schlagen, da für solche Anschaffungen einerseits regelmässig alle Erben[1053] zugestimmt haben und weil andererseits der damit verbundene erhöhte oder zumindest aufrechterhaltene Ertrag[1054] der ganzen Erbengemeinschaft zugeflossen ist.

[1052]Durch die Veräusserung könnte möglicherweise ein bedeutend höherer Erlös als der geschätzte Nutzwert (insbesondere bei Vieh von guter Qualität) erreicht werden.

[1053] Im Falle der Erbenvertretung der Erbenvertreter.

[1054]Geringerer Aufwand durch eine moderne Maschine, grösserer Ertrag durch eine bessere Milchkuh, etc. Bisweilen ist eine Ersatzanschaffung möglicherweise ertragsneutral. Bei einem Verzicht auf eine solche Anschaffung könnte aber ein erheblicher Ertragsausfall resultieren, was sich zum Nachteil der ganzen Erbengemeinschaft auswirken würde. Im Einzelfall wird abzuwägen sein, ob sich der Ersatz eines Inventarstückes für die Erbengemeinschaft lohnt oder nicht.

§ 13 Zuweisung nichtlandwirtschaftlicher Nebengewerbe

I. Allgemeines

Der Erbe, der die Zuweisung eines landwirtschaftlichen Gewerbes zur Selbstbewirtschaftung geltend macht, kann zudem verlangen, dass ihm ein nichtlandwirtschaftliches Nebengewerbe, das mit dem landwirtschaftlichen Gewerbe eng verbunden ist, ebenfalls zugewiesen wird[1055]. Damit liegt ein gemischtes Gewerbe im Sinne des BGBB vor[1056]. Bereits unter dem bisherigen Recht konnte der Übernehmer eines landwirtschaftlichen Gewerbes die Zuweisung eines anderen, mit dem landwirtschaftlichen Gewerbe eng verbundenen Gewerbes als Nebenbetrieb verlangen[1057].

Der Zuweisungsanspruch für ein landwirtschaftliches Gewerbe umfasst grundsätzlich das gesamte landwirtschaftliche Gewerbe im Sinne von Art. 7 BGBB oder Art. 5 lit. a BGBB[1058], wobei gegebenenfalls auch nichtlandwirtschaftliche Nebengewerbe hinzukommen können, sofern sie die verlangten Voraussetzungen erfüllen[1059]. Solche Nebengewerbe[1060] können vom landwirtschaftlichen Gewer-

---

[1055] Art. 15 Abs. 2 BGBB.

[1056] Art. 7 Abs. 5 BGBB.

[1057] BBl 1988 III 995. Art. 625 aZGB.

[1058] Falls der Lagekanton seine entsprechende Kompetenz ausgeschöpft hat.

[1059] Art. 7 Abs. 5 und Art. 15 Abs. 2 BGBB; vgl. Ausführungen vorne unter § 4, VI und VII. Das nichtlandwirtschaftliche Nebengewerbe ist bei der Beurteilung der Voraussetzungen für ein landwirtschaftliches Gewerbes nicht miteinzubeziehen.

[1060] Falls das nichtlandwirtschaftliche Nebengewerbe arbeitsmässig das landwirtschaftliche Gewerbe überwiegt, so gibt es keinen Anspruch auf ungeteilte Zuweisung beider Gewerbeteile. Solche nichtlandwirtschaftlichen Gewerbe abgetrennt werden, falls der Ansprecher des Gewerbes die Zuteilung des Nebengewerbes nicht verlangt und wenn die Abtrennung räumlich durchführbar ist[1061].

II. Begriff des nichtlandwirtschaftlichen Nebengewerbes

Sobald innerhalb eines landwirtschaftlichen Gewerbes mit Grundstücken, Bauten oder Anlagen des Gewerbes oder Teilen davon ein Ertrag erwirtschaftet wird, welcher nicht mit der Produktion, Lagerung, Verarbeitung oder Vermarktung[1062] von im Betrieb bodenabhängig produzierten pflanzlichen oder tierischen Erzeugnissen zusammenhängt, liegt ein nichtlandwirtschaftliches Nebengewerbe im Sinne des BGBB vor[1063]. Der dabei erwirtschaftete Ertrag muss sich

---

gelten nicht als landwirtschaftliche Nebengewerbe im Sinne von Art. 3 Abs. 2 BGBB. Vgl. Ausführungen vorne unter § 4, VII.

[1061] Art. 15 Abs. 2 BGBB. Art. 60 lit. a BGBB. Gemäss der geplanten Revision des RPG (BBl 1996 III 537 ff. und 553) wird das nichtlandwirtschaftliche Nebengewerbe zwingend mit dem landwirtschaftlichen Gewerbe verbunden sein, sofern dafür eine Ausnahmebewilligung gemäss Art. 24 RPG erteilt und eine entsprechende Anmerkung im Grundbuch eingetragen wurde.

[1062] Gemeint ist der blosse Verkauf. Sobald weitere Leistungen (z.B. Gastwirtschaft) damit verbunden sind, ist von einer nichtlandwirtschaftlichen Tätigkeit auszugehen.

[1063] Aufgrund dieser Definition erübrigt sich die Diskussion um einen landwirtschaftlichen Betriebszweig. All jene Teile des landwirtschaftlichen Gewerbes, welche von der Definition des landwirtschaftlichen Gewerbes erfasst werden (Produktion, Verarbeitung oder Vermarktung von im Betrieb bodenabhängig produzierten pflanzlichen oder tierischen Erzeugnissen: vgl. vorne, § 4, II, C und III), gehören zum landwirtschaftlichen Gewerbe und können für sich wohl Betriebszweige darstellen (Ackerbau, Obstbau und Futterbau im gleichen Betrieb, etc.). Sobald innerhalb des landwirtschaftlichen Gewerbes (d.h. mit zugehörigen Grundstücken, Bauten und Anlagen) bodenunabhängig produziert wird, geht es um eine nichtlandwirtschaftliche Produktion, welche ein nichtlandwirtschaftliches Nebengewerbe darstellen kann, falls die Voraussetzungen dafür erfüllt sind. Vorbehalten bleibt die Betrachtung der bodenunabhängigen Produktion als landwirtschaftliche Produktion, falls mit der geplanten Revisi-

regelmässig aus dem Einsatz von Arbeit und Kapital ergeben, wozu beide Komponenten erforderlich sind[1064]. Der Einsatz von Kapital[1065] oder Arbeit[1066] allein kann kein Gewerbe im Sinne eines nichtlandwirtschaftlichen Nebengewerbes ausmachen.
Die bodenunabhängige Produktion, Lagerung Verarbeitung oder Vermarktung von tierischen[1067] oder pflanzlichen[1068] Erzeugnissen stellt ein nichtlandwirtschaftliches Nebengewerbe im Sinne des BGBB dar[1069]. Es sind aber auch Nebengewerbe vorstellbar, welche mit der Produktion, Lagerung, Verarbeitung oder Vermarktung von

---

on des RPG das Produktemodell eingeführt werden sollte (BBl 1996 III 513 ff).

[1064] Dabei sind Konstellationen möglich, bei denen mit sehr wenig Arbeit und verhältnismässig viel Kapital (Vermietung von Wohnräumen, vollautomatischer, bodenunabhängiger Geflügelmastbetrieb, etc.) und mit sehr viel Arbeit und verhältnismässig wenig Kapital (fahrbare Klauenschneiderei, Transportunternehmen, Lohnarbeit mit Einsatz von landwirtschaftlichen Maschinen für andere Landwirte, Verkauf betriebsfremder Produkte, etc.) gewirtschaftet wird.

[1065] Blosse Geldanlage, Verkauf von Boden im Baurecht, etc.

[1066] Unselbständige Erwerbstätigkeit ausserhalb des landwirtschaftlichen Gewerbes (Arbeit an einen Skilift, Arbeit bei einem Bauunternehmer, Hilfe in einem Restaurant, etc.) stellt kein Nebengewerbe dar. Die Zuweisung einer solchen Tätigkeit zusammen mit dem landwirtschaftlichen Gewerbe macht keinen Sinn, ist unnötig und wäre zudem regelmässig nicht durchführbar.

[1067] Geflügelmast; Schweinemast; Eierproduktion unter Zukauf des Futters; Aufstockung der bodenabhängigen Rindviehhaltung unter Zukauf des Futters, welches den üblichen Ergänzungsbedarf übersteigt; Lagerung und Trocknung von Tabak; Schlachten von betriebsfremden Tieren, Buttergewinnung und Käsen betriebsfremder Milch; Verkauf betriebsfremder Produkte (Eier, Fleisch, Käse, Milch, etc.) etc.

[1068] Hors-sol-Produktion von Pflanzen, Treibhauspflanzen ohne Versetzen ins offene Land, etc.; Verarbeitung von betriebsfremden Trauben, Trocknen und Lagern von betriebsfremdem Tabak oder Gewürzen, Verkauf betriebsfremder Produkte (Gemüse, Getreide, etc.); etc.

[1069] In raumplanerischer Hinsicht lässt das Bundesgericht die bodenunabhängige Produktion von landwirtschaftlichen Produkten im Sinne einer «inneren Aufstockung» als «betriebswirtschaftlich standortgebunden» zu (BGE 117 Ib 270 ff.; 379 ff.; 502 ff.; 118 Ib 17 ff.). Vgl. Ausführungen vorne unter § 4, II, C und VI.

pflanzlichen und tierischen Erzeugnissen nur indirekt[1070] oder gar nichts[1071] zu tun haben[1072]. Falls es innerhalb eines landwirtschaftlichen Gewerbes Grundstükke, Bauten oder Anlagen oder Teile davon gibt, aus denen der Übernehmer des landwirtschaftlichen Gewerbes keinerlei Ertrag erwirtschaften kann[1073], so liegt kein nichtlandwirtschaftliches Nebengewerbe vor, sondern blosse nichtlandwirtschaftliche Grundstücke oder Grundstücksteile, die u.U. vom landwirtschaftlichen Gewerbe ohne weiteres abtrennbar sind, sofern das räumlich überhaupt möglich ist[1074].

III. Gemischtes Gewerbe

A. Allgemeines

Wenn die Voraussetzungen für ein landwirtschaftliches Gewerbe erfüllt sind und wenn darüber hinaus mit diesem Gewerbe noch ein nichtlandwirtschaftliches Nebengewerbe im obigen Sinne eng ver-

---

[1070] Sägerei, Fischzucht, Restaurant, Reitstall, etc. BBl 1988 III 984.
[1071] Transportunternehmen (BBl 1988 III 984), mechanische Werkstätte, Bootsvermietung, Vermietung von Wohnräumen, Passagierseilbahn, Skilift, Camping, etc.
[1072] Solche Nebengewerbe sind gemäss geltender Regelung raumplanerisch in der Landwirtschaftszone nicht bewilligungsfähig und kommen deshalb nur in Frage, soweit sie bereits vorbestanden haben und nicht widerrechtlich erstellt worden sind. Diesbezüglich wäre in engen Grenzen eine Lockerung für Nebengewerbe im Sinne von «inneren Aufstockungen» auch für irgendwelche gewerbliche Tätigkeiten zur Erhaltung von kleinen Landwirtschaftsbetrieben angezeigt, bis die geplante Revision des RPG (BBl 1996 III 513 ff.) in Kraft tritt oder anstelle einer solchen Revision.
[1073] Felsen, Geröllhalden, Gewässer, Autobahntrasse, Eisenbahntrasse, fremdbetriebener Skilift, etc.
[1074] Art. 60 lit. a BGBB.

bunden ist, so liegt ein gemischtes Gewerbe im Sinne des BGBB vor[1075]. Diese Regelung lehnt sich an Art. 10 und 21 aEGG an[1076]. Falls der landwirtschaftliche Teil den nichtlandwirtschaftlichen Teil überwiegt[1077] und falls beide Teile eng miteinander verbunden sind, so gilt das ganze als landwirtschaftliches Gewerbe, welches insgesamt der Zuweisung unterliegt[1078].

B. Überwiegend landwirtschaftlicher Charakter

Für die Beurteilung des Überwiegens des landwirtschaftlichen Teils ist wie bei der Beurteilung des landwirtschaftlichen Gewerbes auf den Arbeitsaufwand abzustellen[1079]. Das Abstellen auf das erzielte Einkommen würde beträchtliche Schwierigkeiten bereiten, weil das Einkommen insbesondere in der Landwirtschaft erfahrungsgemäss von Jahr zu Jahr sehr stark schwanken kann, während der Arbeitsanfall bedeutend geringeren Schwankungen unterliegen dürfte. Zudem ist der Arbeitsaufwand in der Landwirtschaft standardisiert, da dieser und nicht etwa das Einkommen für die Beurteilung der Gewerbequalität herangezogen wird[1080].

Falls der Arbeitsaufwand für den landwirtschaftlichen Teil grösser ist als für den nichtlandwirtschaftlichen, ist von einem Überwiegen des landwirtschaftlichen Charakters auszugehen. Dies auch dann, wenn aus dem nichtlandwirtschaftlichen Teil mehr Einkommen fliesst als aus dem landwirtschaftlichen. Sobald der nichtlandwirtschaftliche Teil überwiegt, liegt insgesamt kein landwirtschaftliches Gewerbe im Sinne eines gemischten Gewerbes vor. Vielmehr wären dann Strukturen vorhanden, welche eine Teilung des landwirtschaftlichen Gewerbes vom anderen Gewerbe ermöglichen

---

[1075] Art. 7 Abs. 5 BGBB.
[1076] BBl 1988 III 984.
[1077] BBl 1988 III 984 und 995.
[1078] Art. 7 Abs. 5 BGBB i.V.m. Art. 15 Abs. 2 BGBB.
[1079] STALDER BEAT, Die Verfassungs- und verwaltunsrechtliche Behandlung unerwünschter Handänderungen im bäuerlichen Bodenrecht, S. 100.
[1080] Art. 7 Abs. 1 BGBB.

würden und eine ungeteilte Zuweisung im Rahmen der Erbteilung[1081] oder im Rahmen eines Vorkaufsrechtes[1082] käme für den nichtlandwirtschaftlichen Teil nicht in Frage, es sei denn, es geschehe im Einvernehmen.
Da es beim massgeblichen Abgrenzungskriterium des Arbeitsaufwandes ebenfalls gewisse Schwankungen geben kann, sollte bei der Beurteilung des Überwiegens wenn immer möglich auf eine Zeitspanne von mindestens drei Jahren abgestellt werden können. Falls sich bei einem Vergleich des landwirtschaftlichen Arbeitsaufwandes mit dem nichtlandwirtschaftlichen Arbeitsaufwand ein annähernd[1083] gleiches Resultat ergeben sollte, wäre das Überwiegen des landwirtschaftlichen Charakters trotzdem zu bejahen[1084]. Denn einerseits liegt ja bereits ein landwirtschaftliches Gewerbe vor, welches für sich allein bereits zu schützen ist. Andererseits überwiegt der nichtlandwirtschaftliche Gewerbeanteil nicht oder zumindest nicht gravierend.

C. Eng verbunden mit dem landwirtschaftlichen Gewerbe

1. Grundsatz

Wie im bisherigen[1085] Recht unterliegt ein nichtlandwirtschaftliches Nebengewerbe zusammen mit dem landwirtschaftlichen Gewerbe als gemischtes Gewerbe dem Zuweisungsanspruch[1086], falls die bei-

---

[1081] Art. 15 Abs. 2 BGBB.
[1082] Art. 51 Abs. 2 BGBB.
[1083] 10 % mehr oder weniger stellt m.E. ein annähernd gleiches Resultat dar. Damit können Zufälligkeiten zufolge geringfügiger Schwankungen eliminiert bzw. Zufallsresultate durch die Anwendung von unterschiedlichen Berechnungsansätzen beim Arbeitsaufwand aufgefangen werden.
[1084] ESCHER ARNOLD, Zürcher Kommentar, Ergänzungslieferung zum landwirtschaftlichen Erbrecht, N. 2 zu Art. 625 aZGB. NEUKOMM / CZETTLER, S. 127. STUDER BENNO, Kommentar BGBB, N. 10 zu Art. 15 BGBB.
[1085] Art. 625 aZGB.
[1086] Art. 7 Abs. 5 i.V.m. Art. 11 BGBB. BBl 1988 III 984.

den Gewerbe eng miteinander verbunden sind[1087]. Wenn es an der engen Verbundenheit eines nichtlandwirtschaftlichen Nebengewerbes fehlt, gibt es für dieses Nebengewerbe keinen Zuweisungsanspruch und es kann, sofern dies räumlich durchführbar ist, vom landwirtschaftlichen Gewerbe abgetrennt werden[1088]. Im Einvernehmen oder mit entsprechender letztwilliger Verfügung ist indessen eine Zuweisung ohne weiteres möglich. Betreffend der Bewertung kommt es nicht darauf an, ob für ein nichtlandwirtschaftliches Nebengewerbe eine enge Verbundenheit vorliegt oder nicht, oder ob gar nichtlandwirtschaftliche Grundstücke oder Grundstücksteile ohne Nebengewerbequalität vorliegen[1089], da in allen Fällen der

---

[1087] Art. 15 Abs. 2 und Art. 3 Abs. 2 BGBB. BBl 1988 III 984. Gemäss der geplanten Revision des RPG (BBl 1996 III 513 ff.) wird das nichtlandwirtschaftliche Nebengewerbe zwingend mit dem landwirtschaftlichen Gewerbe verbunden sein, sofern dafür eine Ausnahmebewilligung gemäss Art. 24 RPG erteilt und eine entsprechende Anmerkung im Grundbuch eingetragen wurde (BBl 1996 III 539 und 553). Dabei wird anstelle der engen Verbundenheit verlangt, dass die entsprechenden Bauten und Anlagen betriebsnahen gewerblichen Zwecken dienen, was ebenfalls eine sachliche und örtliche Nähe voraussetzt (BBl 1996 III 538 f. und 553).

[1088] Wenn die enge Verbundenheit gemäss BGBB nicht vorhanden ist, dürfte der betriebsnahe gewerbliche Zweck gemäss geplanter Revision des RPG ebenfalls nicht gegeben sein (BBl 1996 III 538 ff. und 553). Ein Wohnhaus, das die enge (örtliche oder sachliche) Verbindung zum landwirtschaftlichen Gewerbe nicht aufweist, ist grundsätzlich nicht mit dem landwirtschaftlichen Gewerbe zuzuweisen (BGE 83 II 120), kann abgetrennt werden (Art. 60 lit. a BGBB) und unterliegt den allgemeinen Erbteilungsregeln (Art. 612 ff. ZGB; STUDER BENNO, Kommentar BGBB, N. 17 zu Art. 15 BGBB).

[1089] Nichtlandwirtschaftliche Grundstücke oder Grundstücksteile, die keines Arbeitseinsatzes bedürfen und somit nur durch das blosse Kapital Ertrag einbringen (vermieteter Campingplatz, im Baurecht überlassener Boden, etc.) oder solche, die überhaupt gar keinen Ertrag einbringen, stellen keine Nebengewerbe im Sinne des BGBB dar. Blosse Entschädigungen zufolge Nutzungsbeeinträchtigung von landwirtschaftlichen Grundstücken (Ertragsausfallsentschädigungen für Stromleitungen oder Sportanlagen, etc.) bedingen keinerlei Einsatz von Kapital, können keinesfalls Gewerbequalität erreichen, sind untrennbar mit dem landwirtschaftlichen Gewerbe verbunden und dürfen nicht einmal in die Bewertung des landwirtschaftlichen Gewerbes einbezogen werden, falls der Nutzungsausfall der Entschädigung entspricht.

Verkehrswert massgeblich ist[1090]. Die enge Verbundenheit kann sich bereits in einer örtlichen Komponente erschöpfen, während die sachlich enge Verbundenheit regelmässig auch einen räumlichen und örtlichen Aspekt aufweist.

2. Räumliche und örtliche Verbundenheit

Die enge Verbundenheit kann sich einerseits aus den räumlichen und örtlichen Verhältnissen ergeben. Das ist insbesondere dann gegeben, wenn eine räumliche Trennung nicht oder zumindest nicht ohne wesentliche Werteinbusse möglich ist[1091]. Vielfach wird es vorkommen, dass Bauten und Anlagen teilweise einem nichtlandwirtschaftlichen Nebengewerbe dienen, sich aber auf klar der Landwirtschaft gewidmeten Grundstücken oder in ebensolchen Gebäuden oder Anlagen befinden[1092]. In derartigen Fällen wird die enge Verbundenheit bereits aufgrund der räumlichen Situation gegeben sein[1093], wobei aus betriebswirtschaftlichen und organisatorischen Gründen auch eine gewisse örtliche Nähe vorliegen sollte[1094]. Eine Abtrennung wäre nicht sinnvoll und zudem regelmässig mit erheblichem Aufwand verbunden[1095].

[1090] Art. 17 Abs. 2 BGBB. Art. 617 ZGB.

[1091] NEUKOMM / CZETTLER, S. 128. TUOR PETER / PICENONI VITO, Berner Kommentar, N. 6 zu Art. 625 aZGB. ESCHER ARNOLD, Zürcher Kommentar, Ergänzungslieferung zum landwirtschaftlichen Erbrecht, N. 3 zu Art. 625 aZGB.

[1092] Schlosserei, Schreinerei, Transportunternehmen oder mechanische Werkstätte im landwirtschaftlichen Oekonomiegebäude, Ferienwohnung im vom Betriebsleiter benützten Wohnhaus, Restaurant im gleichen Gebäude wie die Betriebsleiterwohnung, Sägerei an Oekonomiegebäude angebaut, etc.

[1093] Eine sachlich enge Verbundenheit kann diesfalls gar nicht gefordert werden. Allein die räumlich zwingende Verknüpfung muss ausreichen für eine Zuweisung.

[1094] Eine auf einer weit entfernten Maiensäss im Oekonomiegebäude befindliche kleine Schreinerei verfügt wohl über eine räumlich enge Verbundenheit (Einbau im Oekonomiegebäude), hingegen nicht über eine akzeptable und für einen sinnvollen Nebenerwerb dienliche örtliche Nähe. BBl 1996 III 539.

[1095] Ein separates Wohnhaus dürfte, sofern ohne dieses der landwirtschaftliche Normalwohnbedarf bereits abgedeckt ist, die räumlich enge (geschweige denn die sachlich enge) Verbundenheit nicht aufweisen, weil dieses Wohnhaus ohne weiteres abgetrennt werden dürfte (Art. 60 lit. a BGBB; BGE 83 II 120).

3. Sachliche Verbundenheit

Die enge Verbundenheit kann sich schliesslich auch aufgrund eines sachlichen Zusammenhanges ergeben. Das ist vor allem dann gegeben, wenn sich das landwirtschaftliche Gewerbe und das nichtlandwirtschaftliche Nebengewerbe gegenseitig ergänzen oder wenn das eine vom anderen abhängig ist[1096]. Eine solche Situation liegt vor, sobald nebst eigenen Produkten auch betriebsfremde landwirtschaftliche Produkte verarbeitet, gelagert oder vermarktet werden[1097]. Eine kleine Schreinerei, Zimmerei oder Sägerei, eine kleine mechanische Werkstätte für Landmaschinen, bauliche Vorkehren für das Angebot von Ferien auf dem Bauernhof dürften ohne weiteres das Kriterium der sachlichen Verbundenheit erfüllen[1098]. Bei Vorliegen der engen sachlichen Verbundenheit wird meistens auch eine enge räumliche Verbundenheit vorliegen. Bei Maschinenarbeiten[1099] für andere Landwirte liegt wohl eine ausreichend sachlich enge Verbundenheit vor, während die räumliche Komponente nicht unbedingt erforderlich ist[1100]. Das zusätzliche Einkommen aus einer beliebigen Tätigkeit kann allein für die sachlich enge Verbundenheit noch nicht ausreichen, auch wenn der Betriebsleiter des landwirtschaftlichen Gewerbes von diesem Einkommen existentiell abhängig ist.

Ein Bootssteg mit einer Bootsvermietung an einem Fluss oder See wird die räumlich enge Verbundenheit mit dem landwirtschaftlichen Gewerbe ebenfalls kaum aufweisen.

[1096] NEUKOMM / CZETTLER, S. 128.

[1097] Käserei, Müllerei, Mosterei, Schnapsbrennerei, Bäckerei, Verkaufsladen für alle möglichen landwirtschaftlichen Produkte, etc. BBl 1996 III 539.

[1098] BBl 1996 III 538 f.

[1099] Mähdreschen, Mistzetten, Jauche ausführen, Dünger streuen, Ballen pressen, pflügen, eggen, etc.

[1100] Der Einstellraum für die benötigten Maschinen braucht nicht unbedingt innerhalb des landwirtschaftlichen Gewerbes zu liegen. Trotzdem können solche Fremdarbeiten zugunsten anderer Landwirte ein erhebliches Nebengewerbe mit festem Kundenstamm darstellen.

V. Subjektive Voraussetzungen des Ansprechers

Gemäss bisherigem Recht war für die Zuweisung des nichtlandwirtschaftlichen Nebengewerbes wie beim landwirtschaftlichen Gewerbe die Eignung und Selbstbewirtschaftung des Ansprechers erforderlich[1101]. Im geltenden Recht fehlt eine solche Bestimmung[1102]. Das BGBB weitet den Geltungsbereich auch auf den Fall der Zuweisung an einen Nichtselbstbewirtschafter aus[1103]. Soweit ein Nichtselbstbewirtschafter das landwirtschaftliche Gewerbe zugewiesen erhält[1104], wird auch für ein nichtlandwirtschaftliches Nebengewerbe weder Eignung noch Selbstbewirtschaftung verlangt werden können. Bei allen anderen Ansprechern ist für das nichtlandwirtschaftliche Nebengewerbe grundsätzlich die Eignung und die Selbstbewirtschaftung zu fordern, da andernfalls eine Zuweisung dieses Nebengewerbes keinen Sinn macht[1105]. Allerdings sind die Anforderungen an die Eignung nicht allzu streng zu halten[1106], weil einerseits wohl oft eine Abtrennung nicht leicht möglich sein wird und da der Ansprecher das Nebengewerbe im-

---

[1101] Art. 625 Abs. 1 aZGB. TUOR PETER / PICENONI VITO, Berner Kommentar, N. 8-10 zu Art. 625 aZGB. ESCHER ARNOLD, Zürcher Kommentar, N. 6 und 7 zu Art. 625 aZGB.

[1102] Art. 15 Abs. 2 BGBB.

[1103] Art. 11 Abs. 2 BGBB. STUDER BENNO, Kommentar BGBB, N. 20 zu Art. 15 BGBB.

[1104] Pflichtteilsgeschützter Erbe: Art. 11 Abs. 2 BGBB.

[1105] STUDER BENNO, Kommentar BGBB, N. 20 zu Art. 15 BGBB. Falls eine Abtrennung des nichtlandwirtschaftlichen Nebengewerbes gemäss der geplanten Revision des Raumplanungsrechtes (BBl 1996 III 539 f. und 553) am Realteilungsverbot zum vornherein scheitern sollte, müssten die Voraussetzungen der Eignung und Selbstbewirtschaftung für das nichtlandwirtschaftliche Nebengewerbe gänzlich fallen gelassen werden. Sobald die Voraussetzungen für die Zuweisung des landwirtschaftlichen Gewerbes vorliegen würden, wäre auch das diesfalls zwingend mit dem landwirtschaftlichen Gewerbe verbundene Nebengewerbe zuzuweisen, und zwar ungeachtet dessen, ob der Ansprecher sich auch dafür eignet oder ob er es selber bewirtschaften wird.

[1106] ESCHER ARNOLD, Zürcher Kommentar, N. 6 zu Art. 625 aZGB. TUOR PETER / PICENONI VITO, Berner Kommentar, N. 9 zu Art. 625 aZGB.

merhin mit dem Verkehrswert abgelten muss, sodass die Miterben zumindest diesbezüglich im Vergleich zum allgemeinen Erbrecht nicht schlechter gestellt werden. Je schwieriger sich eine Abtrennung des Nebengewerbes durchführen lässt, desto eher ist die Eignung des Ansprechers zu bejahen, weil es gegenüber dieser Lösung ja faktisch keine Alternative gibt[1107].

VI. Verfügungsfreiheit

Beim Zuweisungsanspruch für das nichtlandwirtschaftliche Nebengewerbe Betriebsinventar handelt es sich um zwingendes Recht[1108]. Dem Erblasser ist es verwehrt, über dieses Nebengewerbe anderweitig zu verfügen.

VII. Modalitäten der Zuweisung

Der massgebliche Moment für die Betrachtung des Umfanges des nichtlandwirtschaftlichen Nebengewerbes ist der Moment der Zu-

---

[1107] Falls und sobald aufgrund der geplanten Revision des RPG (BBl 1996 III 537 ff. und 553) ein nichtlandwirtschaftliches Nebengewerbe zwingend mit dem landwirtschaftlichen Gewerbe verbunden wird (Ausnahmebewilligung gemäss Art. 24 RPG und Anmerkung im Grundbuch), kann beim nichtlandwirtschaftlichen Gewerbeteil für die Zuweisung weder Eignung noch Selbstbewirtschaftung verlangt werden, weil eine Abtrennung gar nicht mehr möglich wäre (Realteilungsverbot). Es könnte für den Ansprecher sogar eine erhebliche Belastung darstellen, ein nichtlandwirtschaftliches Nebengewerbe unter entsprechender Abgeltung übernehmen zu müssen, denn das Nebengewerbe dürfte gemäss der Botschaft des Bundesrates weder dinglich (Nutzungsdienstbarkeit, etc.) noch schuldrechtlich (Pachtvertrag, etc.) Dritten überlassen werden (BBl 1996 III 538).

[1108] Art. 15 Abs. 2 BGBB.

sprechung[1109] des geltend gemachten Anspruches[1110]. Ab dem Todeszeitpunkt des Erblassers kann sich das nichtlandwirtschaftliche Gewerbe umfangmässig wesentlich ausgeweitet[1111], vermindert[1112], verschlechtert[1113] oder aber erst gebildet[1114] haben. Auch können nichtlandwirtschaftliche Nebengewerbe oder Teile davon ersetzt oder erneuert worden sein[1115]. Bei Verschlechterungen eines nichtlandwirtschaftlichen Nebengewerbes, die wiederherstellbar[1116] sind und von Dritten[1117] entschädigt werden, ist für die Bewertung auf den Vorzustand[1118] abzustellen, und die Entschädigungen sind dem Ansprecher als Entgelt für die Wiederherstellung zuzuweisen[1119]. Wenn eine solche[1120] Verschlechterung vor dem Ableben des Erb-

---

[1109] Einvernehmlich durch vertragliche Zusprechung oder gerichtlich mittels Gerichtsurteil.

[1110] Zwischen dem Moment der Eröffnung des Erbganges und einer Erbteilung bzw. der Zusprechung eines Zuweisungsanspruches kann viel Zeit verstreichen und die tatsächlichen Verhältnisse des Nebengewerbes können sich markant verändert haben.

[1111] Erwerb von Liegenschaften, Neubau von Gebäuden, Investitionen in bestehende Gebäude, Erwerb von vertraglichen oder dinglichen Rechten, etc.

[1112] Veräusserung von Liegenschaften oder Liegenschaftsteilen, von Gebäuden und Gebäudeteilen oder von vertraglichen oder dinglichen Rechten, etc.

[1113] Schäden durch Naturkatastrophen (Wasser, Sturm, Hagel, Geröll, Schnee, etc.); öffentlich-rechtliche oder privatrechtliche Beschränkungen (Strassen, Quellfassungen, etc.), etc.

[1114] Falls aus Nachlassmitteln Grundstücke, Gebäude, dingliche Rechte, etc. erworben werden und dadurch erst ein Gewerbe entsteht: dieses neu geschaffene Gewerbe unterliegt dem erbrechtlichen Zuweisungsanspruch, weil es aus Nachlassmitteln entstanden ist und weil alle Erben dem Erwerb zustimmen mussten. Die Bildung eines Gewerbes ist durch Aufstockung bereits bestehender landwirtschaftlicher Grundstücke und/oder Gebäude oder aber durch den Erwerb eines gesamten Gewerbes möglich.

[1115] Vgl. BGE 116 II 261 ff.

[1116] Vernichtung von Gebäuden durch Brand, Sturm oder Lawinen, Abrutschen von Liegenschaftsteilen zufolge Überschwemmung, etc.

[1117] Versicherungen, Haftpflichtige, öffentliche Hand, Sammlungen, etc.

[1118] Vor der Verschlechterung. Dies betrifft nur den verschlechterten Teil. Für die übrigen Teile ist nach wie vor der Zeitpunkt der Zusprechung massgebend.

[1119] Vgl. BGE 82 II 4 ff.

[1120] Von Dritten entschädigte Verschlechterung.

lassers eingetreten ist, muss bei der Bewertung ebenfalls vom Vorzustand[1121] ausgegangen werden und dem Ansprecher ist die Entschädigung[1122] zuzusprechen, es sei denn, der Erblasser habe ausdrücklich auf die Wiederherstellung der Verschlechterung verzichtet[1123]. Verminderungen und nicht wiederherstellbare sowie wiederherstellbare, aber nicht von Dritten entschädigte Verschlechterungen reduzieren den Umfang des Zuweisungsanspruches definitiv.

§ 14 Teilung des Gewerbes

I. Allgemeines

A. Entstehungsgeschichte im ZGB

Mit der Einführung des Entschuldungsgesetzes vom 12. Dezember 1940[1124] (LEG) wurde das bäuerliche Erbrecht des ZGB erstmals revidiert. Damals hatte der Gesetzgeber im Rahmen des bäuerlichen Erbrechts erstmals die Möglichkeit vorgesehen, ein landwirtschaft-

---

[1121]Nur des verschlechterten Teiles; die übrigen Teile sind im Zeitpunkt der Zusprechung zu beurteilen bzw. zu bewerten.
[1122]Soweit noch vorhanden.
[1123]Diesfalls hat der Erblasser lediglich das «verschlechterte» Gewerbe hinterlassen und die Verschlechterung nicht wieder instandstellen wollen.
[1124]SR 211.412.12; BBl 1936 II 209 ff.; in Kraft von 1. Januar 1947 bis 31. Dezember 1993: vgl. AS 1993 1410, Art. 93 und 96 BGBB.

liches Gewerbe unter bestimmten Voraussetzungen zu teilen[1125]. Mit dem damals neuen Art. 621ter ZGB wurde die Zerlegung eines landwirtschaftlichen Gewerbes in mehrere lebensfähige Betriebe möglich, falls sich mehrere Erben zur Übernahme bereit erklärten und hierfür geeignet erschienen[1126].

Mit der Revision[1127] des bäuerlichen Erbrechtes vom 6. Oktober 1972[1128] wurde die ursprüngliche Bestimmung des Art. 621ter ZGB zum Art. 621^{quater} ZGB[1129] und damit zur Fassung vor Inkrafttreten des BGBB.

B. Vorentwurf Zimmerli

Im Vorentwurf Zimmerli[1130] wurde wiederum vorgesehen, dass ein Gewerbe aufgeteilt werden kann, falls Umfang und Beschaffenheit des Gewerbes die Aufteilung in mehrere Betriebe mit je guter Existenz ermöglichen sollte. Eine Aufteilung sollte aber nur in Frage kommen, wenn mehrere Erben mit gleichen Voraussetzungen die Zuweisung des Gewerbes verlangen. Falls nur ein Selbstbewirtschafter vorhanden sein sollte, so könnte er das ganze Gewerbe für sich beanspruchen[1131].

[1125] Vgl. vorne, § 2, IV.
[1126] Anhang 2.
[1127] Letzte Revision des bäuerlichen Erbrechtes vor Einführung des BGBB.
[1128] In Kraft seit 15. Februar 1973: AS 1973 I 94 ff.; die erbrechtlichen Bestimmungen dieses Bundesgesetzes wurden mit der Einführung des BGBB per 1. Januar 1994 aufgehoben. Diese Bestimmungen sind im Anhang 5 vollständig aufgeführt.
[1129] Anhang 5.
[1130] Art. 35 VE.
[1131] Schlussbericht zum Vorentwurf Zimmerli, S. 77.

C. Entwurf des Bundesrates

Der in der Botschaft des Bundesrates[1132] präsentierte Vorschlag entspricht der heute geltenden Fassung des Art. 16 Abs. 1 BGBB. Der Bundesrat war der Ansicht, dass auch ein Erbe, der selber über keinen Zuweisungsanspruch verfüge, die Aufteilung verlangen könne[1133].

D. Parlamentsdebatte

Die ständerätliche Kommission legte vor dem Ständerat in der ersten Lesung ausdrücklich dar, dass nur diejenigen Erben einen Anspruch auf die Aufteilung haben sollten, welche die neu entstehenden Betriebe auch selber bewirtschaften wollen. Dem Ergänzungsantrag der Kommission für die Bestimmung des heutigen Art. 16 Abs. 2 stimmte der Ständerat dann auch zu[1134]. Der Nationalrat dagegen übernahm ohne weitere Diskussion den bundesrätlichen Entwurf[1135]. Im Ständerat wurde auch in der zweiten Lesung daran festgehalten, dass nur Selbstbewirtschafter die Aufteilung des Gewerbes verlangen sollten[1136], worauf dann der Nationalrat auf Antrag der Kommission dem Beschluss des Ständerates[1137] schliesslich doch zustimmte[1138].

[1132] BBl 1988 III 1113, Art. 18 des bundesrätlichen Vorschlages.
[1133] BBl 1988 III 996.
[1134] Amtl.Bull.SR 1990, S. 225.
[1135] Amtl.Bull.NR 1991, S. 112; also ohne den heutigen Art. 16 Abs. 2 BGBB.
[1136] Amtl.Bull.SR 1991, S. 144.
[1137] Und damit dem Art. 16 Abs. 2 BGBB.
[1138] Amtl.Bull.NR 1991, S. 861.

II. Voraussetzungen

A. Allgemeines

Falls im Rahmen einer Erbteilung ein landwirtschaftliches Gewerbe nach Umfang und Beschaffenheit in zwei oder mehrere Gewerbe aufteilbar ist, dass je einer bäuerlichen Familie eine gute Existenz geboten wird, so darf das Gewerbe mit Genehmigung der Bewilligungsbehörde in dieser Weise aufgeteilt werden[1139]. Einen Anspruch auf Aufteilung haben nur Erben, welche die landwirtschaftlichen Gewerbe selber bewirtschaften wollen und als geeignet erscheinen[1140].

B. Objektive Voraussetzungen

1. Landwirtschaftliches Gewerbe im Nachlass

Falls sich im Nachlass ein landwirtschaftliches Gewerbe, Miteigentum an einem solchen oder eine Beteiligung an einem Gesamthandsverhältnis mit einem landwirtschaftlichen Gewerbe befindet, kommt die Aufteilung des landwirtschaftlichen Gewerbes grundsätzulich in Frage. Dabei ist das gesamte landwirtschaftliche Gewerbe[1141] im Sinne von Art. 7 BGBB oder im Sinne von Art. 5 lit. a BGBB zu berücksichtigen, wozu auch vorhandene nichtlandwirtschaftliche Nebengewerbe[1142] und das Betriebsinventar[1143] gehören. Weiter müssen die Voraussetzungen gemäss § 6 und § 7 vorliegen.

[1139] Art. 16 Abs. 1 und Art. 60 lit. b BGBB.
[1140] Art. 16 Abs. 2 BGBB.
[1141] Vgl. Ausführungen unter § 4, III, VI, VII.
[1142] Art. 7 Abs. 5 und Art. 15 Abs. 2 BGBB.

2. Begriff der guten Existenz

a) Allgemeines

Der Begriff der «guten Existenz» ist ein unbestimmter Rechtsbegriff und bereits im Pachtrecht[1144] definiert worden. Er sollte offensichtlich als solcher auch ins BGBB übernommen werden[1145]. Darunter ist ein Gewerbe zu verstehen, welches anderthalb bis zwei Arbeitskräften ein paritätisches Einkommen bietet[1146]. Damit wird nicht wie bei der Umschreibung des Gewerbebegriffes auf einen bestimmten Arbeitsaufwand abgestellt, sondern ein ansehnliches Einkommen auf einem landwirtschaftlichen Betrieb als Limite gesetzt. Beim zu beurteilenden landwirtschaftlichen Gewerbe ist ein allfälliges, nichtlandwirtschaftliches Nebengewerbe[1147] miteinzubeziehen, da dieses ja ebenfalls zum Gewerbe gehört. Pachtland ist im ortsüblichen Ausmass zu berücksichtigen. Grössere Zupachten sind zuzulassen, falls sie durch langjährige[1148] Pachtverträge gesichert sind, weil damit auf längere Zeit zusätzliches Einkommen erzielt werden kann.

b) Obere Grenze

Für die «gute Existenz» wird einhellig davon ausgegangen, dass sie sicher gegeben ist, wenn ein Gewerbe anderthalb bis zwei Arbeitskräften ein mindestens paritätisches Einkommen bietet[1149]. In die-

---

[1143] Art. 15 Abs. 1 BGBB; das Betriebsinventar ist entsprechend den Bedürfnissen der neu entstehenden Gewerbe ebenfalls aufzuteilen, falls dies von mehr als einem Ansprecher verlangt wird.

[1144] Art. 31 Abs. 2 lit. a und b LPG; BBl 1988 III 996; vgl. STUDER/HOFER, S. 199 ff.

[1145] BBl 1988 III 996; Amtl.Bull.NR 1991 S. 118 und 119, Voten Ulrich und Nussbaumer.

[1146] Amtl.Bull.NR 1991 S. 118 und 119; BBl 1988 III 996; BBl 1982 I 286; vgl. STUDER/HOFER, S. 200.

[1147] Art. 7 Abs. 5 und Art. 15 Abs. 2 BGBB; Art. 31 Abs. 3 LPG; STUDER/HOFER, S. 232 und 233.

[1148] Minimal 10 Jahre.

[1149] Amtl.Bull.NR 1991 S. 119; BBl 1988 III 996; BBl 1982 I 286; vgl. STUDER/HOFER, S. 200 und 205.

sem Sinne liegt eine obere Grenze vor. Für Betriebe in ungünstigen bzw. erschwerten Verhältnissen soll die Limite für die gute Existenz aber wesentlich tiefer liegen[1150].

Der Paritätslohn setzt sich zusammen aus dem Grund-Lohnanspruch zuzüglich einem Betriebsleiterzuschlag von 2 % des Rohertrages[1151].

Als Grund-Lohnanspruch wird der Lohnanspruch einer bäuerlichen Familie betrachtet, welcher auf der Grundlage von durchschnittlichen Verdiensten von Arbeitnehmern und Arbeitnehmerinnen in Gemeinden von weniger als 10'000 Einwohnern errechnet wird, wobei die besonderen Verhältnisse der Landwirtschaft[1152] berücksichtigt werden[1153]. Der Grund-Lohnanspruch[1154] wird jährlich vom Bundesamt für Landwirtschaft festgelegt und kann dem jährlichen Hauptbericht der FAT entnommen werden, was auch für den massgeblichen Rohertrag gilt[1155].

[1150] BBl 1988 III 996; Amtl.Bull.NR 1991 S. 118 und 119, Votum Ulrich und Votum Nussbaumer; STUDER/HOFER, S. 200. Dazu wird eine untere Limite festgelegt.

[1151] Art. 47 und Art. 49b der Allgemeinen Landwirtschafts-Verordnung (SR 916.01); Richtlinien des Eidg. Volkswirtschaftsdepartementes für die Ermittlung und Beurteilung der bäuerlichen Einkommenslage, Punkt 22; FAT, Hauptbericht 1993, S. 26 und 27; FAT, Hauptbericht 1994, S. 33 und 34; STUDER/HOFER, S. 212.

[1152] Arbeitszeit, Arbeitsgestaltung, Ferien, soziale Sicherung, Selbstversorgung, Wohnung, Steuern, etc.

[1153] Art. 47 der Allgemeinen Landwirtschafts-Verordung (SR 916.01).

[1154] Berechnet pro Arbeitstag.

[1155] Es ist immer vom letzten erhältlichen Hauptbericht der FAT auszugehen. Für 1993 (erschienen im März 1995) ist der Grund-Lohnanspruch auf S. 26 und der durchschnittliche Rohertrag je ha im Anhang (S. 107 ff) und in den Tabellen 2D, 3D und 5D jeweilen unter Nr. 29 zu entnehmen. Für 1994 (erschienen im März 1996) ist der Grund-Lohnanspruch auf S. 33 und der durchschnittliche Rohertrag je ha im Anhang (S. 97 ff) und in den Tabellen 2D, 3D und 5D jeweilen unter Nr. 29 zu entnehmen. Beim Rohertrag ist der Durchschnittswert der vergleichbaren Betriebe zu betrachten, weil die Einkommenslimite ohne Zweifel standardisiert werden soll.

Beim Rohertrag ist von den Durchschnittswerten der vergleichbaren[1156] Betriebe der letzten Buchhaltungsauswertung der FAT[1157] auszugehen. Mit diesen Grundlagen lässt sich das paritätische Einkommen einer bäuerlichen Arbeitskraft pro Normalarbeitstag errechnen[1158]. Für eine Arbeitskraft ist von 300 Normalarbeitstagen auszugehen[1159]. Daraus ergibt sich das paritätische Jahreseinkommen einer Arbeitskraft[1160].
Diese Summe ist für die entscheidende Limite zu veranderthalbfachen, worauf dann der Betrag vorliegt, welcher anderthalb Arbeitskräften mindestens ein paritätisches Einkommen gewähren würde.
Beim zu beurteilenden Betrieb ist nun vom effektiven landwirtschaftlichen Einkommen[1161] auszugehen, wobei die letzten drei Buchhaltungsjahre zu betrachten und bei den Maschinen- und Zugkraftskosten[1162], bei den Landgutskosten[1163] sowie bei den Schuld-

---

[1156] Gleiche Zone (Talzone, Berggebiet, Jurabetriebe), gleiche Grössenordnung (bis 10 ha; 10-20 ha; 20-50 ha) und gleiche Produktionsart (Ackerbau, Rindviehhaltung, Ackerbau und Rindviehhaltung kombiniert, Milchproduktion, Aufzucht, Milchproduktion und Aufzucht kombiniert, Veredelungsbetriebe, Sonderkulturbetriebe).

[1157] FAT, Hauptbericht, Anhang, Tabellen 2D, 3D und 5D, jeweilen Nr. 29.

[1158] Als Rechenbeispiel diene der Durchschnitt aller Talbetriebe im Jahre 1994: durchschnittliche landwirtschaftliche Nutzfläche von 19.06 ha (FAT, Hauptbericht 1994, Anhang, Tabelle 1A, Nr. 9); durchschnittlicher Rohertrag von Fr. 12'320.--/ha (FAT, Hauptbericht 1994, Anhang, Tabelle 1D, Nr. 29), durchschnittlich 412 Familiennormalarbeitstage pro Jahr (FAT, Hauptbericht 1994, Anhang, Tabelle 1A, Nr. 24); Grund-Lohnanspruch von Fr. 201.50 pro Normalarbeitstag (FAT, Hauptbericht 1994, S. 33). Die 2 % des Rohertrages pro Normalarbeitstag werden errechnet wie folgt: ({[Fr. 12'320.-- x 19.06] : 100} x 2) : 412 = Fr. 11.39. Somit beträgt der Paritätslohn im Jahre 1994 im Durchschnitt aller Talbetriebe Fr. 212.89 pro Arbeitstag und Arbeitskraft.

[1159] FAT, Arbeitsvoranschlag, 2. Auflage 1991, Kapitel 12, S. 2; Hauptbericht 1993, S. 56; Landwirtschaftliches Handbuch zum Wirz-Kalender, 1997, Verlag Wirz, Aarau, S. 258.

[1160] Gemäss dem obigen Rechenbeispiel ergibt sich pro Arbeitskraft und Jahr ein paritätisches Einkommen von Fr. 63'867.-- (Fr. 212.89 x 300).

[1161] Inklusive Einkommen von nichtlandwirtschaftlichen Nebengewerben; exklusive übriges Nebeneinkommen (Renten, Arbeitslohn, Sozialzulagen, etc.).

[1162] Treib- und Schmierstoffe, elektrische Energie, Motorfahrzeuggebühren, Zukauf und Ersatz Kleingeräte, Reparaturen, Abschreibungen, Leistungen durch

zinsen[1164] die effektiven Beträge durch die Durchschnittsbeträge[1165] der entsprechenden Buchhaltungsperiode der vergleichbaren[1166] Betriebe zu ersetzen sind. Von diesen teilweise standardisierten Jahresergebnissen ist das arithmetische Mittel zu ziehen. Jetzt liegt aber erst das landwirtschaftliche Einkommen inklusive dem Zinsanspruch für das investierte Eigenkapital vor.

Bei der Errechnung des landwirtschaftlichen Arbeitsverdienstes[1167] ist für das investierte Eigenkapital[1168] ein angemessener Zins[1169] anzurechnen und vom landwirtschaftlichen Einkommen abzuziehen. Nun liegt das massgebliche Einkommen des betreffenden landwirtschaftlichen Betriebes vor.

Sollte dieses Einkommen die Limite des anderthalbfachen paritätischen Einkommens erreichen, so wäre eine gute landwirtschaftliche Existenz ausgewiesen. Allerdings ist bei der Einkommensrechnung

---

Dritte, Autokostenanteil; FAT, Hauptbericht, Anhang, Tabellen 2C, 3C und 5C, jeweilen Nr. 17.

[1163]Landgutskosten ohne Zinsen: Reparatur an festen Einrichtungen und Gebäuden, Unterhalt an Wegen und Meliorationen, Abschreibungen Pflanzen, Abschreibungen an festen Einrichtungen und Gebäuden, Abschreibungen an Meliorationen, Gebäudeversicherungen; FAT, Hauptbericht, Anhang, Tabellen 2C, 3C und 5C, jeweilen Nr. 31.

[1164]FAT, Hauptbericht, Anhang, Tabellen 2C, 3C und 5C, jeweilen Nr. 40.

[1165]Fr./ha.

[1166]Gleiche Zone (Talzone, Berggebiet, Jurabetriebe), gleiche Grössenordnung (bis 10 ha; 10-20 ha; 20-50 ha) und gleiche Produktionsart (Ackerbau, Rindviehhaltung, Ackerbau und Rindviehhaltung kombiniert, Milchproduktion, Aufzucht, Milchproduktion und Aufzucht kombiniert, Veredelungsbetriebe, Sonderkulturbetriebe).

[1167]Der Arbeitsverdienst und nicht das landwirtschaftliche Einkommen muss für die Vergleichsrechnung massgebend sein, weil das landwirtschaftliche Einkommen je nach Eigenkapitalanteil sehr unterschiedlich ausfallen kann.

[1168]Sämtliche Investitionen mitsamt einem allfälligen nichtlandwirtschaftlichen Nebengewerbe sind zu berücksichtigen.

[1169]Für 1994 wurde der angemessene Zins von der Koordinationskonferenz für die Zentrale Auswertung von Buchhaltungsdaten auf 5.6 % festgesetzt (FAT, Hauptbericht, 1994, S. 33). Für die Bemessung des Zinses ist immer von den Zinsfestsetzungen der drei massgeblichen Buchhaltungsjahre auszugehen und das arithmetische Mittel zu errechnen.

von der ortsüblichen Bewirtschaftung[1170] auszugehen, es sei denn, der betreffende Betrieb werde entgegen der Ortsüblichkeit seit mindestens sechs Jahren erfolgreich ortsunüblich[1171] bewirtschaftet und der Betrieb verfüge[1172] auch über die dazu erforderlichen Grundlagen[1173]. Damit wäre m.E. bewiesen, dass es neben der sonst ortsüblichen Nutzung eine andere objektive Nutzung gibt, die zu beachten ist. Diese andere Bewirtschaftungsart müsste aber selbstverständlich rechtlich zulässig[1174] sein.
Falls die vom Bewirtschafter gewählte Art der Bewirtschaftung nicht ortsüblich ist und diese zudem den obigen Objektivierungsvoraussetzungen[1175] nicht entspricht, oder wenn bei einem ortsüblich bewirtschafteten Betrieb keine oder ungenügende Buchhaltungsdaten vorliegen, so wären die Durchschnittswerte der vergleichbaren[1176] Betriebe der letzten drei Buchhaltungsperioden für das landwirtschaftliche Einkommen[1177] als massgeblich heranzuziehen und mit der geforderten Einkommenslimite[1178] zu vergleichen.

c) Untere Grenze

Für Betriebe in ungünstigen bzw. erschwerten Verhältnissen kann die Limite für die «gute Existenz» wesentlich tiefer liegen als die

---

[1170] Darunter fallen der Tierbesatz, die Fruchtfolge, etc.
[1171] Spezialkulturen, Ökologische Tierhaltung, Direktvermarktung, etc.
[1172] Die Verfügungsmöglichkeit kann auch vertraglich sichergestellt sein, wobei aber eine Mindestvertragsdauer von sechs Jahren zu fordern ist: z.B. Verträge über Betriebszweiggemeinschaften, Abnahmeverträge, etc.
[1173] Rechte, Bauten, Anlagen, Maschinen, etc.
[1174] Gewässerschutzvorschriften, Rebbaukataster, etc. sind zu berücksichtigen.
[1175] Bewirtschaftung seit mindestens 6 Jahren, entsprechende Einrichtungen, etc.
[1176] Gleiche Zone (Talzone, Berggebiet, Jurabetriebe), gleiche Grössenordnung (bis 10 ha; 10-20 ha; 20-50 ha) und gleiche Produktionsart (Ackerbau, Rindviehhaltung, Ackerbau und Rindviehhaltung kombiniert, Milchproduktion, Aufzucht, Milchproduktion und Aufzucht kombiniert, Veredelungsbetriebe, Sonderkulturbetriebe).
[1177] FAT, Hauptbericht, Anhang, Tabellen 2D, 3D und 5D, jeweilen Nr. 42.
[1178] Anderthalbfacher paritätischer Lohn.

obere Grenze[1179]. Diese sogenannt «untere Grenze» liegt beim Verbrauch einer bäuerlichen Familie[1180]. Darüber hinaus wird Einkommen gefordert, das die für die Fortentwicklung des Betriebes notwendigen Ersparnisse ermöglicht. Schliesslich ist selbstverständlich, dass auch die erforderlichen Amortisationen geleistet werden müssen. Diese untere Grenze ist aber nur für Betriebe im Berggebiet und im Hügelgebiet zuzulassen[1181]. Bei den Talbetrieben ist allein die obere Grenze als massgeblich zu betrachten.

Die durchschnittliche Bauernfamilie bestand in den Jahren 1993 und 1994 aus 3.4 Verbrauchereinheiten[1182]. Für die massgebliche Einkommenslimite ist nun 3.4 mal der Durchschnittswert einer Verbrauchereinheit aus vergleichbaren[1183] Verhältnissen zu rechnen[1184]. Hinzu sind noch die durchschnittlichen Ersparnisse[1185] der vergleichbaren Betriebe zu addieren.

[1179]BBl 1988 III 996; Amtl.Bull.NR 1991 S. 118 und 119, Votum Ulrich und Votum Nussbaumer; STUDER/HOFER, S. 200 und 205.

[1180]BBl 1988 III 996; STUDER/HOFER, S. 204 und 205. Es ist von einer durchschnittlichen Familiengrösse für alle Betriebe (Talgebiet und Berggebiet zusammen) auszugehen.

[1181]Amtl.Bull.NR 1991, S. 119, Votum Nussbaumer; STUDER/HOFER, S. 200.

[1182]FAT, Hauptbericht, 1993 und 1994, Anhang, Tabelle 1A Nr. 29. Obwohl im Berggebiet im Durchschnitt 3.5 Verbrauchereinheiten ermittelt wurden, ist vom gesamten Durchschnitt (Tal- und Berggebiet) auszugehen, da ja gerade im Berggebiet nicht noch höhere Anforderungen zu stellen sind, zumal gerade die ungünstigen Produktionsverhältnisse privilegiert werden sollten (Amtl.Bull.NR 1991 S. 119, Votum Nussbaumer). Der jährliche Verbraucherdurchschnittswert der Familien aller Betriebe ist heranzuziehen, der in den Jahren 1993 und 1994 je 3.4 Verbrauchereinheiten (VbE) ausmacht.

[1183]Gleiche Zone (Talzone, Berggebiet, Jurabetriebe), gleiche Grössenordnung (bis 10 ha; 10-20 ha; 20-50 ha) und gleiche Produktionsart (Ackerbau, Rindviehhaltung, Ackerbau und Rindviehhaltung kombiniert, Milchproduktion, Aufzucht, Milchproduktion und Aufzucht kombiniert, Veredelungsbetriebe, Sonderkulturbetriebe).

[1184]FAT, Hauptbericht, Anhang, Tabellen 2A, 3A und 5A, jeweilen Nr. 29 (durchschnittliche Anzahl Verbrauchereinheiten pro Familie) und 2D, 3D und 5D, jeweilen Nr. 45 (Verbrauch der ganzen Familie); der Verbrauch der Familie ist durch die entsprechende Anzahl Verbrauchereinheiten zu teilen, woraus sich dann der Verbrauch pro Verbrauchereinheit ergibt.

[1185]FAT, Hauptbericht, Anhang, Tabellen 2D, 3D und 5D, jeweilen Nr. 47.

Beim zu betrachtenden Betrieb ist nun vom effektiven landwirtschaftliche Gesamteinkommen[1186] auszugehen, wozu die letzten drei Buchhaltungsjahre zu betrachten und bei den Maschinen- und Zugkraftskosten[1187], bei den Landgutskosten[1188] sowie bei den Schuldzinsen[1189] die effektiven Beträge durch die Durchschnittsbeträge[1190] der entsprechenden Buchhaltungsperiode der vergleichbaren[1191] Betriebe zu ersetzen sind. Von diesen teilweise standardisierten drei Jahresergebnissen ist das arithmetische Mittel zu ziehen.

Damit liegt aber erst das landwirtschaftliche Gesamteinkommen inklusive dem Zinsanspruch für das investierte Eigenkapital vor. Für die Errechnung des relevanten Einkommens[1192] ist für das investierte Eigenkapital[1193] ein angemessener Zins[1194] anzurechnen und

---

[1186] Das gesamte Nebeneinkommen ist einzurechnen: Amtl.Bull.NR 1991 S. 119, Votum Nussbaumer.

[1187] Treib- und Schmierstoffe, elektrische Energie, Motorfahrzeuggebühren, Zukauf und Ersatz Kleingeräte, Reparaturen, Abschreibungen, Leistungen durch Dritte, Autokostenanteil; FAT, Hauptbericht, Anhang, Tabellen 2C, 3C und 5C, jeweilen Nr. 17.

[1188] Landgutskosten ohne Zinsen: Reparatur an festen Einrichtungen und Gebäuden, Unterhalt an Wegen und Meliorationen, Abschreibungen Pflanzen, Abschreibungen an festen Einrichtungen und Gebäuden, Abschreibungen an Meliorationen, Gebäudeversicherungen; FAT, Hauptbericht, Anhang, Tabellen 2C, 3C und 5C, jeweilen Nr. 31.

[1189] FAT, Hauptbericht, Anhang, Tabellen 2C, 3C und 5C, jeweilen Nr. 40.

[1190] Fr./ha.

[1191] Gleiche Zone (Talzone, Berggebiet, Jurabetriebe), gleiche Grössenordnung (bis 10 ha; 10-20 ha; 20-50 ha) und gleiche Produktionsart (Ackerbau, Rindviehhaltung, Ackerbau und Rindviehhaltung kombiniert, Milchproduktion, Aufzucht, Milchproduktion und Aufzucht kombiniert, Veredelungsbetriebe, Sonderkulturbetriebe).

[1192] Das landwirtschaftliche Gesamteinkommen abzüglich des Zinsanspruches muss für die Vergleichsrechnung massgebend sein, weil das landwirtschaftliche Gesamteinkommen je nach Eigenkapitalanteil sehr unterschiedlich ausfallen kann.

[1193] Sämtliche Investitionen mitsamt einem allfälligen nichtlandwirtschaftlichen Nebengewerbe sind zu berücksichtigen.

[1194] Für 1994 wurde der angemessene Zins von der Koordinationskonferenz für die Zentrale Auswertung von Buchhaltungsdaten auf 5.6 % festgesetzt (FAT,

vom landwirtschaftlichen Gesamteinkommen abzuziehen. Nun ist das massgebliche Einkommen des betreffenden landwirtschaftlichen Betriebes errechnet. Sollte dieses die Limite der 3.4 Verbrauchereinheiten zuzüglich der durchschnittlichen Ersparnisse erreichen, so wäre eine gute landwirtschaftliche Existenz ausgewiesen. Allerdings ist auch hier von der ortsüblichen Bewirtschaftung[1195] auszugehen, es sei denn, der betreffende Betrieb werde entgegen der Ortsüblichkeit seit mindestens sechs Jahren erfolgreich ortsunüblich[1196] bewirtschaftet und der Betrieb verfüge[1197] auch über die dazu erforderlichen Grundlagen[1198]. Damit wäre m.E. bewiesen dass es neben der sonst ortsüblichen Nutzung noch eine andere objektive Nutzung gibt, die zu beachten ist. Diese andere Bewirtschaftungsart müsste aber selbstverständlich rechtlich zulässig[1199] sein. Falls die vom Bewirtschafter gewählte Art der Bewirtschaftung nicht ortsüblich ist und diese zudem den obigen Objektivierungsvoraussetzungen nicht entspricht, oder wenn bei einem ortsüblich bewirtschafteten Betrieb keine oder ungenügende Buchhaltungsdaten vorliegen, so wären die Durchschnittswerte der vergleichbaren[1200] Betriebe der letzten drei Buchhaltungsperioden für das landwirtschaftliche Gesamteinkommen[1201] als massgeblich heranzu-

---

Hauptbericht, 1994, S. 33). Für die Bemessung des Zinses ist immer von den Zinsfestsetzungen der drei massgeblichen Buchhaltungsjahre auszugehen und das arithmetische Mittel zu errechnen.

[1195] Darunter fallen der Tierbesatz, die Fruchtfolge, etc.

[1196] Spezialkulturen, Ökologische Tierhaltung, Direktvermarktung, etc.

[1197] Die Verfügungsmöglichkeit kann auch vertraglich sichergestellt sein, wobei aber eine Mindestvertragsdauer von sechs Jahren zu fordern ist: z.B. Verträge über Betriebszweiggemeinschaften, Abnahmeverträge, etc.

[1198] Rechte, Bauten, Anlagen, Maschinen, etc.

[1199] Gewässerschutzvorschriften, Rebbaukataster, etc. sind zu berücksichtigen.

[1200] Gleiche Zone (Talzone, Berggebiet, Jurabetriebe), gleiche Grössenordnung (bis 10 ha; 10-20 ha; 20-50 ha) und gleiche Produktionsart (Ackerbau, Rindviehhaltung, Ackerbau und Rindviehhaltung kombiniert, Milchproduktion, Aufzucht, Milchproduktion und Aufzucht kombiniert, Veredelungsbetriebe, Sonderkulturbetriebe).

[1201] FAT, Hauptbericht, Anhang, Tabellen 2D, 3D und 5D, jeweilen Nr. 44.

ziehen und mit der geforderten Einkommenslimite[1202] zu vergleichen.

3. Gute Existenz als Mindestgrösse

Sobald das zu teilende landwirtschaftliche Gewerbe die Limite der guten Existenz zweimal oder mehr erreicht, ist das Gewerbe grundsätzlich[1203] teilbar. Dabei reicht es im Berggebiet und im Hügelgebiet aus, wenn die untere Grenze der guten Existenz zweimal oder mehr erreicht wird. Im Talgebiet dagegen muss die obere Grenze der guten Existenz mindestens zweimal im zu beurteilenden landwirtschaftlichen Gewerbe aufgehen. Neben der verlangten Mindestgrösse müssen für jedes neu entstehende Gewerbe selbstverständlich auch sämtliche übrigen objektiven Voraussetzungen eines landwirtschaftlichen Gewerbes vorliegen[1204]. Dabei ist es unter bestimmten Voraussetzungen[1205] auch möglich, allenfalls fehlende betriebsnotwendige Gebäude noch nachträglich zu erstellen[1206].

4. Bewilligungspflicht

Über das Vorliegen der objektiven Voraussetzungen für die Aufteilung des Gewerbes entscheidet die Bewilligungsbehörde[1207] und

---

[1202] Verbrauch einer durchschnittlichen bäuerlichen Familie (Familiengrösse als Durchschnitt von Talgebiet und Berggebiet; Verbrauch gemäss den Durchschnittzahlen der gleichen Zone, der gleichen Grössenordnung und der gleichen Produktionsart) zuzüglich durchschnittliche Ersparnisse (BBl 1988 III 996).

[1203] Nebst den objektiven Voraussetzungen müssen auch die subjektiven gegeben sein, damit eine Aufteilung im Sinne von Art. 16 BGBB möglich ist.

[1204] Art. 7 BGBB: Gesamtheit von landwirtschaftlichen Grundstücken, Bauten und Anlagen; Grundlage der landwirtschaftlichen Produktion, nichtlandwirtschaftliches Nebengewerbe, etc.: vgl. § 4; im Gegensatz zum grundsätzlichen Zuweisungsanspruch für ein einzelnes Gewerbe bedarf es umfangmässig nicht einer halben Arbeitskraft einer bäuerlichen Familie, sondern vielmehr der geschilderten Mindestgrösse für jedes Gewerbe.

[1205] Vgl. vorn § 4, III, F und IV, F.

[1206] BBl 1988 III 984; STUDER Benno, Kommentar BGBB, N. 2 zu Art. 16 BGBB.

[1207] Art. 16 Abs. 1 BGBB i.V.m. Art. 60 lit. b BGBB; BBl 1988 III 996; STUDER Benno, Kommentar BGBB, N. 4 zu Art. 16 BGBB.

nicht etwa der Richter im Erbteilungsprozess[1208]. Sind die Voraussetzungen für die Aufteilung in zwei oder mehrere Gewerbe gegeben, so hat die Behörde die Bewilligung zu erteilen[1209].

C. Subjektive Voraussetzungen

1. Allgemeines

Einen Anspruch auf Aufteilung haben nur Erben, welche die landwirtschaftlichen Gewerbe selber bewirtschaften wollen und dafür als geeignet erscheinen[1210]. Mit der ausdrücklichen Forderung nach diesen subjektiven Voraussetzungen setzte sich der Ständerat im Rahmen der parlamentarischen Debatte[1211] schliesslich durch. Die in der Botschaft des Bundesrates vertretene Auffassung, wonach die Aufteilung von jedem Erben verlangt werden könne, ist damit überholt[1212].

2. Selbstbewirtschafter

Nur jene Erben, welche die landwirtschaftlichen Gewerbe selber bewirtschaften werden, haben einen Anspruch auf Aufteilung eines Gewerbes[1213]. Zu den genauen Anforderungen an die Eigenschaft des Selbstbewirtschafters vgl. § 4, VIII, A, B und C.

[1208] Der Prozess kann sich möglicherweise nur mit der Zuweisung von landwirtschaftlichen Gewerben befassen.
[1209] Der Gesuchsteller hat bei Vorliegen der objektiven Aufteilungsvoraussetzungen einen Rechtsanspruch auf die Bewilligung; vgl. BBl 1988 III 996.
[1210] Art. 16 Abs. 2 BGBB.
[1211] Vgl. oben I, D.
[1212] BBl 1988 III 996.
[1213] Art. 16 Abs. 2 BGBB.

3. Eignung

Anspruch auf Aufteilung eines Gewerbes haben nur Erben, die für eine Selbstbewirtschaftung als geeignet erscheinen[1214]. Zu den genauen Anforderungen an die Eignung zur Selbstbewirtschaftung vgl. § 4, VIII, D.

4. Wille zur Selbstbewirtschaftung

Bei jenen Erben, bei denen der Selbstbewirtschaftungswille vorhanden ist, haben einen Anspruch auf Aufteilung eines Gewerbes[1215]. Zu den Anforderungen an den Willen zur Selbstbewirtschaftung vgl. § 4, VIII, E.

§ 15 Anrechnung an den Erbteil

I. Allgemeines

Die besonderen Teilungsregeln des bäuerlichen Erbrechtes wären häufig ohne praktische Bedeutung, wenn sie nicht mit einem Preis- bzw. Anrechnungsprivileg verbunden wären[1216]. Der Gesetzgeber hat dazu bestimmt, dass einem selbstbewirtschaftenden Erben ein landwirtschaftliches Gewerbe zum Ertragswert angerechnet werden soll[1217], wobei der Ertragswert je nach dem Umständen bis zum

---

[1214] Art. 16 Abs. 2 BGBB.
[1215] Art. 16 Abs. 2 BGBB.
[1216] BBl 1988 III 996.
[1217] Art. 17 Abs. 1 BGBB. BBl 1988 III 996.

Verkehrswert erhöht werden kann[1218]. Das Betriebsinventar kann der selbstbewirtschaftende Erbe zum Nutzwert und ein nichtlandwirtschaftliches Nebengewerbe zum Verkehrswert ansprechen[1219]. Falls nichtlandwirtschaftliche Teile[1220] auf den Gewerbeliegenschaften vorhanden sind und zusammen mit dem Gewerbe zugewiesen werden, ist stets vom Verkehrswert auszugehen[1221]. Bei der Verkehrswertschätzung sind Liebhaberpreise für nichtlandwirtschaftliche Nebengewerbe oder andere nichtlandwirtschaftliche Liegenschaftsteile nicht zu berücksichtigen. Vielmehr ist entsprechend der Schätzungsanleitung[1222] auf den ortsüblich erzielbaren Mietzins abzustellen[1223]. Für die Feststellung des Verkehrswertes, des Ertragswertes und des Nutzwertes ist regelmässig ein entsprechender Experte[1224] beizuziehen.

Die erbrechtlichen Preis- und Anrechnungsprivilegien korrespondieren zum grossen Teil mit entsprechenden güterrechtlichen Bestimmungen[1225]. Letztere behalten auch nach der Einführung des BGBB ihr volle Gültigkeit[1226].

[1218] Art. 18 BGBB.

[1219] Art. 17 Abs. 2 BGBB.

[1220] Zusätzliche Wohnungen, zusätzliche Wohnräume, etc.

[1221] Art. 617 ZGB.

[1222] Anleitung für die Schätzung des landwirtschaftlichen Ertragswertes vom 25. Oktober 1995 (Anhang I zur Verordnung über das bäuerliche Bodenrecht vom 4. Oktober 1993: SR 211.412.110), S. 47; Anleitung für die Schätzung des Ertragswertes der Betriebe des produzierenden Gartenbaus vom 25. Oktober 1995 (Anhang II zur Verordnung über das bäuerliche Bodenrecht vom 4. Oktober 1993: SR 211.412.110), S. 5.

[1223] BBl 1988 III 997.

[1224] Der Schweizerische Bauernverband in Brugg verfügt in einer Schätzungsabteilung über Experten, die Schätzungen vornehmen können. Auch bei den kantonalen landwirtschaftlichen Schulen gibt es Fachleute, die solche Werte sachkundig feststellen können.

[1225] Art. 212, 213 und 239 ZGB. Gemäss Art. 212 und 213 ZGB kommen für den preisprivilegierten Zuweisungsanspruch nur der Ehegatte als Eigentümer, der überlebende Ehegatte und die Nachkommen in Frage. Andere verwandte Erben (Eltern, Geschwister, Geschwisterkinder, etc.) sowie nichtverwandte (eingesetzte) Erben werden somit güterrechtlich nicht privilegiert (HAUSHEER

II. Landwirtschaftliches Gewerbe

A. Allgemeines

Ein selbstbewirtschaftender Erbe kann die Zuweisung eines im Nachlass befindlichen landwirtschaftlichen Gewerbes zum Ertragswert verlangen[1227]. Das Ertragswertprinzip mit all seinen Einschränkungen gilt aber nicht nur für die Zuweisung von gesamten landwirtschaftlichen Gewerben zu Alleineigentum, sondern auch für die Zuweisung von Miteigentumsanteilen[1228], von Beteiligungen an einem Gesamthandsverhältnis[1229] sowie von Mehrheitsbeteiligungen an juristischen Personen[1230].

B. Selbstbewirtschafter

1. Definition des Ertragswertes

Der Ertragswert entspricht dem Kapital, das mit dem Ertrag eines landwirtschaftlichen Gewerbes oder Grundstücks bei landesüblicher Bewirtschaftung zum durchschnittlichen Zinssatz für erste Hypotheken verzinst werden kann[1231], wobei der Bundesrat die Art der Berechnung, die Bemessungsperiode und die Einzelheiten der entsprechenden Schätzung zu regeln hat[1232]. Die Art der Berech-

---

HEINZ / REUSSER RUTH / GEISER THOMAS, Berner Kommentar, N. 33 zu Art. 212 und 213 ZGB). KELLER HANSULRICH, S. 4.
[1226] Amtl.Bull.NR 1991 S. 112, Votum Nussbaumer.
[1227] Art. 11 Abs. 1 und Art. 17 Abs. 1 BGBB.
[1228] Art. 13 BGBB. BBl 1988 III 997.
[1229] Art. 14 BGBB. BBl 1988 III 997.
[1230] Art. 4 Abs. 2 BGBB. BBl 1988 III 997.
[1231] Art. 10 Abs. 1 BGBB.
[1232] Art. 10 Abs. 2 BGBB.

nung und die Bemessungsperiode für den Ertragswert hat der Bundesrat in der Verordnung über das bäuerliche Bodenrecht vom 4. Oktober 1993 festgelegt[1233], während die ebenfalls verbindlichen Einzelheiten der Schätzung in einer entsprechenden Schätzungsanleitung geregelt wurden[1234].

2. Zuweisung zum Ertragswert

Das landwirtschaftliche Gewerbe wird dem selbstbewirtschaftenden Erben zum Ertragswert an den Erbteil angerechnet[1235]. Der selbstbewirtschaftende Erbe verfügt, falls er einziger Ansprecher ist oder sich gegenüber anderen Ansprechern durchgesetzt hat, für das landwirtschaftliche Gewerbe über einen Zuweisungsanspruch zum Ertragswert und muss sich diesen Wert im Rahmen der Erbteilung an seinen Erbteil anrechnen lassen. Als Erben kommen sowohl gesetzliche Erben[1236] als auch eingesetzte Erben in Frage. Es handelt sich dabei um zwingendes Recht zugunsten der anspruchsberechtigten Erben, welches ohne Zustimmung des Berechtigten weder vom Erblasser noch von den Miterben geschmälert werden kann. Eine Festlegung des Übernahmepreises eines landwirtschaftlichen Gewerbes über dem Ertragswert muss der Anspruchsberechtigte grundsätzlich[1237] nicht akzeptieren. Der Erblasser könnte indessen im Rahmen der verfügbaren Quote den Übernehmer begünstigen, indem er den Übernahmepreis unter dem Ertragswert festlegt. Soweit durch die Ansetzung des Übernahmepreises unter dem Verkehrswert der Pflichtteil der Miterben verletzt wird, können diese eine entsprechende Herabsetzung verlangen[1238].

[1233] Art. 1 VBB; SR 211.412.110.

[1234] Anleitung für die Schätzung des landwirtschaftlichen Ertragswertes vom 25. Oktober 1995 (Anhang I zur Verordnung über das bäuerliche Bodenrecht vom 4. Oktober 1993); Anleitung für die Schätzung des Ertragswertes der Betriebe des produzierenden Gartenbaus vom 25. Oktober 1995 (Anhang II zur Verordnung über das bäuerliche Bodenrecht vom 4. Oktober 1993).

[1235] Art. 17 Abs. 1 BGBB.

[1236] Überlebender Ehegatte, Nachkommen, Eltern, Geschwister, Geschwisterkinder, etc.

[1237] Vorbehalten bleiben die Erhöhungsmöglichkeiten gemäss Art. 18 BGBB.

[1238] Art. 522 ZGB.

3. Erhöhung des Ertragswertes bis zum Verkehrswert

a) Allgemeines

Im bisherigen bäuerlichen Erbrecht gab es keine Bestimmungen für die Erhöhung des Anrechnungswertes. Einzig beim Vorkaufsrecht der Verwandten war dies vorgesehen[1239]. Die Praxis liess es indessen zu, dass ein landwirtschaftliches Gewerbe zu einem Preis über dem Ertragswert zugewiesen wurde, falls die Erbschaftspassiven den Ertragswert des landwirtschaftlichen Gewerbes überstiegen und ausser dem landwirtschaftlichen Gewerbe keine weiteren Aktiven vorhanden waren. Diesfalls hatte der Ansprecher die gesamte Schuld zu übernehmen[1240]. Der Erhöhungsgrund bei Passivenüberschuss wurde ohne weiteres ins BGBB übernommen[1241]. Darüber hinaus sollte auch erbrechtlich eine weitergehende ausdrückliche Korrektur innerhalb des Ertragswertprinzips geschaffen werden, nachdem das im ehelichen Güterrecht bereits realisiert worden war[1242]. Dort ergeben sich aus dem Gesetzestext sowohl subjektive[1243] wie objektive[1244] Erhöhungsgründe. Gemäss Vorschlag des Bundesrates waren als mögliche erbrechtliche Erhöhungsgründe nur objektive und keine subjektiven vorgesehen[1245]. Die ständerätliche Kommission indessen strebte eine offenere, flexiblere und praktikablere Lösung an und wollte allfällige besondere

---

[1239] Art. 12 Abs. 3 EGG. BBl 1988 III 998.

[1240] NEUKOMM / CZETTLER, S. 105. BGE 64 II 7 f. TUOR PETER / PICENONI VITO, Berner Kommentar, N. 43 zu Art. 617 aZGB. ESCHER ARNOLD, Zürcher Kommentar, N. 11 zu Art. 617 aZGB. SCHÖBI FELIX, Bäuerliches Bodenrecht, S. 72.

[1241] Art. 18 Abs. 1 BGBB. Art. 20 Abs. 3 des Entwurfes: BBl 1988 III 1114.

[1242] Art. 213 und 239 ZGB. HAUSHEER HEINZ / REUSSER RUTH / GEISER THOMAS, Berner Kommentar, N. 64 zu Art. 212 und 213 ZGB. KELLER HANSULRICH, S. 16.

[1243] Art. 213 Abs. 2 ZGB: Unterhaltsbedürfnisse des überlebenden Ehegatten und die Vermögensverhältnisse des Ehegatten, dem das Gewerbe gehört.

[1244] Art. 213 Abs. 2 ZGB: Ankaufspreis des landwirtschaftlichen Gewerbes einschliesslich der Investitionen.

[1245] BBl 1988 III 999 und 1114: Einsatz von Mitteln zur Verbesserung des landwirtschaftlichen Gewerbes (Art. 20 Abs. 1 des Entwurfes) und Überschuss von Erbschaftspassiven (Art. 20 Abs. 3 des Entwurfes).

Umstände nur während den letzten zehn Jahren vor dem Tode des Erblassers berücksichtigt haben[1246]. Das Parlament schloss sich diesem Vorschlag ohne weitere Diskussion an[1247].

b) Überschuss von Erbschaftspassiven

Ergibt sich bei der Anrechnung zum Ertragswert ein Überschuss an Erbschaftspassiven, so wird der Anrechnungswert entsprechend erhöht, höchstens aber bis zum Verkehrswert[1248]. Zu den Erbschaftspassiven gehören einerseits allfällige Lidlohnansprüche[1249] und andererseits auch die güterrechtlichen Ansprüche des überlebenden Ehegatten. Der Umstand, dass ein landwirtschaftliches Gewerbe über den Ertragswert hinaus mit Grundpfandrechten belastet ist, muss noch nicht zu einer Erhöhung des Anrechnungswertes führen, da möglicherweise noch andere Aktiven vorhanden sind, mit denen die über dem Ertragswert liegende Verschuldung des landwirtschaftlichen Gewerbes gedeckt werden kann. Denn auch der übernehmende Erbe kann vor der Teilung der Erbschaft bzw. vor der Zuweisung des landwirtschaftlichen Gewerbes verlangen, dass die Schulden des Erblassers getilgt oder sichergestellt werden[1250]. Der Verkehrswert stellt grundsätzlich[1251] die oberste Limite dar. Der Übernehmer hat sich diesen Wert anrechnen zu lassen, wobei der Verkehrswert aber die öffentlich-rechtlich bestimmte Preisli-

---

[1246] Amtl.Bull.SR 1990 S. 226, Votum Schoch.

[1247] Amtl.Bull.SR 1990 S. 226. Amtl.Bull.NR 1991 S. 115.

[1248] Art. 18 Abs. 1 BGBB. Dieser Erhöhungsgrund ist zwingend und unterliegt nicht dem Ermessen des Richters.

[1249] Art. 603 Abs. 2 ZGB. Wenn im Falle einer Ueberschuldung der Erbschaft einem Nachkommen Lidlohnansprüche (Art. 334 ZGB) zustehen, der das Gewerbe nicht übernimmt, sind diese trotz der Bestimmung von Art. 603 Abs. 2 ZGB zu Lasten des Übernehmers (bis zur Limite des Verkehrswertes) zu befriedigen, weil ja gerade durch den Arbeitseinsatz des Nachkommen eine anderweitige Verschuldung verhindert werden konnte und weil die Lidlohnansätze eher bescheidene Ausmasse annehmen. STUDER BENNO, Kommentar BGBB, N. 4 zu Art. 18 BGBB.

[1250] Art. 610 Abs. 3 ZGB. BBl 1988 III 999.

[1251] Vorbehalten bleibt eine weitere Begrenzung durch die öffentlich-rechtliche Preislimitierung gemäss Art. 66 BGBB.

mite[1252] nicht übersteigen darf[1253]. Diese Preislimitierung begrenzt nämlich in solchen Fällen den Verkehrswert, weil sie für den allgemeinen[1254] Rechtsverkehr mit landwirtschaftlichen Grundstücken und Gewerben zwingend zu beachten ist.

c) Andere Erhöhungsgründe

aa) Ausgangslage

Die Miterben können ferner eine angemessene Erhöhung des Anrechnungswertes verlangen, wenn besondere Umstände es rechtfertigen[1255]. Als besondere Umstände gelten namentlich der höhere Ankaufswert des Gewerbes oder erhebliche Investitionen, die der Erblasser in den letzten zehn Jahren vor seinem Tod getätigt hat[1256]. Da der Gesetzgeber im Gegensatz zum Bundesrat eine offenere, flexiblere und praktikablere Lösung für die Erhöhung realisieren wollte[1257], sind als Erhöhungsgründe sowohl subjektive wie objektive Motive zuzulassen[1258]. Als objektive Kriterien kommen neben dem im Gesetz aufgezählten[1259] höheren Ankaufswert des Gewerbes und den erheblichen Investitionen auch erhebliche Arbeitsleistungen von Miterben in Frage. In subjektiver Hinsicht können die Unterhaltsbedürfnisse des überlebenden Ehegatten sowie die Notlage von Miterben von Bedeutung sein[1260].

[1252] Art. 63 lit. b i.V.m. Art. 66 BGBB.
[1253] STUDER BENNO, Kommentar BGBB, N. 7 zu Art. 18 BGBB.
[1254] Bei den Ausnahmen gemäss Art. 62 BGBB bedarf es keiner Prüfung des Übernahmepreises (Art. 63 lit. b BGBB i.V.m. Art. 66 BGBB), sodass bei diesen Fällen freiwillig auch mehr bezahlt werden kann.
[1255] Art. 18 Abs. 2 BGBB. Diese Erhöhung unterliegt dem richterlichen Ermessen.
[1256] Art. 18 Abs. 3 BGBB.
[1257] Vgl. oben, lit. a.
[1258] SCHÖBI FELIX, ZBGR 1993, S. 156. STUDER BENNO, Kommentar BGBB, N. 14 und 15 zu Art. 18 BGBB.
[1259] Art. 18 Abs. 3 BGBB. Diese Aufzählung ist nicht abschliessend.
[1260] SCHÖBI FELIX, ZBGR 1993, S. 156. HAUSHEER HEINZ / REUSSER RUTH / GEISER THOMAS, Berner Kommentar, N. 65-67 zu Art. 212 und 213 ZGB. KELLER HANSULRICH, S. 17-20.

bb) Höherer Ankaufswert

Hat der Erblasser für das landwirtschaftliche Gewerbe mehr als den Ertragswert bezahlt, so liegt grundsätzlich[1261] ein Erhöhungsgrund vor. Allerdings ist dabei wie bei den Investitionen zu fordern, dass der Erwerb in den letzten Jahren vor dem Tod des Erblassers getätigt worden ist[1262]. Die Anwendung der Zehnjahresfrist ergibt sich aus der Diskussion im Ständerat, wo der Kommissionssprecher unter Hinweis auf Art. 18 Abs. 3 BGBB geltend gemacht hat, dass die ständerätliche Kommission die Möglichkeit der Berücksichtigung von besonderen Umständen auf die letzten zehn Jahre vor dem Tod des Erblassers beschränkt haben will[1263]. Da der Nationalrat den ständerätlichen Vorschlag ohne weiteres angenommen hat[1264], ist von den ständerätlichen Überlegungen auszugehen. Somit hat die Befristung auf zehn Jahre sowohl für die Investitionen als auch für den Erwerb des Gewerbes zu gelten. Auch beim Zukauf von landwirtschaftlichen Liegenschaften zum bereits bestehenden Gewerbe ist der erhöhte Ankaufspreis zu berücksichtigen.

cc) Erhebliche Investitionen in den letzten zehn Jahren

Falls in den letzten zehn Jahren vor dem Tod des Erblassers innerhalb des landwirtschaftlichen Gewerbes erhebliche Investitionen getätigt worden sind, kommt eine Erhöhung des Anrechnungswertes je nach dem Umständen in Frage[1265]. Die Investition muss erheblich sein, damit eine Erhöhung des Anrechnungswertes überhaupt in Frage kommen kann. Die Erheblichkeit muss sich an den konkreten Umständen bemessen und sollte m.E. grundsätzlich bei

---

[1261] Der konkrete Fall muss die Erhöhung unter Berücksichtigung der Umstände rechtfertigen (Art. 18 Abs. 2 BGBB).

[1262] Art. 18 Abs. 3 ZGB.

[1263] Amtl.Bull.SR 1990 S. 226, Votum Schoch. Der heutige Artikel 18 BGBB entspricht zum Teil dem Art. 20 des im Parlament diskutieren bundesrätlichen Entwurfes (BBl 1988 III 1114).

[1264] Amtl.Bull.NR 1991 S. 115.

[1265] Art. 18 Abs. 2 und 3 BGBB.

10 % des Ertragswertes[1266] erreicht sein, wobei alle Investitionen der letzten zehn Jahre zusammen zu zählen sind[1267]. Allerdings sollten solche Investitionen zumindest wertvermehrend sein. Luxuriöse und unnütze Investitionen, die ohne Wirkung auf den Verkehrswert des landwirtschaftlichen Gewerbes sind, dürfen dabei nicht berücksichtigt werden. Auch das Nachholen von lange unterlassenen Unterhaltsarbeiten darf nicht als Investition gelten, welche eine Erhöhung des Anrechnungswertes nach sich ziehen könnte. Schliesslich müssen die fraglichen Investitionen denjenigen Bereich des landwirtschaftlichen Gewerbes betreffen, der zum Ertragswert angerechnet wird[1268]. Falls Investitionen in nichtlandwirtschaftliche Nebengewerbe[1269] oder in nichtlandwirtschaftliche Teile[1270] des landwirtschaftlichen Gewerbes getätigt worden sind, kommt diesbezüglich eine Erhöhung des Anrechnungswertes nicht in Frage, weil diese Investitionen ja bereits zum Verkehrswert eingerechnet worden sind. Für die geltend gemachten Investitionen sind die entsprechenden Abrechnungen vorzulegen. Falls der Erblasser nebst dem Materialkauf und den Fremdarbeiten erhebliche Eigenleistungen erbracht hat, sind diese ebenfalls angemessen zu berücksichtigen, wenn angenommen werden kann, dass der Erblasser während der entsprechenden Arbeitszeit ausserhalb des Betriebes Einkünfte gehabt hätte und diese zur Vergrösserung der Erbmasse beigetragen hätten[1271].

[1266] Gemeint ist der Ertragswert des landwirtschaftlichen Gewerbes, wobei der Ertragswert ohne die fraglichen Investitionen massgebend sein sollte.

[1267] Es darf wohl nicht darauf ankommen, ob der Erblasser eine grössere Investition in kleinen Schritten über Jahre hinweg oder auf einmal getätigt hat. STUDER BENNO, Kommentar BGBB, N. 33 zu Art. 18 BGBB.

[1268] Meliorationen, Ausbau der Zufahrtsstrasse, Renovation der Betriebsleiterwohnung oder des Altenteils, Neubau oder Anbau des Oekonomiegebäudes, etc.

[1269] Bodenunabhängige Geflügelmasthalle, Schlosserei, Fischzucht, Ferienwohnung, etc.

[1270] Erschliessungskosten für Baulandparzellen oder vermieteten Campingplatz, etc.

[1271] Dem Umstand, dass eine Investition bereits durch die Ertragswertschätzung zum Teil berücksichtigt wird, ist bei der Bemessung der Erhöhung Rechnung zu tragen. A.M. STUDER BENNO, Kommentar BGBB, N. 32 zu Art. 18 BGBB.

dd) Erhebliche Arbeitsleistungen von Miterben

Wenn die Miterben[1272] im zu übernehmenden Gewerbe mit ihrer Arbeitskraft einen wesentlichen Beitrag geleistet haben, sollte dies einen Erhöhungsgrund darstellen, sofern das eherechtlich[1273], schuldrechtlich[1274] oder über Lidlohnansprüche nicht angemessen geregelt wurde. Zu denken ist dabei an Arbeitsleistungen von Miterben, die mit ihren Berufskenntnissen[1275] ohne Abgeltung erheblich Arbeit für das landwirtschaftliche Gewerbe geleistet haben. Es versteht sich von selbst, dass für diesen Erhöhungsgrund nur jene Miterben in Frage kommen können, die tatsächlich auch erhebliche Arbeitsleistungen erbracht haben. Es ist nicht einzusehen, dass andere Miterben durch eine generelle Erhöhung des Anrechnungswertes profitieren sollten.

ee) Unterhaltsbedürfnisse des überlebenden Ehegatten

Allfällige Unterhaltsbedürfnisse des überlebenden Ehegatten rechtfertigen eine angemessene Erhöhung des Ertragswertes[1276]. Vor allem im Hinblick auf die Altersvorsorge ist dafür zu sorgen, dass der überlebende Ehegatte, der oft lange Zeit im landwirtschaftlichen Gewerbe mitgearbeitet hat und u.U. aufgrund des Ertragswertprinzips güterrechtlich und erbrechtlich leer ausgehen oder sehr bescheiden abgegolten würde, nicht von der Verwandtenunterstützung oder gar von der Fürsorge abhängig wird. Selbstverständlich muss beim überlebenden Ehegatten eine entsprechende Bedürftigkeit vorhanden sein und das Ausmass der Erhöhung ist an sämtlichen relevanten Ermessenskriterien abzuwägen. Falls eine Erhöhung sachgerecht ist, muss auch der Anrechnungswert eines allfälligen Wohnrechtes oder Nutzungsrechtes an einer Wohnung für den überlebenden Ehegatten entsprechend erhöht werden, sodass in sol-

---

[1272] Geschwister oder ein Elternteil des Übernehmers, etc.
[1273] Für den überlebenden Ehegatten: Art. 165 ZGB.
[1274] Arbeitslohn, Vergütung für Aufträge oder Werklohn.
[1275] Schreiner, Maurer, Schlosser, Elektriker, etc.
[1276] Art. 213 Abs. 2 BGBB. HAUSHEER HEINZ / REUSSER RUTH / GEISER THOMAS, Berner Kommentar, N. 75 zu Art. 212 und 213 ZGB. KELLER HANSULRICH, S. 17.

chen Fällen ein grosser Teil der Erhöhung wiederum dem Übernehmer zufliessen würde. Es versteht sich von selbst, dass für diesen Erhöhungsgrund nur der überlebende Ehegatte in Frage kommen kann. Es ist nicht einzusehen, dass andere Miterben durch eine generelle Erhöhung des Anrechnungswertes profitieren sollten, nur weil der überlebende Ehegatte bedürftig ist.

ff) Notlage von Miterben

Die ausgesprochene Notlage von Miterben soll nach dem ausdrücklichen Willen des Gesetzgebers ebenfalls einen Erhöhungstatbestand darstellen[1277]. Entsprechend der Bedürftigkeit ist das Ausmass der Erhöhung für die oder den betreffenden Miterben festzulegen, wobei die anderen Miterben von diesem Erhöhungsgrund nicht profitieren können.

d) Ermessenskriterien

aa) Allgemeines

Eine Erhöhung des Anrechnungswertes kommt erst dann in Frage, wenn ein besonderer Umstand bzw. ein Erhöhungsgrund vorliegt. Alsdann hat diese Erhöhung angemessen zu sein. Für die Beurteilung der Angemessenheit sind alle Umstände des Einzelfalles einzubeziehen. Als Abwägungskriterien können u.a. die Vermögensverhältnisse des Übernehmers, die güterrechtlichen Ansprüche des überlebenden Ehegatten, die Investitionsbedürfnisse des Betriebes, die Ertragskraft des Betriebes, die bisherigen Leistungen des Übernehmers für den Betrieb und die bisherigen Leistungen von Miterben für den Betrieb in Frage kommen[1278].

bb) Vermögensverhältnisse des Übernehmers

Gute Vermögensverhältnisse des Übernehmers allein stellen noch keinen Erhöhungsgrund dar, weil die Grundidee des Ertragswert-

---

[1277]Invalidität, etc. eines Miterben: Prot.Komm.SR Sitzung vom 8. Januar 1990, S. 31. SCHÖBI FELIX, ZBGR 1993, S. 156.
[1278]HAUSHEER HEINZ / REUSSER RUTH / GEISER THOMAS, Berner Kommentar, N. 69 zu Art. 212 und 213 ZGB. KELLER HANSULRICH, S. 17.

prinzips nicht jene ist, dem Übernehmer Kosten zu sparen[1279]. Vielmehr soll das für ein landwirtschaftliches Gewerbe erforderliche Kapital mit dem erzielbaren Ertrag verzinst werden können[1280]. Ein tüchtiger Übernehmer, der Geld gespart hat, würde andernfalls das Nachsehen haben. Kommt hinzu, dass der Erblasser das Gewerbe regelmässig zum Ertragswert übernommen hat, was dazu führen würde, dass eine ungebührliche Gewinnabschöpfung zu Lasten des finanziell gut gestellten Übernehmers stattfinden würde. Falls indessen ein Erhöhungsgrund vorliegt, sollten die finanziellen Möglichkeiten des Übernehmers eine wesentliche Rolle spielen. Wenn das landwirtschaftliche Gewerbe bereits bis zum Ertragswert oder höher belastet ist, kann dem Übernehmer eine weitere Belastung[1281] bzw. eine Erhöhung wohl nur zugemutet werden, wenn er über entsprechende finanzielle Mittel verfügt oder wenn eine Finanzierung über die Realisierung von nichtlandwirtschaftlichen Vermögenswerten[1282] möglich ist[1283].

cc) Güterrechtliche Ansprüche des Ehegatten

Falls der überlebende Ehegatte, der das Gewerbe nicht übernimmt, bereits aus Güterrecht eine grosse Summe erhalten hat, ist eine Erhöhung zurückhaltend zu handhaben. Hat er indessen güterrechtlich nichts oder wenig erhalten, so ist die Erhöhung grosszügiger zu gestalten.

dd) Investitionsbedürfnisse des Betriebes

Wenn im fraglichen Betrieb in näherer Zukunft keine grösseren Investitionen zu tätigen sind, ist eine Erhöhung grosszügiger zu bemessen, als wenn dafür schon bald grosse Finanzmittel eingesetzt

---

[1279] A.M. KELLER HANSULRICH, S. 19. NÄF-HOFMANN, Rz 1772.
[1280] Art. 10 BGBB. Das Gewerbe soll sich längerfristig aus eigener Kraft erhalten können. Betriebsfremde Mittel sind hier nicht einzubeziehen.
[1281] Bis hinauf zum Verkehrswert.
[1282] Verkauf zusätzliches Wohnhaus, Verkauf Bauplatz, etc.
[1283] STUDER BENNO, Kommentar BGBB, N. 15 zu Art. 18 BGBB.

werden müssen. Dabei sind die betriebsnotwendigen[1284] Investitionen gegenüber wirtschaftlich wünschbaren[1285] entsprechend zu gewichten[1286].

ee) Ertragskraft des Betriebes

Wenn ein modern eingerichteter Betrieb gemessen am Arbeitsaufwand einen guten Ertrag verspricht, kann dem Übernehmer eher eine Erhöhung zumutet werden, als wenn ein arbeitsintensiver[1287] oder marktwirtschaftlich ungünstig[1288] gearteter Betrieb vorliegt, der dem Betriebsleiter selbst für ein bescheidenes Einkommen arbeitsmässig keinen Spielraum mehr einräumt.

ff) Bisherige Leistungen des Übernehmers

Falls der Übernehmer sich bisher bereits namhaft im Betrieb engagiert hat, ist eine Erhöhung zurückhaltender zu bemessen, als wenn er noch nichts oder kaum etwas beitragen hat. Allfällige Lidlöhne machen regelmässig keine angemessene Abgeltung aus und können bekanntlich erst ab Mündigkeit gefordert werden. Häufig kommt es vor, dass ein Übernehmer vor der Übernahme auswärts gearbeitet, aber seine Freizeit zum grössten Teil für den heimischen Betrieb verwendet hat, was mit Lidlohn kaum gebührend bemessen werden kann.

gg) Finanzielle Situation der Miterben

Falls die Miterben anderweitig finanziell gut gestellt sind oder falls die Miterben aus der gleichen Erbschaft erhebliche Vermögenswerte erhalten oder bereits erhalten haben, sollte die Erhöhung

---

[1284] Renovation des baufälligen Wohnhauses, Anpassung des Stalles an Tierschutz- oder Gewässerschutzvorschriften, etc.

[1285] Modernisierung der Melkanlage oder der Stallentmistung zwecks Einsparung von Arbeitskräften, etc.

[1286] STUDER BENNO, Kommentar BGBB, N. 16 zu Art. 18 BGBB.

[1287] Hanglage, ungünstige Verkehrserschliessung, etc.

[1288] Rindviehzucht angesichts des Marktzusammenbruchs zufolge BSE-Krankheit, etc.

wohl geringer ausfallen[1289]. Wenn die Miterben im übrigen nichts erhalten und selber finanziell schlecht gestellt sind, dürfte eine Erhöhung grösser ausfallen[1290].

e) Ausmass der Erhöhung

Selbst wenn ein Erhöhungsgrund vorliegt, müssen die konkreten Umstände eine Erhöhung rechtfertigen[1291]. Unter Berücksichtigung der obigen Ermessenskriterien ist das Ausmass der Erhöhung für jeden Einzelfall sachgerecht festzulegen. Dabei liegt der Spielraum von keinerlei Erhöhung bis hin zur Erhöhung, mit welcher der Verkehrswert erreicht wird. Im Gegensatz zum Fall beim Überschuss von Erbschaftspassiven[1292] ist vorliegend die Erhöhung des Anrechnungswertes weder grundsätzlich noch vom Ausmass her zwingend vorgegeben, sondern ganz konkret nach den Umständen festzulegen[1293]. Für den Erhöhungsgrund der Investition kann der sogenannte Anlagewert[1294] als Berechnungsbasis dienen, weil dadurch die tatsächlich erbrachten Leistungen abgedeckt sind[1295]. Weiter ist dem Umstand Rechnung zu tragen, dass die getätigte Investition bereits bei der Festlegung des Ertragswertes zu einem Teil erfasst worden ist[1296]. Beim höheren Ankaufswert des Gewerbes ist vom entsprechenden Wert auszugehen, wozu noch die übrigen Umstände einzubeziehen sind. Sowohl beim höheren Ankaufswert wie bei den

---

[1289] STUDER BENNO, Kommentar BGBB, N. 17 zu Art. 18 BGBB.

[1290] Die Invalidität eines Miterben kann zu einem gesteigerten Erhöhungsbedürfnis führen (Prot.Komm.SR Sitzung vom 8. Januar 1990, S. 31. SCHÖBI FELIX, ZBGR 1993, S. 156).

[1291] Art. 18 Abs. 2 BGBB.

[1292] Art. 18 Abs. 1 BGBB.

[1293] Art. 18 Abs. 2 und 3 BGBB.

[1294] Der Anlagewert entspricht dem Ankaufspreis zuzüglich dem Zeitwert der Investitionen (Zeitwert = Investitionen zum Neuwert abzüglich einer angemessenen Abschreibung). Inhaltlich korrespondiert dieser Anlagewert mit der Berechnung gemäss Art. 24 Abs. 2 BGBB und Art. 31 Abs. 1 BGBB.

[1295] KELLER HANSULRICH, S. 19. STUDER BENNO, Kommentar BGBB, N. 19 zu Art. 18 BGBB.

[1296] Je nach dem Investitionsgegenstand schlägt sich der Anteil der Investition mehr oder weniger bereits im Ertragswert nieder. KELLER HANSULRICH, S. 18.

Investitionen ist der zeitlichen Distanz des Todestages des Erblassers zum Ankaufs- bzw. Investitionszeitpunkt im Sinne des bundesrätlichen Vorschlages[1297] angemessen Rechnung zu tragen, weil es betragsmässig durchaus eine Rolle spielen sollte, ob ein Erhöhungsgrund mit 9 Jahren knapp noch gegeben ist oder ob der Ankauf oder die Investition erst vor einigen Monaten getätigt wurde[1298]. Bei den Erhöhungsgründen der erheblichen Arbeitsleistung von Miterben, der Unterhaltsbedürftigkeit des überlebenden Ehegatten und der Notlage von Miterben sind selbstverständlich nur die betroffenen Erben durch eine Erhöhung des Anrechnungswertes zu begünstigen. Die übrigen Erben dürfen von solchen Erhöhungsgründen nicht profitieren.

4. Ausschluss der Ertragswerterhöhung

Der Erblasser kann letztwillig verfügen, dass der Übernehmer ganz oder teilweise von einer Erhöhung des Ertragswertes befreit sein soll. Bei der lebzeitigen Hofübergabe kann der Vater seinen Sohn hinsichtlich allfälliger Erhöhungen des Ertragswertes im Hofübergabevertrag von der Ausgleichungspflicht ganz oder teilweise entbinden[1299]. Die Miterben können diese Verfügung bzw. die Entbindung von der Ausgleichungspflicht insofern anfechten, als dadurch ihr Pflichtteil verletzt wird. Für die Pflichtteilsrechnung ist vom mutmasslichen Erhöhungsbetrag auszugehen[1300].

5. Letztwillige Festlegung der Ertragswerterhöhung

Falls der Erblasser im Rahmen einer letztwilligen Verfügung als Übernahmepreis des landwirtschaftlichen Gewerbes einen Wert über dem Ertragswert bestimmt hat, kann der Übernehmer sich dagegen im Zuweisungsprozess zur Wehr setzen, wenn er diesen Preis für unangemessen hält.

[1297] Art. 20 Abs. 2 des bundesrätlichen Entwurfes (BBl 1988 III 998 und 1114): 10 % Reduktion pro Jahr.

[1298] STUDER BENNO, Kommentar BGBB, N. 20 zu Art. 18 BGBB.

[1299] Art. 626 Abs. 2 ZGB.

[1300] STUDER BENNO, Kommentar BGBB, N. 21 und 23 zu Art. 18 BGBB.

6. Zuweisung zum Verkehrswert

Bei einem selbstbewirtschaftenden Vermächtnisnehmer ist für ein landwirtschaftliches Gewerbe grundsätzlich vom Verkehrswert auszugehen, weil nur einem Erben das Ertragswertprivileg zusteht[1301]. Der Erblasser kann diesen indessen ihm Rahmen der verfügbaren Quote begünstigen.

C. Nichtselbstbewirtschafter

Gemäss dem Vorschlag des Bundesrates hätte der nichtselbstbewirtschaftende, aber pflichtteilsgeschützte Erbe ein landwirtschaftliches Gewerbe zum doppelten Ertragswert ansprechen können, falls kein selbstbewirtschaftender Erbe die Zuweisung verlangt hätte oder falls kein Erbe dazu geeignet gewesen wäre[1302]. Diese Privilegierung wurde von der ständerätlichen Kommission abgelehnt und vom Ständerat wie auch vom Nationalrat ebenfalls verworfen[1303]. Dem nichtselbstbewirtschaftenden, pflichtteilsgeschützten Erben steht somit keinerlei Preisprivileg zu[1304]. Er hat den landwirtschaftlichen Verkehrswert zu bezahlen, wobei der Verkehrswert aber die öffentlich-rechtlich bestimmte Preislimite[1305] nicht übersteigen darf[1306]. Diese Preislimitierung begrenzt nämlich in solchen Fällen den Verkehrswert, weil sie für den allgemeinen[1307]

[1301] Art. 17 Abs. 1 BGBB. Allerdings sollte stets von einem eingesetzten Erben ausgegangen werden, wenn der Erblasser nicht ausdrücklich ein Vermächtnis aussprechen wollte.

[1302] Art. 12 Abs. 2 und Art. 19 Abs. 2 des bunderätlichen Entwurfes (BBl 1988 III 990,997,1112 und 1113).

[1303] Amtl.Bull.SR 1990 S. 225. Amtl.Bull.NR 1991 S. 112-115.

[1304] Art. 17 BGBB; BBl 1988 III 997 und 1113; Amtl.Bull.SR 1990 S. 225; Amtl.Bull.NR 1991 S. 112-115.

[1305] Art. 63 lit. b i.V.m. Art. 66 BGBB.

[1306] STUDER BENNO, Kommentar BGBB, N. 7 zu Art. 18 BGBB.

[1307] Bei den Ausnahmen gemäss Art. 62 BGBB bedarf es keiner Prüfung des Übernahmepreises (Art. 63 lit. b BGBB i.V.m. Art. 66 BGBB), sodass bei diesen Fällen freiwillig auch mehr bezahlt werden kann.

Rechtsverkehr mit landwirtschaftlichen Grundstücken und Gewerben zwingend zu beachten ist.

III. Betriebsinventar

Soweit der Übernehmer eines landwirtschaftlichen Gewerbes einen gesetzlichen Zuweisungsanspruch für das Betriebsinventar hat[1308], ist ihm dieses grundsätzlich[1309] zum Nutzwert anzurechnen[1310]. Gemäss übereinstimmender Ansicht umfasst der Nutzwert bei der Viehhabe den Mittelwert zwischen dem mittleren Verkehrswert und dem Schlachtwert der Tiere. Bei den Maschinen und Gerätschaften wird der Zeitwert[1311] als massgebend betrachtet[1312]. Die Bewertung aufgrund mutmasslicher Preise, welche für ein entsprechendes Objekt auf einer öffentlichen Versteigerung erzielt werden könnten[1313], ist schwierig auszumachen sowie stark von verschiedenen Zufällig-

---

[1308] Vgl. vorne, § 12.

[1309] Soweit der Erblasser im Rahmen seiner Verfügungsfreiheit nicht einen anderen (tieferen) Übernahmepreis festgelegt hat.

[1310] Art. 15 Abs. 1 und 17 Abs. 2 BGBB. Ein selbstbewirtschaftender Vermächtnisnehmer ist kein Erbe und hat somit keinen Anspruch auf Zuweisung des Betriebsinventars, und schon gar nicht zum Nutzwert, selbst wenn ihm ein landwirtschaftliches Gewerbe im Sinne eines Vermächtnisses hinterlassen worden ist. Allerdings sollte stets von einem eingesetzten Erben ausgegangen werden, wenn der Erblasser nicht ausdrücklich ein Vermächtnis aussprechen wollte.

[1311] Als Zeitwert wird der Neuwert abzüglich einer der jeweiligen Nutzungsdauer entsprechenden Amortisation betrachtet.

[1312] TUOR PETER / PICENONI VITO, Berner Kommentar, N. 31 zu Art. 620 aZGB. ESCHER ARNOLD, Zürcher Kommentar, N. 61 zu Art. 620 aZGB. NEUKOMM / CZETTLER, S. 124. HAUSHEER HEINZ / REUSSER RUTH / GEISER THOMAS, Berner Kommentar, N. 47 zu Art. 212 und 213 ZGB.

[1313] TUOR PETER / PICENONI VITO, Berner Kommentar, N. 31 zu Art. 620 aZGB. ESCHER ARNOLD, Zürcher Kommentar, N. 61 zu Art. 620 aZGB.

keiten[1314] abhängig und deshalb abzulehnen. Betriebseigene Vorräte sind zu den handelsüblichen Verkaufspreisen abzüglich der Verkaufsspesen einzusetzen[1315], während die zugekauften Vorräte zum Ankaufspreis zu veranschlagen sind[1316].

IV. Nichtlandwirtschaftliche Nebengewerbe

Im Rahmen der Erbteilung ist bei einem gemischten Gewerbe der landwirtschaftliche Teil zum Ertragswert und das nichtlandwirtschaftliche Nebengewerbe zum Verkehrswert anzurechnen[1317], wobei für den landwirtschaftlichen Teil je nach den Umständen eine Erhöhung des Ertragswertes möglich sein kann[1318].

[1314]Beteiligung an der Steigerung, örtliche Nachfrage nach entsprechenden Gegenständen, Umfang der Steigerung, etc.
[1315]TUOR PETER / PICENONI VITO, Berner Kommentar, N. 31 zu Art. 620 aZGB. ESCHER ARNOLD, Zürcher Kommentar, N. 61 zu Art. 620 aZGB.
[1316]NEUKOMM / CZETTLER, S. 124.
[1317]Art. 17 BGBB.
[1318]Art. 18 BGBB. Vgl. oben, Ziff. II.

§ 16 Veräusserungssperre während zehn Jahren

I. Allgemeines

Wird in der Erbteilung ein landwirtschaftliches Gewerbe[1319] einem Erben zur Selbstbewirtschaftung zugewiesen, so darf er es während zehn Jahren nur mit Zustimmung der Miterben veräussern[1320], wobei allerdings unter bestimmten Voraussetzungen keine Zustimmung notwendig ist[1321]. Diese Verfügungsbeschränkung wurde von der Sperrfristregelung des bisherigen Rechts übernommen[1322] und sichert das landwirtschaftliche Gewerbe als Kaufsrechtsobjekt[1323],

---

[1319] Gemeint ist ein landwirtschaftliches Gewerbe im Sinne von Art. 7 BGBB oder im Sinne von Art. 5 lit. a BGBB. Falls das Gewerbe vom Übernehmer und von den Miterben ausdrücklich als Gewerbe bezeichnet und anerkannt wird bzw. vom Richter als Gewerbe zugewiesen worden ist, muss auch für die Veräusserungssperre gemäss Art. 23 BGBB von einem Gewerbe ausgegangen werden. Dies selbst dann, wenn ein Teil davon mit oder ohne Zustimmung (gesetzliche Ausnahmen) vor Ablauf der Sperrfrist abgetrennt worden ist und das Gewerbe bei neuer Beurteilung möglicherweise die Gewerbequalität nicht mehr erfüllen würde. Es geht nämlich primär um die Sicherung der Selbstbewirtschaftung innerhalb der Familie. HUNZIKER MICHAEL, S. 115.

[1320] Art. 23 Abs. 1 BGBB.

[1321] Art. 23 Abs. 2 BGBB. Die Ausnahmetatbestände sind abschliessend aufgezählt (Wegleitung für die Grundbuchämter, S. 50).

[1322] Art. 218 ff. aOR. BBl 1988 III 1003. Diese Veräusserungssperre betraf ausdrücklich landwirtschaftliche Grundstücke, was aber die landwirtschaftlichen Gewerbe zwangsläufig auch betraf, weil diese sich aus landwirtschaftlichen Grundstücken zusammensetzen.

[1323] Art. 24 BGBB. Das Motiv der bisherigen Sperrfrist (Art. 218 aOR) war die Verhinderung von spekulativen Handänderungen (BGE 94 II 110, 110 II 211, 113 II 63).

nicht aber die Selbstbewirtschaftung desselben[1324]. Diese Veräusserungssperre besteht nur für landwirtschaftliche Gewerbe, nicht aber für landwirtschaftliche Grundstücke, die nicht zu einem landwirtschaftlichen Gewerbe gehören, weil bei der Zuweisung von landwirtschaftlichen Grundstücken die vorliegend zu sichernde Selbstbewirtschaftung keine Voraussetzung darstellt[1325]. Sobald ein landwirtschaftliches Grundstück zu einem landwirtschaftlichen Gewerbe gehört, teilt dieses Grundstück das Schicksal des ganzen Gewerbes und eine Veräusserung eines solchen Grundstückes ist innerhalb der Sperrfrist grundsätzlich[1326] nicht möglich[1327].

II. Erbrechtliche Zuweisung an Selbstbewirtschafter

Damit die Veräusserungssperre greifen kann, muss das landwirtschaftliche Gewerbe im Rahmen einer Erbteilung einem Erben zur Selbstbewirtschaftung zugewiesen worden sein. Die Zuweisung kann einvernehmlich[1328] oder durch ein rechtskräftiges Teilungsurteil[1329] stattfinden. Die lebzeitige Veräusserung[1330] löst keine Sperr-

---

[1324] Mit dem Veräusserungsverbot gemäss Art. 23 BGBB kann die Selbstbewirtschaftung nicht durchgesetzt werden. Dazu wurde das Kaufsrecht gemäss Art. 24 BGBB vorgesehen, welches allerdings nur ein selbstbewirtschaftender Miterbe anrufen kann (Art. 24 Abs. 1 BGBB). STUDER BENNO, Kommentar BGBB, N. 1 zu Art. 23 BGBB.

[1325] Art. 21 BGBB.

[1326] Vorbehalten bleiben die gesetzlichen Ausnahmen der Veräusserungssperre (Art. 23 Abs. 2 lit. b und c BGBB) und die Zustimmung der Miterben (Art. 23 Abs. 1 BGBB), die öffentlich-rechtlichen Ausnahmen (Art. 59 BGBB) sowie die öffentlich-rechtliche Ausnahmebewilligung (Art. 60 BGBB).

[1327] A.M. HUNZIKER MICHAEL, S. 114.

[1328] Schriftlicher Erbteilungsvertrag oder schriftliche Zustimmungserklärung der Miterben zur Eigentumsübertragung (Art. 18 Abs. 1 lit. b GBV).

[1329] Art. 18 Abs. 2 lit. d GBV.

[1330] Falls kein Ausnahmetatbestand gemäss Art. 62 BGBB vorliegt, bedarf der Erwerber einer Erwerbsbewilligung (Art. 61 BGBB), welche nur bei Selbstbe-

frist aus, es sei denn, der Erwerb habe über ein Vorkaufsrecht stattgefunden[1331]. Darüber hinaus muss die Zuweisung ausdrücklich zur Selbstbewirtschaftung erfolgt sein. Die Zuweisung an einen nichtselbstbewirtschaftenden pflichtteilsgeschützten Erben[1332] oder an einen anderen nichtselbstbewirtschaftenden Erben würde jedenfalls keine Veräusserungssperre auslösen, weil bei dieser Zuweisungsart auch nie von einer Selbstbewirtschaftung ausgegangen wurde, welche es deshalb auch nicht zu schützen gilt[1333]. Dementsprechend ist in einem Erbteilungsvertrag ausdrücklich zu vermerken, ob die Zuweisung zur Selbstbewirtschaftung erfolgen soll oder nicht[1334]. In einem richterlichen Entscheid über die Zuweisung eines landwirtschaftlichen Gewerbes muss ausdrücklich vermerkt sein, ob die Zuweisung zur Selbstbewirtschaftung erfolgt oder nicht, widrigenfalls wäre eine entsprechende Erläuterung zu verlangen[1335].
Ungeachtet dessen, ob die Veräusserungssperre durch Anwendung eines Ausnahmetatbestandes oder durch Zustimmung der Miterben

---

wirtschaftung erteilt werden kann, es sei denn, es liege ein Ausnahmetatbestand vom Prinzip der Selbstbewirtschaftung vor (Art. 64 BGBB).

[1331] Art. 54 BGBB. STUDER BENNO, Kommentar BGBB, N. 2 zu Art. 23 BGBB.

[1332] Art. 11 Abs. 2 BGBB.

[1333] Der Anrechnungswert bei der Zuweisung spielt dabei keine Rolle. Auch wenn der nichtselbstbewirtschaftende Erbe das landwirtschaftliche Gewerbe unter dem Verkehrswert erhalten hat, kann die Veräusserungssperre nicht zu Zuge kommen.

[1334] Falls der Erwerbsgrund nicht entsprechend spezifiziert im Teilungsvertrag angegeben wurde, hat der Grundbuchverwalter vor dem Grundbucheintrag entsprechend nachzufragen und eine ergänzende Erklärung zu verlangen, damit für ihn die mögliche Auslösung einer Sperrfrist ersichtlich und aktenkundig sein wird (Wegleitung für die Grundbuchämter, S. 50).

[1335] Falls der Richter seinen Entscheid begründen muss, wird darin ausdrücklich vermerkt sein, ob die Zuweisung zur Selbstbewirtschaftung erfolgt oder nicht. Wenn sich indessen die Parteien im Rahmen eines gerichtlichen Verfahrens einigen und falls in einem solchen gerichtlichen Vergleich im Dispositiv offengelassen wird, ob die Zuweisung zur Selbstbewirtschaftung erfolgt oder eben nicht, müsste ein Grundbuchverwalter bei Vorlage eines solchen Entscheides vor der Eigentumsübertragung wohl um Erläuterung nachsuchen. Das gleiche gilt, falls ein Richter die Zuweisung ausspricht, die Parteien auf eine Begründung des Entscheides verzichten und im Dispositiv nichts über die Selbstbewirtschaftung ausgesagt wird.

nicht greifen kann, sind die Bestimmungen über den Gewinnanspruch der Miterben anwendbar[1336].

III. Veräusserung

Als Veräusserung im Sinne von Art. 23 BGBB ist in Anlehnung an das bisherige Recht jede Art der Veräusserung zu betrachten, also jedes Rechtsgeschäft, das darauf abzielt, ein landwirtschaftliches Gewerbe ganz oder teilweise gegen Entgelt umzusetzen[1337]. Die Veräusserung von einzelnen Grundstücken, welche zum Gewerbe gehören, ist unter Vorbehalt der gesetzlichen Ausnahmen[1338] ebenfalls als Veräusserung im Sinne von Art. 23 BGBB zu verstehen. Die Zuweisung eines landwirtschaftlichen Gewerbes an einen Erben im Rahmen der Erbteilung ist nicht als Veräusserung im Sinne des Gesetzes zu betrachten[1339]. Im Hinblick auf Sinn und Zweck des Veräusserungsverbotes sind auch jene Rechtsgeschäfte als Veräusserungen im Sinne dieser Bestimmung zu betrachten, welche die Ausübung des Kaufsrechts[1340] verunmöglichen oder stark einschränken[1341]. Die Übertragung an einen selbstbewirtschaftenden

---

[1336] Art. 28 ff. BGBB.

[1337] BGE 113 II 62. BGE 109 Ib 92. STUDER BENNO, Der Kauf landwirtschaftlicher Grundstücke, S. 322. Als solche Rechtsgeschäfte kommen u.a. der Verkauf, der Tausch, etc. in Frage.

[1338] Art. 23 Abs. 2 lit. b und c BGBB.

[1339] Vgl. Art. 681 ZGB i.V.m. Art. 216c Abs. 2 OR. Es ist nicht einzusehen, dass im Erbfall ein anderer Erbe als der Nachkomme (gemäss Art. 23 Abs. 2 lit. a BGBB darf nur der Nachkomme zustimmungsfrei erwerben) das Gewerbe im Rahmen der Erbteilung innerhalb der Sperrfrist nicht zu Eigentum übernehmen sollte, währenddem das Kaufsrecht von den einstigen Miterben ohnehin nicht geltend gemacht werden kann, wenn ein geeigneter Erbe (nicht Nachkomme) das Gewerbe zur Selbstbewirtschaftung übernehmen will (Art. 24 Abs. 4 lit. b BGBB).

[1340] Art. 24 BGBB.

[1341] Die Schenkung, eine stark einschränkende Nutzniessung (Art. 746 ZGB), ein stark einschränkendes Nutzungsrecht (Art. 781 ZGB), ein stark einschränken-

Nachkommen, die Veräusserung zur Erfüllung einer öffentlichen Aufgabe, die Zwangsversteigerung, die Enteignung sowie die Veräusserung einzelner landwirtschaftlicher Grundstücke oder Grundstücksteile mit Genehmigung der Bewilligungsbehörde stellen wohl Veräusserungen im Sinne von Art. 23 BGBB dar, können aber ohne Zustimmung der Miterben innerhalb der Sperrfrist stattfinden[1342]. Nach der ersten Veräusserung durch den Übernehmer an einen Dritten besteht keinerlei Veräusserungsbeschränkung mehr, weil diese Sperre grundsätzlich[1343] nur gegen den Übernehmer gelten kann.

IV. Fristenlauf

A. Rechtsnatur der Frist

Die Sperrfrist von zehn Jahren gemäss Art. 23 BGBB kann nicht gehemmt oder unterbrochen werden. Sie ist deshalb als Verwirkungsfrist zu betrachten[1344].

---

des Wohnrecht (776 ZGB), ein langjährige, im Grundbuch vorgemerkte Pacht von erheblichem Ausmass (Art. 1 Abs. 4 LPG i.V.m. Art. 290 lit. c OR i.V.m. Art. 261b OR), ein umfangreiches Baurecht (Art. 779 ZGB) oder andere ähnliche Rechtsgeschäfte. HUNZIKER MICHAEL, S. 113.

[1342] Art. 23 Abs. 2 BGBB.

[1343] Als Ausnahme gilt der Eigentumsübergang im Rahmen eines Erbfalles an die Erben des Übernehmers, wenn der Übernehmer innerhalb der Sperrfrist stirbt und die Erben an seine Stelle treten. Die Erben treten als Rechtsnachfolger in die Veräusserungsperrfrist ein, dürfen im Rahmen der Erbteilung das landwirtschaftliche Gewerbe wohl selber erwerben (da keine Veräusserung), indessen aber nicht innerhalb der Sperrfrist an einen Dritten veräussern.

[1344] HUNZIKER MICHAEL, S. 116.

B. Beginn des Fristenlaufes

1. Grundsatz

Die Sperrfrist von zehn Jahren beginnt mit dem Eigentumserwerb[1345], welcher durch die schriftliche Zustimmungserklärung sämtlicher Miterben, durch einen schriftlichen Erbteilungsvertrag oder durch ein rechtskräftiges Teilungsurteil möglich ist[1346].

2. Erbteilungsvertrag oder Zustimmungserklärung

Bei der Zuweisung des landwirtschaftlichen Gewerbes aufgrund eines schriftlichen Erbteilungsvertrages oder aufgrund einer schriftlichen Zustimmungserklärung sämtlicher Miterben findet der Eigentumserwerb im Zeitpunkt des Grundbucheintrages statt[1347], wobei sich dieser nach dem Zeitpunkt der Einschreibung im Tagebuch richtet[1348]. Da die Einschreibung im Tagebuch sofort mit dem Eingang der Grundbuchanmeldung zu geschehen hat[1349], ist das Einreichdatum der Grundbuchanmeldung entscheidend[1350].

3. Zuweisung durch richterlichen Entscheid

a) Grundsatz

Beim richterlichen Entscheid über die Zuweisung eines landwirtschaftlichen Gewerbes erfolgt der Erwerb des Eigentums mit der formellen Rechtskraft des entsprechenden Gestaltungsurteils, eines

---

[1345] BBl 1988 III 1003.

[1346] Art. 18 Abs. 1 lit. b GBV und Art. 18 Abs. 2 lit. d GBV.

[1347] Art. 656 Abs. 1 ZGB. BGE 95 II 432.

[1348] Art. Art. 972 Abs. 2 ZGB. Art. 26 Abs. 4 GBV.

[1349] Art. 948 Abs. 1 ZGB und Art. 14 GBV.

[1350] MEIER-HAYOZ ARTHUR, Berner Kommentar, N. 63 zu Art. 656. HAAB ROBERT / SIMONIUS AUGUST / SCHERRER WERNER / ZOBL DIETER, Zürcher Kommentar, N. 14 zu Art. 656 ZGB. Oft dürfte das Datum der Einreichung der Grundbuchanmeldung mit dem Datum der öffentlichen Beurkundung zusammenfallen, insbesondere dann, wenn der Grundbuchverwalter selber die öffentliche Beurkundung vornimmt.

Urteils also, welches in Änderung der bisherigen Eigentumsverhältnisse das Eigentum am landwirtschaftlichen Gewerbe dem Erben direkt zuspricht und nicht noch der Vollstreckung bedarf[1351].

b) Zuweisungsentscheid im Teilungsurteil

Wird in einem Erbteilungsurteil neben dem Entscheid über die allgemeinen Erbteilungsfragen zugleich auch die Zuweisung eines landwirtschaftlichen Gewerbes ausgesprochen, so erfolgt der Eigentumserwerb mit der formellen Rechtskraft dieses Teilungsurteils, weil ein solcher Entscheid als Gestaltungsurteil für den unmittelbaren Eigentumserwerb ausreicht[1352].

c) Selbständiger Zuweisungsentscheid

Wenn ein losgelöst von der Erbteilung ergangener Zuweisungsentscheid ein Leistungsurteil darstellt, so begründet dieser gegenüber den Beklagten des Urteils die Verpflichtung zur Eigentumsübertragung an den oder die erfolgreichen Kläger, aber noch keinen unmittelbaren Rechtstitel auf Einräumung des Eigentums am landwirtschaftlichen Gewerbe[1353]. Für den Grundbucheintrag bedarf in diesem Fall noch eines rechtskräftigen Teilungsurteils[1354], einer

---

[1351] Art. 18 Abs. 2 lit. d GBV. HAAB ROBERT / SIMONIUS AUGUST / SCHERRER WERNER / ZOBL Dieter, Zürcher Kommentar, N. 66 zu Art. 656 ZGB. MEIER-HAYOZ ARTHUR, Berner Kommentar, N. 99 zu Art. 656 ZGB.

[1352] HAAB ROBERT / SIMONIUS AUGUST / SCHERRER WERNER / ZOBL Dieter, Zürcher Kommentar, N. 66 zu Art. 656 ZGB. MEIER-HAYOZ ARTHUR, Berner Kommentar, N. 97 zu Art. 656 ZGB.

[1353] Es liegt kein Urteil im Sinne von Art. 656 Abs. 2 ZGB vor, weil es sich beim Zuweisungsentscheid um ein Leistungsurteil und nicht ein Gestaltungsurteil auf unmittelbare Einräumung des Eigentums handelt, welches für den unmittelbaren Eigentumserwerb gemäss Art. 656 Abs. 2 ZGB notwendig wäre (HAAB ROBERT / SIMONIUS AUGUST / SCHERRER WERNER / ZOBL Dieter, Zürcher Kommentar, N. 66 zu Art. 656 ZGB; ESCHER ARNOLD, Zürcher Kommentar, N. 2 zu Art. 620 aZGB; MEIER-HAYOZ ARTHUR, Berner Kommentar, N. 99 zu Art. 656 ZGB; TOUR PETER / PICENONI VITO, Berner Kommentar, N. 1a zu Art. 620 aZGB; STEIGER FRANZ, S. 158).

[1354] ESCHER ARNOLD, Zürcher Kommentar, N. 2 zu Art. 620 aZGB. TOUR PETER / PICENONI VITO, Berner Kommentar, N. 1a zu Art. 620 aZGB. STEIGER FRANZ, S. 158.

schriftlichen Zustimmungserklärung sämtlicher Miterben oder eines entsprechenden schriftlichen Erbteilungsvertrages. Falls die Erben nach dem Zuweisungsentscheid einen schriftlichen Erbteilungsvertrag abschliessen oder dem Grundbuchverwalter die schriftliche Zustimmungserklärung für die Eigentumsübertragung abgeben, ist für den Beginn des Fristenlaufes das Datum der Einreichung der Grundbuchanmeldung entscheidend[1355]. Wenn nach dem Zuweisungsentscheid auch noch ein separater Erbteilungsentscheid erwirkt werden muss, beginnt die Sperrfrist mit der formellen Rechtskraft dieses Teilungsurteils[1356]. Falls hingegen der Zuweisungsentscheid nach der konkreten Formulierung das Eigentum an den zugewiesenen landwirtschaftlichen Liegenschaften im Sinne eines Gestaltungsurteils direkt dem Berechtigten zuspricht, erfolgt der Eigentumserwerb und damit die Sperrfrist im Zeitpunkt der formellen Rechtskraft des Zuweisungsentscheides.

C. Ende des Fristenlaufes

Für das Ende der Sperrfrist ist auf das Einreichen der Grundbuchanmeldung auf Eigentumsübertragung oder einer anderen mit der Veräusserung oder Teilveräusserung gleichzusetzenden dinglichen Belastung der Gewerbegrundstücke abzustellen[1357]. Wenn zu diesem Zeitpunkt seit Beginn des Fristenlaufes zehn Jahre verstrichen sind, entfaltet die Sperrfrist keinerlei Wirkungen mehr. Denn sie soll das Kaufsrecht gemäss Art. 24 BGBB während zehn Jahren seit Übernahme des landwirtschaftlichen Gewerbes sichern[1358]. Der Sicherungsabsicht läuft der blosse Abschluss eines Veräusserungsvertrages im Sinne eines Verpflichtungsgeschäftes bzw. die öffent-

---

[1355] Vgl. oben lit. B, Ziff. 2.
[1356] vgl. oben lit. B Ziff. 3 lit. b.
[1357] Vormerkung eines stark einschränkenden Pachtvertrages, Eintragung einer stark belastenden Nutzniessung, Einräumung einer stark belastenden Grunddienstbarkeit, etc.
[1358] BBl 1988 III 1004. STUDER BENNO, Kommentar BGBB, N. 1 zu Art. 23 BGBB. HUNZIKER MICHAEL, S. 117.

liche Beurkundung desselben[1359] noch nicht zwingend zuwider, falls das Verfügungsgeschäft nicht auch innerhalb der Frist abgewickelt wird[1360]. Bereits im bisherigen Recht[1361] war die Einräumung eines Kaufrechtes während der Sperrfrist als zulässig erklärt worden, falls die Ausübungsfrist des Kaufsrechtes über die Sperrfrist hinaus gereicht hat[1362]. Die Fristberechnung beim Gewinnanspruchsrecht der Miterben[1363] ist vorliegend nicht heranzuziehen, weil dort einer möglichen Umgehung des Gewinnanspruchsrechtes begegnet werden musste[1364] und weil dort der Gesetzgeber den Veräusserungszeitpunkt auch dementsprechend klar definiert hat. Es sollte demnach zulässig sein, innerhalb der Sperrfrist Veräusserungsverträge abzuschliessen, solange deren dingliche Wirkung erst nach Ablauf der Frist zum Tragen kommen kann. Das Risiko einer Kaufsrechtsausübung im Sinne von Art. 24 BGBB innerhalb der Sperrfrist haben dann die Parteien eines solchen Veräusserungsvertrages zu tragen.

Der Eigentumswechsel kraft Erbrecht löst die Sperrfrist nicht neu aus. Vielmehr treten die Erben auch diesbezüglich in den Stand des Erblassers ein[1365]. Allerdings hat die Sperrfrist für die Erben dann keine Wirkung, wenn das landwirtschaftliche Gewerbe einem Nachkommen des Erblassers zur Selbstbewirtschaftung übertragen wird[1366].

[1359] Art. 657 ZGB. Art. 216 OR.
[1360] HUNZIKER MICHAEL, S. 117. A.M. STUDER BENNO, Kommentar BGBB, N. 4 zu Art. 23 BGBB und a.M auch Wegleitung für die Grundbuchämter, S. 50.
[1361] Art. 218 aOR.
[1362] BGE 94 II 112.
[1363] Art. 29 Abs. 2 lit. a BGBB.
[1364] BBl 1988 III 1009. ESCHER ARNOLD, Zürcher Kommentar, Ergänzungslieferung zum landwirtschaftlichen Erbrecht, N. 18 zu Art. 619 aZGB. HENNY JEAN-MICHEL, Kommentar BGBB, N. 24 zu Art. 29 BGBB.
[1365] BGE 110 III 209 ff.
[1366] Art. 23 Abs. 2 lit. a BGBB.

V. Zustimmung der Miterben

A. Ausgangslage

Wird in einer Erbteilung ein landwirtschaftliches Gewerbe einem Erben zur Selbstbewirtschaftung zuwiesen, so darf er es während zehn Jahren nur mit Zustimmung der Miterben veräussern[1367]. Für eine Veräusserung vor Ablauf der zehn Jahre bedarf es demnach der Zustimmung sämtlicher Miterben.

B. Form

Über die erforderliche Form der Veräusserungszustimmung kann dem Gesetzestext nichts entnommen werden. Damit der Grundbuchverwalter die Grundbuchanmeldung einer Veräusserung im Tagebuch eintragen kann, benötigt er für die Grundbuchakten eine schriftliche Erklärung der Miterben[1368]. Daraus ergibt sich bereits, dass für die Zustimmung die einfache Schriftlichkeit erforderlich aber auch ausreichend ist[1369]. Eine weitergehende Form kann m.E. nicht verlangt werden, weil eine solche andernfalls im Gesetzestext ausdrücklich aufgenommen worden wäre[1370].

[1367] Art. 23 Abs. 1 BGBB.
[1368] Art. 13 Abs. 1 GBV und Art. 13a Abs. 2 GBV. Wird die Erklärung in Abwesenheit des Grundbuchverwalters von den Miterben unterzeichnet, so ist die Unterschrift zu beglaubigen. Weisen sich die Miterben vor dem Grundbuchverwalter aus oder kennt der Grundbuchverwalter die Miterben, so genügt die blosse Unterschrift unter der Erklärung.
[1369] STUDER BENNO, Kommentar BGBB, N. 7 zu Art. 23 BGBB und HUNZIKER MICHAEL, S. 125. A.M. Wegleitung für die Grundbuchämter, S. 50.
[1370] Wie zum Beispiel in Art. 11 Abs. 3 BGBB oder in Art. 681b ZGB.

C. Vererblichkeit der Zustimmung

Das Zustimmungsrecht der Miterben ist aktiv vererblich. Sind nämlich Miterben seit dem Eigentumserwerb gestorben, so müssen dessen Erben der Veräusserung zustimmen[1371]. Der veräusserungswillige Erbe muss mit anderen Worten von den Erben des zwischenzeitlich verstorbenen Miterben die Zustimmung erlangen. Das Zustimmungsrecht bzw. die Verpflichtung, innerhalb der Sperrfrist für die Veräusserung die Zustimmung der Miterben einzuholen, ist indessen auch passiv vererblich. Der Eigentumswechsel kraft Erbrecht löst die Sperrfrist nicht neu aus. Die Erben des ehemaligen Übernehmers des landwirtschaftlichen Gewerbes treten den Fristenlauf in jenem zeitlichen Zustand an, in dem er vom Erblasser hinterlassen worden ist[1372]. Sie haben wie der Erblasser bei den Miterben des Erblassers die Zustimmung einzuholen, wenn Sie eine Veräusserung vor Ablauf der Sperrfrist anstreben, es sei denn, die beabsichtigte Veräusserung erfülle einen Ausnahmetatbestand[1373].

D. Folgen der fehlenden Zustimmung

Ohne schriftliche Zustimmung der Miterben darf während der Sperrfrist kein Grundbucheintrag vorgenommen werden, der als Veräusserung im Sinne des Art. 23 BGBB aufgefasst werden könnte. Der Anmeldende hat den Beweis zu erbringen bzw. die entsprechenden Urkunden beizubringen, welche belegen, dass mit einem Grundbucheintrag keine Veräusserung im Sinne von Art. 23 BGBB vorliegt oder dass die Sperrfrist bereits abgelaufen ist[1374]. Falls der Grundbuchverwalter diesbezüglich Zweifel hegt bzw. falls die beigebrachten Belege den behaupteten Sachverhalt nicht oder nicht ausreichend erhärten können, hat er die Grundbuchanmeldung

---

[1371] BBl 1988 III 1003.
[1372] BGE 110 III 209 ff.
[1373] Art. 23 Abs. 2 BGBB.
[1374] Art. 13a Abs. 2 GBV.

abzuweisen[1375], wogegen dem Veräusserungswilligen ein Beschwerderecht zusteht[1376].

VI. Ausnahmen vom Zustimmungserfordernis

Keine Zustimmung für eine Veräusserung des landwirtschaftlichen Gewerbes innerhalb der Sperrfrist von zehn Jahren ist nötig, wenn ein Nachkomme des Erben das landwirtschaftliche Gewerbe zur Selbstbewirtschaftung erwirbt, wenn die Veräusserung des landwirtschaftlichen Gewerbes dem Gemeinwesen der Erfüllung einer öffentlichen Aufgabe dient, wenn es dem Erben zwangsweise entzogen wird oder wenn der Erbe einzelne landwirtschaftliche Grundstücke oder Grundstücksteile mit Genehmigung der Bewilligungsbehörde veräussert[1377]. Diese Ausnahmen vom Zustimmungserfordernis sind abschliessend, was sich unmittelbar aus der grammatikalischen Auslegung ergibt. Aus der Systematik sowie aus den Materialien kann keinerlei Hinweis entnommen werden, dass noch weitere Ausnahmen zulässig sein sollten[1378].
Der Grundbuchverwalter hat hinsichtlich der Form des dem Erwerb zugrunde liegenden Rechtsgeschäfts eine umfassende Prüfungsbefugnis[1379], während er betreffend dem Inhalt des Rechtsgeschäfts grundsätzlich nur bei krassen und offensichtlichen Mängeln zu intervenieren hat[1380]. Er braucht also nicht nach Mängeln[1381] zu forschen und kann keine Zeugen einvernehmen oder Gutachten ein-

---

[1375] Art. 966 Abs. 1 ZGB i.V.m. 24 Abs. 1 und 2 GBV.
[1376] Art. 103 GBV.
[1377] Art. 23 Abs. 2 BGBB.
[1378] Wegleitung für die Grundbuchämter, S. 50.
[1379] Art. 965 Abs. 3 ZGB und Art. 18 und 19 GBV. DESCHENAUX HENRI, S. 495. REY HEINZ, Die Grundlagen des Sachenrechts und das Eigentum, N. 1512.
[1380] BGE 114 II 40 und 326. DESCHENAUX HENRI, S. 499 ff. REY HEINZ, Die Grundlagen des Sachenrechts und das Eigentum, N. 1513.
[1381] Willensmängel, widerrechtlicher Inhalt, etc.

holen[1382]. Die Erfüllung der entsprechenden Voraussetzungen für die Veräusserung ist dementsprechend mit Urkunden zu belegen.

A. Selbstbewirtschaftender Nachkomme

Ein Nachkomme des Erben kann das landwirtschaftliche Gewerbe ohne Zustimmung der Miterben erwerben, wenn er es selber bewirtschaften will und dafür als geeignet erscheint[1383]. Von den möglichen Erwerbsarten kommt vor allem der Kauf in Frage[1384]. Der Erwerb des landwirtschaftlichen Gewerbes im Rahmen der Erbteilung durch einen Nachkommen spielt hier keine Rolle, weil dieser Erwerb keine Veräusserung im Sinne des Gesetzes darstellt. Der Erwerb des landwirtschaftlichen Gewerbes durch den Nachkommen muss grundsätzlich ein gänzlicher sein. Ein teilweiser Erwerb durch einen Nachkommen wäre zivilrechtlich wohl zulässig, öffentlich-rechtlich aber zu verweigern[1385], es sei denn, es liege ein Ausnahmetatbestand[1386] oder ein Grund für eine Ausnahmebewilligung[1387] vor. Die Kinder, die Enkel und möglicherweise sogar die Urenkel des Erben kommen als erbwerbsfähige Nachkommen in Frage.

Für die Eigentumsübertragung im Grundbuch dürfte der Nachweis der Nachkommenschaft mittels Urkunden leicht zu erbringen und auch ohne weiteres überprüfbar sein. Um dem Veräusserungsverbot zu entgehen bzw. die Eigentumsübertragung an den Nachkommen zu ermöglichen, muss der Nachkomme das Gewerbe zur Selbstbewirtschaftung übernehmen wollen und dafür geeignet sein. Diese subjektiven Voraussetzungen[1388] des erwerbswilligen Nachkommen

---

[1382] BGE 112 II 29.
[1383] Art. 23 Abs. 2 lit. a BGBB.
[1384] Selbstverständlich sind auch alle übrigen Erwerbstatbestände (Schenkung, gemischte Schenkung, Tausch, etc.) möglich.
[1385] Art. 58 BGBB.
[1386] Art. 59 lit. a und b BGBB.
[1387] Art. 60 BGBB.
[1388] Vgl. dazu § 4, VIII, B, C, D.

hat der Grundbuchverwalter auch zu prüfen, wozu ihm entsprechende Urkunden oder Bestätigungen[1389] zu präsentieren sind[1390]. Falls er am Vorhandensein der erforderlichen Voraussetzungen dieses Nachkommen Zweifel hegt, hat er die Grundbuchanmeldung abzuweisen und auf den Beschwerdeweg zu verweisen[1391]. Diese materielle Prüfungstätigkeit des Grundbuchverwalters ist hier gerechtfertigt[1392]. Die Voraussetzungen der Eignung und des Willens zur Selbstbewirtschaftung würden nämlich zur bedeutungslosen Floskel verkommen, da die Miterben für diese Frage nicht einbezogen werden, weil diesbezüglich kein öffentlich-rechtlicher Feststellungsentscheid möglich sein wird[1393] und da ein privatrechtlicher Feststellungsentscheid nur am Platze wäre, wenn diese subjektiven Voraussetzungen nicht durch Urkunden belegt werden können[1394].

B. Öffentliche Aufgabe oder Zwangsentzug

1. Erfüllung einer öffentlichen Aufgabe

Keine Zustimmung für eine Veräusserung des landwirtschaftlichen Gewerbes innerhalb der Sperrfrist von zehn Jahren ist nötig, wenn die Veräusserung des landwirtschaftlichen Gewerbes einem Gemeinwesen zur Erfüllung einer öffentlichen Aufgabe dient[1395]. Die Ausnahmebestimmung betreffend der Erfüllung einer öffentlichen

---

[1389] Schulzeugnisse, Pachtverträge über andere landwirtschaftliche Liegenschaften oder Gewerbe, Arbeitsbestätigungen in landwirtschaftlichen Betrieben, etc.

[1390] Art. 13a Abs. 2 GBV. HUNZIKER MICHAEL, S. 119.

[1391] 24 Abs. 1 und 2 GBV i.V.m. Art. 103 GBV.

[1392] A.M. HUNZIKER MICHAEL, S. 164.

[1393] STALDER BEAT, Kommentar BGBB, N. 5 zu Art. 84 BGBB. HUNZIKER MICHAEL, S. 119 und 120.

[1394] Der Richter müsste diesfalls wohl das Feststellungsinteresse des Nachkommen bejahen. In diesem privatrechtlichen Feststellungsverfahren müssten dann sämtliche Beweismittel (inkl. Zeugen und Gutachten, etc.) zulässig sein.

[1395] Art. 23 Abs. 2 lit. b BGBB.

Aufgabe wurde anlässlich der parlamentarischen Beratung redaktionell angepasst[1396], inhaltlich aber dem bundesrätlichen Vorschlag entnommen[1397]. Bereits der Wortlaut verweist für die Definition der öffentlichen Aufgabe auf Art. 65 BGBB[1398]. Danach ist der Erwerb durch das Gemeinwesen oder dessen Anstalten zu bewilligen, wenn er zur Erfüllung einer nach Plänen des Raumplanungsrechts vorgesehenen öffentlichen Aufgabe benötigt wird oder als Realersatz bei Erstellung eines nach Plänen des Raumplanungsrechts vorgesehenen Werkes dient und ein eidgenössisches oder kantonales Gesetz die Leistung von Realersatz vorschreibt oder erlaubt.

Für das Tätigwerden eines Gemeinwesens zwecks Erfüllung einer öffentlichen Aufgabe kommen sämtliche Rechtspersonen in Frage, die für die Erfüllen einer öffentlichen Aufgabe, d.h. einer Staatsaufgabe zuständig sind. Es kann sich dabei den Bund, die Kantone, öffentlich-rechtliche Körperschaften[1399], öffentlich-rechtliche Anstalten[1400], gemischtwirtschaftliche Unternehmungen[1401], aber auch um rein private Rechtsträger[1402] handeln[1403]. All diese Institutionen sind bei der Erfüllung einer öffentlichen Aufgabe als Gemeinwe-

---

[1396] Amtl.Bull.NR 1991 S. 120. Amtl.Bull.SR 1991 S. 145. Diese Anpassung wurde notwendig, weil anstelle des vom Bundesrat vorgeschlagenen Einspracheverfahrens (BBl 1988 III 1127) ein Bewilligungsverfahren eingeführt wurde (Art. 61 ff. BGBB) und weil der Erwerb von landwirtschaftlichem Boden zur Erfüllung einer öffentlichen Aufgabe neu in einer separaten Bestimmung geregelt wurde (BBl 1988 III 1127, Art. 65 BGBB).

[1397] BBl 1988 III 1005, 1115 und 1127.

[1398] Art. 23 Abs. 2 lit. b BGBB.

[1399] Gemeinden, Bezirke, kommunale Zweckverbände, Korporationen und Allmeindgenossenschaften, Strassengenossenschaften, etc.

[1400] SUVA, verschiedene Kantonalbanken, SBB, PTT, ETH, Universitäten, Kantonsspitäler, Kantonale Gebäudeversicherungsanstalten, etc.

[1401] SWISSAIR, SOB, BLS, etc.

[1402] Konzessionierte Wasserversorgungsgenossenschaften, konzessionierte Transportunternehmen für Personentransporte, Verbandsausgleichskassen der AHV, Schweizer Käseunion, Viehzuchtgenossenschaften, Milchgenossenschaften, Kehrrichtbeseitigungsanlagebetreiber, Gasverbund Mittelland AG, Nordostschweizerische Kraftwerke AG (NOK), Schützenvereine, etc.

[1403] HÄFELIN ULRICH / MÜLLER GEORG, § 18-21. GYGI FRITZ, S. 45 ff.

sen im Sinne des Art. 23 BGBB bzw. Art. 65 BGBB betrachten[1404]. Unter den Begriff der öffentlichen Aufgaben sind auch die gemeinnützigen und kulturellen Aufgaben einzuordnen[1405].
Wenn ein solcher Rechtsträger zur Erfüllung einer öffentlichen Aufgabe bzw. einer staatlichen Aufgabe ermächtigt und verpflichtet ist, kann landwirtschaftlicher Boden beansprucht werden, wenn das erstens zur Erfüllung dieser Aufgabe notwendig ist und wenn zweitens die Aufgabe eine derart erhebliche räumliche Bedeutung hat, dass daraus eine raumplanerische Planungspflicht entsteht[1406]. Dazu ist ein entsprechender Nutzungsplan vorzulegen[1407]. Kleinere öffentliche Aufgaben, die keiner speziellen Planungspflicht unterliegen, sind in dafür vorgesehenen Bauzonen zu realisieren oder allenfalls gestützt auf Art. 24 RPG zu bewilligen und können deshalb keine öffentliche Aufgabe im Sinne von Art. 65 BGBB darstellen. Die entsprechenden Grundstücke oder Grundstücksteile unterliegen dem Geltungsbereich des BGBB nicht bzw. nicht mehr[1408].
Auch der Erwerb von Realersatz durch das Gemeinwesen zur Erfüllung einer öffentlichen Aufgabe im obgenannten Sinne soll als Ausnahmegrund gelten, was wiederum nur in jenen Fällen in Frage kommt, in denen die Enteignung gesetzlich zulässig wäre[1409].
Wenn zur Erfüllung der öffentlichen Aufgabe nur Teile des landwirtschaftlichen Gewerbes notwendig sind, bedarf es ebenfalls keiner Zustimmung der Miterben. Allerdings darf gegen das öffentlich-rechtliche Realteilungs- und Zerstückelungsverbot nur ver-

---

[1404] BANDLI CHRISTOPH, Kommentar zum BGBB, N. 3-5 zu Art. 65 BGBB.

[1405] BBl 1988 III 1036.

[1406] Dafür kommen nur grosse Werke wie Strassen, Eisenbahnanlagen, Abfallentsorgungsanlagen, etc. in Frage. BANDLI CHRISTOPH, Kommentar zum BGBB, N. 6 und 7 zu Art. 65 BGBB.

[1407] Wegleitung für die Grundbuchämter, S. 51.

[1408] Art. 2 Abs. 2 lit. a BGBB e contrario. Solche Grundstücke oder Grundstücksteile können allerdings unter dem Titel «Zwangsentzug» ohne Zustimmung der Miterben veräussert werden, wenn die Voraussetzungen einer Enteignung gegeben sind (Art. 23 Abs. 2 lit. b BGBB).

[1409] BBl 1988 III 1036. BANDLI CHRISTOPH, Kommentar zum BGBB, N. 10 zu Art. 65 BGBB.

stossen werden, wenn die Voraussetzungen einer Enteignung gegeben sind[1410].

2. Zwangsentzug

Keine Zustimmung für eine Veräusserung des landwirtschaftlichen Gewerbes innerhalb der Sperrfrist von zehn Jahren ist nötig, wenn es dem Erben zwangsweise entzogen wird[1411]. Unter dem Begriff «Zwangsentzug» ist sowohl die Zwangsverwertung wie auch die Enteignung zu verstehen[1412]. Bei der Zwangsverwertung sind alle Betreibungsarten möglich[1413]. Es kann sich auch um einen teilweisen Zwangsentzug handeln, wobei der Grundbuchverwalter die Erfüllung eines entsprechenden Ausnahmetatbestandes vom Realteilungs- und Zerstückelungsverbot zu prüfen hat[1414]. Die Zerstückelung eines landwirtschaftlichen Grundstückes im Rahmen einer Zwangsvollstreckung kann nicht in Frage kommen, obwohl dies gemäss grammatikalischer Auslegung zulässig sein sollte[1415].

[1410] Art. 59 lit. c BGBB. Gemeint ist selbstverständlich eine formelle Enteignung.

[1411] Art. 23 Abs. 2 lit. b BGBB.

[1412] STUDER BENNO, Kommentar BGBB, N. 9 zu Art. 23 BGBB und HUNZIKER MICHAEL, S. 120. Wegleitung für die Grundbuchämter, S. 51.

[1413] Betreibung auf Pfändung, Betreibung auf Pfandverwertung, Konkursbetreibung, Wechselbetreibung. Prot.Komm.SR, Sitzung vom 17. August 1989, S. 22, Votum 205.

[1414] Art. 59 lit. c und d BGBB. BBl 1988 III 1034. BANDLI CHRISTOPH, Kommentar zum BGBB, N. 3 zu Art. 59 BGBB.

[1415] Es handelt sich hier offenbar um eine gesetzgeberische Ungenauigkeit, was sich aus der teleologischen Betrachtung der Bestimmung ergibt. Es gibt nämlich keinen Grund, eigens für die Zwangsvollstreckung eine Zerstückelung zu erlauben. Denn solches war bereits im bisherigen Recht nur beschränkt möglich (BBl 1988 III 1033; HOTZ REINHOLD, Bäuerliches Grundeigentum, ZSR 1979 II, S. 181 ff.), wollte mit dem BGBB unbedingt verhindert werden (Art. 58 BGBB; BBl 1988 III 1033) und wäre in der Praxis nicht durchführbar (MÜLLER MANUEL, BlAR 1992, S. 85; BANDLI CHRISTOPH, Kommentar zum BGBB, N. 12 zu Art. 59 BGBB).

C. Behördlich bewilligte Veräusserung

Keine Zustimmung für eine Veräusserung des landwirtschaftlichen Gewerbes innerhalb der Sperrfrist von zehn Jahren ist nötig, wenn der Erbe einzelne landwirtschaftliche Grundstücke oder Grundstücksteile mit Genehmigung der Bewilligungsbehörde veräussert[1416]. Gemeint sind hier freiwillige Veräusserungen von Grundstücken oder Grundstücksteilen durch den Erben[1417], bei denen gemäss Art. 60 BGBB eine Zustimmung der Bewilligungsbehörde erhältlich ist[1418]. Ebenfalls keiner Zustimmung der Miterben innerhalb der Sperrfrist bedürfen Veräusserungen im Zusammenhang mit Bodenverbesserungen unter Mitwirkung einer Behörde[1419], bei Grenzverbesserungen und bei Grenzbereinigungen[1420]. Diese Tatbestände werden im Gesetz nicht ausdrücklich genannt[1421], was gemäss einhelliger Ansicht ein gesetzgeberisches Versehen darstellt[1422]. Denn einerseits ist mit diesen weiteren Ausnahmen die Selbstbewirtschaftung nicht gefährdet[1423]. Andererseits sollten Veräusserungen, bei denen nicht einmal eine öffentlich-rechtliche Bewilligung notwendig ist und bei denen sogar ein Ausnahmetatbe-

---

[1416] Art. 23 Abs. 2 lit. c BGBB.

[1417] Teilweise Veräusserungen für behördliche Aufgaben oder teilweise Veräusserungen im Rahmen einer Enteignung bedürfen gemäss Art. 23 Abs. 2 lit. b BGBB keiner Zustimmung der Miterben und sind als Ausnahmen gemäss Art. 59 BGBB ohne Bewilligung zulässig.

[1418] BBl 1988 III 1004. Art. 60 BGBB.

[1419] Art. 59 lit. a BGBB.

[1420] Art. 59 lit. b BGBB.

[1421] Art. 23 Abs. 2 lit. c BGBB. In der Klammer figuriert nur der Art. 60 BGBB und nicht auch der Art. 59 BGBB.

[1422] STUDER BENNO, Kommentar BGBB, N. 10 zu Art. 23 BGBB und HUNZIKER MICHAEL, S. 121. Wegleitung für die Grundbuchämter, S. 51.

[1423] Die Sperrfrist von Art. 23 BGBB soll ja das Kaufsrecht gemäss Art. 24 BGBB sichern (BBl 1988 III 1004), welches nur dann in Frage kommt, wenn der Erbe innert zehn Jahren die Selbstbewirtschaftung aufgegeben hat. Wegleitung für die Grundbuchämter, S. 51.

stand gegeben ist[1424], umso mehr von der Zustimmung befreit sein[1425].

VII. Verzicht, Aufhebung und Abänderung

In Abweichung von den gesetzlichen Vorschriften sind Vereinbarungen nur zulässig, wo das Gesetz nicht eine unabänderliche Vorschrift aufstellt oder die Abweichung nicht einen Verstoss gegen die öffentliche Ordnung, gegen die guten Sitten oder gegen das Recht der Persönlichkeit in sich schliesst[1426]. Für die Frage nach den Möglichkeiten eines Verzichtes, einer Aufhebung oder Abänderung betreffend der Veräusserungssperre ist deshalb vorerst abzuklären, ob zwingendes oder dispositives Gesetzesrecht vorliegt[1427]. Die Veräusserungssperre dient den Miterben zur Sicherung des landwirtschaftlichen Gewerbes als Kaufsrechtsobjekt[1428] und hat keinen Schutzzweck, welcher im öffentlichen Interesse liegt. Aus dem Gesetzestext kann nichts entnommen werden, was auf den Willen des Gesetzgebers nach einer unabänderlichen Vorschrift hinweisen würde. Die Veräusserungssperre stellt deshalb eine dispositive Rechtsnorm dar[1429], für die ohne weiteres ein Verzicht, eine Aufhebung oder eine Abänderung möglich ist.

Der Verzicht auf die Veräusserungssperre oder eine Aufhebung derselben muss der gleichen Formvorschrift wie die Zustimmung zu einer beabsichtigten Veräusserung unterliegen, weil in beiden Fällen der Grundbuchverwalter eine entsprechende Vereinbarung der Parteien oder eine einseitige Erklärung der Miterben zu seinen Akten verlangen muss, wie wenn er im Veräusserungsfall die Zu-

---
[1424]Art. 59 lit. a und b BGBB.
[1425]HUNZIKER MICHAEL, S. 121.
[1426]Art. 19 Abs. 2 OR.
[1427]ZELLER ERNST, N. 154 zu § 11.
[1428]Art. 24 BGBB.
[1429]HUNZIKER MICHAEL, S. 32 ff.

stimmungserklärungen entgegen nehmen würde[1430]. Damit genügt die einfache Schriftlichkeit[1431]. Die Abänderung der Veräusserungssperre im Sinne einer Verkürzung wäre einem teilweisen Verzicht gleichzusetzen und würde somit auch dem Formerfordernis der einfachen Schriftlichkeit unterliegen[1432]. Eine vertragliche Abänderung der Veräusserungssperre im Sinne einer Verlängerung der Frist über zehn Jahre hinaus könnte wohl formlos vereinbart werden, müsste aber im Falle einer Veräusserung innert dieser verlängerten Frist vom Berechtigen bewiesen werden. Allerdings könnte eine solche, über zehn Jahre hinausgehende Verfügungsbeschränkung im Grundbuch nicht eingetragen werden und wäre im Falle der Nichtbeachtung im nachhinein nur als Vertragsverletzung sanktionierbar.

§ 17 Kaufsrecht der Miterben

I. Allgemeines

Das Kaufsrecht ist ein Gestaltungsrecht, mit dem der Berechtigte die den Gegenstand des Rechtes bildende Sache aufgrund einer einseitigen Erklärung käuflich erwerben kann[1433]. Das Kaufsrecht der

---

[1430] Art. 13 Abs. 1 GBV und Art. 13a Abs. 2 GBV.
[1431] HUNZIKER MICHAEL, S. 123.
[1432] HUNZIKER MICHAEL, S. 124.
[1433] HAAB ROBERT / SIMONIUS AUGUST / SCHERRER WERNER / ZOBL DIETER, Zürcher Kommentar, N. 1 und 2 zu Art. 683 aZGB. MEIER-HAYOZ ARTHUR, Berner Kommentar, N. 16 und 31 zu Art. 683 aZGB.

Miterben[1434] schützt den selbstbewirtschaftenden Miterben oder einen selbstbewirtschaftenden Nachkommen eines Miterben, dessen Anspruch bei der Erbteilung noch nicht bestand oder nicht berücksichtigt werden konnte[1435]. Der Übernehmer eines landwirtschaftlichen Gewerbes oder dessen Nachkomme kann dieses an einen Miterben oder an einen Erben eines Miterben verlieren, falls er die Selbstbewirtschaftung endgültig aufgibt. Der Ansprecher muss aber das Gewerbe selber bewirtschaften wollen und dafür geeignet sein. Wenn unter den Miterben[1436] kein Selbstbewirtschafter vorhanden ist, kann das Kaufsrecht nicht angerufen werden. Das Kaufsrecht besteht nur für landwirtschaftliche Gewerbe, nicht aber für landwirtschaftliche Grundstücke, weil bei der Zuweisung von landwirtschaftlichen Grundstücken die Selbstbewirtschaftung keine Voraussetzung darstellt[1437].

II. Voraussetzungen

A. Zuweisung zur Selbstbewirtschaftung

Damit das Kaufsrecht greifen kann, muss das landwirtschaftliche Gewerbe im Rahmen einer Erbteilung einem Erben zur Selbstbewirtschaftung zugewiesen worden sein. Die Zuweisung kann einvernehmlich[1438] oder durch ein rechtskräftiges Urteil[1439] stattgefun-

---

[1434] Art. 24 BGBB.
[1435] BBl 1988 III 1004.
[1436] Oder unter den Erben der vorverstorbenen Miterben.
[1437] Art. 21 BGBB.
[1438] Schriftlicher Erbteilungsvertrag oder schriftliche Zustimmungserklärung der Miterben zur Eigentumsübertragung (Art. 18 Abs. 1 lit. b GBV).
[1439] Art. 18 Abs. 2 lit. d GBV.

283

den haben. Die lebzeitige Veräusserung[1440] kann ein Rückkaufsrecht auslösen, wenn der Erwerb über ein Vorkaufsrecht stattgefunden hat[1441]. Darüber hinaus muss die Zuweisung ausdrücklich zur Selbstbewirtschaftung erfolgt sein. Die Zuweisung an einen nichtselbstbewirtschaftenden, pflichtteilsgeschützten Erben[1442] oder an einen anderen nichtselbstbewirtschaftenden Erben würde jedenfalls kein Kaufsrecht auslösen, weil bei dieser Zuweisungsart auch nie von einer Selbstbewirtschaftung ausgegangen wurde, welche es deshalb auch nicht zu schützen gilt[1443]. Dementsprechend ist in einem Erbteilungsvertrag ausdrücklich zu vermerken, ob die Zuweisung zur Selbstbewirtschaftung erfolgen soll oder nicht[1444]. In einem richterlichen Entscheid über die Zuweisung eines landwirtschaftlichen Gewerbes muss ausdrücklich vermerkt sein, ob die Zuweisung zur Selbstbewirtschaftung erfolgt oder nicht, widrigenfalls wäre eine entsprechende Erläuterung zu verlangen[1445].

[1440] Falls kein Ausnahmetatbestand gemäss Art. 62 BGBB vorliegt, bedarf der Erwerber einer Erwerbsbewilligung (Art. 61 BGBB), welche nur bei Selbstbewirtschaftung erteilt werden kann, es sei denn, es liege ein Ausnahmetatbestand vom Prinzip der Selbstbewirtschaftung vor (Art. 64 BGBB).

[1441] Art. 54 BGBB und Art. 55 BGBB.

[1442] Art. 11 Abs. 2 BGBB.

[1443] Der Anrechnungswert bei der Zuweisung spielt dabei keine Rolle. Auch wenn der nichtselbstbewirtschaftende Erbe das landwirtschaftliche Gewerbe zu einem Wert unter dem Verkehrswert erhalten hat, kann die Veräusserungssperre nicht zum Zuge kommen.

[1444] Falls der Erwerbsgrund nicht spezifiziert im Teilungsvertrag angegeben wurde, hat der Grundbuchverwalter vor dem Grundbucheintrag entsprechend nachzufragen und eine ergänzende Erklärung zu verlangen, damit für ihn die mögliche Auslösung einer Sperrfrist ersichtlich und aktenkundig sein wird (Wegleitung für die Grundbuchämter, S. 50).

[1445] Falls der Richter seinen Entscheid begründen muss, wird darin ausdrücklich vermerkt sein, ob die Zuweisung zur Selbstbewirtschaftung erfolgt oder nicht. Wenn sich indessen die Parteien im Rahmen eines gerichtlichen Verfahrens einigen und falls in einem solchen gerichtlichen Vergleich es im Dispositiv offengelassen wird, ob die Zuweisung zur Selbstbewirtschaftung erfolgt oder eben nicht, müsste ein Grundbuchverwalter bei Vorlage eines solchen Entscheides vor der Eigentumsübertragung wohl um Erläuterung nachsuchen. Das gleiche gilt, falls ein Richter die Zuweisung ausspricht, die Parteien auf eine

Ungeachtet dessen, ob ein Kaufsrecht zur Ausübung kommt oder nicht, sind die Bestimmungen über den Gewinnanspruch der Miterben im Falle der Veräusserung des landwirtschaftlichen Gewerbes anwendbar[1446].

B. Aufgabe der Selbstbewirtschaftung innert zehn Jahren

Das Kaufsrecht besteht nur, wenn der Erbe oder sein Nachkomme die Selbstbewirtschaftung über das landwirtschaftliche Gewerbe innerhalb von zehn Jahren endgültig aufgibt[1447]. Der Beginn dieser Verwirkungsfrist ist gleich anzusetzen wie bei der Veräusserungssperre[1448], weil diese beiden Institute aufeinander abgestimmt sein wollten[1449]. Für den Ablauf der Frist ist die endgültige Aufgabe der Selbstbewirtschaftung massgebend.

Die Aufgabe der Selbstbewirtschaftung muss nicht oder nicht nur vom Willen des Erben abhängen. Auch objektive Gründe, welche eine weitere Selbstbewirtschaftung verhindern, stellen eine Aufgabe der Selbstbewirtschaftung im Sinne des Gesetzes dar. Dementsprechend liegt auch dann eine Aufgabe vor, wenn sie unfall- oder krankheitsbedingt erfolgt[1450]. Selbst der Tod des Übernehmers stellt eine Aufgabe der Selbstbewirtschaftung dar[1451]. Somit ist die Auf-

---

Begründung des Entscheides verzichten und im Dispositiv nichts über die Selbstbewirtschaftung ausgesagt wird.

[1446] Art. 28 ff. BGBB. BBl 1988 III 1005.

[1447] Art. 24 Abs. 1 BGBB.

[1448] Art. 23 BGBB. Vgl. § 16, IV, A und B.

[1449] BBl 1988 III 1004.

[1450] BBl 1988 III 1004.

[1451] Gemäss dem Willen des Gesetzgeber sollten auch objektive Aufgabegründe relevant sein (BBl 1988 III 1004). Es ist nun nicht einzusehen, weshalb der unfall- oder krankheitsbedingte Ausfall der Selbstbewirtschaftung eine Aufgabe der Selbstbewirtschaftung im Sinne des Gesetzes darstellt, währenddem der Tod des Selbstbewirtschafters unbeachtlich sein soll. In beiden Fällen ist die Aufgabe vom Willen des einstigen Übernehmers unabhängig. Art. 24 Abs. 4 lit. b BGBB macht nur dann einen Sinn, wenn der Tod des einstigen Übernehmers auch das Kaufsrecht der damaligen Miterben (oder deren Erben) auslösen kann. A.M. HUNZIKER MICHAEL, S. 60 und 133.

gabe der Selbstbewirtschaftung gleichbedeutend mit dem Entfallen einer einzelnen oder mehreren Voraussetzungen der Selbstbewirtschaftung[1452], wobei insbesondere die eigene Bearbeitung, die persönliche Leitung, der Wille zur Selbstbewirtschaftung, die physische oder psychische Verfassung, die charakterliche oder moralische Eignung nicht mehr im geforderten Ausmass vorhanden sein könnten. Bei den Anforderungen an die beruflichen Fähigkeiten sowie an die finanziellen Verhältnisse dürfte die Zeitspanne von zehn Jahren für ein endgültiges Entfallen wohl regelmässig nicht ausreichen. Denn einerseits waren diese Voraussetzungen im Zeitpunkt der Übernahme des landwirtschaftlichen Gewerbes erfüllt. Andererseits stellen sich diesbezüglich gravierende Veränderungen selten schnell ein und schliesslich wird für die Behebung einer solchen Veränderung eine angemessene Übergangsfrist zuzugestehen sein.

Die Aufgabe ist dann eine endgültige, wenn sie nicht als vorübergehend betrachtet werden kann. Dazu sind alle Umstände abzuwägen. Die Veräusserung des landwirtschaftlichen Gewerbes oder von Teilen stellt eine klar beweisbare endgültige Aufgabe der Selbstbewirtschaftung dar. Eine solche Veräusserung bedarf aber entweder der Zustimmung der kaufsrechtsberechtigten Miterben und kommt gar nicht in Frage, wenn einer dieser Miterben die Übernahme zur Selbstbewirtschaftung geltend machen will und deshalb die Zustimmung zur Veräusserung versagt. Andererseits kann eine derartige Veräusserung durch eine gesetzliche Ausnahmebestimmung[1453] gedeckt sein, sodass weder Veräusserungssperre noch Kaufsrecht zum Tragen kommen kann. Mit dem Tod des Übernehmers entfällt die Selbstbewirtschaftung sofort endgültig und das Kaufsrecht kann dementsprechend ausgeübt werden, falls kein Nachkomme oder Erbe des Übernehmers das Gewerbe zur Selbstbewirtschaftung übernimmt[1454]. Bei einem Unfall ist wohl das Unfallereignis einfach datierbar, doch muss noch lange nicht klar sein, ob und vor allem wann die dadurch verursachten geistigen oder

---

[1452] Vgl. vorne, § 4, VIII, B, C und D. HUNZIKER MICHAEL, S. 141.
[1453] Art. 23 Abs. 2 und Art. 24 Abs. 4 BGBB.
[1454] Art. 24 Abs. 4 lit. a und b BGBB. A.M. HUNZIKER MICHAEL, S. 59 f.

physischen Beeinträchtigungen die Selbstbewirtschaftung endgültig verunmöglichen. Bei einer Krankheit kann sich einerseits die Beeinträchtigung langsam ergeben und andererseits kann sehr lange offenbleiben, ob und ab wann eine Beeinträchtigung der geistigen oder physischen Fähigkeiten die Selbstbewirtschaftung endgültig verhindert. Das Fehlen der eigenen Bearbeitung im geforderten Ausmass und das Fehlen der erforderlichen persönlichen Leitung dürfte schwer beweisbar sein. Für den fehlenden Bewirtschaftungswillen wäre auf äussere Umstände abzustellen[1455]. Wer im Futterbau den Wiesenertrag oder einen Grossteil davon über sechs Jahre hinweg ohne besonderen Grund schnittweise verkauft, dürfte die Selbstbewirtschaftung endgültig aufgegeben haben[1456]. Das gleiche hat für die parzellenweise Verpachtung des Gewerbes oder eines Grossteiles davon zu gelten[1457], es sei denn, dass diese aus besonderem Grund[1458] mit behördlicher Bewilligung für weniger als sechs Jahre abgeschlossen worden ist[1459]. Die Verpachtung des gesamten Gewerbes ist als endgültige Aufgabe der Selbstbewirtschaftung zu betrachten, es sei denn, dass diese aus besonderem Grund mit behördlicher Bewilligung nur für wenige Jahre eingegangen wird[1460]. Eine auf Dauer vorgesehene Zweckentfremdung des landwirtschaftlichen Gewerbes oder eines wesentlichen Teiles stellt ebenfalls eine endgültige Aufgabe der Selbstbewirtschaftung

---

[1455] Ein Angestellter oder Angehöriger muss ohne wichtige Gründe die wesentlichen Entscheide auf unabsehbare Zeit treffen, ausdrückliche Erklärung des Erben, etc.

[1456] Eine derartige entgeltliche Nutzungsüberlassung ist im Sinne einer Umgehung der Vorschriften der landwirtschaftlichen Pacht mit der parzellenweisen Verpachtung gleichzusetzen, wo eine Mindestdauer von 6 Jahren gilt, dies mit einer Erstreckungsmöglichkeit von weiteren 3-6 Jahren (Art. 7 und Art. 27 LPG).

[1457] Für die Parzellenpacht gilt die Mindestdauer von 6 Jahren, wobei dazu noch eine Erstreckung von 3-6 Jahren kommen kann (Art. 7 und Art. 27 LPG).

[1458] Vorübergehende Folgen einer Krankheit oder eines Unfalles, Weiterbildung, etc.

[1459] Art. 7 Abs. 3 lit. b LPG.

[1460] Art. 7 Abs. 3 lit. b LPG. Ohne Ausnahmebewilligung der Behörde beträgt die minimale Pachtdauer 9 Jahre, wobei noch eine Erstreckung von 3-6 Jahren möglich wäre (Art. 7 und Art. 27 LPG).

dar[1461]. Der Wechsel von einer landwirtschaftlichen Nutzung zu einer anderen[1462] oder zu einer gartenbaulichen Nutzung stellt keine Aufgabe der Selbstbewirtschaftung dar[1463].

Das Kaufsrecht beschlägt entweder das ganze landwirtschaftliche Gewerbe oder nichts. Da der Erbe bei der Übernahme des Gewerbe dieses vollumfänglich zur Selbstbewirtschaftung übernommen hat und da die Kaufsrechtsdauer nur gerade zehn Jahre beträgt, ist in Anlehnung an das Pachtrecht[1464] jede endgültige Aufgabe der Selbstbewirtschaftung als kaufsrechtsauslösend zu betrachten, welche das Ausmass von 10 % der übernommenen Nutzfläche überschreitet, soweit die Aufgabe der Selbstbewirtschaftung über eine reduzierte Nutzfläche messbar ist[1465]. Vorbehalten bleiben selbstverständlich die Ausnahmen des Kaufsrechtes[1466].

[1461] Errichtung eines Golfplatzes, Campingplatzes, Materiallagerplatzes, Motocrossrennbahn, Errichtung von Parkplätzen, etc. STUDER BENNO, Kommentar BGBB, N. 13 zu Art. 24 BGBB.

[1462] Vom Ackerbau zum Futterbau oder zum Obstbau, etc.

[1463] STUDER BENNO, Kommentar BGBB, N. 13 zu Art. 24 BGBB.

[1464] Art. 30 Abs. 2 LPG.

[1465] Eine einfache Messbarkeit liegt vor bei dauernder Verpachtung oder Zweckentfremdung (Campingplatz, Golfplatz, etc.). Die Reduktion der persönlichen Leitung oder der eigenen Bearbeitung dürfte schwer messbar sein. Die Auffassung von HUNZIKER MICHAEL (S. 139: keine Aufgabe, solange die Gewerbequalität gemäss Art. 7 Abs. 1 BGBB noch gegeben) erscheint nicht sachgerecht, weil sie gerade bei grösseren Gewerben zulassen würde, dass erhebliche Flächen, ja sogar der Grossteil des Gewerbes fremdgenutzt oder zweckfremdet werden könnte, ohne dass die nicht sehr hoch angesetzte Gewerbequalität von Art. 7 Abs. 1 BGBB gefährdet wäre. Ein solches Ergebnis wäre umso stossender, falls andere, an sich auch geeignete Selbstbewirtschafter in der erbrechtlichen Zuweisung möglicherweise knapp unterlegen sind.

[1466] Art. 24 Abs. 4 und 5 BGBB.

C. Kaufsrechtsberechtigte

1. Miterben oder Erben der Miterben

Das Kaufsrecht steht jedem Miterben zu, welcher das landwirtschaftliche Gewerbe selber bewirtschaften will und dafür als geeignet erscheint[1467]. Miterben sind jene Erben, welche bei der erbrechtlichen Auseinandersetzung mit dem Übernehmer des landwirtschaftlichen Gewerbes beteiligt waren.

Das Kaufsrecht ist vererblich[1468]. Damit können sämtliche Erben der innerhalb der Sperrfrist von zehn Jahren verstorbenen Miterben das Kaufsrecht geltend machen, wenn sie die persönlichen Voraussetzungen[1469] erfüllen, und zwar jeder für sich, ohne dass die anderen Erben mitwirken müssen. Denn die übrigen persönlichen Voraussetzungen[1470] können nur je auf einen Erben bezogen werden. Schliesslich kann ein landwirtschaftliches Gewerbe grundsätzlich[1471] immer nur an eine Person übertragen werden. Übertragbar ist das Kaufsrecht nicht[1472].

2. Selbstbewirtschafter

Der Ansprecher[1473] muss Selbstbewirtschafter[1474] sein. Dazu wird verlangt, dass er den Boden selber bearbeitet und das landwirtschaftliche Gewerbe persönlich leitet[1475]. Im einzelnen dazu vorne unter § 4, VIII, B.

[1467] Art. 24 Abs. 1 BGBB. Siehe dazu unten, Ziffern 3,4 und 5.
[1468] Art. 24 Abs. 3 BGBB.
[1469] Eignung und Wille zur Selbstbewirtschaftung.
[1470] Vgl. folgende Ziffern 2-4.
[1471] Es sei denn, die Beteiligten würden die Übernahme durch mehr als einen Erben vereinbaren.
[1472] Art. 24 Abs. 3 BGBB.
[1473] Die Miterben oder die Erben von Miterben.
[1474] Art. 24 Abs. 1 BGBB.
[1475] Art. 9 Abs. 1 BGBB.

3. Eignung zur Selbstbewirtschaftung

Der Ansprecher muss für die Selbstbewirtschaftung als geeignet erscheinen[1476]. Dazu wird verlangt, dass er die nach landesüblicher Vorstellung notwendigen Fähigkeiten besitzt, um den landwirtschaftlichen Boden selber zu bearbeiten und ein landwirtschaftliches Gewerbe persönlich zu leiten[1477]. Im einzelnen dazu vorne unter § 4, VIII, D.

4. Wille zur Selbstbewirtschaftung

Der Ansprecher muss das Gewerbe selber bewirtschaften wollen[1478]. Er hat seinen Selbstbewirtschaftungswillen darzutun. Im einzelnen dazu vorne unter § 4, VIII, C.

5. Konkurrenz mehrerer Ansprecher

Falls für das Kaufsrecht der Miterben mehrere Ansprecher in Frage kommen, ist wie bei einer Konkurrenzsituation unter mehreren Kaufsrechtsberechtigten beim Kaufsrecht der Verwandten[1479] aufgrund der persönlichen Verhältnisse[1480] zu entscheiden[1481].

6. Konkurrenz mit dem Kaufsrecht der Verwandten

Das Kaufsrecht der Miterben kann auch mit dem Kaufsrecht der Verwandten[1482] konkurrieren, falls der ursprüngliche Übernehmer verstorben ist und es keine Nachkommen und keine Erben gibt, die das landwirtschaftliche Gewerbe zur Selbstbewirtschaftung übernehmen[1483]. Als Konkurrenten mit dem Kaufsrecht der Miterben

---

[1476] Art. 24 Abs. 1 BGBB.
[1477] Art. 9 Abs. 2 BGBB.
[1478] Art. 24 Abs. 1 BGBB.
[1479] Art. 26 Abs. 2 BGBB.
[1480] Vgl. vorne, § 9, II, D.
[1481] Vgl. hinten, § 33, II, B und III, B. HUNZIKER MICHAEL, S. 150.
[1482] Art. 25 BGBB.
[1483] Sobald Nachkommen oder Erben des ursprünglichen Übernehmers das landwirtschaftliche Gewerbe zur Selbstbewirtschaftung übernehmen wollen und

kommen praktisch nur die Geschwisterkinder in Frage, wobei die Geschwister noch nicht vorverstorben sein dürfen[1484]. Hatte der ursprüngliche Übernehmer und Erblasser keine Nachkommen, so verfügen die Geschwister und der allenfalls noch lebende Elternteil sowohl über einen erbrechtlichen Zuweisungsanspruch wie auch über ein Kaufsrecht der Miterben. Die Kinder der noch lebenden Geschwister sind aber auf das Kaufsrecht der Verwandten angewiesen, da sie sonst über keinen anderen Anspruch verfügen, mit dem sie zum Eigentum des landwirtschaftlichen Gewerbes gelangen können. Hatte der ursprüngliche Übernehmer und Erblasser indessen Nachkommen, welche für die Selbstbewirtschaftung nicht in Frage kommen, so kann der überlebende Elternteil ein Kaufsrecht als Miterbe[1485] geltend machen, die Geschwister verfügen über ein Kaufsrecht als Miterben und über ein Verwandtenkaufsrecht[1486], während die Geschwisterkinder allein auf das Kaufsrecht der Verwandten angewiesen sind.

Auch hier ist für die Zuweisung unter den verschiedenen Bewerbern nach den persönlichen Verhältnissen zu entscheiden[1487].

D. Kaufsrechtsbelastete

Kaufsrechtsbelastet ist der Erbe[1488], welcher im Rahmen der Erbteilung das landwirtschaftliche Gewerbe übernommen hatte. Falls das landwirtschaftliche Gewerbe rechtsgeschäftlich an einen Nach-

---

dafür geeignet sind, entfällt das Kaufsrecht der Miterben (Art. 24 Abs. 4 lit. a und b BGBB).

[1484] Sind die Geschwister vorverstorben, so haben die Geschwisterkinder einen geerbten Kaufsrechtsanspruch der Miterben (Art. 24 Abs. 3 BGBB).

[1485] Er ist diesfalls selber nicht Erbe des Übernehmers und Erblassers.

[1486] Die Geschwister sind hier nicht erbberechtigt.

[1487] Vgl. hinten, § 33, II, B und III, B. HUNZIKER MICHAEL, S. 150.

[1488] Es spielt keine Rolle, ob er gesetzlicher oder eingesetzter Erbe war. STUDER BENNO, Kommentar BGBB, N. 6 zu Art. 24 BGBB.

kommen zur Selbstbewirtschaftung übertragen wurde[1489], ist auch dieser Nachkomme kaufsrechtsbelastet[1490]. Die Übertragung auf den Nachkommen kann durch eine beliebige Veräusserung stattgefunden haben. Dabei spielt es keine Rolle, ob es mehr als eine Übertragung vom ursprünglichen Übernehmer an einen Nachkommen gegeben hat[1491]. Sobald das landwirtschaftliche Gewerbe indessen durch einen Nichtnachkommen[1492] erworben worden ist, entfällt das Kaufsrecht, weil es gemäss klarem Gesetzeswortlaut nur gegenüber dem ursprünglichen Übernehmer und dessen Nachkommen gilt[1493]. Der erbrechtliche Übergang eines Gewerbes vom ursprünglichen Übernehmer an einen Erben im Rahmen der Erbteilung unterliegt grundsätzlich ebenfalls der Kaufsrechtsbelastung[1494]. Somit sind auch sämtliche Erben des einstigen Übernehmers grundsätzlich kaufsrechtsbelastet, wobei deren erbrechtlicher Anspruch auf Zuweisung des landwirtschaftlichen Gewerbes zur Selbstbewirtschaftung gar nicht wirklich in Konkurrenz mit dem Kaufsrecht der Miterben und dem Kaufsrecht der Verwandten stehen kann[1495], weil jeder kaufsrechtliche Anspruch dem erbrechtlichen Anspruch gemäss klarer Gesetzesbestimmung zu weichen hat[1496]. Falls unter den Erben des verstorbenen Übernehmers kein übernahmewilliger und geeigneter Selbstbewirtschafter auszumachen ist, kommt das Kaufsrecht der Miterben und möglicherweise auch das Kaufsrecht der Verwandten zum Tragen, wobei die Berechtigten der beiden Kaufs-

---

[1489] Eine solche Übertragung konnte weder durch die Sperrfrist (Art. 23 Abs. 2 lit. a BGBB) noch durch das Kaufsrecht (Art. 24 Abs. 4 lit. a BGBB) verhindert werden.

[1490] Art. 24 Abs. 1 BGBB.

[1491] A.M. HUNZIKER MICHAEL, S. 132.

[1492] Dieser Nichtnachkomme kann ein Erbe (Ehegatte, Geschwister, Elternteil, Onkel, Tante, eingesetzter Erbe, etc.), aber auch ein beliebiger Dritter sein.

[1493] Art. 24 Abs. 1 BGBB.

[1494] Es liegt keine Veräusserung vor. Durch Universalsukzession geht im Erbfall das landwirtschaftliche Gewerbe auf die Erbengemeinschaft über, welche dann im Rahmen der Erbteilung das Gewerbe einem Erben zuweist.

[1495] Art. 25 ff. BGBB.

[1496] Art. 24 Abs. 4 lit. b BGBB und Art. 26 Abs. 1 lit. a BGBB. A.M. HUNZIKER MICHAEL, S. 60.

rechte bzw. jene Berechtigten, welche als geeignete Selbstbewirtschafter überhaupt in Frage kommen, in den meisten Fällen identisch sein werden[1497].

III. Ausschluss des Kaufsrechtes

A. Allgemeines

Das Kaufsrecht kann nicht geltend gemacht werden, wenn ein Nachkomme des Erben das landwirtschaftliche Gewerbe zur Selbstbewirtschaftung erwirbt, wenn der Erbe stirbt und einer seiner Erben das landwirtschaftliche Gewerbe zur Selbstbewirtschaftung übernimmt, wenn die Veräusserung des landwirtschaftlichen Gewerbes dem Gemeinwesen zur Erfüllung einer öffentlichen Aufgabe dient, wenn es dem Erben zwangsweise entzogen wird oder wenn der Erbe einzelne landwirtschaftliche Grundstücke oder Grundstücksteile mit Genehmigung der Bewilligungsbehörde veräussert[1498]. Diese Ausnahmen vom Zustimmungserfordernis sind abschliessend, was sich unmittelbar aus der grammatikalischen Auslegung ergibt. Aus der Systematik sowie aus den Materialien kann keinerlei Hinweis entnommen werden, dass noch weitere Ausnahmen zulässig sein sollten.

[1497] Falls es zwischen Berechtigten der beiden Kaufsrechte und/oder innerhalb dem gleichen Kaufsrecht zur Konkurrenz kommt, ist wie bei einer Konkurrenzsituation im Rahmen der erbrechtlichen Zuweisung zu verfahren, allerdings nur nach den Kriterien für geeignete Selbstbewirtschafter (vgl. vorne, § 9).

[1498] Art. 24 Abs. 4 BGBB.

B. Übernahme durch selbstbewirtschaftenden Nachkommen

Das Kaufsrecht an einem landwirtschaftlichen Gewerbe kann nicht geltend gemacht werden, wenn ein Nachkomme des Erben das landwirtschaftliche Gewerbe erwirbt und wenn er es selber bewirtschaften will und dafür als geeignet erscheint[1499]. Von den möglichen Erwerbsarten kommt vor allem der Kauf in Frage[1500]. Der Erwerb des landwirtschaftlichen Gewerbes durch den Nachkommen muss grundsätzlich ein gänzlicher sein. Ein teilweiser Erwerb durch einen Nachkommen wäre zivilrechtlich wohl zulässig, öffentlich-rechtlich aber zu verweigern[1501], es sei denn, es liege ein Ausnahmetatbestand[1502] oder ein Grund für eine Ausnahmebewilligung[1503] vor. Als erwerbsfähige Nachkommen fallen Kinder, Enkel, möglicherweise sogar Urenkel in Betracht.

Der Grundbuchverwalter hat die subjektiven Voraussetzungen[1504] des erwerbswilligen Nachkommen zu prüfen[1505], wozu ihm die entsprechenden Unterlagen zu präsentieren sind[1506]. Falls er am Vorhandensein der erforderlichen Voraussetzungen dieses Nachkommen Zweifel hegt, hat er die Grundbuchanmeldung abzuweisen und auf den Beschwerdeweg zu verweisen[1507].

[1499] Art. 24 Abs. 4 lit. a BGBB.
[1500] Selbstverständlich sind auch alle übrigen Erwerbstatbestände (Schenkung, gemischte Schenkung, Tausch, etc.) möglich.
[1501] Art. 58 BGBB.
[1502] Art. 59 lit. a und b BGBB.
[1503] Art. 60 BGBB.
[1504] Eignung zur Selbstbewirtschaftung und Wille zur Selbstbewirtschaftung. Vgl. dazu § 4, VIII, B, C, D.
[1505] Für einen Nachkommen bedarf es keiner öffentlich-rechtlichen Erwerbsbewilligung (Art. 62 lit. b BGBB).
[1506] Art. 13a Abs. 2 GBV.
[1507] 24 Abs. 1 und 2 GBV i.V.m. Art. 103 GBV.

C. Übernahme durch Erbeserben

Das Kaufsrecht an einem landwirtschaftlichen Gewerbe kann nicht geltend gemacht werden, wenn der Erbe stirbt und einer seiner Erben das landwirtschaftliche Gewerbe übernimmt, es selber bewirtschaften will und dafür als geeignet erscheint[1508]. Der Eigentumserwerb wird regelmässig im Rahmen einer erbrechtlichen Auseinandersetzung[1509] stattfinden. Die Erben des einstigen Übernehmers können das landwirtschaftliche Gewerbe aber auch ausserhalb der Erbteilung einem Miterben veräussern[1510]. Der Erwerb des landwirtschaftlichen Gewerbes durch den Erben muss grundsätzlich ein gänzlicher sein. Ein teilweiser Erwerb zivilrechtlich wohl zulässig, öffentlich-rechtlich aber zu verweigern[1511], es sei denn, es liege ein Ausnahmetatbestand[1512] oder ein Grund für eine Ausnahmebewilligung[1513] vor. Als erwerbsfähige Erben kommen Nachkommen, Geschwister, Eltern und weiter entfernte Verwandte, aber auch der überlebende Ehegatte sowie eingesetzte Erben in Frage.

Der Grundbuchverwalter hat die subjektiven Voraussetzungen[1514] des erwerbswilligen Erben zu prüfen[1515], wozu ihm die entsprechenden Unterlagen zu präsentieren sind[1516]. Falls er am Vorhandensein der erforderlichen Voraussetzungen dieses Erben Zweifel

---

[1508] Art. 24 Abs. 4 lit. b BGBB.

[1509] Die Eigentumsübertragung kann durch einen Teilungsvertrag oder durch ein richterliches Urteil erfolgen. Aber auch eine partielle Erbteilung bzw. eine Eigentumsübertragung des landwirtschaftlichen Gewerbes an einen Erben mit der Zustimmung aller Miterben ist möglich.

[1510] Für die Veräusserung kommt der Verkauf und jedes andere Rechtsgeschäft in Frage, welches wirtschaftlich einem Verkauf gleichkommt (vgl. Art. 29 Abs. 1 lit. a BGBB).

[1511] Art. 58 BGBB.

[1512] Art. 59 lit. a und b BGBB.

[1513] Art. 60 BGBB.

[1514] Eignung zur Selbstbewirtschaftung und Wille zur Selbstbewirtschaftung. Vgl. dazu § 4, VIII, B, C, D.

[1515] Für einen Nachkommen bedarf es keiner öffentlich-rechtlichen Erwerbsbewilligung (Art. 62 lit. b BGBB).

[1516] Art. 13a Abs. 2 GBV.

hegt, hat er die Grundbuchanmeldung abzuweisen und auf den Beschwerdeweg zu verweisen[1517].

D. Öffentliche Aufgabe oder Zwangsentzug

1. Erfüllung einer öffentlichen Aufgabe

Das Kaufsrecht an einem landwirtschaftlichen Gewerbe kann nicht geltend gemacht werden, wenn die Veräusserung des landwirtschaftlichen Gewerbes dem Gemeinwesen zur Erfüllung einer öffentlichen Aufgabe dient[1518]. Die Ausnahmebestimmung betreffend der Erfüllung einer öffentlichen Aufgabe wurde anlässlich der parlamentarischen Beratung redaktionell angepasst[1519], inhaltlich aber dem bundesrätlichen Vorschlag entnommen[1520]. Bereits der Wortlaut verweist für die Definition der öffentlichen Aufgabe auf Art. 65 BGBB[1521]. Danach ist der Erwerb durch das Gemeinwesen oder dessen Anstalten zu bewilligen, wenn er zur Erfüllung einer nach Plänen des Raumplanungsrechts vorgesehenen öffentlichen Aufgabe benötigt wird oder als Realersatz bei Erstellung eines nach Plänen des Raumplanungsrechts vorgesehenen Werkes dient und ein eidgenössisches oder kantonales Gesetz die Leistung von Realersatz vorschreibt oder erlaubt.

Für das Tätigwerden eines Gemeinwesens zwecks Erfüllung einer öffentlichen Aufgabe kommen sämtliche Rechtspersonen in Frage, die für die Erfüllung einer öffentlichen Aufgabe, d.h. einer Staatsaufgabe zuständig sind. Es kann sich dabei um den Bund, die Kan-

---

[1517] 24 Abs. 1 und 2 GBV i.V.m. Art. 103 GBV.
[1518] Art. 24 Abs. 4 lit. c BGBB.
[1519] Amtl.Bull.NR 1991 S. 120. Amtl.Bull.SR 1991 S. 145. Diese Anpassung wurde notwendig, weil anstelle des vom Bundesrat vorgeschlagenen Einspracheverfahrens (BBl 1988 III 1127) ein Bewilligungsverfahren eingeführt wurde (Art. 61 ff. BGBB) und weil der Erwerb von landwirtschaftlichem Boden zur Erfüllung einer öffentlichen Aufgabe neu in einer separaten Bestimmung geregelt wurde (BBl 1988 III 1127, Art. 65 BGBB).
[1520] BBl 1988 III 1005, 1115 und 1127.
[1521] Art. 24 Abs. 4 lit. c BGBB.

tone, öffentlich-rechtliche Körperschaften[1522], öffentlich-rechtliche Anstalten[1523], gemischtwirtschaftliche Unternehmungen[1524], aber auch um rein private Rechtsträger[1525] handeln[1526]. All diese Institutionen sind bei der Erfüllung einer öffentlichen Aufgabe als Gemeinwesen im Sinne des Art. 23 BGBB bzw. Art. 65 BGBB zu betrachten[1527]. Unter dem Begriff der öffentlichen Aufgaben sind auch die gemeinnützigen und kulturellen Aufgaben einzuordnen[1528]. Wenn ein solcher Rechtsträger zur Erfüllung einer öffentlichen Aufgabe bzw. einer staatlichen Aufgabe ermächtigt und verpflichtet ist, kann landwirtschaftlicher Boden beansprucht werden, wenn das erstens zur Erfüllung dieser Aufgabe notwendig ist und wenn zweitens die Aufgabe eine derart erhebliche räumliche Bedeutung hat, dass daraus eine raumplanerische Planungspflicht entsteht[1529]. Dazu ist ein entsprechender Nutzungsplan vorzulegen[1530]. Kleinere öffentliche Aufgaben, die keiner speziellen Planungspflicht unterliegen, sind in dafür vorgesehenen Bauzonen zu realisieren oder allenfalls gestützt auf Art. 24 RPG zu bewilligen und können deshalb keine öffentliche Aufgabe im Sinne von Art. 65 BGBB darstellen. Die entsprechenden Grundstücke oder Grundstücksteile

---

[1522]Gemeinden, Bezirke, kommunale Zweckverbände, Korporationen und Allmeindgenossenschaften, Strassengenossenschaften, etc.

[1523]SUVA, verschiedene Kantonalbanken, SBB, PTT, ETH, Universitäten, Kantonsspitäler, Kantonale Gebäudeversicherungsanstalten, etc.

[1524]SWISSAIR, SOB, BLS, etc.

[1525]Konzessionierte Wasserversorgungsgenossenschaften, konzessionierte Transportunternehmen für Personentransporte, Verbandsausgleichskassen der AHV, Schweizer Käseunion, Viehzuchtgenossenschaften, Milchgenossenschaften, Kehrrichtbeseitigungsanlagebetreiber, Gasverbund Mittelland AG, Nordostschweizerische Kraftwerke AG (NOK), Schützenvereine, etc.

[1526]HÄFELIN ULRICH / MÜLLER GEORG, § 18-21. GYGI FRITZ, S. 45 ff.

[1527]BANDLI CHRISTOPH, Kommentar zum BGBB, N. 3-5 zu Art. 65 BGBB.

[1528]BBl 1988 III 1036.

[1529]Dafür kommen nur grosse Werke wie Strassen, Eisenbahnanlagen, Abfallentsorgungsanlagen, etc. in Frage. BANDLI CHRISTOPH, Kommentar zum BGBB, N. 6 und 7 zu Art. 65 BGBB.

[1530]Wegleitung für die Grundbuchämter, S. 51.

unterliegen dem Geltungsbereich des BGBB nicht bzw. nicht mehr[1531]. Auch der Erwerb von Realersatz durch das Gemeinwesen zur Erfüllung einer öffentlichen Aufgabe im obgenannten Sinne soll als Ausnahmegrund gelten, was wiederum nur in jenen Fällen in Frage kommt, in denen die Enteignung gesetzlich zulässig wäre[1532]. Wenn für die öffentliche Aufgabe nur Teile des landwirtschaftlichen Gewerbes notwendig sind, bedarf es ebenfalls keiner Zustimmung der Miterben. Allerdings darf gegen das öffentlich-rechtliche Realteilungs- und Zerstückelungsverbot nur verstossen werden, wenn die Voraussetzungen einer Enteignung gegeben sind[1533].

2. Zwangsentzug

Das Kaufsrecht an einem landwirtschaftlichen Gewerbe kann nicht geltend gemacht werden, wenn es dem Erben zwangsweise entzogen wird[1534]. Unter dem Begriff «Zwangsentzug» ist sowohl die Zwangsverwertung wie auch die Enteignung zu verstehen[1535]. Bei der Zwangsverwertung sind alle Betreibungsarten möglich[1536]. Es kann sich auch um einen teilweisen Zwangsentzug handeln, wobei der Grundbuchverwalter die Erfüllung eines entsprechenden Ausnahmetatbestandes vom Realteilungs- und Zerstückelungsverbot zu prüfen hat[1537]. Die Zerstückelung eines landwirtschaftlichen Grund-

---

[1531] Art. 2 Abs. 2 lit. a BGBB e contrario. Solche Grundstücke oder Grundstücksteile können allerdings unter dem Titel «Zwangsentzug» ohne Zustimmung der Miterben veräussert werden, wenn die Voraussetzungen einer Enteignung gegeben sind (Art. 23 Abs. 2 lit. b BGBB).

[1532] BBl 1988 III 1036. BANDLI CHRISTOPH, Kommentar zum BGBB, N. 10 zu Art. 65 BGBB.

[1533] Art. 59 lit. c BGBB. Gemeint ist selbstverständlich eine formelle Enteignung.

[1534] Art. 24 Abs. 4 lit. c BGBB.

[1535] STUDER BENNO, Kommentar BGBB, N. 9 zu Art. 23 BGBB und HUNZIKER MICHAEL, S. 120. Wegleitung für die Grundbuchämter, S. 51.

[1536] Betreibung auf Pfändung, Betreibung auf Pfandverwertung, Konkursbetreibung, Wechselbetreibung. Prot.Komm.SR, Sitzung vom 17. August 1989, S. 22, Votum 205.

[1537] Art. 59 lit. c und d BGBB. BBl 1988 III 1034. BANDLI CHRISTOPH, Kommentar zum BGBB, N. 3 zu Art. 59 BGBB.

stückes im Rahmen einer Zwangsvollstreckung kann nicht in Frage kommen, obwohl dies gemäss grammatikalischer Auslegung zulässig sein sollte[1538].

E. Behördlich bewilligte Veräusserung

Das Kaufsrecht an einem landwirtschaftlichen Gewerbe kann nicht geltend gemacht werden, wenn der Erbe einzelne landwirtschaftliche Grundstücke oder Grundstücksteile mit Genehmigung der Bewilligungsbehörde veräussert[1539]. Gemeint sind hier freiwillige Veräusserungen von Grundstücken oder Grundstücksteilen durch den Erben[1540], bei denen gemäss Art. 60 BGBB eine Zustimmung der Bewilligungsbehörde erhältlich ist[1541]. Ebenfalls keiner Zustimmung der Miterben innerhalb der Sperrfrist bedürfen Veräusserungen im Zusammenhang mit Bodenverbesserungen unter Mitwirkung einer Behörde[1542], bei Grenzverbesserungen und bei Grenzbereinigungen[1543]. Diese Tatbestände werden im Gesetz nicht ausdrücklich genannt[1544], was gemäss einhelliger Ansicht ein gesetzge-

---

[1538] Es handelt sich hier offenbar um eine gesetzgeberische Ungenauigkeit, was sich aus der teleologischen Betrachtung der Bestimmung ergibt. Es gibt nämlich keinen Grund, eigens für die Zwangsvollstreckung eine Zerstückelung zu erlauben. Denn solches war bereits im bisherigen Recht nur beschränkt möglich (BBl 1988 III 1033; HOTZ REINHOLD, Bäuerliches Grundeigentum, ZSR 1979 II, S. 181 ff.), wollte mit dem BGBB unbedingt verhindert werden (Art. 58 BGBB; BBl 1988 III 1033) und wäre in der Praxis nicht durchführbar (MÜLLER MANUEL, BlAR 1992, S. 85; BANDLI CHRISTOPH, Kommentar zum BGBB, N. 12 zu Art. 59 BGBB).

[1539] Art. 24 Abs. 4 lit. d BGBB.

[1540] Teilweise Veräusserungen für öffentliche Aufgaben oder teilweise Veräusserungen im Rahmen einer Enteignung bedürfen gemäss Art. 24 Abs. 4 lit. c BGBB keiner Zustimmung der Miterben und sind als Ausnahmen gemäss Art. 59 BGBB ohne Bewilligung zulässig.

[1541] BBl 1988 III 1004. Art. 60 BGBB.

[1542] Art. 59 lit. a BGBB.

[1543] Art. 59 lit. b BGBB.

[1544] Art. 23 Abs. 2 lit. c BGBB. In der Klammer figuriert nur der Art. 60 BGBB und nicht auch der Art. 59 BGBB.

berisches Versehen darstellt[1545]. Denn einerseits ist mit diesen weiteren Ausnahmen die Selbstbewirtschaftung nicht gefährdet[1546]. Anderseits sollten Veräusserungen, bei denen nicht einmal eine öffentlich-rechtliche Bewilligung notwendig ist und bei denen sogar ein Ausnahmetatbestand gegeben ist[1547], umso mehr von der Zustimmung befreit sein[1548].

IV. Aufschub des Kaufsrechtes

A. Allgemeines

Wird die Selbstbewirtschaftung wegen Unfall oder Krankheit aufgegeben und hat der Eigentümer[1549] unmündige Nachkommen, so kann das Kaufsrecht solange nicht geltend gemacht werden, bis entschieden werden kann, ob ein Nachkomme das landwirtschaftliche Gewerbe zur Selbstbewirtschaftung übernehmen kann[1550]. Diese Bestimmung wurde aus Billigkeitsüberlegungen von der ständerätlichen Kommission eingebracht[1551], wobei auch im Rahmen der erbrechtlichen Zuweisung[1552] und beim Rückkaufsrecht des Verkäu-

---

[1545] STUDER BENNO, Kommentar BGBB, N. 10 zu Art. 23 BGBB und HUNZIKER MICHAEL, S. 121. Wegleitung für die Grundbuchämter, S. 51.

[1546] Das Kaufsrecht gemäss Art. 24 BGBB soll die Selbstbewirtschaftung sichern (BBl 1988 III 1004). Wegleitung für die Grundbuchämter, S. 51.

[1547] Art. 59 lit. a und b BGBB.

[1548] HUNZIKER MICHAEL, S. 121.

[1549] Der Eigentümer muss nicht der einstige Übernehmer sein. Es kann sich bei ihm bereits um einen Nachkommen handeln.

[1550] Art. 24 Abs. 5 BGBB.

[1551] Amtl.Bull.SR 1990 S. 228.

[1552] Art. 12 Abs. 1 BGBB.

fers[1553] analoge Bestimmungen erlassen wurden. Indirekt lehnt sich diese Bestimmung an bereits vorbestandenes Recht[1554] an.

B. Unmündige Nachkommen

Falls ein Eigentümer[1555] die Selbstbewirtschaftung zufolge Unfall oder Krankheit endgültig aufgibt, und falls er unmündige Nachkommen[1556] hat, können die Kaufsrechtsberechtigten das Kaufsrecht solange nicht geltend machen, bis ein Entscheid betreffend der Übernahme durch einen Nachkommen möglich ist. Solche Nachkommen müssen aber im Zeitpunkt der endgültigen Aufgabe der Selbstbewirtschaftung zumindest gezeugt sein und anschliessend noch lebend geboren werden[1557]. Alle unmündigen Nachkommen des Eigentümers, welche später gezeugt und geboren werden, können einen Aufschub der Kaufsrechtsausübung nicht erzwingen. Es gibt nämlich keinen Grund, diese aus Billigkeitsüberlegungen erlassenen Bestimmungen endlos auszuweiten und den anschliessend noch gezeugten und geborenen Nachkommen dieses Recht einzuräumen, was möglicherweise einen jahrzehntelangen Aufschub zur Folge haben könnte, was angesichts des nur auf zehn Jahre beschränkten Kaufsrechtes nicht sinnvoll wäre[1558].

[1553] Art. 55 Abs. 6 BGBB.

[1554] Art. 621ter aZGB.

[1555] Selbstverständlich muss dieser Eigentümer oder sein Vorfahre das landwirtschaftliche Gewerbe vor noch nicht zehn Jahren aus einer Erbteilung erhalten haben.

[1556] Dabei kommen Kinder, Enkel und Urenkel (Ururenkel, etc.) in Frage. ESCHER ARNOLD, Zürcher Kommentar, N. 3 zu Art. 621bis aZGB. TUOR PETER / PICENONI VITO, Berner Kommentar, N. 3 zu Art. 621bis aZGB.

[1557] Art. 31 Abs. 2 ZGB.

[1558] HUNZIKER MICHAEL, 143. A.M. STUDER BENNO, Kommentar BGBB, N. 34 zu Art. 24 BGBB

C. Entmündigte Nachkommen

Entmündigten Nachkommen sollte grundsätzlich wie unmündigen Nachkommen die Aufschubsmöglichkeit analog eingeräumt werden. Allerdings sind mit Ausnahme der Entmündigung zufolge Verbüssen einer Freiheitsstrafe[1559] kaum Fälle denkbar, in denen die Übertragung eines landwirtschaftlichen Gewerbes an einen Entmündigten zur Selbstbewirtschaftung in Frage kommen kann, weil ja gerade die Gründe der Entmündigung[1560] regelmässig der Eignung zur Selbstbewirtschaftung widersprechen[1561].

D. Aufschubsdauer

Der Kaufrechtsaufschub für das landwirtschaftliche Gewerbe kann nur solange dauern, bis entschieden werden kann, ob einer der Nachkommen des Eigentümers das landwirtschaftliche Gewerbe zur Selbstbewirtschaftung übernimmt[1562]. Für den Zeitpunkt der Beurteilung muss je nach den Umständen die Mündigkeit der in Frage kommenden Nachkommen nicht immer abgewartet werden. Denn die Eignung zur Selbstbewirtschaftung und der entsprechende Wille kann möglicherweise bereits vor der Mündigkeit eines Nachkommen abgeklärt werden[1563]. In diesem Sinne ist es denkbar, dass einem 16 Jahre alten Nachkommen ein landwirtschaftliches Gewerbe zugewiesen wird[1564]. Es ist auch möglich, dass unmündige

---

[1559] Art. 371 ZGB. Auch bei diesem Entmündigungsgrund wird es wesentlich vom in Frage stehenden Delikt abhängen, ob der Ansprecher überhaupt als geeigneter Selbstbewirtschafter in Frage kommen kann (NEUKOMM/SZETTLER, S. 83; STEIGER FRANZ, S. 143).

[1560] Art. 369, 370 und 372 ZGB.

[1561] NEUKOMM/SZETTLER, S. 83. STEIGER FRANZ, S. 143.

[1562] Art. 24 Abs. 5 BGBB.

[1563] BGE 71 II 24, 84 II 81. ESCHER ARNOLD, Zürcher Kommentar, N. 4 zu Art. 621bis aZGB. TUOR PETER / PICENONI VITO, Berner Kommentar, N. 4 zu Art. 621bis aZGB. NEUKOMM/SZETTLER, S. 82. STEIGER FRANZ, S. 137 ff.

[1564] BGE 71 II 24.

Nachkommen aufgrund der persönlichen Voraussetzungen[1565] für eine Zuweisung neben anderen Ansprechern zum vornherein ausscheiden. Da die Beurteilung der Zuweisungskriterien vor Mündigkeit[1566] weitgehend auf Prognosen beruhen werden, ist in diesen Fällen bei den persönlichen Voraussetzungen vom gewöhnlichen Lauf der Dinge und von der allgemeinen Lebenserfahrung auszugehen[1567]. Sobald bei allen relevanten Nachkommen des Eigentümers die Entscheidung betreffend einer Übernahme zur Selbstbewirtschaftung getroffen werden kann, beginnt der Fristenlauf für die beiden Verwirkungsfristen[1568]. Allerdings kann der Eigentümer das landwirtschaftliche Gewerbe bereits an den ersten tauglichen Nachkommen übertragen, ohne dass abgewartet werden müsste, ob die anderen Nachkommen das Gewerbe auch übernehmen wollen und/oder können. Denn einerseits steht es dem Eigentümer völlig frei, die Übertragung an einen seiner selbstbewirtschaftenden Nachkommen zu bestimmen[1569]. Andererseits entfällt das Kaufsrecht der Miterben mit der Übertragung an einen beliebigen Nachkommen[1570].

Falls der Eigentümer einem bereits die Zuweisungsvoraussetzungen erfüllenden Nachkommen das Gewerbe nicht übertragen will, kann er verlangen, dass mit dem Kaufsrecht bis zu jenem Zeitpunkt zugewartet wird bzw. dass die Kaufsrechtsausübung maximal solange aufgeschoben wird, bis beim jüngsten unmündigen Nachkommen

---

[1565] Körperliche Eigenschaften, geistige Verfassung, Fähigkeiten und Neigungen, Bildungsgang, etc.

[1566] Nachdem die Mündigkeit auf 18 Jahre hinunter gesetzt worden ist, kann es sich auch nach Erreichen der Mündigkeit als notwendig erweisen, von gewissen Prognosen auszugehen. Denn selbst ein 18 Jahre alter Ansprecher kann sich betreffend den persönlicher Eigenschaften rasch in verschiedene Richtungen entwickeln. Das Erreichen des Mündigkeitsalters bietet somit keine ausreichende Gewähr, dass bei einem Ansprecher konstante und damit verlässliche persönliche Verhältnisse vorliegen.

[1567] STEIGER FRANZ, S. 137.

[1568] Art. 24 Abs. 3 BGBB. HUNZIKER MICHAEL, S. 143. A.M. STUDER BENNO, Kommentar BGBB, N. 35 zu Art. 24 BGBB.

[1569] Art. 42 Abs. 1 BGBB i.V.m. Art. 46 Abs. 1 BGBB i.V.m. Art. 681 Abs. 2 ZGB.

[1570] Art. 24 Abs. 4 lit. a BGBB.

entschieden werden kann, ob er das Gewerbe zur Selbstbewirtschaftung übernehmen wird. Spätestens zu diesem Zeitpunkt beginnt der Fristenlauf für die Kaufsrechtsberechtigten. Allerdings kann der Eigentümer das landwirtschaftliche Gewerbe auch vor diesem Zeitpunkt an einen beliebigen, zur Selbstbewirtschaftung geeigneten Nachkommen veräussern[1571]. Selbstverständlich bedürfen minderjährige Nachkommen für eine Übertragung oder für einen Verzicht der Unterstützung und Zustimmung des gesetzlichen Vertreters oder der Vormundschaftsbehörde[1572]. Allerdings hat keiner der Nachkommen gegenüber einem anderen selbstbewirtschaftenden Nachkommen eine Vorrangstellung und der Eigentümer kann in diesem Rahmen frei übertragen.

V. Umfang des Kaufsrechtes

1. Allgemeines

Das Kaufsrecht umfasst grundsätzlich das gesamte landwirtschaftlich Gewerbe, welches einst im Rahmen der Erbteilung übernommen worden ist. Zwischenzeitlich kann sich das Gewerbe indessen verkleinert, aber auch vergrössert haben. Anlässlich der damaligen Übernahme des landwirtschaftlichen Gewerbe waren möglicherweise auch Betriebsinventar sowie nichtlandwirtschaftliche Nebengewerbe enthalten.

[1571] Der Eigentümer kann beispielsweise das landwirtschaftliche Gewerbe nach drei Jahren dem zweiten Nachkommen übertragen, ohne abzuwarten, ob der dritte und vierte Nachkomme dafür jemals in Frage kommen könnte. Der Eigentümer kann die Übertragung unter lauter zur Selbstbewirtschaftung geeigneten und willigen Nachkommen frei entscheiden.

[1572] BBl 1988 III 993. Art. 392 Ziffer 2 ZGB.

2. Vergrösserung des landwirtschaftlichen Gewerbes

Nach der Übernahme des landwirtschaftlichen Gewerbes im Rahmen der Erbteilung können einerseits weitere Liegenschaften[1573] ins Eigentum des Übernehmers gelangen[1574]. Solche Liegenschaften werden mit dem landwirtschaftlichen Gewerbe zu einer Einheit verschmolzen, falls sie mit dem Gewerbe bewirtschaftet werden und zudem im ortsüblichen Bewirtschaftungskreis liegen. Andererseits können Investitionen[1575] an Gebäuden oder an Wegen oder aber Meliorationen getätigt worden sein. Da mit dem Zukauf von landwirtschaftlichen Grundstücken diese mit den vorbestandenen Gewerbeliegenschaften als nunmehr gewordene Einheit dem Realteilungsverbot[1576] unterliegen, dürfte nur noch in Ausnahmefällen eine Bewilligung zur Abtrennung erhältlich sein[1577]. Somit hat der Kaufsrechtsberechtigte grundsätzlich[1578] nicht nur das Recht, sondern auch die Pflicht, die zugekauften Liegenschaften zusätzlich zum ursprünglichen Gewerbe zu übernehmen. Die Investitionen auf den Gewerbeliegenschaften gehören ebenfalls zum Gewerbe, wobei allerdings nur die wertvermehrenden zu entschädigen sind.

[1573] Falls ein zusätzliches landwirtschaftliches Gewerbe hinzugekommen ist, muss es in seinem Bestand als Gewerbe belassen werden, selbst wenn vorübergehend das dortige Betriebszentrum aufgegeben und die entsprechenden Gewerbeliegenschaften vom kaufsrechtsbelasteten Gewerbezentrum aus bewirtschaftet worden sind. Es kann nämlich nicht der Zweck des Kaufsrechtes sein, ein ganzes landwirtschaftliches Gewerbe mit einem anderen zu verknüpfen.

[1574] Kauf, Schenkung, Erbschaft, etc.

[1575] An Gebäuden, Wegen, Wiesen (Meliorationen), etc.

[1576] Art. 58 Abs. 1 BGBB.

[1577] Art. 60 BGBB.

[1578] Falls eine Abtrennung der zugekauften Grundstücke bewilligungsfähig ist (Art. 60 BGBB), kann von einer Übernahme abgesehen werden, wenn der Kaufsrechtsbelastete die Grundstücke behalten will. Wenn der Kaufsrechtsbelastete die neuerworbenen und abtrennungsfähigen (Art. 60 BGBB) Grundstücke nicht beansprucht, ist vom Kaufsrechtsberechtigten zu verlangen, dass er diese im Sinne von wertvermehrenden Aufwendungen übernimmt. STUDER BENNO, Kommentar BGBB, N. 18 zu Art. 24 BGBB. HUNZIKER MICHAEL, S. 156 f.

3. Verkleinerung des landwirtschaftlichen Gewerbes

Falls sich das landwirtschaftliche Gewerbe seit der Übernahme durch Abtrennung von Teilen[1579] oder durch Verlust von Gebäulichkeiten verkleinert hat, unterliegt nur noch der Rest dem Kaufsrecht. Das muss selbst dann der Fall sein, wenn das landwirtschaftliche Gewerbe zwischenzeitlich zufolge Verkleinerung die Gewerbequalität verloren hat. Mit dem Kaufsrecht ist nämlich der gleiche Zustand anzustreben, wie wenn der Kaufsrechtsberechtigte und damit ein geeigneter Selbstbewirtschafter das Gewerbe bzw. der Rest des Gewerbes von Anfang an übernommen hätte. Zudem soll der Vorzugspreis[1580] nur einem Selbstbewirtschafter zugute kommen[1581].

4. Betriebsinventar

Auch wenn der Kaufsrechtsbelastete anlässlich der Übernahme des landwirtschaftlichen Gewerbes das Betriebsinventar[1582] übernommen hat, unterliegt es grundsätzlich nicht dem Kaufsrecht. Denn einerseits kann sich es seit der Übernahme wesentlich verändert haben. Der Gesetzgeber hat diesen Fall gar nicht vorgesehen. Insbesondere für die Wertbestimmung gibt es keinerlei Vorschriften. Kommt hinzu, dass das Betriebsinventar auch beim Vorkaufsrecht nur mit dem Willen des Veräusserers übergehen kann[1583], wobei beim Vorkaufsfall zumindest der Kaufpreis mit dem Käufer bereits feststeht, was beim Kaufsrecht nicht der Fall ist. Die Mitübernahme bzw. die Mitübergabe des Betriebsinventars und der entsprechende Preis kann aber unter den Beteiligten frei vereinbart werden.

[1579] Art. 23 Abs. 2 lit. b und c BGBB. Veräusserung von Liegenschaften oder Liegenschaftsteilen mit Zustimmung der Miterben (Art. 23 Abs. 1 BGBB).
[1580] Art. 17 und 18 BGBB.
[1581] HUNZIKER MICHAEL, S. 115.
[1582] Vieh, Maschinen, Gerätschaften, Vorräte, etc.
[1583] Art. 51 Abs. 1 BGBB.

5. Nichtlandwirtschaftliches Nebengewerbe

Falls ein nichtlandwirtschaftliches Nebengewerbe[1584] mit dem landwirtschaftlichen Gewerbe zusammen übernommen worden ist, unterliegt es ebenfalls dem Kaufsrecht, wenn eine enge Verbindung vorlag[1585]. Durch Zukauf von Liegenschaften oder Liegenschaftsteilen oder aber durch Investitionen auf bereits vorhandenen Liegenschaften kann indessen ein nichtlandwirtschaftliches Nebengewerbe entstehen. Liegt im Zeitpunkt des Kaufsrechtsanspruches immer noch oder neuerdings eine enge Verbindung zwischen dem nichtlandwirtschaftlichen Nebengewerbe und dem landwirtschaftlichen Gewerbe vor, so erstreckt sich das Kaufsrecht auch auf dieses Nebengewerbe. Ist Letzteres nach wie vor nicht eng verbunden mit dem landwirtschaftlichen Gewerbe, so kann das Nebengewerbe vom landwirtschaftlichen Gewerbe abgetrennt werden[1586]. Der Kaufsrechtsberechtigte hat diesbezüglich keinen Zuweisungsanspruch und der Kaufsrechtsbelastete kann nicht verlangen, dass der Ansprecher das Nebengewerbe ebenfalls übernimmt. In einem solchen Fall besteht kein Grund, ein nichtlandwirtschaftliches Nebengewerbe plötzlich zwingend mit dem landwirtschaftlichen Gewerbe zu verbinden.

[1584] Vgl. vorne, § 4, VI.
[1585] Art. 15 Abs. 2 BGBB. Art. 51 Abs. 2 BGBB analog.
[1586] Falls das nichtlandwirtschaftliche Nebengewerbe räumlich und öffentlich-rechtlich nicht abtrennbar ist, muss es vom Kaufsrechtsberechtigten übernommen werden.

VI. Ausübung des Kaufsrechtes

A. Fristen

1. Kaufsrechtsfrist von zehn Jahren

Die endgültige Aufgabe der Selbstbewirtschaftung muss innerhalb von zehn Jahren seit der Übernahme des landwirtschaftlichen Gewerbes erfolgen[1587]. Für den Beginn des Fristenlaufes ist der Zeitpunkt es Eigentumserwerbes massgebend[1588]. Nach Ablauf dieser Frist entfällt das Kaufsrecht ersatzlos.

2. Relative Ausübungsfrist von drei Monaten

Das Kaufsrecht erlischt nach drei Monaten, seitdem der Berechtigte Kenntnis von der Aufgabe der Selbstbewirtschaftung erhalten hat[1589]. Es handelt sich dabei um eine relative Verwirkungsfrist[1590], welche weder gehemmt noch unterbrochen werden kann[1591]. Die Kaufsrechtserklärung muss innerhalb dreier Monate seit der Kenntnisnahme der Aufgabe der Selbstbewirtschaftung dem Kaufsrechtsbelasteten zugegangen sein, weil diese Mitteilung wie jene bei der Ausübung des Vorkaufsrechts empfangsbedürftig ist[1592]. Es ist dem Berechtigten aber nicht zuzumuten, aufgrund von Vermutungen die Kaufsrechtserklärung abzugeben, weshalb der Fristenlauf erst ab der sicheren Kenntnis des Berechtigten beginnen kann[1593]. Um für

---

[1587] Art. 24 Abs. 1 BGBB.
[1588] Vgl. § 16, IV, B.
[1589] Art. 24 Abs. 3 BGBB.
[1590] BBl 1988 III 1004.
[1591] HUNZIKER MICHAEL, S. 146.
[1592] MEIER-HAYOZ ARTHUR, Berner Kommentar, N. 221 zu Art. 681 ZGB. HAAB ROBERT / SIMONIUS AUGUST / SCHERRER WERNER / ZOBL DIETER, Zürcher Kommentar, N. 38 zu Art. 681/82 ZGB. HUNZIKER MICHAEL, S. 146.
[1593] STUDER BENNO, Kommentar BGBB, N. 22 zu Art. 24 BGBB.

den Beginn der relativen Verwirkungsfrist Klarheit bzw. sichere Kenntnis zu bekommen, kann der Kaufsrechtsbelastete dem Berechtigten eine entsprechende schriftliche Erklärung zukommen lassen.

3. Absolute Ausübungsfrist von zwei Jahren

Das Kaufsrecht erlischt spätestens nach zwei Jahren, seitdem die Selbstbewirtschaftung aufgegeben worden ist[1594]. Es handelt sich dabei um eine absolute Verwirkungsfrist[1595], welche weder gehemmt noch unterbrochen werden kann[1596]. Die Kaufsrechtserklärung muss deshalb auch innerhalb zweier Jahre seit der Aufgabe der Selbstbewirtschaftung dem Kaufsrechtsbelasteten zugegangen sein[1597]. Der Berechtigte muss gar nie Kenntnis von der Aufgabe der Selbstbewirtschaftung erhalten haben. Die Frist beginnt sofort mit der endgültigen Aufgabe der Selbstbewirtschaftung zu laufen. Das Kaufsrecht kann somit im Extremfall bis beinahe 12 Jahre nach dem Eigentumserwerb des übernehmenden Erben ausgeübt werden, wenn die endgültige Aufgabe der Selbstbewirtschaftung erst kurz vor dem Ablauf der zehnjährigen Frist anzusetzen ist.

B. Adressat

Selbst wenn sämtliche Voraussetzungen für ein Kaufsrecht erfüllt und die geforderten Fristen eingehalten worden sind, muss der Kaufsrechtsberechtigte das Kaufsrecht bei der richtigen Stelle geltend machen. Adressat der Kaufsrechtsausübungserklärung ist der Kaufsrechtsbelastete und damit der Eigentümer des landwirtschaftlichen Gewerbes. Falls der Kaufsrechtsbelastete eine Erbengemeinschaft ist, muss die Erklärung an den bezeichneten Vertreter der

---

[1594] Art. 24 Abs. 3 BGBB.
[1595] BBl 1988 III 1004.
[1596] HUNZIKER MICHAEL, S. 146.
[1597] MEIER-HAYOZ ARTHUR, Berner Kommentar, N. 224 zu Art. 681 ZGB. HAAB ROBERT / SIMONIUS AUGUST / SCHERRER WERNER / ZOBL DIETER, Zürcher Kommentar, N. 38 zu Art. 681/82 ZGB. HUNZIKER MICHAEL, S. 146.

Erbengemeinschaft gerichtet werden. Gibt es keinen Vertreter oder ist dieser dem Berechtigten nicht bekannt, so kann die Erklärung gegenüber einem Mitglied der Erbengemeinschaft mit Wirkung für alle abgegeben werden[1598].

C. Form

Diese Erklärung bedarf grundsätzlich keiner besonderen Form, wobei aber der Grundbuchverwalter für die Eigentumsübertragung eine schriftliche, allenfalls sogar beglaubigte Erklärung verlangen wird[1599]. Auch aus Beweisgründen empfiehlt sich daher die schriftliche Form.

D. Inhalt

Die Mitteilung der Kaufsrechtsausübung muss die rechtsbegründende Erklärung des Berechtigen enthalten, dass er das Kaufsrecht ausüben will. Sie muss bestimmt und eindeutig sein und darf weder Vorbehalte noch Bedingungen enthalten[1600].

[1598] BGE 73 II 170.
[1599] Wegleitung für die Grundbuchämter, S. 47.
[1600] MEIER-HAYOZ ARTHUR, Berner Kommentar, N. 224 zu Art. 681 ZGB. HAAB ROBERT / SIMONIUS AUGUST / SCHERRER WERNER / ZOBL DIETER, Zürcher Kommentar, N. 38 zu Art. 681/82 ZGB.

VII. Wirkungen der Kaufsrechtsausübung

A. Allgemeines

Die Kaufsrechtserklärung ist eine rechtsbegründende Gestaltungserklärung und als solche unwiderruflich. Einmal abgegeben, kann sie nicht mehr rückgängig gemacht werden, es sei denn, die Rücknahmeerklärung treffe vor der Kaufsrechtserklärung beim Adressaten ein[1601]. Der Berechtigte hat seine Kaufsrechtsberechtigung nachzuweisen und den Kaufpreis zu bezahlen, während der Belastete bei der Eigentumsübertragung mitzuwirken hat.

B. Eigentumsübertragung

Der Kaufsrechtsberechtigte hat zu Handen des Grundbuchverwalters und zu Handen des Belasteten seine Berechtigung zu belegen[1602]. Als erstes ist dem Grundbuchverwalter die schriftliche Ausübungserklärung vorzuweisen[1603]. Dann ist darzutun, dass das landwirtschaftliches Gewerbe im Rahmen der Erbteilung zur Selbstbewirtschaftung übernommen worden ist und der Berechtigte damals Miterbe war, was regelmässig aus einem Erbteilungsvertrag oder aus einem richterlichen Zuweisungsentscheid zu entnehmen sein wird. Falls sich die Berechtigung vererbt hat, ist eine entsprechende Erbenbescheinigung beizubringen. Weiter hat der Berechtigte seinen Willen und die Eignung zur Selbstbewirtschaftung zu belegen. Schliesslich hat der Berechtigte eine schriftliche Eintragungszustimmung des Eigentümers für alle das Gewerbe betreffen-

---

[1601] HAAB ROBERT / SIMONIUS AUGUST / SCHERRER WERNER / ZOBL DIETER, Zürcher Kommentar, N. 38 zu Art. 681/82 ZGB. MEIER-HAYOZ ARTHUR, Berner Kommentar, N. 224 zu Art. 681 ZGB.
[1602] STUDER BENNO, Kommentar BGBB, N. 25 zu Art. 24 BGBB.
[1603] Wegleitung für die Grundbuchämter, S. 47. Die Ausübungserklärung musste vorher rechtzeitig dem Kaufsrechtsbelasteten zugegangen sein.

den Grundstücke[1604] sowie eine Vereinbarung über den Kaufpreis[1605] vorzulegen. Falls die Eintragungszustimmung des Eigentümers oder die Vereinbarung über den Kaufpreis nicht erhältlich ist, muss der Berechtigte ein entsprechendes richterliches Urteil erwirken und dem Grundbuchverwalter vorlegen[1606].

Der Grundbuchverwalter hat hinsichtlich der Form des dem Erwerb zugrunde liegenden Rechtsgeschäfts eine umfassende Prüfungsbefugnis[1607], während er betreffend dem Inhalt des Rechtsgeschäfts grundsätzlich nur bei krassen und offensichtlichen Mängeln zu intervenieren hat[1608]. Er braucht also nicht nach Mängeln[1609] zu forschen und kann keine Zeugen einvernehmen oder Gutachten einholen[1610]. Für die Eigentumsübertragung im Grundbuch dürfte der Nachweis der Nachkommenschaft oder der Erbenstellung mittels Urkunden leicht zu erbringen und auch ohne weiteres überprüfbar sein. Vom Grundbuchführer ist zu fordern, dass er objektive und sofort erkennbare Wegfallgründe des Kaufsrechtes zu beachten hat[1611]. Auf die Überprüfung der subjektiven Voraussetzungen der Eignung und des Willens zur Selbstbewirtschaftung[1612] des Erwerbswilligen kann der Grundbuchverwalter verzichten, wenn er den übrigen Miterben[1613] vom Kaufsrechtsbegehren Mitteilung macht, was bereits erforderlich ist, um allfällige Kaufsrechtskonkurrenten auszumachen, bei denen mangels Einigung der Zivil-

---

[1604] HUNZIKER MICHAEL, S. 155.

[1605] Wegleitung für die Grundbuchämter, S. 47 und 48. STUDER BENNO, Kommentar BGBB, N. 26 und 27 zu Art. 24 BGBB.

[1606] Art. 963 Abs. 2 ZGB. HUNZIKER MICHAEL, S. 167 f.

[1607] Art. 965 Abs. 3 ZGB und Art. 18 und 19 GBV. DESCHENAUX HENRI, S. 495. REY HEINZ, Die Grundlagen des Sachenrechts und das Eigentum, N. 1512.

[1608] BGE 114 II 40 und 326. DESCHENAUX HENRI, S. 499 ff. REY HEINZ, Die Grundlagen des Sachenrechts und das Eigentum, N. 1513.

[1609] Willensmängel, widerrechtlicher Inhalt, etc.

[1610] BGE 112 II 29.

[1611] Aus den Akten erkennbarer Ablauf der relativen oder absoluten Verwirkungsfrist (Art. 24 Abs. 3 BGBB), ein Wegfallgrund gemäss Art. 24 Abs. 4 BGBB liegt aktenkundig vor, etc. Wegleitung für die Grundbuchämter, S. 48.

[1612] Vgl. dazu vorne § 4, VIII, B, C, D.

[1613] Oder deren Nachkommen.

richter den letztlich Berechtigen bezeichnen müsste. Auch hat der Grundbuchverwalter alle Miterben bzw. alle potentiell Kaufsrechtsberechtigten von einer Veräusserung an einen selbstbewirtschaftenden Nachkommen oder Erben des einstigen Übernehmers zu informieren[1614]. Es wird dann deren Sache sein, die grundbuchliche Eigentumsübertragung rechtzeitig zu stoppen, falls es nach ihrer Ansicht beim vorgesehenen neuen Eigentümer an der Eignung oder am Willen zur Selbstbewirtschaftung fehlen sollte. Wenn unter den übrigen Miterben[1615] kein geeigneter Selbstbewirtschafter vorhanden ist, der das landwirtschaftliche Gewerbe selber übernommen möchte, kann es letztlich gleichgültig bleiben, ob der Übernehmer das Gewerbe selber bewirtschaftet oder nicht[1616].

C. Bezahlung des Kaufsrechtspreises

1. Ausgangslage

Der Erbe oder sein Nachkomme[1617] hat Anspruch auf den Preis, zu dem das landwirtschaftliche Gewerbe dem Erben in der Erbteilung angerechnet worden ist. Zudem sind die wertvermehrenden Aufwendungen zum Zeitwert zu entschädigen[1618].

[1614] Art. 24 Abs. 4 lit. a und b BGBB.

[1615] Oder deren Erben.

[1616] Keiner der nichtselbstbewirtschaftenden Miterben hätte ein rechtlich schützenswertes Interesse an der Verhinderung der Eigentumsübertragung bzw. an einer Grundbuchberichtigung.

[1617] Der Nachkomme war im bundesrätlichen Entwurf noch nicht vorhanden (BBl 1988 III 1115) und wurde von der ständerätlichen Kommission vorgeschlagen (Amtl.Bull.SR 1990 S. 228). Selbstverständlich muss sich nun aber die Bestimmung über den Kaufsrechtspreis (Art. 24 Abs. 2 BGBB) auch auf den Nachkommen beziehen. Die entsprechende Anpassung des Textes wurde wohl schlichtweg vergessen. HUNZIKER MICHAEL, S. 160 f.

[1618] Art. 24 Abs. 2 BGBB.

2. Anrechnungswert gemäss Erbteilung

Der Kaufsrechtsbelastete hat Anspruch auf Erstattung des seinerzeitig festgelegten Anrechnungswert für das landwirtschaftliche Gewerbe. Dazu ist keinerlei Abschreibung und keinerlei Verzinsung[1619] vorgesehen[1620], was angesichts der kurzen Dauer von nur zehn Jahren wohl zu verkraften ist. Falls sich das Gewerbe indessen zwischenzeitlich durch Abtrennung von Teilen[1621] verkleinert hat, ist der Anrechnungspreis anteilsmässig zu reduzieren[1622]. Wenn für eine solche Abtrennung unbewegliches oder bewegliches Eigentum eingetauscht worden ist, so gehört dieser Eintausch ebenfalls zum Gewerbe und es ist der ganze ursprüngliche Übernahmepreis zu erstatten. Falls sich das Gewerbe zwischenzeitlich verschlechtert hat[1623] und diese Verschlechterung noch nicht beseitigt worden ist, kann eine allfällige dem Kaufsrechtsbelasteten bereits zugegangene Entschädigung für die Verschlechterung vom Kaufsrechtspreis abgezogen werden[1624]. Allfällig noch nicht geltend gemachte Entschädigungsansprüche gehen an den Kaufsrechtsberechtigen mit der Eigentumsübertragung über. Falls für die Verschlechterung keine Entschädigung erhältlich ist[1625], muss gleichwohl der ganze ursprüngliche Anrechnungswert erstattet werden, es sei denn, diese Verschlechterung sei absichtlich oder grobfahrlässig herbeigeführt worden[1626]. In solchen Fällen ist die Verschlechterung im Verhält-

---

[1619] Prot.Komm.SR, Sitzung vom 17. August 1989, S. 23, Votum 217.

[1620] STUDER BENNO, Kommentar BGBB, N. 14 zu Art. 24 BGBB.

[1621] Art. 23 Abs. 2 lit. b und c BGBB. Abtrennung zufolge Zustimmung gemäss Art. 23 Abs. 1 BGBB.

[1622] Falls mit dem Verkauf von Gewerbeteilen ein Gewinn erwirtschaftet worden ist, ist der Gewinnanspruch der Miterben zum Tragen gekommen(Art. 28 ff. BGBB).

[1623] Verlust von Gebäulichkeiten durch Brand, Erdrutsch, Überschwemmung, Vernichtung von Kulturen durch Hagel, etc.

[1624] Versicherungsleistungen, Schadenersatzzahlungen, etc.

[1625] Wenn der Schaden nicht versicherbar war, wenn der Schädiger nicht zahlungsfähig ist, etc.

[1626] Wenn der Kaufsrechtsbelastete selber Brandstiftung begeht und die Brandversicherung deshalb nicht bezahlt; wenn der Kaufsrechtsbelastete Kulturen oder Gebäulichkeiten absichtlich verwüstet oder von Tieren grobfahrlässig verwü-

nis zum ursprünglichen Anrechnungswert zu berechnen und vom Kaufsrechtspreis in Abzug zu bringen.

3. Wertvermehrende Aufwendungen

Sämtliche[1627] wertvermehrenden Aufwendungen sind zum Zeitwert zu entschädigen. Der Begriff des Zeitwertes stammt aus dem bisherigen Recht und diente der Bewertung von Maschinen und Gerätschaften. Er wird definiert als Neuwert abzüglich einer der jeweiligen Nutzungsdauer entsprechenden Amortisation[1628]. Dieser Wert erscheint sachgerecht, da es darauf ankommen sollte, ob eine Wertvermehrung einer grossen[1629] oder einer kleinen[1630] bis gar keiner[1631] Entwertung bzw. Abschreibung unterliegt. Der Zukauf von landwirtschaftlichen Grundstücken ist ohne weiteres auch als wertvermehrende Investition zu betrachten.

Die wertvermehrenden Aufwendungen müssen dem landwirtschaftlichen Gewerbe dienen. Sie können landwirtschaftlich im Sinne des Gesetzes, aber auch nichtlandwirtschaftlicher Natur sein[1632]. Es wä-

---

sten lässt, etc. Eine fahrlässige Vernachlässigung oder Verwahrlosung von Kulturen oder Gebäulichkeiten dürfte meistens für eine zu entschädigende Verschlechterung nicht ausreichen.

[1627] Auch kleine wertvermehrende Aufwendungen.

[1628] TUOR PETER / PICENONI VITO, Berner Kommentar, N. 31 zu Art. 620 aZGB. ESCHER ARNOLD, Zürcher Kommentar, N. 61 zu Art. 620 aZGB. NEUKOMM / CZETTLER, S. 124. HAUSHEER HEINZ / REUSSER RUTH / GEISER THOMAS, Berner Kommentar, N. 47 zu Art. 212 und 213 ZGB.

[1629] Automatischer Melkstand, etc.

[1630] Jauchegrube, massiver Freilaufstall, etc.

[1631] Blosse landwirtschaftliche Grundstücke, etc.

[1632] Auch nichtlandwirtschaftliche Investitionen können letztlich dem landwirtschaftlichen Gewerbe dienen, und zwar vor allem im Sinne einer Aufstockung oder Nebenerwerbsquelle (nichtlandwirtschaftliches Nebengewerbe), so z.B. Restaurant, Wohngelegenheiten für «Ferien auf dem Bauernhof», Camping, Betrieb von Bootsplätzen, Parkplätze, Lagerplatz, Geflügelmasthalle, etc. Allerdings dürften solche nichtlandwirtschaftlichen Investitionen regelmässig raumplanerisch nicht oder nur beschränkt zulässig sein. Falls solche Investitionen gemäss öffentlichem Recht wieder entfernt werden müssen, ist darin eine Verschlechterung des Gewerbes mit entsprechender Abzugsfähigkeit des Entfernungsaufwandes zu sehen.

re nämlich unbillig, die nichtlandwirtschaftlichen Investitionen nicht zu entschädigen, obwohl ein entsprechender Mehrwert vorhanden ist.

VIII. *Ausschluss, Abänderung und Verzicht*

In Abweichung von den gesetzlichen Vorschriften sind Vereinbarungen nur zulässig, wo das Gesetz nicht eine unabänderliche Vorschrift aufstellt oder die Abweichung nicht einen Verstoss gegen die öffentliche Ordnung, gegen die guten Sitten oder gegen das Recht der Persönlichkeit in sich schliesst[1633]. Für die Frage nach den Möglichkeiten eines Verzichtes, einer Aufhebung oder Abänderung betreffend dem Kaufsrecht ist deshalb vorerst abzuklären, ob zwingendes oder dispositives Gesetzesrecht vorliegt[1634]. Das Kaufsrecht dient den Miterben zur Sicherung des landwirtschaftlichen Gewerbes als Kaufsrechtsobjekt[1635] und hat keinen Schutzzweck, welcher im öffentlichen Interesse liegt. Aus dem Gesetzestext kann nichts entnommen werden, was auf den Willen des Gesetzgebers nach einer unabänderlichen Vorschrift hinweisen würde. Das Kaufsrecht stellt deshalb eine dispositive Rechtsnorm dar[1636], für die ohne weiteres ein Verzicht, eine Aufhebung oder eine Abänderung möglich ist.

Das gesetzliche Kaufsrecht und das gesetzliche Vorkaufsrecht des BGBB haben die gleiche rechtspolitische Zielsetzung. Für die Ausübung des Kaufsrechtes gelten die verfahrensrechtlichen Bestimmungen der Vorkaufsrechte[1637]. Beim Kaufsrecht des Art. 24 BGBB handelt es sich ohne Zweifel um ein gesetzliches Kaufsrecht, welches das Eigentum noch mehr beschränkt als ein blosses Vorkaufs-

---

[1633] Art. 19 Abs. 2 OR.
[1634] ZELLER ERNST, N. 154 zu § 11.
[1635] Art. 24 BGBB.
[1636] HUNZIKER MICHAEL, S. 32 ff.
[1637] BBl 1988 III 1007. Art. 27 Abs. 1 BGBB.

recht, bedarf es doch für den Kaufsrechtsfall nicht einmal einer Veräusserung des Grundeigentums. Die Vereinbarung auf Ausschluss[1638] oder Abänderung des Kaufsrechts bedarf deshalb zu ihrer Gültigkeit der öffentlichen Beurkundung[1639], wobei für den gänzlichen oder teilweisen Verzicht nach Eintreten des Kaufsrechtsfalles die einfache Schriftlichkeit genügt[1640]. Eine vertragliche Verlängerung der Kaufsrechtsfrist über zehn Jahre hinaus vor Ablauf dieser Frist ist gemäss klarem Gesetzeswortlaut unzulässig[1641]. Im Zeitpunkt des Auslaufens kann indessen eine weitere Kaufsrechtsdauer vereinbart werden[1642].

[1638] Die Aufhebung eines bereits bestehenden Kaufsrechtes stellt einen nachträglichen Ausschluss dar.
[1639] A.M. HUNZIKER MICHAEL, S. 32 ff.
[1640] Art. 681b ZGB analog.
[1641] Art. 216a OR. BBl 1988 III 1078.
[1642] HONSELL HEINRICH / VOGT NEDIM PETER / WIEGAND WOLFGANG, Kommentar zum Schweizerischen Privatrecht, N. 7 zu Art. 216a OR.

3. KAPITEL: ZUWEISUNG EINES LANDWIRTSCHAFTLICHEN GRUNDSTÜCKES

§ 18 Allgemeines

I. Ausgangslage

Vor dem Inkrafttreten des BGBB bestand kein erbrechtlicher Zuweisungsanspruch für ein landwirtschaftliches Grundstück[1643]. Immerhin gab es ein Anrechnungsprivileg[1644], falls ein Erblasser ein Grundstück zu Lebzeiten einem Erben zum Ertragswert übergeben hatte oder wenn der Erblasser ein Grundstück einem Erben zum Ertragswert letztwillig zugesprochen hatte[1645]. Dabei spielte die Selbstbewirtschaftung keine Rolle.

[1643] BBl 1988 III 1000.
[1644] Art. 617 Abs. 2 aZGB.
[1645] Amtl.Bull.NR 1991 S. 116, Votum Nussbaumer.

II. Entstehungsgeschichte

Der Bundesrat hatte in seinem Entwurf bei der Zuweisung von landwirtschaftlichen Grundstücken im Rahmen der Erbteilung die heute geltende Fassung vorgeschlagen[1646]. Der Ständerat schloss sich in seiner ersten Beratung ohne Diskussion dem Vorschlag des Bundesrates an[1647]. Der Nationalrat indessen beschloss auf Antrag seiner vorberatenden Kommission anlässlich der ersten Beratung für den geeigneten Selbstbewirtschafter die Zuweisung zum Ertragswert und für den Nichtselbstbewirtschafter die Zuweisung zum doppelten Ertragswert[1648]. In der zweiten Beratung hielt der Ständerat daran fest, für alle Ansprecher den doppelten Ertragswert als Anrechnungswert zu verlangen, weil selbst zwischen dem doppelten Ertragswert noch eine sehr grosse Differenz zum Marktpreis bestehe. Bei Grundstücken sei deshalb im Sinne der Erbgerechtigkeit gegenüber Miterben des Übernehmers auch beim Selbstbewirtschafter der doppelte Ertragswert gerechtfertigt[1649]. Anlässlich der zweiten Beratung des Nationalrates beantragte die Mehrheit der vorberatenden Kommission die Zustimmung zum Beschluss des Ständerates[1650], während eine Kommissionsminderheit weiterhin am nationalrätlichen Beschluss der ersten Beratung[1651] festhalten wollte und schliesslich in der Abstimmung obsiegte[1652]. Der Ständerat blieb aber im fraglichen Punkt hartnäckig und beschloss auch anlässlich der dritten Beratung, am Vorschlag des Bundesrates und damit generell am doppelten Ertragswert für alle Ansprecher fest-

---

[1646] BBl 1988 III 1000 ff. und 1114. Art. 21 BGBB.
[1647] Amtl.Bull.SR 1990 S. 227.
[1648] Amtl.Bull.NR 1991 S. 116 f.
[1649] Amtl.Bull.SR 1991 S. 144 f., Votum Schoch.
[1650] Für alle Ansprecher den doppelten Ertragswert gemäss Vorschlag des Bundesrates.
[1651] Ertragswert für den Selbstbewirtschafter und doppelter Ertragswert für den Nichtselbstbewirtschafter. Amtl.Bull.NR 1991 S. 116.
[1652] Amtl.Bull.NR 1991 S. 861 f.

zuhalten[1653], worauf dann der Nationalrat in seiner dritten Beratung kleinlaut nachgab[1654]. Damit wurde die ursprüngliche Fassung des Bundesrates zur heute gültigen Bestimmung[1655].

III. Zuweisung als Vorfrage

Die Zuweisung eines landwirtschaftlichen Grundstückes nach den Bestimmungen des BGBB kann im Rahmen einer Erbteilung geltend gemacht werden, bei welcher der gesamte Nachlass unter Einschluss des landwirtschaftlichen Grundstückes einvernehmlich oder vom Richter geteilt wird. Bei einer solchen Erbteilung wird nebst der Zuweisung des landwirtschaftlichen Grundstückes u.a. die Übernahme der Erbschaftspassiven sowie die Abfindung der Miterben geregelt[1656]. Die Beurteilung des Zuweisungsbegehrens ist hier als Vorfrage abzuhandeln, die vor der eigentlichen Teilung entschieden werden muss.
Der Anspruch auf Zuweisung eines landwirtschaftlichen Grundstückes nach den Vorschriften des BGBB kann aber wie im bisherigen Recht bei der Integralzuweisung eines landwirtschaftlichen Gewerbes[1657] in einem separaten Zuweisungsverfahren im Sinne eines Vorverfahrens geklärt werden. Dabei hat der Richter den geltend gemachten Zuweisungsanspruch und den Übernahmepreis für

---

[1653] Amtl.Bull.SR 1991 S. 724.

[1654] Amtl.Bull. NR 1991 S. 1697.

[1655] BBl 1988 III 1114. Art. 21 BGBB.

[1656] Bei der Erbteilung durch den Richter kann der Ansprecher des landwirtschaftlichen Grundstückes nebst der Erbteilung gleichzeitig die Zuweisung des landwirtschaftlichen Grundstückes zu Eigentum verlangen. Falls ein anderes Mitglied der Erbengemeinschaft die Erbteilungsklage erhebt, kann der Ansprecher einen selbständigen Antrag auf Zuweisung des landwirtschaftlichen Grundstückes zu Eigentum stellen.

[1657] ESCHER ARNOLD, Zürcher Kommentar, N. 2 zu Art. 620 aZGB. TOUR PETER / PICENONI VITO, Berner Kommentar, N. 1a zu Art. 620 aZGB. STEIGER FRANZ, S. 158.

das landwirtschaftliche Grundstück festzulegen. Das Zuweisungsverfahren[1658] ist in diesem Zusammenhang als ein blosses Vorverfahren der Erbteilung zu betrachten. Der entsprechende Zuweisungsentscheid als Leistungsurteil begründet gegenüber den Beklagten des Urteils die Verpflichtung zur Eigentumsübertragung an den oder die erfolgreichen Kläger, aber noch keinen unmittelbaren Rechtstitel auf Einräumung des Eigentums am landwirtschaftlichen Grundstück[1659]. Für den Grundbucheintrag bedarf es diesfalls noch eines rechtskräftigen Teilungsurteils, einer schriftlichen Zustimmungserklärung sämtlicher Miterben[1660] oder eines entsprechenden schriftlichen Teilungsvertrages[1661]. Allerdings kann der Zuweisungsentscheid je nach der konkreten Formulierung das Eigentum an den landwirtschaftlichen Liegenschaften im Sinne eines Gestaltungsurteils direkt dem Berechtigten zusprechen. Diesfalls müsste der Grundbuchverwalter in Vollziehung des Gestaltungsurteils[1662] den Grundbucheintrag allein auf Verlangen des Berechtigten vornehmen[1663] und den im Zuweisungsentscheid festgelegten Gegenwert für die Erbengemeinschaft behändigen[1664].

Das landwirtschaftliche Grundstück sollte wenn immer möglich nicht losgelöst vom übrigen Nachlass zugeteilt werden, weil das

---

[1658] Ohne gleichzeitig beantragte Erbteilung.

[1659] Es liegt kein Urteil im Sinne von Art. 656 Abs. 2 ZGB vor, falls es sich beim Zuweisungsentscheid um ein Leistungsurteil und nicht ein Gestaltungsurteil auf unmittelbare Einräumung des Eigentums handelt, welches für den unmittelbaren Eigentumserwerb gemäss Art. 656 Abs. 2 ZGB notwendig wäre (HAAB ROBERT / SIMONIUS AUGUST / SCHERRER WERNER / ZOBL Dieter, Zürcher Kommentar, N. 66 zu Art. 656 ZGB; ESCHER ARNOLD, Zürcher Kommentar, N. 2 zu Art. 620 aZGB; MEIER-HAYOZ ARTHUR, Berner Kommentar, N. 99 zu Art. 656 ZGB; TOUR PETER / PICENONI VITO, Berner Kommentar, N. 1a zu Art. 620 aZGB; STEIGER FRANZ, S. 158).

[1660] Art. 18 Abs. 1 lit. b GBV.

[1661] ESCHER ARNOLD, Zürcher Kommentar, N. 2 zu Art. 620 aZGB. TOUR PETER / PICENONI VITO, Berner Kommentar, N. 1a zu Art. 620 aZGB. STEIGER FRANZ, S. 158.

[1662] Art. 656 Abs. 2 ZGB.

[1663] Art. 665 Abs. 2 ZGB.

[1664] Allfällige Hypothekarschulden müssten vom festgelegten Gegenwert abgezogen werden.

zwangsläufig zu zwei partiellen Erbteilungen führen würde[1665]. Bei einem solchen zweistufigen Vorgehen ist mit Schwierigkeiten zu rechnen[1666], weshalb gemäss der generellen Regel objektiv-partielle Erbteilungen nicht zulässig sind, es sei denn, es geschehe im Einvernehmen aller Erben[1667].

IV. Unterschiede zur Zuweisung von Gewerben

Bei der Zuweisung eines landwirtschaftlichen Grundstückes gelten im Gegensatz zur Zuweisung eines landwirtschaftlichen Gewerbes verschiedene Rechte und Pflichten nicht. Ein Ansprecher muss das landwirtschaftliche Grundstück nicht selber bewirtschaften wollen[1668]. Es gibt keinen Zuweisungsaufschub bei unmündigen Nachkommen oder bei langjähriger Verpachtung[1669]. Ein Nutzniessungsrecht oder ein Wohnrecht des überlebenden Ehegatten ist im BGBB nicht vorgesehen[1670]. Die Zuweisung von Betriebsinventar

---

[1665] Als Ausnahme ist die vorgängige Teilung des übrigen Nachlasses (alles ausser dem landwirtschaftlichen Grundstück) oder eines Teiles des übrigen Nachlasses auch durch den Richter zuzulassen, wenn es dafür einen hinreichenden Grund gibt. Ein solcher Grund könnte etwa vorliegen, wenn der übrige Nachlassanteil im Vergleich zum landwirtschaftlichen Grundstück gross ist und wenn der zu erwartende Aufschub lange andauert.

[1666] Schwierigkeiten mit der Losbildung; (Teil-)Rückzahlung des anlässlich der ersten Teilung erhaltenen Erbanteils nicht mehr möglich, weil das Geld bereits verbraucht worden ist; etc.

[1667] Art. 604 Abs. 1 ZGB. TUOR PETER / PICENONI VITO, Berner Kommentar, N. 4d zu Art. 604 ZGB. ESCHER ARNOLD, Zürcher Kommentar, N. 5e zu Art. 604 ZGB.

[1668] BBl 1988 III 1001.

[1669] BBl 1988 III 1002. Art. 12 BGBB.

[1670] Ein landwirtschaftliches Grundstück könnte die Gewerbequalität nicht erfüllen und gleichwohl über eine Wohngelegenheit verfügen, in welcher der Erblasser und der überlebende Ehegatte lange Jahre gelebt haben. Da das BGBB im Gegensatz zu landwirtschaftlichen Gewerben (Art. 11 Abs. 3 BGBB) bei landwirtschaftlichen Grundstücken dem überlebenden Ehegatten kein Nutzniessungsrecht oder Wohnrecht ermöglicht, kann der überlebende Ehegatte gestützt auf Art. 219 ZGB (ev. 244 ZGB) und Art. 613a ZGB verlangen, dass

oder nichtlandwirtschaftlichen Bestandteilen zusammen mit dem landwirtschaftlichen Grundstück ist grundsätzlich[1671] nicht möglich. Schliesslich existiert bei der Zuweisung eines landwirtschaftlichen Grundstückes keine Veräusserungssperre[1672], kein Kaufsrecht der Miterben[1673] und auch kein Kaufsrecht der Verwandten[1674].

§ 19 Objektive und subjektive Voraussetzungen

I. Objektive Voraussetzungen

A. Allgemeines

Befindet sich in der Erbschaft ein landwirtschaftliches Grundstück, das nicht zu einem landwirtschaftlichen Gewerbe gehört, so kann ein Erbe dessen Zuweisung zum doppelten Ertragswert verlangen, wenn er Eigentümer eines landwirtschaftlichen Gewerbes ist oder

---

ihm die Nutzniessung, ein Wohnrecht oder gar das Eigentum an Wohnräumlichkeiten eingeräumt wird.

[1671] Falls die Abtrennung von allfälligen nichtlandwirtschaftlichen Bestandteilen („Nebengewerben") des landwirtschaftlichen Grundstückes räumlich oder raumplanerisch nicht möglich ist, müssen diese wohl oder übel mit dem landwirtschaftlichen Grundstück übertragen werden, allerdings kann das nur zum Verkehrswert geschehen, weil es dafür kein Preisprivileg gibt.

[1672] Art. 23 BGBB.

[1673] Art. 24 BGBB.

[1674] Art. 25 BGBB. BBl 1988 III 1006.

über ein solches wirtschaftlich verfügt und das Grundstück im ortsüblichen Bewirtschaftungskreis dieses Gewerbes liegt[1675]. Für den Zuweisungsanspruch an einem landwirtschaftlichen Grundstück bedarf es auf objektiver Seite demnach eines landwirtschaftlichen Grundstückes im Nachlass, welches nicht zu einem landwirtschaftlichen Gewerbe gehören darf. Darüber hinaus benötigt der Ansprecher die wirtschaftliche oder eigentumsmässige Verfügbarkeit eines landwirtschaftlichen Gewerbes, wobei dieses Gewerbe nicht bereits eine überdurchschnittlich gute Existenz darstellen darf[1676]. Schliesslich muss sich das fragliche Grundstück im ortsüblichen Bewirtschaftungskreis des landwirtschaftlichen Gewerbes befinden.

B. Selbständiges landwirtschaftliches Grundstück im Nachlass

Im Nachlass muss sich ein landwirtschaftliches Grundstück[1677] befinden, welches selber nicht bereits zu einem landwirtschaftlichen Gewerbe gehört[1678]. Mit diesem Zuweisungsanspruch wollte der Gesetzgeber nämlich in der Landwirtschaft eine Strukturverbesserung herbeiführen. Leistungsfähige, landwirtschaftliche Gewerbe sollten damit gefördert werden[1679]. Der Zuweisungsanspruch erstreckt sich aber auch auf einen Miteigentumsanteil[1680] an einem landwirtschaftlichen Grundstück oder auf mehrere im Nachlass befindliche landwirtschaftliche Grundstücke[1681]. M.E. sollte der Zuweisungsanspruch auch bei einer Beteiligung an einem Gesamthandsverhältnis bestehen, in dem ein landwirtschaftliches Grundstück vorhanden ist[1682].

[1675] Art. 21 Abs. 1 BGBB.
[1676] Art. 22 BGBB.
[1677] Vgl. vorne, § 4, II.
[1678] Art. 21 Abs. 1 BGBB.
[1679] BBl 1988 III 1001.
[1680] Vgl. vorne § 7, I, B.
[1681] BBl 1988 III 1001.
[1682] Vgl. vorne, § 7, I, C.

C. Verfügbarkeit über ein landwirtschaftliches Gewerbe

1. Massgeblicher Zeitpunkt

Der Ansprecher muss im Zeitpunkt seines Zuweisungsbegehrens Eigentümer eines landwirtschaftlichen Gewerbes sein oder wirtschaftlich über ein solches verfügen. Der Ansprecher muss zur Todeszeit des Erblassers über kein Gewerbe verfügen. Spätestens aber im Rahmen der Erbteilung oder im Zeitpunkt eines Zuweisungsbegehrens eines anderen Ansprechers muss er die Verfügungsmacht über ein landwirtschaftliches Gewerbe haben. Weiter ist zu verlangen, dass ein Ansprecher ohne die zuzuweisende Liegenschaft bereits über ein Gewerbe verfügt[1683]. Denn mit der Zuweisung von landwirtschaftlichen Grundstücken sollten nicht erst neue landwirtschaftliche Gewerbe geschaffen, sondern bestehende Gewerbe verbessert und damit leistungsfähige Gewerbe gefördert werden[1684]. Es ist deshalb grundsätzlich[1685] abzulehnen, für die geforderte Gewerbequalität das zuzuweisende Grundstücke[1686] bereits einzubeziehen[1687].

[1683] Es muss sich um ein landwirtschaftliches Gewerbe im Sinne von Art. 7 BGBB oder Art. 5 lit. a BGBB handeln. Vgl. dazu vorne, § 4, III.

[1684] BBl 1988 III 969 und 1001.

[1685] Falls das zuzuweisende Grundstück bereits vorher mit den Grundstücken des Ansprechers bewirtschaftet wurde, ist ein Einbezug aufgrund von Art. 7 Abs. 4 lit. c BGBB (langjährige Zupacht) möglicherweise gegeben.

[1686] Oder gar mehrere Grundstücke.

[1687] A.M. STUDER BENNO, Kommentar BGBB, N. 12 zu Art. 21 BGBB. Mit der Interpretation von Studer Benno könnten neue landwirtschaftliche Gewerbe entstehen, welche die Gewerbequalität nur sehr knapp erfüllen würden. Damit wäre dem Anliegen des Gesetzgebers, wonach mit der Zuweisung von landwirtschaftlichen Grundstücken eine Strukturverbesserung erreicht und damit leistungsfähig landwirtschaftliche Gewerbe gefördert werden sollen (BBl 1988 III 1001), nicht Rechnung getragen.

2. Eigentümer eines landwirtschaftlichen Gewerbes

Damit ein Erbe die Zuweisung eines landwirtschaftlichen Grundstückes verlangen kann, muss er selber Eigentümer eines landwirtschaftlichen Gewerbes[1688] sein[1689].

3. Wirtschaftliche Verfügbarkeit

Auch die wirtschaftliche Verfügungsmacht über ein landwirtschaftliches Gewerbe berechtigt zur Zuweisung eines landwirtschaftlichen Grundstückes[1690]. Mit dieser «Verfügungsmacht» soll früher oder später das Eigentum am landwirtschaftlichen Gewerbe erworben werden können. Denkbar ist eine Mehrheitsbeteiligung an einer juristischen Person, deren Hauptaktivum ein landwirtschaftliches Gewerbe bildet[1691]. Weiter kann eine beschränkte[1692] oder allgemeine[1693] Gütergemeinschaft zwischen Ehegatten zur wirtschaftlichen Verfügungsmöglichkeit des einen Ehegatten führen, auch wenn der andere Ehegatte als Eigentümer im Grundbuch eingetragen ist und wenn durch Ehevertrag[1694] die Rücknahme[1695] durch den im Grundbuch eingetragenen Ehegatten[1696] ausgeschlossen ist. Wirtschaftlich verfügt möglicherweise auch ein Gesamteigentümer oder Miteigentümer über ein landwirtschaftliches Gewerbe, wenn er vertraglich[1697] oder gesetzlich zum Alleineigentum des landwirtschaftlichen Gewerbes gelangen kann. Ohne einen solchen Anspruch ist es sinnlos, dem Ansprecher ein landwirtschaftliches Grundstück zuzuweisen. Der Forderung nach einer Strukturverbes-

---

[1688] Landwirtschaftliches Gewerbe im Sinne von Art. 7 BGBB oder Art. 5 lit. a BGBB.
[1689] Art. 21 Abs. 1 BGBB.
[1690] Art. 21 Abs. 1 BGBB.
[1691] Art. 4 Abs. 2 BGBB. BBl 1988 III 1001.
[1692] Art. 223 und 224 ZGB.
[1693] Art. 222 ZGB.
[1694] Art. 242 Abs. 2 BGBB. Art. 243 BGBB.
[1695] Im Sinne von Art. 242 und 243 ZGB.
[1696] Oder dessen Erben. Art. 243 ZGB.
[1697] Einfache Gesellschaft gemäss Art. 530 ff. OR.

serung wäre dadurch nämlich nicht genüge getan. Insbesondere die Einräumung von Gesamteigentum oder Miteigentum am landwirtschaftlichen Gewerbe an den anderen Ehegatten muss ehevertraglich dergestalt abgesichert sein, dass der das landwirtschaftliche Grundstück ansprechende Ehegatte in der Folge dann auch zum Alleineigentum des landwirtschaftlichen Gewerbes gelangen kann[1698]. Die blosse Einräumung von Miteigentum oder Gesamteigentum gegenüber dem anderen Ehegatten genügt indessen nicht[1699]. Solche Rechtseinräumungen wären einerseits nicht im Sinne des Gesetzgebers. Andererseits würden derlei Vorkehrungen wohl meistens rechtsmissbräuchlich erfolgen[1700].
Als nicht wirtschaftliche Verfügung gilt die Pacht eines landwirtschaftlichen Gewerbes[1701].

D. Fehlen einer überdurchschnittlich guten Existenz

Der Anspruch auf Zuweisung eines landwirtschaftlichen Grundstückes steht dem Erben nicht zu, wenn er bereits Eigentümer eines landwirtschaftlichen Gewerbes ist, das einer bäuerlichen Familie eine überdurchschnittlich gute Existenz bietet, oder wenn er wirtschaftlich über ein solches Gewerbe verfügt[1702]. Im Entwurf des Bundesrates[1703] war als obere Grenze bereits die «überdurchschnittlich gute Existenz» vorgesehen. Sowohl der Ständerat[1704] als auch der Nationalrat[1705] folgte diesem Vorschlag. Im übrigen sei auf die Ausführungen vorne unter § 7, III. verwiesen.

[1698] Art. 36 Abs. 3 BGBB i.V.m. Art. 242 und 243 ZGB.
[1699] A.M. STUDER BENNO, Kommentar BGBB, N. 20 zu Art. 21 BGBB.
[1700] STUDER BENNO, Kommentar BGBB, N. 20 zu Art. 21 BGBB.
[1701] BBl 1988 III 1001.
[1702] Art. 22 BGBB.
[1703] BBl 1988 III 1002 und 1114.
[1704] Amtl.Bull.SR 1990 S. 227 und 228.
[1705] Amtl.Bull.NR 1991 S. 118-120.

E. Ortsüblicher Bewirtschaftungskreis

Für den Begriff des «ortsüblichen Bewirtschaftungskreises» wird im Vorentwurf Zimmerli[1706] sowie im bundesrätlichen Entwurf[1707] auf die entsprechende Bestimmung des landwirtschaftlichen Pachtrechtes[1708] verwiesen. Diese räumliche Begrenzung sollte dazu dienen, wirtschaftlich und ökologisch fragwürdige Betriebsstrukturen zu verhindern, wobei allerdings traditionelle Betriebsstrukturen wie Stufenbetriebe nicht in Frage gestellt werden sollten[1709]. Wenn nun für das landwirtschaftliche Gewerbe der ortsübliche Bewirtschaftungskreis festgelegt werden soll, um möglicherweise zu weit entfernte Grundstücke auszugrenzen, so sind die sogenannten Stufenbetriebe gesondert zu behandeln. Aber auch hier wird eine räumliche Ausgrenzung unumgänglich sein[1710].

Im landwirtschaftlichen Pachtrecht wird zwischen «weiter Entfernung» und dem «ortsüblichen Bewirtschaftungsbereich» unterschieden[1711]. Der erste Begriff will offensichtlich eine wirtschaftliche Betrachtung[1712] nach sich ziehen, während der zweite das effektive ortsübliche Bewirtschaftungsrayon[1713] erfassen will. Der zulässige Bewirtschaftungskreis gemäss BGBB hat sich primär am

---

[1706] Vorentwurf Zimmerli, S. 58.

[1707] BBl 1988 III 1001.

[1708] Art. 33 Abs. 2 LPG.

[1709] BBl 1988 III 1001.

[1710] So wäre beispielsweise ein Einmann-Talbetrieb im Kanton Schwyz verbunden mit einer Alp im Kanton Graubünden ökologisch und wirtschaftlich kaum sinnvoll angesichts der anfallenden Transportkosten und angesichts des Zeitaufwandes, zumal im Talbetrieb den Sommer über regelmässig Arbeiten (Futterkonservierung, Düngung, etc.) anfallen, welche vom Betriebsleiter zu bewältigen sind.

[1711] Art. 33 Abs. 2 LPG.

[1712] STUDER/HOFER, Das landwirtschaftliche Pachtrecht, Brugg 1987, S. 237: Unter Berücksichtigung der anfallenden Transportkosten wird hier im Futterbau eine Distanz von ca. 3 km und im Ackerbau eine solche von ca. 6 km als wirtschaftlich noch tragbar erachtet.

[1713] STUDER/HOFER, a.a.O., S. 237: Ausgangspunkt soll hier das eigene Dorf, eventuell ein Nachbardorf bilden, wobei eine Distanz von 10 km als ausserhalb eines ortsüblichen Bewirtschaftungskreises angesehen wird.

räumlichen Kriterium der Ortsüblichkeit zu orientieren. Ist nämlich diese klar gegeben, so dürfen wirtschaftliche oder ökologische Überlegungen keine Rolle mehr spielen. Liegt allerdings räumlich ein zweifelhafter Fall vor, so kommen m.E. die wirtschaftlichen und möglicherweise sogar die ökologischen Aspekte zum Zuge. Sind diese zu bejahen, so ist die Erfüllung der räumlichen Voraussetzung anzunehmen, zumal gerade die räumliche Abgrenzung kaum je genau festgelegt werden kann. Der wirtschaftliche Gesichtspunkt sollte m.E. vor dem ökologischen in der Art und Weise den Vorrang haben, dass bei klarer Bejahung des ersteren der ortsübliche Bewirtschaftungskreis als gegeben zu betrachten ist, ohne dass die ökologische Seite noch zu prüfen wäre. Dies deshalb, weil die ökologische Tragbarkeit kaum mit objektiven Kriterien feststellbar sein wird, und weil der ökologische Aspekt durch den klaren Verweis[1714] auf den pachtrechtlichen Begriff des ortsüblichen Bewirtschaftungskreises eindeutig der wirtschaftlichen Betrachtungsweise zu weichen hat, da im Pachtrecht[1715] der ökologischen Gesichtspunkt gar nicht bekannt ist.

Bei der Beurteilung der Wirtschaftlichkeit sind primär die objektiven Bewirtschaftungsmöglichkeiten der zur Diskussion stehenden Parzellen, Bauten und Anlagen gebührend zu berücksichtigen. Die tatsächlich gewählte Bewirtschaftungsart hat vor der objektiven und vermutlich meist ortsüblichen Nutzungsart Vorrang, wenn sie bereits während langer Zeit[1716] ausgeübt wurde. Die wirtschaftlich noch tragbare Distanz eines Grundstückes zum Betriebszentrum[1717] ist je nach Bewirtschaftungsart unterschiedlich. Der Ansatz[1718], wonach die Transportkosten nicht mehr als 30 % des Ertrages[1719] aus-

---

[1714] BBl 1988 III 982 und 1001.

[1715] Art. 33 Abs. 2 LPG.

[1716] In Anlehnung an Art. 8 BGBB ist m.E. die Ausübung einer Nutzungsart während langer Zeit gegeben, wenn dies während mindestens 6 Jahren vor dem Beurteilungszeitpunkt ununterbrochen der Fall war.

[1717] Das Betriebszentrum ist jener Ort, von dem aus der Betriebsleiter die Tätigkeit zur Bewirtschaftung der landwirtschaftlichen Liegenschaften ausübt.

[1718] STUDER/HOFER, S. 237.

[1719] Ertrag: Produkteerlös abzüglich Direktkosten (Saatgut, Dünger, etc.) abzüglich Handarbeit und Maschinenkosten für die fragliche Liegenschaft.

machen sollten und wonach deshalb im Ackerbaugebiet eine Distanz bis ca. 6 km und im Futterbaugebiet eine Distanz bis ca. 3 km noch wirtschaftlich tragbar sein soll, kann wohl nur als genereller Lösungsvorschlag angesehen werden, der jedoch im Einzelfall zu prüfen wäre. Denn die Strukturkosten eines Betriebes sind mitunter sehr unterschiedlich. Zudem könnten brachliegende und anderweitig nicht einsetzbare Arbeits- oder Maschinenkapazitäten vorhanden sein, welche trotz an sich grosser Entfernung für eine für den konkreten Betrieb insgesamt wirtschaftlich erscheinende Nutzung sprechen könnten. Gerade jene Betriebe, bei denen es u.U. darauf ankommt, ob die Erfüllung der Voraussetzung der halben Arbeitskraft einer bäuerlichen Familie mit oder ohne Hinzurechnung eines vom Betriebszentrum weit entfernten Grundstückes gegeben ist oder nicht, könnten aus strukturellen Gründen auf ein für sich und generell wirtschaftlich zu weit entferntes Grundstück angewiesen sein, um für die konkreten Verhältnisse noch eine tragbare Wirtschaftlichkeit zu erreichen. Eine Distanz von über 10 km darf m.E. mit Ausnahme von Stufenbetrieben keinesfalls überschritten werden. Vielmehr sollte mangels Nachweis eines ortsüblichen Bewirtschaftungskreises eine maximal zulässige Distanz von 5 km für den Futterbau und 10 km für den Ackerbau als Richtlinie gelten, wobei die Distanz jeweilen entlang der zu befahrenden Wege zu messen ist und Höhendifferenzen mit dem Faktor 10 zu multiplizieren sind[1720].

F. Umfang des Zuweisungsanspruches

1. Grundsatz

Gegenstand des Zuweisungsanspruches ist das gesamte landwirtschaftliche Grundstück[1721] im Sinne von Art. 6 BGBB.

[1720] Eine Höhendifferenz von 100 m ergibt beispielsweise eine anrechenbare Distanz von 1 km. Vgl. Anleitung für die Schätzung des landwirtschaftlichen Ertragswertes vom 25.10.1995, S. 35 (Anhang I zur Verordnung über das bäuerliche Bodenrecht vom 4.10.1993: SR 211.412.110).

[1721] Vgl. Ausführungen unter § 4, II.

2. Betrachtungszeitpunkt

Der massgebliche Moment für die Betrachtung des Grundstückumfanges ist der Moment der Zusprechung[1722] des geltend gemachten Anspruches[1723]. Ab dem Todeszeitpunkt des Erblassers kann das landwirtschaftliche Grundstück umfangmässig wesentlich ausgeweitet[1724], vermindert[1725], verschlechtert[1726] oder aber erst erworben worden sein[1727]. Auch können Grundstücke oder Teile davon ersetzt oder erneuert worden sein[1728]. Ein Grundstück unterliegt selbst dann dem Zuweisungsanspruch, wenn es nie dem Erblasser gehört hat, sondern erst nach dessen Tod durch Surrogation in den Nachlass gelangt ist[1729]. Bei Verschlechterungen eines Grundstückes, die wiederherstellbar[1730] sind und von Dritten[1731] entschädigt werden,

---

[1722] Einvernehmlich durch vertragliche Zusprechung oder gerichtlich mittels Gerichtsurteil.

[1723] Zwischen dem Moment der Eröffnung des Erbganges und einer Erbteilung bzw. der Zusprechung eines Grundstückes kann viel Zeit verstreichen und die tatsächlichen Verhältnisse des Grundstückes können sich markant verändert haben.

[1724] Zuerwerb von Liegenschaftsteilen (Vereinigung mit altem Grundstück), Neubau von Gebäuden, Investitionen in bestehende Gebäude, Erwerb von vertraglichen oder dinglichen Rechten, etc.

[1725] Veräusserung von Liegenschaftsteilen, von Gebäuden und Gebäudeteilen oder von vertraglichen oder dinglichen Rechten, etc.

[1726] Schäden durch Naturkatastrophen (Wasser, Sturm, Hagel, Geröll, Schnee, etc.); öffentlich-rechtliche oder privatrechtliche Beschränkungen (Strassen, Quellfassungen, etc.), etc.

[1727] Falls aus Nachlassmitteln ein landwirtschaftliches Grundstück erworben wird: dieses Grundstück unterliegt dem erbrechtlichen Zuweisungsanspruch, weil es aus Nachlassmitteln hinzugekommen ist und weil alle Erben dem Erwerb zustimmen mussten.

[1728] Vgl. BGE 116 II 261 ff.

[1729] BGE 116 II 265 f.

[1730] Vernichtung von Gebäuden oder Wald durch Brand, Sturm oder Lawinen, Abrutschen von Liegenschaftsteilen zufolge Überschwemmung, Vernichtung von Pflanzungen durch Hagel, etc.

[1731] Versicherungen, Haftpflichtige, öffentliche Hand, Sammlungen, etc.

ist für die Bewertung auf den Vorzustand[1732] abzustellen, und die Entschädigungen sind dem Ansprecher als Entgelt für die Wiederherstellung zuzuweisen[1733]. Wenn eine solche[1734] Verschlechterung vor dem Ableben des Erblassers eingetreten ist, muss bei der Bewertung ebenfalls vom Vorzustand[1735] ausgegangen werden und dem Ansprecher ist die Entschädigung[1736] zuzusprechen, es sei denn, der Erblasser habe ausdrücklich auf die Wiederherstellung der Verschlechterung verzichtet[1737]. Verminderungen und nicht wiederherstellbare sowie wiederherstellbare, aber nicht von Dritten entschädigte Verschlechterungen reduzieren den Umfang des Zuweisungsanspruches definitiv.

3. Realteilungsmöglichkeiten

a) Grundsatz

Die Aufteilung eines landwirtschaftlichen Grundstückes unter den Erben, bzw. die Abtrennung eines Teiles[1738] davon ist nur im Rahmen des Zerstückelungsverbotes[1739] möglich[1740], selbst wenn die Erben sich darüber einig wären. Als Abweichung vom Grundsatz des Zerstückelungsverbotes ist die Einräumung einer Wohngelegenheit für den überlebenden Ehegatten zu betrachten[1741].

[1732] Vor der Verschlechterung. Dies betrifft nur den verschlechterten Teil. Für die übrigen Teile ist nach wie vor der Zeitpunkt der Zusprechung massgebend.

[1733] Vgl. BGE 82 II 4 ff.

[1734] Von Dritten entschädigte Verschlechterung.

[1735] Nur des verschlechterten Teiles; die übrigen Teile sind im Zeitpunkt der Zusprechung zu beurteilen bzw. zu bewerten.

[1736] Soweit noch vorhanden.

[1737] Diesfalls hat der Erblasser lediglich das «verschlechterte» Grundstück hinterlassen und die Verschlechterung nicht wieder instandstellen wollen.

[1738] Die Einräumung von beschränkt dinglichen Rechten (Baurecht, langjährige Nutzniessung, etc.) ist je nach den Umständen als Abtrennung eines Grundstückteiles zu betrachten, da sonst auf diesem Weg das Zerstückelungsverbot leicht umgangen werden könnte.

[1739] Art. 58 Abs. 2 BGBB.

[1740] BBl 1988 III 1002. Art. 60 lit. a, c und d BGBB.

[1741] Art. 219 und 244 ZGB sowie Art. 613a ZGB.

b) Aufteilung in zwei oder mehrere Grundstücke

Ein landwirtschaftliche Grundstück kann in zwei oder mehrere Grundstücke aufgeteilt werden, wenn jeder Teil eine minimale Fläche von 2'500 m^2 oder mehr umfasst[1742]. Dazu muss jeder Ansprecher selber über ein landwirtschaftliches Gewerbe als Eigentümer oder wirtschaftlich verfügen können und schliesslich müssen sich die Grundstücke im ortsüblichen Bewirtschaftungskreis zu den entsprechenden Gewerben befinden[1743]. Es sind aber auch Aufteilungen bzw. Abtrennungen im Sinne von Art. 60 lit. a und d BGBB möglich.

c) Abtrennung von Grundstücksteilen

Der Zuweisungsanspruch umfasst grundsätzlich das gesamte landwirtschaftliche Grundstück, worin ein nichtlandwirtschaftlicher Grundstücksteil eingeschlossen sein kann. Solche Teile können vom landwirtschaftlichen Grundstück abgetrennt werden, sofern eine Abtrennung räumlich und öffentlich-rechtlich überhaupt möglich ist. Diesfalls unterliegen solche Grundstücksteile den allgemeinen Teilungsregeln[1744].

II. Subjektive Voraussetzungen

A. Allgemeines

Befindet sich in der Erbschaft ein landwirtschaftliches Grundstück, das nicht zu einem landwirtschaftlichen Gewerbe gehört, so kann

---

[1742] Art. 58 Abs. 2 BGBB. BBl 1988 III 1002.
[1743] Einvernehmlich können Grundstücke ohne diese Voraussetzungen geteilt und zugewiesen werden.
[1744] Art. 607 ff. ZGB.

ein Erbe dessen Zuweisung zum doppelten Ertragswert verlangen, wenn er Eigentümer eines landwirtschaftlichen Gewerbes ist oder über ein solches wirtschaftlich verfügt und das Grundstück im ortsüblichen Bewirtschaftungskreis dieses Gewerbes liegt[1745]. Für einen Zusweisungsanspruch eines landwirtschaftlichen Grundstück bedarf ein Ansprecher auf subjektiver Seite demnach der Erbenqualität, welche zufolge Enterbung, Erbverzicht oder Erbauskauf nicht aufgehoben sein darf.

B. Erbe

Der Zusweisungsanspruch steht sowohl dem gesetzlichen als auch dem eingesetzten Erben kraft gesetzlicher Bestimmung zu[1746]. Darüber hinaus sollte auch ein Vermächtnisnehmer zufolge letztwilliger Verfügung des Erblassers über einen gewillkürten Zuweisungsanspruch verfügen und diesen im Rahmen der Erbteilung geltend machen können. Eine solche Möglichkeit muss sich selbst angesichts der beschränkten Verfügungsmöglichkeit des Erblassers[1747] ergeben.

[1745] Art. 21 Abs. 1 BGBB.

[1746] Art. 21 Abs. 1 BGBB.

[1747] Art. 19 BGBB i.V.m. Art. 21 Abs. 2 BGBB. Es muss dem Erblasser unbenommen bleiben, ein landwirtschaftliches Grundstück einem Vermächtnisnehmer (z.B. einem Nachbarssohn) letztwillig zu «vermachen». Dies umso mehr, als es zwischen einem Vermächtnis und einer entsprechenden Erbeinsetzung möglicherweise quantitativ keinerlei Unterschied gibt. Zudem sollte es nicht an der nicht immer klaren Formulierung einer letztwilligen Verfügung liegen müssen, ob ein Bedachter nun als Vermächtnisnehmer das Grundstück nicht ansprechen kann, während dies beim eingesetzten Erben der Fall wäre (vgl. Art. 483 Abs. 2 ZGB; TUOR PETER, Berner Kommentar, N. 5-8 zu Art. 483 ZGB; PIOTET PAUL, Schweizerisches Privatrecht, Band IV/1, Erbrecht S. 92; ESCHER ARNOLD, Zürcher Kommentar, N. 4 zu Art. 483 ZGB). Allerdings bleibt die allenfalls bessere Berechtigung eines pflichtteilsgeschützten Erben (Art. 19 BGBB) oder eines kaufrechtsberechtigten Verwandten (Art. 25 ff. BGBB) vorbehalten.

C. Enterbung

Wenn in einem Nachlass gegenüber einem möglichen Ansprecher Enterbung geltend gemacht wird, kann die Zuweisung bereits an der subjektiven Voraussetzung der Erbeneigenschaft scheitern[1748]. Falls gegenüber dem fraglichen Erben ein Enterbungsgrund vorliegt und falls der Erblasser dementsprechend in einer Verfügung von Todes wegen letztwillig verfügt hat[1749], kommt dieser Erbe für die Zuweisung eines landwirtschaftlichen Grundstückes im Rahmen des Erbrechtes nicht in Frage[1750], selbst wenn er die übrigen Voraussetzungen erfüllen würde. Denn ohne Erbanteil bzw. ohne Erbberechtigung gibt es auch keinen Zuweisungsanspruch aus Erbrecht.

Der Erblasser kann demnach gegenüber dem enterbten Erben wieder frei verfügen[1751], wie wenn es den Erben gar nicht geben würde[1752], falls dieser Erbe keine pflichtteilsgeschützten Nachkommen hat. Denn solche Nachkommen eines enterbten Erben erhalten anstelle ihres noch lebenden Vorfahren zumindest den erbrechtlichen Pflichtteil[1753]. Die Nachkommen eines Enterbten, die selber nicht enterbt worden sind, könnten somit im Nachlass betreffend einem landwirtschaftlichen Grundstück grundsätzlich[1754] die

---

[1748] Art. 21 Abs. 2 BGBB i.V.m. Art. 19 Abs. 3 BGBB i.V.m. Art. 477 ff. ZGB. BBl 1988 III 1000. Diese Regelung wurde aus dem bisherigen Recht übernommen (Art. 621bis Abs. 2 aZGB).

[1749] Art. 477 ZGB.

[1750] Art. 478 ZGB.

[1751] BBl 1988 III 1000.

[1752] Art. 478 Abs. 1 und 2 ZGB.

[1753] Art. 478 Abs. 3 ZGB. Die pflichtteilsgeschützten Nachkommen des Enterbten treten grundsätzlich (wenn sie nicht selber auch einen Enterbungstatbestand erfüllen und nicht auch enterbt worden sind) als Erben an dessen Stelle und erhalten den vollen Erbanteil des Enterbten, oder, falls der Erblasser über den entsprechenden Erbanteil anderweitig verfügt hat, zumindest den Pflichtteil. Vgl. TUOR PETER, Berner Kommentar, N. 6 ff. zu Art. 478 ZGB; ESCHER ARNOLD, Zürcher Kommentar, N. 4 ff. zu Art. 478 ZGB.

[1754] Selbstverständlich müssten sie auch die übrigen Voraussetzungen erfüllen.

Zuweisung verlangen, gleichgültig, ob sie auf den Pflichtteil gesetzt sind oder nicht[1755].

Wenn kein anderer geeigneter und selbstbewirtschaftender Erbe vorhanden ist, kann der Erblasser einen beliebigen geeigneten Selbstbewirtschafter als Erben einsetzen. Auf der anderen Seite hat der Enterbte die Möglichkeit, die Enterbung anzufechten und zugleich die Zuweisung des Grundstückes zu verlangen[1756]. Da bei der Beurteilung, ob wirklich ein Enterbungsgrund vorliegt oder nicht, dem Richter ein grosser Ermessensspielraum[1757] offenliegt, ist bei Ablehnung eines geltend gemachten Enterbungsgrundes der Wille des Erblassers[1758] zumindest in jenen Fällen zu berücksichtigen, in denen es bei der Auswahl von mehreren Bewerbern für die Zuweisung eines landwirtschaftlichen Grundstückes nur noch auf die persönlichen Verhältnisse[1759] ankommt.

Mit der ausdrücklich erwähnten[1760] Enterbung gleichzusetzen ist die Erbunwürdigkeit[1761].

[1755] Wenn der Enterbende über den Erbteil des Enterbten anderweitig letztwillig verfügt hat, können die Nachkommen des Enterbten nur noch den Pflichtteil (¾) geltend machen (Art. 478 Abs. 3 ZGB).

[1756] Art. 479 ZGB; ESCHER ARNOLD, Zürcher Kommentar, Ergänzungslieferung zum landwirtschaftlichen Erbrecht, N. 4 zu Art. 621bis aZGB.

[1757] Art. 477 ZGB; TUOR PETER, Berner Kommentar, N. 12. zu Art. 477 ZGB; ESCHER ARNOLD, Zürcher Kommentar, N. 5 zu Art. 477 ZGB.

[1758] Der Wille, dass der (zu Unrecht) Enterbte das landwirtschaftliche Gewerbe nicht zugewiesen erhalten solle.

[1759] Art. 20 Abs. 2 BGBB. Die offenkundige Ablehnung des betreffenden Ansprechers durch den Erblasser ist bei der Abwägung der persönlichen Verhältnisse entsprechend zu gewichten.

[1760] Art. 19 Abs. 3 BGBB.

[1761] Art. 540 ff. ZGB; ESCHER ARNOLD, Zürcher Kommentar, Ergänzungslieferung zum landwirtschaftlichen Erbrecht, N. 5 zu Art. 621bis aZGB; STUDER BENNO, Die Integralzuweisung landwirtschaftlicher Gewerbe nach der Revision des bäuerlichen Zivilrechtes von 1972, S. 69; STUDER BENNO, Kommentar zum Bundesgesetz über das Bäuerliche Bodenrecht vom 4. Oktober 1991, N. 19 zu Art. 19 BGBB.

D. Erbverzicht und Erbauskauf

Ein möglicher Ansprecher für die Zuweisung eines landwirtschaftlichen Grundstückes kann mit dem Erblasser zu Lebzeiten einen Erbverzicht vereinbaren[1762]. Der Zuweisungsanspruch für den verzichtenden Erben entfällt, wenn er auf seinen ganzen Erbteil[1763] oder ausdrücklich auf den möglichen Zuweisungsanspruch[1764] verzichtet hat. Ist der Verzicht nur ein quotenmässiger, so kann der Erbe das Grundstück trotzdem ansprechen, wenn er die übrigen Zuweisungsvoraussetzungen erfüllt und zudem bereit ist, die Miterben auch angesichts seiner nunmehr geringeren Erbbeteiligung abzufinden[1765].

Der Erbverzicht wirkt auch gegenüber den Nachkommen des Verzichtenden, es sei denn, im Verzichtsvertrag wäre etwas anderes vereinbart worden[1766].

Mit dem Begriff «Erbverzicht» ist das unentgeltliche Versprechen eines Erbberechtigten gemeint, seinen Erbanteil nicht zu verlangen. Sobald für diesen «Verzicht» eine Gegenleistung erfolgt, ist von «Erbauskauf» zu sprechen[1767].

Für den Erbverzichtsvertrag und für den Erbauskaufvertrag bedarf es der Form des Erbvertrages[1768], da es sich im ersten Falle um ein

---

[1762] Art. 19 Abs. 3 BGBB i.V.m. Art. 495 ZGB. BBl 1988 III 1000. Diese Regelung wurde ebenfalls aus dem bisherigen Recht übernommen (Art. 621bis Abs. 2 aZGB).

[1763] Art. 495 Abs. 2 ZGB. Der Erbe fällt bei der Erbteilung ausser Betracht und ist deshalb keine Erbe mehr im Sinne von Art. 11 BGBB. ESCHER ARNOLD, Zürcher Kommentar, Ergänzungslieferung zum landwirtschaftlichen Erbrecht, N. 5 zu Art. 621bis aZGB.

[1764] Durch den ausdrücklichen Verzicht, die Zuweisung geltend zu machen, verbleibt der Verzichtende nach wie vor Erbe und verfügt im übrigen über sämtliche Rechte und Pflichten eines Erben. Vgl. TUOR PETER, Berner Kommentar, N. 8 zu Art. 495 ZGB.

[1765] ESCHER ARNOLD, Zürcher Kommentar, Ergänzungslieferung zum landwirtschaftlichen Erbrecht, N. 5 zu Art. 621bis aZGB.

[1766] Art. 495 Abs. 3 ZGB.

[1767] Art. 495 Abs. 1 ZGB; TUOR PETER, Berner Kommentar, N. 10 zu Art. 495 ZGB; ESCHER ARNOLD, Zürcher Kommentar, N. 10 ff. zu Art. 495 ZGB.

[1768] Art. 512 ZGB i.V.m. Art. 499 ff. ZGB.

Rechtsgeschäft von Todes wegen und im zweiten Falle um eine Verfügung von Todes wegen handelt[1769].

§ 20 Konkurrenz mehrerer übernahmewilliger Erben

I. Ausgangslage

Im Rahmen einer Erbteilung kann es eintreten, dass mehr als ein Erbe die Zuweisung eines oder mehrerer landwirtschaftlicher Grundstücke verlangt und dass auch mehr als ein Ansprecher die objektiven und subjektiven Voraussetzungen für eine Zuweisung erfüllt. Zur Regelung derartiger Konkurrenzfälle bedarf es entsprechender Vorschriften, welche die Anspruchsreihenfolge und damit den letztlich Anspruchsberechtigten bestimmen. Solche Vorschriften sind einerseits dem Gesetz[1770] zu entnehmen. Anderseits kann auch der Erblasser in einem allerdings sehr beschränkten Umfang[1771] den Übernehmer von landwirtschaftlichen Grundstücken bestimmen.

[1769] TUOR PETER, Berner Kommentar, N. 3 zu Art. 495 ZGB.
[1770] Art. 19 und Art. 20 BGBB i.V.m. Art. 21 Abs. 2 BGBB.
[1771] Art. 19 BGBB i.V.m. Art. 21 Abs. 2 BGBB.

II. Gesetzliche Reihenfolge

A. Anspruchsberechtigte, pflichtteilsgeschützte Erben

Falls der Erblasser keine oder keine gültige letztwillige Verfügung betreffend der Zuweisung von einem oder mehreren landwirtschaftlichen Grundstücken erlassen hat, gehen die Zuweisungsansprüche der pflichtteilsgeschützten Erben[1772] den Zuweisungsansprüchen von anderen gesetzlichen Erben oder von eingesetzten Erben vor[1773]. Falls ein pflichtteilsgeschützter Erbe mit einem nichtpflichtteilsgeschützten Erben konkurriert, fällt der zweite vollends ausser Betracht. Gibt es indessen mehr als einen pflichtteilsgeschützten Erben, der die objektiven und subjektiven Zuweisungsvoraussetzungen erfüllt, so ist grundsätzlich jedem von ihnen zumindest ein Grundstück zuzuweisen. Ist die Zahl der ansprechenden Erben kleiner als jene der zuweisbaren, landwirtschaftlichen Grundstücke, so sind einzelne landwirtschaftliche Grundstücke je nach Grösse und Beschaffenheit aufzuteilen und die Grundstücke bzw. die Grundstücksteile sind den verschiedenen Erben zuzuteilen, sofern durch die Aufteilung kein Grundstück das Mindestflächenausmass von 2'500 m^2 bzw. 1'000 m^2 unterschreitet[1774]. Entscheidend für die Zuweisungen und Aufteilungen ist nicht allein die Fläche, sondern auch die Qualität der landwirtschaftlichen Grundstücke oder Grundstücksteile, sodass sich der Ertragswert der Grundstücke oder Grundstücksteile als Bewertungsmassstab aufdrängt[1775].

[1772] Art. 471 ZGB. Als pflichtteilsgeschützte Erben fallen die Nachkommen, der überlebende Ehegatte und schliesslich die Eltern des Erblassers (falls keine Nachkommen vorhanden) in Betracht.

[1773] Art. 20 Abs. 1 BGBB i.V.m. Art. 21 Abs. 2 BGBB.

[1774] Art. 58 Abs. 2 BGBB. BBl 1988 III 1002.

[1775] Für die Zuweisungen oder Aufteilungen ist auf den Ertragswert der einzelnen Grundstücke bzw. Grundstücksteile abzustellen. Es ist denkbar, dass ein flächenmässig grosses Grundstück von schlechter Bodenqualität (Weideland,

Soweit eine Aufteilung von landwirtschaftlichen Grundstücken nicht möglich ist, weil das Mindestflächenmass unterschritten würde, sind die entsprechenden nicht ausgleichbaren Unterschiede in Kauf zu nehmen, wobei jenem Ansprecher das ertragsreichere[1776] Grundstück oder der ertragsreichere Grundstücksteil zuzuweisen ist, welcher selber über das ertragsärmere landwirtschaftliche Gewerbe verfügt[1777]. Ist die Zahl der ansprechenden Erben grösser als jene der zuweisbaren landwirtschaftlichen Grundstücke[1778], so sind einzelne landwirtschaftliche Grundstücke je nach deren Grösse und Beschaffenheit aufzuteilen und die Grundstücke bzw. die Grundstücksteile den verschiedenen Erben zuzuteilen, sofern durch die Aufteilung das Mindestflächenausmass von 2'500 m² bzw. 1'000 m² nicht unterschritten wird[1779]. Entscheidend für die Zuweisungen und Aufteilungen ist wiederum der Ertragswert der Grundstücke oder Grundstücksteile[1780]. Stehen letztlich[1781] weniger Grundstücke zur Verfügung als Ansprecher vorhanden sind, so ist der Reihe

---

etc.) ertragswertmässig ungefähr gleich eingestuft wird wie ein erheblich kleineres Grundstück von guter Bodenqualität (Wiesland).

[1776] Dieses Grundstück wird flächenmässig meistens auch das grössere sein.

[1777] Da jedes landwirtschaftliche Gewerbe, welches gemäss BGBB die Gewerbequalität erfüllt, als erhaltenswert zu gelten hat, ist es aufgrund der mit der Grundstückszuweisung beabsichtigten Strukturverbesserung (BBl 1988 III 1001) angebracht, dass das ertragsärmere Gewerbe das ertragsreichere Grundstück zugewiesen erhält.

[1778] Dieser Fall trifft auch zu, falls es mehrere Ansprecher und nur ein landwirtschaftliches Grundstück gibt.

[1779] Art. 58 Abs. 2 BGBB. BBl 1988 III 1002.

[1780] Für die Zuweisungen oder Aufteilungen ist auf den Ertragswert der einzelnen Grundstücksteile abzustellen. Es ist denkbar, dass ein flächenmässig grosser Grundstücksteil von schlechter Bodenqualität (Weideland, etc.) ertragswertmässig ungefähr gleich eingestuft wird wie ein erheblich kleinerer Grundstücksteil von guter Bodenqualität (Wiesland).

[1781] Auch nach einer Aufteilung von Grundstücken oder mangels Aufteilungsmöglichkeiten.

nach denjenigen Ansprechern ein Grundstück zuzuweisen, welche über das ertragsärmere Gewerbe verfügen[1782].
Für die Zuweisung oder Aufteilung spielen die persönlichen Verhältnisse der verschiedenen Ansprecher keine Rolle[1783].

B. Anspruchsberechtigte, gesetzliche oder eingesetzte Erben

Nach den pflichtteilsgeschützten Erben kommen die nichtpflichtteilsgeschützten gesetzlichen und die eingesetzten[1784] Erben als Übernehmer von landwirtschaftlichen Grundstücken in Frage, sofern sie die übrigen objektiven und subjektiven Zuweisungsvoraussetzungen erfüllen. Dabei stehen die nichtpflichtteilsgeschützten Erben auf der gleichen Stufe wie die eingesetzten Erben. Im Entwurf des Bundesrates war noch eine Zurücksetzung der eingesetzten Erben gegenüber den gesetzlichen Erben vorgesehen[1785]. Auch die ständerätliche Kommission wollte offenbar die eingesetzten Erben gegenüber den nichtpflichtteilsgeschützten, gesetzlichen Erben benachteiligen[1786]. Daraufhin hat SR Hänsenberger mit einem der heute geltenden Fassung[1787] entsprechenden Antrag den Ständerat davon überzeugt, dass die eingesetzten Erben nicht von Gesetzes wegen hinter die nichtpflichtteilsgeschützten gesetzlichen Erben

---

[1782] Falls nur ein landwirtschaftliches Grundstück vorhanden ist, kommt der Ansprecher mit dem ertragsärmsten landwirtschaftlichen Gewerbe in den Genuss der Zuweisung dieses Grundstückes.

[1783] BBl 1988 III 1002. Da für die Zuweisung von landwirtschaftlichen Grundstücken keine Selbstbewirtschaftung verlangt wird, könnten die Zuweisungskriterien der besseren Eignung, der Sicherung der Nachfolge und der engen Verbundenheit, etc. gar nicht zur Anwendung kommen (vgl. vorne, § 9, II, D.).

[1784] Als eingesetzter Erbe ist m.E. auch ein Vermächtnisnehmer zu betrachten, dem der Erblasser das landwirtschaftliche Gewerbe als Vermächtnis zuerkannt hat, ohne sich bewusst zu sein, dass dies formaljuristisch eigentlich nur durch Erbeinsetzung möglich wäre (vgl. Ausführungen vorne, § 8, I).

[1785] BBl 1988 III 992 und 1112.

[1786] Amtl.Bull.SR 1990, S. 226 und 227.

[1787] Art. 20 Abs. 1 BGBB i.V.m. Art. 21 Abs. 2 BGBB.

gestellt werden sollten[1788], dem dann der Nationalrat ohne weitere Diskussion zugestimmt hat[1789]

Als gesetzliche[1790] Erben kommen die noch nicht vorverstorbenen Angehörigen des elterlichen Stammes[1791] oder grosselterlichen Stammes[1792] in Frage, sofern der Erblasser keine Nachkommen hinterlassen hat. Sind Nachkommen vorhanden, so gibt es keine anderen gesetzlichen Erben[1793], selbst wenn diese Nachkommen entweder ein landwirtschaftliches Gewerbe gar nicht übernehmen wollen oder die Zuweisungsvoraussetzungen nicht erfüllen.

Als eingesetzter Erbe[1794] kommt grundsätzlich jede natürliche oder jede juristische Person des privaten oder öffentlichen Rechts in Frage.

Soweit es mehr als einen gesetzlichen oder eingesetzten Erben gibt, der die subjektiven und objektiven Voraussetzungen für die Übernahme eines landwirtschaftlichen Grundstückes erfüllt[1795], haben die gleichen Zuweisungskriterien wie oben unter lit. A zu gelten.

[1788] Amtl.Bull.SR 1990, S. 226 und 227.

[1789] Amtl.Bull.NR 1991 S. 115.

[1790] Nicht pflichtteilsgeschützte Erben.

[1791] Art. 458 ZGB. Dazu gehören u.a. Geschwister, Nichten, Neffen des Erblassers. Die Eltern des Erblassers sind pflichtteilsgeschützte Erben (Art. 471 Ziffer 2 ZGB) und damit in dieser Kategorie nicht mehr zu betrachten.

[1792] Art. 459 ZGB. Dazu gehören u.a. die Grosseltern, Onkel, Tanten, Vetter, Basen des Erblassers.

[1793] Art. 458 Abs. 1 ZGB.

[1794] Als eingesetzter Erbe ist m.E. auch ein Vermächtnisnehmer zu betrachten, dem der Erblasser das landwirtschaftliche Grundstück als Vermächtnis zuerkannt hat, ohne sich bewusst zu sein, dass dies formaljuristisch eigentlich nur durch Erbeinsetzung möglich wäre (vgl. Ausführungen vorne, § 8, I).

[1795] Jeder Erbe kann die objektiven Voraussetzungen sowie die subjektiven Voraussetzungen der anderen (konkurrierenden) Erben und auch des vom Erblasser bestimmten Erben bestreiten. Denn das Erfüllen der objektiven und subjektiven Voraussetzungen ist für den Zuweisungsanspruch auf jeden Fall erforderlich.

C. Erben ohne Zuweisungsanspruch

Falls kein pflichtteilsgeschützter, gesetzlicher oder eingesetzter Erbe vorhanden ist, der die objektiven oder subjektiven Voraussetzungen einer Zuweisung erfüllt oder falls grundsätzlich berechtigte Erben keine Zuweisung verlangen, sind die allgemeinen erbrechtlichen Teilungsregeln anzuwenden[1796]. Im Einvernehmen können aber solche Erben landwirtschaftliche Grundstücke nach Belieben untereinander verteilen oder sämtliche landwirtschaftlichen Grundstücke einem einzigen Erben zuweisen. Selbst die Aufteilung von Grundstücken ist zulässig, falls dadurch die Mindestflächenmasse nicht unterschritten werden[1797].

III. Gewillkürte Reihenfolge

A. Anspruchsberechtigte, pflichtteilsgeschützte Erben

Erfüllen mehrere Erben die Voraussetzungen für die Zuweisung eines landwirtschaftlichen Grundstückes, so kann der Erblasser durch letztwillige Verfügung oder durch Erbvertrag einen von ihnen als Übernehmer bezeichnen. Er kann indessen einem pflichtteilsgeschützten Erben[1798] den Zuweisungsanspruch nicht zugunsten eines eingesetzten Erben entziehen[1799]. Sofern demnach pflichtteilsgeschützte Erben die objektiven und subjektiven Zuweisungsvoraussetzungen erfüllen, haben diese einen primären Zuweisungsan-

---

[1796] Art. 607 ff. ZGB.
[1797] BBl 1988 III 1002. Art. 58 Abs. 2 BGBB.
[1798] Art. 471 ZGB.
[1799] Art. 21 Abs. 2 BGBB i.V.m. Art. 19 BGBB. Die Selbstbewirtschaftung spielt bei der Zuweisung von landwirtschaftlichen Grundstücken keine Rolle, weshalb dieses Kriterium bei der analogen Anwendung von Art. 19 BGBB ausser Betracht fällt.

spruch. Der Erblasser kann ihnen den Zuweisungsanspruch nicht entziehen, auch wenn es mehrere landwirtschaftliche Grundstücke gibt und nur ein solcher Erbe vorhanden ist. Sind indessen mehrere solcher Erben vorhanden, so kann der Erblasser den Übernehmer mit letztwilliger Verfügung oder mit Erbvertrag bestimmen[1800]. Falls mehrere Grundstücke vorhanden sind, kann der Erblasser diese nach Belieben unter den pflichtteilsgeschützten Erben verteilen oder alle einem einzigen zuweisen. Selbst die Anordnung einer Aufteilung von Grundstücken ist zulässig, falls dadurch die Mindestflächenmasse nicht unterschritten werden[1801]. Falls der Erblasser ungültig[1802] oder nicht vollständig[1803] letztwillig verfügt oder erbvertraglich bestimmt hat, sind die Zuweisungskriterien der gesetzlichen Reihenfolge ergänzend anzuwenden.

B. Anspruchsberechtigte, gesetzliche oder eingesetzte Erben

Falls es keine pflichtteilsgeschützten Erben gibt oder falls solche die objektiven und subjektiven Zuweisungsvoraussetzungen nicht erfüllen, kann der Erblasser nach Belieben unter den gesetzlichen Erben oder von ihm eingesetzten Erben den Übernehmer mit letztwilliger Verfügung oder mit Erbvertrag bestimmen, sofern dieser die objektiven und subjektiven Zuweisungsvoraussetzungen erfüllt[1804]. Wenn mehrere Grundstücke vorhanden sind, kann der Erb-

---

[1800] Art. 19 Abs. 1 BGBB i.V.m. Art. 21 Abs. 2 BGBB.

[1801] BBl 1988 III 1002. Art. 58 Abs. 2 BGBB.

[1802] Grundstück ist nicht teilbar, da die Teilung gegen Art. 58 Abs. 2 BGBB verstösst; der vom Erblasser bedachte Erbe erfüllt die objektiven oder subjektiven Voraussetzungen nicht, etc.

[1803] Der Erblasser hat nicht über alle landwirtschaftlichen Grundstücke letztwillig verfügt oder im Ehevertrag wurden nicht über alle Grundstücke bestimmt.

[1804] Art. 19 Abs. 1 BGBB i.V.m. Art. 21 Abs. 2 BGBB. Eingesetzte und gesetzliche Erben stehen grundsätzlich auf gleicher Stufe. Der Erblasser kann beliebig unter diesen Erben auswählen. Er kann ohne Zustimmung dieser Erben ein landwirtschaftliches Grundstück nicht einem Erben zuweisen, der die Zuweisungsvoraussetzungen nicht erfüllt. Auch die Zuweisung an einen Vermächtnisnehmer, der nicht zugleich Erbe ist und die Zuweisungsvoraussetzungen erfüllt, ist diesfalls nicht möglich.

lasser diese nach Belieben unter den gesetzlichen oder eingesetzten Erben verteilen oder alle einem einzigen zuweisen. Selbst die Anordnung einer Aufteilung von Grundstücken ist zulässig, falls die Mindestflächenmasse nicht unterschritten werden[1805]. Falls der Erblasser ungültig[1806] oder nicht vollständig[1807] letztwillig verfügt oder erbvertraglich bestimmt hat, sind die Zuweisungskriterien der gesetzlichen Reihenfolge ergänzend anzuwenden.

C. Erben ohne gesetzlichen Zuweisungsanspruch

Falls kein pflichtteilsgeschützter, gesetzlicher oder eingesetzter Erbe vorhanden ist, der die objektiven oder subjektiven Voraussetzungen einer Zuweisung erfüllt oder falls grundsätzlich zuweisungsberechtigte Erben keine Zuweisung verlangen[1808], kann der Erblasser die landwirtschaftlichen Grundstücke nach Belieben[1809] einem oder mehreren gesetzlichen oder eingesetzten Erben oder auch Vermächtnisnehmern durch letztwillige Verfügung oder Erbvertrag zuweisen. Auch hier ist die Anordnung einer Aufteilung von Grundstücken zulässig, falls dadurch die Mindestflächenmasse nicht unterschritten werden[1810]. In solchen Fällen sind die landwirtschaftlichen Grundstücke grundsätzlich zum Verkehrswert zuzuweisen. Hat der Erblasser die Zuweisung zu einem Anrechnungswert unter dem Verkehrswert letztwillig oder erbvertraglich be-

---

[1805]BBl 1988 III 1002. Art. 58 Abs. 2 BGBB.

[1806]Grundstück ist nicht teilbar, da die Teilung gegen Art. 58 Abs. 2 BGBB verstösst; der vom Erblasser bedachte Erbe verfügt über gar kein landwirtschaftliches Gewerbe, etc.

[1807]Der Erblasser hat nicht über alle landwirtschaftlichen Grundstücke letztwillig verfügt oder im Ehevertrag wurden nicht über alle Grundstücke bestimmt.

[1808]Sobald pflichtteilsgeschützte, gesetzliche oder eingesetzte Erben die objektiven und subjektiven Zuweisungsvoraussetzungen erfüllen und auch eine Zuweisung verlangen, kann der Erblasser die landwirtschaftlichen Grundstücke nicht anderen Erben (welche die Zuweisungsvoraussetzungen nicht erfüllen) oder Vermächtnisnehmern zuweisen.

[1809]Die objektiven oder subjektiven Zuweisungsvoraussetzungen müssen nicht vorliegen.

[1810]BBl 1988 III 1002. Art. 58 Abs. 2 BGBB.

stimmt, so können die pflichtteilsgeschützten Erben auf dem Wege der Herabsetzung[1811] zumindest ihren Pflichtteil verlangen, falls dieser durch die Preisprivilegierung verletzt wird[1812].

§ 21 Anrechnung an den Erbteil

I. Ausgangslage

Die besonderen Teilungsregeln des bäuerlichen Erbrechtes wären häufig ohne praktische Bedeutung, wenn sie nicht mit einem Preis- bzw. Anrechnungsprivileg verbunden wären[1813]. Der Gesetzgeber hat dazu bestimmt, dass einem Erben ein landwirtschaftliches Grundstück zum doppelten Ertragswert angerechnet werden soll[1814], wobei der doppelte Ertragswert je nach dem Umständen bis zum Verkehrswert erhöht werden kann[1815]. Falls nichtlandwirtschaftliche Teile[1816] auf einem landwirtschaftlichen Grundstück vorhanden sind und zusammen mit dem Grundstück zugewiesen werden[1817], ist stets vom Verkehrswert auszugehen[1818]. Bei der Verkehrswertschätzung sind Liebhaberpreise für nichtlandwirtschaftliche Liegenschafts-

---

[1811] Art. 522 ff. ZGB.
[1812] Vgl. hinten, § 21, V.
[1813] BBl 1988 III 996.
[1814] Art. 22 Abs. 1 BGBB. BBl 1988 III 1001.
[1815] Art. 21 Abs. 2 BGBB i.V.m. 18 BGBB. BBl 1988 III 1002.
[1816] Zusätzliche Wohnungen, zusätzliche Wohnräume, Fischzucht, Bootssteg, etc.
[1817] Falls sie räumlich oder rechtlich nicht abtrennbar sind.
[1818] Art. 617 ZGB.

teile nicht zu berücksichtigen. Bei nicht abtrennbaren Wohnräumen[1819] ist entsprechend der Schätzungsanleitung[1820] auf den ortsüblich erzielbaren Mietzins abzustellen[1821]. Für die Feststellung des Verkehrswertes und des doppelten Ertragswertes ist regelmässig ein entsprechender Experte[1822] beizuziehen.
Die erbrechtlichen Preis- und Anrechnungsprivilegien korrespondieren im Gegensatz zum landwirtschaftlichen Gewerbe nicht mit den güterrechtlichen Bestimmungen[1823].
Das Ertragswertprinzip mit all seinen Einschränkungen gilt nicht nur für die Zuweisung von gesamten landwirtschaftlichen Grundstücken zu Alleineigentum, sondern auch für die Zuweisung von Miteigentumsanteilen[1824] sowie von Beteiligungen an einem Gesamthandsverhältnis.

II. Definition des Ertragswertes

Der Ertragswert entspricht dem Kapital, das mit dem Ertrag eines landwirtschaftlichen Gewerbes oder Grundstücks bei landesüblicher Bewirtschaftung zum durchschnittlichen Zinssatz für erste

---

[1819] Bei zuzuweisenden landwirtschaftlichen Grundstücken können allenfalls vorhandene Wohnräume gar nicht betrieblich begründet sein wie etwa bei der Zuweisung eines ganzen landwirtschaftlichen Gewerbes.

[1820] Anleitung für die Schätzung des landwirtschaftlichen Ertragswertes vom 25. Oktober 1995 (Anhang I zur Verordnung über das bäuerliche Bodenrecht vom 4. Oktober 1993: SR 211.412.110), S. 47; Anleitung für die Schätzung des Ertragswertes der Betriebe des produzierenden Gartenbaus vom 25. Oktober 1995 (Anhang II zur Verordnung über das bäuerliche Bodenrecht vom 4. Oktober 1993: SR 211.412.110), S. 5.

[1821] BBl 1988 III 997.

[1822] Der Schweizerische Bauernverband in Brugg verfügt in einer Schätzungsabteilung über Experten, die Schätzungen vornehmen können. Auch bei den kantonalen landwirtschaftlichen Schulen gibt es Fachleute, die solche Werte sachkundig feststellen können.

[1823] Art. 212, 213 und 239 ZGB gelten nicht für landwirtschaftliche Grundstücke.

[1824] BBl 1988 III 1001.

Hypotheken verzinst werden kann[1825], wobei der Bundesrat die Art der Berechnung, die Bemessungsperiode und die Einzelheiten der entsprechenden Schätzung zu regeln hat[1826]. Die Art der Berechnung und die Bemessungsperiode für den Ertragswert hat der Bundesrat in der Verordnung über das bäuerliche Bodenrecht vom 4. Oktober 1993 festgelegt[1827], während die ebenfalls verbindlichen Einzelheiten der Schätzung in einer entsprechenden Schätzungsanleitung geregelt wurden[1828].

III. Zuweisung zum doppelten Ertragswert

Das landwirtschaftliche Grundstück wird dem Erben zum doppelten Ertragswert an den Erbteil angerechnet[1829]. Der Erbe verfügt, falls er einziger Ansprecher ist oder sich gegenüber anderen Ansprechern durchgesetzt hat, für das landwirtschaftliche Grundstück über einen Zuweisungsanspruch zum doppelten Ertragswert, sofern er die übrigen Zuweisungsvoraussetzungen[1830] erfüllt. Er muss sich diesen Wert im Rahmen der Erbteilung an seinen Erbteil anrechnen lassen. Als Erben kommen sowohl gesetzliche Erben[1831] als auch eingesetzte Erben in Frage. Es handelt sich dabei um zwingendes Recht zugunsten der anspruchsberechtigten Erben, welches ohne Zustimmung des Berechtigten weder vom Erblasser noch von den

---

[1825] Art. 10 Abs. 1 BGBB.

[1826] Art. 10 Abs. 2 BGBB.

[1827] Art. 1 VBB; SR 211.412.110.

[1828] Anleitung für die Schätzung des landwirtschaftlichen Ertragswertes vom 25. Oktober 1995 (Anhang I zur Verordnung über das bäuerliche Bodenrecht vom 4. Oktober 1993); Anleitung für die Schätzung des Ertragswertes der Betriebe des produzierenden Gartenbaus vom 25. Oktober 1995 (Anhang II zur Verordnung über das bäuerliche Bodenrecht vom 4. Oktober 1993).

[1829] Art. 21 Abs. 1 BGBB.

[1830] Vgl. vorne, § 19.

[1831] Überlebender Ehegatte, Nachkommen, Eltern, Geschwister, Geschwisterkinder, etc.

Miterben geschmälert werden kann. Eine Festlegung des Übernahmepreises eines landwirtschaftlichen Grundstückes über dem Ertragswert muss der Anspruchsberechtigte grundsätzlich[1832] nicht akzeptieren. Der Erblasser könnte indessen im Rahmen der verfügbaren Quote den Übernehmer begünstigen, indem er den Übernahmepreis unter dem doppelten Ertragswert festlegt. Soweit durch die Ansetzung des Übernahmepreises unter dem doppelten Ertragswert der Pflichtteil der Miterben verletzt wird, können diese eine entsprechende Herabsetzung verlangen[1833].

IV. Erhöhung bis zum Verkehrswert

A. Allgemeines

Da es im bisherigen bäuerlichen Erbrecht keinen Zuweisungsanspruch für landwirtschaftliche Grundstücke gab[1834], muss für die Erhöhung des doppelten Ertragswertes auf die bisherige Praxis bei der Erhöhung des Ertragswertes bei landwirtschaftlichen Gewerben abgestellt werden, zumal es diesbezüglich auch keine gesetzlichen Bestimmungen gab[1835].

[1832] Vorbehalten bleiben die Erhöhungsmöglichkeiten gemäss Art. 18 BGBB.
[1833] Art. 522 ZGB.
[1834] BBl 1988 III 1000. Vgl. vorne § 18, I.
[1835] Vgl. vorne, § 15, II, B, 3, a. NEUKOMM / CZETTLER, S. 105. BGE 64 II 7 f. TUOR PETER / PICENONI VITO, Berner Kommentar, N. 43 zu Art. 617 aZGB. ESCHER ARNOLD, Zürcher Kommentar, N. 11 zu Art. 617 aZGB. SCHÖBI FELIX, Bäuerliches Bodenrecht, S. 72.

B. Überschuss von Erbschaftspassiven

Ergibt sich bei der Anrechnung zum doppelten Ertragswert ein Überschuss an Erbschaftspassiven, so wird der Anrechnungswert entsprechend erhöht, höchstens aber bis zum Verkehrswert[1836]. Zu den Erbschaftspassiven gehören einerseits allfällige Lidlohnansprüche[1837] und andererseits auch die güterrechtlichen Ansprüche des überlebenden Ehegatten. Der Umstand, dass ein Nachlass über den doppelten Ertragswert eines darin befindlichen Grundstückes hinaus mit Schulden belastet ist, muss noch nicht zu einer Erhöhung des Anrechnungswertes führen, da möglicherweise noch andere Aktiven vorhanden sind, mit denen die über dem doppelten Ertragswert liegende Verschuldung des Nachlasses gedeckt werden kann. Denn auch der übernehmende Erbe kann vor der Teilung der Erbschaft bzw. vor der Zuweisung des landwirtschaftlichen Grundstückes verlangen, dass die Schulden des Erblassers getilgt oder sichergestellt werden[1838]. Der Verkehrswert stellt grundsätzlich[1839] die oberste Limite dar. Der Übernehmer hat sich diesen Wert anrechnen zu lassen, wobei der Verkehrswert aber die öffentlich-rechtlich bestimmte Preislimite[1840] nicht übersteigen darf[1841]. Diese Preislimitierung begrenzt nämlich in solchen Fällen den Verkehrs-

---

[1836] Art. 21 Abs. 2 BGBB i.V.m. Art. 18 Abs. 1 BGBB. Dieser Erhöhungsgrund ist zwingend und unterliegt nicht dem Ermessen des Richters.

[1837] Art. 603 Abs. 2 ZGB. Wenn im Falle einer Ueberschuldung der Erbschaft einem Nachkommen Lidlohnansprüche (Art. 334 ZGB) zustehen, der das Gewerbe nicht übernimmt, sind diese trotz der Bestimmung von Art. 603 Abs. 2 ZGB zu Lasten des Übernehmers (bis zur Limite des Verkehrswertes) zu befriedigen, weil ja gerade durch den Arbeitseinsatz des Nachkommen eine anderweitige Verschuldung verhindert werden konnte und weil die Lidlohnansätze eher bescheidene Ausmasse annehmen. STUDER BENNO, Kommentar BGBB, N. 4 zu Art. 18 BGBB.

[1838] Art. 610 Abs. 3 ZGB. BBl 1988 III 999.

[1839] Vorbehalten bleibt eine weitere Begrenzung durch die öffentlich-rechtliche Preislimitierung gemäss Art. 66 BGBB.

[1840] Art. 63 lit. b i.V.m. Art. 66 BGBB.

[1841] STUDER BENNO, Kommentar BGBB, N. 7 zu Art. 18 BGBB.

wert, weil sie für den allgemeinen[1842] Rechtsverkehr mit landwirtschaftlichen Grundstücken und Gewerben zwingend zu beachten ist.

C. Andere Erhöhungsgründe

1. Ausgangslage

Die Miterben können ferner eine angemessene Erhöhung des Anrechnungswertes verlangen, wenn besondere Umstände es rechtfertigen[1843]. Als besondere Umstände gelten namentlich der höhere Ankaufswert des Grundstückes oder erhebliche Investitionen, die der Erblasser in den letzten zehn Jahren vor seinem Tod getätigt hat[1844].
Da der Gesetzgeber im Gegensatz zum Bundesrat eine offenere, flexiblere und praktikablere Lösung für die Erhöhung realisieren wollte[1845], sind als Erhöhungsgründe sowohl subjektive wie objektive Motive zuzulassen[1846]. Als objektive Kriterien kommen neben den im Gesetz aufgezählten[1847] höheren Ankaufswert des Grundstückes und den erheblichen Investitionen auch erhebliche Arbeitsleistungen von Miterben in Frage. In subjektiver Hinsicht kön-

---

[1842] Bei den Ausnahmen gemäss Art. 62 BGBB bedarf es keiner Prüfung des Übernahmepreises (Art. 63 lit. b BGBB i.V.m. Art. 66 BGBB), sodass bei diesen Fällen freiwillig auch mehr bezahlt werden kann.
[1843] Art. 21 Abs. 2 BGBB i.V.m. Art. 18 Abs. 2 BGBB. Diese Erhöhung unterliegt dem richterlichen Ermessen.
[1844] Art. 21 Abs. 2 BGBB i.V.m. Art. 18 Abs. 3 BGBB.
[1845] Vgl. vorne § 15, II, 3, a.
[1846] SCHÖBI FELIX, ZBGR 1993, S. 156. STUDER BENNO, Kommentar BGBB, N. 14 und 15 zu Art. 18 BGBB.
[1847] Art. 21 Abs. 2 BGBB i.V.m. Art. 18 Abs. 3 BGBB. Diese Aufzählung ist nicht abschliessend.

nen die Unterhaltsbedürfnisse des überlebenden Ehegatten sowie die Notlage von Miterben von Bedeutung sein[1848].

2. Höherer Ankaufswert

Hat der Erblasser für das landwirtschaftliche Grundstück mehr als den doppelten Ertragswert bezahlt, so liegt ein Erhöhungsgrund vor. Allerdings ist dabei wie bei den Investitionen zu fordern, dass der Erwerb in den letzten Jahren vor dem Tod des Erblassers getätigt worden ist[1849]. Die Anwendung der Zehnjahresfrist ergibt sich aus der Diskussion im Ständerat, wo der Kommissionssprecher unter Hinweis auf Art. 18 Abs. 3 BGBB geltend gemacht hat, dass die ständerätliche Kommission die Möglichkeit der Berücksichtigung von besonderen Umständen auf die letzten zehn Jahre vor dem Tod des Erblassers beschränkt haben will[1850]. Da der Nationalrat den ständerätlichen Vorschlag ohne weiteres angenommen hat[1851], ist von den ständerätlichen Überlegungen auszugehen. Somit hat die Befristung auf zehn Jahre sowohl für die Investitionen als auch für den Erwerb des Grundstückes zu gelten.

3. Erhebliche Investitionen in den letzten zehn Jahren

Falls in den letzten zehn Jahren vor dem Tod des Erblassers innerhalb des landwirtschaftlichen Grundstückes erhebliche Investitionen getätigt worden sind, kommt eine Erhöhung des Anrechnungswertes je nach dem Umständen in Frage[1852]. Die Investition muss erheblich sein, damit eine Erhöhung des Anrechnungswertes überhaupt in Frage kommen kann. Die Erheblichkeit muss sich an den konkreten Umständen bemessen und sollte m.E. grundsätzlich bei

---

[1848] SCHÖBI FELIX, ZBGR 1993, S. 156. HAUSHEER HEINZ / REUSSER RUTH / GEISER THOMAS, Berner Kommentar, N. 65-67 zu Art. 212 und 213 ZGB. KELLER HANSULRICH, S. 17-20.

[1849] Art. 18 Abs. 3 ZGB.

[1850] Amtl.Bull.SR 1990 S. 226, Votum Schoch. Der heutige Artikel 18 BGBB entspricht zum Teil dem Art. 20 des im Parlament diskutieren bundesrätlichen Entwurfes. BBl 1988 III 1114.

[1851] Amtl.Bull.NR 1991 S. 115.

[1852] Art. 21 Abs. 2 BGBB i.V.m. Art. 18 Abs. 2 und 3 BGBB.

10 % des doppelten Ertragswertes[1853] erreicht sein, wobei alle Investitionen der letzten zehn Jahre zusammen zu zählen sind[1854]. Allerdings sollten solche Investitionen zumindest wertvermehrend sein. Luxuriöse und unnütze Investitionen, die ohne Wirkung auf den Verkehrswert des landwirtschaftlichen Grundstückes sind, dürfen dabei nicht berücksichtigt werden. Auch das Nachholen von lange unterlassenen Unterhaltsarbeiten darf nicht als Investition gelten, welche eine Erhöhung des Anrechnungswertes nach sich ziehen könnte. Schliesslich müssen die fraglichen Investitionen denjenigen Bereich des landwirtschaftlichen Grundstückes betreffen, der zum doppelten Ertragswert angerechnet wird[1855]. Falls Investitionen in nichtlandwirtschaftliche Grundstücksteile[1856] getätigt worden sind, kommt diesbezüglich eine Erhöhung des Anrechnungswertes nicht in Frage, weil solche Investitionen ja bereits zum Verkehrswert angerechnet werden. Für die geltend gemachten Investitionen sind die entsprechenden Abrechnungen vorzulegen. Falls der Erblasser nebst dem Materialkauf und den Fremdarbeiten erhebliche Eigenleistungen erbracht hat, sind diese ebenfalls angemessen zu berücksichtigen, wenn angenommen werden kann, dass der Erblasser während der entsprechenden Arbeitszeit ausserhalb des Betriebes Einkünfte gehabt hätte und diese zur Vergrösserung der Erbmasse beigetragen hätten[1857].

[1853] Gemeint ist der Ertragswert des landwirtschaftlichen Gewerbes, wobei der Ertragswert ohne die fraglichen Investitionen massgebend sein sollte.

[1854] Es darf wohl nicht darauf ankommen, ob der Erblasser eine grössere Investition in kleinen Schritten über Jahre hinweg oder auf einmal getätigt hat. STUDER BENNO, Kommentar BGBB, N. 33 zu Art. 18 BGBB.

[1855] Meliorationen, Ausbau der Zufahrtsstrasse, Neubau oder Anbau des Oekonomiegebäudes, etc.

[1856] Bodenunabhängige Geflügelmasthalle, Schlosserei, Fischzucht, Ferienwohnung, etc.

[1857] Dem Umstand, dass eine Investition bereits durch die Ertragswertschätzung zum Teil berücksichtigt wird, ist bei der Bemessung der Erhöhung Rechnung zu tragen. A.M. STUDER BENNO, Kommentar BGBB, N. 32 zu Art. 18 BGBB.

4. Erhebliche Arbeitsleistungen von Miterben

Wenn die Miterben[1858] auf dem zu übernehmenden Grundstück mit ihrer Arbeitskraft einen wesentlichen Beitrag geleistet haben, sollte dies einen Erhöhungsgrund darstellen, sofern das eherechtlich[1859], schuldrechtlich[1860] oder über Lidlohnansprüche nicht angemessen geregelt wurde. Zu denken ist dabei an Arbeitsleistungen von Miterben, die mit ihren Berufskenntnissen[1861] ohne Abgeltung erheblich Arbeit für das landwirtschaftliche Grundstück geleistet haben. Es versteht sich von selbst, dass für diesen Erhöhungsgrund nur jene Miterben in Frage kommen können, die tatsächlich auch erhebliche Arbeitsleistungen erbracht haben. Es ist nicht einzusehen, dass andere Miterben durch eine generelle Erhöhung des Anrechnungswertes profitieren sollten.

5. Unterhaltsbedürfnisse des überlebenden Ehegatten

Allfällige Unterhaltsbedürfnisse des überlebenden Ehegatten rechtfertigen eine angemessene Erhöhung des doppelten Ertragswertes[1862]. Vor allem im Hinblick auf die Altersvorsorge ist dafür zu sorgen, dass der überlebende Ehegatte, der erheblich Arbeit für das landwirtschaftlichen Grundstück geleistet hat und u.U. aufgrund des doppelten Ertragswertes güterrechtlich und erbrechtlich leer ausgehen oder sehr bescheiden abgegolten würde, nicht von der Verwandtenunterstützung oder gar von der Fürsorge abhängig wird. Selbstverständlich muss beim überlebenden Ehegatten eine entsprechende Bedürftigkeit vorhanden sein und das Ausmass der Erhöhung ist an sämtlichen relevanten Ermessenskriterien abzuwägen. Falls eine Erhöhung sachgerecht ist, muss auch der Anrechnungswert eines allfälligen Wohnrechtes oder Nutzungsrechtes an einer Wohnung für den überlebenden Ehegatten entsprechend er-

---

[1858] Geschwister oder ein Elternteil des Übernehmers, etc.
[1859] Für den überlebenden Ehegatten: Art. 165 ZGB.
[1860] Arbeitslohn, Vergütung für Aufträge oder Werklohn.
[1861] Schreiner, Maurer, Schlosser, Elektriker, etc.
[1862] Art. 213 Abs. 2 ZGB. HAUSHEER HEINZ / REUSSER RUTH / GEISER THOMAS, Berner Kommentar, N. 75 zu Art. 212 und 213 ZGB. KELLER HANSULRICH, S. 17.

höht werden, sodass in solchen Fällen ein grosser Teil der Erhöhung wiederum dem Übernehmer zufliessen würde. Es versteht sich von selbst, dass für diesen Erhöhungsgrund nur der überlebende Ehegatte in Frage kommen kann. Es ist nicht einzusehen, dass andere Miterben durch eine generelle Erhöhung des Anrechnungswertes profitieren sollten, nur weil der überlebende Ehegatte bedürftig ist.

6. Notlage von Miterben

Die ausgesprochene Notlage von Miterben soll nach dem ausdrücklichen Willen des Gesetzgebers ebenfalls einen Erhöhungstatbestand darstellen[1863]. Entsprechend der Bedürftigkeit ist das Ausmass der Erhöhung für die oder den betreffenden Miterben festzulegen, wobei die anderen Miterben von diesem Erhöhungsgrund nicht profitieren können.

D. Ermessenskriterien

1. Allgemeines

Eine Erhöhung des Anrechnungswertes kommt erst dann in Frage, wenn ein besonderer Umstand bzw. ein Erhöhungsgrund vorliegt. Alsdann hat diese Erhöhung angemessen zu sein. Für die Beurteilung der Angemessenheit sind alle Umstände des Einzelfalles einzubeziehen. Als Abwägungskriterien können u.a. die Vermögensverhältnisse des Übernehmers, die güterrechtlichen Ansprüche des überlebenden Ehegatten, die Ertragskraft des Grundstückes, die bisherigen Leistungen des Übernehmers für das Grundstück und die bisherigen Leistungen von Miterben für das Grundstück in Frage kommen[1864].

[1863]Invalidität, etc. eines Miterben: Prot.Komm.SR Sitzung vom 8. Januar 1990, S. 31. SCHÖBI FELIX, ZBGR 1993, S. 156.
[1864]HAUSHEER HEINZ / REUSSER RUTH / GEISER THOMAS, Berner Kommentar, N. 69 zu Art. 212 und 213 ZGB. KELLER HANSULRICH, S. 17.

2. Vermögensverhältnisse des Übernehmers

Gute Vermögensverhältnisse des Übernehmers allein stellen noch keinen Erhöhungsgrund dar, weil die Grundidee des doppelten Ertragswertes nicht jene ist, dem Übernehmer Kosten zu sparen[1865]. Vielmehr soll das für ein landwirtschaftliches Grundstück erforderliche Kapital mit dem erzielbaren Ertrag zumindest zur Hälfte verzinst werden können[1866]. Ein tüchtiger Übernehmer, der Geld gespart hat, würde andernfalls das Nachsehen haben. Falls indessen ein Erhöhungsgrund vorliegt, sollten die finanziellen Möglichkeiten des Übernehmers eine wesentliche Rolle spielen. Wenn das landwirtschaftliche Grundstück bereits bis zum doppelten Ertragswert oder höher belastet ist, kann dem Übernehmer eine weitere Belastung[1867] bzw. eine Erhöhung wohl nur zugemutet werden, wenn er über entsprechende finanzielle Mittel verfügt oder wenn eine Finanzierung über die Realisierung von nichtlandwirtschaftlichen Vermögenswerten[1868] möglich ist[1869].

3. Güterrechtliche Ansprüche des Ehegatten

Falls der überlebende Ehegatte, der das Grundstück nicht übernimmt und bereits aus Güterrecht eine grosse Summe erhalten hat, ist eine Erhöhung zu seinen Gunsten zurückhaltend zu handhaben. Hat er indessen güterrechtlich nichts oder wenig erhalten, so ist die Erhöhung großzügiger zu gestalten.

4. Ertragskraft des Grundstückes

Wenn ein Grundstück gemessen am Arbeitsaufwand einen guten Ertrag verspricht, kann dem Übernehmer eher eine Erhöhung zu-

---

[1865] A.M. KELLER HANSULRICH, S. 19. NÄF-HOFMANN, Rz 1772.
[1866] Art. 10 BGBB. Das Gewerbe soll sich längerfristig aus eigener Kraft erhalten können. Betriebsfremde Mittel sind hier nicht einzubeziehen.
[1867] Bis hinauf zum Verkehrswert.
[1868] Verkauf zusätzliches Wohnhaus, Verkauf Bauplatz, etc.
[1869] STUDER BENNO, Kommentar BGBB, N. 15 zu Art. 18 BGBB.

mutet werden, als wenn ein arbeitsintensives[1870] oder marktwirtschaftlich ungünstig[1871] geartetes Grundstück vorliegt.

5. Bisherige Leistungen des Übernehmers

Falls der Übernehmer sich bisher bereits namhaft für das Grundstück engagiert hat, ist mit eine Erhöhung zurückhaltender zu bemessen, als wenn er noch nichts oder kaum etwas beitragen hat. Allfällige Lidlöhne machen regelmässig keine angemessene Abgeltung aus und können bekanntlich erst ab Mündigkeit gefordert werden. Häufig kommt es vor, dass ein Übernehmer vor der Übernahme auswärts gearbeitet, aber seine Freizeit zum grössten Teil der Bewirtschaftung eines Grundstückes gewidmet hat, was mit Lidlohn kaum gebührend bemessen werden kann.

6. Finanzielle Situation der Miterben

Falls die Miterben anderweitig finanziell gut gestellt sind oder falls die Miterben aus der gleichen Erbschaft erhebliche Vermögenswerte erhalten oder bereits erhalten haben, sollte die Erhöhung wohl geringer ausfallen[1872]. Wenn die Miterben im übrigen nichts erhalten und selber finanziell schlecht gestellt sind, dürfte eine Erhöhung grosszügig ausfallen[1873].

7. Ausmass der Erhöhung

Selbst wenn ein Erhöhungsgrund vorliegt, müssen die konkreten Umstände eine Erhöhung rechtfertigen[1874]. Unter Berücksichtigung der obigen Ermessenskriterien ist das Ausmass der Erhöhung für jeden Einzelfall sachgerecht festzulegen. Dabei liegt der Spielraum

---

[1870]Hanglage, ungünstige Verkehrserschliessung, etc.

[1871]Rindviehzucht angesichts des Marktzusammenbruchs zufolge BSE-Krankheit, etc.

[1872]STUDER BENNO, Kommentar BGBB, N. 17 zu Art. 18 BGBB.

[1873]Die Invalidität eines Miterben kann zu einem gesteigerten Erhöhungsbedürfnis führen (Prot.Komm.SR Sitzung vom 8. Januar 1990, S. 31. SCHÖBI FELIX, ZBGR 1993, S. 156).

[1874]Art. 21 Abs. 2 BGBB i.V.m. Art. 18 Abs. 2 BGBB.

von keinerlei Erhöhung bis hin zur Erhöhung, mit welcher der Verkehrswert erreicht wird. Im Gegensatz zum Fall beim Überschuss von Erbschaftspassiven[1875] ist nämlich vorliegend die Erhöhung des Anrechnungswertes weder grundsätzlich noch vom Ausmass her zwingend vorgegeben, sondern ganz konkret nach den Umständen festzulegen[1876]. Für den Erhöhungsgrund der Investition kann der sogenannte Anlagewert[1877] als Berechnungsbasis dienen, weil dadurch die tatsächlich erbrachten Leistungen abgedeckt sind[1878]. Weiter ist dem Umstand Rechnung zu tragen, dass die getätigte Investition bereits bei der Festlegung des Ertragswertes zu einem Teil erfasst worden ist[1879]. Beim höheren Ankaufswert des Grundstückes ist vom entsprechenden Wert auszugehen, wozu noch die übrigen Umstände einzubeziehen sind. Sowohl beim höheren Ankaufswert wie bei den Investitionen ist der zeitlichen Distanz des Todestages des Erblassers zum Ankaufs- bzw. Investitionszeitpunkt im Sinne des bundesrätlichen Vorschlages[1880] angemessen Rechnung zu tragen, weil es betragsmässig durchaus eine Rolle spielen sollte, ob ein Erhöhungsgrund mit 9 Jahren knapp noch gegeben ist oder ob der Ankauf oder die Investition erst vor einigen Monaten getätigt wurde[1881]. Bei den Erhöhungsgründen der erheblichen Arbeitsleistung von Miterben, der Unterhaltsbedürftigkeit des überlebenden Ehegatten und der Notlage von Miterben sind selbstverständlich nur die betroffenen Erben durch eine Erhöhung des Anrechnungs-

---

[1875] Art. 21 Abs. 2 BGBB i.V.m. Art. 18 Abs. 1 BGBB.

[1876] Art. 21 Abs. 2 BGBB i.V.m. Art. 18 Abs. 2 und 3 BGBB.

[1877] Der Anlagewert entspricht dem Ankaufspreis zuzüglich dem Zeitwert der Investitionen (Zeitwert = Investitionen zum Neuwert abzüglich einer angemessenen Abschreibung). Inhaltlich korrespondiert dieser Anlagewert mit der Berechnung gemäss Art. 24 Abs. 2 BGBB und Art. 31 Abs. 1 BGBB.

[1878] KELLER HANSULRICH, S. 19. STUDER BENNO, Kommentar BGBB, N. 19 zu Art. 18 BGBB.

[1879] Je nach dem Investitionsgegenstand schlägt sich der Anteil der Investition mehr oder weniger bereits im Ertragswert nieder. KELLER HANSULRICH, S. 18.

[1880] Art. 20 Abs. 2 des bundesrätlichen Entwurfes (BBl 1988 III 998 und 1114): 10 % Reduktion pro Jahr.

[1881] STUDER BENNO, Kommentar BGBB, N. 20 zu Art. 18 BGBB.

wertes zu begünstigen. Die übrigen Erben dürfen von solchen Erhöhungsgründen nicht profitieren.

E. Ausschluss der Erhöhung

Der Erblasser kann letztwillig verfügen, dass der Übernehmer ganz oder teilweise von einer Erhöhung des doppelten Ertragswertes befreit sein soll. Bei der lebzeitigen Eigentumsübertragung kann der Veräusserer und künftige Erblasser dem Erwerber und künftigen Erben hinsichtlich allfälliger Erhöhungen des doppelten Ertragswertes im Veräusserungsvertrag von der Ausgleichungspflicht ganz oder teilweise entbinden[1882]. Die Miterben können diese Verfügung bzw. die Entbindung von der Ausgleichungspflicht insofern anfechten, als dadurch ihr Pflichtteil verletzt wird. Für die Pflichtteilsrechnung ist vom mutmasslichen Erhöhungsbetrag auszugehen[1883].

F. Letztwillige Festlegung des Übernahmepreises

Falls der Erblasser im Rahmen einer letztwilligen Verfügung als Übernahmepreis des landwirtschaftlichen Grundstückes einen Wert über dem doppelten Ertragswert bestimmt hat, kann der Übernehmer sich dagegen zur Wehr setzen, wenn dieser Preis im Vergleich zur gesetzlichen Preisbestimmung zu hoch[1884] ist und diese Bestimmung entweder einen allfälligen Pflichtteilsanspruch des Ansprechers verletzen[1885] oder einen Ungültigkeitsgrund[1886] darstellen

---

[1882] Art. 626 Abs. 2 ZGB.

[1883] STUDER BENNO, Kommentar BGBB, N. 21 und 23 zu Art. 18 BGBB.

[1884] Erhöhungsgründe liegen nicht vor oder die Erhöhung selber ist nicht angemessen (vgl. vorne, lit. A bis E). Falls der Erbe die objektiven und subjektiven Zuweisungsvoraussetzungen nicht erfüllt und trotzdem landwirtschaftliche Grundstücke zugewiesen erhält, kann er sich nur dann gegen den Zuweisungspreis zur Wehr setzen, wenn er höher als der Verkehrswert ist.

[1885] Herabsetzung gemäss Art. 522 ff. ZGB.

würde. Eine überhöhte Wertbestimmung würde nämlich eine Begünstigung der übrigen Erben zu Lasten des Übernehmers darstellen[1887]. Falls der Erblasser den Übernahmepreis tiefer als die gesetzliche Preisbestimmung angesetzt hat, können die pflichtteilsgeschützten Miterben auf dem Wege der Herabsetzung[1888] zumindest ihren Pflichtteil verlangen. Liegt bei der fraglichen letztwilligen Verfügung oder bei einem Erbvertrag hinsichtlich der Preisbestimmung ein Ungültigkeitsgrund vor, so kann von jedem Erben Ungültigkeitsklage erhoben werden.

V. Zuweisung zum Verkehrswert

Falls kein pflichtteilsgeschützter, gesetzlicher oder eingesetzter Erbe vorhanden ist, der die objektiven oder subjektiven Voraussetzungen einer Zuweisung erfüllt oder falls grundsätzlich berechtigte Erben keine Zuweisung verlangen, kann der Erblasser die landwirtschaftlichen Grundstücke nach Belieben einem oder mehreren gesetzlichen oder eingesetzten Erben oder auch Vermächtnisnehmern letztwillig vermachen. In solchen Fällen ist bei der Erbteilung für die landwirtschaftlichen Grundstücke grundsätzlich vom Verkehrswert auszugehen, weil nur jenen Erben das Preisprivileg des doppelten Ertragswertes[1889] zusteht, welche die geforderten objektiven und subjektiven Voraussetzungen erfüllen[1890]. Der Erblasser kann aber auch andere Erben oder Vermächtnisnehmer durch eine Preisbestimmung unter dem Verkehrswert im Rahmen der verfügbaren Quote begünstigen.

[1886] Art. 519 ff. ZGB. Es kann insbesondere ein Irrtum des Erblassers über den Preis vorliegen (Art. 519 Abs. 1 Ziffer 2 ZGB i.V.m. Art. 469 ZGB).

[1887] TUOR PETER / PICENONI VITO, Berner Kommentar, N. 14 zu Art. 608 ZGB.

[1888] Art. 522 ff. ZGB.

[1889] Zuzüglich einer allfälligen Erhöhung gemäss Art. 21 Abs. 2 BGBB i.V.m. Art. 18 BGBB.

[1890] 21 Abs. 1 BGBB.

4. KAPITEL: GEWINNANSPRUCH DER MITERBEN

§ 22 Grundlagen

I. Allgemeines

Wird einem Erben bei der Erbteilung ein landwirtschaftliches Gewerbe oder ein landwirtschaftliches Grundstück zu einem Anrechnungswert unter dem Verkehrswert zugewiesen, so hat jeder Miterbe bei der Veräusserung Anspruch auf den seiner Erbquote entsprechenden Anteil am Gewinn[1891]. Als Veräusserung gelten verschiedene im Gesetz angeführte Tatbestände[1892], wofür entsprechende Fälligkeiten des Gewinnanteils festgelegt worden sind[1893]. Auch die Ermittlung des massgeblichen Gewinnes gestaltet sich je nach Veräusserungstatbestand unterschiedlich[1894], wobei verschiedene Abzüge getätigt werden können[1895]. Schliesslich kann ein mutmasslicher Gewinnanteil gesichert[1896], aufgehoben oder geändert[1897] werden.

[1891] Art. 28 Abs. 1 BGBB.
[1892] Art. 29 BGBB.
[1893] Art. 30 BGBB.
[1894] Art. 31 Abs. 1-3 BGBB.
[1895] Art. 31 Abs. 1,4 und 5 BGBB, Art. 32 und 33 BGBB.
[1896] Art. 34 BGBB.

Bei der Veräusserung von Betriebsinventar[1898] kommt das Gewinnanspruchsrecht nicht zum Tragen, auch wenn es unter der Verkehrswert erworben worden ist[1899]. Das ergibt sich einerseits aus dem klaren Gesetzeswortlaut[1900]. Andererseits wäre ein Gewinnanspruchsrecht beim Betriebsinventar alles andere als praktikabel, insbesondere bei der Veräusserung von Vieh und Vorräten. Denn die Identität und die Veräusserung der jeweiligen Ware sowie allfällige Leistungen des Veräusserers für solche Gegenstände könnten von den Miterben kaum festgestellt werden. Zudem wäre der Aufwand im Verhältnis zum möglichen Gewinnanteil wohl meistens viel zu gross.

II. Rechtsnatur des Gewinnanspruches

Der Gewinnanspruch ist in Übereinstimmung mit der bisherigen Rechtsprechung[1901] ist als bedingter, vermögensrechtlicher Anspruch zu betrachten[1902]. Er besteht als gesetzlicher Anspruch auch ohne Vormerkung im Grundbuch[1903] und kann ohne Einverständnis der Begünstigten nicht aufgehoben oder abgeändert werden[1904].

[1897]Art. 35 BGBB.

[1898]Vieh, Gerätschaften, Vorräte, etc. (Art. 15 Abs. 1 BGBB).

[1899]TOUR PETER / PICENONI VITO, Berner Kommentar, N. 31 zu Art. 620 aZGB. NEUKOMM/CZETTLER, S. 138.

[1900]Art. 28 Abs. 1 BGBB.

[1901]BGE 112 II 300 ff. und BGE 113 II 130 ff.

[1902]BBl 1988 III 1008.

[1903]Mit der Vormerkung wirkt das Gewinnanspruchsrecht auch dinglich, womit der Erwerber auch in die Haftung einbezogen wird (Art. 34 BGBB; BBl 1988 III 1014; vgl. Art. 619^{quinquies} aZGB).

[1904]Art. 35 BGBB. HENNY JEAN-MICHEL, Kommentar BGBB, N. 4 zu Art. 28 BGBB.

Der Gewinnanspruch ist vererblich[1905] und übertragbar und jeder Miterbe bzw. dessen Rechtsnachfolger kann seinen Anspruch selbständig geltend machen[1906].

III. Anwendungsbereich

Der Gewinnanspruch besteht von Gesetzes wegen nur bei Erbteilungen, falls die Zuweisung von landwirtschaftlichen Gewerben oder Grundstücken unter der Verkehrswert erfolgt ist. Wenn die Zuweisung zum Verkehrswert oder gar zu einem höheren Wert erfolgt oder wenn eine Eigentumsübertragung ausserhalb einer Erbteilung stattfindet, kann vertraglich ein Gewinnanspruchsrecht vereinbart werden[1907], auf welches die Regeln des Gewinnanspruches unter den Miterben anwendbar ist[1908], es sei denn, die Parteien würden etwas anderes vorsehen[1909]. Das Gewinnanspruchsrecht für landwirtschaftliche Gewerbe und landwirtschaftliche Grundstücke gilt auch analog für den Ehegatten, der dem anderen Ehegatten im Rahmen der güterrechtlichen Auseinandersetzung ein landwirtschaftliches Gewerbe oder Grundstück zu einem Anrechnungswert unter dem Verkehrswert überlassen hat[1910]. Darüber hinaus verfügen die Mitglieder der Erbengemeinschaft über ein Gewinnanspruchsrecht im Falle der Ausübung des Kaufrechtes von Ver-

---

[1905] Der Gewinnanspruch ist sowohl aktiv wie auch passiv vererblich. Die Erben des einstigen Übernehmers sind bis zum Ablauf der 25 Jahre seit dem damaligen Erwerb des Erblassers verpflichtet. Eine Zuweisung an einen Erben im Rahmen der Erbteilung gilt aber nicht als Veräusserung im Sinne von Art. 29 BGBB.

[1906] Art. 28 Abs. 2 BGBB. Wenn jeder Miterbe seinen Anspruch selbständig geltend machen kann, ist nicht einzusehen, weshalb im Falle des Vorversterbens eines Miterben das nicht auch für dessen Erben gelten soll.

[1907] Art. 41 Abs. 1 BGBB.

[1908] Art. 28 ff. BGBB.

[1909] Art. 41 Abs. 1 BGBB.

[1910] Art. 212 Abs. 3 ZGB.

wandten, sofern das Kaufrecht zu einem Preis unter dem Verkehrswert ausgeübt worden ist[1911]. Weiter sind gewinnanspruchsberechtigt die Mit- oder Gesamteigentümer, welche das landwirtschaftliche Grundstück oder Gewerbe nicht zugewiesen erhalten haben[1912]. Schliesslich kann sich der Veräusserer auf das Gewinnanspruchsrecht berufen, gegen den ein gesetzliches Vorkaufsrecht zu einem Preis unter dem Verkehrswert ausgeübt worden ist[1913].

§ 23 Voraussetzungen des Gewinnanspruchs

I. Anrechnungswert unter dem Verkehrswert

Wird einem Erben bei der Erbteilung ein landwirtschaftliches Gewerbe oder Grundstück zu einem Anrechnungswert unter dem Verkehrswert zugewiesen, so hat jeder Miterbe bei der Veräusserung Anspruch auf den seiner Erbquote entsprechenden Anteil am Gewinn[1914]. Der Gewinnanspruch soll in diesem Sinne die Gleichbehandlung der Erben wiederherstellen[1915].

[1911] Art. 27 Abs. 1 BGBB i.V.m. Art. 53 BGBB.
[1912] Art. 37 Abs. 4 BGBB.
[1913] Art. 53 BGBB.
[1914] Art. 28 Abs. 1 BGBB.
[1915] BBl 1988 III 1007. Art. 607 Abs. 1 und Art. 610 Abs. 1 ZGB.

II. Veräusserungstatbestände

A. Allgemeines

Damit das Gewinnanspruchsrecht überhaupt zum Tragen kommen kann, bedarf es einer Veräusserung des unter dem Verkehrswert erworbenen landwirtschaftlichen Gewerbes oder Grundstückes[1916]. Die Veräusserung kann eine vollständige oder eine teilweise sein[1917]. Als Veräusserung gilt der Verkauf und jedes andere Rechtsgeschäft, das wirtschaftlich einem Verkauf gleichkommt[1918]. Darüber hinaus betrachtet der Gesetzgeber auch die Enteignung[1919], die Zuweisung zu einer Bauzone[1920] sowie schliesslich die Zweckentfremdung[1921] als Veräusserung.
Gemäss Gesetzeswortlaut[1922] und bisheriger Praxis[1923] soll grundsätzlich nur der Gewinn geteilt werden, der bei einer ersten Veräusserung erzielt wird. Der damalige Übernehmer des landwirtschaftlichen Gewerbes oder Grundstückes könnte aber seine Miterben um den Gewinnanteil bringen, wenn auch er unter dem Verkehrswert veräussert, mit dem Ziel, dass die erwerbende Person dann in der Folge zum Verkehrswert veräussert. Es könnte sich bei einer solchen Konstellationen um eigentliche Umgehungsgeschäfte handeln, bei denen der Richter auch bei einer zweiten oder späteren Veräu-

---

[1916] Art. 28 Abs. 3 BGBB. Vorbehalten bleiben anderweitige Vereinbarungen (Art. 35 BGBB).
[1917] BBl 1988 III 1008. TOUR PETER / PICENONI VITO, Berner Kommentar, N. 12 zu Art. 619 aZGB. Auch der Verkauf von Miteigentumsanteilen gilt als teilweise Veräusserung.
[1918] Art. 29 Abs. 1 lit. a BGBB.
[1919] Art. 29 Abs. 1 lit. b BGBB.
[1920] Art. 29 Abs. 1 lit. c BGBB.
[1921] Art. 29 Abs. 1 lit. d BGBB.
[1922] Art. 28 Abs. 1 BGBB.
[1923] BGE 75 I 186 ff.

sserung den damaligen Miterben unter Anwendung des Rechtsmissbrauchsverbotes einen Gewinnanteil zusprechen müsste[1924].

B. Verkauf und wirtschaftlich gleichgestellte Rechtsgeschäfte

Als Veräusserung im Sinne des Gesetzes[1925] gilt der Verkauf und jedes andere Rechtsgeschäft, das wirtschaftlich einem Verkauf gleichkommt[1926]. Damit sollten offensichtlich Umgehungsgeschäfte verhindert werden. Auch die Einräumung von Nutzungs- oder Kaufsrechten ist dem Verkauf gleichzustellen[1927]. Weil sich die geltende Formulierung an jene des bisherigen Rechtes[1928] anlehnt, ist die bisherige Praxis heranzuziehen. Als Veräusserung im Sinne des Gesetzes ist jedes Rechtsgeschäft zu betrachten, welches den Wert eines zugeteilten landwirtschaftlichen Gewerbes oder Grundstückes ganz oder teilweise umsetzt durch Einräumung dauernder oder auf lange Zeit begründeter Rechte, so u.a. der Tausch, die endgültige oder auf lange Zeit befristete Einräumung von dinglichen und obligatorischen Rechten aller Art, die Hingabe anstelle einer Zahlung, Zuschlag bei einer Zwangsversteigerung, Einbringen in eine Gesellschaft, Einräumen eines Kaufsrechtes[1929].

C. Enteignung

Wie im bisherigen Recht[1930] gilt auch die Enteignung als Veräusserung im Sinne des Gesetzes[1931]. Es kann sich dabei um eine for-

---

[1924] Art. 1 Abs. 2 ZGB. BBl 1988 III 1008. NEUKOMM/CZETTLER, S. 141. TOUR PETER / PICENONI VITO, Berner Kommentar, N. 13 zu Art. 619 aZGB.
[1925] Art. 28 BGBB.
[1926] Art. 29 Abs. 1 lit. a BGBB.
[1927] BBl 1988 III 1008.
[1928] Art. 619 Abs. 2 aZGB.
[1929] ESCHER ARNOLD, Zürcher Kommentar, Ergänzungslieferung zum landwirtschaftlichen Erbrecht, N. 6 zu Art. 619. HENNY JEAN-MICHEL, Kommentar BGBB, N. 9 zu Art. 29 BGBB. NEUKOMM/CZETTLER, S. 142.
[1930] Art. 619 Abs. 1 aZGB.

melle oder materielle Enteignung handeln. Auch enteignungsähnliche Rechtsgeschäfte sind gleichgestellt[1932].

D. Zuweisung zu einer Bauzone

Als Neuerung gegenüber dem bisherigen Recht gilt die Zuweisung eines landwirtschaftlichen Gewerbes oder Grundstückes zu einer Bauzone[1933] als Veräusserung, es sei denn, es betreffe ein landwirtschaftliches Grundstück, das auch nach der Einzonung dem bäuerlichen Bodenrecht unterstellt bleiben wird[1934]. Mit diesem Einbezug des eingezonten Landes wird der raumplanerischen Absicht Nachachtung verschafft, wonach das eingezonte Bauland auch als Bauland verwendet und nicht gehortet werden soll[1935]. Vorbehalten bleibt die Einleitung eines Umzonungsverfahrens[1936].
Bauzonen im Sinne des RPG und damit auch im Sinne des BGBB sind jene Zonen, deren Hauptbestimmung Bautätigkeiten zulässt, welche weder mit bodenerhaltenden Nutzungen verbunden, noch sonstwie von ihrer Bedeutung her auf einen ganz bestimmten Standort angewiesen sind[1937]. Demnach fallen neben Wohn-, Gewerbe-, Kern- und Industriezonen auch Landhauszonen oder Ferienhauszonen unter den Begriff der Bauzone. Aber auch eine Zone für öffentliche Bauten und Anlagen, eine Intensiverholungszone oder eine Golfzone gehört in diese Kategorie. Nicht als Bauzonen zu betrachten sind jene Zonen, deren künftige Nutzung noch nicht bestimmt ist, wie etwa eine Planungszone, eine Reservezone oder eine Übergangszone[1938].

[1931] Art. 29 Abs. 1 lit. b BGBB.
[1932] BBl 1988 III 1009.
[1933] Der Begriff der «Bauzone» orientiert sich an Art. 15 RPG. BBl 1988 III 1009.
[1934] Art. 29 Abs. 1 lit. c BGBB. Art. 2 Abs. 2 lit. a BGBB.
[1935] BBl 1988 III 1009.
[1936] Art. 85 BGBB. BBl 1988 III 1009.
[1937] EJPD, Erläuterungen zum Bundesgesetz über die Raumplanung, N. 5 zu Art. 15 RPG.
[1938] HENNY JEAN-MICHEL, Kommentar BGBB, N. 13 zu Art. 29 BGBB.

E. Zweckentfremdung

Auch die teilweise oder gänzliche Aufgabe der landwirtschaftlichen Nutzung über das landwirtschaftliche Gewerbe oder Grundstück und die Verwendung für eine nichtlandwirtschaftliche Nutzung gilt als Veräusserung im Sinne des Gesetzes[1939]. Bereits im bisherigen Recht war die Zweckentfremdung als Veräusserungstatbestand anerkannt, sofern die Zweckentfremdung dauernd war und der zu erzielende Gewinn in einem krassen Missverhältnis zum landwirtschaftlichen Ertrag des landwirtschaftlichen Gewerbes oder Grundstückes stand[1940]. Diese Kriterien sind auch für die heute geltende Bestimmung zu verlangen.

Als Zweckänderung kommt u.a. der Abbau von Bodenbestandteilen, die Umwandlung in einen Golfplatz oder Campingplatz, die Einrichtung eines gewerblichen oder industriellen Lagerplatzes, eines Parkplatzes sowie die Errichtung einer nebenbetrieblichen Schreinerei oder mechanischen Werkstätte[1941] in Frage. Aber auch die Errichtung bodenunabhängiger Produktionseinheiten für landwirtschaftliche Produkte[1942] stellt derzeit eine Zweckentfremdung des dafür benötigen Bodens dar, weil eine nichtlandwirtschaftliche Nutzung entsteht[1943]. Sollte im Zuge der geplanten jüngsten Revision des Raumplanungsgesetzes[1944] der Begriff «landwirtschaftlich» durch den Übergang vom Produktionsmodell zum Produktemodell[1945] tatsächlich ausgeweitet werden, so wären auch bodenunab-

---

[1939] Art. 29 Abs. 1 lit. d BGBB.

[1940] BGE 97 II 317. PIOTET PAUL, Schweizerisches Privatrecht, Band IV/2, S. 952.

[1941] Zweckänderungen für betriebsnahe gewerbliche Zwecke im Sinne der geplanten Revision des Raumplanungsgesetzes (Art. 24 Abs. 2 des bundesrätlichen Entwurfes: BBl 1996 III 533) würden ohne Zweifel Zweckänderungen im Sinne von Art. 29 Abs. 1 lit. d BGBB darstellen, da eine solche Nutzung auch unter Anwendung des Produktemodells als «nichtlandwirtschaftlich», nämlich als nichtlandwirtschaftliches Nebengewerbe (Art. 7 Abs. 5 BGBB i.V.m. Art. 15 Abs. 2 BGBB) zu betrachten wäre.

[1942] Geflügelmasthalle, Schweinemasthalle, Hors-sol-Anlage, etc.

[1943] BBl 1996 III 515 und 523.

[1944] BBl 1996 III 513 ff.

[1945] BBl 1996 III 524 und 527.

hängige Produktionseinheiten innerhalb eines landwirtschaftlichen Gewerbes oder landwirtschaftlichen Grundstückes als «landwirtschaftlich» im Sinne des Gesetzes zu betrachten. Solcherlei Umnutzungen würden demzufolge keine Zweckänderung im Sinne des BGBB[1946] darstellen und damit auch kein Gewinnanspruchsrecht auslösen.

Neben der Errichtung oder Neueinführung nichtlandwirtschaftlicher Betriebsteile ist auch eine erhebliche Erweiterung solcher vorbestandenen Teile als Zweckentfremdung zu betrachten. Es ist allerdings in jedem Fall eine längerdauernde[1947] bzw. eine nach dem Umständen auf längere Dauer hinzielende nichtlandwirtschaftliche Nutzung und ein wesentlich über dem landwirtschaftlichen Ertrag liegender Erlös zu verlangen[1948]. Die Zweckänderung muss nicht etwa unumkehrbar sein[1949]. Viele lukrativen Zweckänderungen könnten wohl mit Leichtigkeit wieder rückgängig gemacht werden[1950]. Wäre eine solche Zweckentfremdung vor der Eigentumsübertragung vorgenommen worden, so hätte diesbezüglich bei untergeordneter[1951] Bedeutung im Vergleich zum landwirtschaftlich genutzten Teil eine Anrechnung zum Verkehrswert vorgenommen werden müssen[1952], was die Betrachtung der Zweckänderung als Veräusserung rechtfertigt.

[1946] Art. 29 Abs. 1 lit. d BGBB.

[1947] Es muss sich um eine mehrjährige Zweckentfremdung handeln, welche mit 5 Jahren wohl erreicht sein dürfte. Amtl.Bull.NR 1991 S. 863, Votum Nussbaumer.

[1948] Wenn der Ertrag nicht wesentlich über dem landwirtschaftlichen liegt, wird die Berechnung des zu teilenden Gewinnes kein nennenswertes Resultat ergeben.

[1949] A.M. HENNY JEAN-MICHEL, Kommentar BGBB, N. 22 zu Art. 29 BGBB.

[1950] Parkplätze, Campingplätze, Golfplätze, etc. können ohne weiteres wieder der landwirtschaftlichen Nutzung zugeführt werden.

[1951] Falls durch eine solche Zweckänderung vor der Eigentumsübertragung der nichtlandwirtschaftliche Teil überwiegt hätte, wären die Voraussetzungen für Zuweisung des nichtlandwirtschaftlichen Gewerbeteils nicht vorhanden gewesen (vgl. die Ausführungen vorne, § 4, VII; § 13).

[1952] Mit einer Zweckentfremdung wird regelmässig ein nichtlandwirtschaftliches Nebengewerbe realisiert werden, wofür als Anrechnungswert der Verkehrswert massgeblich ist. Vgl. Ausführungen vorne unter § 15, IV.

Sobald Zweckentfremdungen beträchtliche räumliche Ausmasse annehmen, wird damit zwangsläufig eine entsprechende Umzonung von der Landwirtschaftszone in eine Bauzone verbunden sein[1953], sodass wieder der Einzonungstatbestand[1954] greift. Nicht als Zweckentfremdung gilt die Verpachtung eines bisher selber bewirtschafteten landwirtschaftlichen Gewerbes oder Grundstückes zur landwirtschaftlichen Nutzung und die gelegentliche Benutzung für nichtlandwirtschaftliche Zwecke[1955], weil die landwirtschaftliche Nutzung des Bodens erhalten bleibt. Ebenfalls keine Zweckentfremdung stellt die nichtlandwirtschaftliche Nutzung von nichtlandwirtschaftlichen Nebengewerben[1956] dar, weil solche Teile von landwirtschaftlichen Gewerben oder Grundstücken grundsätzlich zum Verkehrswert zuzuweisen sind, sodass ein Gewinnanspruchsrecht gar nicht erst in Frage kommen kann, es sei denn, es wäre auch hier ein Übernahmepreis unter dem Verkehrswert oder gar ein Gewinnanspruchsrecht trotz der Übernahme zum Verkehrswert vereinbart worden[1957].

Die Vermietung von Wohnräumen, welche zu einem Wert unter dem Verkehrswert übernommen worden sind, kann eine Zweckentfremdung darstellen, falls diese Vermietung nicht nur vorübergehenden Charakter hat. Das wird sicher dann der Fall sein, wenn ein familiärer Bedarf für die vermieteten Räume in der nächsten Zeit nicht vorliegen wird.

[1953] Eine Ausnahmebewilligung gemäss Art. 24 RPG ist nur für kleinere Nutzungsänderungen möglich (BGE 120 Ib 207 ff. und 114 Ib 312 E. 3b).

[1954] Art. 29 Abs. 1 lit. c. BGBB.

[1955] Sportanlässe (Pferderennen, etc.). BBl 1988 III 1009. Amtl.Bull.NR 1991 S. 863, Votum Nussbaumer.

[1956] Bootsplatz, Campingplatz, Parkplatz, Klettergarten, etc.

[1957] Art. 35 BGBB und Art. 41 Abs. 1 BGBB.

III. Veräusserung innert 25 Jahren seit Erwerb

A. Allgemeines

Der Gewinnanspruch besteht nur dann, wenn der Erbe das landwirtschaftliche Gewerbe oder Grundstück innert 25 Jahren seit dem Erwerb veräussert[1958]. Deshalb ist der massgebliche Erwerbs- und Veräusserungszeitpunkt genau zu ermitteln. Die Frist von 25 Jahren entspricht der Regelung des bisherigen Rechtes[1959].

B. Massgeblicher Erbwerbszeitpunkt

1. Grundsatz

Die Frist von 25 Jahren beginnt wie im bisherigen Recht mit dem Eigentumserwerb[1960], welcher durch die schriftliche Zustimmungserklärung sämtlicher Miterben, durch einen schriftlichen Erbteilungsvertrag oder durch ein rechtskräftiges Teilungsurteil möglich ist[1961].

2. Erbteilungsvertrag oder Zustimmungserklärung

Bei der Zuweisung des landwirtschaftlichen Gewerbes oder Grundstückes aufgrund eines schriftlichen Erbteilungsvertrages oder aufgrund einer schriftlichen Zustimmungserklärung sämtlicher Miterben findet der Eigentumserwerb im Zeitpunkt des Grundbucheintrages statt[1962], wobei sich dieser nach dem Zeitpunkt der Ein-

---

[1958] Art. 28 Abs. 3 BGBB.
[1959] Art. 619 Abs. 1 aZGB.
[1960] Art. 28 Abs. 3 BGBB. BGE 86 I 114 ff., E. 9. TOUR PETER / PICENONI VITO, Berner Kommentar, N. 11a zu Art. 619 aZGB. BBl 1988 III 1008.
[1961] Art. 18 Abs. 1 lit. b GBV und Art. 18 Abs. 2 lit. d GBV.
[1962] Art. 656 Abs. 1 ZGB. BGE 95 II 432.

schreibung im Tagebuch richtet[1963]. Da die Einschreibung im Tagebuch sofort mit dem Eingang der Grundbuchanmeldung zu geschehen hat[1964], ist das Einreichdatum der Grundbuchanmeldung entscheidend[1965].

3. Zuweisung durch richterlichen Entscheid

a) Grundsatz

Beim richterlichen Entscheid über die Zuweisung eines landwirtschaftlichen Gewerbes oder Grundstückes erfolgt der Erwerb des Eigentums im Zeitpunkt der formellen Rechtskraft des entsprechenden Gestaltungsurteils, eines Urteils also, welches in Änderung der bisherigen Eigentumsverhältnisse das Eigentum am landwirtschaftlichen Gewerbe dem Erben direkt zuspricht und nicht noch der Vollstreckung bedarf[1966].

b) Zuweisungsentscheid im Erbteilungsurteil

Wird in einem Erbteilungsurteil neben dem Entscheid über die allgemeinen Erbteilungsfragen zugleich auch die Zuweisung eines landwirtschaftlichen Gewerbes ausgesprochen, so erfolgt der Eigentumserwerb im Zeitpunkt der formellen Rechtskraft dieses Teilungsurteils, weil ein solcher Entscheid als Gestaltungsurteil für den unmittelbaren Eigentumserwerb ausreicht[1967].

[1963] Art. Art. 972 Abs. 2 ZGB. Art. 26 Abs. 4 GBV.

[1964] Art. 948 Abs. 1 ZGB und Art. 14 GBV.

[1965] MEIER-HAYOZ ARTHUR, Berner Kommentar, N. 63 zu Art. 656. HAAB ROBERT / SIMONIUS AUGUST / SCHERRER WERNER / ZOBL DIETER, Zürcher Kommentar, N. 14 zu Art. 656 ZGB. Oft dürfte das Datum der Einreichung der Grundbuchanmeldung mit dem Datum der öffentlichen Beurkundung zusammenfallen, insbesondere dann, wenn der Grundbuchverwalter selber die öffentliche Beurkundung vornimmt.

[1966] Art. 18 Abs. 2 lit. d GBV. HAAB ROBERT / SIMONIUS AUGUST / SCHERRER WERNER / ZOBL Dieter, Zürcher Kommentar, N. 66 zu Art. 656 ZGB. MEIER-HAYOZ ARTHUR, Berner Kommentar, N. 99 zu Art. 656 ZGB.

[1967] HAAB ROBERT / SIMONIUS AUGUST / SCHERRER WERNER / ZOBL Dieter, Zürcher Kommentar, N. 66 zu Art. 656 ZGB. MEIER-HAYOZ ARTHUR, Berner Kommentar, N. 97 zu Art. 656 ZGB.

c) Selbständiger Zuweisungsentscheid

Falls ein lösgelöst von der Erbteilung ergangener Zuweisungsentscheid ein Leistungsurteil darstellt, begründet das gegenüber den Beklagten des Urteils die Verpflichtung zur Eigentumsübertragung an den oder die erfolgreichen Kläger, aber noch keinen unmittelbaren Rechtstitel auf Einräumung des Eigentums am landwirtschaftlichen Gewerbe oder Grundstück[1968]. Für den Grundbucheintrag bedarf es diesfalls noch eines rechtskräftigen Teilungsurteils[1969], einer schriftlichen Zustimmungserklärung sämtlicher Miterben oder eines entsprechenden schriftlichen Erbteilungsvertrages. Falls die Erben nach dem Zuweisungsentscheid einen schriftlichen Erbteilungsvertrag abschliessen oder dem Grundbuchverwalter die schriftliche Zustimmungserklärung für die Eigentumsübertragung abgeben, ist für den Beginn des Fristenlaufes das Datum der Einreichung der Grundbuchanmeldung entscheidend[1970]. Wenn nach dem Zuweisungsentscheid auch noch ein separater Erbteilungsentscheid erwirkt werden muss, beginnt der Fristenlauf mit der formellen Rechtskraft dieses Teilungsurteils[1971]. Falls mit dem Zuweisungsentscheid nach der konkreten Formulierung das Eigentum an den zugewiesenen landwirtschaftlichen Liegenschaften im Sinne eines Gestaltungsurteils direkt dem Berechtigten zugesprochen wird, erfolgt der Eigentumserwerb und damit der Beginn des Fri-

---

[1968] Es liegt kein Urteil im Sinne von Art. 656 Abs. 2 ZGB vor, weil es sich beim Zuweisungsentscheid um ein Leistungsurteil und nicht ein Gestaltungsurteil auf unmittelbare Einräumung des Eigentums handelt, welches für den unmittelbaren Eigentumserwerb gemäss Art. 656 Abs. 2 ZGB notwendig wäre (HAAB ROBERT / SIMONIUS AUGUST / SCHERRER WERNER / ZOBL DIETER, Zürcher Kommentar, N. 66 zu Art. 656 ZGB; ESCHER ARNOLD, Zürcher Kommentar, N. 2 zu Art. 620 aZGB; MEIER-HAYOZ ARTHUR, Berner Kommentar, N. 99 zu Art. 656 ZGB; TOUR PETER / PICENONI VITO, Berner Kommentar, N. 1a zu Art. 620 aZGB; STEIGER FRANZ, S. 158).

[1969] ESCHER ARNOLD, Zürcher Kommentar, N. 2 zu Art. 620 aZGB. TOUR PETER / PICENONI VITO, Berner Kommentar, N. 1a zu Art. 620 aZGB. STEIGER FRANZ, S. 158.

[1970] Vgl. oben lit. B, Ziff. 2.

[1971] Vgl. oben lit. B Ziff. 3 lit. b.

stenlaufes im Zeitpunkt der formellen Rechtskraft des Zuweisungsentscheides.

C. Massgeblicher Veräusserungszeitpunkt

1. Veräusserungsvertrag

Falls die Veräusserung vertraglich vereinbart worden ist, fällt der Zeitpunkt der Veräusserung mit dem Zeitpunkt des Vertragsabschlusses zusammen, mit dem sich der Veräusserer zur Eigentumsübertragung bzw. zur Übertragung des Rechtes verpflichtet hat, welches wirtschaftlich einem Verkauf gleichkommt[1972]. Es muss sich aber um einen endgültigen[1973] Vertrag handeln und die zur Geltendmachung des Gewinnanspruches relevante Gegenleistung muss im Vertrag direkt oder indirekt[1974] festgelegt sein[1975]. Diese Bestimmung wurde aus dem bisherigen Recht übernommen[1976]. Mit dem Abstellen auf den Abschluss des Verpflichtungsvertrages sollte allfälligen missbräuchlichen Umgehungsgeschäften zu Lasten der Miterben ein Riegel geschoben werden[1977]. Für den Verkauf von landwirtschaftlichen Liegenschaften ist der massgebliche Zeitpunkt die öffentliche Beurkundung des Kaufvertrages[1978]. Bei der Einräumung von dinglichen Rechten ist jener Zeitpunkt

---

[1972] Art. 29 Abs. 2 lit. a BGBB. ESCHER ARNOLD, Zürcher Kommentar, Ergänzungslieferung zum landwirtschaftlichen Erbrecht, N. 18 zu Art. 619 aZGB.

[1973] Die Einräumung eines Vorkaufsrechtes genügt nicht, während die Einräumung eines Kaufsrechtes den Verpflichtungscharakter erfüllen dürfte.

[1974] Der Hinweis auf eine andere Quelle genügt, wenn sich damit die Gegenleistung quantifizieren lässt.

[1975] NEUKOMM/CZETTLER, S. 140.

[1976] Art. 619 Abs. 3 aZGB. BBl 1988 III 1009.

[1977] ESCHER ARNOLD, Zürcher Kommentar, Ergänzungslieferung zum landwirtschaftlichen Erbrecht, N. 18 zu Art. 619 aZGB. HENNY JEAN-MICHEL, Kommentar BGBB, N. 24 zu Art. 29 BGBB. NEUKOMM/CZETTLER, S. 142.

[1978] Art. 216 Abs. 1 OR. BBl 1988 III 1009.

entscheidend, an welchem die Vertragsparteien den schriftlichen Verpflichtungsvertrag unterzeichnen[1979].

2. Enteignungsverfahren

Im Falle der Enteignung fällt der Veräusserungszeitpunkt mit dem Datum der Einleitung des Enteignungsverfahrens zusammen[1980]. Auch hier wurde eine Bestimmung des bisherigen Rechts übernommen[1981]. Die Einleitung des Enteignungsverfahrens wird in der Regel durch einen förmlichen Entscheid der zuständigen Instanz an die betroffenen Parteien bekannt gegeben, weshalb in solchen Fällen der Veräusserungszeitpunkt mit der Rechtskraft dieses Entscheides zusammenfällt. Falls es an einem solchen förmlichen Entscheid fehlt, dürfte der Publikationszeitpunkt der öffentliche Planauflage den massgeblichen Moment darstellen. Allfällige Vorverhandlungen des Gemeinwesens, welche auf einen Freihandkauf des zu enteignenden Gegenstandes hinzielen, stellen noch keine Einleitung des Enteignungsverfahrens dar[1982]. Kommt es im Zuge solcher Verhandlungen vor der förmlichen Einleitung der Enteignung zu einer Einigung, so ist auch hier der Vertragsabschluss des Verpflichtungsgeschäftes massgebend.

Bei der materiellen Enteignung ist auf den Zeitpunkt abzustellen, in dem die verursachende Massnahme oder Vorkehrung rechtskräftig erlassen worden ist, bei Fehlen eines solches Erlasses auf den Beginn der verursachenden Massnahme oder Vorkehrung. Vorausgesetzt wird allerdings, dass eine solche materielle Enteignung anschliessend auch rechtzeitig geltend gemacht wird.

[1979] Art. 732 ZGB. Falls die eine Vertragspartei bereits vor der anderen unterzeichnet hat, und falls die Frist für die Annahme des Antrages für den oder die anderen Vertragspartner gemäss Vereinbarung oder nach den Umständen noch nicht abgelaufen ist, fällt der Vertragsabschluss auf das Datum der Unterzeichnung des letzten Vertragspartners.

[1980] Art. 29 Abs. 2 lit. b BGBB.

[1981] Art. 619 Abs. 3 aZGB. BBl 1988 III 1010.

[1982] ESCHER ARNOLD, Zürcher Kommentar, Ergänzungslieferung zum landwirtschaftlichen Erbrecht, N. 18 zu Art. 619 aZGB.

3. Einzonungsverfahren

Beim Veräusserungstatbestand der Zuweisung zu einer Bauzone fällt der massgebliche Veräusserungszeitpunkt auf das Datum der Einleitung des Verfahrens für die Zuweisung eines landwirtschaftlichen Grundstückes in eine Bauzone[1983]. Wann und in welcher Form ein solches Verfahren eingeleitet wird, ergibt sich aus den entsprechenden Bestimmungen des Lagekantons, weil dafür die Kantone die Zuständigkeiten und das Verfahren zu regeln haben[1984].

4. Geschäft oder Handlung der Zweckentfremdung

Beim Veräusserungstatbestand der Zweckentfremdung fällt der massgebliche Veräusserungszeitpunkt auf das Datum des Geschäftsabschlusses, mit welchem dem Berechtigten die nichtlandwirtschaftliche Nutzung erlaubt wird, oder auf die Handlung des Eigentümers, welche die Nutzungsänderung bewirkt[1985]. Beim Abschluss eines entsprechenden nutzungsändernden Geschäfts mit einem Dritten ist das Datum des Vertragsabschlusses des Verpflichtungsvertrages entscheidend[1986].

[1983] Art. 29 Abs. 2 lit. c BGBB. BBl 1988 III 1010.
[1984] Art. 25 RPG.
[1985] Art. 29 Abs. 2 lit. d BGBB. BBl 1988 III 1010.
[1986] Art. 29 Abs. 2 lit. a BGBB. Abschluss eines Miet- oder Pachtvertrages mit Dritten für den nichtlandwirtschaftlichen Gebrauch von landwirtschaftlichen Liegenschaften oder teilen davon (Campingplatz, Parkplätze, Lagerplatz, etc.).

§ 24 Gewinn

I. Allgemeines

Die Bestimmungen über die Berechnung des Gewinnes bei einer Veräusserung im engeren Sinne[1987] orientieren sich am bisherigen Recht[1988]. Hinzu kommen neu die Vorschriften für die Gewinnberechnung bei der Zuweisung zu einer Bauzone[1989] und bei der Zweckentfremdung[1990].

II. Enteignung, Verkauf oder ähnliche Rechtsgeschäfte

Beim klassischen Fall der ganzen oder teilweisen Veräusserung eines landwirtschaftlichen Gewerbes oder Grundstückes im Sinne eines Verkaufes, eines ähnlichen Rechtsgeschäftes[1991] oder einer Enteignung[1992] entspricht der massgebliche Gewinn grundsätzlich[1993] der Differenz zwischen dem Veräusserungswert und dem Anrechnungswert[1994]. Diese Bestimmung entstammt dem bisherigen

---

[1987] Art. 29 Abs. 1 lit. a und b BGBB.
[1988] Art. 619bis aZGB. BBl 1988 III 1011. Art. 31 Abs. 1 BGBB.
[1989] Art. 31 Abs. 2 BGBB.
[1990] Art. 31 Abs. 3 BGBB.
[1991] Art. 29 Abs. 1 lit. a BGBB.
[1992] Art. 29 Abs. 1 lit. b BGBB.
[1993] Der Veräusserungswert ist um allfällige Abzüge (vgl. unten, § 25) zu reduzieren.
[1994] Art. 31 Abs. 1 BGBB.

Recht[1995]. Entscheidend ist nicht der nominelle Preis, welcher für die Veräusserung festgelegt worden ist, sondern der effektive Wert der Gegenleistung des veräusserten Gegenstandes. Dieser kann sich aus dem in einem Rechtsgeschäft festgelegten Preis zuzüglich weiterer Leistungen[1996] zusammensetzen. Falls sich die Parteien nicht einigen können, sind Wertanteile, welche nicht in bar erbracht worden sind, zum Verkehrswert zu schätzen und anzurechnen[1997].
Der Übernehmer kann den fraglichen Gegenstand zu einem beliebigen Wert veräussern, welcher unter dem Verkehrswert, ja sogar unter dem damaligen Anrechnungswert liegen kann. Sofern der Veräusserungswert nach der Vornahme der zulässigen Abzüge den damaligen Anrechnungswert nicht übersteigt, gibt es keinen Gewinn zu teilen, es sei denn, es wären verschleierte Leistungen[1998] erbracht worden. Diesfalls wäre eine entsprechende Aufrechnung vorzunehmen[1999].

III. Zuweisung zu einer Bauzone

Falls das landwirtschaftliche Gewerbe oder Grundstück ganz oder teilweise in die Bauzone einzont wird, ist für die Gewinnberechnung vom mutmasslichen Verkehrswert im Zeitpunkt der rechtskräftigen Einzonung auszugehen[2000]. Darunter ist der aktuelle Marktwert des eingezonten Bodens zu verstehen, welcher zu schätzen ist. Eine Veräusserung oder eine eigene Nutzung als Bauland innerhalb von 15 Jahren seit der Einzonung ändert an diesem Wert

---

[1995] Art. 619bis aZGB.

[1996] Solche Leistungen sind oft nicht ziffernmässig offengelegt, sodass sie zuerst ausgeschieden oder geschätzt werden müssen.

[1997] HENNY JEAN-MICHEL, Kommentar BGBB, N.10 zu Art. 29 BGBB.

[1998] Andere Geschäfte, bei denen Leistung und Gegenleistung nicht übereinstimmen; Schenkungen, etc.

[1999] HENNY JEAN-MICHEL, Kommentar BGBB, N. 10 zu Art. 29 BGBB.

[2000] Art. 31 Abs. 2 BGBB. HENNY JEAN-MICHEL, Kommentar BGBB, N. 17 zu Art. 29 BGBB.

nichts mehr. Einzig die Fälligkeiten werden durch diese Umstände verändert[2001]. Dass der mutmassliche Verkehrswert im Zeitpunkt der rechtskräftigen Einzonung für die Gewinnanspruchsberechnung massgeblich ist und nicht etwa ein Veräusserungspreis des eingezonten Landes oder der Verkehrswert im Zeitpunkt der Nutzung als Bauland, ergibt sich eindeutig aus den Materialien[2002]. Gemäss dem Entwurf des Bundesrates war basierend auf dem mutmasslichen Verkehrswert der Gewinnanteil bei eingezontem Land mit der Rechtskraft der Einzonung fällig, ungeachtet dessen, ob eine Veräusserung oder Nutzung als Bauland vorgesehen war oder nicht[2003]. Damit ist auch klar, dass für die Berechnung des Gewinnanteils vom Verkehrswert im Zeitpunkt der rechtskräftigen Einzonung auszugehen ist. Anlässlich der ersten Beratung im Ständerat schlug eine Minderheit der vorberatenden Kommission ein Hinausschieben der Fälligkeiten auf den Zeitpunkt der Veräusserung oder Nutzung als Bauland oder spätestens auf das 15. Jahr seit der rechtskräftigen Einzonung vor[2004], was sich dann in der Folge sowohl im Ständerat[2005] als auch im Nationalrat[2006] durchgesetzt hat. Es ging dabei vor allem darum, den Landwirt nicht durch eine sofortige Fälligkeit des Gewinnanspruches gemäss dem bundesrätlichen Entwurf in einen Veräusserungszwang zu versetzen, aber trotzdem

---

[2001] Art. 30 lit. a und b BGBB.

[2002] BBl 1988 III 1011 und 1117. Amtl.Bull.SR 1990 S. 229 ff., Amtl.Bull.NR 1991 S. 121 ff., Amtl.Bull.SR 146, Amtl.Bull.NR 1991 S. 863.

[2003] BBl 1988 III 1117. Art. 31 lit. b i.V.m. Art. 32 Abs. 2 des bundesrätlichen Entwurfes (BBl 1988 III 1011).

[2004] Amtl.Bull.SR 1990 S. 229. Die Mehrheit der ständerätlichen Kommission wollte die Fälligkeitsbestimmung und den mutmasslichen Verkehrswert gemäss dem bundesrätlichen Entwurf (Art. 31 lit. b und Art. 32 Abs. 2 des Entwurfes; BBl 1988 III 1117) gestrichen haben, womit dann die Fälligkeit und der massgebliche Veräusserungswert erst im Zeitpunkt einer Veräusserung oder einer Zweckentfremdung (Nutzung als Bauland) entstanden wären (Amtl.Bull.SR 1990, S. 229).

[2005] Amtl.Bull.SR 1990 S. 233. Amtl.Bull.SR 1991 S. 146.

[2006] Amtl.Bull.NR 1991 S. 863. Der Nationalrat befürwortete zuerst eine Frist von 10 Jahren (Amtl.Bull.NR 1991 S. 121 und 125), schwenkte dann aber auch auf die Frist von 15 Jahren gemäss ständerätlichem Beschluss ein (Amtl.Bull.NR 1991 S. 863).

mit der Frist von 15 Jahren einen raumplanerischen Beitrag gegen die Baulandhortung zu leisten[2007].
Der letzte Teilsatz von Art. 31 Abs. 2 BGBB stellt nur eine redaktionelle Ergänzung[2008] dar und sollte keine materielle Wirkung haben[2009]. Daraus kann nämlich entgegen dem Wortlaut nicht abgeleitet werden, dass bei einer Veräusserung innerhalb der 15 Jahre seit rechtskräftiger Einzonung für die Gewinnberechnung auf den Veräusserungspreis abzustellen wäre.

IV. Zweckentfremdung

Falls der Übernehmer das landwirtschaftliche Gewerbe oder das landwirtschaftliche Grundstück ganz oder teilweise von der landwirtschaftlichen Nutzung dauernd einem anderen Zweck zuführt und damit zweckentfremdet, beträgt der Gewinn das Zwanzigfache des tatsächlichen oder möglichen jährlichen Ertrages der nichtlandwirtschaftlichen Nutzung[2010]. Diese Art der Berechnung des Gewinnes stammt von der Berechnungsweise des Gesamtwertes einer Grundlast[2011], weshalb die dortigen Grundsätze analog anzuwenden sind.

[2007] Amtl.Bull.SR 1990 S. 231, Votum Zimmerli. Amtl.Bull.SR 1990 S. 232, Votum Jagmetti. Amtl.Bull.SR 1990 S. 233, Votum Koller.

[2008] «Wenn innert 15 Jahren keine Veräusserung erfolgt». Dieser Teilsatz wurde von der Minderheit der ständerätlichen Kommission in Abänderung des bundesrätlichen Entwurfes (Art. 32 Abs. 2 des Entwurfes; Amtl.Bull.SR 1990. S. 229) vorgeschlagen.

[2009] Amtl.Bull.SR 1990 S. 231, Votum Zimmerli.

[2010] Art. 31 Abs. 3 BGBB. BBl 1988 III 1011.

[2011] Art. 783 Abs. 2 ZGB. BBl 1988 III 1011.

§ 25 Abzüge

I. Allgemeines

Zur Ermittlung des Gewinnes können vom massgeblichen Veräusserungswert verschiedene Abzüge getätigt werden[2012]. In Frage kommen wertvermehrende Aufwendungen[2013], der Abzug zufolge Zeitablauf[2014], der Abzug für Realersatz[2015], der Abzug für Ausbesserungen[2016] sowie der Abzug für den Ersatz von Bauten und Anlagen[2017]. Grundsätzlich können sämtliche Abzüge bei allen Veräusserungstatbeständen geltend gemacht werden.

II. Wertvermehrende Aufwendungen

Wertvermehrende Aufwendungen am landwirtschaftlichen Gewerbe oder Grundstück kann der Erbe zum Zeitwert abziehen[2018]. Diese Bestimmung stammt aus dem bisherigen Recht[2019]. Es kann sich dabei nur um solche Aufwendungen handeln, welche der Veräusserer

---

[2012] Art. 31 Abs. 1,4 und 5 BGBB, Art. 32 und 33 BGBB.
[2013] Art. 31 Abs. 1 BGBB.
[2014] Art. 31 Abs. 4 und 5 BGBB.
[2015] Art. 32 BGBB.
[2016] Art. 33 Abs. 1 und 2 BGBB.
[2017] Art. 33 Abs. 3 BGBB.
[2018] Art. 31 Abs. 1 BGBB.
[2019] Art. 619bis Abs. 1 aZGB.

selber erbracht hat[2020]. Darunter fallen sicher einmal Meliorationen, Verbesserungen oder Erneuerung von Gebäulichkeiten, aber auch Neubauten, wogegen Unterhalt und Reparaturen von Land, Strassen und Gebäuden nicht wertvermehrend wirken, auch wenn derlei Aufwand lange Zeit vernachlässigt worden ist und deshalb ein grosses Ausmass verursacht hat[2021]. Noch nicht oder in den letzten 5 Jahren gemachte Verbesserungen von Bauten und Anlagen können als eigenständiger Abzug geltend gemacht werden, wenn das fragliche Grundstück im Eigentum des Veräusserers verbleibt[2022].
Es darf bei den Wertvermehrungen keine Rolle spielen, wieviel diese bei der konkreten Weiterverwendung noch nützen werden. Es ist von der Wertvermehrung für den landwirtschaftlichen Gebrauch auszugehen. Diese Bestimmung soll den Veräusserer schützen, damit er nicht mehr Gewinn abliefern muss, als er netto aus dem Grundstück gezogen hat[2023].
Der Mehrwertabzug kann allerdings nur für solche Aufwendungen gemacht werden, die am veräusserten Grundstück erbracht worden sind[2024].

[2020]Holzzuwachs wird nicht vom Veräusserer erbracht. ESCHER ARNOLD, Zürcher Kommentar, Ergänzungslieferung zum landwirtschaftlichen Erbrecht, N. 4 zu Art. 619bis aZGB.

[2021]HENNY JEAN-MICHEL, Kommentar BGBB, N. 11 zu Art. 31 BGBB. Im Gegensatz dazu können Unterhaltsarbeiten, welche über die einfachen und üblichen Unterhaltsarbeiten hinausgehen, gemäss Art. 33 Abs. 1 und 2 BGBB («Sanierungsverkauf») abgezogen werden (vgl. unten, V, C.)

[2022]Art. 33 Abs. 1 und 2 BGBB.

[2023]ESCHER ARNOLD, Zürcher Kommentar, Ergänzungslieferung zum landwirtschaftlichen Erbrecht, N. 4 zu Art. 619bis aZGB.

[2024]ESCHER ARNOLD, Zürcher Kommentar, Ergänzungslieferung zum landwirtschaftlichen Erbrecht, N. 3 zu Art. 619bis aZGB.

III. Abzug zufolge Zeitablauf

A. Allgemeines

Den Besitzesdauerabzug von zwei Hundertsteln für jedes Jahr im Eigentum des Erben gab es bereits im bisherigen Recht[2025]. Mit diesem Abzug wird die Wertsteigerung als Folge der Geldentwertung kompensiert[2026]. Zudem soll dieser Abzug auch die Härte mildern, die darin besteht, dass auch dann der ganze Gewinn mit den Miterben geteilt werden muss, wenn der Anrechnungswert nur wenig unter dem Verkehrswert gelegen hat[2027]. Anstelle des auf 2 % pro Jahr pauschalierten Abzuges[2028] kann der Veräusserer alternativ den höheren Anrechnungswert wählen, der sich aus der Änderung der Bemessungsgrundlagen für den Ertragswert ergibt[2029].

B. Besitzesdauerabzug

Der Erbe kann für jedes volle Jahr, während dem sich das landwirtschaftliche Gewerbe oder Grundstück in seinem Eigentum befand, zwei Hundertstel vom Gewinn abziehen[2030]. Für ein angebrochenes Jahr wird der Abzug entsprechend reduziert[2031]. Für die Bemessung

---

[2025] Art. 619bis aZGB.

[2026] ESCHER ARNOLD, Zürcher Kommentar, Ergänzungslieferung zum landwirtschaftlichen Erbrecht, N. 5 zu Art. 619bis aZGB. NEUKOMM / CZETTLER, S. 147.

[2027] BBl 1988 III 1011.

[2028] Art. 31 Abs. 4 BGBB.

[2029] Art. 31 Abs. 5 BGBB.

[2030] Art. 31 Abs. 4 BGBB.

[2031] BBl 1988 III 1011. Gemäss bisherigem Recht waren nur volle Besitzesjahre anzurechnen (ESCHER ARNOLD, Zürcher Kommentar, Ergänzungslieferung zum landwirtschaftlichen Erbrecht, N. 6 zu Art. 619bis aZGB. NEUKOMM / CZETTLER, S. 147), was im neuen Recht ausdrücklich anders sein soll.

der fraglichen Zeitspanne ist der Erwerbszeitpunkt[2032] und der für das Gewinnanspruchsrecht gesetzlich normierte Veräusserungszeitpunkt[2033] massgebend[2034]. Es kann nämlich nicht die Absicht des Gesetzgebers gewesen sein, für den Ablauf der massgeblichen Besitzesdauer auf den Zeitpunkt der effektiven Eigentumsaufgabe abzustellen, was insbesondere beim Veräusserungstatbestand der Einzonung zu einer Bauzone und bei der Zweckentfremdung zu unüberbrückbaren Schwierigkeiten führen würde, weil dort unter Umständen gar keine Eigentumsaufgabe erfolgt. Zweckmässig ist hier vielmehr er gesetzlich normierte[2035] Veräusserungszeitpunkt.

C. Erhöhter Anrechnungswert

Sofern es für den Veräusserer günstiger ist, wird der Gewinnberechnung an Stelle des Besitzesdauerabzuges ein erhöhter Anrechnungswert zugrunde gelegt. Der Anrechnungswert wird um den Prozentsatz erhöht, um den der Ertragswert infolge Änderung der Bemessungsgrundlagen zugenommen hat[2036]. Als Bemessungsgrundlagen gelten die Bestimmungen über die Schätzung des Ertragswertes[2037], die der Bundesrat periodisch anpasst[2038]. Diese al-

---

[2032] Vgl. Ausführungen vorne, § 23, III, B.

[2033] Art. 29 Abs. 2 BGBB. Vgl. Ausführungen vorne, § 23, III, C.

[2034] HENNY JEAN-MICHEL, Kommentar BGBB, N. 25 zu Art. 31 BGBB.

[2035] Art. 29 Abs. 2 BGBB.

[2036] Art. 31 Abs. 5 BGBB.

[2037] Schätzungsanleitung für den Ertragswert.

[2038] BBl 1988 III 1012. Von 1979 zum 1. August 1986 war die Anleitung für die Schätzung landwirtschaftlicher Heimwesen und Liegenschaften vom 18. Juni 1979 massgebend (Anhang zum Eidgenössischen Schätzungsreglement vom 28. Dezember 1951). Sie wurde abgelöst von der Anleitung für die Schätzung des landwirtschaftlichen Ertragswertes vom 7. Mai 1986 (Anhang zur Verordnung über die Schätzung des landwirtschaftlichen Ertragswertes vom 28. Dezember 1951). Seit dem 1. Februar 1996 gelten nun die Anleitung für die Schätzung des landwirtschaftlichen Ertragswertes vom 25. Oktober 1995 und die Anleitung für die Schätzung des Ertragswertes für Betriebe des produzierenden Gartenbaus (Anhang I und II zur Verordnung über das bäuerliche Bodenrecht vom 4. Oktober 1993 [VBB]; Fassung vom 25. Oktober 1995).

ternative Anrechnungsklausel ist nur dann anzuwenden, wenn deren Anwendung für den Veräusserer günstiger kommt, was sich bereits aus dem Gesetzeswortlaut ergibt[2039]. Selbstverständlich kann mit dieser Berechnung nicht auch noch der Besitzesdauerabzug kumuliert werden, was sich wiederum klar aus dem Gesetz ergibt[2040]. Der damalige Anrechnungswert ist um jenen Prozentsatz zu erhöhen, um den auch der Ertragswert des gleichen[2041] Grundstückes seither zugenommen hat[2042]. Für diesen Vergleich dürfen zwischenzeitliche Wertvermehrungen nicht einbezogen werden, da sich die relevante Erhöhung nur aufgrund der geänderten Bemessungsgrundlagen bezüglich des ursprünglichen Liegenschafts- und Gebäudeumfanges ergeben darf[2043]. Selbstverständlich dürfen aber nach dem Feststehen des erhöhten Anrechnungswertes mit Ausnahme des Besitzesdauerabzuges[2044] kumulativ sämtliche anderen Abzüge gemacht werden[2045].

[2039] HENNY JEAN-MICHEL, Kommentar BGBB, N. 27 zu Art. 31 BGBB.

[2040] Art. 31 Abs. 5 BGBB («..., wird der Gewinnberechnung an Stelle des Besitzesdauerabzuges ein erhöhter Anrechnungswert...»).

[2041] Gleicher Umfang und gleicher Zustand. Notwendige Unterhaltsarbeiten verändern den Umfang und den Zustand eines Grundstückes nicht.

[2042] Ein Beispiel: Anrechnungswert im Zeitpunkt des Erwerbs: Fr. 200'000.--, Ertragswert damals: Fr. 150'000.--; Ertragswert im Zeitpunkt der Veräusserung: Fr. 300'000.--; prozentuale Zunahme von 100 %; der für die Gewinnberechnung massgebliche Anrechnungswert beträgt Fr. 400'000.--.

[2043] Art. 31 Abs. 5 BGBB.

[2044] Art. 31 Abs. 4 BGBB. Dieser Abzug entfällt, sofern der erhöhte Anrechnungswert für den Veräusserer günstiger ist.

[2045] Art. 31 Abs. 1 BGBB, Art. 32 und Art. 33 BGBB.

VI. Abzug für Realersatz

A. Allgemeines

Erwirbt der Erbe in der Schweiz Ersatzgrundstücke, um darauf sein bisher betriebenes landwirtschaftliches Gewerbe weiterzuführen, oder erwirbt er als Ersatz für das veräusserte Gewerbe ein anderes landwirtschaftliches Gewerbe in der Schweiz, so darf er vom Veräusserungspreis den Erwerbspreis für einen ertragsmässig gleichwertigen Ersatz abziehen[2046]. Diese Bestimmung entspricht der Regelung im bisherigen Recht[2047]. Der Übernehmer soll den Kaufpreis für ein oder mehrere Grundstücke vom Veräusserungspreis abziehen dürfen, sofern dies zur Weiterführung seines landwirtschaftlichen Gewerbes dient. In Frage kommen landwirtschaftliche Grundstücke und landwirtschaftliche Gewerbe[2048]. Der Realersatz tritt an die Stelle des veräusserten Grundstücks oder Gewerbes.

B. Voraussetzungen

Als Realersatz kommen nur landwirtschaftliche Grundstücke oder landwirtschaftliche Gewerbe in Frage, welche sich auf schweizerischen Territorium befinden[2049]. Der Erwerb muss zur Weiterführung des landwirtschaftlichen Gewerbes dienen[2050]. Der Veräusserer muss demnach den Betrieb selber weiterführen[2051] und es muss weiterhin ein landwirtschaftlicher Betrieb vorhanden sein. Hatte der Erwerber ein landwirtschaftliches Grundstück zugewiesen er-

---

[2046] Art. 32 Abs. 1 BGBB.
[2047] Art. 619ter aZGB.
[2048] BBl 1988 III 1012.
[2049] Art. 32 Abs. 1 BGBB. BBl 1988 III 1012.
[2050] Art. 32 Abs. 1 BGBB. BBl 1988 III 1012.
[2051] HENNY JEAN-MICHEL, Kommentar BGBB, N. 5 zu Art. 32 BGBB.

halten, weil er Eigentümer eines landwirtschaftlichen Gewerbes war oder wirtschaftlich über ein solches verfügt hatte[2052], so muss er auch für die Anwendung der Realersatzbestimmung weiterhin diese Voraussetzung erfüllen[2053].

C. Umfang des Abzuges

In Übereinstimmung mit dem bisherigen Recht[2054] darf nur der Erwerbspreis für ein ertragsmässig höchstens gleichwertiges Grundstück abgezogen werden[2055]. Dazu sind die Ertragswerte des veräusserten Grundstückes und des Realersatzes zu vergleichen, weshalb eine Schätzung nach der Anleitung für die Schätzung des landwirtschaftlichen Ertragswertes bzw. nach der Anleitung für die Schätzung des Ertragswertes der Betriebe des produzierenden Gartenbaus notwendig sein wird[2056]. Ist der Ertragswert des Ersatzgrundstückes oder Ersatzgewerbes niedriger als jener des veräusserten Grundstückes oder Gewerbes, so kann der Veräusserer nur den tatsächlich bezahlten Kaufpreis abziehen, soweit dieser nicht übersetzt ist. Falls der Ertragswert des Ersatzgrundstückes oder Ersatzgewerbes höher ist als jener des veräusserten Grundstückes oder Gewerbes, so kann der Veräusserer nur das abziehen, was er hätte bezahlen müssen, wenn er nur denjenigen Teil des Ersatzgrundstückes oder Ersatzgewerbes gekauft hätte, der ertragsmässig dem alten Grundstück oder Gewerbe entsprechen würde[2057].

[2052] Art. 21 Abs. 1 BGBB.
[2053] HENNY JEAN-MICHEL, Kommentar BGBB, N. 5 zu Art. 32 BGBB.
[2054] Art. 619ter aZGB.
[2055] BBl 1988 III 1012.
[2056] Anhang I und II zur Verordnung über das bäuerliche Bodenrecht vom 4. Oktober 1993 (VBB); Fassung vom 25. Oktober 1995.
[2057] ESCHER ARNOLD, Zürcher Kommentar, Ergänzungslieferung zum landwirtschaftlichen Erbrecht, N. 4 zu Art. 619ter aZGB. NEUKOMM / CZETTLER, S. 149.

Der bezahlte Preis darf aber nicht übersetzt sein[2058]. Was über dieser Limite liegt, kann nicht abgezogen werden. Damit sollte die Bodenpreissteigerung gebremst und verhindert werden, dass der gewinnanspruchsbelastete Eigentümer ohne Rücksicht auf den Ertragswert jeden Kaufpreis bezahlt, nur, um möglichst wenig Gewinn teilen zu müssen[2059].

D. Befristung

Der Abzug ist nur zulässig, wenn der Kauf in den zwei Jahren vor oder nach der Veräusserung oder innerhalb fünf Jahren nach der Enteignung stattgefunden hat[2060]. Im bisherigen Recht war die zeitliche Begrenzung für einen Realabzug nicht geregelt, was zu Unsicherheiten geführt hat[2061]. Im Entwurf des Bundesrates war generell eine Befristung von zwei Jahren vor und nach der Veräusserung vorgesehen[2062], worauf die vorberatende Kommission des Ständerates für den Enteignungsfall eine Befristung von fünf Jahren vorschlug[2063], was ohne weitere Diskussion von beiden Räten übernommen worden ist[2064].
Für den massgeblichen Zeitpunkt der Veräusserung ist auf den gesetzlich definierten Veräusserungszeitpunkt abzustellen[2065]. Wollte man auf den Zeitpunkt der Fälligkeit abstellen, so könnte die Teilung eines allfälligen Gewinnes ungebührlich hinausgezögert werden kann, indem nach dem Eintreten der bereits hinausgeschobenen

---

[2058] Art. 66 BGBB. Im bundesrätlichen Vorschlag war als obere Limite noch der doppelte Ertragswert vorgesehen (BBl 1988 III 1012 und 1118).
[2059] BBl 1988 III 1012.
[2060] Art. 32 Abs. 2 BGBB.
[2061] ESCHER ARNOLD, Zürcher Kommentar, Ergänzungslieferung zum landwirtschaftlichen Erbrecht, N. 3 zu Art. 619ter aZGB. NEUKOMM / CZETTLER, S. 150.
[2062] BBl 1988 III 1012 und 1118.
[2063] Amtl.Bull.SR 1990 S. 233.
[2064] Amtl.Bull.SR 1990 S. 233. Amtl.Bull.NR 1991 S. 125.
[2065] Art. 29 Abs. 2 BGBB. Vgl. Ausführungen vorne, § 23, III, C.A.M. HENNY JEAN-MICHEL, Kommentar BGBB, N. 13 zu Art. 32 BGBB.

Fälligkeit des Gegenanspruches noch weitere zwei bzw. fünf Jahre zugewartet werden müsste. Kommt hinzu, dass gemäss klarem Gesetzeswortlaut der Veräusserungszeitpunkt und nicht der Fälligkeitszeitpunkt massgeblich ist[2066].
Der Eigentumserwerb der Ersatzgrundstücke findet im Zeitpunkt des Grundbucheintrages statt[2067], wobei sich dieser nach dem Zeitpunkt der Einschreibung im Tagebuch richtet[2068]. Da die Einschreibung im Tagebuch sofort mit dem Eingang der Grundbuchanmeldung zu geschehen hat[2069], ist das Einreichdatum der Grundbuchanmeldung entscheidend[2070].

E. Veräusserung des Realersatzes

Der Gewinnanspruch der Miterben bleibt erhalten, wenn die restlichen Grundstücke oder die Ersatzgrundstücke veräussert werden[2071]. Die Realersatzgrundstücke oder das Realersatzgewerbe treten im Sinne einer Subrogation an die Stelle der ursprünglich übernommenen und dann veräusserten Grundstücke oder Gewerbe[2072]. Die massgebliche Gewinnanteilsfrist von 25 Jahren und die übrigen Gewinnanspruchsbestimmungen erfahren durch den Realersatz keine Veränderung.

[2066] Art. 32 Abs. 2 BGBB.
[2067] Art. 656 Abs. 1 ZGB. BGE 95 II 432.
[2068] Art. Art. 972 Abs. 2 ZGB. Art. 26 Abs. 4 GBV.
[2069] Art. 948 Abs. 1 ZGB und Art. 14 GBV.
[2070] MEIER-HAYOZ ARTHUR, Berner Kommentar, N. 63 zu Art. 656. HAAB ROBERT / SIMONIUS AUGUST / SCHERRER WERNER / ZOBL DIETER, Zürcher Kommentar, N. 14 zu Art. 656 ZGB. Oft dürfte das Datum der Einreichung der Grundbuchanmeldung mit dem Datum der öffentlichen Beurkundung zusammenfallen, insbesondere dann, wenn der Grundbuchverwalter selber die öffentliche Beurkundung vornimmt.
[2071] Art. 32 Abs. 3 BGBB.
[2072] HENNY JEAN-MICHEL, Kommentar BGBB, N. 14 zu Art. 32 BGBB.

V. Ausbesserungsabzug

A. Allgemeines

Der Erbe kann vom Veräusserungspreis den Betrag für die notwendige Ausbesserung einer landwirtschaftlichen Baute oder Anlage abziehen, sofern das Grundstück, auf dem sie sich befindet, aus der gleichen Erbschaft stammt und in seinem Eigentum bleibt[2073]. Den Ausbesserungsabzug gab es bereits im bisherigen Recht[2074]. Mit diesem Abzug sollte der Sanierungsverkauf ermöglicht und eine Ueberschuldung verhindert werden[2075]. Neu ist nicht nur ein Abzug für Ausbesserungen, sondern auch ein solcher bei der Neuerstellung von landwirtschaftlichen Bauten und Anlagen möglich[2076].

B. Bauten und Anlagen

Für den Ausbesserungsabzug kommen landwirtschaftliche Bauten und Anlagen in Betracht, welche der landwirtschaftlichen Bewirtschaftung des entsprechenden Grundstückes oder Gewerbes dienen. Darunter können u.a. Wohn- und Oekonomiegebäude als eigentliche Bauten fallen[2077]. Als Anlagen kommen mit dem Boden oder Gebäuden fest und dauerhaft verbundene Maschinen[2078] und andere Einrichtungen[2079] in Frage[2080], wobei als Voraussetzung für den

---

[2073] Art. 33 Abs. 1 BGBB.
[2074] Art. 619^{quater} aZGB.
[2075] ESCHER ARNOLD, Zürcher Kommentar, Ergänzungslieferung zum landwirtschaftlichen Erbrecht, N. 1 zu Art. 619^{quater} aZGB.
[2076] Art. 33 Abs. 3 BGBB.
[2077] BBl 1988 III 1013.
[2078] Jauchepumpe, Heubelüftung, Melkstand, Transportseilbahn, etc.
[2079] Güterstrassen, Stützmauern, Drainagen, Quellfassung, Fahrsilo, etc.
[2080] BBl 1988 III 1013.

Ausbesserungsabzug zu verlangen ist, dass die betreffende Anlage einen Einfluss auf den Ertragswert hat[2081].

C. Notwendige Ausbesserung

Die Ausbesserungen müssen notwendig sein[2082], was dann der Fall ist, wenn sie im Hinblick auf eine langfristige landwirtschaftliche Bewirtschaftung angezeigt sind[2083], bzw. bei objektiver Betrachtung für eine ordnungsgemässe Verwaltung und Bewirtschaftung der landwirtschaftlichen Liegenschaft oder des landwirtschaftlichen Gewerbes erforderlich sind[2084]. Es kann sich dabei um grössere Unterhalts- Wiederherstellungs- oder Erneuerungsarbeiten handeln. Ausbesserungen zur blossen Verschönerung sind damit nicht gemeint[2085]. Übliche Unterhaltsarbeiten fallen ebenfalls nicht darunter. Nach Beendigung der Ausbesserungsarbeiten dürfen die ausgebesserten Bauten und Anlagen ertragsmässig[2086] nicht höher liegen als vorher[2087], weil andernfalls eine hier nicht mehr abzugsfähige Wertvermehrung stattgefunden hätte. Allerdings sind bei den Ausbesserungen jene Wertvermehrungen zulässig[2088], welche sich daraus ergeben, dass die ausgebesserten Bauten und Anlagen den technischen und wirtschaftlichen Erfordernissen der Zeit angepasst worden sind[2089].

[2081] HENNY JEAN-MICHEL, Kommentar BGBB, N. 7 zu Art. 33 BGBB.

[2082] Art. 33 Abs. 1 BGBB.

[2083] BBl 1988 III 1013.

[2084] ESCHER ARNOLD, Zürcher Kommentar, Ergänzungslieferung zum landwirtschaftlichen Erbrecht, N. 2 zu Art. 619^{quater} aZGB.

[2085] ESCHER ARNOLD, Zürcher Kommentar, Ergänzungslieferung zum landwirtschaftlichen Erbrecht, N. 2 zu Art. 619^{quater} aZGB.

[2086] Durch die Ausbesserung darf das Einkommen nicht höher ausfallen.

[2087] HENNY JEAN-MICHEL, Kommentar BGBB, N. 4 zu Art. 33 BGBB.

[2088] Der Ausbesserungsaufwand ist mitsamt dem Mehrwertanteil voll abzugsfähig.

[2089] Ein altes WC wird in ein Badezimmer umfunktioniert; eine alte Güterstrasse wird neu gekoffert und asphaltiert; etc. NEUKOMM / CZETTLER, S. 153. Die komplette Angleichung von Art. 32 und 33 hinsichtlich der ertragsmässigen Gleichwertigkeit ist hier nicht sachgerecht, weil es unsinnig wäre, nach über-

D. Zeitliche Limitierung

Berücksichtigt wird jener Betrag, der im Zeitpunkt der Veräusserung nötig ist, und jener, welchen der Eigentümer in den letzten fünf Jahren vor der Veräusserung aufgewendet hat[2090]. Damit kann der Erbe die im Veräusserungszeitpunkt bereits während der letzten fünf Jahre ausgeführten Aufwendungen für notwendige Ausbesserungen geltend machen bzw. zum Abzug bringen. Der Zeitpunkt der Veräusserung ist nach der gesetzlichen Regel beim Gewinnanspruchsrecht zu errechnen[2091]. Damit Ausbesserungen noch in den Fünfjahreszeitraum fallen, ist zu verlangen, dass sie fünf Jahre vor der Veräusserung oder später ausgeführt wurden. Jene Ausbesserungen, welche im Zeitpunkt der Veräusserung notwendig sein sollen, hat der Übernehmer stichhaltig zu belegen. Zudem hat er unverzüglich Anstalten für die Ausführung der entsprechenden Arbeiten zu treffen. Die Planung ist sofort aufzunehmen und um die notwendigen Bewilligungen ist spätestens innert drei Monaten seit der Veräusserung zu ersuchen. Nach Vorlage der rechtskräftigen Bewilligungen für die Ausbesserungen sind diese spätestens innert drei Monaten auszuführen, wobei witterungsbedingte Verzögerungen noch hinzuzurechnen sind. Die Ausführung der Ausbesserungen ist innert üblicher Bauzeit bzw. Erstellungszeit abzuschliessen, wobei für die Vornahme von Eigenleistungen ein angemessener Zuschlag gemacht werden kann. Werden diese Rahmenfristen ohne wichtigen Grund erheblich überschritten, so ist davon auszugehen, dass der Erbe den Abzug in rechtsmissbräuchlicher Art und Weise nur vorgeschoben hat und die Ausbesserung nicht realisieren will. Diesfalls ist der entsprechende Abzug in die Gewinnanspruchsberechnung einzubeziehen und die Miterben sind berechtigt, ihren Anteil zu fordern, wobei ein angemessener Verzugszins aufzurechnen ist. Solche zeitlichen Limiten für die noch auszuführenden Ausbesserungen sind notwendig, weil der Übernehmer es andernfalls in der Hand hätte, den Veräusserungserlös unter Verschiebung

---

alterten Massstäben eine Ausbesserung vorzunehmen. A.M. HENNY JEAN-MICHEL, Kommentar BGBB, N. 4 zu Art. 33 BGBB.

[2090] Art. 33 Abs. 2 BGBB. BBl 1988 III 1013.

[2091] Art. 29 Abs. 2 BGBB. Vgl. Ausführungen vorne, § 23, III.

von Phantasieprojekten für sich zu behalten und die Miterben um den Gewinnanteil zu prellen.

E. Gleiche Erbschaft und Verbleib im Eigentum

Ein Abzug für notwendige Ausbesserungen von Bauten und Anlagen ist nur zulässig, wenn es sich um Ausbesserungen an Bauten oder Anlagen handelt, welche sich auf den landwirtschaftlichen Grundstücken befinden, bei deren Veräusserung den Miterben ebenfalls ein Gewinnanspruchsrecht zusteht[2092]. Die auszubessernden oder ausgebesserten Bauten oder Anlagen müssen deshalb aus der gleichen Erbschaft stammen wie die veräusserten Grundstücke. Die Grundstücke, auf denen sich die auszubessernden oder ausgebesserten Bauten oder Anlagen befinden, müssen im Eigentum des Erben verbleiben[2093]. Diese Voraussetzung spielt faktisch aber nur dann eine Rolle, wenn der Erbe das Grundstück mit der auszubessernden oder ausgebesserten Baute oder Anlage gleichzeitig mit dem anderen Grundstück veräussern würde[2094]. Verkauft der Erbe das ausgebesserte Grundstück später, so greift der Gewinnanspruch der Miterben dannzumal voll durch, und zwar unter Einrechnung des vormals abgezogenen Ausbesserungsaufwandes. Denn der einmal abgezogene Betrag darf nicht ein zweites Mal, d.h. als wertvermehrende Aufwendung[2095] geltend gemacht werden[2096].

[2092]BBl 1988 III 1013.
[2093]Art. 33 Abs. 1 BGBB.
[2094]HENNY JEAN-MICHEL, Kommentar BGBB, N. 9 zu Art. 33 BGBB.
[2095]BBl 1988 III 1014.
[2096]Art. 33 Abs. 4 BGBB.

VI. Ersatz von Bauten und Anlagen

A. Allgemeines

Erstellt der Erbe ersatzweise eine neue Baute oder eine neue Anlage, um damit den Weiterbestand der landwirtschaftliche Nutzung zu sichern, so kann er vom Veräusserungspreis den für die Erstellung aufgewendeten Betrag abziehen[2097]. Diesen Ersatzabzug gab es im Gegensatz zum Ausbesserungsabzug im bisherigen Recht[2098] nicht[2099]. Der Gesetzgeber wollte damit eine Gleichstellung von Neuerstellung und Ausbesserung erreichen, weil sich an Stelle einer Ausbesserung im konkreten Fall die Neuerstellung einer landwirtschaftlichen Baute oder Anlage aufdrängen kann[2100]. Bei einer späteren Veräusserung kann der Erbe den Aufwand für die Neuerstellung einer Baute oder Anlage nicht noch ein zweites Mal abziehen[2101].

B. Bauten und Anlagen

Für den Ersatzabzug kommen wie beim Ausbesserungsabzug landwirtschaftliche Bauten und Anlagen in Betracht, welche der landwirtschaftlichen Bewirtschaftung des entsprechenden Grundstückes oder Gewerbes dienen[2102].

[2097] Art. 33 Abs. 3 BGBB.
[2098] Art. 619^{quater} aZGB.
[2099] BBl 1988 III 1013.
[2100] BBl 1988 III 1013.
[2101] Art. 33 Abs. 4 BGBB.
[2102] Vgl. Ausführungen vorne, V, B.

C. Sicherung der landwirtschaftlichen Nutzung

Voraussetzung für den Erneuerungsabzug ist die Notwendigkeit der Neuerstellung einer Baute oder Anlage für den Weiterbestand der landwirtschaftlichen Nutzung[2103]. Dies wird dann der Fall sein, wenn die Bauten oder Anlagen für die landwirtschaftliche Nutzung notwendig sind und eine blosse Ausbesserung nicht mehr möglich oder gar aufwendiger wäre. Notwendigkeit liegt vor, wenn die fraglichen Bauten und Anlagen im Hinblick auf eine langfristige landwirtschaftliche Bewirtschaftung angezeigt sind[2104], bzw. bei objektiver Betrachtung für eine ordnungsgemässe Verwaltung und Bewirtschaftung der landwirtschaftlichen Liegenschaft oder des landwirtschaftlichen Gewerbes erforderlich sind[2105].

D. Ersatz einer Baute oder Anlage

Der Gesetzgeber wollte mit der Einführung des Ersatzabzuges eine Gleichstellung von Neuerstellung und Ausbesserung erreichen, damit je nach den Umständen anstelle der Ausbesserung auch eine Neuerstellung realisiert werden kann[2106]. Mit dem Erfordernis, dass die Neuerstellung nur dann möglich ist, wenn sie zur Sicherung der künftigen landwirtschaftlichen Nutzung notwendig ist, wurden die Missbrauchsmöglichkeiten eng begrenzt. In Anlehnung an die Grundsätze im Falle der Ausbesserung dürfen die neuen Bauten und Anlagen ertragsmässig[2107] nicht höher liegen als die alten, weil andernfalls eine hier nicht mehr abzugsfähige Wertvermehrung stattgefunden hätte. Allerdings sind im Zuge der Neuerstellung jene Wertvermehrungen zulässig[2108], welche sich daraus ergeben, dass

---

[2103] Art. 33 Abs. 3 BGBB. BBl 1988 III 1013.

[2104] BBl 1988 III 1013.

[2105] ESCHER ARNOLD, Zürcher Kommentar, Ergänzungslieferung zum landwirtschaftlichen Erbrecht, N. 2 zu Art. 619^{quater} aZGB.

[2106] BBl 1988 III 1013.

[2107] Durch den Neubau darf das Einkommen nicht höher ausfallen. HENNY JEAN-MICHEL, Kommentar BGBB, N. 12 zu Art. 33 BGBB.

[2108] Der Neuerstellungsaufwand ist mitsamt dem Mehrwertanteil voll abzugsfähig.

die neuerstellten Bauten und Anlagen den technischen und wirtschaftlichen Erfordernissen der Zeit angepasst worden sind[2109].

E. Zeitliche Limitierung

Da der Gesetzgeber eine Gleichstellung von Ausbesserung und Neuerstellung herbeiführen wollte[2110], sind bei der Erneuerung von Bauten und Anlagen die gleichen Zeitlimiten wie bei der Ausbesserung anwendbar[2111].

F. Gleiche Erbschaft und Verbleib im Eigentum

Da der Gesetzgeber eine Gleichstellung von Ausbesserung und Neuerstellung herbeiführen wollte[2112], müssen bei der Erneuerung von Bauten und Anlagen die Grundstücke mit den neuen Bauten oder Anlagen ebenfalls aus der gleichen Erbschaft stammen und im Eigentum des Erben verbleiben[2113]. Die Nichtanwendung dieser Bestimmungen würde zu unhaltbaren Ergebnissen führen.

[2109] Ein abbruchreifes, altes Haus wird in den gleichen Dimensionen mit neuzeitlicher Einrichtung neu gebaut; eine alte, schlecht gekofferte Güterstrasse wird entfernt und völlig neu gekoffert und asphaltiert; etc. NEUKOMM / CZETTLER, S. 153. Die komplette Angleichung von Art. 32 und 33 hinsichtlich der ertragsmässigen Gleichwertigkeit ist hier nicht sachgerecht, weil es unsinnig wäre, nach überalterten Massstäben eine Neuerstellung vorzunehmen. Solches wollte der Gesetzgeber mit Bestimmtheit nicht.
[2110] BBl 1988 III 1013.
[2111] Vgl. Ausführungen vorne, V, D.
[2112] BBl 1988 III 1013.
[2113] Vgl. Ausführungen vorne, V, E.

§ 26 Fälligkeit des Gewinnanspruches

I. Allgemeines

Die Bedingung für das Gewinnanspruchsrecht, dass innert 25 Jahren eine Veräusserung stattfindet, darf nicht mit der Fälligkeit des Gewinnanspruches verwechselt werden[2114]. Die Fälligkeiten sind je nach den gesetzlichen Veräusserungstatbeständen Verkauf und Enteignung, Zuweisung zu einer Bauzone und Zweckentfremdung unterschiedlich festgelegt worden. Die Fälligkeiten bestimmen den Beginn der Verjährung, welche beim Gewinnanspruch grundsätzlich[2115] nach Ablauf von zehn Jahren eintritt[2116].

II. Verkauf oder Enteignung

Beim Verkauf oder bei der Enteignung wird der Gewinnanspruch fällig mit der Fälligkeit der Gegenleistung, welche der Verkäufer oder Enteignete fordern kann[2117]. Dieser Zeitpunkt fällt beim Verkauf oft mit demjenigen der Veräusserung zusammen[2118], während bei der Enteignung die Einleitung des Entschädigungsverfahrens

---

[2114] BBl 1988 III 1010.
[2115] Falls der Gewinnanspruch mit einem Pfandrecht gemäss Art. 34 BGBB gesichert worden ist, wird der Gewinnanspruch unverjährbar (BBl 1988 III 1015).
[2116] BBl 1988 III 1010. Art. 127 OR i.V.m. Art. 130 OR.
[2117] Art. 30 lit. a BGBB.
[2118] Art. 29 Abs. 2 lit. a BGBB.

und der Zeitpunkt der Fälligkeit der Entschädigung meistens auseinanderfallen dürften.

III. Zuweisung zu einer Bauzone

A. Allgemeines

Gemäss Vorschlag des Bundesrates war der Gewinnanspruch bei eingezontem Bauland mit der Rechtskraft der Einzonung fällig, ungeachtet dessen, ob eine Veräusserung oder Nutzung als Bauland vorgesehen war oder nicht[2119]. Anlässlich der ersten Beratung im Ständerat schlug eine Minderheit der vorberatenden Kommission ein Hinausschieben der Fälligkeiten auf den Zeitpunkt der Veräusserung oder Nutzung als Bauland oder spätestens auf das 15. Jahr seit der rechtskräftigen Einzonung vor[2120], was sich dann in der Folge sowohl im Ständerat[2121] als auch im Nationalrat[2122] durchgesetzt hat. Es ging dabei vor allem darum, den Landwirt nicht durch eine sofortige Fälligkeit des Gewinnanspruches gemäss dem bundesrätlichen Entwurf in einen Veräusserungszwang zu versetzen,

---

[2119] Art. 31 lit. b i.V.m. Art. 32 Abs. 2 des bundesrätlichen Entwurfes (BBl 1988 III 1011 und 1117).

[2120] Amtl.Bull.SR 1990 S. 229. Die Mehrheit der ständerätlichen Kommission wollte die Fälligkeitsbestimmung und den mutmasslichen Verkehrswert gemäss dem bundesrätlichen Entwurf (Art. 31 lit. b und Art. 32 Abs. 2 des Entwurfes; BBl 1988 III 1117) gestrichen haben, womit dann die Fälligkeit und der massgebliche Veräusserungswert erst im Zeitpunkt einer Veräusserung oder einer Zweckentfremdung (Nutzung als Bauland) entstanden wären (Amtl.Bull.SR 1990 S. 229).

[2121] Amtl.Bull.SR 1990 S. 233. Amtl.Bull.SR 1991 S. 146.

[2122] Amtl.Bull.NR 1991 S. 863. Der Nationalrat befürwortete zuerst eine Frist von 10 Jahren (Amtl.Bull.NR 1991 S. 121 und 125), schwenkte dann aber auch auf die Frist von 15 Jahren gemäss ständerätlichem Beschluss ein (Amtl.Bull.NR 1991 S. 863).

aber trotzdem mit der Frist von 15 Jahren einen raumplanerischen Beitrag gegen die Baulandhortung zu leisten[2123].

B. Veräusserung als Bauland

Sobald das eingezonte Bauland veräussert wird, tritt die Fälligkeit des Gewinnanspruchs ein[2124]. Als Zeitpunkt der Veräusserung ist auch hier auf den Zeitpunkt des Vertragsabschlusses abzustellen, mit dem sich der Veräusserer zur Eigentumsübertragung bzw. zur Übertragung des Rechtes verpflichtet hat, welches wirtschaftlich einem Verkauf gleichkommt[2125]. Es muss sich aber um einen endgültigen[2126] Vertrag handeln und die zur Geltendmachung des Gewinnanspruches relevante Gegenleistung muss im Vertrag direkt oder indirekt[2127] festgelegt sein[2128]. Für den Verkauf von landwirtschaftlichen Liegenschaften ist der massgebliche Zeitpunkt die öffentliche Beurkundung des Kaufvertrages[2129]. Auch wenn sich der Wert des Bodens seit der Einzonung verändert haben sollte, so ist dennoch vom Verkehrswert im Zeitpunkt der rechtskräftigen Einzonung auszugehen[2130].

[2123] Amtl.Bull.SR 1990 S. 231, Votum Zimmerli. Amtl.Bull.SR 1990 S. 232, Votum Jagmetti. Amtl.Bull.SR 1990 S. 233, Votum Koller.

[2124] Art. 30 lit. b BGBB.

[2125] Art. 29 Abs. 2 lit. a BGBB. ESCHER ARNOLD, Zürcher Kommentar, Ergänzungslieferung zum landwirtschaftlichen Erbrecht, N. 18 zu Art. 619 aZGB.

[2126] Die Einräumung eines Vorkaufsrechtes genügt nicht, während die Einräumung eines Kaufsrechtes den Verpflichtungscharakter erfüllen dürfte.

[2127] Der Hinweis auf eine andere Quelle genügt, wenn sich damit die Gegenleistung quantifizieren lässt.

[2128] NEUKOMM/CZETTLER, S. 140.

[2129] Art. 216 Abs. 1 OR. BBl 1988 III 1009.

[2130] Vgl. oben, § 24, III.

C. Nutzung als Bauland

Falls der Eigentümer eingezontes Land nicht veräussert, aber selber als Bauland nutzt, wird der Gewinnanspruch mit dem Beginn der Baulandnutzung bzw. mit dem Beginn der Handlung fällig, welche die Baulandnutzung auslöst[2131]. Diese Lösung drängt sich auf durch analoge Anwendung der Bestimmung über die Zweckänderung, bei der es auch auf den Beginn der Handlung ankommt, welche die Zweckänderung bewirkt[2132]. Die Nutzung als Bauland ist nämlich eine speziell geregelte Art der Zweckentfremdung des landwirtschaftlichen Bodens. Der Umfang des Bodens, welcher von der Nutzung als Bauland erfasst wird, ist entsprechend dem normalen Bedarf[2133] der fraglichen Baute abzuschätzen.

D. Landwirtschaftliche Nutzung während 15 Jahren

Falls landwirtschaftlicher Boden zu einer Bauzone zugewiesen, vom Eigentümer aber weder veräussert noch selber als Bauland genutzt wird, tritt die Fälligkeit des Gewinnanspruches nach 15 Jahren seit der rechtskräftigen Einzonung ein[2134]. Bei diesem Hinausschieben der Fälligkeit geht es vor allem darum, den Landwirt nicht durch eine sofortige Fälligkeit des Gewinnanspruches in einen Veräusserungszwang zu versetzen, aber trotzdem mit der Frist von 15 Jahren einen raumplanerischen Beitrag gegen die Baulandhortung zu leisten[2135]. Ein Eigentümer, dessen landwirtschaftlich genutzter Boden gegen dessen Willen eingezont worden ist, oder ein Eigentümer, der den landwirtschaftlichen Boden nicht mehr als Bauland nutzen oder veräussern will, kann anlässlich einer Zonenplanrevisi-

---

[2131] Beginn der Bauarbeiten, Spatenstich. HENNY JEAN-MICHEL, Kommentar BGBB, N. 8 zu Art. 30 BGBB.

[2132] BBl 1988 III 1010.

[2133] Überbauter Boden, angemessene Umgebung, Erschliessung, Parkplätze, etc. HENNY JEAN-MICHEL, Kommentar BGBB, N. 8 zu Art. 30 BGBB.

[2134] Art. 30 lit. b BGBB.

[2135] Amtl.Bull.SR 1990 S. 231, Votum Zimmerli. Amtl.Bull.SR 1990 S. 232, Votum Jagmetti. Amtl.Bull.SR 1990 S. 233, Votum Koller.

on die Auszonung des fraglichen Baulandes beantragen. Ist diesfalls eine solche Zonenplanrevisionsverfahren bereits eingeleitet[2136] worden, so kann er die Sistierung eines betreffend dem Gewinnanspruch hängigen Verfahrens für längstens 5 Jahre fordern[2137]. Wenn der Eigentümer eine Auszonung aus der Bauzone anstrebt, sollte er sich rechtzeitig[2138] an einer Zonenplanrevision beteiligen, falls er den Gewinnansprüchen entgehen will.

Mit der Einleitung des Einzonungsverfahrens gegen Ende der Frist von 25 Jahren seit der Übernahme des landwirtschaftlichen Gewerbes oder Grundstückes könnte die Fälligkeit zur Auszahlung des Gewinnanteils über 40 Jahre nach der Übernahme eintreten[2139], wenn das eingezonte Bauland nicht veräussert und auch nicht als Bauland genutzt werden sollte[2140].

IV. Zweckentfremdung

Bei der Zweckentfremdung wird der Gewinnanspruch fällig mit dem Beginn der Handlung, welche die Zweckentfremdung bewirkt[2141]. Eine dahingehende Handlung ist immer vom Eigentümer veranlasst. Es darf dabei keine Rolle spielen, ob er selber Hand anlegt oder andere machen lässt. Es dürfte aber bei gewissen Zweckänderungen schwierig sein, die Fälligkeit genau abzuschätzen, weil es oft unklar sein wird, wann das Kriterium der dauernden

---

[2136] Die Einleitung eines Revisionsverfahrens wird in der Regel mit der öffentlichen Auflage (Art. 33 Abs. 1 RPG) des zu revidierenden Zonenplanes stattfinden. STALDER BEAT, Kommentar BGBB, N. 4 zu Art. 85 BGBB.

[2137] Art. 85 BGBB.

[2138] Vor Ablauf der 15 Jahre seit der Einzonung oder nach den 15 Jahren, aber bevor ein allfälliges Verfahren über die Gewinnansprüche abgeschlossen ist.

[2139] Von der Einleitung des Einzonungsverfahrens bis zur rechtskräftigen Einzonung (Art. 30 lit. b BGBB) kann noch etwas Zeit verrinnen, sodass es letztlich über 40 Jahre bis zur Fälligkeit des Gewinnanspruchs dauern kann.

[2140] Amtl.Bull.NR 1991 S. 123, Votum Engler.

[2141] Art. 30 lit. c BGBB. BBl 1988 III 1010.

Zweckentfremdung erreicht ist. Denn für die Annahme einer bestimmten Fälligkeit muss zuerst einmal eine dauernde Zweckentfremdung im Sinne des Gesetzes vorliegen, was sich erst im Laufe der Zeit ergeben kann[2142]. So kann es eintreffen, dass mit dem Feststehen einer längerdauernden, nichtlandwirtschaftlichen Nutzung eine Zweckentfremdung im Sinne des Gesetzes vorliegt, während die Fälligkeit schon zu Beginn dieser nichtlandwirtschaftlichen Nutzung bestanden hätte, aber nicht geltend gemacht werden konnte, da die Zweckentfremdung noch nicht feststand. Daraus wird ersichtlich, dass spätestens nach 5 Jahren anhaltender nichtlandwirtschaftlicher Nutzung eine dauernde Zweckentfremdung im Sinne des Gesetzes bestehen muss, weil sonst ein allfälliger Gewinnanspruch verjähren würde, bevor überhaupt eine dauernde Zweckänderung geltend gemacht werden könnte.

§ 27 Sicherung des Gewinnanspruches

I. Allgemeines

Die Sicherung des Gewinnanspruches ist von grosser Bedeutung, weil nur eine wirksame Sicherung den bei der Erbteilung benachteiligten Erben den Gewinnanspruch gewährleisten kann. Der Ge-

---

[2142] Wenn der Eigentümer einem naheliegenden Gewerbebetrieb Autoabstellplätze zur Verfügung stellt, kommt es wesentlich auf die Dauer dieser nichtlandwirtschaftlichen Nutzung an. Ist es nur vorübergehend, so wird keine Zweckänderung im Sinne des Gesetzes angenommen werden können. Hält diese Nutzung indessen über 5 Jahre hinweg an, so wird eine dauernde Zweckentfremdung vorliegen.

setzgeber hat deshalb den Miterben bzw. den Gewinnanspruchsberechtigten ein zweistufiges Sicherungsinstrument in die Hand gegeben. Sie können ab dem Zeitpunkt der Zuweisung beim Grundbuchverwalter die vorläufige Eintragung einer Grundpfandverschreibung ohne Angabe eines Pfandbetrages vormerken lassen[2143]. In einem zweiten Schritt muss der Gewinnanspruchsberechtigte innert drei Monaten seit der Veräusserung des landwirtschaftlichen Gewerbes oder Grundstückes unter Angabe des Pfandbetrages die definitive Eintragung der Grundpfandverschreibung verlangen[2144]. Damit kann der Gewinnanspruch mit einer Grundpfandverschreibung analog dem Bauhandwerkerpfandrecht[2145] wirksam auch gegenüber einem Erwerber mit einem Grundpfand durchgesetzt werden.

II. Entstehungsgeschichte

Gemäss bisherigem Recht haftete der Erwerber solidarisch mit dem Veräusserer für die Ausrichtung des Gewinnanspruchs, wenn der Gewinnanspruch auf Anmeldung eines Berechtigten im Grundbuch vorgemerkt war[2146]. Die Wirkung der Vormerkung war indessen umstritten[2147].
Gemäss dem bundesrätlichen Entwurf hatte jeder Miterbe die Möglichkeit, jederzeit seinen Gewinnanspruch durch die Errichtung einer Grundpfandverschreibung sichern zu lassen, wobei als Pfandsumme die Differenz zwischen dem Anrechnungswert und dem Verkehrswert im Zeitpunkt der Übernahme anzugeben war und bei wesentlicher Erhöhung des Verkehrswertes der noch ungesicherte

---

[2143] Art. 34 Abs. 1-3 BGBB.
[2144] Art. 34 Abs. 4 BGBB.
[2145] Art. 837 Abs. 1 Ziffer 3 ZGB.
[2146] Art. 619^{quinquies} aZGB.
[2147] PIOTET PAUL, Schweizerisches Privatrecht, Bank IV/2, Erbrecht, S. 976 f. BBl 1988 III 1014.

Teil des Anspruch durch eine weitere Grundpfandverschreibung gesichert werden konnte[2148]. Diese Lösung aber wurde im Parlament als nicht zweckmässig verworfen. In Anlehnung an das Bauhandwerkerpfandrecht wurde ein zweistufiges Sicherungssystem geschaffen. Der entsprechende Vorschlag der ständerätlichen Kommission wurde im Ständerat ohne Diskussion angenommen[2149]. Der Nationalrat wählte noch eine andere Formulierung[2150], welche dann auch vom Ständerat akzeptiert wurde[2151].

III. Vorläufige Eintragung einer Grundpfandverschreibung

A. Allgemeines

Ein Miterbe kann seinen Gewinnanspruch jederzeit, spätestens aber bis zur Veräusserung des landwirtschaftlichen Gewerbes oder Grundstückes, durch vorläufige Eintragung eines Pfandrechtes ohne Angabe des Pfandbetrages im Grundbuch vormerken bzw. sichern lassen[2152]. Dieser vorläufige Eintrag des Pfandrechtes bzw. die Vormerkung desselben ist die Voraussetzung für ein definitives Pfandrecht.

[2148] BBl 1988 III 1114 ff. und 1118 f.
[2149] Amtl.Bull.SR 1990 S. 234.
[2150] Amtl.Bull.NR 1991 S. 126. Diese Formulierung entspricht der heute geltenden Fassung.
[2151] Amtl.Bull.SR 1991 S. 146.
[2152] Art. 34 Abs. 1-3 BGBB.

B. Berechtigter und Belasteter

Berechtigt zur Sicherung des Gewinnanspruchsrechtes ist jeder gewinnanspruchsberechtigte Miterbe und jeder Rechtsnachfolger[2153] eines solchen Miterben, und zwar selbständig ohne Mitwirkung der übrigen Miterben[2154]. Es gibt aber noch andere Berechtigte, welche die Errichtung des gesetzlichen Pfandrechtes verlangen können, nämlich: die Mitglieder der Erbengemeinschaft im Falle der Ausübung des Kaufsrechtes von Verwandten, falls das Kaufsrecht zu einem Preis unter dem Verkehrswert ausgeübt worden ist[2155]; der betreffend einem landwirtschaftlichen Gewerbe im Zuge einer güterrechtlichen Auseinandersetzung unter dem Verkehrswert abgegoltene Ehegatte[2156]; die Mit- oder Gesamteigentümer, welche ein landwirtschaftliches Grundstück oder Gewerbe nicht zugewiesen erhalten haben[2157]; jeder Berechtigte eines vertraglichen Gewinnanspruchsrechtes[2158]; der Veräusserer, gegen den ein gesetzliches Vorkaufsrecht zu einem Preis unter dem Verkehrswert ausgeübt worden ist[2159].

Durch das Pfandrecht wird der Eigentümer, d.h. der Erwerber des fraglichen Grundstückes oder Gewerbes belastet. Diesem gegenüber kann der Gewinnanspruchsberechtigte nämlich nach dem definitiven Eintrag des Pfandrechtes seine Forderung aus dem Erlös des fraglichen Grundstückes bezahlt machen[2160], wenn der ehemalige Übernehmer die Gewinnanspruchsforderung nicht mehr zahlen kann[2161].

[2153] Das Gewinnanspruchsrecht ist vererblich und übertragbar (Art. 28 Abs. 2 BGBB).
[2154] Art. 28 Abs. 2 BGBB.
[2155] Art. 27 Abs. 1 BGBB i.V.m. Art. 53 BGBB.
[2156] Art. 212 Abs. 3 ZGB.
[2157] Art. 37 Abs. 4 BGBB.
[2158] Art. 41 Abs. 1 BGBB und Art. 35 BGBB.
[2159] Art. 53 BGBB.
[2160] Betreibung auf Pfandverwertung (Art. 151 ff. SchKG).
[2161] Art. 816 ZGB.

C. Verfahren

Der Gewinnanspruchsberechtigte kann ohne Mitwirkung des Grundeigentümers und der übrigen Miterben dem Grundbuchverwalter ein Begehren einreichen, mit dem er um die Vormerkung einer vorläufigen Pfandrechtseintragung ersucht[2162]. Dazu hat er mit entsprechenden Urkunden[2163] seinen grundsätzlichen Gewinnanspruch glaubhaft zu machen[2164]. Dem Eigentümer hat der Grundbuchverwalter von der Vormerkung Mitteilung zu machen[2165]. Wird ein mit einer solchen Vormerkung versehenes Grundstück veräussert, so hat der Grundbuchverwalter den Berechtigten darüber zu benachrichtigen[2166].

D. Pfandgegenstand

Die Sicherung wird nur bei denjenigen Grundstücken vorgenommen, die in der Anmeldung angegeben worden sind. Es ist allein Sache des Berechtigten, sich über sämtliche, dem Gewinnanspruch unterworfenen Grundstücke zu vergewissern und diese dem Grundbuchverwalter ausdrücklich zu bezeichnen[2167].

E. Betrag

Der Berechtigte muss für die vorläufige Eintragung des Pfandrechtes gemäss klarer Gesetzesvorschrift keinen Pfandbetrag angeben[2168]. Solches ist erst für die definitive Eintragung des Pfandrechtes notwendig.

[2162] Art. 34 Abs. 2 und 3 BGBB. Wegleitung für die Grundbuchämter, S. 53.
[2163] Erbteilungsvertrag, Urteil, etc.
[2164] STEINAUER PAUL-HENRI, S. 32.
[2165] Art. 34 Abs. 3 BGBB und Art. 969 ZGB.
[2166] Wegleitung für die Grundbuchämter, S. 53.
[2167] Wegleitung für die Grundbuchämter, S. 53.
[2168] Art. 34 Abs. 2 BGBB.

F. Frist

Der Berechtigte kann die vorläufige Eintragung des Pfandrechtes jederzeit, spätestens aber bis zum Zeitpunkt der Veräusserung des Gewerbes oder Grundstückes vormerken lassen[2169]. Diese Befristung drängt sich als Folge der negativen Rechtskraft des Grundbuches und im Hinblick auf einen gutgläubigen Erwerber von landwirtschaftlichen Grundstücken und Gewerben auf. Als «Veräusserung» des Gewerbes oder Grundstückes ist nicht die Veräusserung im weiteren Sinne gemäss Art. 29 BGBB zu verstehen. Vielmehr ist als «Veräusserung» im hier verstandenen Sinne die eigentliche Eigentumsübertragung bzw. die Grundbuchanmeldung zur Eigentumsübertragung zu betrachten[2170], da nur eine solche Veräusserung zeitlich genau erfasst werden kann. Die Absicht des Gesetzgebers für die Definition der einzelnen Veräusserungstatbestände[2171] war offensichtlich eine ganz andere[2172] als jene für die Veräusserung bei der Sicherung des Gewinnanspruches. Bei der letzteren sollte eine für die Öffentlichkeit und damit für jeden beliebigen Erwerber erkennbare Handlung den letztmöglichen Eintragungstermin für das Pfandrecht festlegen, weshalb hier als «Veräusserung» nur gerade der Eigentumsübergang im Grundbuch in Frage kommen kann. Bei der Zuweisung zu einer Bauzone oder bei der Zweckentfremdung kann die Vormerkung somit bis zur eigentlichen Eigentumsübertragung verlangt werden[2173].

[2169] Art. 34 Abs. 2 BGBB.

[2170] Art. 656 ZGB i.V.m. Art. 972 Abs. 2 ZGB i.V. m. Art. 948 Abs. 1 ZGB. STEINAUER PAUL-HENRI, S. 33. HENNY JEAN-MICHEL, Kommentar BGBB, N. 13 zu Art. 34 BGBB.

[2171] Art. 29 Abs. 2 BGBB.

[2172] Damit sollte innert nützlicher Frist ein gerechter Ausgleich geschaffen werden, wenn der Übernehmer das landwirtschaftliche Gewerbe oder Grundstück nicht mehr bestimmungsgemäss nutzen sollte, wobei es auch allfällige Umgehungsgeschäfte zu erfassen galt.

[2173] HENNY JEAN-MICHEL, Kommentar BGBB, N. 13 zu Art. 34 BGBB.

G. Wirkung

Die vorläufige Eintragung bewirkt, dass das Pfandrecht für den Fall einer späteren Feststellung vom Zeitpunkt der Vormerkung an dinglich und damit auch gegenüber Dritten wirksam wird[2174]. Das Pfandrecht geht den nach ihm am Grundstück erworbenen dinglichen Rechten vor[2175]. Schliesslich wird mit der Vormerkung ein Erwerber des Gewerbes oder Grundstückes auf die entsprechende Gewinnanspruchsverpflichtung und insbesondere auf die Gefahr der Doppelzahlung aufmerksam gemacht[2176].

IV. Definitive Eintragung einer Grundpfandverschreibung

A. Allgemeines

Wurde eine vorläufige Eintragung des Pfandrechtes rechtzeitig vorgemerkt, so hat der Berechtigte innert dreier Monate seit Kenntnis der Veräusserung des Gewerbes oder des Grundstückes die definitive Eintragung des Pfandrechtes zu verlangen. Nach unbenutztem Ablauf dieser Frist fällt die vorläufige Eintragung und damit die Grundpfandsicherheit dahin[2177].

[2174] Art. 34 Abs. 2 BGBB.

[2175] Grundpfandrechte, Dienstbarkeiten und Grundlasten. STEINAUER PAUL-HENRI, S. 34 ff.

[2176] Art. 816 ZGB. HENNY JEAN-MICHEL, Kommentar BGBB, N. 14 zu Art. 34 BGBB.

[2177] Art. 34 Abs. 4 BGBB.

B. Berechtigte

Zur definitiven Eintragung des Pfandrechtes sind alle jene berechtigt, die über einen Gewinnanspruch verfügen und die Vormerkung der vorläufigen Eintragung rechtzeitig veranlasst haben.

C. Verfahren

Wird ein Grundstück veräussert, auf dem ein Pfandrecht für einen Gewinnanspruch vorgemerkt ist, so benachrichtigt der Grundbuchverwalter den Berechtigten darüber[2178]. Innert dreier Monate muss nun die definitive Eintragung des Pfandrechtes verlangt werden. Ist diese Frist unbenutzt abgelaufen und liegt darüber eine Bestätigung des für die definitive Eintragung zuständigen Richters vor, so darf der Grundbuchverwalter die vorläufige Eintragung unter Mitteilung an den Berechtigten löschen[2179]. Zur Vorsicht ist mit dem Einreichen des Gesuches um definitive Eintragung vom Richter zu verlangen, dass er den Grundbuchverwalter anweist, die Vormerkung nicht zu löschen.

Im Gegensatz zur Vormerkung[2180] darf die definitive Eintragung des Pfandrechts im Grundbuch nur erfolgen, wenn das Pfandrecht vom Eigentümer anerkannt oder aber gerichtlich festgestellt ist.

Im übrigen sind die Vorschriften über das Bauhandwerkerpfandrecht anwendbar[2181]. Dazu gehört sicher einmal die Vorschrift, wonach die definitive Eintragung eines Grundpfandrechtes nicht möglich ist, wenn der Grundeigentümer hinreichende Sicherheit leistet[2182]. Die Gleichstellung der Pfandgläubiger[2183] indessen wollte der Gesetzgeber ausdrücklich nicht[2184]. Eines Vorrechtes[2185] bedarf

---

[2178] Wegleitung für die Grundbuchämter, S. 53.
[2179] Art. 976 ZGB. Wegleitung für die Grundbuchämter, S. 54.
[2180] Art. 961 Abs. 1 ZGB. Vorläufige Eintragungen können vorgemerkt werden.
[2181] Art. 34 Abs. 4 BGBB.
[2182] Art. 839 Abs. 3 ZGB.
[2183] Art. 840 ZGB.
[2184] Art. 34 Abs. 2 BGBB. Hier soll das Pfandrecht ausdrücklich vom Zeitpunkt der Vormerkung an gelten.

es nicht, weil die Berechtigten ab der Übernahme des Gewerbes oder Grundstückes ihr Pfandrecht vormerken lassen können[2186].

D. Pfandgegenstand

Alle jene Grundstücke, auf denen vor der Veräusserung die vorläufige Eintragung einer Grundpfandverschreibung vorgemerkt worden ist, dienen der Pfandhaft für den Gewinnanspruch der Berechtigten.

E. Betrag

Bei der definitiven Eintragung des Pfandrechtes ist der genaue Pfandbetrag anzugeben. Dieser setzt sich einerseits aus dem Gewinnanteil des Berechtigten und andererseits aus dem entsprechenden Verzugszins[2187] zusammen, zumal wie beim Bauhandwerkerpfandrecht zwischen der Fälligkeit des Gewinnanspruchs und der Zwangsverwertung des belasteten Grundstückes eine lange Zeit verstreichen kann[2188]. Die Höhe des Verzugszinses und der Beginn des Zinsenlaufes ergibt sich aus dem Rechtsverhältnis zwischen dem Gewinnanspruchsberechtigten und dem Veräusserer[2189].

F. Frist

Innert dreier Monate seit Kenntnisnahme der Veräusserung muss die definitive Eintragung des Pfandrechtes verlangt worden sein. Als Beginn dieser Frist ist der Tag der Zustellung der schriftlichen Orientierung an den Berechtigten oder der anderweitigen Kenntnis-

---

[2185] Art. 841 ZGB.
[2186] Art. 34 Abs. 2 BGBB. HENNY JEAN-MICHEL, Kommentar BGBB, N. 24 zu Art. 34 BGBB.
[2187] Art. 102 und 104 OR.
[2188] SCHUMACHER RAINER, Das Bauhandwerkerpfandrecht, N. 785 und N. 816 ff.
[2189] SCHUMACHER RAINER, Das Bauhandwerkerpfandrecht, N. 826.

nahme durch den Berechtigten zu sehen. Am gleichen Kalendertag[2190] des dritten darauf folgenden Monates muss spätestens ein entsprechendes Begehren der Post an den zuständigen[2191] Richter übergeben werden.

G. Wirkung

Das definitiv eingetragene Grundpfandrecht erlaubt es dem Berechtigten, sich im Falle der Nichtbefriedigung aus dem Erlös des Grundstückes bezahlt zu machen[2192]. Sind mehrere Grundstücke für den Gewinnanspruch verpfändet, so hat der Berechtigte die Betreibung auf Pfandverwertung gleichzeitig gegen alle Grundstücke zu richten, wogegen die Verwertung aber nach Anordnung des Betreibungsamtes nur soweit nötig durchzuführen ist[2193].
Der Gewinnanspruch verjährt grundsätzlich innert zehn Jahren[2194] ab dem Fälligkeitstermin[2195]. Ist dafür aber ein definitives Pfandrecht eingetragen worden, so unterliegt er keiner Verjährung mehr[2196].
Das definitive Grundpfandrecht geht den nach ihm am Grundstück erworbenen dinglichen Rechten vor[2197]. Als massgeblicher Eintragungszeitpunkt gilt jener der Vormerkung[2198]. Es gilt somit eindeu-

---

[2190] Wenn der Berechtigte die Tatsache der Veräusserung am 14. Juni zur Kenntnis bekommen hat, so läuft die Dreimonatsfrist am 14. September ab. Damit wird der Tag der Kenntnisnahme faktisch nicht mitgerechnet. Denn vom 14. bis zum 14. des dritten darauf folgenden Monats sind eigentlich drei Monate und 1 Tag vergangen.

[2191] Wenn das kantonale Prozessrecht generell die Zustellung an eine nicht zuständige Amtsstelle als fristwahrend bezeichnet, muss das hier auch gelten.

[2192] Art. 816 ZGB.

[2193] Art. 816 Abs. 3 ZGB.

[2194] Art. 127 und 130 OR.

[2195] BBl 1988 III 1010. Art. 30 BGBB.

[2196] Art. 807 ZGB. BBl 1988 III 1015. Wegleitung für die Grundbuchämter, S. 54.

[2197] Grundpfandrechte, Dienstbarkeiten und Grundlasten. Art. 812 ZGB. STEINAUER PAUL-HENRI, S. 34 ff.

[2198] Art. 34 Abs. 2 BGBB.

tig Alterspriorität und es gibt keine Gleichstellung wie beim Bauhandwerkerpfandrecht[2199].

§ 28 Aufhebung oder Änderung des Gewinnanspruches

I. Ausgangslage

Der gesetzliche Gewinnanspruch kann durch schriftliche Vereinbarung aufgehoben oder geändert werden[2200]. Diese Bestimmung entspricht inhaltlich dem bisherigen Recht[2201]. Die Vormerkung des bisherigen Rechtes[2202] ist nicht mehr nötig, da die entsprechenden Interessen durch die neue Sicherung des Gewinnanspruches gewährleistet ist[2203]. Der gesetzliche[2204] Gewinnanspruch ist vom vertraglichen[2205] zu unterscheiden[2206]. Der erstere ist zwingender Natur[2207] und besteht von Gesetzes wegen ohne Vorkehrung der Miterben. Er stellt einen Ausgleich zum Preisprivileg des überneh-

---

[2199] Art. 840 ZGB. Das Bauhandwerkerpfandrecht stellt die Handwerker unabhängig vom Eintragungszeitpunkt an die gleiche Stelle.
[2200] Art. 35 BGBB.
[2201] Art. 619^{sexies} Abs. 1 aZGB.
[2202] Art. 619^{sexies} Abs. 2 aZGB.
[2203] Art. 34 BGBB. BBl 1988 III 1016.
[2204] Art. 28 ff. BGBB.
[2205] Art. 41 BGBB.
[2206] Es geltend insbesondere andere Formvorschriften.
[2207] HENNY JEAN-MICHEL, Kommentar BGBB, N. 1 zu Art. 35 BGBB.

menden Erben dar. Der vertragliche Gewinnanspruch muss hingegen zu seiner Entstehung zwischen Veräusserer und Erwerber vereinbart worden sein[2208].
Die Bestimmungen über den Gewinnanteil sind dispositiver Natur, weshalb die Beteiligten vertraglich eine Abänderung oder eine Aufhebung vorsehen können[2209].

II. Formvorschriften

Zur Änderung oder Aufhebung des gesetzlichen[2210] Gewinnanspruches bedarf es der schriftlichen Vereinbarung, d.h. der Schriftform[2211]. Für die Schriftform gelten die Bestimmungen des Art. 12 ff. OR[2212]. Der vertraglich vereinbarte Gewinnanspruch[2213] kann hingegen formlos aufgehoben und geändert werden[2214]. Der Veräusserer kann den Erwerber zudem auch formlos von der Pflicht zur Ausgleichung[2215] befreien[2216].

[2208] Art. 41 Abs. 1 BGBB. Die Anwendung der Gewinnanspruchsbestimmungen von Art. 28 ff. BGBB erfolgt beim vertraglichen Gewinnanspruchsrecht gemäss Art. 41 Abs. 1 BGBB nur dispositiv.

[2209] ESCHER ARNOLD, Zürcher Kommentar, Ergänzungslieferung zum landwirtschaftlichen Erbrecht, N. 2 zu Art. 619^{sexies} aZGB.

[2210] Art. 28 ff. BGBB.

[2211] Art. 35 BGBB.

[2212] ESCHER ARNOLD, Zürcher Kommentar, Ergänzungslieferung zum landwirtschaftlichen Erbrecht, N. 3 zu Art. 619^{sexies} aZGB.

[2213] Art. 41 Abs. 1 BGBB.

[2214] BBl 1988 III 1016.

[2215] Art. 626 ff. ZGB.

[2216] BBl 1988 III 1016.

III. Aufhebung des Gewinnanspruches

Durch schriftliche Vereinbarung kann der gesetzliche Gewinnanspruch[2217] ganz oder teilweise aufgehoben werden. Auch eine Beschränkung des Gewinnanspruches auf einzelne Grundstücke, Grundstücksteile oder Bauten ist denkbar.

IV. Änderung des Gewinnanspruches

Der gesetzliche Gewinnanspruch[2218] kann mit schriftlicher Vereinbarung geändert werden[2219]. Die Änderung kann in der Verkürzung oder Verlängerung der Frist von 25 Jahren oder aber auch in der quantitativen Einschränkung oder Ausweitung des Gewinnanteils bestehen[2220]. Auch die Ausdehnung oder die Einschränkung der gesetzlich vorgesehenen Abzüge[2221] oder die Vereinbarung zusätzlicher Abzüge ist möglich. Schliesslich ist die Einschränkung[2222] oder gar eine Ausweitung[2223] der Veräusserungstatbestände, die Verschiebung des Veräusserungszeitpunktes[2224] oder eine Verschie-

---

[2217] Art. 28 ff. BGBB.

[2218] Art. 28 ff. BGBB.

[2219] Art. 35 BGBB.

[2220] ESCHER ARNOLD, Zürcher Kommentar, Ergänzungslieferung zum landwirtschaftlichen Erbrecht, N. 2 zu Art. 619^{sexies} aZGB.

[2221] Abzugsfähige Aufwendungen, Abzug zufolge Zeitablauf, Abzug für Realersatz, Ausbesserungsabzug oder Abzug für den Ersatz von Bauten und Anlagen.

[2222] Der Kindskauf soll kein relevanter Veräusserungstatbestand sein; die Vermietung von Wohnräumen soll keine Zweckentfremdung und damit keine Veräusserung darstellen; etc.

[2223] Auch eine kurzfristige Zweckänderung soll beachtlich sein und damit einen Veräusserungstatbestand erfüllen.

[2224] Art. 29 Abs. 2 BGBB.

bung der gesetzlichen Fälligkeitstermine[2225] denkbar. Die inhaltliche Zulässigkeit von Änderungen, vor allem von zeitlichen Ausweitungen des Gewinnanspruches wird durch die allgemeinen Rechtsgrundsätze[2226] beschränkt. Nicht möglich wäre eine Ausdehnung des Gewinnanspruches auf eine weitere Veräusserung, soweit dadurch die Haftbarkeit eines künftigen Viertwerbers[2227] vereinbart würde, zumal dies ein Vertrag zu Lasten eines Dritten darstellen würde[2228].

[2225] Art. 30 BGBB.
[2226] Art. 20 OR und Art. 27 ZGB. BBl 1988 III 1016. Schon eine zeitliche Ausdehnung über 30 Jahre hinaus könnte eventuell gegen Art. 27 ZGB verstossen.
[2227] Der Erwerber eines Erwerbers.
[2228] ESCHER ARNOLD, Zürcher Kommentar, Ergänzungslieferung zum landwirtschaftlichen Erbrecht, N. 2 zu Art. 619^{sexies} aZGB.

5. KAPITEL: KAUFSRECHT VON VERWANDTEN

§ 29 Entstehungsgeschichte

I. Allgemeines

Das Kaufsrecht ist ein Gestaltungsrecht, mit dem der Berechtigte die den Gegenstand des Rechtes bildende Sache aufgrund einer einseitigen Erklärung käuflich erwerben kann[2229]. Mit dem Kaufsrecht der Verwandten soll ein ganz bestimmter Kreis von nicht erbberechtigten Verwandten des Erblassers ein landwirtschaftliches Gewerbe aus einer Erbschaft heraus unter gleichen Bedingungen wie beim Vorkaufsrecht[2230] zur Selbstbewirtschaftung an sich ziehen können[2231]. Im Gegensatz dazu stellt das Kaufsrecht der Miterben[2232] nach einer bereits erfolgten erbrechtlichen Zuweisung eine Korrekturmöglichkeit dar. Der selbstbewirtschaftende Miterbe, dessen Anspruch bei der bereits erfolgten Erbteilung noch nicht bestand oder nicht berücksichtigt werden konnte, kann nämlich das landwirtschaftliche Gewerbe mit einem Kaufsrecht an sich

---

[2229] HAAB ROBERT / SIMONIUS AUGUST / SCHERRER WERNER / ZOBL DIETER, Zürcher Kommentar, N. 1 und 2 zu Art. 683 aZGB. MEIER-HAYOZ ARTHUR, Berner Kommentar, N. 16 und 31 zu Art. 683 aZGB.

[2230] Art. 42 ff. BGBB. Art. 50 ff. BGBB.

[2231] Art. 25-27 BGBB.

[2232] Art. 24 BGBB.

ziehen[2233], falls der damalige Übernehmer die Selbstbewirtschaftung innert zehn Jahren seit dem Eigentumserwerb endgültig aufgegeben hat[2234].

Beim Kaufsrecht der Verwandten weicht der Entwurf des Bundesrates[2235] von der schliesslich ins Gesetz aufgenommenen und heute gültigen Fassung[2236] wesentlich ab. Im Parlament entstand eine rege Diskussion vor allem um den Kreis der Kaufsrechtsberechtigten. Durch das vielfache Hin und Her zwischen National- und Ständerat wurde es versäumt, allein schon den Gesetzestext über das Kaufsrecht auf die erbrechtlichen Zuweisungsansprüche abzustimmen. Dadurch entstanden verschiedene Widersprüche im Gesetzestext. Es fehlt insbesondere die Abstimmung zwischen dem erweiterten Kaufsrecht und den Ausschlussgründen gemäss Art. 26 Abs. 1 lit. a und b BGBB. Zur Klärung dieser schwierigen Situation muss der Werdegang der heute geltenden Kaufsrechtsbestimmungen im Rahmen der parlamentarischen Diskussion im Detail analysiert und interpretiert werden.

II. Bundesrätlicher Entwurf: Kaufsrecht der Geschwister

Der Bundesrat hatte in seinem Entwurf nur gerade ein Kaufsrecht für die Geschwister des Erblassers vorgesehen[2237]. Dieses sollte einerseits einen gewissen Ersatz darstellen für das aufgehobene Geschwisterpflichtteilsrecht[2238]. Andererseits war für die Geschwister beim lebzeitigen Verkauf des landwirtschaftlichen Gewerbes bereits ein Vorkaufsrecht vorgesehen[2239], sodass sich eine Ausdeh-

---

[2233] BBl 1988 III 1004.
[2234] Art. 24 Abs. 1 BGBB.
[2235] BBl 1988 III 1005 ff. und 1116.
[2236] Art. 26-27 BGBB.
[2237] BBl 1988 III 1006 und 1116.
[2238] BBl 1988 III 1006.
[2239] BBl 1988 III 1121.

nung des familienpolitischen Aspektes auf den Erbfall aufdrängte[2240].

III. Erste Beratung im Ständerat: Kaufsrecht der Geschwister

Anlässlich der ersten Beratung befürwortete der Ständerat die Version des Kaufsrechtes der Geschwister gemäss dem Vorschlag des Bundesrates. Allerdings fügte der Ständerat bei den Ausschlussgründen[2241] die Bestimmung hinzu, wonach das Kaufsrecht nicht geltend gemacht werden kann, wenn das Gewerbe während 25 Jahren im Eigentum des Verstorbenen war[2242]. Der Berichterstatter der vorberatenden Kommission führte dazu aus, dass diese Befristung eine Beschränkung des neu eingeführten Kaufsrechtes der Geschwister darstelle und sachlich angemessen und notwendig sei. Zudem entspreche dies der Befristung des Gewinnanspruchsrechtes[2243]. Daraus erhellt klar, dass diese Befristung sich nur auf das Kaufsrecht der Geschwister beziehen kann.
Weiter hatte der Ständerat neu die Bestimmung in den Gesetzestext aufgenommen, wonach ein Kaufsrecht solange nicht geltend gemacht werden könne, bis entschieden werden kann, ob ein Nachkomme das Gewerbe zur Selbstbewirtschaftung übernehmen kann, falls der Erblasser unmündige Nachkommen hinterlässt[2244].

[2240] BBl 1988 III 1006.

[2241] Gemäss geltender Fassung Art. 26 BGBB.

[2242] Amtl.Bull.SR 1990 S. 229. Diese Bestimmung blieb letztlich erhalten und ist in der geltenden Fassung unter Art. 26 Abs. 1 lit. c BGBB zu finden.

[2243] Amtl.Bull.SR 1990 S. 229.

[2244] Amtl.Bull.SR 1990 S. 229. Diese Bestimmung wurde in den geltenden Gesetzestext übernommen, und zwar unter Art. 26 Abs. 3 BGBB.

IV. Erste Beratung im Nationalrat: Kaufsrecht der Verwandten

Dem Nationalrat ging der bundesrätliche Vorschlag mit dem Kaufsrecht der Geschwister zu wenig weit. Er wollte das Kaufsrecht auf alle Verwandten ausdehnen. Neben den Geschwistern sollten auch die Nachkommen und die Geschwisterkinder oder die Eltern kaufsrechtsberechtigt sein[2245]. Darüber hinaus wollte der Nationalrat die Konkurrenzbestimmung im Gesetz aufgenommen haben, wonach die persönlichen Verhältnisse für die Zuweisung massgebend sein sollen, falls das Kaufsrecht mit einem erbrechtlichen Zuweisungsanspruch konkurrieren sollte, wobei hierzu in der Beratung keine Begründung geliefert wurde[2246].

V. Zweite Beratung im Ständerat: Kaufsrecht der Geschwister

In der zweiten Beratung beantragte die vorberatende Kommission des Ständerates Festhalten am Beschluss der ersten Beratung[2247], während Ständerat Schallberger die Zustimmung zum Beschluss des Nationalrates beantragte[2248]. Zur Begründung führte er an, dass es für ein Geschwisterkind nicht darauf ankommen dürfe, ob ein Geschwister vorverstorben sei oder nicht. Aus Gründen des Familienschutzes sollten auch Geschwisterkinder, welche nicht erbberechtigt sind, kaufsrechtsberechtigt sein. Es gehe um eine Ausweitung des Kaufsrechtes zugunsten der Geeignetsten innerhalb der Familie. Ständerat Schoch votierte dagegen, weil in seinen Augen eine weitere Ausdehnung des Geschwisterkaufsrechtes zu einer un-

---

[2245] Amtl.Bull.NR 1991 S. 120.
[2246] Amtl.Bull.NR 1991 S. 121. Diese Bestimmung wurde ebenfalls in den heute geltenden Gesetzestext übernommen, und zwar unter Art. 26 Abs. 2 BGBB.
[2247] Kaufsrecht der Geschwister gemäss dem Entwurf des Bundesrates (BBl 1988 III 1116 und 1006).
[2248] Amtl.Bull.SR 1991 S. 145.

überblickbaren Situation und gar zu Rechtsunsicherheit führen würde[2249]. Bundesrat Koller sprach sich ebenfalls dagegen aus, weil er darin eine weitere Abweichung vom allgemeinen Erbrecht und damit eine zusätzliche Benachteiligung der anderen Erben befürchtete[2250]. In der folgenden Abstimmung obsiegte der Antrag der vorberatenden Kommission und vorerst noch das Kaufsrecht der Geschwister[2251].

VI. Zweite Beratung im Nationalrat: Kaufsrecht der Verwandten

Die vorberatende Kommission des Nationalrates verteidigte ihre Fassung in der zweiten Beratung und beurteilte sie als besser, weil damit alle Kindeskinder, unabhängig davon, ob ihre Eltern vorverstorben sind oder nicht, gleichgestellt seien. Nämlich die einen als zuweisungsberechtigte Erben und die anderen als kaufsrechtsberechtigte Nachkommen[2252]. Für die nationalrätliche Kommission war aber auch der Fall wichtig, indem ein lediger Hofeigentümer stirbt, der seinerzeit das landwirtschaftliche Gewerbe von den Eltern übernommen hatte. Die Kinder der vorverstorbenen Geschwister sind erbberechtigt, während jene Geschwisterkinder, deren Eltern noch leben, das landwirtschaftliche Gewerbe nicht ansprechen könnten. Im Sinne der Gerechtigkeit unter den Verwandten im gleichen Grad[2253] sei deshalb das Kaufsrecht auch auf die Geschwisterkinder auszudehnen und wenn kein Testament vorliege, soll der Richter gestützt auf die persönlichen Verhältnisse den Hofeigentümer bestimmen[2254]. Damit blieb der Nationalrat beim Verwandten-

---

[2249] Amtl.Bull.SR 1991 S. 145.
[2250] Amtl.Bull.SR 1991 S. 146.
[2251] Amtl.Bull.SR 1991 S. 146.
[2252] Amtl.Bull.NR 1991 S. 862, Votum Nussbaumer.
[2253] Nichten und Neffen des Erblassers.
[2254] Amtl.Bull.NR 1991 S. 863, Votum Nussbaumer.

kaufsrecht und wollte damit neben dem unbestrittenen Kaufsrecht der Geschwister ausdrücklich auch die Nachkommen, die nicht Erben sind, sowie die Geschwisterkinder, die nicht Erben sind, ins Kaufsrecht einbezogen haben[2255].

VII. Dritte Beratung im Ständerat: Kaufsrecht der Verwandten

In der dritten Beratung war die vorberatende Kommission des Ständerates immerhin bereit, auch den Geschwisterkindern ein Kaufsrecht einzuräumen[2256], während Ständerat Schallberger darüber hinaus auch für die Nachkommen, welche nicht Erben sind, das Kaufsrecht beantragte[2257]. Dieser Antrag war inhaltlich identisch mit dem Vorschlag des Nationalrates und wurde dann schliesslich gutgeheissen[2258]. Damit war die heutige Fassung des Kaufsrechtes der Verwandten beschlossen.

VIII. Dritte Beratung im Nationalrat: Kaufsrecht der Verwandten

Die nationalrätliche Kommission schloss sich daraufhin dem genau abgegrenzten Kaufsrecht der Verwandten gemäss der letzten ständerätlichen Version an[2259]. Der Kommissionssprecher indessen betonte, dass der Ausschlussgrund, wonach das Kaufsrecht nicht geltend gemacht werden könne, wenn das Gewerbe während 25 Jahren im Eigentum des Verstorbenen war, nur für das Kaufsrecht der Ge-

---

[2255] Amtl.Bull.NR 1991, S. 862 und 863.
[2256] Amtl.Bull.SR 1991 S. 725.
[2257] Amtl.Bull.SR 1991 S. 725.
[2258] Amtl.Bull.SR 1991 S. 726.
[2259] Amtl.Bull.NR 1991 S. 1697.

schwister und Geschwisterkinder, nicht aber für die Grosskinder gelten könne[2260].

§ 30 Objektive Voraussetzungen

I. Allgemeines

Befindet sich in der Erbschaft ein landwirtschaftliches Gewerbe, so steht, sofern es sich um geeignete Selbstbewirtschafter handelt, ein Kaufsrecht zu, jedem Nachkommen, der nicht Erbe ist, und jedem Geschwister und Geschwisterkind, das nicht Erbe ist, aber beim Verkauf des landwirtschaftlichen Gewerbes ein Vorkaufsrecht geltend machen könnte[2261]. Betreffend den objektiven Voraussetzungen für alle Kaufsrechtsberechtigten sei auf die Ausführungen vorne unter § 6 und § 7 verwiesen. Die objektiven Voraussetzungen für das Kaufsrecht müssen beim Ansprecher bereits im Zeitpunkt der Kaufsrechtsausübung erfüllt sein[2262].
Für landwirtschaftliche Grundstücke besteht kein Kaufsrecht[2263].

[2260] Amtl.Bull.NR 1991 S. 1697, Votum Nussbaumer.
[2261] Art. 25 Abs. 1 BGBB.
[2262] Amtl.Bull.NR 1991 S. 863, Votum Nussbaumer.
[2263] BBl 1988 III 1006.

II. Kaufsrecht der Geschwister und Geschwisterkinder

A. Allgemeines

Für das Kaufsrecht der Geschwister und Geschwisterkinder bestehen nebst den allgemeinen[2264] objektiven Voraussetzungen noch spezielle Voraussetzungen, welche nachfolgend aufgezeigt werden.

B. Von den Eltern oder aus deren Nachlass

Damit das Kaufsrecht für die Geschwister und Geschwisterkinder überhaupt zum Tragen kommen kann, muss der Erblasser das landwirtschaftliche Gewerbe von den Eltern oder aus deren Nachlass erworben haben[2265]. Falls der Erblasser das landwirtschaftliche Gewerbe anderweitig erworben hat, steht den Geschwistern und den Geschwisterkindern kein Kaufsrecht zu.

Das Kaufsrecht der Geschwister und Geschwisterkinder besteht nur dann, wenn das landwirtschaftliche Gewerbe ganz oder zum grössten Teil von den Eltern oder aus deren Nachlass stammt[2266]. Wollte man vollständige Identität verlangen, so wäre das Kaufsrecht regelmässig illusorisch[2267], weil sich im Laufe der Zeit sehr viele Gewerbe umfangmässig verändern. Insbesondere werden sehr häufig bauliche Veränderungen vorgenommen. Für die Beurteilung des Begriffes «zum grössten Teil» ist nicht nur die Landfläche, sondern auch der Wert der einzelnen Gewerbeteile zu berücksichtigen[2268]. Aus der Formulierung dürfte sich bereits ergeben, dass etwas mehr

---

[2264] Gemäss Ziffer I.

[2265] Art. 25 Abs. 1 lit. b BGBB i.V.m. Art. 42 Abs. 1 Ziffer 2 BGBB. BBl 1988 III 1006 und 1022.

[2266] Art. 25 Abs. 1 lit. b BGBB i.V.m. Art. 42 Abs. 1 Ziffer 2 BGBB. BBl 1988 III 1006.

[2267] BBl 1988 III 1006. BGE 81 II 73 ff., E. 5.

[2268] BBl 1988 III 1006.

als 50 % für den Begriff des «grössten Teiles» nicht ausreichen kann, denn diesfalls wäre wohl vom «grösseren Teil» ausgegangen worden. Um nicht irgendwelchen Bewertungszufällen vorschnell zum Opfer zu fallen und im Hinblick auf immer wieder notwendige Investitionen ist nicht mehr als zwei Drittel im Sinne des grössten Teils zu verlangen[2269]. Falls die Landfläche oder der Wert der Gewerbeteile zu weniger als zwei Drittel von den Eltern oder aus deren Nachlass stammt, entfällt das Kaufsrecht der Geschwister und Geschwisterkinder. Die geforderten zwei Drittel beziehen sich sowohl auf die Landfläche als auch auf den Wert der Gewerbeteile.

C. Noch nicht 25 Jahre im Eigentum des Erblassers

Das Kaufsrecht der Geschwister und Geschwisterkinder besteht nur dann, wenn das landwirtschaftliche Gewerbe weniger als 25 Jahre im Eigentum des Erblassers war, dies gemäss klarem Willen des Gesetzgebers[2270]. Sobald das landwirtschaftliche Gewerbe sich länger im Eigentum des Erblassers befand, entfällt das Kaufsrecht der Geschwister und Geschwisterkinder sofort. Gemäss der Gesetzessystematik würde die Voraussetzung der Besitzesdauer von weniger als 25 Jahren auch für die Nachkommen gelten. Der Gesetzgeber wollte diese Bestimmung aber nur für die Geschwister und Geschwisterkinder zur Anwendung bringen, nicht aber für die Nachkommen[2271]. Die Ausdehnung auf die Nachkommen würde das Kaufsrecht der Nachkommen im Hauptanwendungsfall regelmässig ausschliessen, weil in den meisten Fällen der Grossvater als Erblasser das landwirtschaftliche Gewerbe mehr als 25 Jahre im Eigentum gehabt hätte[2272].

[2269] A.M. HOTZ REINHOLD, Kommentar BGBB, N. 7 zu Art. 42 BGBB, der wenigstens drei Viertel verlangt.
[2270] Art. 26 Abs. 1 lit. c BGBB. Art. 25 Abs. 1 lit. b BGBB i.V.m. Art. 42 Abs. 1 Ziffer 2 BGBB. Amtl.Bull.SR 1990 S. 229. Amtl.Bull.NR 1991 S. 1697, Votum Nussbaumer.
[2271] Amtl.Bull.NR 1991 S. 1697, Votum Nussbaumer.
[2272] STUDER BENNO, Kommentar BGBB, N. 9 zu Art. 26 BGBB.

§ 31 Subjektive Voraussetzungen

I. Allgemeines

Damit ein kaufsrechtsberechtigter Verwandter das Kaufsrecht erfolgreich ausüben kann, muss er einer ausdrücklich erwähnten Verwandtenkategorie angehören[2273], Nichterbe und zudem als Selbstbewirtschafter geeignet sein[2274]. Weiter dürfen keine Enterbungsgründe[2275] und kein Verzicht[2276] vorliegen. Schliesslich darf der Ansprecher nicht bereits Eigentümer eines landwirtschaftlichen Gewerbes sein, das einer bäuerlichen Familie eine überdurchschnittlich gute Existenz bietet, oder wirtschaftlich über ein solches Gewerbe verfügen[2277]. Die subjektiven Voraussetzungen für das Kaufsrecht müssen beim Ansprecher bereits im Zeitpunkt der Kaufsrechtsausübung erfüllt sein[2278].

[2273] Art. 25 Abs. 1 BGBB: Nachkomme, Geschwister oder Geschwisterkind.
[2274] Art. 25 Abs. 1 BGBB.
[2275] Art. 27 Abs. 1 BGBB i.V.m. Art. 42 Abs. 3 BGBB.
[2276] Art. 27 Abs. 1 BGBB i.V.m. Art. 681b Abs. 3 ZGB.
[2277] Art. 27 Abs. 1 BGBB i.V.m. Art. 50 BGBB.
[2278] Amtl.Bull.NR 1991 S. 863, Votum Nussbaumer.

II. Nichterbe

A. Nachkomme

Jenen Nachkommen, die nicht Erben sind, steht ein Kaufsrecht zu[2279]. Der Gesetzgeber wollte damit alle Enkel eines Erblassers gleichstellen, und zwar ungeachtet dessen, ob sie erbberechtigt sind oder nicht[2280]. Lebt nämlich der direkte Nachkomme eines Erblassers noch, so hat der Enkel keinen gesetzlichen Erbanspruch und ist auf das Kaufsrecht angewiesen[2281]. Es muss sich vorliegend um Nachkommen des Erblassers handeln, von denen noch ein Vorfahre lebt. Nachkommen des Erblassers sind dessen Kinder, Enkel, Urenkel und Ururenkel[2282]. Die Nachkommenschaft entsteht entweder durch die Geburt oder durch die Adoption[2283]. Es spielt keine Rolle, ob der Nachkomme ehelich oder ausserhalb einer Ehe geboren oder adoptiert worden ist.

B. Geschwister oder Geschwisterkind

Geschwister und Geschwisterkinder können ein Kaufsrecht geltend machen, falls sie nicht Erben sind[2284]. Wenn sie bereits Erben sind, verfügen sie grundsätzlich über den erbrechtlichen Zuweisungsan-

---

[2279] Art. 25 Abs. 1 lit. a BGBB.
[2280] Amtl.Bull.NR 1991 S. 862 und 863, Votum Nussbaumer.
[2281] Es sei denn, der Erblasser habe diesen Enkel bereits als Erben eingesetzt.
[2282] Eventuell ist noch eine Generation mehr möglich (Ururenkel).
[2283] Art. 267 ZGB. Bei der altrechtlichen Adoption ist für die Eigenschaft der Nachkommenschaft vorliegend zu verlangen, dass nicht das gesamte Erbrecht gegenüber dem Adoptierenden wegbedungen worden ist, weil dies einem Verzicht auf das Kaufsrecht gleichkommen würde (vgl. HOTZ REINHOLD, Kommentar BGBB, N. 17 zu Art. 42 BGBB).
[2284] Art. 25 Abs. 1 lit. b BGBB.

spruch[2285]. Falls Geschwister nur einen Elternteil gemeinsam haben[2286], steht ihnen oder ihren Kindern das Kaufsrecht nur dann zu, wenn das landwirtschaftliche Gewerbe ganz oder zum grössten Teil vom gemeinsamen Elternteil stammt[2287].

III. Geeigneter Selbstbewirtschafter

A. Selbstbewirtschafter

Der Ansprecher muss Selbstbewirtschafter[2288] sein. Dazu wird verlangt, dass er den Boden selber bearbeitet und das landwirtschaftliche Gewerbe persönlich leitet[2289]. Im einzelnen dazu vorne unter § 4, VIII, B.

B. Eignung

Der Ansprecher muss für die Selbstbewirtschaftung als geeignet erscheinen[2290]. Dazu ist erforderlich, dass er die nach landesüblicher Vorstellung notwendigen Fähigkeiten besitzt, um den landwirtschaftlichen Boden selber zu bearbeiten und ein landwirtschaftliches Gewerbe persönlich zu leiten[2291]. Im einzelnen dazu vorne unter § 4, VIII, D.

[2285] Art. 11 Abs. 1 BGBB.
[2286] Halbgeschwister.
[2287] HOTZ REINHOLD, Kommentar BGBB, N. 18 zu Art. 42 BGBB.
[2288] Art. 25 Abs. 1 BGBB.
[2289] Art. 9 Abs. 1 BGBB.
[2290] Art. 25 Abs. 1 BGBB.
[2291] Art. 9 Abs. 2 BGBB.

C. Wille zur Selbstbewirtschaftung

Der Ansprecher muss das Gewerbe selber bewirtschaften wollen[2292]. Er hat im Rahmen der Kaufsrechtsausübung seinen Selbstbewirtschaftungswillen darzutun. Im einzelnen dazu vorne unter § 4, VIII, C.

IV. Keine Enterbungsgründe

Das Kaufsrecht kann unter den Voraussetzungen und zu den Bedingungen ausgeübt werden, die für das Vorkaufsrecht gelten[2293]. Kein Vorkaufsrecht steht demjenigen zu, gegen den der Veräusserer Gründe geltend macht, die eine Enterbung rechtfertigen[2294]. Falls demnach ein Erblasser gegenüber einem möglichen kaufsrechtsberechtigten einen Enterbungsgrund[2295] geltend gemacht hat, kann die Zuweisung bereits deshalb scheitern[2296]. Die Nachkommen des «enterbten» Kaufsrechtsberechtigten können nicht wie im Erbrecht in die Stellung ihres enterbten Vorfahren eintreten[2297]. Sie haben kraft eigenen Rechtes ein Kaufsrecht[2298] oder nicht[2299]. Der «Ent-

---

[2292] Auch wenn in Art. 25 Abs. 1 BGBB nicht ausdrücklich verlangt wird, dass der geeignete Selbstbewirtschafter das landwirtschaftliche Gewerbe selber bewirtschaften will, so ist trotzdem von diesem Erfordernis auszugehen. Einerseits ist nicht einzusehen, weshalb die Anforderungen beim Kaufsrecht für den Selbstbewirtschafter geringer sein sollten als beim erbrechtlichen Zuweisungsanspruch (Art. 11 Abs. 1 BGBB). Andererseits würde das Erfordernis der Selbstbewirtschaftung ohne den ausdrücklichen Willen illusorisch. Schliesslich drängt sich das Erfordernis des Selbstbewirtschaftungswillens auch durch den Verweis auf das Vorkaufsrecht auf (Art. 27 Abs. 1 BGBB i.V.m. Art. 42 Abs. 1 BGBB).
[2293] Art. 27 Abs. 1 BGBB und Art. 25 Abs. 1 lit. b BGBB.
[2294] Art. 42 Abs. 3 BGBB.
[2295] Art. 477 oder 480 ZGB.
[2296] Art. 42 Abs. 3 BGBB i.V.m. Art. 477 ff. ZGB. BBl 1988 III 1022.
[2297] Art. 478 Abs. 2 und 3 ZGB.
[2298] Urenkel, Geschwisterkinder.

erbte» hat indessen die Möglichkeit, den vom Erblasser geltend gemachten Enterbungsgrund anzufechten und zugleich unter Berufung auf das Kaufsrecht die Zuweisung des Gewerbes zu verlangen[2300]. Bei der Beurteilung, ob wirklich ein Enterbungsgrund vorliegt oder nicht, steht dem Richter ein grosser Ermessensspielraum[2301] offen. Bei Ablehnung eines geltend gemachten Enterbungsgrundes hätte der Richter den Willen des Erblassers[2302] zumindest in jenen Fällen zu berücksichtigen, in denen der vermeintlich «Enterbte» mit einem anderen Ansprecher gleichrangig konkurriert[2303]. Mit der ausdrücklich erwähnten[2304] Enterbung gleichzusetzen ist die Erbunwürdigkeit[2305].

V. Kein Verzicht

Das Kaufsrecht kann unter den Voraussetzungen und zu den Bedingungen ausgeübt werden, die für das Vorkaufsrecht gelten[2306]. Das

---

[2299] Die Kinder der Geschwisterkinder haben kein Kaufsrecht und können auch nicht über die Enterbung ihrer Vorfahren zu einem solchen gelangen. HOTZ REINHOLD, Kommentar BGBB, N. 23 zu Art. 42 BGBB.

[2300] Art. 479 ZGB.

[2301] Art. 477 ZGB. TUOR PETER, Berner Kommentar, N. 12. zu Art. 477 ZGB. ESCHER ARNOLD, Zürcher Kommentar, N. 5 zu Art. 477 ZGB.

[2302] Der Wille, dass dem (zu Unrecht) «Enterbten» das landwirtschaftliche Gewerbe nicht zugewiesen werden soll.

[2303] Art. 26 Abs. 2 und Art. 46 Abs. 1 BGBB. Die offenkundige Ablehnung des betreffenden Ansprechers durch den Erblasser ist als negative Auswahl des Erblassers zu respektieren und dem anderen Ansprecher ist der Vorzug zu geben.

[2304] Art. 27 Abs. 1 BGBB i.V.m. Art. 42 Abs. 3 BGBB.

[2305] Art. 540 ff. ZGB; ESCHER ARNOLD, Zürcher Kommentar, Ergänzungslieferung zum landwirtschaftlichen Erbrecht, N. 5 zu Art. 621bis aZGB; STUDER BENNO, Die Integralzuweisung landwirtschaftlicher Gewerbe nach der Revision des bäuerlichen Zivilrechtes von 1972, S. 69; STUDER BENNO, Kommentar BGBB, N. 19 zu Art. 19 BGBB.

[2306] Art. 27 Abs. 1 BGBB und Art. 25 Abs. 1 lit. b BGBB.

gesetzliche Vorkaufsrecht kann durch Vereinbarung ausgeschlossen werden[2307]. Somit muss es auch für einen potentiellen Kaufsrechtsberechtigten eines landwirtschaftlichen Gewerbes möglich sein, zu Lebzeiten des Erblassers mit diesem einen Verzicht zu vereinbaren[2308]. Der Kaufsrechtsverzicht kann nur gerade für den Verzichtenden wirken. Alle übrigen Kaufsrechtsberechtigten verfügen über ein Kaufsrecht kraft eigenem Recht.
Für den Verzichtsvertrag zwischen dem Erblasser und dem Verzichtenden bedarf es der öffentlichen Beurkundung[2309]. Nach dem Tode des Erblassers, also nach dem Eintritt des Kaufsrechtsfalles, sollte der Verzicht analog dem Vorkaufsrecht schriftlich möglich sein[2310].

VI. Fehlen einer überdurchschnittlich guten Existenz

Kein Kaufsrecht steht demjenigen zu, der bereits Eigentümer eines landwirtschaftlichen Gewerbes ist, das einer bäuerlichen Familie eine überdurchschnittlich gute Existenz bietet, oder wenn er wirtschaftlich über ein solches Gewerbe verfügt[2311]. Im einzelnen dazu vorne unter § 7, III.

[2307] Art. 681b Abs. 1 ZGB. BBl 1988 III 1023.
[2308] Art. 19 Abs. 3 BGBB i.V.m. Art. 495 ZGB. BBl 1988 III 1000. Diese Regelung wurde ebenfalls aus dem bisherigen Recht übernommen (Art. 621bis Abs. 2 aZGB).
[2309] Art. 681b Abs. 1 ZGB.
[2310] Art. 681b Abs. 2 ZGB.
[2311] Art. 27 Abs. 1 BGBB i.V.m. Art. 50 BGBB.

§ 32 Ausschluss des Kaufsrechts

I. Allgemeines

Vorerst ist zu klären, ob oder unter welchen Voraussetzungen ein Kaufsrecht neben den erbrechtlichen Zuweisungsansprüchen bestehen kann, zumal nach dem Willen des Gesetzgebers die gesetzlichen Erben beim Zuweisungsanspruch eines landwirtschaftlichen Gewerbes grundsätzlich Vorrang vor den Kaufsrechtsberechtigen haben[2312]. Als erstes ist immer davon auszugehen, dass die jeweiligen Ansprecher geeignete Selbstbewirtschafter sind, welche den landwirtschaftlichen Boden selber bearbeiten wollen. Andernfalls kommen sie gar nicht erst in Betracht. Weiter ist der ursprünglichen Absicht des Gesetzgebers nachzuleben, wonach das landwirtschaftliche Gewerbe, wenn immer möglich, in der vom Erblasser begründeten Familie bleiben und das Kaufsrecht der Geschwister erst zweitrangig zum Zuge kommen soll[2313]. Schliesslich ist die differenzierte Regelung des Gesetzgebers zu beachten, wonach bei den Nachkommen[2314] und bei den Geschwisterkindern[2315] alle im gleichen Grad Verwandten bei der Zuweisung eines landwirtschaftlichen Gewerbes gleichberechtigt sein sollen.

[2312] Art. 26 Abs. 1 BGBB.
[2313] BBl 1988 III 1006.
[2314] Amtl.Bull.NR 1991 S. 862, Votum Nussbaumer. Amtl.Bull.SR 1991 S. 725 und 726.
[2315] Amtl.Bull.NR 1991 S. 863, Votum Nussbaumer. Amtl.Bull.SR 1991 S. 725 und 726.

II. Kaufsrecht im Verhältnis zu erbberechtigten Nachkommen

A. Gesetzliche Erben

Falls ein Erblasser Nachkommen hinterlässt, gibt es keine gesetzlichen Erben des elterlichen Stammes[2316]. Die gesetzlichen Erben des Erblassers sind dessen Kinder oder deren Nachkommen[2317] sowie der überlebende Ehegatte[2318]. Falls nun einer der Nachkommen das landwirtschaftliche Gewerbe zur Selbstbewirtschaftung übernehmen will, kann das Kaufsrecht der Geschwister und Geschwisterkinder nicht in Frage kommen, weil das landwirtschaftliche Gewerbe entweder einem erbberechtigten Nachkommen oder einem nichterbberechtigten Nachkommen übertragen wird[2319]. Es war schliesslich von Anfang an vorgesehen, dass ein landwirtschaftliches Gewerbe nicht an die Geschwister gelangen soll, falls ein gesetzlicher Erbe[2320] oder ein Nachkomme die Zuweisungsvoraussetzungen erfüllt[2321].
Wenn von den vorhandenen Nachkommen des Erblassers keiner als Selbstbewirtschafter in Frage kommt und falls der überlebende Ehegatte als gesetzlicher Erbe das landwirtschaftliche Gewerbe zur Selbstbewirtschaftung beansprucht, entfällt das Kaufsrecht der Geschwister und Geschwisterkinder ebenfalls, dies gemäss eindeutiger

---

[2316] Art. 458 ZGB. Beim elterlichen Stamm kämen nur die Geschwister oder Geschwisterkinder als gesetzliche Erben in Frage, weil ja der massgebliche Elternteil bereits vorverstorben ist und dadurch die Erbteilung veranlasst hatte.

[2317] Art. 457 ZGB.

[2318] Art. 462 ZGB.

[2319] Art. 26 Abs. 1 lit. a und b BGBB schliessen das Kaufsrecht der Geschwister und Geschwisterkinder in diesen Fällen aus.

[2320] Gemeint ist ein gesetzlicher Erbe aus der vom Erblasser begründeten Familie (Nachkommen oder der überlebende Ehegatte).

[2321] BBl 1988 III 1006.

Absicht des Gesetzgebers[2322]. Die Geschwister oder Geschwisterkinder sind diesfalls weder erbberechtigt noch steht ihnen ein Kaufsrecht zu.

B. Gleichberechtigung aller Nachkommen gleicher Stufe

Der nichterbberechtigte Nachkomme soll durch das Kaufsrecht[2323] gegenüber dem erbrechtlichen Nachkommen[2324] betreffend dem Zuweisungsanspruch an einem landwirtschaftlichen Gewerbe dann gleichgestellt sein, wenn beide Nachkommen zum Erblasser in demselben Verwandtschaftsverhältnis stehen[2325]. Die Ausschlussbestimmung des Art. 26 Abs. 1 lit. a oder lit. b BGBB kann diesfalls einem nicht erbberechtigten Nachkommen nicht entgegen gehalten werden. Dies gemäss klarer Absicht des Gesetzgebers[2326], der es allerdings verpasst hat, seine Absicht der Gleichbehandlung von Verwandten im gleichen Verwandtschaftsgrad im Gesetzestext umzusetzen. Das Kaufsrecht des nicht erbberechtigten Nachkommen kann aber nur dann zum Zuge kommen, wenn es einen erbberechtigten Nachkommen gibt, der zum Erblasser im gleichen Verwandtschaftsgrad steht, was bei einem Kind des Erblassers und einem Enkel des Erblassers nicht der Fall wäre[2327]. Die Diskussion im Parlament sowie die nachfolgend gesetzgeberisch nicht umgesetzte Modifikation der Kaufsrechtsbestimmungen zielte lediglich darauf hin, die Verwandten im gleichen Grad gleichstellen[2328]. Nur unter

---

[2322] Art. 26 Abs. 1 lit. a BGBB. In der parlamentarischen Diskussion war nie die Rede davon, dass der überlebende Ehegatte durch ein Kaufsrecht der Geschwister oder Geschwisterkinder konkurrenziert werden soll.

[2323] Art. 25 Abs. 1 lit. a BGBB.

[2324] Art. 11 Abs. 1 BGBB.

[2325] In der Regel werden solche Ansprecher Enkel des Erblassers sein.

[2326] Amtl.Bull.NR 1991 S. 862 und 863, Votum Nussbaumer. Amtl.Bull.SR 1991 S. 725 und 726.

[2327] Der Enkel des Erblassers ist im zweiten Grad, das Kind des Erblassers hingegen im ersten Grad mit dem Erblasser verandt.

[2328] Amtl.Bull.NR 1991 S. 863, Votum Nussbaumer.

diesem Gesichtspunkt kann das Kaufsrecht von Nachkommen[2329] gegenüber einem gesetzlichen Erben bestehen. In allen übrigen Fällen muss das Kaufsrecht dem Zuweisungsanspruch von gesetzlichen Erben weichen.
Ausser den Nachkommen kommt auch der überlebende Ehegatte eines Erblassers als erbrechtlich Zuweisungsberechtigter in Frage. Gibt es neben ihm keine erbberechtigten Nachkommen, die als Selbstbewirtschafter in Frage kommen, so muss das Kaufsrecht eines nichterbberechtigten Nachkommen zurücktreten[2330]. Denn diesfalls gibt es keine Nachkommen im gleichen Verwandtschaftsgrad, die entsprechend der Absicht des Gesetzgebers durch das Kaufsrecht gleichzustellen wären.

C. Keine gesetzlichen Erben als Selbstbewirtschafter

Falls die vorhandenen Nachkommen und der überlebende Ehegatte das landwirtschaftliche Gewerbe nicht zur Selbstbewirtschaftung ansprechen können oder wollen, kommt das Kaufsrecht der Geschwister und Geschwisterkinder zum Tragen. Dabei sind alle Geschwister und Geschwisterkinder gleichberechtigt, zumal sie alle keine Erben des Erblassers sind. Das Kaufsrecht kann hier auch mit dem Zuweisungsanspruch eines eingesetzten Erben zusammentreffen.

[2329] Art. 25 Abs. 1 lit. a BGBB.
[2330] Art. 26 Abs. 1 lit. a BGBB.

III. Kaufsrecht im Verhältnis zu Erben des elterlichen Stammes

A. Gesetzliche Erben

Falls ein Erblasser keine Nachkommen hinterlässt, bestimmen sich die gesetzlichen Erben nach dem elterlichen Stamm[2331]. Die gesetzlichen Erben des Erblassers sind diesfalls dessen Eltern und an ihrer Stelle deren Nachkommen[2332] sowie der überlebende Ehegatte[2333]. Die Eltern des Erblassers werden in aller Regel als Selbstbewirtschafter nicht mehr in Frage kommen[2334]. Sobald einer der Eltern vorverstorben ist, werden die Geschwister gesetzliche Erben des Erblassers[2335]. Sind auch Geschwister vorverstorben, so treten an deren Stelle die Geschwisterkinder als gesetzliche Erben.

Falls noch beide Eltern des Erblassers leben und einer davon oder der überlebende Ehegatte als gesetzlicher Erbe das landwirtschaftliche Gewerbe mit entsprechender Eignung zur Selbstbewirtschaftung beansprucht, entfällt das Kaufsrecht der Geschwister und Geschwisterkinder, dies gemäss eindeutiger Absicht des Gesetzgebers, da ja die Zuweisung an einen gesetzlichen Erben das Kaufsrecht der Verandten grundsätzlich[2336] ausschliesst[2337]. Die Geschwister

---

[2331] Art. 458 ZGB.

[2332] Art. 458 ZGB.

[2333] Art. 462 ZGB.

[2334] Das landwirtschaftliche Gewerbe muss ja bereits von den Eltern stammen, was für das Kaufsrecht der Geschwister und Geschwisterkinder eine Voraussetzung ist (Art. 27 Abs. 1 BGBB i.V.m. Art. 42 Abs. 1 Ziffer 2 BGBB). Die Übergabe des Gewerbes von den Eltern oder von einem Elternteil an den Erblasser geschieht meistens aus Altersgründen oder im Rahmen der Erbteilung.

[2335] Art. 458 Abs. 3 ZGB.

[2336] Ausnahmen: im gleichen Grad zum Erblasser Verwandte, welche kein Erbrecht haben (Amtl.Bull.NR 1991 S. 862 und 863, Votum Nussbaumer. Amtl.Bull.SR 1991 S. 725 und 726).

oder Geschwisterkinder sind diesfalls weder erbberechtigt noch steht ihnen ein Kaufsrecht zu.

B. Gleichberechtigung aller Geschwisterkinder

Sobald einer der Eltern vorverstorben ist, sind die Geschwister und bei deren Vorversterben die Geschwisterkinder erbberechtigt. In diesen Fällen kann die Zuweisung eines landwirtschaftlichen Gewerbes aufgrund des Erbrechtes verlangt werden[2338]. Sobald es aber erbberechtigte Geschwisterkinder gibt, verfügen die nicht erbberechtigten Geschwisterkinder über ein Kaufsrecht am landwirtschaftlichen Gewerbe, da alle Geschwisterkinder betreffend einem Zuweisungsanspruch gleich gehalten werden sollten, unabhängig davon, ob sie erbberechtigt sind oder nicht[2339]. Die Ausschlussbestimmung des Art. 26 Abs. 1 lit. a und b BGBB kann in solchen Fällen einem nicht erbberechtigten Geschwisterkind nicht entgegen gehalten werden. Dies gemäss klarer Absicht des Gesetzgebers[2340], der es verpasst hat, seine Absicht im Gesetzestext umzusetzen. Nur unter diesem Gesichtspunkt kann das Kaufsrecht von Geschwisterkindern[2341] gegenüber einem gesetzlichen Erben bestehen. In allen übrigen Fällen muss das Kaufsrecht dem Zuweisungsanspruch von gesetzlichen Erben weichen.

Wenn hingegen keine erbberechtigten Geschwisterkinder vorhanden sind, es aber Geschwister gibt, die das landwirtschaftliche Gewerbe zur Selbstbewirtschaftung übernehmen wollen und dafür

---

[2337] Art. 26 Abs. 1 lit. a BGBB. In der parlamentarischen Diskussion war nie die Rede davon, dass die Eltern oder der überlebende Ehegatte durch ein Kaufsrecht der Geschwister oder Geschwisterkinder konkurrenziert werden soll.

[2338] Art. 11 Abs. 1 BGBB.

[2339] Amtl.Bull.NR 1991 S. 863, Votum Nussbaumer. Amtl.Bull.SR 1991 S. 725 und 726.

[2340] Amtl.Bull.NR 1991 S. 862 und 863, Votum Nussbaumer. Amtl.Bull.SR 1991 S. 725 und 726.

[2341] Art. 25 Abs. 1 lit. b BGBB.

auch geeignet sind, entfällt das Kaufsrecht der Geschwisterkinder[2342].

C. Keine gesetzlichen Erben als Selbstbewirtschafter

Wenn die Eltern des Erblassers dessen gesetzliche Erben sind[2343], kommt das Kaufsrecht der Geschwister und Geschwisterkinder dann zum Tragen, wenn keiner der Eltern eine Zuweisung zur Selbstbewirtschaftung geltend macht oder wenn keiner von beiden dazu mehr geeignet ist[2344]. Die Geschwister und Geschwisterkinder sowie eingesetzte Erben sind gleichrangig zu behandeln.
Falls die Geschwister gesetzliche Erben des Erblassers sind[2345], das landwirtschaftliche Gewerbe aber nicht bewirtschaften wollen oder dafür nicht geeignet sind, verfügen die Geschwisterkinder über ein Kaufsrecht. Das Kaufsrecht der Geschwisterkinder gilt aber auch gleichrangig gegenüber einem eingesetzten Erben[2346].

IV. De lege ferenda

Der Gesetzgeber hat im Zuge der parlamentarischen Beratung das ursprünglich vorgesehene Kaufsrecht der Verwandten wesentlich

---

[2342] Art. 26 Abs. 1 lit. a BGBB verhindert diesfalls das Kaufsrecht der Geschwisterkinder, da die Geschwister gesetzliche Erben sind und keine Geschwisterkinder gleichzustellen sind.

[2343] Falls der Erblasser keine Nachkommen hinterlässt und falls beide Eltern noch am Leben sind.

[2344] Art. 26 Abs. 1 lit. a BGBB als Ausschlussgrund des Kaufsrechtes gilt in diesem Fall nicht, weil keine Zuweisung an einen gesetzlichen Erben (Eltern des Erblassers) im Wege steht.

[2345] Ein Elter oder beide Eltern sind vorverstorben.

[2346] Der eingesetzte Erbe wird durch dem Ausschlussgrund von Art. 26 Abs. 1 lit. a BGBB nicht privilegiert.

erweitert[2347]. Er hat es aber versäumt, die durch Art. 26 Abs. 1 lit. a und b festgelegten Ausschlussgründe mit dem neu geschaffenen Kaufsrecht der Nachkommen und Geschwisterkinder in Einklang zu bringen. Deshalb wird vorliegend eine ergänzende gesetzliche Bestimmung vorgeschlagen, mit der dem Willen des Gesetzgebers Rechnung getragen werden kann.

Art. 26 Abs. 4 BGBB:
„Die Ausschlussgründe gemäss Abs. 1 lit. a und b gelten nicht für jene Verwandten im Sinne von Art. 25 Abs. 1 BGBB, die mit dem Erblasser im gleichen Grad verwandt sind wie die erbberechtigten Nachkommen oder Geschwisterkinder des Erblassers."

§ 33 Konkurrenzverhältnisse

I. Allgemeines

Sobald ein Kaufsrecht neben einem erbrechtlichen Zuweisungsanspruch besteht oder falls mehrere Kaufsrechtsberechtigte vorhanden sind, ist das entsprechende Konkurrenzverhältnis zu klären. In diesem Zusammenhang können auch letztwillige Verfügungen des Erblassers eine wesentliche Rolle spielen. Das Kaufsrecht der Verwandten kann auch mit einem Kaufsrecht der Miterben[2348] konkurrieren.

[2347] Vgl. vorne, § 29.
[2348] Art. 24 BGBB.

II. Gesetzliche Reihenfolge

A. Kaufsrechtsberechtigte und Erbberechtigte

Stehen einander kaufsrechtsberechtigte und erbberechtigte[2349] Ansprecher[2350] gegenüber, so sind beide Kategorien gleichberechtigt zu betrachten und die Zuweisung ist allein nach den persönlichen Verhältnissen der Konkurrenten zu entscheiden[2351]. Dies gilt auch für den Fall, dass das Kaufsrecht mit dem Zuweisungsanspruch von pflichtteilsgeschützten Erben zusammentrifft[2352]. Zu den persönlichen Verhältnissen sei auf die Ausführungen vorne unter § 9, II, D verwiesen.

B. Kaufsrechtsberechtigte unter sich

Falls mehrere kaufsrechtsberechtigte Ansprecher vorhanden sein sollten[2353], so ist die Zuweisung nach den persönlichen Verhält-

---

[2349] Diese sind in einem ersten Schritt nach den erbrechtlichen Kriterien (Vorrang der pflichtteilsgeschützten Erben vor den übrigen Erben: Art. 19 Abs. 2 BGBB) bis auf jene Stufe auszuscheiden, bei der es wie beim Kaufsrecht noch um die persönlichen Verhältnisse geht (Art. 20 Abs. 2 BGBB). Vgl. vorne, § 9, II.

[2350] Alle Ansprecher müssen zur Selbstbewirtschaftung des landwirtschaftlichen Gewerbes willens und geeignet sein.

[2351] Art. 26 Abs. 2 BGBB.

[2352] Hier ist eine Konkurrenz zwischen erbberechtigten Kindern, Enkeln, dem Ehegatten des Erblassers und nichterbberechtigten und dafür kaufsrechtsberechtigten Enkeln möglich. Letztere sollten gemäss klarer Absicht des Gesetzgebers gegenüber den erbberechtigten (vorliegend sogar pflichtteilsgeschützten) Nachkommen gleichgestellt werden (Amtl.Bull.NR 1991 S. 862 und 863, Votum Nussbaumer. Amtl.Bull.SR 1991 S. 725 und 726). A.M. STUDER BENNO, Kommentar BGBB, N. 4 zu Art. 26 BGBB.

[2353] Dafür kommen einerseits nichterbberechtigte Nachkommen in Frage. Falls keine Nachkommen vorhanden sind, fallen die nichterbberechtigten Geschwister oder Geschwisterkinder in Betracht. Vgl. oben, § 32.

nissen der Konkurrenten zu entscheiden[2354]. Dabei kommt auch das Kaufsrecht der Miterben[2355] in Frage[2356]. Zu den persönlichen Verhältnissen sei auf die Ausführungen vorne unter § 9, II, D verwiesen.

III. Gewillkürte Reihenfolge

A. Kaufsrechtsberechtigte und Erbberechtigte

Falls der Erblasser im Rahmen seiner Verfügungsmöglichkeiten[2357] einen gesetzlichen oder einen eingesetzten Erben als Übernehmer bestimmt hat, konkurriert dieser mit den Kaufsrechtsberechtigten nach den persönlichen Verhältnissen. Es kann nicht angehen, das Kaufsrecht grundsätzlich vor der letztwilligen Verfügung des Erblasser zurücktreten zu lassen[2358]. Das würde nämlich das Kaufsrecht illusorisch machen, weil jeder Erblasser einen beliebigen Erben einsetzen und zum Übernehmer bestimmen und damit das Kaufsrecht ausschalten könnte[2359]. Das vom Gesetzgeber angestrebte Ziel, auch mittels Kaufsrecht das Gewerbe in der Verwandtschaft zu erhalten, wäre dadurch verfehlt[2360].
Falls der vom Erblasser zur Übernahme des landwirtschaftlichen Gewerbes bestimmte Erbe zur Selbstbewirtschaftung nicht gewillt

---

[2354] Art. 27 Abs. 1 BGBB i.V.m. Art. 46 Abs. 2 BGBB.

[2355] Art. 24 BGBB.

[2356] Vgl. vorne, § 17, II, C, 6.

[2357] Vgl. vorne, § 9, III.

[2358] Falls der Erblasser das landwirtschaftliche Gewerbe zu Lebzeiten verkauft hat, kann er die Vorkaufsberechtigten (gleiche Verwandte wie beim Kaufsrecht: Art. 42 Abs. 1 BGBB) nicht ausschalten. Er kann unter diesen höchstens auswählen (Art. 46 Abs. 1 BGBB).

[2359] STUDER BENNO, Kommentar BGBB, N. 16 zu Art. 26 BGBB.

[2360] BBl 1988 III 1005 und 1006.

oder nicht geeignet sind, treten die gesetzlichen Erben als mögliche Ansprecher an dessen Stelle. Entweder verzichtet er freiwillig vom Zuweisungsanspruch oder die interessierten Miterben können innert Jahresfrist die entsprechende letztwillige Verfügung anfechten[2361]. Schliesslich können die durch die letztwillige Verfügung des Erblassers hinsichtlich der Zuweisung des landwirtschaftlichen Gewerbes übergangenen Erben ihren erbrechtlichen Zuweisungsanspruch für den Fall geltend machen, dass der vom Erblasser bestimmte gesetzliche oder eingesetzte Erbe bei der Auseinandersetzung mit Kaufsrechtsberechtigten bei den persönlichen Verhältnissen unterliegt. Denn diesfalls könnten solche gesetzlichen Erben den Kaufsrechtsberechtigten bei den persönlichen Verhältnissen möglicherweise überlegen sein[2362]. Die letztwillige Zuweisungsverfügung würde gleichsam durch den besseren Anspruch des Kaufsrechtsberechtigten aufgehoben, weshalb der erbrechtliche Zuweisungsanspruch der übrigen gesetzlichen Erben wieder aufleben müsste, sofern er allein durch die letztwillige Verfügung des Erblassers erloschen sein sollte[2363].

[2361] Vgl. § 9, III, F.

[2362] Der Erblasser hat beispielsweise bei der Zuweisungsfrage den knapp geeigneten Enkel dem sehr gut geeigneten Enkel vorgezogen. Der kaufsrechtsberechtigte Enkel (Kind eines noch lebenden Kindes des Erblassers) indessen schlägt bei den persönlichen Verhältnissen den vom Erblasser bestimmten Enkel. Hier hätte der sehr gut geeignete und erbberechtigte Enkel die Möglichkeit, seinen Zuweisungsanspruch doch noch geltend zu machen (Eventualantrag).

[2363] Wenn der letzte Wille des Erblassers betreffend der Zuweisung am besser berechtigten Kaufsrecht scheitern sollte, sind die gesetzlichen Erben zu behandeln, als ob sie keine letztwillige Verfügung von der Zuweisung ausgeschlossen hätte. Denn die letztwillige Verfügung wurde durch die Ausübung des Kaufsrechtes in der Zuweisungsfrage aufgehoben. Wollte man dieses Recht der gesetzlichen Erben nicht wieder aufleben lassen, so würden die nicht erbberechtigten kaufsrechtsberechtigten Nachkommen und Geschwisterkinder durch das Kaufsrecht besser fahren als wenn sie erbberechtigt wären. Ein solches Resultat darf aber nicht eintreten. Vgl. STUDER BENNO, Kommentar BGBB, N. 15 zu Art. 26 BGBB, der anstelle des wieder auflebenden Zuweisungsrechtes den gesetzlichen Erben ebenfalls ein Kaufsrecht einräumen möchte. Sein Lösungsansatz umfasst nur gerade die Geschwister und Geschwisterkinder, währenddem auch bei den Nachkommen (vgl. obige Fussnote) die gleiche Ungereimtheit auszuräumen wäre. Mit dem oben vorgeschlage-

B. Kaufsrechtsberechtigte unter sich

Falls mehrere kaufsrechtsberechtigte Ansprecher vorhanden sein sollten[2364], so ist die Zuweisung nach den persönlichen Verhältnissen den Konkurrenten zu entscheiden[2365]. Dabei kommt auch das Kaufsrecht der Miterben[2366] in Frage[2367]. Zu den persönlichen Verhältnissen sei auf die Ausführungen vorne unter § 9, II, D verwiesen. Falls der Erblasser einen gesetzlichen Erben oder einen eingesetzten Erben als Übernehmer des landwirtschaftlichen Gewerbes mit letztwilliger Verfügung bestimmt hat und falls der auf diese Weise bestimmte Erbe zur Selbstbewirtschaftung nicht gewillt oder nicht geeignet ist, gibt es wiederum eine Konkurrenz unter lauter Kaufsrechtsberechtigten, wo abermals allein aufgrund der persönlichen Verhältnisse der Kaufsrechtsberechtigten über die Zuweisung zu entscheiden ist.

---

nen Aufleben des erbrechtlichen Zuweisungsanspruches müsste keine Korrektur des Gesetzestextes vorgenommen werden.

[2364] Dafür kommen einerseits nichterbberechtigte Nachkommen in Frage. Falls keine Nachkommen vorhanden sind, fallen die nichterbberechtigten Geschwister oder Geschwisterkinder in Betracht. Vgl. oben, § 32.

[2365] Art. 27 Abs. 1 BGBB i.V.m. Art. 46 Abs. 2 BGBB.

[2366] Art. 24 BGBB.

[2367] Vgl. vorne, § 17, II, C, 6.

§ 34 Aufschub der Kaufsrechtsausübung

I. Ausgangslage

Hinterlässt der Erblasser unmündige Nachkommen, so kann das Kaufsrecht über ein landwirtschaftliches Gewerbe solange nicht geltend gemacht werden, bis entschieden werden kann, ob ein Nachkomme das Gewerbe zur Selbstbewirtschaftung übernehmen kann[2368]. Diese Bestimmung gelangte in Anlehnung an gleichartige Situationen im BGBB[2369] in der ersten ständerätlichen Beratung ohne weitere Diskussion in den Gesetzestext[2370]. Den Zuweisungsaufschub beim Kaufsrecht gibt es gemäss klarem Gesetzeswortlaut nur für die Nachkommen des Erblassers, nicht aber für die Geschwister und Geschwisterkinder[2371].

[2368] Art. 26 Abs. 3 BGBB.
[2369] Art. 12 Abs. 1 und Art. 55 Abs. 6 BGBB.
[2370] Amtl.Bull.SR 1990 S. 229. Der Aufschub der Zuweisung ist somit möglich bei unmündigen erbberechtigten Nachkommen, aber auch bei nicht erbberechtigten Nachkommen, welche grundsätzlich über ein Kaufsrecht verfügen.
[2371] Sind Geschwister oder Geschwisterkinder im Zeitpunkt des Todes des Erblassers unmündig, so werden sie je nach dem Alter kaum geeignete Selbstbewirtschafter sein können und deshalb für das Kaufsrecht der Verwandten ausscheiden.

II. Selbstbewirtschaftung

Als Voraussetzung für einen Teilungsaufschub ist zu verlangen, dass die Eignung zur Selbstbewirtschaftung[2372] und der entsprechende Wille nicht zum vornherein ausgeschlossen werden können[2373].

III. Unmündige Nachkommen

Falls der Erblasser unmündige Nachkommen hinterlässt[2374], können die Kaufsrechtsberechtigten das Kaufsrecht solange nicht geltend machen, bis ein Entscheid betreffend der Übernahme durch die Nachkommen möglich ist[2375]. Solche Nachkommen müssen den Todeszeitpunkt des Erblassers[2376] bereits in erbfähigem Zustand erlebt haben[2377] oder zumindest gezeugt sein und anschliessend noch lebend geboren werden[2378]. Alle unmündigen Nachkommen des Erb-

---

[2372] Art. 9 BGBB. Vgl. vorne § 4, VIII.

[2373] Beim Aufschub muss die Eignung zur Selbstbewirtschaftung und der entsprechende Wille nicht bereits im Zeitpunkt des Aufschubsbeginnes vorliegen, denn es reicht, wenn diese Voraussetzungen im (späteren) Beurteilungszeitpunkt gegeben sind. Wenn aber die künftige Selbstbewirtschaftung zum vornherein ausgeschlossen werden kann (Invalidität, bereits vorhandene überdurchschnittliche Existenz gemäss Art. 22 BGBB, etc.), bedarf es auch keines Aufschubs.

[2374] Dabei kommen Kinder, Enkel und Urenkel (Ururenkel, etc.) in Frage.

[2375] Art. 26 Abs. 3 BGBB.

[2376] Der Erbgang wird durch den Tod des Erblassers eröffnet (Art. 537 ZGB). TOUR PETER, Berner Kommentar, N. 34 zu der Vorbemerkungen zum dreizehnten Titel.

[2377] Art. 542 ZGB.

[2378] Art. 544 ZGB. Somit kann ein Nachkomme, auf den dann in der Folge mit der Zuweisung gewartet werden muss, erst nach dem Tod des Erblassers geboren werden.

lassers, welche diese Voraussetzungen nicht erfüllen, können einen Aufschub des Kaufsrechtes nicht erzwingen. Der Entscheid über die Zuweisung des landwirtschaftlichen Gewerbes an einen der im Zeitpunkt des Erbganges unmündigen Nachkommen ist nicht erst dann möglich, wenn der letzte dieser Nachkommen mündig geworden ist. Denn auch ein noch unmündiger Nachkomme kann unter Umständen[2379] mit Unterstützung und Zustimmung des gesetzlichen Vertreters oder der Vormundschaftsbehörde[2380] den Zuweisungsanspruch geltend machen oder darauf verzichten[2381].

IV. Entmündigte Nachkommen

Entmündigten Nachkommen sollte grundsätzlich wie unmündigen Nachkommen die Aufschubsmöglichkeit analog eingeräumt werden. Allerdings sind mit Ausnahme der Entmündigung zufolge Verbüssens einer Freiheitsstrafe[2382] kaum Fälle denkbar, in denen die Übertragung eines landwirtschaftlichen Gewerbes an einen Entmündigten zur Selbstbewirtschaftung in Frage kommen kann, weil ja gerade die Gründe der Entmündigung[2383] regelmässig der Eignung zur Selbstbewirtschaftung widersprechen[2384].

[2379] Sobald die entscheidenden persönlichen Voraussetzungen abschätzbar sind. Vgl. vorne, § 10, IV, lit. B.
[2380] Falls die Interessen des gesetzlichen Vertreters jenen des Unmündigen widersprechen, muss die Vormundschaftsbehörde dem Unmündigen einen Beistand ernennen (Art. 392 Ziffer 2 ZGB). Je nach den konkreten Verhältnissen ist auch eine weitergehende vormundschaftliche Betreuung notwendig.
[2381] BBl 1988 III 993.
[2382] Art. 371 ZGB. Bei diesem Entmündigungsgrund wird es wesentlich vom in Frage stehenden Delikt abhängen, ob der Ansprecher überhaupt als geeigneter Selbstbewirtschafter in Frage kommen kann (NEUKOMM/SZETTLER, S. 83; STEIGER FRANZ, S. 143).
[2383] Art. 369, 370 und 372 ZGB.
[2384] NEUKOMM/SZETTLER, S. 83. STEIGER FRANZ, S. 143.

V. Aufschubsdauer

Der Kaufrechtsaufschub für das landwirtschaftliche Gewerbe kann nur solange dauern, bis entschieden werden kann, ob einer der Nachkommen des Eigentümers das landwirtschaftliche Gewerbe zur Selbstbewirtschaftung übernimmt[2385]. Für den Zeitpunkt der Beurteilung muss je nach den Umständen die Mündigkeit der in Frage kommenden Nachkommen nicht immer abgewartet werden. Denn die Eignung zur Selbstbewirtschaftung und der entsprechende Wille kann möglicherweise bereits vor der Mündigkeit eines Nachkommen abgeklärt werden[2386]. In diesem Sinne ist es denkbar, dass einem 16 Jahre alten Nachkommen ein landwirtschaftliches Gewerbe zugewiesen wird[2387]. Es ist auch möglich, dass unmündige Nachkommen aufgrund der persönlichen Voraussetzungen[2388] für eine Zuweisung neben anderen Ansprechern zum vornherein ausscheiden. Da die Beurteilung der Zuteilungskriterien vor Mündigkeit[2389] weitgehend auf Prognosen beruhen werden, ist in diesen Fällen bei den persönlichen Voraussetzungen vom gewöhnlichen Lauf der Dinge und von der allgemeinen Lebenserfahrung auszugehen[2390].

[2385] Art. 26 Abs. 3 BGBB.

[2386] BGE 71 II 24, 84 II 81. ESCHER ARNOLD, Zürcher Kommentar, N. 4 zu Art. 621bis aZGB. TUOR PETER / PICENONI VITO, Berner Kommentar, N. 4 zu Art. 621bis aZGB. NEUKOMM/SZETTLER, S. 82. STEIGER FRANZ, S. 137 ff.

[2387] BGE 71 II 24.

[2388] Körperliche Eigenschaften, geistige Verfassung, Fähigkeiten und Neigungen, Bildungsgang, etc.

[2389] Nachdem die Mündigkeit auf 18 Jahre hinunter gesetzt worden ist, kann es sich auch nach Erreichen der Mündigkeit als notwendig erweisen, von gewissen Prognosen auszugehen. Denn selbst ein 18 Jahre alter Ansprecher kann sich betreffend den persönlichen Eigenschaften rasch in verschiedene Richtungen entwickeln. Das Erreichen des Mündigkeitsalters bietet somit keine ausreichende Gewähr, dass bei einem Ansprecher konstante und damit verlässliche persönliche Verhältnisse vorliegen.

[2390] STEIGER FRANZ, S. 137.

VI. Weiterbestehen der Erbengemeinschaft

Falls die Voraussetzungen für einen Kaufsrechtsaufschub erfüllt sind, bleibt die Erbengemeinschaft zumindest im Ausmass des landwirtschaftlichen Gewerbes[2391] als fortgesetzte Erbengemeinschaft bestehen[2392]. Diese Erbengemeinschaft hat durch das Zusammenwirken aller Erben[2393] den weiterbestehenden Nachlass zu verwalten. Im Falle der Uneinigkeit kann ein Erbenvertreter[2394] eingesetzt werden. Möglicherweise wird die zwischenzeitliche Verpachtung des landwirtschaftlichen Gewerbes eine wichtige Rolle spielen. Es ist darauf zu achten, dass die Pachtdauer[2395] so festgelegt wird, dass die Pacht in jenem Zeitpunkt ausläuft, in dem über die Zuweisung bei den Nachkommen entschieden werden kann[2396]. Die fortgesetzte Erbengemeinschaft betreffend dem landwirtschaftlichen Gewerbe findet ihr Ende mit der Zuweisung an einen Erben, an einen Kaufsrechtsberechtigten oder mit der Übertragung des landwirtschaftlichen Gewerbes an einen Dritten[2397] und der jeweils

---

[2391] Falls kein Erbe die Erbteilung des übrigen Nachlasses verlangt oder falls es für eine partielle Teilung (des übrigen Nachlasses) keinen hinreichenden Grund gibt (Art. 604 Abs. 1 ZGB e contrario), entsteht betreffend dem ganzen Nachlass eine fortgesetzte Erbengemeinschaft. TUOR PETER / PICENONI VITO, Berner Kommentar, N. 8 zu Art. 621bis aZGB.

[2392] Im Sinne von Art. 604 Abs. 2 ZGB. ESCHER ARNOLD, Zürcher Kommentar, N. 7 zu Art. 621bis aZGB.

[2393] Möglicherweise unter Mitwirkung der Vormundschaftsbehörde (Beistand, etc.) für die unmündigen Erben.

[2394] Art. 602 Abs. 3 ZGB.

[2395] Es kann dabei auch eine kürzere als die gesetzlich vorgesehene Pachtdauer unter Einholung einer Ausnahmebewilligung (Art. 7 Abs. 2 und 3 lit. b LPG; Art. 8 Abs. 2 und 3 LPG) vereinbart werden.

[2396] Der Entscheidungszeitpunkt ist nicht identisch mit dem Zeitpunkt, in welchem eine mögliche Zuweisungsklage eingereicht wird. Erfahrungsgemäss muss ein Zuweisungsverfahren geraume Zeit vor dem Zeitpunkt eingeleitet werden, in dem der Richter über die Zuweisung entscheidet bzw. entscheiden kann.

[2397] Falls der Zuweisungsanspruch der Erben oder der kaufsrechtsberechtigten Verwandten abgewiesen wird und das landwirtschaftliche Gewerbe an einen

damit verbundenen partiellen Erbteilung, was zur gleichzeitigen Abfindung der Miterben führt[2398]. Falls bei Vorliegen des Zuweisungsentscheides noch der gesamte Nachlass vorhanden ist, muss dieser unter Einbezug des Zuweisungsentscheides geteilt werden, sei es einvernehmlich oder durch den Richter[2399].

VII. Verfahren

Für den Kaufsrechtsaufschub bei unmündigen Nachkommen besteht eine gesetzliche Verpflichtung[2400]. Im gerichtlichen Zuweisungsverfahren eines Kaufsrechtsberechtigten hat deshalb der Richter bei unmündigen Nachkommen von Amtes wegen zu prüfen, ob die Zuweisung aufgeschoben werden muss[2401] oder ob die Zuweisungsvoraussetzungen trotzdem gegeben sind[2402]. Für die unmündigen Nachkommen hat im Zuweisungsverfahren der Inhaber der elterlichen Gewalt oder bei der wohl oft vorhandenen Interessenkollision[2403] stets die Vormundschaftsbehörde[2404] aktiv zu wer-

---

beliebigen Selbstbewirtschafter (Nichterbe, nicht verwandt) oder gar an einen Nichtselbstbewirtschafter (Art. 64 lit. f BGBB) übertragen wird.

[2398] Die Abfindungsansprüche der Miterben sind u.a. auch von den auf dem Gewerbe lastenden Schulden abhängig.

[2399] Es kommt auf das jeweilige Rechtsbegehren an. Falls nur die Zuweisung verlangt worden ist, wird der Richter vorerst nur über diese bestimmen. Die Teilung muss dann auf der Grundlage des Zuweisungsentscheides entweder einvernehmlich oder dann über den Richter vorgenommen werden.

[2400] Art. 26 Abs. 3 BGBB.

[2401] Das ist dann der Fall, wenn noch nicht bei allen unmündigen Nachkommen die Eignung und der Wille zur Selbstbewirtschaftung ausreichend abgeklärt werden kann.

[2402] Die noch unmündigen Nachkommen können betreffend der Eignung und dem Willen zur Selbstbewirtschaftung bereits beurteilt werden.

[2403] Einerseits könnte der überlebende Ehegatte als Inhaber der elterlichen Gewalt selber das Gewerbe ansprechen. Andererseits könnten Inhaber der elterlichen Gewalt die Interessen von verschiedenen unmündigen Nachkommen wahrnehmen müssen.

den. Bei einvernehmlichen[2405] Zuweisungen dürfte die Mitwirkung der Vormundschaftsbehörde noch viel eher angezeigt sein, weil hier der gesetzlich vorgesehene Zuweisungsaufschub[2406] gänzlich ausser acht gelassen und damit die Interessen der Unmündigen gravierend verletzt werden könnten.

Wird beim Richter ein Zuweisungsbegehren gestellt und liegen die Voraussetzungen für einen Zuweisungsaufschub vor, so hat der Richter das Zuweisungsverfahren im Fall von unmündigen Nachkommen von Amtes wegen[2407] zu sistieren[2408] und mit dem Entscheid zuzuwarten, bis die Zuweisungsfrage geklärt werden kann.

[2404] In der Regel dürfte eine fallbezogene Beistandschaft (Art. 392 Ziffer 2 ZGB) ausreichen.

[2405] Erbteilungsvertrag.

[2406] Art. 26 Abs. 3 BGBB.

[2407] Aufgrund eines Auszuges aus dem Zivilstandsregister kann mit Leichtigkeit festgestellt werden, ob unmündige Nachkommen vorhanden sind. Sind solche vorhanden, so ist mit Hilfe des gesetzlichen Vertreters und allenfalls mit Hilfe der Vormundschaftsbehörde von Amtes wegen abzuklären, ob die Voraussetzungen für einen Zuweisungsaufschub vorhanden sind.

[2408] Es wäre nicht sachgerecht, die zu früh eingereichte Klage abzuweisen, weil es sehr schwierig sein dürfte, den Zeitpunkt abzuschätzen, an dem die Zuweisungsklage nicht mehr von einem möglichen Zuweisungsaufschub aufgehalten werden kann. Es wäre auch unsinnig eine abgewiesene Klage später noch einmal zuzulassen.

§ 35 Ausübung des Kaufsrechtes

I. Fristen

A. Relative Ausübungsfrist von drei Monaten

Das Kaufsrecht erlischt nach drei Monaten, seitdem der Berechtigte Kenntnis von seinem Kaufsrechtsanspruch erhalten hat[2409]. Diese Kenntnis kann erst dann vorhanden sein, wenn sich die Erben, die für eine Zuweisung in Frage kommen, über ihre Ansprüche ausgesprochen haben[2410]. Falls es einen Kaufsrechtsaufschub gibt, weil der Erblasser unmündige Nachkommen hinterlassen hat[2411], beginnt die relative Ausübungsfrist ab dem Entscheid, ob solche Nachkommen das landwirtschaftliche Gewerbe übernehmen können und wollen oder nicht. Es wäre in solchen Fällen einem möglicherweise[2412] Kaufsrechtsberechtigen nicht zuzumuten, sein Kaufsrecht vor Ablauf der Aufschubsdauer geltend zu machen. Zudem besagt schon der Gesetzeswortlaut, dass bei Vorhandensein von unmündigen Nachkommen das Kaufsrecht bis zum Ablauf der Aufschubsdauer nicht geltend gemacht werden kann[2413].
Es handelt sich bei der Dreimonatsfrist um eine relative Verwirkungsfrist[2414], welche weder gehemmt noch unterbrochen werden

---

[2409] Art. 27 Abs. 1 BGBB i.V.m. Art. 681a Abs. 2 BGBB. BBl 1988 III 1007.

[2410] BBl 1988 III 1007.

[2411] Art. 26 Abs. 3 BGBB.

[2412] Das Kaufsrecht entfällt je nach dem, ob der unmündige Nachkomme als Selbstbewirtschafter in Frage kommt.

[2413] Art. 26 Abs. 3 BGBB.

[2414] BBl 1988 III 1004.

kann[2415]. Die Kaufsrechtserklärung muss innerhalb dreier Monate seit der Kenntnisnahme des Kaufsrechtsanspruches dem oder den Kaufsrechtsbelasteten zugegangen sein, weil diese Mitteilung wie jene bei der Ausübung des Vorkaufsrechts empfangsbedürftig ist[2416]. Um für den Beginn der relativen Verwirkungsfrist Klarheit zu erhalten bzw. die sichere Kenntnis der Kaufsrechtsberechtigten von ihrem Anspruch zeitlich genau zu fixieren, kann der Kaufsrechtsbelastete dem Kaufsrechtsberechtigten eine entsprechende schriftliche Aufforderung zur Äusserung zukommen lassen.

B. Absolute Ausübungsfrist von zwei Jahren

Das Kaufsrecht erlischt grundsätzlich spätestens nach zwei Jahren seit dem Tode des Erblassers. Analog zum Vorkaufsrecht[2417] muss beim Kaufsrecht der Verwandten das kaufsrechtsauslösende Ereignis des Todes des Erblassers als Beginn des Fristenlaufes für die absolute Verjährungsfrist von zwei Jahren gelten. Der Sinn der absoluten Verjährungsfrist kann nur gewahrt werden, wenn der Beginn des Fristenlaufes von einem objektiv einfach feststellbaren Ereignis abhängig gemacht wird. M.E. ist deshalb für den Beginn des Fristenlaufes auf den Todeszeitpunkt des Erblassers abzustellen[2418]. Wurde seitens eines Kaufsrechtsberechtigten vor Ablauf der Zweijahresfrist bei den Kaufsrechtsbelasteten nachgefragt, ob sie selber einen Zuweisungsanspruch geltend wollen, so muss die Zweijahres-

---

[2415] HUNZIKER MICHAEL, S. 146.

[2416] MEIER-HAYOZ ARTHUR, Berner Kommentar, N. 221 zu Art. 681 ZGB. HAAB ROBERT / SIMONIUS AUGUST / SCHERRER WERNER / ZOBL DIETER, Zürcher Kommentar, N. 38 zu Art. 681/82 ZGB. HUNZIKER MICHAEL, S. 146.

[2417] Art. 27 Abs. 1 BGBB i.V.m. Art. 681a Abs. 2 BGBB. Beim Vorkaufsrecht beginnt innert zwei Jahren seit der Eintragung des neuen Eigentümers bzw. innert zwei Jahren seit Eintreten des Vorkaufsfalls die absolute Verjährungsfrist zu laufen (Art. 681a Abs. 2 ZGB).

[2418] Falls ein kaufsrechtsberechtigter Verwandter vom Tod des Erblassers innerhalb von zwei Jahren seit dem Todeszeitpunkt nichts erfahren sollte, ist davon auszugehen, dass dessen verwandtschaftliche Bande zum Erblasser nicht jene Intensität aufweisen, welche das Kaufsrecht rechtfertigen würde.

frist als gewahrt gelten und die relative Frist beginnt ab der Mitteilung der Kaufsrechtsbelasteten zu laufen[2419].
Es handelt sich bei der Zweijahresfrist um eine absolute Verwirkungsfrist[2420], welche weder gehemmt noch unterbrochen werden kann[2421]. Die Kaufsrechtserklärung oder die Nachfrage[2422] muss somit innerhalb zweier Jahre seit dem Tod des Erblassers dem oder den Kaufsrechtsbelasteten zugegangen sein[2423]. Der Berechtigte muss innert der zwei Jahre gar nie Kenntnis vom Tode des Erblassers und damit von seiner Kaufsrechtsberechtigung erhalten haben.
Für die Kaufsrechtsbelasteten kann es sehr wichtig sein, durch die absolute Ausübungsfrist Sicherheit zu bekommen, dass keine Kaufsrechtsberechtigten mehr ihre Zuweisungsansprüche geltend machen können. Denn es wäre ohne weiteres möglich, dass kaufsrechtsberechtigte Personen nicht auffindbar sind und dementsprechend auch nicht kontaktiert werden können, weshalb die relative Verwirkungsfrist gar nie anlaufen würde.
Falls es einen Kaufsrechtsaufschub gibt, weil der Erblasser unmündige Nachkommen hinterlassen hat[2424], kann die absolute Ausübungsfrist von zwei Jahren erst mit dem Wegfall des Kaufsrechtsaufschubes beginnen, weil das Kaufsrecht bis zum Ablauf der Aufschubsdauer nicht geltend gemacht werden kann[2425].

[2419]Die Kaufsrechtsbelasteten haben es dann selber in der Hand, die relative Frist rasch in Gang zu setzen. Warten Sie mit der Antwort lange zu, so haben sie sich die Verzögerung selber zuzuschreiben.
[2420]BBl 1988 III 1007 und 1074.
[2421]HUNZIKER MICHAEL, S. 146.
[2422]Die Nachfrage, ob die Kaufsrechtsbelasteten selber einen Zuweisungsanspruch erheben wollen.
[2423]MEIER-HAYOZ ARTHUR, Berner Kommentar, N. 224 zu Art. 681 ZGB. HAAB ROBERT / SIMONIUS AUGUST / SCHERRER WERNER / ZOBL DIETER, Zürcher Kommentar, N. 38 zu Art. 681/82 ZGB. HUNZIKER MICHAEL, S. 146.
[2424]Art. 26 Abs. 3 BGBB.
[2425]Art. 26 Abs. 3 BGBB.

II. Adressat

Selbst wenn sämtliche Voraussetzungen für ein Kaufsrecht erfüllt und die geforderten Fristen eingehalten worden sind, muss der Kaufsrechtsberechtigte das Kaufsrecht oder die Nachfrage bei der richtigen Stelle geltend machen. Adressat der Kaufsrechtsausübungserklärung und der Nachfrage ist der Kaufsrechtsbelastete und damit die Erben des Erblassers. Falls der Kaufsrechtsbelastete eine Erbengemeinschaft ist, muss die Erklärung oder die Nachfrage an den bezeichneten Vertreter der Erbengemeinschaft gerichtet werden. Gibt es keinen Vertreter oder ist dieser dem Berechtigten nicht bekannt, so kann die Erklärung oder die Nachfrage gegenüber einem Mitglied der Erbengemeinschaft mit Wirkung für alle abgegeben werden[2426].

III. Form

Die Kaufsrechtserklärung bedarf grundsätzlich keiner besonderen Form[2427], wobei aber der Grundbuchverwalter für die Eigentumsübertragung eine schriftliche, allenfalls sogar beglaubigte Erklärung verlangen wird[2428]. Auch aus Beweisgründen empfiehlt sich die schriftliche Form. Für die Nachfrage gegenüber den Kaufsrechtsbelasteten ist ebenfalls aus Beweisgründen die schrifliche Form zu wählen.

[2426]BGE 73 II 170. Für die Wahrung der absoluten Frist betreffend der Nachfrage reicht die Zustellung an ein Mitglied der Erbengemeinschaft aus, während für den Beginn der relativen Frist sich alle grundsätzlich in Frage kommenden Erben ausgesprochen haben müssen (BBl 1988 III 1007).
[2427]MEIER-HAYOZ ARTHUR, Berner Kommentar, N. 227 zu Art. 681 ZGB.
[2428]Wegleitung für die Grundbuchämter, S. 47.

IV. Inhalt

Die Mitteilung der Kaufsrechtsausübung muss die rechtsbegründende Erklärung des Berechtigen enthalten, dass er das Kaufsrecht ausüben will. Sie muss bestimmt und eindeutig sein und darf weder Vorbehalte noch Bedingungen enthalten[2429]. Aus der Nachfrage an die Kaufsrechtsbelasteten muss die Aufforderung hervorgehen, dass die Kaufsrechtsbelasteten sich über ihre Zuweisungsanprüche äussern sollen.

§ 36 Abänderung, Aufhebung und Verzicht

I. Allgemeines

In Abweichung von den gesetzlichen Vorschriften sind Vereinbarungen nur zulässig, wo das Gesetz nicht eine unabänderliche Vorschrift aufstellt oder die Abweichung nicht einen Verstoss gegen die öffentliche Ordnung, gegen die guten Sitten oder gegen das Recht der Persönlichkeit in sich schliesst[2430]. Für die Frage nach den Möglichkeiten einer Abänderung, einer Aufhebung oder eines Verzichts betreffend dem Kaufsrecht ist deshalb vorerst abzuklären, ob zwingendes oder dispositives Gesetzesrecht vorliegt[2431].

[2429] MEIER-HAYOZ ARTHUR, Berner Kommentar, N. 224 zu Art. 681 ZGB. HAAB ROBERT / SIMONIUS AUGUST / SCHERRER WERNER / ZOBL DIETER, Zürcher Kommentar, N. 38 zu Art. 681/82 ZGB.
[2430] Art. 19 Abs. 2 OR.
[2431] ZELLER ERNST, N. 154 zu § 11.

II. Kaufsrecht als dispositives Recht

Das Kaufsrecht dient den Verwandten zur Sicherung des landwirtschaftlichen Gewerbes als Kaufrechtsobjekt[2432] und hat keinen Schutzzweck, welcher im öffentlichen Interesse liegt. Aus dem Gesetzestext kann nichts entnommen werden, was auf den Willen des Gesetzgebers nach einer unabänderlichen Vorschrift hinweisen würde. Vielmehr ist vom ausdrücklichen Willen des Gesetzgebers auszugehen, dass auch das Kaufsrecht der Verwandten abgeändert und aufgehoben[2433], bzw. dass darauf verzichtet[2434] werden kann. Das Kaufsrecht stellt deshalb eine dispositive Rechtsnorm dar, für die ohne weiteres eine Abänderung, eine Aufhebung oder ein Verzicht möglich ist.

III. Form

Das gesetzliche Kaufsrecht und das gesetzliche Vorkaufsrecht des BGBB haben die gleiche rechtspolitische Zielsetzung. Für die Ausübung des Kaufsrechtes gelten die verfahrensrechtlichen Bestimmungen des Vorkaufsrechtes[2435]. Beim Kaufsrecht des Art. 25 BGBB handelt es sich ohne Zweifel um ein gesetzliches Kaufsrecht, welches das Eigentum noch mehr beschränkt als ein blosses Vorkaufsrecht, bedarf es doch für den Kaufsrechtsfall nicht einmal einer Veräusserung des Grundeigentums. Für die Vereinbarung der Aufhebung oder einer Abänderung des Kaufsrechts bedarf es deshalb vor Eintreten des Kaufsrechtsfalles zur Gültigkeit der öffentlichen Beurkundung[2436], während für den gänzlichen oder teilweisen

---

[2432] Art. 25 BGBB.
[2433] Art. 27 Abs. 1 BGBB i.V.m. Art. 681b Abs. 1 ZGB.
[2434] Art. 27 Abs. 1 BGBB i.V.m. Art. 681b Abs. 2 ZGB.
[2435] BBl 1988 III 1007. Art. 27 Abs. 1 BGBB.
[2436] Art. 27 Abs. 1 BGBB i.V.m. Art. 681b Abs. 1 ZGB.

Verzicht nach Eintreten des Kaufsrechtsfalles die einfache Schriftlichkeit genügt[2437].

§ 37 Nutzniessung oder Wohnrecht des überlebenden Ehegatten

Wird ein landwirtschaftliches Gewerbe einem anderen als dem überlebenden Ehegatten zugewiesen, so kann dieser verlangen, dass ihm auf Anrechnung an seine Ansprüche die Nutzniessung an einer Wohnung oder ein Wohnrecht eingeräumt wird, wenn es die Umstände zulassen[2438]. Mit dieser Bestimmung soll erreicht werden, dass der überlebende Ehegatte nicht unbedingt in der bisherigen Wohnung, wohl aber zumindest am bisherigen Ort weiter wohnen kann, falls nicht objektive Gründe wie die räumlichen Verhältnisse oder subjektive Gesichtspunkte wie die Beziehung des Übernehmers zum überlebenden Ehegatten dagegen sprechen[2439]. Im einzelnen dazu vorne unter § 11.

[2437] Art. 27 Abs. 1 BGBB i.V.m. Art. 681b Abs. 2 ZGB.
[2438] Art. 25 Abs. 2 BGBB i.V.m. Art. 11 Abs. 3 BGBB.
[2439] BBl 1988 III 991.

§ 38 Umfang des Kaufsrechtes

A. Grundsatz

Das Kaufsrecht umfasst grundsätzlich das gesamte landwirtschaftliche Gewerbe, welches sich im Nachlass befindet[2440]. Gegenstand des Kaufsrechtsanspruches ist somit das gesamte landwirtschaftliche Gewerbe[2441] im Sinne von Art. 7 BGBB oder im Sinne von Art. 5 lit. a BGBB. Dazu gehört auch ein nichtlandwirtschaftliches Nebengewerbe, falls es mit dem landwirtschaftlichen Gewerbe eng verbunden ist[2442]. Das Betriebsinventar gehört ebenfalls grundsätzlich zum landwirtschaftlichen Gewerbe und es ist dem Kaufsrechtsberechtigten wie bei der erbrechtlichen Zuweisung[2443] freizustellen, ob er das Betriebsinventar übernehmen will oder nicht. Da es beim Kaufsrecht der Verwandten anders als beim Vorkaufsrecht keinen Veräusserer gibt[2444], der erklären kann, ob oder wie weit das Betriebsinventar eingeschlossen sein soll, ist dieses wie im Erbrecht gänzlich dem Ansprecher zuzuweisen, sofern das überhaupt gewünscht wird[2445]. Nach dem Willen des Gesetzgebers sollten nämlich die kaufsrechtsberechtigten Verwandten die gleichen Rechte haben wie die erbberechtigten Verwandten[2446]. Dementspre-

---

[2440] Art. 25 Abs. 1 BGBB. Vgl. vorne, § 7, II.
[2441] Vgl. Ausführungen unter § 4, III, VI, VII.
[2442] Art. 27 Abs. 1 BGBB i.V.m. Art. 51 Abs. 2 BGBB. Siehe dazu im einzelnen vorne, § 13.
[2443] Art. 15 Abs. 1 BGBB.
[2444] Art. 51 Abs. 1 BGBB.
[2445] Art. 15 Abs. 1 BGBB.
[2446] Amtl.Bull.NR 1991 S. 852 und 853, Votum Nussbaumer. Amtl.Bull.SR 1991 S. 725 und 726.

chend rechtfertigt sich der Zuweisungsanspruch der Kaufsrechtsberechtigen auch für das Betriebsinventar[2447].

B. Betrachtungszeitpunkt

Der massgebliche Moment für die Betrachtung des Gewerbeumfanges ist der Moment der Zusprechung[2448] des geltend gemachten Anspruches[2449]. Ab dem Todeszeitpunkt des Erblassers kann sich das Gewerbe umfangmässig wesentlich ausgeweitet[2450], vermindert[2451], verschlechtert[2452] oder aber erst gebildet[2453] haben. Auch können Gewerbe oder Teile davon ersetzt oder erneuert worden sein[2454]. Ein Gewerbe unterliegt selbst dann dem Zuweisungsanspruch, wenn es nie dem Erblasser gehört hat, sondern erst nach dessen Tod durch Surrogation in den Nachlass gelangt ist[2455]. Bei Verschlechterungen

---

[2447] Im einzelnen zum Betriebsinventar, vorne, § 12.

[2448] Einvernehmlich durch vertragliche Zusprechung oder gerichtlich mittels Urteil.

[2449] Zwischen dem Moment der Eröffnung des Erbganges und einer Erbteilung bzw. der Zusprechung eines Zuweisungsanspruches kann viel Zeit verstreichen und die tatsächlichen Verhältnisse des Gewerbes können sich markant verändert haben.

[2450] Erwerb von Liegenschaften, Neubau von Gebäuden, Investitionen in bestehende Gebäude, Erwerb von vertraglichen oder dinglichen Rechten, etc.

[2451] Veräusserung von Liegenschaften oder Liegenschaftsteilen, von Gebäuden und Gebäudeteilen oder von vertraglichen oder dinglichen Rechten, etc.

[2452] Schäden durch Naturkatastrophen (Wasser, Sturm, Hagel, Geröll, Schnee, etc.); öffentlich-rechtliche oder privatrechtliche Beschränkungen (Strassen, Quellfassungen, etc.), etc.

[2453] Falls aus Nachlassmitteln Grundstücke, Gebäude, dingliche Rechte, etc. erworben werden und dadurch erst ein Gewerbe entsteht: dieses neu geschaffene Gewerbe unterliegt dem erbrechtlichen Zuweisungsanspruch, weil es aus Nachlassmitteln entstanden ist und weil alle Erben dem Erwerb zustimmen mussten. Die Bildung eines Gewerbes ist durch Aufstockung bereits bestehender landwirtschaftlicher Grundstücke und/oder Gebäude oder aber durch den Erwerb eines gesamten Gewerbes möglich.

[2454] Vgl. BGE 116 II 261 ff.

[2455] BGE 116 II 265 f.

eines Gewerbes, die wiederherstellbar[2456] sind und von Dritten[2457] entschädigt werden, ist für die Bewertung auf den Vorzustand[2458] abzustellen, und die Entschädigungen sind dem Ansprecher als Entgelt für die Wiederherstellung zuzuweisen[2459]. Wenn eine solche Verschlechterung[2460] vor dem Ableben des Erblassers eingetreten ist, muss bei der Bewertung ebenfalls vom Vorzustand[2461] ausgegangen werden und dem Ansprecher ist die Entschädigung[2462] zuzusprechen, es sei denn, der Erblasser habe ausdrücklich auf die Wiederherstellung der Verschlechterung verzichtet[2463]. Verminderungen und nicht wiederherstellbare sowie wiederherstellbare, aber nicht von Dritten entschädigte Verschlechterungen reduzieren den Umfang des Zuweisungsanspruches definitiv. Aus der Grösse, Art, Beschaffenheit oder Lage des "Restgewerbes" ergibt sich dann, ob dieses noch die minimalen Kriterien für die Zuweisung erfüllt[2464].

[2456]Vernichtung von Gebäuden oder Wald durch Brand, Sturm oder Lawinen, Abrutschen von Liegenschaftsteilen zufolge Überschwemmung, Vernichtung von Pflanzungen durch Hagel, etc.

[2457]Versicherungen, Haftpflichtige, öffentliche Hand, Sammlungen, etc.

[2458]Vor der Verschlechterung. Dies betrifft nur den verschlechterten Teil. Für die übrigen Teile ist nach wie vor der Zeitpunkt der Zusprechung massgebend.

[2459]Vgl. BGE 82 II 4 ff.

[2460]Von Dritten entschädigte Verschlechterung.

[2461]Nur des verschlechterten Teiles; die übrigen Teile sind im Zeitpunkt der Zusprechung zu beurteilen bzw. zu bewerten.

[2462]Soweit noch vorhanden.

[2463]Diesfalls hat der Erblasser lediglich das «verschlechterte» Gewerbe hinterlassen und die Verschlechterung nicht wieder instandstellen wollen.

[2464]Vgl. Art. 7 Abs. 4 BGBB; vgl. vorne § 4, III, E, F, G.

C. Realteilungsmöglichkeiten

1. Grundsatz

Die Aufteilung eines landwirtschaftlichen Gewerbes unter Kaufsrechtsberechtigen, bzw. die Abtrennung eines Teiles[2465] davon ist im Rahmen des Realteilungsverbotes[2466], nur beschränkt möglich[2467], selbst wenn die Kaufsrechtsberechtigen[2468] sich darüber einig wären. Im übrigen sind sämtliche Ansprüche von Kaufsrechtsberechtigen oder von Erben[2469] an Gewerbebestandteilen[2470] ausgeschlossen. Schliesslich sollte auch im Rahmen der Erbteilung der gewünschten Strukturverbesserung nicht zuwider gehandelt werden[2471]. Die Abtrennung von Gewerbebestandteilen ist ohne Zustimmung des Gewerbeanspruchers selbst dann nicht möglich, wenn dies öffentlich-rechtlich zulässig wäre[2472]. Als Abweichung

---

[2465] Die Einräumung von beschränkt dinglichen Rechten (Baurecht, langjährige Nutzniessung, etc.) ist je nach den Umständen als Abtrennung eines Gewerbe- oder Grundstückteiles zu betrachten, da sonst auf diesem Weg das Realteilungsverbot leicht umgangen werden könnte.

[2466] Art. 58 Abs. 1 BGBB.

[2467] Art. 60 lit. b BGBB.

[2468] Und allenfalls Erben.

[2469] Kaufsrechtsberechtigte oder Erben, welche gemäss den Zuweisungskriterien unterlegen sind oder solche, die nicht alle Zuweisungsvoraussetzungen erfüllen konnten.

[2470] Gemeint sind nach wie vor Bestandteile eines Gewerbes im Sinne von Art. 7 BGBB. Grundstücke oder Grundstücksteile (vgl. Art. 2 Abs. lit. a und c BGBB), welche in einer Bauzone liegen und mit den übrigen Gewerbebestandteilen zusammen bewirtschaftet worden sind, aber nicht zum Gewerbe im Sinne von Art. 2 Abs. 2 lit. a oder c BGBB gehören, stellen keine Gewerbebestandteile dar und können von den anderen Erben ohne weiteres angesprochen werden, bzw. abgetrennt werden (vgl. Art. 60 lit. a BGBB).

[2471] Art. 1 Abs. 1 lit. a BGBB; BBl 1988 III 968.

[2472] Art. 60 lit. b BGBB. Öffentlich-rechtlich wäre es zulässig, Gewerbebestandteile abzutrennen, wenn das Gewerbe nach der Abtrennung einer bäuerlichen Familie noch eine gute landwirtschaftliche Existenz bietet.

vom Grundsatz des Realteilungsverbotes ist die Einräumung einer Wohngelegenheit für den überlebenden Ehegatten zu betrachten[2473].

2. Aufteilung in zwei oder mehrere Gewerbe

Falls das landwirtschaftliche Gewerbe nach Umfang und Beschaffenheit in zwei oder mehrere Gewerbe aufteilbar ist, dass je einer bäuerlichen Familie eine gute Existenz geboten wird, so ist eine Aufteilung möglich[2474]. Da die Erben und die kaufsrechtsberechtigen Verwandten in ihren Rechten gleichgestellt werden sollten[2475], ist die Aufteilung eines Gewerbes analog der Bestimmung im Erbrecht[2476] zuzulassen.

3. Abtrennung von Nebengewerben

Der Zuweisungsanspruch umfasst grundsätzlich das gesamte landwirtschaftliche Gewerbe im Sinne von Art. 7 BGBB, worin gegebenenfalls auch nichtlandwirtschaftliche Nebengewerbe eingeschlossen sind[2477]. Solche Nebengewerbe können vom landwirtschaftlichen Gewerbe abgetrennt werden, sofern der Ansprecher des Gewerbes die Zuteilung des Nebengewerbes nicht verlangt[2478]

[2473] Art. 25 Abs. 2 BGBB i.V.m. Art. 11 Abs. 3 BGBB.

[2474] Art. 60 lit. b BGBB. Wann eine «gute landwirtschaftliche Existenz» vorliegt und unter welchen weiteren Voraussetzungen eine Aufteilung möglich ist, wird vorne unter § 14 umschrieben.

[2475] Amtl.Bull.NR 1991 S. 852 und 853, Votum Nussbaumer. Amtl.Bull.SR 1991 S. 725 und 726.

[2476] Art. 16 BGBB. Hier liegt eine echte Gesetzeslücke vor, welche durch die analoge Anwendung von Art. 16 BGBB zu füllen ist.

[2477] Art. 51 Abs. 2 BGBB; vgl. vorne § 4, VI und VII. Die Voraussetzungen für die Zuweisung eines nichtlandwirtschaftlichen Nebengewerbes sind vorne in § 13 umschrieben. Falls das nichtlandwirtschaftliche Nebengewerbe arbeitsmässig das landwirtschaftliche Gewerbe überwiegt, so gibt es keinen Anspruch auf ungeteilte Zuweisung beider Gewerbeteile. Solche nichtlandwirtschaftlichen Gewerbe gelten nicht als landwirtschaftliche Nebengewerbe im Sinne von Art. 7 BGBB. Vgl. vorne § 4, VII.

[2478] Art. 51 Abs. 2 BGBB.

und sofern eine Abtrennung räumlich und öffentlich-rechtlich überhaupt möglich ist[2479].

4. Abtrennung des Betriebsinventars

Mit der Zuweisung des landwirtschaftlichen Gewerbes kann auch die Zuweisung des Betriebsinventars verlangt werden[2480]. Allerdings kann der Ansprecher darauf verzichten. Diesfalls darf das Betriebsinventar ohne weiteres vom Gewerbe abgetrennt werden.

§ 39 Wirkungen der Kaufsrechtsausübung

I. Grundsatz

Die Kaufsrechtserklärung ist eine rechtsbegründende Gestaltungserklärung und als solche unwiderruflich. Einmal abgegeben, kann sie nicht mehr rückgängig gemacht werden, es sei denn, die Rücknahmeerklärung treffe vor der Kaufsrechtserklärung beim Adressaten ein[2481]. Der Berechtigte hat seine Kaufsrechtsberechtigung

---

[2479] Mit der geplanten Revision des RPG ist raumplanerisch ein Realteilungsverbot vorgesehen, falls ein solches Nebengewerbe aufgrund von Art. 24 RPG bewilligt und im Grundbuch entsprechend angemerkt worden ist (BBl 1996 III 553).

[2480] Vgl. lit. A. Zu welchen Bedingungen die Zuweisung möglich ist, wird vorne in § 12 umschrieben.

[2481] HAAB ROBERT / SIMONIUS AUGUST / SCHERRER WERNER / ZOBL DIETER, Zürcher Kommentar, N. 38 zu Art. 681/82 ZGB. MEIER-HAYOZ ARTHUR, Berner Kommentar, N. 224 zu Art. 681 ZGB.

nachzuweisen und den Kaufpreis zu bezahlen, während der Belastete bei der Eigentumsübertragung mitzuwirken hat.

II. Eigentumsübertragung

Der Kaufsrechtsberechtigte hat zu Handen des Grundbuchverwalters und zu Handen des Belasteten seine Berechtigung zu belegen. Als erstes ist dem Grundbuchverwalter die schriftliche Ausübungserklärung vorzuweisen[2482]. Weiter hat der Berechtigte seinen Willen und die Eignung zur Selbstbewirtschaftung zu belegen[2483]. Schliesslich hat der Berechtigte eine schriftliche Eintragungszustimmung des Eigentümers für alle das Gewerbe betreffenden Grundstücke sowie eine Vereinbarung über den Kaufpreis[2484] beizubringen. Falls die Eintragungszustimmung des Eigentümers oder die Vereinbarung über den Kaufpreis nicht erhältlich ist, muss der Berechtigte ein entsprechendes richterliches Urteil erwirken und dem Grundbuchverwalter vorlegen[2485].
Der Grundbuchverwalter hat hinsichtlich der Form des dem Erwerb zugrunde liegenden Rechtsgeschäfts eine umfassende Prüfungsbefugnis[2486], während er betreffend dem Inhalt des Rechtsgeschäfts grundsätzlich nur bei krassen und offensichtlichen Mängeln zu intervenieren hat[2487]. Er braucht also nicht nach Mängeln[2488] zu for-

---

[2482] Wegleitung für die Grundbuchämter, S. 47. Diese musste vorher rechtzeitig dem Kaufsrechtsbelasteten zugegangen sein.

[2483] Dies insbesondere gegenüber dem Kaufsrechtsbelasteten, welcher aufgrund dieser Vorbringen und aufgrund einer Kaufpreisvereinbarung seine Eintragungszustimmung zu Handen des Grundbuchverwalters abgeben wird oder eben nicht.

[2484] Wegleitung für die Grundbuchämter, S. 47 und 48. STUDER BENNO, Kommentar BGBB, N. 26 und 27 zu Art. 24 BGBB.

[2485] Art. 963 Abs. 2 ZGB. HUNZIKER MICHAEL, S. 167 f.

[2486] Art. 965 Abs. 3 ZGB und Art. 18 und 19 GBV. DESCHENAUX HENRI, S. 495. REY HEINZ, Die Grundlagen des Sachenrechts und das Eigentum, N. 1512.

[2487] BGE 114 II 40 und 326. DESCHENAUX HENRI, S. 499 ff. REY HEINZ, Die Grundlagen des Sachenrechts und das Eigentum, N. 1513.

schen und kann keine Zeugen einvernehmen oder Gutachten einholen[2489]. Für die Eigentumsübertragung im Grundbuch dürfte der Nachweis der geforderten Verwandtschaft mittels Urkunden leicht zu erbringen und auch ohne weiteres überprüfbar sein. Vom Grundbuchführer ist zu fordern, dass er objektive und sofort erkennbare Wegfallgründe des Kaufrechtes zu beachten hat[2490]. Auf die Überprüfung der subjektiven Voraussetzungen der Eignung und des Willens zur Selbstbewirtschaftung[2491] des Erwerbswilligen kann der Grundbuchverwalter verzichten, wenn er den Erben und den übrigen Kaufsrechtsberechtigten vom Kaufsrechtsbegehren Mitteilung macht, was bereits erforderlich ist, um allfällige Kaufsrechtskonkurrenten auszumachen, bei denen mangels Einigung der Zivilrichter den letztlich Berechtigen bezeichnen müsste. Es wird dann Sache der übrigen Berechtigten sein, die grundbuchliche Eigentumsübertragung rechtzeitig zu stoppen, falls es nach ihrer Ansicht beim vorgesehenen neuen Eigentümer an der Eignung oder am Willen zur Selbstbewirtschaftung fehlen sollte[2492]. Falls es einem nicht kaufsrechtsberechtigten Verwandten oder einem aufgrund seiner persönlichen Verhältnisse schlechter berechtigten Verwandten oder Erben gelingen sollte, das Eigentum am landwirtschaftlichen Gewerbe zu erwerben, bleibt einem leer ausgegangenen

---

[2488] Willensmängel, widerrechtlicher Inhalt, etc.

[2489] BGE 112 II 29.

[2490] Aus den Akten erkennbarer Ablauf der relativen oder absoluten Verwirkungsfrist (Art. 27 Abs. 1 BGBB i.V.m. Art. 681a Abs. 2 BGBB), die 25 Jahre Eigentumsdauer des Erblassers gemäss Art. 26 Abs. 1 lit. c BGBB sind aktenkundig abgelaufen, etc. Wegleitung für die Grundbuchämter, S. 48.

[2491] Vgl. dazu § 4, VIII, B, C, D.

[2492] Jene Kaufsrechtsberechtigten, welche aufgrund der persönlichen Verhältnisse ein (besseres) Zuweisungsrecht für sich beanspruchen, können gegen den Eigentümer eine Gestaltungsklage erheben, wobei eventuell mittels vorsorglicher Massnahme eine Verfügungsbeschränkung (Art. 960 ZGB) erwirkt werden kann. Jene Verwandten, welche kein Kaufsrecht haben, weil sie die entsprechenden objektiven oder subjektiven Voraussetzungen nicht erfüllen, haben keine Möglichkeit bzw. kein Rechtsschutzinteresse, die Kaufsrechtsausübung eines zweifelhaft kaufsrechtsberechtigten Verwandten zu verhindern.

Kaufsrechtsberechtigten[2493] nichts anderes übrig, als gegen den neuen Eigentümer des landwirtschaftlichen Gewerbes eine Gestaltungsklage und eine entsprechende Grundbuchberichtigungsklage zu erheben[2494].

III. Bezahlung des Kaufsrechtspreises

A. Ausgangslage

Das Kaufsrecht kann unter den Voraussetzungen und Bedingungen ausgeübt werden, die für das Vorkaufsrecht gelten[2495]. Die Berechtigten können das Vorkaufsrecht und damit auch das Kaufsrecht an einem landwirtschaftlichen Gewerbe zum Ertragswert geltend machen[2496]. Ist mit einem landwirtschaftlichen Gewerbe ein nichtlandwirtschaftliches Nebengewerbe eng verbunden, so kann der Vorkaufsberechtigte bzw. der Kaufsrechtsberechtigte die Zuweisung beider Gewerbe verlangen[2497]. Als Übernahmepreis für das Betriebsinventar und das nichtlandwirtschaftliche Nebengewerbe gilt der Anrechnungswert in der Erbteilung[2498]. Reicht der Preis, der für die Ausübung des Kaufsrechts nach den Bestimmungen über das Vorkaufsrecht zu zahlen ist, nicht aus, um die Erbschaftspassiven zu decken, so wird der Übernahmepreis entsprechend erhöht, höchstens aber bis zum Verkehrswert[2499]. Der Veräusserer kann ei-

---

[2493] Der die Voraussetzungen für ein Kaufsrecht erfüllt oder zumindest aufgrund der persönlichen Verhältnisse einen besseren Kaufsrechtsanspruch hat.
[2494] BGE 90 II 135 E. 2.
[2495] Art. 27 Abs. 1 BGBB.
[2496] Art. 44 BGBB.
[2497] Art. 51 Abs. 2 BGBB.
[2498] Art. 51 Abs. 3 BGBB. Art. 17 Abs. 2 BGBB.
[2499] Art. 27 Abs. 2 BGBB. Diese Bestimmung deckt sich inhaltlich mit Art. 18 Abs. 1 BGBB.

ne angemessene Erhöhung des Übernahmepreises verlangen, wenn besondere Umstände es rechtfertigen. Als besondere Umstände gelten namentlich der höhere Ankaufswert des Gewerbes und alle erheblichen Investitionen, die in den letzten zehn Jahren vor der Veräusserung getätigt worden sind[2500]. Der Übernahmepreis entspricht in jedem Fall mindestens den Grundpfandschulden[2501]. Diese vorliegend relevanten Bestimmungen für die Festsetzung des Kaufsrechtspreises sind inhaltlich praktisch identisch mit den entsprechenden Vorschriften der Erbteilung[2502]. Weiteres zur Ausgangslage vorne unter § 15, I.

B. Landwirtschaftliches Gewerbe

Für den Kaufsrechtspreis des landwirtschaftlichen Gewerbes sei auf die Ausführungen vorne unter § 15, II. verwiesen, welche hier analog anzuwenden sind[2503]. Allerdings gibt es beim Kaufsrecht der Verwandten keinen Zuweisungsanspruch eines Nichtselbstbewirtschafters, auch nicht zum Verkehrswert[2504].

C. Betriebsinventar

Für den Kaufsrechtspreis des Betriebsinventars eines landwirtschaftlichen Gewerbes sei auf die Ausführungen vorne unter § 15, III. verwiesen, welche hier analog anzuwenden sind.

[2500] Art. 52 Abs. 1 und 2 BGBB.
[2501] Art. 52 Abs. 3 BGBB. Diese Bestimmung geht in Art. 27 Abs. 2 BGBB auf.
[2502] Art. 17 und 18 BGBB.
[2503] STUDER BENNO, Kommentar BGBB, N. 5 zu Art. 27 BGBB.
[2504] Vgl. § 15, II, lit. C.

D. Nichtlandwirtschaftliches Nebengewerbe

Für den Kaufsrechtspreis des nichtlandwirtschaftlichen Nebengewerbes sei auf die Ausführungen vorne unter § 15, VI. verwiesen, welche hier analog anzuwenden sind.

§ 40 Gewinnanspruch der Erben

Hat ein Eigentümer ein landwirtschaftliches Gewerbe durch Ausübung eines Verwandtenkaufsrechtes[2505] unter dem Verkehrswert erworben und veräussert er es weiter, so haben die Erben, gegen die das Kaufsrecht ausgeübt wurde, Anspruch auf den Gewinn[2506]. Die Bestimmungen über den Gewinnanspruch der Miterben gelten sinngemäss[2507]. Zum Gewinnanspruch der Miterben sei auf die Ausführungen vorne, unter § 22 ff. verwiesen.

§ 41 Veräusserungsverbot während zehn Jahren

Hat ein Eigentümer ein landwirtschaftliches Gewerbe durch Ausübung eines Kaufsrechtes zur Selbstbewirtschaftung erworben, so darf er es während zehn Jahren nur mit Zustimmung der Erben[2508]

[2505] Art. 25 ff. BGBB.
[2506] Art. 27 Abs. 1 BGBB i.V.m. Art. 53 Abs. 1 BGBB.
[2507] Art. 27 Abs. 1 BGBB i.V.m. Art. 53 Abs. 2 BGBB i.V.m. Art. 28 ff. BGBB.
[2508] Aus deren Erbengemeinschaft das landwirtschaftliche Gewerbe stammt.

veräussern[2509]. Das Zustimmungserfordernis der Erben rechtfertigt sich einerseits in Anlehnung an das Veräusserungsverbot beim Vorkaufsrecht[2510], weil die Erben die Eigentümer des landwirtschaftlichen Gewerbes waren, bevor das Kaufsrecht ausgeübt worden ist. Andererseits hatten die Erben durch die Ausübung des Kaufsrechtes das Nachsehen, wobei damit regelmässig ein erhebliches Preisprivileg verbunden ist[2511]. Der Kaufsrechtsberechtigte, der ein landwirtschaftliches Gewerbe aus einer Erbschaft erwerben konnte und die Selbstbewirtschaftung innert zehn Jahren aufgibt, soll schliesslich nicht besser gestellt sein, als es bei der Übernahme eines Erben zur Selbstbewirtschaftung der Fall wäre[2512].
Für eine Veräusserung vor Ablauf der zehn Jahre seit der Kaufsrechtsausübung bedarf es somit der Zustimmung sämtlicher Erben, ungeachtet dessen, ob sie damals bei der Kaufsrechtsausübung als Selbstbewirtschafter überhaupt in Frage gekommen sind oder nicht. Denn jedem von ihnen steht bei Aufgabe der Selbstbewirtschaftung durch den Kaufsrechtsberechtigten innert zehn Jahren grundsätzlich[2513] ein Rückkaufsrecht zu[2514].
Das Veräusserungsverbot der Kaufsrechtsberechtigten ist inhaltlich gleich gestaltet wie das Veräusserungsverbot der Miterben bei der erbrechtlichen Zuweisung[2515]. Es sei deshalb auf die entsprechenden Ausführungen unter § 16 verwiesen.

[2509] Art. 27 Abs. 1 BGBB i.V.m. Art. 54 BGBB.
[2510] Art. 54 BGBB.
[2511] Vgl. vorne § 39, III.
[2512] Art. 23 BGBB. Ein solcher Erbe bedarf der Zustimmung der übrigen Erben.
[2513] Sofern er das landwirtschaftliche Gewerbe zur Selbstbewirtschaftung übernehmen will und dafür auch geeignet ist.
[2514] Art. 27 Abs. 1 BGBB i.V.m. Art. 55 BGBB.
[2515] Art. 23 BGBB. BBl 1988 III 1030.

§ 42 Rückkaufsrecht der Erben

I. Allgemeines

Das Rückkaufsrecht ist ein Gestaltungsrecht, mit dem der Berechtigte die verkaufte Sache aufgrund einer einseitigen Erklärung zurückerwerben kann[2516] Gibt ein Eigentümer oder sein Nachkomme, an den ein landwirtschaftliches Gewerbe zufolge Ausübung eines Kaufsrechtes übertragen worden ist, innert zehn Jahren die Selbstbewirtschaftung endgültig auf, so hat jeder Erbe[2517], wenn er das landwirtschaftliche Gewerbe selber bewirtschaften will und dafür geeignet erscheint, ein Rückkaufsrecht[2518]. Das Rückkaufsrecht der Erben rechtfertigt sich in Anlehnung an das Rückkaufsrecht beim Vorkaufsrecht[2519], weil die Erben die Eigentümer des landwirtschaftlichen Gewerbes waren. Andererseits hatten die Erben durch die Ausübung des Kaufsrechtes das Nachsehen, wobei damit regelmässig ein erhebliches Preisprivileg verbunden ist[2520]. Der Kaufsrechtsberechtigte, der ein landwirtschaftliches Gewerbe aus einer Erbschaft erwerben konnte und die Selbstbewirtschaftung innert zehn Jahren aufgibt, soll schliesslich nicht besser gestellt sein, als es bei der Übernahme eines Erben zur Selbstbewirtschaftung der Fall wäre[2521].

[2516] HAAB ROBERT / SIMONIUS AUGUST / SCHERRER WERNER / ZOBL DIETER, Zürcher Kommentar, N. 12 zu Art. 683 aZGB. MEIER-HAYOZ ARTHUR, Berner Kommentar, N. 19 zu Art. 683 aZGB.

[2517] Aus dessen Erbengemeinschaft das landwirtschaftliche Gewerbe stammt.

[2518] Art. 27 Abs. 1 BGBB i.V.m. Art. 55 Abs. 1 BGBB.

[2519] Art. 55 BGBB.

[2520] Vgl. vorne § 39, III.

[2521] Art. 24 BGBB. Die Miterben haben ein Kaufsrecht, sofern die Selbstbewirtschaftung innert zehn Jahren aufgegeben worden ist. Vgl. vorne, § 17.

II. Selbstbewirtschaftung als Voraussetzung

Beim Rückkaufsrecht, das nach Ausübung eines Vorkaufsrechtes dem Veräusserer zufolge Aufgabe der Selbstbewirtschaftung eingeräumt wird, ist die Selbstbewirtschaftung keine Voraussetzung, weil der ehemalige Veräusserer durch die Veräusserung ja gerade die Selbstbewirtschaftung aufgeben wollte[2522]. Beim Rückkaufsrecht nach Ausübung des Verwandtenkaufsrechtes rechtfertigt sich eine andere Lösung. Hier ist analog dem Kaufsrecht der Miterben[2523] die Selbstbewirtschaftung zu verlangen, weil es keinen Sinn macht, das landwirtschaftliche Gewerbe zum wohl meistens privilegierten Übernahmepreis[2524] an einen Erben zu übertragen, der das landwirtschaftliche Gewerbe nicht selber bewirtschaften will oder dafür nicht geeignet ist. Wenn unter den Erben kein geeigneter Selbstbewirtschafter ein Rückkaufsrecht geltend macht, soll das landwirtschaftliche Gewerbe auch bei nunmehr fehlender Selbstbewirtschaftung im Eigentum des Kaufsrechtsberechtigen bleiben, zumal er ja auch ein naher Verwandter des Erblassers ist[2525]. Das landwirtschaftliche Gewerbe ist im übrigen auf alle Fälle noch mit dem Gewinnanspruchsrecht der Erben behaftet[2526].

III. Identische Bestimmungen beim Kaufsrecht der Miterben

Das Rückkaufsrecht der Erben[2527] ist inhaltlich praktisch[2528] gleich gestaltet wie das Kaufsrecht der Miterben bei der erbrechtlichen

---

[2522] Art. 55 Abs. 1 BGBB.
[2523] Art. 24 Abs. 1 BGBB.
[2524] Vgl. vorne, § 39, III.
[2525] Nachkomme, Geschwister oder Geschwisterkind.
[2526] Art. 27 Abs. 1 BGBB i.V.m. Art. 53 BGBB. Vgl. vorne, § 40.
[2527] Art. 27 Abs. 1 BGBB i.V.m. Art. 55 BGBB.
[2528] Ausnahmen siehe unter Ziffer II und IV.

Zuweisung[2529]. Es sei deshalb auf die entsprechenden Ausführungen unter § 17 verwiesen.

IV. Abweichungen zum Kaufsrecht der Miterben

Für das Rückkaufsrecht im Nachgang eines ausgeübten Verwandtenvorkaufsrechts ist im Unterschied zu den Bestimmungen beim Vorkaufsrecht[2530] die Selbstbewirtschaftung zu verlangen[2531]. Darin ist der Unterschied zwischen Art. 24 Abs. 1 BGBB und Art. 55 Abs. 1 BGBB zu sehen.
Jeder Erbe oder Erbeserbe kann das Rückkaufsrecht selbständig geltend machen. Der Erbeserbe benötigt dazu nicht das Mitwirken der anderen Erbeserben. Diese Folge ergibt sich aus dem Umstand, dass das Rückkaufsrecht vererblich[2532] ist und jeder Erbeserbe wie beim Kaufsrecht der Miterben[2533] für sich die Voraussetzungen einer Selbstbewirtschaftung erfüllen muss[2534]. Die Bestimmung von Art. 55 Abs. 2 Satz 2 BGBB ist deshalb für das Rückkaufsrecht der Erben ohne Bedeutung. Sie wurde für das Vorkaufsrecht geschaffen, bei dem die Selbstbewirtschaftung des Veräusserers für das Rückkaufsrecht nicht notwendig ist und die Erben des Veräusserers nur gemeinsam das Rückkaufsrecht geltend machen können[2535], es sei denn, dass sie das landwirtschaftliche Gewerbe selber bewirtschaften wollen und dafür auch als geeignet erscheinen[2536].

[2529] Art. 24 BGBB. BBl 1988 III 1030.
[2530] Art. 55 Abs. 1 BGBB.
[2531] Vgl. oben, Ziffer II.
[2532] Art. 27 Abs. 1 BGBB i.V.m. Art. 55 Abs. 1 BGBB.
[2533] Art. 24 Abs. 3 BGBB.
[2534] Vgl. vorne, § 17, II, C, 1.
[2535] BBl 1988 III 1021. HENNY JEAN-MICHEL, Kommentar BGBB, N. 36 und 37 zu Art. 41 BGBB.
[2536] Art. 55 Abs. 2 Satz 2 BGBB.

Die Bestimmung von Art. 55 Abs. 6 BGBB entspricht jener von Art. 26 Abs. 3 BGBB und wurde erst im Verlaufe der parlamentarischen Beratung in den Gesetzestext aufgenommen[2537]. Damit sollte nur der Spezialfall geregelt werden, bei dem der Übernehmer eines landwirtschaftlichen Gewerbes stirbt und unmündige Nachkommen hinterlässt[2538]. Es liegt somit keine Identität mit der Bestimmung gemäss Art. 24 Abs. 5 BGBB vor, welche gemäss klarem Wortlaut allein für die Aufgabe der Selbstbewirtschaftung zufolge Krankheit oder Unfall vorgesehen ist[2539].

[2537] BBl 1988 III 1125. Amtl.Bull.SR 1990 S. 237. Amtl.Bull.NR 1991 S. 130.
[2538] Vgl. vorne, § 10, IV und § 34.
[2539] A.M. HOTZ REINHOLD, Kommentar BGBB, N. 2 zu Art. 55 BGBB.

6. KAPITEL: ÜBERGANGSRECHT

§ 43 Übergangsbestimmungen des Privatrechts

Das BGBB enthält nur wenige privatrechtliche Übergangsbestimmungen[2540]. Soweit im BGBB keine speziellen Vorschriften erlassen worden sind, gelangen die allgemeinen übergangsrechtlichen Regeln des Zivilgesetzbuches[2541] zur Anwendung[2542]. Dabei ist zuerst einmal vom Grundsatz der Nichtrückwirkung auszugehen[2543]. Im Sinne des Vertrauensschutzes soll eine neue Bestimmung jene Tatsachen nicht erfassen, welche vor ihrem Inkrafttreten eingetreten sind. Als Tatsachen kommen dabei Vorgänge in Frage, die eine Rechtswirkung hervorzubringen vermögen, was auch für den Abschluss eines Rechtsgeschäftes gelten kann[2544]. So wurde nach Inkrafttreten des revidierten Mietrechts eine Retention für Forderungen von Wohnungsmietzins als zulässig betrachtet, weil die zu retinierenden Gegenstände vor Inkrafttreten des revidierten Mietrechts[2545] in die fragliche Wohnung gebracht worden waren[2546].
Die allgemeine Regel der Nichtrückwirkung kann aber nicht ausnahmslos angewendet werden, weil das in gewissen Fällen den höheren Interessen des Staates widersprechen würde oder ungerecht

---

[2540] Art. 94 BGBB.
[2541] Art. 1 ff. SchlT ZGB.
[2542] BBl 1988 III 1067. TUOR/SCHNYDER/SCHMID, S. 903 mit Hinweisen.
[2543] Art. 1 SchlT ZGB. BBl 1988 III 1067.
[2544] TUOR/SCHNYDER/SCHMID, S. 903.
[2545] Art. 272-274 aOR. Art. 268-268b OR. Das revidierte und per 1. Juli 1990 in Kraft getretene Mietrecht lässt die Retention für Wohnungsmietzinsen nicht mehr zu. HIGI PETER, Zürcher Kommentar, N. 3 ff. zu Art. 268-268b OR.
[2546] BGE 116 III 126.

wäre. Der Gesetzgeber muss nämlich dafür sorgen, dass das Recht sich entwickeln und den neuen Bedürfnissen anpassen kann[2547], weshalb das ZGB drei Ausnahmen zulässt. Erstens wirkt neues Recht auch auf die vor dessen Inkrafttreten eingetretenen Tatsachen zurück, wenn die Anwendung des alten Rechtes mit der mit öffentlichen Ordnung oder Sittlichkeit nicht vereinbar ist[2548]. Zweitens halten blosse Erwartungen, vage Hoffnungen auf einen Rechtserwerb oder Anwartschaften, aus denen noch kein rechtlich geschützter Anspruch erwachsen ist, gegenüber dem neuen Recht, das sie nicht anerkennt, nicht stand[2549]. Schliesslich werden Rechtsverhältnisse, deren Inhalt unabhängig vom Willen der Beteiligten durch das Gesetz umschrieben ist, nach dem neuen Recht beurteilt[2550].

§ 44 Erbteilung

I. Allgemeines

Die Erbteilung richtet sich nach dem Recht, das bei der Eröffnung des Erbganges gegolten hat[2551]. Damit gelangen für die Bestimmungen des BGBB über die Erbteilung grundsätzlich die allgemeinen

---

[2547] TUOR/SCHNYDER/SCHMID, S. 904.
[2548] Art. 2 SchlT ZGB («Ordre public»).
[2549] Art. 4 SchlT ZGB. TUOR/SCHNYDER/SCHMID, S. 904.
[2550] Art. 3 SchlT ZGB. TUOR/SCHNYDER/SCHMID, S. 905.
[2551] Art. 94 Abs. 1 erster Satz BGBB.

erbrechtlichen Übergangsbestimmungen des Zivilgesetzbuches[2552] zur Anwendung[2553]. Soweit aber mit dem BGBB besondere Übergangsregeln aufstellt wurden[2554], sind diese anzuwenden[2555].

II. Grundregel

Für die dem BGBB unterstellte Erbteilung ist grundsätzlich das Recht anzuwenden, welches im Zeitpunkt des Todes des Erblassers gegolten hat[2556], da der Erbgang mit dem Tod des Erblassers eröffnet wird[2557]. Starb der Erblasser vor dem 1.1.1994, so ist das bisherige Recht anzuwenden. Starb er nach Inkrafttreten des neuen Rechtes, so gilt das neue Recht[2558].

III. Ausnahmen

A. Allgemeines

Wird das Teilungsbegehren nicht innert Jahresfrist seit Inkrafttreten des BGBB gestellt, so gilt in jedem Fall das neue Recht[2559]. Damit wurde neben den bisherigen erbrechtlichen Ausnahmen des

---

[2552] Art. 15 f. SchlT ZGB.
[2553] BBl 1988 III 1067.
[2554] Art. 94 Abs. 1 zweiter Satz BGBB und Art. 94 Abs. 3 BGBB.
[2555] BBl 1988 III 1067.
[2556] TUOR/SCHNYDER/SCHMID, S. 906. Art. 94 Abs. 1 erster Satz BGBB. BBl 1988 III 1067.
[2557] Art. 537 Abs. 1 ZGB.
[2558] BBl 1988 III 1067. BGE 107 II 39 und 108 II 177.
[2559] Art. 94 Abs. 1 zweiter Satz BGBB.

ZGB bei den Verfügungen von Todes wegen[2560] und beim Gewinnanspruchsrecht[2561] eine neue Sonderregel aufgestellt, welche im bundesrätlichen Vorschlag noch nicht vorhanden war[2562]. Sie wurde von der ständerätlichen Kommission vorgeschlagen und ohne weitere Diskussion angenommen[2563]. Mit dieser Ausnahmebestimmung sollte rasch das neue Recht zur Anwendung gelangen, weil mit der allgemeinen Übergangsregel jahrzehntelang nach Inkrafttreten des neuen Rechtes noch altes Recht gegolten hätte, zumal Erbteilungen erfahrungsgemäss über lange Zeit hinweg pendent bleiben[2564].

B. Teilungsbegehren bis 31.12.1994

Gemäss der allgemeinen erbrechtlichen Übergangsregel[2565] wäre das bisherige Recht anzuwenden, falls der Erblasser vor dem 1.1.1994 verstorben ist. Mit der neuen Sonderregel ist das Teilungsbegehren innert Jahresfrist seit Inkrafttreten des BGBB, also bis 31.12.1994 einzureichen, damit noch das alte Recht zur Anwendung kommt[2566]. Es handelt sich dabei um eine Verwirkungsfrist[2567], weshalb neues Recht zu gelten hat, falls sie verpasst worden ist.

Mit dieser Erklärungsmöglichkeit konnte jeder beteiligte Erbe die Beibehaltung des alten Rechtes herbeiführen. Es ist nicht einzusehen, weshalb das auch unter Hinweis auf wohlerworbene Rechte nicht generell gelten soll[2568]. Es gibt im Erbrecht nämlich noch an-

---

[2560] Art. 16 SchlT ZGB.
[2561] BGE 94 II 249, 107 II 39, 116 II 36.
[2562] BBl 1988 III 1067 und 1139.
[2563] Amtl.Bull.SR 1990 S. 248 f. Amtl.Bull.NR 1991 S. 153.
[2564] Amtl.Bull.SR 1990 S. 248 f., Votum Schoch.
[2565] Art. 15 SchlT ZGB und Art. 94 Abs. 1 erster Satz BGBB.
[2566] Art. 94 Abs. 1 zweiter Satz BGBB.
[2567] PIOTET DENIS, S. 128.
[2568] Kritisch dazu: HENNY JEAN-MICHEL/HOTZ REINHOLD/STUDER BENNO, Kommentar BGBB, N. 2 zu Art. 94 BGBB mit Hinweisen.

dere Jahresfristen, bei deren unbenutztem Ablauf gewichtige gesetzliche Ansprüche von Erben verloren gehen können[2569].
Das Teilungsbegehren[2570] ist an keine besondere Form gebunden. Eine beweisbare Erklärung muss genügen[2571]. Wer sich darauf berufen will, trägt dafür die Beweislast, weshalb die Erklärung zumindest schriftlich abgegeben werden sollte. Das Teilungsbegehren stellt eine empfangsbedürftige Willenserklärung dar, weshalb sie bis 31.12.1994 zugegangen sein muss[2572]. Sie ist fristgerecht an alle dem Erklärenden bekannten Erben[2573] oder an die zuständige Teilungsbehörde[2574] zu richten. Wurde weder der Teilungsbehörde noch allen bekannten Erben ohne hinreichenden Grund bis 31.12.1994 das Teilungsbegehren bekannt gegeben, so ist das neue Recht anzuwenden.
Inhaltlich muss aus der Erklärung zumindest sinngemäss hervorgehen, dass geteilt oder ein landwirtschaftliches Gewerbe zugewiesen werden soll. Mit einem Zuweisungsbegehren muss nicht zwingend ein Teilungsbegehren verbunden sein. Allerdings greift eine Zuweisung nach altem Recht wesentlich in die Erbteilung ein, weshalb mit einem Zuweisungsbegehren bis zum 31.12.1994 die Vorausset-

---

[2569] Ungültigkeit und Herabsetzung von Verfügungen von Todes wegen (Art. 521 und 533 ZGB).

[2570] Im Sinne von Art. 94 BGBB.

[2571] Prot.Komm.SR, Sitzung vom 9. Januar 1990, S. 96, Votum 912.

[2572] HENNY JEAN-MICHEL/HOTZ REINHOLD/STUDER BENNO, Kommentar BGBB, N. 8 zu Art. 94 BGBB. Für die Einzelheiten der rechtzeitigen Zustellung sind die Grundsätze der Zustellung von Kündigungen im Mietrecht heranzuziehen (vgl. HIGI PETER, Zürcher Kommentar, N. 38 ff. zu den Vorbemerkungen zu Art. 266-266o OR).

[2573] Erben, deren Aufenthalt nicht bekannt ist, können die empfangsbedürftige Erklärung nicht erhalten, woraus dem Erklärenden kein Nachteil erwachsen darf. Kennt der Erklärende den Aufenthalt von keinem der Miterben, so dürfte das bis 31.12.1994 bei der zuständigen Teilungsbehörde (Vermittler, Teilungsrichter, etc.) eingetroffene Begehren ausreichen.

[2574] Behörde, die für den ersten Schritt der Erbteilung bzw. Zuweisung gemäss kantonalem Recht zuständig ist (Vermittler, Richter, etc.).

zung des «Teilungsbegehrens» gemäss Art. 94 Abs. 1 zweiter Satz BGBB erfüllt sein muss[2575].

C. Verfügungen von Todes wegen

Verfügungen von Todes wegen, welche vor dem 1.1.1994 errichtet wurden, sind betreffend der Überschreitung der Verfügungsfreiheit oder wegen der Art der Verfügung nach neuem Recht[2576] zu beurteilen, falls der Erblasser nach dem 1.1.1994 gestorben ist[2577]. Starb der Erblasser vor dem 1.1.1994, so ist ebenfalls das neue Recht anzuwenden, falls bis 31.12.1994 kein rechtsgenügliches Teilungsbegehren gestellt worden ist.

D. Veräusserungsverbot und Kaufsrecht der Miterben

1. Allgemeines

Das Veräusserungsverbot gemäss Art. 23 BGBB und das Kaufsrecht der Miterben[2578] stellen privatrechtliche Bestimmungen dar[2579]. Diesbezüglich wurden keine speziellen Übergangsbestimmungen erlassen, weshalb die erbrechtlichen Übergangsregeln des Zivilgesetzbuches[2580] zur Anwendung gelangen, zumal es sich vorliegend um erbrechtliche Bestimmungen handelt[2581].

[2575] Es wäre nämlich unsinnig, einen beispielsweise im Jahre 1990 unter dem alten Recht angehobenen Zuweisungsprozess im Jahre 1995 plötzlich nach neuem Recht zu entscheiden.

[2576] Art. 19 BGBB und Art. 21 Abs. 2 BGBB. Vgl. vorne, § 9, III, und § 20, III.

[2577] Art. 16 Abs. 3 SchlT ZGB.

[2578] Art. 24 BGBB.

[2579] HUNZIKER MICHAEL, S. 32. STUDER BENNO, Kommentar BGBB, N. 1 zu Art. 23 BGBB und N. 4 zu Art. 24 BGBB.

[2580] Art. 15 f. SchlT ZGB.

[2581] BBl 1988 III 1067. TUOR/SCHNYDER/SCHMID, S. 903 mit Hinweisen.

2. Veräusserungsverbot

Vor dem Inkrafttreten des BGBB bestand für landwirtschaftliche Grundstücke bereits eine Veräusserungssperre von zehn Jahren[2582], wobei die Ausnahmemöglichkeiten im Vergleich zur heute abschliessenden Regelung[2583] bedeutend weiter gefasst[2584] und zudem einem weiten Ermessensspielraum der kantonalen Behörde überlassen waren[2585]. Wenn bei der neuen Sperrfrist die Zustimmung der Miterben nicht erhältlich ist, sind die Möglichkeiten von Ausnahmen im Vergleich zur bisherigen Regelung wesentlich eingeschränkter, weshalb nicht einzusehen ist, dass ein unter bisherigem Recht übertragenes, landwirtschaftliches Gewerbe den neuen einschränkenderen Bestimmungen unterliegen soll. Für den Übernehmer eines Gewerbes spielt das unterschiedliche Motiv der alten und neuen Sperrfrist keine Rolle, weil er in beiden Fällen ohne Zustimmung bzw. ohne Ausnahmebewilligung nicht veräussern darf[2586].

Da die rechtliche Wirkung der Veräusserungssperre im bisherigen Recht vorteilhafter war, sind auch die Folgen der Veräusserung innert der Sperrfrist im Sinne des Vertrauensschutzes nach dem bisherigen Recht abzuhandeln, wenn der Eigentumserwerb unter der

---

[2582] Art. 218 aOR. Auch wenn diese bisherige Vorschrift auf landwirtschaftliche Grundstücke beschränkt war, so betraf es selbstverständlich auch die landwirtschaftlichen Gewerbe, welche ja zwangsläufig aus landwirtschaftlichen Grundstücken bestehen.

[2583] Art. 23 Abs. 2 BGBB.

[2584] Art. 218bis aOR. Es bestand keine abschliessende Aufzählung der Ausnahmemöglichkeiten, zumal «aus wichtigen Gründen» eine Ausnahme gestattet werden konnte. Eine Ausnahmebewilligung war im Rahmen einer erbrechtlichen Auseinandersetzung auch möglich, wenn nicht ein Nachkomme, sondern ein anderer Erbe (Ehegatte, Geschwister, etc.) das Gewerbe übernehmen wollte.

[2585] BGE 92 I 63. BGE 110 II 218.

[2586] Die Sperrfrist gemäss Art. 218 aOR sollte den raschen Handwechsel von landwirtschaftlichen Grundstücken und damit auch von Gewerben verhindern (BGE 94 II 110, 110 II 21, 113 II 63). Die neugeschaffene Sperrfrist soll erklärtermassen der Sicherung des Kaufsrechtes gemäss Art. 24 BGBB dienen (BBl 1988 II 1004).

Herrschaft des bisherigen Rechtes stattfand und wenn die Sperrfrist erst nach Inkrafttreten der neuen Bestimmungen ausgelaufen ist. Ein Ausnahmefall vom Grundsatz der Nichtrückwirkung kann vorliegend nicht erkannt werden[2587]. Es gibt keine öffentlichen Interessen, welche die sofortige Anwendung der neuen Sperrfrist rechtfertigen würden[2588]. Zudem hat die Veräusserungssperre des neuen Rechtes keinen zwingenden Charakter[2589]. Der Erwerber eines landwirtschaftlichen Gewerbes unter dem bisherigen Recht durfte auf die Ausnahmetatbestände vertrauen und hatte den Rechtsanspruch auf eine entsprechende Ausnahmebewilligung[2590]. Daraus erhellt, dass für die Übernahmen landwirtschaftlicher Grundstücke vor dem 1.1.1994 noch die alte Veräusserungssperre von Art. 218 ff. OR anzuwenden ist. Das Veräusserungsverbot gemäss Art. 23 BGBB kann nur für Übernahmen gelten, die nach Inkrafttreten des BGBB und unter Anwendung des neuen Teilungsrechtes[2591] vollzogen worden sind[2592]. Fand hingegen eine Übernahme wohl nach dem 1.1.1994, aber noch aufgrund des altes Teilungsrechtes[2593] statt[2594], so ist hier wiederum die alte Veräusserungssperre von Art. 218 ff. aOR anzuwenden.

3. Kaufsrecht der Miterben

Vor dem Inkrafttreten des BGBB gab es weder für landwirtschaftliche Grundstücke noch für landwirtschaftliche Gewerbe ein Kaufs-

---

[2587] Art. 2, 3 und 4 SchlT ZGB.

[2588] Art. 2 SchlT ZGB. BGE 117 II 455.

[2589] HUNZIKER MICHAEL, S. 39.

[2590] BGE 110 II 213 ff.

[2591] Art. 11 ff. BGBB.

[2592] STUDER BENNO, Kommentar BGBB, N. 11 zu Art. 23 BGBB. A.M. HUNZIKER MICHAEL, S. 130.

[2593] Art. 620 ff. aZGB.

[2594] Aufgrund eines Teilungs- oder Zuweisungsbegehrens bis 31.12.1994 gemäss Art. 94 Abs. 1 zweiter Satz BGBB kann auch über den 1.1.1994 hinaus noch altes Teilungsrecht zur Anwendung gelangen.

recht der Miterben. Die Selbstbewirtschaftung konnte nur durch ein vertragliches Kaufs- oder Rückkaufsrecht abgesichert werden[2595].
Da bisher bei der Aufgabe der Selbstbewirtschaftung kein gesetzliches Kaufsrecht bestand, sind auch die Folgen der Aufgabe der Selbstbewirtschaftung im Sinne des Vertrauensschutzes nach dem bisherigen Recht abzuhandeln, wenn der Eigentumserwerb noch unter der Herrschaft des bisherigen Rechtes stattfand und wenn die Kaufsrechtsfrist von zehn Jahren erst nach Inkrafttreten der neuen Bestimmungen ausgelaufen wäre.
Ein Ausnahmefall vom Grundsatz der Nichtrückwirkung kann vorliegend nicht erkannt werden[2596]. Es gibt keine öffentlichen Interessen, welche die sofortige Anwendung der neuen Kaufsrechtsfrist rechtfertigen würden[2597]. Zudem hat das Kaufsrecht keinen zwingenden Charakter[2598]. Der Erwerber eines landwirtschaftlichen Gewerbes unter dem bisherigen Recht durfte darauf vertrauen, dass bei Aufgabe der Selbstbewirtschaftung kein Kaufsrecht zu tragen kommt. Daraus erhellt, dass für die Übernahmen landwirtschaftlicher Gewerbe vor dem 1.1.1994 kein Kaufsrecht anzuwenden ist. Das Kaufsrecht gemäss Art. 24 BGBB kann deshalb nur gelten, wenn der Eigentumserwerb nach Inkrafttreten des BGBB stattgefunden hat[2599], und dies auch nur in Fällen, bei denen die Übernahme nach neuem Recht[2600] erfolgt ist. Hat nämlich nach dem 1.1.1994 noch altes Recht Anwendung gefunden[2601], so kann das Kaufsrecht der Miterben gemäss BGBB noch keine Geltung entfalten, selbst wenn der Eigentumserwerb einige Zeit nach dem 1.1.1994 abgewickelt wurde.

[2595] STUDER BENNO, Kommentar BGBB, N. 1 zu Art. 24 BGBB.
[2596] Art. 2,3 und 4 SchlT ZGB.
[2597] Art. 2 SchlT ZGB. BGE 117 II 455.
[2598] HUNZIKER MICHAEL, S. 39.
[2599] A.M. HUNZIKER MICHAEL, S. 169.
[2600] Art. 11 ff. BGBB.
[2601] Durch das Stellen des Teilungs- oder Zuweisungsbegehrens bis zum 31.12.1994.

E. Kaufsrecht der Verwandten

Das Kaufsrecht der Verwandten[2602] wurde mit dem BGBB neu geschaffen. In der Version des bundesrätlichen Entwurfes[2603] sollte im bäuerlichen Erbrecht der entfallene Pflichtteilsschutz der Geschwister[2604] sowie das Korrelat zum Vorkaufsrecht[2605] hergestellt werden. Auch wenn die heute gültige Fassung des Kaufsrechtes bedeutend weiter geht als der Entwurf des Bundesrates, gab es im bisherigen Recht kein vergleichbares Rechtsinstitut. Die wichtigste Voraussetzung für ein Kaufsrecht ist in der Erbschaft[2606] zu sehen, in der sich ein landwirtschaftliches Gewerbe befindet. Falls der Erblasser nach dem 1.1.1994 gestorben ist, sind ohne Zweifel die kaufsrechtlichen Bestimmungen des BGBB anzuwenden. Wenn der Erblasser indessen vor dem 1.1.1994 verstorben ist und der Nachlass bis zum 1.1.1994 noch nicht geteilt bzw. ein landwirtschaftliches Gewerbe noch nicht zugewiesen und auch kein entsprechendes Begehren gestellt wurde, ist die erbrechtliche Übergangsregelung des BGBB[2607] anzuwenden, weil die Vorschriften über das Kaufsrecht der Verwandten erbrechtliche Bestimmungen darstellen. Wurde diesfalls bis 31.12.1994 das Teilungsbegehren bzw. das Zuweisungsbegehren nicht gestellt, so ist das neue Teilungsrecht[2608] und damit das Kaufsrecht der Verwandten zur Anwendung zu bringen. Wurde aber bis 31.12.94 ein Teilungs- oder Zuweisungsbegehren gestellt, so gelangt für die gesamte Erbteilung altes Recht zur Anwendung, womit auch das Kaufsrecht der Verwandten ausgeschlossen bleibt. Was den Fristenlauf beim Kaufsrecht anbelangt,

---

[2602] Art. 25 ff. BGBB.
[2603] BBl 1988 III 1005, 1006 und 1116.
[2604] Art. 471 Ziffer 3 aZGB. Revision des ZGB vom 5. Oktober 1984, in Kraft seit 1.1.1988.
[2605] Art. 42 BGBB. BBl 1988 III 1006 und 1121.
[2606] Art. 25 Abs. 1 BGBB.
[2607] Art. 94 Abs. 1 zweiter Satz BGBB.
[2608] Art. 11 ff. BGBB.

so konnte sowohl die relative als auch die absolute Verwirkungsfrist[2609] frühestens ab dem 1.1.1994 zu laufen beginnen.

F. Gewinnanspruch

1. Allgemeines

Im bisherigen Recht beurteilten sich Bestand und Inhalt des Gewinnanspruches nach jenem Recht, das zur Zeit des Erwerbs des landwirtschaftlichen Grundstücks durch den Übernehmer galt[2610]. Ein bei Inkrafttreten des BGBB bereits bestehender, gesetzlicher oder vertraglicher Gewinnanspruch behält auch unter dem neuen Recht seine Gültigkeit. Soweit vertraglich nichts Abweichendes vereinbart worden ist, richten sich jedoch Fälligkeit und Berechnung nach dem Recht, das im Zeitpunkt der Veräusserung gilt. Die Zuweisung eines landwirtschaftlichen Grundstückes zu einer Bauzone[2611] gilt nur dann als Veräusserung, wenn der Beschluss über die Einzonung nach Inkrafttreten dieses Gesetzes ergeht[2612]. Soweit im BGBB keine speziellen Übergangsbestimmungen erlassen wurden, ist auch betreffend dem Gewinnanspruch von der allgemeinen erbrechtlichen Übergangsbestimmung und damit von der Nichtrückwirkung auszugehen[2613], weil die Vorschriften über den Gewinnanspruch grundsätzlich[2614] erbrechtliche Bestimmungen darstellen.

Die Übergangsbestimmungen beim Gewinnanspruch gelten für sämtliche Anwendungen des Gewinnanspruchsrechtes[2615], weil stets

---

[2609] Vgl. vorne, § 35, I.
[2610] BGE 94 II 249 f., 107 II 39, 116 II 36.
[2611] Art. 29 Abs. 1 lit. c BGBB.
[2612] Art. 94 Abs. 3 BGBB.
[2613] Art. 15 SchlT ZGB.
[2614] Auf welche auch unter anderen Titeln verwiesen wird (Vorkaufsrecht, Güterrecht, etc.).
[2615] Vgl. Ausführungen vorn, § 22, III.

ohne Vorbehalt auf die erbrechtlichen Bestimmungen über den Gewinnanspruch verwiesen worden ist[2616].

2. Fälligkeit und Berechnung

Die vor Inkrafttreten des BGBB entstandenen Gewinnansprüche behalten ihre Gültigkeit, wobei sich aber die Fälligkeit und die Berechnung nach dem Recht im Zeitpunkt der Veräusserung richten, soweit nichts Abweichendes vereinbart worden ist[2617]. Als Voraussetzung der Fälligkeit[2618] ist die Veräusserung[2619] ebenfalls dem neuen Recht zu unterstellen[2620], sofern sie nach dem 1.1.1994 erfolgt. Findet demnach eine Veräusserung im Sinne des BGBB nach dem 1.1.1994 statt, so ist für die Entstehung[2621], Fälligkeit[2622] und Berechnung[2623] des Gewinnanspruchs das neue Recht anzuwenden, wobei die Zuweisung zu einer Bauzone übergangsrechtlich speziell geregelt worden ist[2624].

3. Zuweisung zu einer Bauzone

Gemäss neuem Recht stellt die Zuweisung zu einer Bauzone im Zeitpunkt der Einleitung des Zuweisungsverfahrens eine Veräusserung dar[2625], welche einen Gewinnanspruch auslösen kann[2626]. Damit könnte ein solcher Gewinnanspruch erst dann entstehen, wenn ab dem 1.1.1994 ein entsprechendes Zuweisungsverfahren einge-

---

[2616] Art. 27 Abs. 1 BGBB i.V.m. Art. 53 BGBB; Art. 37 Abs. 4 BGBB; Art, 41 Abs. 1 BGBB; Art. 53 BGBB. PIOTET DENIS, S. 135.
[2617] Art. 94 Abs. 3 erster und zweiter Satz BGBB.
[2618] Art. 30 BGBB.
[2619] Art. 29 BGBB.
[2620] HENNY JEAN-MICHEL/HOTZ REINHOLD/STUDER BENNO, Kommentar BGBB, N. 19 zu Art. 94 BGBB.
[2621] Erfüllung eines Veräusserungstatbestandes (Art. 28, 29 und 35 BGBB).
[2622] Art. 30 und 35 BGBB.
[2623] Art. 31, 32, 33 und 35 BGBB.
[2624] Art. 94 Abs. 3 dritter Satz BGBB.
[2625] Art. 29 Abs. 1 lit. c und Abs. 2 lit. c BGBB.
[2626] Art. 30 lit. b BGBB.

leitet worden wäre. Der Gesetzgeber wollte indessen noch weiter zurückgehen und eine Zuweisung zu einer Bauzone auch dann als Veräusserung erfassen, wenn die Einleitung des Verfahrens bereits vor dem 1.1.1994 stattgefunden hat, der Beschluss über die Einzonung aber erst nach dem 1.1.1994 ergangen ist[2627].

4. Sicherung des Gewinnanspruches

Im bisherigen Recht konnte der Gewinnanspruch im Grundbuch vorgemerkt werden, worauf dann der Erwerber mit dem Veräusserer solidarisch für den Gewinnanspruch haftete[2628]. Diese Vormerkung ist nach dem neuen Recht nicht mehr möglich, doch bleibt eine vor dem 1.1.1994 nach altem Recht eingetragene Vormerkung mit der Wirkung des alten Rechtes bestehen[2629]. Der Gewinnanspruchsberechtigte kann indessen auch die Sicherung des neuen Rechts[2630] verlangen, sofern er die entsprechenden Voraussetzungen erfüllt. Demzufolge kann der Gewinnanspruchsberechtigte von beiden Sicherungsinstrumenten profitieren. Das bisherige räumt ihm eine solidarische persönliche Haftung des Erwerbers ein[2631], während das neue ein Grundpfand für den Fall der Nichtbefriedigung durch den Veräusserer begründet[2632].

[2627] Art. 94 Abs. 3 dritter Satz BGBB.
[2628] Art. 619^{quinquies} aZGB.
[2629] Art. 17 Abs. 3 SchlT ZGB.
[2630] Art. 34 BGBB.
[2631] ESCHER ARNOLD, Zürcher Kommentar, Ergänzungsleistung zum landwirtschaftlichen Erbrecht, N. 6 zu Art. 619^{quinquies} aZGB.
[2632] Art. 816 ZGB. Vgl. vorne, § 27.

Anhang 1: ZGB von 1907

Art. 616

Die Kantone sind befugt, für die einzelnen Bodenkulturarten die Flächenmasse zu bezeichnen, unter die bei der Teilung von Grundstücken nicht gegangen werden darf.

Art. 617

Grundstücke sind den Erben zu dem Wert zuzurechnen, der ihnen im Zeitpunkt der Teilung zukommt.
Landwirtschaftliche Grundstücke sind hiebei nach dem Ertragswerte, andere Grundstücke nach dem Verkehrswerte zu schätzen.

Art. 618

Können sich die Erben über den Anrechnungswert nicht verständigen, so wird er durch amtlich bestellte Sachverständige endgültig festgestellt.
Ist der Ertragswert nicht genügend bekannt, so wird angenommen, dass er drei Vierteile des Verkehrswertes betrage.

Art. 619

Hat ein Erbe ein Grundstück unter dem Verkehrswert erhalten, so sind die Miterben berechtigt, beim Verkauf des Grundstückes oder eines Teiles desselben binnen der folgenden zehn Jahre einen verhaltnismässigen Anteil am Gewinne zu beanspruchen, sofern dieser Anspruch bei der Teilung im Grundbuch vorgemerkt worden ist.
Dieser Anteil soll nicht mehr betragen, als der Miterbe erhalten hätte, wenn das Grundstück bei der Teilung zum Verkehrswerte angerechnet worden wäre.
Auf den durch Verbesserungen, Bauten, Holzzuwachs und dergleichen entstandenen Gewinn haben die Miterben keinen Anspruch.

Art. 620

Befindet sich in der Erbschaft ein landwirtschaftliches Gewerbe, so soll es, wenn einer der Erben sich zu dessen Übernahme bereit erklärt und als hiefür geeignet erscheint, diesem Erben zum Ertragswerte auf Anrechnung ungeteilt zugewiesen werden, soweit es für den wirtschaftlichen Betrieb eine Einheit bildet.

Mit dem Gewerbe kann der Übernehmer auch die zum Betriebe dienenden Gerätschaften, Vorräte und Viehbestände beanspruchen.

Die Feststellung des Anrechnungswertes erfolgt für das Ganze nach den Vorschriften für die Schätzung der Grundstücke.

Art. 621

Erhebt einer der Miterben Einspruch oder erklären sich mehrere zur Übernahme bereit, so entscheidet die zuständige Behörde über die Zuweisung, Veräusserung oder Teilung des Gewerbes, unter Berücksichtigung des Ortsgebrauches und, wo ein solcher nicht besteht, der persönlichen Verhältnisse der Erben.

Erben, die das Gewerbe selbst betreiben wollen, haben in erster Linie Anspruch auf ungeteilte Zuweisung.

Will keiner der Söhne das Gut zum Selbstbetrieb übernehmen, so sind auch die Töchter zur Übernahme berechtigt, sofern sie selbst oder ihre Ehemänner zum Betriebe geeignet erscheinen.

Art. 622

Wird der Übernehmer des Gewerbes durch die Anteile der Miterben so sehr beschwert, dass er zu deren Sicherstellung seine Liegenschaften mit Einrechnung der bereits auf ihnen ruhenden Pfandrechte bis über drei Vierteile des Anrechnungswertes belasten müsste, so kann er verlangen, dass die Teilung in betreff des übernommenen Gewerbes verschoben werde.

In diesem Falle bilden die Miterben zusammen eine Ertragsgemeinderschaft.

Art. 623

Kommt der Übernehmer in die Lage, die Abfindung ohne übermässige Verschuldung durchzuführen, so kann jeder Miterbe die Gemeinderschaft kündigen und seinen Anteil herausverlangen.

Der Übernehmer ist, soweit es nicht anders vereinbart wird, jederzeit befugt, die Auflösung der Gemeinderschaft zu verlangen.

Art. 624

Wenn der Übernehmer von dem Rechte auf Verschiebung der Teilung Gebrauch macht, so bleibt jeder Miterbe befugt, anstatt in der Ertragsgemeinderschaft zu verbleiben, seinen Anteil in Gestalt einer durch Belastung des Gemeinschaftsgutes sichergestellten Forderung herauszuverlangen.

Diese Abfindung hat der Übernehmer jedoch für den Teil, um den er dadurch das Gemeinschaftsgut über drei Vierteile des Anrechnungswertes belasten würde, nur in Gestalt einer Erbengült zu leisten, die auf mindestens zehn Jahre unkündbar und höchstens nach dem für Gülten herrschenden Fusse zu verzinsen ist.

Auf die Erbengülten finden die Vorschriften des Gültrechtes über die Belastungsgrenze und die Haftung des Staates keine Anwendung.

Art. 625

Ist mit dem landwirtschaftlichen Gewerbe ein anderes Gewerbe als Nebenbetrieb verbunden, so soll das Ganze, wenn sich einer der Erben zur Übernahme bereit erklärt und hiefür geeignet erscheint, diesem Erben zum Verkehrswerte auf Anrechnung ungeteilt zugewiesen werden.

Erhebt einer der Miterben Einspruch oder erklären sich mehrere zur Übernahme bereit, so entscheidet die zuständige Behörde über die Zuweisung, Veräusserung oder Teilung des Gewerbes, unter Berücksichtigung der persönlichen Verhältnisse der Erben.

Anhang 2: Revision von 1940

Art. 619

Hat ein Erbe ein Grundstück unter dem Verkehrswert erhalten, so sind die Miterben berechtigt, beim Verkauf des Grundstückes oder eines Teiles desselben binnen der folgenden fünfzehn Jahre einen verhältnismässigen Anteil am Gewinn zu beanspruchen, sofern dieser Anspruch bei der Teilung im Grundbuch vorgemerkt worden ist.

Dieser Anteil soll nicht mehr betragen, als der Miterbe erhalten hätte, wenn das Grundstück bei der Teilung zum Verkehrswert angerechnet worden wäre.

Auf den durch Verbesserung, Bauten, Holzzuwachs und dergleichen entstandenen Gewinn haben die Miterben keinen Anspruch.

Art. 620

Befindet sich in der Erbschaft ein landwirtschaftliches Gewerbe, das eine wirtschaftliche Einheit bildet und eine ausreichende Existenz bietet, so ist es, wenn einer der Erben sich zu dessen Übernahme bereit erklärt und hiefür geeignet erscheint, diesem Erben zum Ertragswert auf Anrechnung ungeteilt zuzuweisen.

Die Feststellung des Anrechnungswertes erfolgt in diesen Fällen nach dem Bundesgesetz über die Entschuldung landwirtschaftlicher Heimwesen.

Mit dem Gewerbe kann der Übernehmer die Zuweisung der dem Betriebe dienenden Gerätschaften, Vorräte und Viehbestände zu ihrem Nutzwerte beanspruchen.

Art. 621

Erhebt einer der Miterben Einspruch oder erklären sich mehrere zur Übernahme bereit, so entscheidet die zuständige Behörde über die Zuweisung des Gewerbes unter Berücksichtigung des Ortsgebrauchs und, wo ein solcher nicht besteht, der persönlichen Verhältnisse der Erben.

Erben, die das Gewerbe selbst betreiben wollen, haben in erster Linie Anspruch auf ungeteilte Zuweisung.

Will keiner der Söhne das Gut zum Selbstbetrieb übernehmen, so sind auch Töchter zur Übernahme berechtigt, sofern sie selbst oder ihre Ehemänner zum Betriebe geeignet erscheinen.

Art. 621bis

Hinterlässt der Erblasser unmündige Nachkommen, so sollen die Erben, unter Vorbehalt der Zustimmung der Vormundschaftsbehörde, die Erbengemeinschaft weiterbestehen lassen oder eine Gemeinderschaft bilden, bis zu dem Zeitpunkte, in welchem nach den Umständen eine Entscheidung über die Zuweisung an einen Nachkommen getroffen werden kann.

Art. 621ter

Gestattet das landwirtschaftliche Gewerbe nach Umfang und Beschaffenheit die Zerlegung in mehrere lebensfähige Betriebe, so kann eine Teilung mit Zuweisung der Teile zum Ertragswerte vorgenommen werden, wenn mehrere Erben sich zu dieser Übernahme bereit erklären und hiefür geeignet erscheinen.

Im Streitfalle entscheidet hierüber die zuständige Behörde.

Art. 621^{quater}

Die Kantone können bestimmen, dass in Gebirgsgegenden und in Gebieten mit zerstückeltem Grundbesitz die Teilung unter Zuweisung einzelner Liegenschaften zum Ertragswerte an verschiedene Erben vorgenommen werden kann; doch dürfen diese Liegenschaften in der Regel nicht zerstückelt werden.

Für Gebiete mit städtischen Verhältnissen können die Kantone die Zuweisung zu einem über den Ertragswert hinausgehenden Anrechnungswert zulassen.

Diese Bestimmungen haben die Gebiete, in denen diese Ausnahmen zulässig sind, genau zu umschreiben; sie bedürfen zu ihrer Gültigkeit der Genehmigung des Bundesrates.

Art. 625

Ist mit dem landwirtschaftlichen Gewerbe als Hauptbetrieb ein anderes Gewerbe als Nebenbetrieb untrennbar verbunden, so soll der Nebenbetrieb dem Übernehmer des landwirtschaftlichen Gewerbes, wenn er sich zur Übernahme des Ganzen bereit erklärt und hiefür geeignet erscheint, zum Verkehrswert zugewiesen werden, während das Hauptgewerbe zum Ertragswert zuzuweisen ist; beide Beträge werden auf den Erbteil angerechnet..

Erhebt einer der Miterben Einspruch oder erklären sich mehrere Erben zur Übernahme bereit, so entscheidet die zuständige Behörde über die Zuweisung, Veräusserung oder Abtrennung des Nebengewerbes, unter Berücksichtigung der wirtschaftlichen Existenzfähigkeit der bisher verbundenen Gewerbe und der persönlichen Verhältnisse der Erben.

Die gleiche Behörde bestimmt im Streitfalle den anzurechnenden Verkehrswert des Nebengewerbes.

Art. 625bis

Sind die Voraussetzungen für eine ungeteilte Zuweisung eines landwirtschaftlichen Gewerbes an einen oder mehrere Erben oder für die Teilung in mehrere lebensfähige Betriebe nicht gegeben, so kann jeder Miterbe den Verkauf des Gewerbes als Ganzes beanspruchen.

Auf Verlangen eines Erben hat der Verkauf auf dem Wege der Versteigerung stattzufinden, wobei, wenn die Erben sich nicht einigen, die zuständige Behörde entscheidet, ob die Versteigerung öffentlich oder nur unter den Erben stattfinden soll.

Anhang 3: Revision von 1951

Art. 621^{quater}

Die Kantone können bestimmen, dass in Gebirgsgegenden die Teilung unter Zuweisung einzelner Liegenschaften zum Ertragswerte an verschiedene Erben vorgenommen werden kann; jedoch dürfen diese Liegenschaften in der Regel nicht zerstückelt werden.

Für Gebiete mit städtischen Verhältnissen können die Kantone die Frist, innert der die Miterben den Anspruch auf einen verhältnismässigen Gewinn im Sinne von Art. 619 geltend machen können, bis auf eine Dauer von fünfundzwanzig Jahren erstrecken.

Die Bestimmungen haben die Gebiete, in denen diese Ausnahmen zulässig sind, genau zu umschreiben; sie bedürfen zu ihrer Gültigkeit der Genehmigung des Bundesrates.

Art. 625bis

Erhebt keiner der Erben Anspruch auf eine ungeteilte Zuweisung des landwirtschaftlichen Gewerbes oder wird ein solcher Anspruch abgewiesen, so kann jeder Miterbe den Verkauf des landwirtschaftlichen Gewerbes als Ganzes verlangen.

Anhang 4: Revision von 1965

Art. 619

Hat ein Erbe ein landwirtschaftliches Grundstück zugeteilt erhalten, für das nicht der Verkehrswert, sondern ein niedriger Übernahmepreis festgesetzt worden ist, so sind die Miterben berechtigt, bei der Veräusserung oder Enteignung des Grundstückes oder eines Teiles desselben binnen der folgenden fünfundzwanzig Jahre ihren Anteil am Gewinne zu beanspruchen.

Der Veräusserung sind Rechtsgeschäfte gleichgestellt, mit welchen der Erbe den Wert des Grundstückes ganz oder teilweise umsetzt, wie insbesondere die Begründung eines Baurechtes oder eines Rechts zur Ausbeutung von Bodenbestandteilen.

Massgebend für den Zeitpunkt der Veräusserung ist der Abschluss des Vertrages, mit dem sich der Erbe zur Eigentumsübertragung verpflichtet, und im Enteignungsfalle die Einleitung des Verfahrens.

Art. 619bis

Der Gewinn besteht in dem Betrag, um den der Veräusserungspreis oder die Enteignungsentschädigung den Übernahmepreis zuzüglich des durch eigene Aufwendungen des Erben geschaffenen Mehrwertes übersteigt.

Von der Anteilsberechtigung der Miterben ausgenommen sind zwei Hundertstel des Gewinnes für jedes Jahr, während dessen das Grundstück im Eigentum des Erben stand.

Art. 619ter

Erwirbt der Erbe als Ersatz für das veräusserte oder enteignete ein anderes Grundstück, um darauf sein bisher betriebenes Gewerbe weiterzuführen, so darf er vom Veräusserungspreis oder von der Enteignungsentschädigung den Erwerbspreis eines ertragsmässig höchstens gleichwertigen Ersatzes abziehen.

Am Rest sowie am Gewinn aus der Veräusserung oder Enteignung des Ersatzgrundstückes sind die Miterben anteilsberechtigt.

Art. 619^{quater}

Verwendet der Erbe einen Betrag zur notwendigen Ausbesserung eines Gebäudes des von ihm betriebenen Gewerbes, das er aus der gleichen Erbschaft übernommen hatte, so darf er ihn vom Veräusserungspreis oder von der Enteignungsentschädigung abziehen.

Diesen Betrag darf der Erbe nicht als eigene Aufwendung vom Erlös abziehen, wenn er das Gebäude veräussert oder wenn es enteignet wird.

Art. 619^{quinquies}

Für die Ausrichtung des Gewinnanteils haftet der Erwerber solidarisch mit dem Veräusserer, wenn der Gewinnanspruch auf Anmeldung eines Berechtigten im Grundbuch vorgemerkt ist.

Art. 619^{sexies}

Die Aufhebung oder Abänderung des Gewinnanspruchs der Miterben bedarf zu ihrer Gültigkeit der schriftlichen Form.

Vereinbarungen über die Abänderung des Gewinnanspruches der Miterben sowie über die Gewinnbeteiligung für nichtlandwirtschaftliche Grundstücke können auf Anmeldung jedes Berechtigten im Grundbuch vorgemerkt werden.

Art. 621^{quater}

Die Kantone können bestimmen, dass in Gebirgsgegenden die Teilung unter Zuweisung einzelner Liegenschaften zum Ertragswerte an verschiedene Erben vorgenommen werden kann; jedoch dürfen diese Liegenschaften in der Regel nicht zerstückelt werden.

Die Bestimmungen haben die Gebiete, in denen diese Ausnahme zulässig ist, genau zu umschreiben; sie bedürfen zu ihrer Gültigkeit der Genehmigung des Bundesrates.

Anhang 5: Revision von 1972

Art. 618 Abs. 2

Aufgehoben.

Art. 620 Abs. 2 und 3

Zur Beurteilung, ob eine ausreichende landwirtschaftliche Existenz gegeben ist, können Anteile an Liegenschaften und für längere Dauer mit bewirtschaftete Liegenschaften berücksichtigt werden.
Die Feststellung des Anrechnungswertes erfolgt in diesen Fällen nach dem Bundesgesetz über die Entschuldung landwirtschaftlicher Heimwesen.

Art. 620bis

Der Übernehmer kann die Zuweisung der dem Betriebe dienenden Gerätschaften, Vorräte und Viebestände zu ihrem Nutzwerte beanspruchen.

Art. 621

Im Streitfall entscheidet die zuständige Behörde über die Zuweisung des Gewerbes unter Berücksichtigung der persönlichen Verhältnisse der Erben.
Ein Erbe, der das Gewerbe selbst bewirtschaften will und hiefür geeignet erscheint, hat in erster Linie Anspruch auf ungeteilte Zuweisung.
Bei der Beurteilung der Eignung zur Bewirtschaftung des Gewerbes sind die Fähigkeiten des Ehegatten des Erben mitzuberücksichtigen, der die ungeteilte Zuweisung verlangt.

Art. 621bis

Einem Erben, der das Gewerbe selbst bewirtschaften will und hiefür geeignet erscheint, kann das Recht auf ungeteilte Zuweisung weder durch letztwillige Verfügung noch durch Erbvertrag entzogen werden.
Vorbehalten bleiben Enterbung und Erbverzicht.
Erfüllen mehrere Erben die Voraussetzung für eine ungeteilte Zuweisung, so kann durch Verfügung von Todes wegen einer unter ihnen als Übernehmer bestimmt werden.

Der bisherige Art. 621bis wird zu Art. 621ter.

Der bisherige Art. 621ter wird zu Art. 621^{quater}.

Der bisherige Art. 621^{quater} wird aufgehoben.

Art. 625

Ist mit dem landwirtschaftlichen Gewerbe ein anderes Gewerbe als Nebengewerbe eng verbunden und bieten beide zusammen eine ausreichende Existenz, so soll das Ganze einem Erben ungeteilt zugewiesen werden, wenn er sich zur Übernahme bereit erklärt und hiefür geeignet erscheint.
Das landwirtschaftliche Gewerbe ist zum Ertragswert, das andere Gewerbe zum Verkehrswert zuzuweisen.
Im Streitfall entscheidet die zuständige Behörde über die Zuweisung, Veräusserung oder Abtrennung des anderen Gewerbes unter Berücksichtigung der selbständigen wirtschaftlichen Existenzfähigkeit der bisher verbundenen Gewerbe und der persönlichen Verhältnisse der Erben.